普通高等教育"十三五"规划教材

市场营销·
习题·案例·经典推介

Marketing·
Exercises · Cases and Classic Introductions

王月辉 杜向荣 冯 艳 ◎ 编著

北京理工大学出版社
BEIJING INSTITUTE OF TECHNOLOGY PRESS

版权专有 侵权必究

图书在版编目（CIP）数据

市场营销·习题·案例·经典推介 / 王月辉，杜向荣，冯艳编著. —北京：北京理工大学出版社，2018.9

ISBN 978-7-5682-6003-9

Ⅰ. ①市… Ⅱ. ①王…②杜…③冯… Ⅲ. ①市场营销学－高等学校－教学参考资料 Ⅳ. ①F713.50

中国版本图书馆 CIP 数据核字（2018）第 172637 号

出版发行 / 北京理工大学出版社有限责任公司
社　　址 / 北京市海淀区中关村南大街 5 号
邮　　编 / 100081
电　　话 /（010）68914775（总编室）
　　　　　（010）82562903（教材售后服务热线）
　　　　　（010）68948351（其他图书服务热线）
网　　址 / http://www.bitpress.com.cn
经　　销 / 全国各地新华书店
印　　刷 / 三河市华骏印务包装有限公司
开　　本 / 787 毫米 × 1092 毫米 1/16
印　　张 / 34.25　　　　　　　　　　　　　责任编辑 / 申玉琴
字　　数 / 801 千字　　　　　　　　　　　　文案编辑 / 申玉琴
版　　次 / 2018 年 9 月第 1 版　2018 年 9 月第 1 次印刷　责任校对 / 周瑞红
定　　价 / 85.00 元　　　　　　　　　　　　责任印制 / 王美丽

图书出现印装质量问题，请拨打售后服务热线，本社负责调换

前言
PREFACE

本书是为市场营销学的教学和学生进行自主和扩展性学习提供的配套教材和辅助学习资源库。

市场营销是一个创造、传递和传播顾客价值的过程。围绕企业营销价值识别、价值选择、价值组合设计以及价值管理与拓展的实现过程,本书为以下12章营销原理提供教学和学习的辅助资源和支撑,分别是:顾客导向时代的市场营销,市场营销环境,市场购买行为,营销调研,市场细分、目标市场选择与市场定位,品牌决策,产品决策,价格决策,渠道管理,整合营销传播,营销运作管理,全球市场营销。

本书针对每章营销原理,按照测试题、案例分析与讨论、经典推介三个模块进行架构和编写。

测试题模块——开发了单选题、多选题、阐述题、评析题、实训题五种类型的习题。习题多视角覆盖了每章营销原理的核心知识点,帮助学生理解和掌握相应营销原理涉及的概念、价值、关系、流程、策略、管理要求等,培养和提高学生对营销基本知识和原理的认知能力。

案例分析与讨论模块——针对每章具体营销原理的内容和核心知识,多视角开发编写或选择了多个营销案例,并设计了相应的讨论题,引导学生对案例的思考和讨论交流。既有历史上的经典案例,也有数量更多地反映当今时代各行业企业营销实践及创新的新案例。基于案例的决策情境,通过讨论题的引导,有助于学生加深对营销原理的理解和学习借鉴案例企业的营销经验,培养和提高学生的营销思维能力、分析解决营销问题及管理决策的能力。

经典推介模块——本模块由标志性理论、人物及思想简介,经典论文推介及经典图书推介三部分组成。标志性理论、人物及思想简介部分,针对相应的营销原理,选取了部分在营销理论的演变过程中,具有坐标性意义的原创理论或人物,对其原创思想观点及其贡献等进行介绍。经典论文推介部分,基于对中国知网数据库的检索,选取了近年来营销学术界具有代表性的研究成果,对其主要内容和观点进行介绍。经典图书推介部分,选取了近年来营销学术界的经典教材、专著及广受好评的好书新书,对书的概况、主要内容和观点等进行介绍。本模块的学习,将助力学生了解营销理论的标志性思想、观点及其演变;在经典和代表性著述的阅读中,汲取知识和智慧，开阔视野和心胸，激发学习兴趣，锤炼思考能力，提升营销管理和决策的综合素养和能力。

本书是团队智慧和力量的结晶。其中：王月辉设计了全书的体系架构和编写体例，并承担了第一章、第五章、第六章、第十章的写作工作；杜向荣承担了第四章、第七章、第十一章、第十二章的写作工作；冯艳承担了第二章、第三章、第八章、第九章的写作工作；梁江伟参加了本书最后综合案例的开发和写作，这一综合案例有利于学习者进行营销原理应用的综合训练。全书作者最后集体进行了统稿、讨论修改并定稿。

在本书的写作过程中，我们参考了国内外学者的有关论著和研究成果，有关案例企业官方网站、微信公众号以及媒体的报道等，在此一并致以诚挚的谢意！还想特别提到的是，在经典论文和经典图书的推介部分，我们对选取的每一篇著述的主要思想和观点尽可能进行了概括和提炼，以帮助学习者在短时间内了解作者的思想精髓和富有创见性的观点和见解，我们对本书推介成果的著述者深表敬意和谢意！

由于编者的水平有限，本书难免存在疏漏和不足，敬请各位专家、学者、企业界朋友以及读者们批评指正！

编　者

目 录 CONTENTS

第一章 顾客导向时代的市场营销 ·· 001
  第一节 测试题 ·· 001
  第二节 案例分析与讨论 ·· 012
    一、这两家公司这样对待顾客 ··· 012
    二、梳子和杯子的不同卖法 ·· 013
    三、福特公司和通用公司的营销观念 ·· 014
    四、日本家电企业是如何抢占中国市场先机的 ··· 015
    五、洋河的蓝色经典风暴 ··· 017
    六、巴塔哥尼亚公司：告诉消费者买少一点 ··· 019
  第三节 经典推介 ··· 021
    一、标志性理论、人物及思想简介 ·· 021
    二、经典论文推介 ·· 026
    三、经典图书推介 ·· 032

第二章 市场营销环境 ··· 042
  第一节 测试题 ·· 042
  第二节 案例分析与讨论 ·· 053
    一、迪士尼走向世界 ·· 053
    二、福耀集团在美国开设工厂 ··· 056
    三、灵尚绣品：藏器于身，应时而动 ·· 057
    四、柯达公司的盛衰 ·· 059
    五、诺基亚公司的战略转型 ·· 060
  第三节 经典推介 ··· 062
    一、标志性理论、人物及思想简介 ·· 062
    二、经典论文推介 ·· 065

三、经典图书推介 ··· 073

第三章　市场购买行为 ··· 081

第一节　测试题 ··· 081
第二节　案例分析与讨论 ·· 092
　　一、安德烈的消费 ··· 092
　　二、消费者为什么买奶昔 ·· 092
　　三、新可乐为何昙花一现 ·· 094
　　四、一个高级白领家庭的购房行为 ·· 094
　　五、某公司对非处方药市场消费者行为的分析 ·· 097
　　六、联合利华如何销售洗衣产品 ·· 099
　　七、"小米"手机的成功之道 ··· 100
第三节　经典推介 ··· 103
　　一、标志性理论、人物及思想简介 ·· 103
　　二、经典论文推介 ··· 110
　　三、经典图书推介 ··· 119

第四章　营销调研 ·· 125

第一节　测试题 ··· 125
第二节　案例分析与讨论 ·· 138
　　一、高端洗发水是否真的很高端 ·· 138
　　二、安卓和苹果手机使用者的个性差异 ··· 139
　　三、大数据与用户隐私 ·· 141
　　四、当今的年轻人是如何选择餐厅的 ··· 142
　　五、鼎泰丰用小笼包征服世界 ··· 147
　　六、一方水土养一方人 ·· 149
第三节　经典推介 ··· 151
　　一、标志性理论、人物及思想简介 ·· 151
　　二、经典论文推介 ··· 159
　　三、经典图书推介 ··· 166

第五章　市场细分、目标市场选择与市场定位 ··· 172

第一节　测试题 ··· 172
第二节　案例分析与讨论 ·· 183
　　一、芭比娃娃经久不衰的奥秘 ··· 183
　　二、王老吉品牌的崛起 ·· 185
　　三、百事可乐"活在当下"的品牌再塑造 ··· 188
　　四、"终极座驾"——宝马 ··· 190
　　五、"多芬男士+护理"产品的成功上市 ··· 191

第三节　经典推介 ………………………………………………………… 193
　　一、标志性理论、人物及思想简介 ………………………………… 193
　　二、经典论文推介 …………………………………………………… 196
　　三、经典图书推介 …………………………………………………… 200

第六章　品牌决策 ………………………………………………………… 212

第一节　测试题 …………………………………………………………… 212
第二节　案例分析与讨论 ………………………………………………… 224
　　一、Mbox音乐盒饰品店的网络品牌建设 ………………………… 224
　　二、金六福品牌与福文化 …………………………………………… 226
　　三、网络原创品牌——"三只松鼠" ……………………………… 229
　　四、路易威登品牌的成长之路 ……………………………………… 230
　　五、蓝月亮品牌的崛起 ……………………………………………… 233
　　六、百雀羚品牌的复兴 ……………………………………………… 235
第三节　经典推介 ………………………………………………………… 237
　　一、标志性理论、人物及思想简介 ………………………………… 237
　　二、经典论文推介 …………………………………………………… 241
　　三、经典图书推介 …………………………………………………… 249

第七章　产品决策 ………………………………………………………… 259

第一节　测试题 …………………………………………………………… 259
第二节　案例分析与讨论 ………………………………………………… 273
　　一、昂贵的"帆布包" ……………………………………………… 273
　　二、MT纸胶带的创新之路 ………………………………………… 275
　　三、产品决策与企业家的"情怀" ………………………………… 277
　　四、解决游客痛点的APP——"51导游" ………………………… 279
　　五、半个世纪稳居青岛市场第一的白酒品牌 ……………………… 280
　　六、招行推出首家"微信银行" …………………………………… 283
第三节　经典推介 ………………………………………………………… 284
　　一、标志性理论、人物及思想简介 ………………………………… 284
　　二、经典论文推介 …………………………………………………… 292
　　三、经典图书推介 …………………………………………………… 298

第八章　价格决策 ………………………………………………………… 305

第一节　测试题 …………………………………………………………… 305
第二节　案例分析与讨论 ………………………………………………… 314
　　一、沃尔玛天天平价 ………………………………………………… 314
　　二、苹果公司的高价策略 …………………………………………… 317
　　三、格兰仕的阶梯式降价 …………………………………………… 317

四、在线旅游（OTA）行业的价格战…………………………………………… 318
　　五、涨价风潮中的香满楼……………………………………………………… 320
第三节　经典推介……………………………………………………………………… 323
　　一、标志性理论、人物及思想简介…………………………………………… 323
　　二、经典论文推介……………………………………………………………… 333
　　三、经典图书推介……………………………………………………………… 339

第九章　渠道管理……………………………………………………………………… 345

第一节　测试题………………………………………………………………………… 345
第二节　案例分析与讨论……………………………………………………………… 355
　　一、泰和公司渠道管理面临的困境…………………………………………… 355
　　二、戴尔公司开创网上直销模式……………………………………………… 358
　　三、OB 电器天津公司线上和线下渠道的冲突管理…………………………… 359
　　四、苏宁云商的全渠道变革…………………………………………………… 362
　　五、阿里巴巴和京东的线下布局……………………………………………… 364
第三节　经典推介……………………………………………………………………… 366
　　一、标志性理论、人物及思想简介…………………………………………… 366
　　二、经典论文推介……………………………………………………………… 373
　　三、经典图书推介……………………………………………………………… 381

第十章　整合营销传播………………………………………………………………… 387

第一节　测试题………………………………………………………………………… 387
第二节　案例分析与讨论……………………………………………………………… 401
　　一、长安标致雪铁龙公司 DS 汽车的"微营销"……………………………… 401
　　二、《愤怒的小鸟》为何受到欢迎……………………………………………… 403
　　三、力波啤酒的三次广告战役………………………………………………… 405
　　四、从这两家公司看公关应该如何来做……………………………………… 407
　　五、戴尔公司的社交媒体战略………………………………………………… 408
　　六、红牛饮料的整合营销传播策略…………………………………………… 409
第三节　经典推介……………………………………………………………………… 411
　　一、标志性理论、人物及思想简介…………………………………………… 411
　　二、经典论文推介……………………………………………………………… 416
　　三、经典图书推介……………………………………………………………… 423

第十一章　营销运作管理……………………………………………………………… 433

第一节　测试题………………………………………………………………………… 433
第二节　案例分析与讨论……………………………………………………………… 445
　　一、BR 酒店年度营销计划……………………………………………………… 445
　　二、典型房地产企业营销组织架构与管理…………………………………… 447

三、走火入魔的扁平化 ·· 450
　　四、丰田公司的销售管理 ·· 452
　　五、KK公司"原叶"绿茶饮料的营销运作管理 ····················· 453
第三节　经典推介 ··· 457
　　一、标志性理论、人物及思想简介 ··· 457
　　二、经典论文推介 ·· 460
　　三、经典图书推介 ·· 466

第十二章　全球市场营销 474

第一节　测试题 ··· 474
第二节　案例分析与讨论 ·· 486
　　一、华为的全球化之路 ·· 486
　　二、STK生物农药一个产品"赢"天下 ································· 489
　　三、茅台酒的全球营销 ·· 493
　　四、小黄人的全球传播 ·· 495
　　五、《纸牌屋4》成就国产品牌全球营销新经典 ···················· 498
第三节　经典推介 ·· 500
　　一、标志性理论、人物及思想简介 ··· 500
　　二、经典论文推介 ·· 503
　　三、经典图书推介 ·· 510

综合案例：共享单车市场的"橙""黄"营销大战 ················ 516

参考文献 ·· 537

第一章
顾客导向时代的市场营销

第一节 测 试 题

一、单选题

1. 企业在满足市场需求的同时,还要认识和理解自己在道德、环境、法律及社会中的角色和责任,这种营销观念是(　　)。
    A. 整合营销　　　　B. 关系营销　　　　C. 社会责任营销　　D. 财务责任营销
2. 企业营销坚持与关键的利益相关者建立彼此合作的长期关系,以赢得和维持业务的持续成长,这种营销观念是(　　)。
    A. 绩效营销　　　　B. 整合营销　　　　C. 交叉营销　　　　D. 关系营销
3. "酒香不怕巷子深"体现的市场营销观念是(　　)。
    A. 生产观念　　　　B. 市场营销观念　　C. 推销观念　　　　D. 产品观念
4. 某企业在市场营销管理中缺乏远见,只看到自己的产品质量好,看不到市场需求在变化,该企业奉行的营销观念是(　　)。
    A. 产品观念　　　　B. 社会营销观念　　C. 推销观念　　　　D. 生产观念
5. 宝洁公司前 CEO 普洛克特告诫公司员工:"顾客是最终决定谁是市场赢家的仲裁者。消费者对品牌价值与品质的认知,将决定宝洁的未来。"这反映宝洁公司的营销观念是(　　)。
    A. 推销观念　　　　B. 产品观念　　　　C. 市场营销观念　　D. 全方位营销观念
6. 某企业 CEO 告诫员工:"我们公司必须在第一时间发现市场需求,并在第一时间满足需求,这样我们才能在竞争中制胜。"这句话体现的营销观念是(　　)。
    A. 产品观念　　　　B. 全面营销观念　　C. 推销观念　　　　D. 市场营销观念
7. 近年来,中国许多家电企业倡导"环保"观念,推出各类节能、节水的家电产品,这些企业奉行的营销观念是(　　)。
    A. 生产观念　　　　B. 推销观念　　　　C. 市场营销观念　　D. 社会责任营销
8. 以整合营销为手段,通过获得顾客满意度实现利润增长的营销观念是(　　)。
    A. 生产观念　　　　B. 产品观念　　　　C. 市场营销观念　　D. 推销观念
9. 在夏季,一些羽绒服生产企业开展打折促销活动,获得了良好的销量。这是因为羽绒服的需求属于(　　)。

A. 无需求　　　　　B. 下降需求　　　　C. 不规则需求　　　D. 充分需求

10. 在冬季，一些凉鞋生产企业通过打折促销活动获得了良好的销量。这是因为凉鞋的需求属于（　　）。

A. 潜在需求　　　　B. 充分需求　　　　C. 过度需求　　　　D. 不规则需求

11. 每年"十一"长假期间，国内著名旅游景点都会出现游客过多的情况，这种需求状况属于（　　）。

A. 充分需求　　　　B. 过度需求　　　　C. 潜在需求　　　　D. 负需求

12. 雾霾天气使得防霾口罩在市场上出现供不应求的现象，这种状况下的口罩需求属于（　　）。

A. 负需求　　　　　B. 充分需求　　　　C. 过度需求　　　　D. 有害需求

13. 营销中努力实现企业利润、消费者、人类福利三者之间的平衡和统一，这体现的市场营销观念是（　　）。

A. 生产观念　　　　B. 产品观念　　　　C. 推销观念　　　　D. 社会责任营销

14. 我国市场上，碳酸饮料的销售量逐年减少，这类需求属于（　　）。

A. 不规则需求　　　B. 过度需求　　　　C. 下降需求　　　　D. 充分需求

15. 强调各种不同的营销活动都能够传播和交付价值，并要通过有效协调实现各项营销活动的综合效果最大化，这种营销思想属于（　　）。

A. 整合营销　　　　B. 关系营销　　　　C. 内部营销　　　　D. 绩效营销

16. 重视挽留顾客，这种营销思想属于（　　）。

A. 整合营销　　　　B. 关系营销　　　　C. 内部营销　　　　D. 绩效营销

17. "哈尔滨，冰雪王国的世界"，这一广告语是在以（　　）为营销对象。

A. 产品　　　　　　B. 服务　　　　　　C. 场所　　　　　　D. 组织

E. 创意

18. 投资公司和银行面向商业机构或个人投资者营销证券，这是在以（　　）为营销对象。

A. 事件　　　　　　B. 体验　　　　　　C. 人物　　　　　　D. 产权

E. 信息

19. 顾客通过将产品绩效的感知与其期望进行比较后获得的愉悦或失望的感觉，是指（　　）。

A. 顾客感知价值　　　　　　　　　　　B. 顾客满意

C. 顾客忠诚　　　　　　　　　　　　　D. 顾客权益

20. 以下属于战略营销核心环节的是（　　）。

A. 整合营销传播决策　　　　　　　　　B. 市场细分、目标市场选择及其定位

C. 培育顾客关系　　　　　　　　　　　D. 品牌和产品决策

二、多选题

1. 以下对市场营销内涵的正确表述有（　　）。

A. 是一项有组织的活动　　　　　　　　B. 是创造、传播和传递顾客价值的过程

C. 进行产品或服务的交换　　　　　　　D. 使相关利益者和企业从中受益

2. 在社会和经济活动中，人们使用"市场"这一概念的情形有（　　）。
   A. 指进行交换的实地场所　　　　B. 指买卖双方供求关系的总和
   C. 有时指供给方占主导的情形　　D. 有时指需求方占主导的情形
3. 市场营销的对象十分广泛，以下可以作为营销对象的有（　　）。
   A. 事件　　　B. 体验　　　C. 人物　　　D. 产权
   E. 信息
4. 市场营销的对象十分广泛，以下可以作为营销对象的有（　　）。
   A. 产品　　　B. 服务　　　C. 场所　　　D. 组织
   E. 创意
5. 企业培育顾客关系，要做好的工作有（　　）。
   A. 提高顾客满意度　　　　　　　B. 监督顾客满意度
   C. 吸引和维系顾客　　　　　　　D. 建立顾客忠诚
6. 企业贯彻社会责任营销观念需要统筹兼顾的利益有（　　）。
   A. 消费者需求　B. 企业利润　C. 竞争者动向　D. 社会利益
7. 全方位营销观念包括（　　）。
   A. 整合营销　B. 关系营销　C. 内部营销　D. 绩效营销
8. 从广义上来讲，营销中的市场包括（　　）。
   A. 消费者市场　B. 组织市场　C. 全球市场　D. 非营利组织
   E. 政府市场
9. 价值识别是企业研究分析组织内外正在发生的变化，发现新的市场机会的过程，为此企业要开展的营销工作有（　　）。
   A. 分析营销环境　　　　　　　　B. 研究市场购买行为
   C. 进行渠道管理　　　　　　　　D. 进行营销调研
10. 企业加强对顾客群体的管理，需要开展的工作包括（　　）。
    A. 减少顾客流失率　　　　　　　B. 提高顾客关系的寿命
    C. 提高顾客的购买潜力　　　　　D. 尽可能从低利润顾客处增加获利
    E. 集中精力服务于高价值顾客

三、阐述题

1. 市场营销的深刻内涵和基本特点

从广义上来说，市场营销是一种通过创造与他人交换价值实现个人和组织的需要和欲望的社会和管理过程。理解市场营销，有社会和管理两个不同的视角。从社会的角度来看，市场营销活动在社会中扮演的角色，就是为人们创造出高标准的生活。例如，麦当劳推出"我就喜欢"广告口号，努力使自己成为全球顾客最喜欢的就餐场所；沃尔玛则一直在努力履行对消费者提出的"省钱，生活更美好"的承诺。因此，市场营销的社会定义就是：个人和集体通过创造、提供、出售同别人自由交换产品和服务的方式，而获得自己所需要的产品或服务的社会过程。

从管理视角来看，进行创造、传播及传递顾客价值的交换活动，往往需要开展很多工作并具备相应的技能。当供给方考虑通过各种方式促使需求方做出预期的反应，比如购买行为时，就产生了营销管理。因此，我们可以把营销管理看作一个科学和艺术结合的过程。市场营销的管理定义体现在美国市场营销协会（AMA）提出的权威解释中：市场营销是一项有组织的活动，它包括创造、传播和传递顾客价值和管理顾客关系的一系列过程，从而使利益相关者和企业都从中受益。

综合来看，市场营销的基本特点是：①有组织的活动、制度和过程；②其核心是创造、传播和传递顾客价值和管理顾客关系；③通过交换有价值的产品和服务满足需求；④是科学和艺术的统一。

2. 在经济活动和社会生活中市场营销的对象

市场营销活动已经渗透到各类组织、各个行业以及各种场所之中，其对象包括产品、服务、事件、体验、人物、场所、产权、组织、信息、创意等多种形态的事物。

（1）产品。实体的有形产品是营销的主要对象，包括衣、食、住、行、用的方方面面，满足人们的基本生活需求。

（2）服务。随着经济发展和产业结构的转型，服务逐渐成了经济活动中的主导力量，包括生产性服务、生活性服务。许多市场都是产品与服务的组合体。

（3）事件。营销者可以就一些事件进行宣传，如选举、商业展览、体育竞赛、艺术表演、组织庆典等。

（4）体验。如今，提供体验的项目和服务越来越多，或惊险刺激，或娱乐欢快，通过体验者的五官、心理、身体等感受，产生不同的营销效果。

（5）人物。人本身可以成为营销的对象。如政治家、艺术家、音乐家、企业家等，他们频繁的社交和社会活动，吸引了媒体和社会公众的广泛关注。

（6）场所。一座城市、一个地区乃至整个国家，都可以通过各种路径、采取各种方法致力于吸引游客、居民、工厂和公司总部。

（7）产权。产权是所有者的无形权利，包括不动产和金融资产，如房地产、股票；可以通过营销进行产权的交易。

（8）组织。社会中的各类组织，包括营利性组织和非营利性组织都需要积极致力于在人们心目中建立起良好的组织形象。

（9）信息。信息的生产、包装、分销都是十分重要的营销活动。图书、研究报告、发布会等，营销的对象就是各类信息。

（10）创意。产品和服务是重要的市场供应物，它们给大众带来了物质或精神利益的满足。它们都是开发者创意的结晶和成果。

3. 市场营销观念历史形态的演变及其主要观点

在企业组织上百年的营销活动发展历程中，经过了从传统营销观念向现代营销观念的演变。典型的营销观念形态有：生产观念、产品观念、推销观念、市场营销观念、全方位营销观念。

（1）生产观念。

生产观念是商业领域最早产生的营销观念之一，在经济不发达、产品供不应求的卖方市场条件下比较盛行。生产观念认为，消费者喜欢那些随处能够购买到的、价格低廉的产品，因此，企业致力于提高生产效率、实现低成本和大众分销。

（2）产品观念。

在这种价值导向的企业中，注重生产优质产品，并不断地加以完善。有时这类价值导向型的企业会迷恋上自己的产品，认为只要产品性能好而完美无缺，就不愁没有销路。历史上称这种现象为"营销近视症"。

（3）推销观念。

推销观念认为，如果不采取促销手段刺激消费者、激发其购买欲望的话，消费者是不会主动购买所需要的产品的。因此，对于企业而言，必须主动推销并积极促销。它关注的是达成销售交易，而非获得忠诚客户和建立企业与客户的良好关系。其目的常常是销售公司制造的产品，而不是制造市场所需要的产品。

（4）市场营销观念。

市场营销观念于20世纪50年代中期出现，强调"以顾客为中心"，认为顾客是企业营销活动的起点和终点。这种观念导向型企业的营销特点是，不再是为自己的产品找到合适的顾客，而是为顾客设计适合的产品。

（5）全方位营销观念。

全方位营销观念以开发、设计和实施营销计划、过程及活动为基础，关注营销计划、过程及其活动的广度和彼此之间的相互依赖性。这种观念认为在营销实践中每个细节都是特别重要、不可或缺的，营销者要全方位关注和协调市场营销活动的范围和复杂维度。全方位营销的重要维度包括：整合营销、关系营销、内部营销以及绩效营销。

整合营销要求充分实现各种不同的营销活动传播和交付的价值，并要通过有效协调实现各项营销活动综合效果最大化。关系营销强调要与关键的利益相关者建立彼此合作的长期关系，以赢得和维持业务的持续成长。内部营销是指雇用、培养、激励那些想要为顾客提供好的服务而且有能力这样做的员工。一般而言，内部营销可以确保组织的所有部门和成员都坚持适当的营销准则，因为只有当所有部门共同努力来实现营销目标的时候，才能真正获得成功。绩效营销要求了解市场营销活动和方案为企业和社会带来的财务回报和非财务回报。高层管理人员不仅要重视销售收入，还要了解市场占有率、顾客流失率、顾客满意度、产品质量和其他绩效指标的具体水平；要从更广泛的角度考虑市场营销活动和方案对法律、道德、社会及环境等带来的影响。

4. 市场营销观念与推销观念的区别

市场营销观念和推销观念是两种根本不同的观念。推销观念注重卖方的需要，而营销观念则注重买方的需要；推销观念以卖方的需要为出发点，考虑的是如何把产品变成销售额；而营销观念考虑的则是如何通过产品以及与创造、交付产品有关的所有环节来满足顾客的需要。

推销观念和市场营销观念在营销起点、营销的核心工作、营销手段及最终目标上的区别比较见表1-1。

表1-1 市场营销观念和推销观念的比较

比较项目	推销观念	市场营销观念
起点	工厂	产品
中心	产品	顾客需求
手段	以推销刺激需求	整体营销
目标	从扩大销售中获利	从用户的满足中获利

5. 企业价值实现的过程和各环节的主要任务

企业进行产品营销的过程，也是价值实现的过程。这一过程包括：价值识别、价值选择、价值组合设计、价值管理与拓展。在各个不同的阶段，企业营销承担的任务是不同的。

（1）价值识别阶段。企业需要通过监控营销环境和评估购买者的需求和行为以及进行实际和潜在市场的调研，判断组织内外正在发生的变化，以发现新的价值机会。因此，分析营销环境、研究购买行为、进行市场调研是营销者的核心任务。

（2）价值选择阶段。营销者面对庞大的消费市场，必须对市场进行细分，选择适当的目标市场，开发市场供应物的价值定位。市场细分、目标市场选择和定位设计是营销者要解决的战略营销问题。

（3）价值组合设计阶段。企业要考虑如何更有效地提供更有前途、更有吸引力的新价值产品或服务，如何使用自己的能力和基础设施更有效地交付新价值产品或服务。因此，设计品牌和开发管理产品、确定价格、选择和管理渠道以及规划和实施整合营销传播，就成为营销者要完成的重要工作。

（4）价值管理与拓展阶段。企业价值的实现是一个动态的创新过程。企业要从长期的角度考虑产品、品牌以及应该如何提高利润。这就需要考虑对营销运作的动态管理，以在多变的新科技和全球性营销环境中更好地应对机会与挑战。因此，营销运作管理、全球营销助力企业实现价值过程的有效管理和价值在更广泛市场范围的拓展。

6. 维系与顾客的良好关系企业需要做好的主要工作

顾客满意是产品认知绩效与顾客购买期望的函数。一个高度满意的顾客通常会有较长期的忠诚行为，在公司推出新产品或对产品进行升级后往往会购买更多的产品，为公司及其产品传递良好口碑。顾客关系的维系和保持是企业营销的根本目标，而顾客关系的维系是一个动态的管理过程。

（1）实现和监测顾客满意。

实现顾客满意。要注意准确把握和引导顾客的购买期望，提高产品和服务质量。质量是产品或服务所具有的能够满足现实的或潜在需要的整体特征与特色。

监督顾客满意度。通过定期调查可以直接跟踪顾客的满意状况，还可以同时询问一些其他问题以了解顾客再购买的意向，以及顾客向其他人推荐本公司及品牌的意愿和可能性。

（2）吸引和维系顾客。

密切关注顾客维系的动态变化。吸引和维系顾客的主要步骤可以形象地通过营销漏斗形式展示出来。营销漏斗（Marketing Funnel）能够识别决策流程中每一个阶段的潜在目标顾客的比例。

处理顾客抱怨：为顾客抱怨提供畅通的通道。意见簿、免费热线电话、网站、电子邮件等，都能够快速地实现双向沟通。

减少和赢回流失顾客：要注意分析导致顾客流失的不同原因，并找出可改进之处；还要注意赢回流失顾客，特别要注重赢回那些有较强盈利潜力的顾客。

管理顾客群体：减少顾客流失率；提升顾客关系的寿命；通过交叉销售、延伸销售来提高每个顾客的购买潜力；尽可能从低利润顾客处增加获利；集中精力服务于高价值顾客。

（3）建立顾客忠诚。

开发忠诚项目。频繁奖励项目（Frequency Programs，FPs）就是给大量的经常购买产品和服务的顾客提供奖励。俱乐部会员项目（Club Membership Programe）可以对每个购买某产品或服务的人开放，也可以面向特定群体或愿意支付少量费用的顾客。俱乐部会员制能够吸引并维系那些能给公司带来大宗业务的顾客。

建立业务合作关系。公司可以向顾客提供某种特定的设备或计算机链接，以帮助客户管理他们的订单、账单、存货等。由于这涉及高昂的资金成本、搜寻成本以及可能失去忠诚顾客所获得的折扣，顾客不会轻易进行品牌转换去购买其他公司的产品。

四、评析题

1. "市场营销的目的在于使推销成为多余"

这是管理学大师彼得·德鲁克的名言。市场营销是企业为从顾客处获得利益回报而为顾客创造价值并与之建立稳固关系的过程。世界各地的企业雇用销售人员将产品和服务销售给企业客户或最终消费者。人员推销是企业促销组合中的一种工具和手段。如果企业通过市场营销活动，准确把握顾客需求，开发并提供有价值的产品、合理的定价、便利的渠道以及有效的促销，产品就很容易销售出去。可以说，开发出真正符合消费者需求的产品，恰恰是营销的真正目的；而真正符合消费者需求的产品，往往不需要推销就会有好的销路。

因此，市场营销的目的就在于深刻地认识和了解顾客，从而使产品和服务完全适合特定顾客的需要，实现产品的自我销售。换一句话说，理想的市场营销应该可以自动生成想要购买特定产品或服务的顾客，而剩下的工作就是如何使顾客可以购买到这些产品或者服务。任天堂公司在市场上推出 Wii 游戏机产品时，佳能公司向顾客推介 ELPH 数码照相机时，丰田公司的混合动力车普锐斯上市时，它们都立刻获得了来自市场的大量订单，这是因为这些知名企业在大量的市场营销研究基础上，成功地设计出了符合消费者需求的适销对路的产品。

2. "市场营销只能满足顾客的需求"

这一观点是片面的。需求是可以被购买能力满足的对特定产品的欲望。营销者通过研发产品或推出服务，满足消费者的需求只是营销的任务之一。在现实生活中，需求的形态是多种多样的，因此，营销者要设法影响需求的水平、时机、构成等，以使其符合组织的目标。需求的多种表现形态及其对应的营销任务见表1-2。

表1-2 需求形态与对应的营销任务

序号	需求形态	营销任务
1	负需求	消费者对某个产品感到厌恶，这时营销者要进行扭转性营销
2	无需求	消费者对某个产品不了解或不感兴趣，这时营销者要进行刺激性营销
3	潜在需求	消费者可能对某个产品产生了强烈的需求，而现有产品又不能满足其需求，这时营销者要进行开发性营销
4	下降需求	消费者逐渐减少或停止购买某种产品，这时营销者要进行恢复性营销
5	不规则需求	消费者的购买可能每个季节、每个月、每周甚至每个小时都在发生变化，这时营销者要进行同步性营销
6	充分需求	消费者恰如其分地在市场上购买自己所需数量的商品，这时营销者要进行维护性营销
7	过度需求	消费者想要购买的数量超过了市场供应的数量，这时营销者要进行限制性营销
8	不健康需求	产品可能吸引消费者，但却会对社会产生不良后果，这时营销者要进行抵制性营销

对于上述的每一种情况，营销者都必须分析每种需求的基本原因，然后制定出促使该种需求朝着自己所期望的需求类型转化的行动方案。

3. "营销是公司各个部门的共同职责和任务"

这一观点是正确的。对现代企业来说，营销已不再仅仅是一个部门的责任，而是全公司各部门的共同责任——共同推动企业的愿景、使命和战略实施。只有当所有部门共同努力来实现营销目标的时候，才能真正获得成功。在企业内部围绕营销目标，需要研发部门设计合适的产品，财务部门分配合理的资金，采购部门购买合适的原材料，制造部门在恰当的时间生产出合适的产品，会计部门用正确的方法核算利润等。只有公司奉行正确的营销理念并得到各部门的协同响应，这种跨部门的和谐运作才能真正成为现实。

当今时代，公司各部门履行营销职责，核心是要做到以顾客为导向开展各项工作。表1-3是菲利普·科特勒（2012）概括提出的公司各部门实现顾客导向应该开展的主要工作。

表1-3 公司各部门实现顾客导向需开展的主要工作

序号	公司部门	顾客导向下的任务
1	研发部门	花费时间接见顾客并倾听他们的问题。 欢迎营销部门、制造部门和其他部门参与到每一个新项目中。 以最好的竞争产品为基准并寻求"同行最佳"的解决方案。 在项目的进展过程中不断征求顾客的反映和建议。 在市场反馈的基础上不断改进产品
2	采购部门	主动地积极寻找最好的供应商。 与为数不多的提供高质量产品的供应商建立长期合作关系。 不会为了节约成本而降低质量标准
3	制造部门	邀请客户参观工厂。 拜访客户的工厂，以观察客户是怎样使用公司产品的。 为了实现已承诺的交货日期，会加班加点地工作。 不断寻找以更快、更低成本来生产商品的方法。 不断地改进产品质量，目标是零缺陷。 只要有可能，就会满足顾客的定制化要求
4	营销部门	研究顾客的需要和欲望，以便能够更好地界定细分市场。 从目标细分市场的长期利润潜力出发分配营销努力。 为每个目标细分市场开发能够盈利的市场供应物。 持续关注公司形象和顾客满意度。 持续地收集与评估有关新产品、产品改进和服务的构思，以便满足顾客的需要。 鼓励企业的所有部门和员工都要以顾客为中心
5	销售部门	对顾客所在的行业有着专业的认识。 努力给顾客最好的问题解决方案。 只做出可以履行的承诺。 向负责产品开发的部门反馈客户的需要和想法。 长期为忠诚客户提供服务

续表

序号	公司部门	顾客导向下的任务
6	物流部门	在服务方面制定高标准,并始终如一地坚持这个标准。 管理着对顾客态度友好又知识渊博的顾客服务部门。 能够以令人满意和及时的方式回答顾客的问题、处理顾客投诉并解决问题
7	会计部门	定期提供针对不同产品、细分市场、地理区域、订货数量和客户的盈利报告。 根据顾客的需要准备发票,并有礼貌、迅速地回答顾客的咨询
8	财务部门	理解并支持营销费用开支(如形象广告),只要这些开支有助于形成长期的顾客偏好与顾客忠诚。 根据顾客的财务要求制定财务方案。 对客户信用问题能够迅速地做出决策
9	公关部门	发布对公司有利的新闻,并承担化解不利新闻负面影响的任务。 充当内部顾客和内部公众,促使企业制定更有利的政策和实践准则

4. "所有的顾客对于企业来说都是具有投资价值的"

从对顾客的投资管理来说,此观点是不正确的。并非所有的顾客,都是具有投资价值的。在现实中,一些忠诚顾客可能是无利可图的,而一些不忠诚的顾客倒可能是有价值的。

企业可以根据潜在赢利性将顾客进行分类,并相应地管理顾客关系。图1-1根据顾客的潜在赢利性和忠诚度将顾客划分为4个群体。每个群体需要不同的客户关系管理战略。

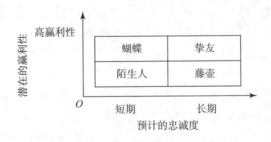

图1-1 顾客关系群体

"陌生人"代表低潜在赢利性和低忠诚度。公司提供的产品或服务不符合这类顾客的需要。对这类顾客的关系管理战略是:停止投资;在每一笔交易上赚钱。

"蝴蝶"具有潜在赢利性但不够忠诚。公司提供的产品或服务和他们的需要之间存在很好的适配性。但就如蝴蝶一样,只能让我们欣赏一会儿,然后它就会飞走。如股票市场的投资者就是这类客户。他们经常大量交易股票,但始终在寻求最好的交易,不会与任何一家经纪公司建立稳固的关系。企业可以用促销手段吸引这类客户,达成满意又有利可图的交易。然后停止对他们的投资,直到下一次循环开始。

"挚友"是既有价值又有忠诚的顾客。他们的需要和企业提供的产品和服务之间有很强的适配性。企业希望进行持续的关系投资来取悦这些顾客,并培育、留住和增加这类顾客。这类顾客会经常惠顾并将自己的良好体验告诉其他人。

"藤壶"非常忠诚,但不能为公司带来盈利。他们的需要与公司提供的产品和服务之间的适配性是有限的,如银行的小型顾客。他经常去银行,但产生的回报不足以弥补维持其账户的成本。就像吸附到船上的藤壶，对船的行进会造成拖累。由于这类顾客不能为顾客带来更多利润，投资的意义不大。

总之，对不同类型的顾客要采取不同的关系管理战略，企业要与恰当的顾客建立恰当的关系。

5. "营销只是广告和销售"

这一观点是片面的。营销涉及与顾客建立价值导向的交换关系，它是企业为从顾客处获得利益回报而为顾客创造价值并与之建立稳固关系的过程。这一过程包括多个环节的营销活动：通过市场机会的分析识别价值、通过目标市场选择和定位选择价值、通过营销组合策略实现价值组合的设计、通过对营销运作的管理和向全球市场的延伸实现价值的管理和拓展。

广告和人员销售是在价值组合设计环节的活动。广告是特定厂商采用付费形式，通过印刷媒体、广播媒体、网络媒体、电子媒体及户外媒体等对观念、产品或服务进行的非人员展示和促销。人员销售则是以展示、答疑和获得订单为目标，与一个或多个潜在购买者之间进行的面对面交流。广告和人员销售作为整合营销传播的重要方式，虽然在组织的整合营销传播活动中发挥着不可替代的作用，但与营销这一涉及多个决策和管理环节的活动是不能画等号的。

6. "设计和实施公司的营销战略，就是要处理好产品、价格、渠道与促销的关系"

这一观点是片面的。首先，营销战略要与公司的总体经营战略保持一致。公司营销官的经营战略责任包括：①参与战略的制定；②制定营销战略，使其与企业经营战略重点保持一致，并与其他的职能方面的战略要求相互协调。彼得·德鲁克曾经这样阐述营销的职责：营销是一项企业必须具备的职能，我们不能将其从企业中与其他职能分离开来，它与制造、人事等工作是同等重要的；尽管营销需要独立性的工作和一系列独特的活动，但它首先是企业整个经营活动的中心；无论是从其所达到的最终结果来看，还是从顾客的角度看，它都涵盖了经营工作的全部内容。

其次，营销战略包括战略分析、制定和实施。战略营销的研究专家戴维·W·克雷文斯在其名著《战略营销》（2004）中是这样界定营销战略的：营销战略包括战略分析、制定和实施，具体活动包括界定市场对企业的意义、选择目标市场战略、确定营销的目标，并制定和实施市场定位战略，以满足各个目标市场顾客的价值需要。

最后，产品、价格、渠道与促销作为营销组合的构成要素，属于战术层面。戴维·W·克雷文斯（2004）指出：产品、价格、渠道与促销四者相互结合，共同构成了每个目标市场的定位战略；定位战略是由营销组合策略实施的。当公司的目标市场选择和定位战略确定后，就要考虑整合营销组合要素，即将产品、价格、促销、分销策略整合成一个协调的行动计划。如果这些要素之间缺乏协调性，营销活动就会产生冲突，从而造成资源的浪费。

五、实训题

1. 正确理解市场营销的内涵和目标

五位分别来自餐饮、零售、教育行业、汽车制造及饮料行业的公司营销总监，分别提出了他们对营销的理解。

某餐饮公司营销总监认为：市场营销就是要通过优质的产品和良好的服务去满足顾客的消费欲望，并通过提供的食品和服务质量赢得顾客满意，达到促使其长期消费的目标。

某零售公司营销总监认为：市场营销是尽可能以低价格或者其他的促销方式向顾客提供丰富的产品服务，满足顾客多样化的需求，为顾客创造最大的价值。

某教育公司营销总监提出：教育的功能在于教书育人，培养出高素质的人才就是最成功的市场营销。

某汽车公司营销总监提出：市场营销是通过调查客户需求，开发符合顾客需要的汽车产品，并通过多种销售渠道和各种促销方式销售产品和获取顾客的过程。

某饮料公司营销总监则提出：市场营销就是注重市场的变化情况，利用品牌力量打动消费者，通过多种销售渠道增加市场份额。

实训：请你评价以上理解，分析这些公司营销总监的认识，与美国市场营销协会（AMA）对营销的解释有何异同。（美国市场营销协会：市场营销是一项有组织的活动，它包括创造、传播和传递顾客价值和管理顾客关系的一系列过程，从而使相关利益者和企业从中受益。）

2. 熟悉 8 种需求状态及其对应的营销任务

实训：填写表 1-4：8 种需求表现形态及其对应的营销管理任务，并在每一种需求—营销任务下，调研分析一个具体的实例。完成后在小组中相互交流和讨论。

表1-4　需求形态与营销管理任务

序号	需求表现形态	企业营销管理任务	举出一实例
1			
2			
3			
4			
5			
6			
7			
8			

3. 识别企业奉行的营销观念

沃尔沃推出"Lifepaint"。2016 年在英国，沃尔沃为了保护骑自行车的人在夜幕下的安全，推出了"Lifepaint"。将夜光喷雾喷在衣服和自行车上后，人和车都会呈现出银色，大大提高了夜间骑车安全。对于沃尔沃，大家对它的印象是"品质、安全、环保"。这次，跨界推出的"LifePaint"，帮助了处于弱势地位的夜行者，充分体现了公司的人性关怀，也打破了品牌在消费者心目中的刻板印象。

凯迪拉克推出 CT6 PHEV。2016 年凯迪拉克推出了 CT6 PHEV，这是目前最先进的国产新能源车。凯迪拉克 CT6 搭载的是 18.4kWh 的锂电池组，这套电池可以支持凯迪拉克 CT6 PHEV 在理想状况下行驶 80km 左右，而且由于大容量电池的加入，CT6 可以实现纯电驱动、纯发动机驱动、混合驱动以及制动能量回收四种方式。CT6 PHEV 的 0~100km/h 加速时间达到了 5.4 秒，在以性能表现为主导的设计理念之下，混合动力所带来的低油耗同样具备，平均百公里综合油耗大约为 1.7 升。

实训：对案例中企业奉行的营销观念做出判断并说明理由。

4. 熟悉企业营销价值实现的过程及其营销管理的任务

据相关机构统计数据，中国60岁以上人口目前超过2亿人，占比为16.1%，中国已经处于老龄社会初期，中国老年消费市场即将迎来新的发展时代。据预测，2050年全世界老年人口将达到20.2亿，其中中国老年人口将达到4.8亿，几乎占全球老年人口的1/4，是世界上老年人口最多的国家。在消费能力层面，目前中国老龄消费人群逐渐呈现出消费需求广泛、消费观念不断升级的特点；从市场空间的角度看，到2020年，中国老年消费市场规模将达到3.3万亿元，未来市场空间巨大。从老年消费品市场的供给状况来看，日本市场的老龄用品已超过4万种，而我国只有2 000多种，是日本的1/20。可见，我国老年产业供给面临供给不足状况，有较多空白市场需要填补。

实训：张明拟创业成立一家公司，专门生产和经营老年消费品。请你按照企业营销价值实现过程：价值识别、价值选择、价值组合设计、价值管理及拓展四个阶段的主要任务和要求，为张明的这家创业公司在各阶段应该做好哪些营销工作，提出你的思考和建议。

第二节　案例分析与讨论

一、这两家公司这样对待顾客

1. 兑换一张200年前的银行存单

80多岁的老太太赖斯，一个人住在美国纽约一条简陋巷子的老宅子里。有一天翻动丈夫的遗物，发现从一本褪了色的厚书里掉下一张纸，竟然是一张200年前的手写存单，金额是100美元。开户行是瑞士银行某分行。闲在家中也没什么事，赖斯就拿着这张"过期"的存单去瑞士银行某分行碰碰运气。该分行的工作人员接到这张200年前的存单后，没有多说什么，只是让老太太赖斯留下电话号码和详细的家庭住址。第二天，瑞士银行总行行长从总部巴塞尔坐飞机抵达美国纽约，并找到老太太赖斯的住所，亲自将五十多万美元利息款交到她手中，还奖励了她100万美元。

原来，工作人员接到这笔业务后，马上向分行行长做了汇报。分行行长十分重视这件事，立即上报总行。总行马上派专人核对存单上的账号，在公司100年前的老账中，查到了该笔存款的底账。总行行长说，这笔200年前100美元的存单，是该公司到目前为止，发现的前来兑换的存单中最老的一张。

对于瑞士银行的做法，很多人表示不理解。但瑞士银行的回答是："我们兑换的是对顾客的一个承诺，诚信才是瑞士银行不倒的招牌！存在我们银行，只要地球还在，顾客的钱就永远不会丢失。"这句承诺，连同这张200年前的手写存单，被装裱在这家瑞士银行展馆的大厅里。

2. 斯图尔特·莱昂纳多的经营原则

斯图尔特·莱昂纳多（Stewart Leonard）起步于1969年美国康涅狄格州的一家小型日用品商店，经过多年的苦心经营，现已经发展成为有4家分店的连锁超市，每周为30万名顾客提供服务。

斯图尔特·莱昂纳多说，每当看到一位生气的顾客，就好像看到5万美元从他的商店飞了出去。为什么？因为他的顾客平均每周消费约 100 美元，一年按 50 周计算，一般可以保持 10 年左右。如果这个顾客因不愉快的体验而转向另一家超市，斯图尔特·莱昂纳多的商店就会损失总计 5 万美元的收入。而且，一旦这位失望的顾客与其他顾客分享他那不愉快的体验而导致他们离开的话，商店的损失会更大。

为了保持顾客的回头率，斯图尔特·莱昂纳多创造了被《纽约时报》称为"店中迪士尼"的经营模式，包括化妆的卡通人物、定时的娱乐活动、宠物乐园以及动漫人物。众多的忠诚购物者是商店热情周到服务的结果。

斯图尔特·莱昂纳多的商店奉行的经营原则是：原则1——在斯图尔特·莱昂纳多商店，顾客永远正确；原则2——即使顾客错了，参见第一条！

讨论题

（1）从两家公司的经营行为中，反映出它们奉行的营销理念是什么？
（2）从两家公司的做法中，分析它们是如何看待企业与顾客关系的。
（3）这两家公司处理与顾客关系的做法，能够带来的结果是什么？对我们有哪些启示？

二、梳子和杯子的不同卖法

1. 故事1：把梳子卖给和尚

某公司创业之初，为了选拔真正有能力的营销人才，要求应聘者必须经过一道测试：以比赛的方式推销 100 把梳子，并且把它们卖给一个特别指定的人群：和尚。

几乎所有的人都表示怀疑：把梳子卖给和尚？这怎么可能呢？许多人都打了退堂鼓，但是甲、乙、丙三个人勇敢地接受了挑战。一个星期后，三个人回公司汇报各自的销售结果。甲先生只卖出了一把，乙先生卖出了 10 把，丙先生居然将 100 把都卖出去了。同样的条件，为什么结果会有这么大的差异呢？公司请他们谈谈各自的销售经过。

甲讲述他历尽的辛苦，跑了三座寺院，游说和尚应当买把梳子，但三座寺院的和尚都以摇头拒绝，但他仍然不屈不挠，终于感动了一个小和尚，买了一把梳子。

乙去了一座名山古寺，由于山高风大，把前来进香的善男信女的头发都吹乱了。乙先生找到住持，说："蓬头垢面对佛是不敬的，应在每座香案前放把木梳，供善男信女梳头。"住持认为有理。那庙共有 10 座香案，于是买下 10 把梳子。

丙来到一座颇负盛名、香火极旺的深山宝刹，对方丈说："凡来进香者，多有一颗虔诚之心，尤其对于积德行善之人宝刹应有回赠，保佑平安吉祥，鼓励多行善事。我有一批梳子，您的书法超群，远近闻名，可刻上'积善梳'三字，然后作为赠品。"方丈听罢大喜，立刻买下了 100 把梳子。不仅如此，"积善梳"一出，一传十，十传百，朝拜者更多，香火更旺。于是，方丈再次向丙订货。并且订货一直持续了下去。

公司招聘小组针对三位应聘者的表现，经过分析讨论，决定了录用名单。

2. 故事2：一个杯子到底能卖多少钱

一家营销咨询公司为一家红酒公司做产品策划，在进行定价策划时，咨询公司负责人与企业主发生了激烈争论，原因是产品的定价太高了，每款产品都比原价高了将近一倍，企业主感觉高得离谱，觉得没法卖出。这时咨询公司负责人对企业主说："如果你只想卖原来的价格，那就用不着请咨询公司来策划，营销策划的目的就是要将好产品卖出好价钱。"最终咨询公司负责人以"一个杯子到底能卖多少钱"的例子说服了企业主。

第 1 种卖法：卖产品本身的使用价值，定价 10 元/个。如果将杯子仅仅当一只普通的杯子，放在普通的商店，用普通的销售方法，可能最多只能卖 10 元钱，这是因为产品没有什么价值创新。

第 2 种卖法：卖产品的创意价值，定价 20 元/个。可以将杯子设计成时尚、流行的款式，以此吸引消费者的购买兴趣和意愿。

第 3 种卖法：卖产品的品牌价值，定价 30 元/个。将杯子贴上品牌标签，品牌意味着承诺和信誉。几乎所有人都愿意为品牌付钱。

第 4 种卖法：卖产品的组合价值，定价 50 元/一套。如果将三个杯子组合成一个温馨、精美的家庭包装，起名叫"我爱我家"，一只叫父爱杯，一只叫母爱杯，一只叫童心杯，小孩也许就会拉着妈妈去买这款套装杯。

第 5 种卖法：卖产品的延伸功能价值，定价 60 元/个。这只杯子可以用磁性材料制作，可以挖掘出它的磁疗、保健功能并进行促销宣传。

第 6 种卖法：卖产品的细分市场价值，定价 188 元/对。如果将具有磁疗保健功能的杯子印上十二生肖，并且准备好时尚的情侣套装礼盒，取名"成双成对"或"天长地久"，可能就会让为给对方买何种生日礼物而伤透脑筋的情侣付完钱后还不忘回头说声"谢谢"。

第 7 种卖法：卖产品的包装价值，定价 188/238/268 元/对。如果把具有保健功能的情侣生肖套装做成三种包装：第一种是实惠装，188 元/对；第二种是精美装，238 元/对；第三种是豪华装，268 元/对。可能最后卖得最火的不是 188 元/对的实惠装，而是 238 元/对的精美装，甚至 268 元/对的豪华装。

第 8 种卖法：卖产品的纪念价值，定价 668 元/个。如果这个杯子被赋予特殊的纪念品，在造型设计、制作材料、使用场合、包装设计等方面都被赋予了特殊的创意和纪念内涵，这样的杯子也会吸引特定的人群加以购买并收藏。

讨论题

（1）梳子和杯子的不同卖法是如何产生的？为什么会有不同的卖法？

（2）顾客购买梳子和杯子，要获得的价值是什么？

（3）结合案例，谈谈你对"推销"和"营销"的理解。

（4）结合案例，谈谈一个优秀的营销人员应该具备哪些基本素质。

三、福特公司和通用公司的营销观念

1. 福特公司推出 T 型汽车

1908 年，美国汽车大王福特突然宣布，他的公司日后将只生产一种汽车，即 T 型汽车。T 型汽车在当时的确集中了先前所有各种型号汽车的最优良的特点。而且直到第一次世界大战结束前，T 型车的销售量仍逐年增加，而价格则逐年下降。对于这种汽车的赞扬声来自四面八方，甚至美国税务委员会也曾在 1928 年回顾说，T 型车是一种很好的经济实惠的汽车。它的声誉极好，各阶层的人都使用它。它是市场上最便宜的汽车，而按它的价格来说，它的实用价值又超过任何别的汽车。T 型车市场的需求量比任何公司的汽车市场需求量都大。

2. 应对来自通用汽车的竞争

第一次世界大战后，美国经济繁荣了一阵子，到 1920—1921 年出现了大衰退。福特通过大幅降低成本勉强渡过了这个难关。但是，20年代初期的汽车市场竞争激烈，主要来自占市场销售额大约20%的通用汽车公司。通用公司希望继续扩大它的市场占有额，它增加了产品系列，利用独立部门销售，以适应不同的市场；雪佛兰是低价车，接着是别克、奥尔兹和庞蒂别克，最后则是最为昂贵和豪华的凯迪拉克。

补锅匠出身的老福特认为，对付竞争的唯一办法，是遵循洛克菲勒和卡内基的先例，降低T型汽车的成本。这一方针的焦点是在底特律附近的鲁日河边建立一个巨大的中心生产工厂，一年365天，天天都能以较低的成本生产出更多的汽车。然而，到1923年，实际状况是，福特的低价政策并没有吸引买主，福特的个人统治为他带来的好处也不及通用公司权力分散的管理制度为扩大销售量带来的好处。

通用公司扩展市场的策略集中于美国人买车的赊购方法以及更重要的生活习惯——每一两年改变一下汽车的式样。而在福特的经营观念中，这是十足的歪门邪道。福特汽车公司的高级职员敦促福特改变他的基本方针，以便更好地对付竞争。甚至福特的夫人也劝告福特不要再固执己见。但是福特拒绝了，他争辩道："我们希望造出某种永远能用下去的机器，我们希望买了我们一件产品的人永远不需要再买另一件。我们绝不会做出使先前样式废弃不用的任何改进。"

3. 福特和通用汽车的市场命运

福特这样做的直接后果是他的大多数助手纷纷离去以及销售量的大幅度下降。到1927年，他把所有34家工厂关闭6个月，以便重新安排生产。但是关闭以后整整有一年时间生产没有全面展开。到1936年，在轿车销售量方面，它屈居第三，排在通用公司（占34%）和克莱斯勒（占25%）之后。1927年以后，通用汽车公司的实力表现在每年大张旗鼓地介绍新式汽车、研究及试制行驶性能更好的封闭汽车，以及精明老练地处理二手车的业务。

人们的价值观念、消费观念是不断变化的，而且是迅速变化的，到20世纪20年代，汽车已成为美国人个性的延伸。随着城市居民第一次超过农村居民，美国人发出了要求体现个性的呼声，而这在渴望自由呼吸的城市大街上拥挤的人群中曾受到长期的压抑。统一样式的T型汽车，用福特本人的说法就是："任何顾客都可以把它的车子漆上他喜欢的颜色，只要它是黑色的就行。"而通用汽车公司的口号则是："为不同经济能力的人和不同用途提供汽车。"在这样的口号下，通用汽车公司提供给顾客的是大家都买得起的形形色色的汽车。福特公司却一直只生产一种型号的汽车，甚至只生产一种颜色——黑色的汽车，终于导致了它在当时激烈的市场竞争中败下阵来。直到1947年福特逝世以后，他的公司改变策略，才重新获得了如它早期那样在经济上的领先地位。

讨论题

（1）福特和通用两家公司所持的营销观念是什么？

（2）分析导致两家公司营销观念不同的原因。

四、日本家电企业是如何抢占中国市场先机的

1. 欧美和日本企业对中国市场的研究

1979年年初，中国刚开始实行对内搞活、对外开放的政策，这引起了美国、欧洲诸国和日本等国家企业的极大兴趣。

欧美企业率先对中国家电市场的需求和前景进行了调查研究。经过调查和预测，美国和

欧洲的家电企业得出的结论是：①中国的城市居民工资收入低，而家电属于高档耐用消费品，对于处于温饱时期的中国居民来说，超过了大部分家庭可以承受的支出水平；②中国在5~7年内难以形成对家电产品的有效需求。

日本企业也对中国市场进行了调查研究。得出的研究结论是：

①中国居民工资收入水平虽然较低，但有勤俭持家的传统美德，过日子精打细算，一般家庭都有储蓄的习惯，这是潜在市场形成的基础。如果对中国居民的生活和消费购买加以刺激和引导，家电有效需求市场可以形成。

②中国可能形成一个巨大的家电购买市场。中国的人口有10亿之多，平均每个家庭按4人计算，就有2.5亿个左右的家庭；如果按中等收入以上的家庭占1/5计算，就有5 000万个左右的家庭具备了购买中低档家电产品的能力。这是一个有着巨大的消费潜力和可观利润的市场。

③中国对外开放后，发达国家的生活方式将对中国社会产生巨大影响，这会加速居民生活方式的转变。随着经济文化交流等的增多，在发达国家和地区现代家庭的消费模式影响下，会加速中国普通家庭"消费升级"的进程。另外，中国一些家庭之间存在着相互攀比的风气，也会使这一进程加快。

总之，党的十一届三中全会以后，中国政府已宣布将工作的重点转移到经济建设上来，中国居民的生活水平也会随之不断地提高。由此日本企业认为，中国家电市场是可以进入的极有前途的目标市场。

2. 日本企业的营销策略

以黑白电视机为例。日本企业针对中国市场的需求，将产品电压由110伏改为了220伏，针对中国电压不稳的实际情况，在机内增加了稳压装置，电视设计了适应中国的频道和制式；适应中国的消费习惯，降低耗电量，适当增大音量，率先提供给中国市场的产品以12英寸黑白机为主，提供保修服务。

当时中国市场上尚没有外国的电视机与其竞争，日本企业在中国市场的产品价格以中低档为主，同时兼顾高档产品。

日本家电企业在《铁臂阿童木》《尼尔斯骑鹅旅行记》《排球女将》等电视连续剧中播放广告，"National" "HITACHI" "TOSHIBA" "SONY" "SHARP" "JVC" "NEC" 等品牌迅速被中国大众熟悉，同时通过报纸、杂志等进行大量的配合宣传。这使得日本企业在短期内迅速实现了对中国消费者的心理渗透，由心理渗透带来了市场渗透的成功。

日本家电产品的分销，首先是由港澳国货公司代理、经销，港澳付款国内取货。其次利用港澳同胞回内地探亲，将家电作为馈赠礼品，从香港地区携带进入。再次，争取机关团体、高等院校、科研机构及其他社会团体的订货，以此推销高档并具有一定数量规模的产品；此外，日本企业对于流通基础相对好的大城市，采取直接发货进行分销。

从1983年开始，中国市场的大批家电产品订单到了日本家电制造商手中。当时一家外国通讯社这样报道：日本家电企业正夜以继日、马不停蹄地为中国市场赶制产品。

讨论题

（1）欧美和日本企业对中国市场调查研究的不同结论导致的结果是什么？

（2）分析日本家电企业进入中国市场的营销运作经过了哪些关键的营销管理环节。

（3）在各营销管理环节上，日本企业的营销运作有何特点？

五、洋河的蓝色经典风暴

江苏洋河酒厂股份有限公司（苏酒集团）位于苏北古镇——洋河，交通畅达，酒业兴旺，市场繁荣，旗下的洋河大曲距今已经有四百多年的历史，新中国成立后，洋河大曲凭借其悠久的历史底蕴和精湛的酿造工艺跻身于中国八大名酒之列。在过去的一段时间内，由于营销方法落后，同时缺乏品牌意识等方面的原因，苏酒的市场日趋缩小，产销量逐渐下滑，经济效益更是一落千丈。在此背景下，洋河推出了蓝色经典系列产品，自问世以来，在以茅台为代表的黔酒、五粮液为代表的川酒等众多品牌中脱颖而出，成为振兴苏酒的领头羊。

1. 白酒市场品牌各分天下

以江苏市场为例，白酒市场竞争激烈，苏南、苏北竞争格局相差较大：苏北主要是省内品牌之间的竞争；苏南则是省内外多个品牌的竞争。苏北是江苏的酒乡，"三沟一河"（双沟、高沟、汤沟、洋河）全部在苏北地区，地产酒能占到75%左右的市场份额，各品牌主力市场均在本地。苏南地区主要是徽酒、川酒和省内品牌在竞争。从整体看，省外品牌优于省内品牌，其中洋河、今世缘比较活跃，蓝色经典在高档酒中表现最好，其他省内品牌活力不足。

在各品牌势力分布方面，除洋河蓝色经典形成全省覆盖以外，其他各品牌格局均带有明显的地域性。双沟、今世缘（高沟）主要销量集中在其酒厂所在地及周边区域。从价格上看，激烈的价格竞争主要集中在中低档酒市场，受双重征税影响最大的也是中低档酒，致使中低档酒利润率低，甚至无利可图。

但中高档酒则由于特殊的品牌优势、历史积淀的民族文化传统以及中高档酒有限的供应量，即使是在白酒业一片愁云惨淡的时期仍然能保持较高的毛利率。以江苏洋河酒厂股份有限公司（苏酒集团）为例，2011年上半年白酒业务的毛利率达到57.5%，其中，中高档白酒的毛利率高达63.47%，而普通白酒只有6.57%。

2. 酒业市场掀起"蓝色风暴"

物质生产的极大丰富，导致当今消费者的选择空间越来越大，任何品牌都很难保持目标消费者的绝对忠诚。因此，洋河蓝色经典从白酒的主流消费群体入手，在广泛调查和科学细分的基础上，将其产品的目标消费者定位于成功人士，将主体市场定位在公务接待用酒上。在天之蓝、海之蓝成功进入中高端白酒市场的基础上，再推出梦之蓝，极大地提升了洋河蓝色经典的品牌形象。

我国白酒的包装设计风格多样，但是在色彩搭配上却多是红、黄、金之类的暖色，就如众所周知的茅台、五粮液、剑南春、郎酒等。而洋河蓝色经典却避开传统的暖色，独辟蹊径使用冷峻的蓝色，将蓝色确定为产品的标志色，不但凸显其差异性，更突出其品牌天之蓝、海之蓝、梦之蓝，使白酒行业刮起了一股蓝色的风暴，树立起"蓝色就是洋河，洋河就是蓝色"的消费印象。

洋河找到了蓝色的代表——天之高为蓝，海之深为蓝，梦之遥为蓝。洋河蓝色经典的广告语："世界上最宽广的是海，比海更高远的是天空，比天空更博大的是男人的情怀。"蓝色文化代表男人的情怀；有容乃大、包容万物是男人的情怀；超越时空、雄霸天下是男人的情怀。这些都在强化对目标群体形象的认知：胸怀高远、深邃高远、志向远大、收放自如的成功男士形象。在一段时间宣传"男人的情怀"之后，洋河又推出了它的姐妹篇"海之蓝，天之蓝，梦之蓝，洋河蓝色经典，中国蓝"。中国蓝这一口号，跳出了男人的情怀世界，道出了强烈的民族自豪感。洋河蓝色经典的平面广告示例见图1-2。

图1-2　洋河蓝色经典的平面广告

我国白酒市场习惯于用香型进行分类，比如茅台属于酱香型，而洋河大曲属于浓香型。蓝色经典问世之前，洋河曾经通过对4 325人次的目标消费者的口味测试结果和2 315人次的目标消费者饮酒后的舒适度进行调查，发现消费者饮酒后很大的问题就是头疼、口干等。蓝色经典在保持传统甜、绵、软、净、香风格的基础上，突出绵柔、淡雅的独特韵味，以"高而不烈、低而不寡、绵长而尾净、丰满而协调"的风格让消费者产生"入口绵甜柔和，饮中畅快淋漓，饮后轻松舒适"的口感，能够很好地缓解成功男士工作繁忙、节奏快的工作生活压力，真正迎合了消费者的内心需求。

3. 营销运作创造销售业绩

随着中国经济持续、快速发展，白酒消费的趋势也出现了新的变化，少喝酒、喝好酒成为近年来的新时尚。但是我国自古以来"无酒不成席"，在很多场合下，酒不能少喝。那么即便多喝一些，对身体健康也无大碍，便逐渐成为白酒主流消费群体的一种需求，也成为判断其是否是好酒的标准之一。很多白酒企业虽然有高水平的酿酒师和调酒师，但是其产品却差强人意，原因在哪里呢？据调查在于专家的评判标准和消费者的评判标准并不一致，所以一些酒企的白酒可以在行业内获奖，却满足不了消费者的需求。而洋河正是以消费者的需求为企业生产的标准，喊出"开创中国绵柔型白酒"的口号，满足了中高端消费者的心理需要和感官需要。

合理稳定的价格体系是企业持续发展的保证。对于白酒产品本身而言，价格因素尤为重要。洋河将蓝色经典的产品价格定位如下：海之蓝138元，天之蓝238元，梦之蓝500元以上，从中档到高档，满足不同消费者的不同需求。洋河蓝色经典的阶梯式市场价格，扩大了其产品的覆盖人群。销售业绩从2004年7 600万元，到2007年超过14亿元，2008年达到24.2亿元，洋河经典成为中国高端白酒的新锐品牌。

洋河蓝色经典是洋河的中高端品牌，在江苏省内各大、中城市，以终端专卖、专柜、店中店和高档餐饮专卖的方式形成终端营销的竞争力。营销传播也主要是针对江苏市场以及华东部分城市的市场，以实现"在狭小的市场阵地上取得突破"的战略构想。

同时，在营销运作上，洋河在同档次产品中率先开创出真正面向终端、掌控终端的一系列市场运作策略，特别是全新的"1+1"营销方式。洋河自己深入终端，与消费者"零距离"接触，让消费者亲身感受洋河的营销力和亲和力，感受洋河蓝色品牌文化的博大和高遥，感受"绵柔"酒独特的品质内涵。

另外，洋河与经销商共享市场资源，共享市场空间，共享市场利润，真正实现了厂商荣辱与共。全国各地有许多经销商甚至出现争洋河蓝色经典经销权现象，洋河蓝色经典的成功也带动了洋河大曲和敦煌古酿等系列品牌的畅销。

洋河蓝色经典在江苏地区的广告宣传大多侧重户外，比如公交车身广告、高速边大型广告牌等，给消费者强烈的视觉冲突。此外，洋河蓝色经典·梦之蓝在2004年被首选为希腊奥运会江苏体育健儿庆功用酒，2008年成为北京奥运火炬首传城市指定用酒，并登陆世界屋脊珠穆朗玛峰，2012年又被选为伦敦奥运会中国体育健儿壮行庆功专用白酒。除了与奥运携手，洋河蓝色经典冠名谭晶2012伦敦演唱会，与浙江卫视打造战略合作伙伴关系，与北京大学启动战略合作，将"茅五洋"等一线名酒国际化的梦想做到全世界，这些都是洋河倡导"中国梦"的一种实践。

国家统计局中国统计信息服务中心发布的2016年第四季度《中国白酒品牌口碑研究报告》显示，洋河一举摘得"产品好评度第一""质量认可度第一""品牌健康度第一"，成为整个行业拥有最多"第一"的企业。英国品牌评估机构Brand Finance发布"2017全球烈酒品牌价值50强"排行榜中，洋河以42.81亿美元的价值名列全球第三，较去年提升4个位次，品牌价值创造新高。

讨论题
（1）对洋河蓝色经典的营销运作所经过的关键营销管理环节做出你的归纳。
（2）洋河蓝色经典在各环节的营销运作上，体现出哪些独特的做法？

六、巴塔哥尼亚公司：告诉消费者买少一点

巴塔哥尼亚公司是一家生产高端户外服饰与装备的公司，公司一直"以企业发展帮助拯救地球"为使命。40多年前，热爱登山的企业家伊玛·乔伊纳德创立该企业时，就确立了一项持久的使命："生产最好的产品，避免不必要的伤害。用生意去激励和实施应对环境危机的解决之道。"如今，公司将这项使命推向了新的极致，他们明确地告诉消费者：别买我们的产品。

1. "别买这件夹克"

在两年前的黑色星期五那天，正是感恩节后一年之中最忙碌的购物日。但公司却在《纽约时报》上刊登了一则广告，这则广告展示了公司最热卖的R2夹克，并声明："别买这件夹克"；公司同时还利用零售店、公司网站、社交媒体主页等发布相关信息，支持这一声明。更为重要的是，巴塔哥尼亚的顾客还收到了来自公司的电子邮件，邮件向顾客再次声明该品牌关于少买的主张。以下是邮件的内容：

因为巴塔哥尼亚希望永续经营——并为我们的后代留下一个宜居的世界——我们今天要做一件有悖于其他企业的事情。我们要求您少购买，在购买这件夹克或其他商品之前三思。

我们所做的每件事情对环境的影响都是令人震惊的。考虑这里展示的是R2夹克，是我们最好的产品之一。制造它需要135升水，这已经足够供应45个人一天的需要量（一天3杯水）。从最初可回收的多元聚酯开始，到我们在内达华州西部里诺仓库中的成品，在此期间产生约20磅二氧化碳，是产成品重量的24倍。该夹克在生产过程中，产生了其重量2/3的废物。这是一件60%可回收的多元聚酯外套，编织与缝纫工艺都是高品质的。但是，我们制造和您购买这件外套所产生的环境成本都要高于其价格。

我们可以做很多事情，我们要做的事情还有很多。别购买您不需要的东西。购买任何商品之前，请三思。（与我们合作）再次想象一个世界，在那里，我们只采用自然能够再生的材料。

巴塔哥尼亚公司这一反其道而行之的广告——"不要买这件夹克"产生了极大的影响。网络很快就充满了大量来自在线记者、博主和消费者关于该广告蕴藏的深意和动机的讨论。

2. "共同衣物行动项目"

巴塔哥尼亚公司这一广告所倡导的消费理念，与公司推进的"共同衣物行动项目"理念是一致的。该项目敦促消费者与企业合作，进行更负责任的消费。该项目基于与可持续发展相关的联合行动，涉及五个方面（5R）。减少（Reduce）——我们制造长时间使用的有用设备；你不要购买不需要的东西。修补（Repair）——我们帮助你修补巴塔哥尼亚设备；你承诺设备一旦损坏就修补。重复使用（Reuse）——我们回收你不再需要的巴塔哥尼亚设备；你出售或赠送它们。回收（Recycle）——我们回收损坏的巴塔哥尼亚设备；请不要放入填埋场或焚烧炉。再想象（Reimagine）——让我们一起想象一个我们不再破坏自然环境的世界。

3. 公司倡导理性消费

巴塔哥尼亚公司认为，制造、购买、修补和重复使用更高质量的产品会导致更少的消费，进而减少资源的消耗，降低所有人的成本。一个记者问："有一件衣袖上有裂口的滑雪大衣怎么办？""不要扔掉再买一件，而是把它寄回来，公司会修补好。你的帐篷无法修补？寄回来，我们会循环使用这些材料。"

公司副总裁邦杜兰特解释说："这句广告语——'不要买这件夹克'——显然与营利性企业说的截然相反，尤其是在黑色星期五这种日子。但是老实说，这正是我们所追求的，我们希望影响发展资本主义和理性的消费行为。"

巴塔哥尼亚公司并不是突然在黑色星期五在《纽约时报》上发布一则广告而已。它已经持续十几年发布和传播这类信息。邦杜兰特说："你不能只是在广告里说说，或在某个特别的时间里做做，而是必须一天24小时、一年365天日日践行。"

倡导理智消费并不意味着公司希望消费者停止购买它的产品。相反，像其他营利性品牌一样，公司的确关心在黑色星期五和随后的假期里能否取得优异的成绩。作为一家主要销售冷天活动产品的公司，2014年最后两个月的销售收入占公司年销售总额的40%。但是对于巴塔哥尼亚公司而言，经营企业的意义已经超越了赚钱。根据邦杜兰特所言，"不要买这件夹克"运动更大的回报体现在人们对"共同衣物行动项目"的兴趣和参与度有所提高。顺带地，该运动促进了销售增长。在该运动的第一年，公司的销售额激增了1/3。

"只做好产品已经远远不够了。"邦杜兰特说，"应该让人们清楚，消费行为使人们卷入环境问题，每个人都可以为解决环境问题做出努力。这正是巴哥塔尼亚'只买你需要的'这一沟通努力所要尽力传达的。"

讨论题

（1）巴塔哥尼亚公司的做法体现了怎样的营销理念和伦理观？

（2）分析巴塔哥尼亚公司的做法有何意义。

（3）公司副总裁邦杜兰特提出："消费行为使人们卷入环境问题，每个人都可以为解决环境问题做出努力。"谈谈你是如何理解的。

第三节 经典推介

一、标志性理论、人物及思想简介

1. 市场营销组合

1953年,尼尔博登在美国市场营销学会的就职演说中首次提出了"市场营销组合"(Marketing Mix)这一术语。其意是指市场需求或多或少的在某种程度上受到各种"营销要素"的影响,为了寻求一定的市场反应,企业要对这些要素进行有效的组合,从而满足市场需求,获得最大利润。营销组合实际上涉及一系列要素。博登最初提出的市场营销组合原本包括12个要素。

1960年,麦卡锡在其《基础营销》一书中将这些要素概括为4类:产品(Product)、价格(Price)、渠道(Place)、促销(Promotion),即著名的4P。

1967年,菲利普·科特勒在他的《营销管理:分析、规划与控制》一书中进一步确认了以4P为核心的营销组合方法。

4P的提出奠定了营销组合理论的基础框架。该理论以单个企业作为分析单位,认为影响企业营销活动效果的因素有两种:一种是企业不能够控制的,如政治、法律、人口、经济、自然、技术、社会、文化等环境因素,称为不可控因素,这些构成企业所面临的外部环境;另一种是企业可以控制的,如产品、定价、渠道、促销等营销因素,称为企业可控因素。企业营销活动的实质就是一个不断利用内部可控因素来适应外部环境的过程,即通过对产品、价格、分销、促销的计划和实施,对外部不可控因素做出积极、动态的反应,从而促成交易的实现和满足个人与组织的目标。正如科特勒(2001)所指出的:"如果公司生产出适当的产品,定出适当的价格,利用适当的分销渠道,并辅之以适当的促销活动,那么该公司就会获得成功。"所以4P营销组合理论认为,市场营销活动的核心在于制定并实施有效的营销组合。图1-3是市场营销组合模型的基本框架。

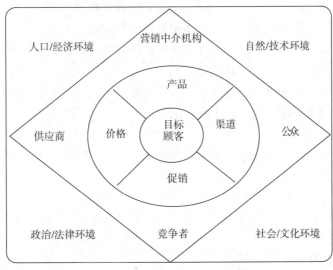

图1-3 市场营销组合模型

营销组合模型的优势在于，它把复杂的企业营销活动进行了归纳和简化，把企业营销过程中涉及的复杂因素概括成4大要素，即产品、价格、渠道及促销，简单明了、易于把握，因而成为主流营销组合理论中最为基本的构架。

2. 市场营销近视症

（1）"市场营销近视症"的提出。

"市场营销近视症"是指在市场营销中缺乏远见，只注重产品生产，认为只要生产出物美价廉的产品，顾客自然会找上门来，忽视顾客需求的不断变化。这一比喻性的概念最早是由美国营销管理专家西奥多·莱维特于1960年提出的。西奥多·莱维特根据自己对美国石油、汽车、电子等典型行业经营状况的研究分析，在《哈佛商业评论》上发表了一篇文章《市场营销的近视症》。在文章中，他指出造成这些行业经济不景气的主要原因不是市场饱和，而是管理上的失败，也就是患上了"市场营销近视症"。

（2）"市场营销近视症"的表现。

"市场营销近视症"主要有以下几种典型表现：

①企业经营（战略定位）的狭隘性。西奥多·莱维特分析了当时的美国铁路运输业。铁路运输业的经营者们仅仅看到自己所从事的是"铁路运输"这一特定的运输方式，却不能进一步看到自己是在从事交通运输业，未能将整个交通运输纳入企业的事业范围。当市场情况发生变化，汽车、飞机、管道等新型运输手段不断发展和完善时，铁路运输业的经营者们只能束手无策，眼睁睁地看着自己被挤出市场。

②忽视需求变化和替代竞争。西奥多·莱维特分析了美国石油工业和电力工业的发展历程。美国石油工业的经营者们曾经认为，石油工业不存在替代产品，因此眼睛向内，只关注如何有效开采、提炼和销售；而当电动机问世和电力工业形成的时候，美国的石油工业措手不及，只能自食衰败的苦果。后来，美国的电力工业又重蹈覆辙，因为这个行业的经营者们同样忽视替代产品和技术，当风能、太阳能等新能源出现后，电力工业的经营者们猝不及防。

③过分迷恋技术。管理者只相信技术对市场的驱动力，目光只盯在自己技术上的先进和超前性上，而忽视用户的需求和响应，这同样也无法真正赢得市场。美国摩托罗拉公司铱星系统的商业化失败，其重要的原因之一就是没有足够的用户需求响应。

④不切实际地强调质量。一些企业在追求产品质量的时候，总是会将各种技术标准放在优先考虑的位置，而忽视消费者的认知程度和接受能力。

⑤片面强调低成本、低价格。菲利普·科特勒曾经把人们的消费行为分为三个阶段，即量的满足、质的满足和感性满足。除了在量的满足阶段，人们的价格需求弹性比较大以外，在后两个阶段，人们对价格已经不敏感了，从顾客的心理感知而言，甚至会认为便宜无好货。一味地强调低价格，继而引起行业内的价格大战，这不仅牺牲了企业的经济利益，而且也会损害行业的发展前景。

总之，"市场营销近视症"的局限性在于：只看眼前，不及长远；着眼局部，忽视全局；关注企业，忽视顾客；重视内部，忽视外部。其实质是生产导向、产品导向，而不是顾客导向、竞争导向。

3. 营销4X理论的新发展

传统的营销组合的核心要素是4P，按照4要素的归纳思路，20世纪80年代以后至今,由于内外部环境的变化以及企业营销实践的新发展,理论界又总结提出了多个4要素理论。

(1) 4C理论。

1973年由于石油危机的爆发,西方主要发达国家进入了"滞胀阶段",经济发展停滞不前。与此相反的是在拉丁美洲和亚洲出现了一些新兴工业国家和地区,并且形成了一支新兴的经济力量,这些国家的企业开始积极参与国际竞争。同时发达国家的消费者对价格变得敏感,需求呈现出多样性,更为注重产品或服务的质量。因内部市场容量有限,国内企业之间的竞争也变得异常激烈。在这种背景下,美国著名学者劳特朋教授在80年代率先提出4C理论,即消费者(Consumer)、成本(Cost)、便利(Convenience)、沟通(Communication)。

4C理论强调根据消费者的需求和欲望来生产产品和提供服务,根据顾客支付能力来进行定价决策,从方便顾客购买及方便为顾客提供服务来设置分销渠道,通过企业同顾客的情感交流、思想融通,对企业、产品或服务更好地理解和认同,以寻求企业同顾客的契合点。

(2) 4R理论。

20世纪80年代以来,全球范围内服务业兴起,服务业在国民经济中扮演了重要角色,出现了工业服务化和服务工业化的趋势。学术界和企业界开始关注并提出企业营销活动的目标应该是建立并维护长期顾客关系。美国学者舒尔兹最早提出了4R要素,具体指市场反应(Reaction)、顾客关联(Relativity)、关系营销(Relationship)、利益回报(Retribution)。

4R理论认为,企业与顾客是经济利益相关的命运共同体,建立、保持并发展与顾客之间的长期关联是企业经营的核心理念和最重要的内容。因此,对于经营者来说,最现实的问题是如何站在顾客的角度及时地倾听顾客的希望、渴望和需求,并及时答复和迅速做出反应以满足顾客的需求。由于任何一个企业都不可能独自提供运营过程中所必需的资源,所以企业必须与利益相关者建立起合作伙伴关系,形成一张以企业为中心、由利益相关者组成的交易网络。合作伙伴共同开发产品、开拓市场、分担风险、培育独特的竞争优势,并获取合理的利益回报。

(3) 4V理论。

进入20世纪90年代以来,高科技产业迅速崛起,高科技企业、高技术产品与服务不断涌现,互联网、移动通信工具、发达交通工具和先进的信息技术,使整个世界面貌焕然一新。沟通的渠道多元化,越来越多的跨国公司开始在全球范围进行资源整合。在这种背景下,学术界提出了4V理论:差异化(Variation)、功能化(Versatility)、附加价值(Value)、共鸣(Vibration)。

4V营销组合理论认为,在市场日益细分的竞争压力下,企业应根据产品的销售条件、销售环境等具体市场操作因素的不同,采取包括产品差异化、市场差异化和形象差异化三个方面在内的差异化营销,树立企业和产品形象,依据消费者个性化的需求,弹性地提供不同功能的系列化产品。并通过技术创新、服务创新和品牌文化创新来增加产品的附加价值,在给消费者带来"价值最大化"的同时实现企业的"利润极大化",最终达到顾客和企业的双赢与共鸣。

(4) 新4P理论。

在科特勒的《营销管理》(第14版)中,科特勒提出,考虑到营销的广度、复杂性和丰富性，传统的市场组合无法准确反映全部营销活动，为此需要一组反映现代营销并且具有代表性的营销要素：人员（People）、流程（Process）、项目（Program）、绩效（Performance）。

人员：主要是指内部营销。一方面，强调员工对营销成功的重要性，强调组织员工的素质直接影响营销的成功程度。另一方面，要求公司必须将消费者视作活生生的个体，并从广义的角度去理解其生活，而不仅仅关注消费者购买和消费了什么样的产品或服务。

流程：是营销管理中所涉及的所有创造力、规则和结构。营销者要避免临时的规划和策略，并确保最先进的营销思想和观念能够在自己的营销决策和营销实施中发挥作用。只有建立一套正确的流程，才能更好与相关利益者建立起长期互惠的关系。

项目：指反映企业内部与消费者直接相关的所有活动。无论营销活动是在线上发生还是线下发生的，也不论该项营销活动是传统的还是非传统的，企业都要对其进行整合，使其形成一个有机整体，助力实现企业的多重目标。

绩效：是一系列可以从财务角度和非财务角度进行测量的结果指标。

科特勒认为，新 4P 实际适用于企业内部的所有方面，只有从这些方面考虑管理人员才能同企业的其他要素更为紧密地匹配起来。

（5）4D 理论。

随着互联网的崛起，新型消费群体出现了社交化、本地化和移动化的特征，其购买特点也逐渐呈现全天候、多渠道、个性化趋势。各类电商平台、新闻门户、SNS（社会性网络服务）社区、线下实体频道都是消费者获取商品信息的渠道来源；社交网络上的 UGC（User Generated Content，用户生成内容）、意见领袖的言论评价，都会对消费者购买产生影响；而消费者购买后的品质服务，更会影响其对产品的忠诚培养和品牌信任。为此，北京大学学者赵占波提出了新互联经济时代的涵盖需求（Demand）、数据（Data）、传递（Deliver）、动态（Dynamic）4 大关键要素的 4D 营销理论模型。

需求：企业首先需要了解消费者需要什么，然后不仅需要大力宣传符合消费者需求的产品和服务，还得用超出消费者最高期望的方式去实现。

数据：在互联网普及的当下，社会化应用以及云计算使得网民的网络痕迹能够被追踪、分析等。而这个数据是海量的和可变化的，企业或第三方服务机构可以借助这些数据为企业的营销提供咨询、策略、投放等服务。

传递：当针对顾客进行营销策略选择时，优先考虑将产品的各项价值（产品价值是由产品的功能、特性、品质、品种式样、品牌等所产生的价值）如何更加便利地传递给客户，而非只考虑企业自身生产、销售的方便程度。

动态：随着新技术的兴起，尤其是社交网络的出现，企业与消费者的对话已经不再是一对一、点对点的静态沟通机制，转而演变成多对多、立体化的动态沟通机制。

4D 模型契合了新互联经济时代背景，以消费者需求为基础，以互联网思维为灵魂，重新回归商业的本质，让生意真正发生于生产者和消费者之间，促进双方的良性互动。

以上 4X 要素理论的发展和演变，深刻体现和反映了营销实践的发展与变化过程。每一种理论都有其强烈的时代背景，是营销环境变化的产物。每一种理论都是营销组合理论演变的路标，是对传统营销组合理论的发展和完善，它们对营销管理实践具有综合指导作用。

4. 营销之父——菲利普·科特勒的贡献

（1）学术地位。

菲利普·科特勒生于1931年，是美国西北大学凯洛格管理学院终身教授，被公认为现代营销集大成者、"现代营销学之父"。他拥有麻省理工学院的博士、哈佛大学博士后等8所大学的学位。他是美国管理科学联合市场营销学会主席，美国市场营销协会理事，营销科学学会托管人，管理分析中心主任，杨克罗维奇咨询委员会成员，哥白尼咨询委员会成员，中国GMC制造商联盟国际营销专家顾问。图1-4是菲利普·科特勒。

图1-4　菲利普·科特勒

菲利普·科特勒是美国市场营销协会（AMA）设立的"杰出营销学教育工作者奖"（1985）第一位获奖人。欧洲市场营销顾问和销售培训师协会授予他"卓越营销奖"。1995年，获得国际销售和营销管理者组织授予的"年度营销人"称号。2002年，荣获营销科学院颁发的"杰出教育家奖"。2013年，荣获威廉·威尔基"营销让世界更美好奖"，随后荣获谢思基金会颁发的"营销学术与实践的特殊贡献奖"。2014年，入选"营销名人堂"。

（2）学术贡献。

他的一生发表了150多篇论文，写出了近20本著作。其中影响最大的是《营销管理》，这部被称为"营销圣经"的巨作已经在全球更新出版了16版，它是全世界公认的最全面的关于市场营销理论与实践的教材，也是被所有营销人所公认的必读教材。他的其他代表性著作还包括《非营利组织战略营销》《社会营销》《国家营销》《水平营销》《营销专业服务》《教育机构营销》《医疗卫生机构营销》《地方营销》《旅游市场营销》等。

英国权威媒体《金融时报》评价说，菲利普·科特勒对营销与管理的贡献主要体现在三个方面：一是在鼓吹市场营销的重要性上，他比任何一位学者或者商业经营者做得都多，从而把市场营销从一种边缘性的企业活动提升为生产经营过程中的重要工作；二是他沿着现代管理之父彼得·德鲁克提出的一种趋势继续前进，把企业关注的重点从价格和分销转移到满足顾客需求上来；三是他拓宽了市场营销的概念，从过去仅仅限于销售工作扩大到更加全面的沟通和交换流程。

菲利普·科特勒步入古稀之年之后，仍然对世界保持着旺盛的热情和清晰的认知，并且不断在他的著作中阐述和修正。其中,互联网的意义与作用是他在营销管理中大力鼓吹的对象,这与他的全方位营销概念是一脉相承的,而互联网技术的成熟,恰恰为他的理论提供了前所未有的有力工具。

(3) 服务企业并关注中国发展。

科特勒博士见证了美国 40 年经济的起伏坎坷、衰落跌宕和繁荣兴旺的历史,从而成就了完整的营销理论,培养了一代又一代美国大型公司的企业家。他是许多美国和外国大公司在营销战略和计划、营销组织、整合营销上的顾问。这些企业包括 IBM、通用电气、AT&T、默克、霍尼韦尔、美洲银行、北欧航空、米其林、环球市场集团等。

菲利普·科特勒晚年十分关注中国市场的营销发展与实践,他为若干知名中国公司作咨询,也非常重视中国市场的研究,认为中国市场充满机会。2011 年 3 月,GMC 制造商联盟正式邀请菲利普·科特勒来华巡讲,得到菲利普·科特勒的热情回应。"中国 GMC 总裁论坛菲利普·科特勒专场"于 2011 年 6 月初在中国广州、杭州、宁波举办,现场座无虚席,吸引了大量媒体。

二、经典论文推介

1. 西方营销百年理论发展重心的转移及启示. 郑锐洪（天津工业大学管理学院）. 当代经济管理,2012,34（1）：7－14

(1) 概要。

在营销学近百年的发展历程中,每十年都会出现一些新的概念。这些概念刺激了研究,指导了实践,引起了争论,而这些理论重心构成了营销学发展的历史轨迹,也预示着营销学未来的发展方向。文章采用历史研究法和内容分析法,阐述了营销学发端的 20 世纪 20—30 年代的经济学范式、50 年代的营销学进入管理时代、80 年代转向关系范式、90 年代进入全面创新的理论内涵,分析了新世纪营销学的"技术导向"和"人本化"趋势。

(2) 主要内容和观点。

作者研究梳理出世界营销百年理论发展的过程及其重心转移的表现特点,见表 1－5。

表 1－5 世界营销百年理论发展重心转移

年代	代表人物	主要营销概念、理论重心
发端的 20 世纪 20—30 年代（经济学范式）	A·C·尼尔森	市场调查（Market Research）
金色的 50 年代（进入管理时代）	尼尔·鲍顿	市场营销组合（Marketing Mix）
	乔尔·迪安	产品生命周期（Product Life Cycle）
	雷斯	"USP"理论（Unique Sales Proposition）
	西德尼·莱维、大卫·奥格威	品牌形象（Brand Image）
	温德尔·史密斯	市场细分（Market Segmentation）
	约翰·麦克金特立克	市场营销观念（Marketing Concept）
	艾贝·肖克曼	营销审计（Marketing Audit）

续表

年代	代表人物	主要营销概念、理论重心
高涨的60年代	杰罗姆·麦卡锡	"4P"理论（Product, Price, Place, Promotion）
	西奥多·莱维特	营销近视症（Marketing Myopia）
	威廉·莱泽	价值观与生活方式（Value and Lifestyle）
	西德尼·莱维、菲利普·科特勒	扩大的营销概念（the Broadened Concept of Marketing）
危机的70年代	杰拉德·蔡尔曼、菲利普·科特勒	社会营销（Social Marketing）
	西德尼·莱维、菲利普·科特勒	低营销（Low Marketing）
	阿尔·里斯、杰克·特劳特	定位理论（Positioning Theory）
	拉斯摩、林恩·肖斯塔克	服务营销（Service Marketing）
	波士顿咨询公司、通用汽车公司	战略营销（Strategic Marketing）
	里德·梅耶、迈克尔·赫特	宏观营销（Macro Marketing）
滞缓的80年代（转向关系范式）	菲利普·科特勒	大市场营销（6P）（4P, Politics, Public Relationship）
	雷维·辛格、菲利普·科特勒	营销战（Marketing Warfare）
	克里斯琴·格罗鲁斯	内部营销（Internal Marketing）
	西奥多·莱维特	全球化营销（Global Marketing）
	巴勒、巴巴拉·本德·杰克逊	关系营销（Relationship Marketing）
全面创新的90年代（技术导向性）	罗伯特·劳特朋	"4C"理论（Customer, Cost, Convenience, Communication）
	唐·舒尔茨	整合营销传播（Integrated Marketing Communication）
	斯坦莱·戴维斯	定制营销（Customization Marketing）
	约翰逊	营销网络（Marketing Network）
	Hoge	互联网营销（e-Marketing）
	Mytnger &Gasselberry	直接营销（Direct Marketing）
	菲利普·科特勒、列维	非营利组织营销（Nonprofit Marketing）
	肯·皮迪	绿色营销（Green Marketing）
	Arndt	口碑营销（Word of Mouth Marketing）
	派恩 & 吉尔摩、B·H·施密特	体验营销（Experience Marketing）

续表

年代	代表人物	主要营销概念、理论重心
新世纪营销发展（人本化趋势）	唐·佩特、马莎·罗杰斯	顾客关系营销（Customer Relationship Marketing）
	Stone&Peter、Kamakur	交叉销售（Cross-Selling）
	Peter Farquhar、Aaker	品牌资产营销（Brand-Equity Marketing）
	Bowen、Carroll、菲利普·科特勒	社会责任营销（Social Responsibility Marketing）
	菲利普·科特勒	绩效营销（Performance Marketing）

作者从以下几方面进行了研究和分析：早期营销学的经济学范式；50 年代的营销学步入管理时代；营销学高涨的 60 年代；营销学危机动荡的 70 年代；80 年代营销学转入关系范式；90 年代营销学进入全面创新时期；21 世纪营销学沿关系范式继续深化。

（3）启示。

新的营销理论的创立和发展是特定经济时代的产物；西方营销理论的演进与管理学发展基本同步；新时期营销理论的创新具有技术导向性；新世纪营销学的发展"人本化"趋势更加显著。

2. 营销管理演进综述. 卢泰宏（中山大学管理学院）. 外国经济与管理，2008，30（1）：39-45

（1）概要。

营销管理是一个生机勃勃而又混沌的专业领域。作为全球营销管理领域最重要的教科书之一，菲利普·科特勒的《营销管理》不断更新总结和反映营销管理的最新成就和进展。然而，《营销管理》每一个版本都是某一时期的横截面，而不展现随时间变化的纵向"足迹"。作为一种补充，文章精要地描述了营销管理随时间的演进，从而为读者提供了发展过程的概略背景，方便读者更深刻地认识和把握今日最新的营销管理理论。

（2）主要内容和观点。

文章从以下六个部分勾画出营销管理的演进轮廓：营销管理定义和范畴的演变；营销管理核心知识的进化；营销管理演进的阶段和焦点变化；企业营销实战创新的标杆；营销管理综合体系结构的演变；趋势展望——营销管理将走向何方。

作者以时间轴为线索，在梳理营销管理内涵演变和管理范畴扩大的基础上，梳理了从 20 世纪 50 年代开始到 21 世纪 10 年代营销概念的演变和发展，详见表 1-6。

表 1-6 营销概念的发展

20 世纪 50 年代	迷茫的 20 世纪 80 年代
营销组合（Marketing Mix） 产品生命周期（Product Lifecycle，PLC） 品牌形象（Brand Image） 市场细分（Market Segmentation） 营销观念（Marketing Concept） 营销审核（Marketing Audit）	营销战（Marketing Warfare） 内部营销（Internal Marketing） 全球营销（Global Marketing） 本地营销（Local Marketing） 直接营销（Direct Marketing） 关系营销（Relationship Marketing） 大市场营销（Megamarketing）

续表

腾飞的20世纪60年代	一对一的20世纪90年代
4P理念（four Ps） 营销近视症（Marketing Myopia） 生活方式（Lifestyles） 营销概念的拓宽（the Broadened Concept of Marketing）	顾客关系营销（Customer Relationship Marketing） 体验营销（Experiential Marketing） 网络营销（E-Marketing） 赞助营销（Sponsorship Marketing） 营销道德（Marketing Ethics）
动荡的20世纪70年代	利润导向的21世纪10年代
社会营销（Social Marketing） 定位（Positioning） 战略营销（Strategic Marketing） 社会性营销（Societal Marketing） 宏观营销（Macro Marketing） 服务营销（Service Marketing）	ROI营销（Return-on-Investment Marketing） 品牌营销（Brand Building Marketing） 顾客资产营销（Customer Equity Marketing） 社会责任营销（Social Responsibility Marketing） 绩效营销（Performance Marketing）

由表1-6可见，30余个核心营销理论范畴的出现，集中反映了营销理论的思维高度和实践结晶。表1-7是作者对营销管理阶段性进化的归纳和总结。

表1-7　营销管理的演进

项目	交易营销 （20世纪50年代）	关系营销 （20世纪80年代）	合作营销 （2000年以后）
价值观点	交换中的供给	长期的顾客关系	共同创造体验
市场观点	交易价值的场所	各种供给汇集的地方	通过对话共同创造价值平台
顾客角色	购买者被动地接受供给	培养关系组合	消费前积极参与价值共创
企业角色	替消费者界定并创造价值	吸引、开发并留住有利可图的顾客	让顾客参与价值界定及共创过程
与顾客互动的性质	对顾客进行调查，以搜集需求	观察顾客并逐步学会适应	与顾客和社群积极对话

作者从以下6个方面分析和提炼出企业营销管理发展中实现的六个核心焦点的转变，这就是：从以公司产品为中心转向以顾客为中心；从销售转向顾客价值；从交易转向关系和服务；从单一走向组合乃至整合；营销部门组织建制的演变；从强调投入转向关注营销业绩。

作者考察近百年来企业营销创新的历史，归纳了近百年来最具标杆意义的36家企业（品牌）的营销创新点及其特点，见表1-8。

表 1-8 最具标杆意义的企业（品牌）营销创新

序号	企业（品牌）	创新点	序号	企业（品牌）	创新点
1	福特汽车（Ford）	使汽车消费大众化	19	斯沃琪（Swatch）	差异化营销之开创者
2	美林证券（Merrill Lynch）	让华尔街面向大众	20	西南航空（SouthWest Airline）	低价航空模式之首创者
3	马狮百货（Mars &Spencer）	关系营销的先行者	21	3M	企业创新之先行者和标杆
4	宝洁（P&G）	开品牌和品类管理之先河	22	沃尔玛（Wal-Mart）	使零售业的战略地位超过了制造业
5	迪士尼乐园（Disney）	开辟另类全新消费者价值	23	IBM	率先在制造业引入服务营销
6	可口可乐（CocaCola）	在全球市场上以品牌制胜的标杆	24	维珍（Virgin）	颠覆传统的商业模式
7	麦当劳（McDonald's）	依靠特许经营赢得全球市场	25	哈雷戴维森（Harley-Davidson）	使品牌成为信仰和崇拜对象
8	万宝路（Marlboro）	塑造品牌形象和营销传播创新的经典	26	宜家（Ikea）	以低价和品牌体验创造差异标杆
9	安利（Amway）	开"亲友销售"的直销先河	27	亚马逊（Amazon）	网上书店、购物和虚拟企业的开创者
10	耐克（Nike）	与制造分离的强势品牌模式	28	戴尔（Dell）	靠高效供应链实施定制化直销模式
11	阿迪达斯（Adidas）	体育营销的先锋	29	易趣（eBay）	利用互联网价格革命构筑全新大市场定价方式
12	信用卡（Credit Card）	开创新的支付方式	30	微软（Microsoft）	以标准胜天下
13	丰田（Toyota）	以质量和管理技术打造商品力的典范	31	雅虎（Yahoo）	开互联网时代创造暴富的先河
14	索尼（Sony）	以品牌重塑"日本造"的国际形象	32	星巴克（Starbucks）	快速建立全球品牌
15	壳牌（Shell）	B2B 品牌建设的标杆	33	三星电子（Sam Sung）	亚洲上升最快的全球品牌
16	美体商店（Body Shop）	环保和社会责任的先行者	34	Zara 和 H&M	服装行业快速低价时尚模式
17	丽兹—卡尔顿（Ritz-Carlton）	内部营销为本	35	苹果（Apple）	数字时代创新的标杆
18	花旗银行（Citi Bank）	银行营销新时代	36	谷歌（Google）	改变互联网企业核心竞争力的新商业模式

作者从三个方面分析了科特勒营销管理综合体系结构的演变：以学术研究新成果和实战创新两个方面为其二元结构基础；随着环境变化与时俱进，不断更新版本；主体思想不断更替。

（3）趋势展望。

作者指出，以下三个趋势已经明朗，并且会对营销革命未来产生支配影响：变化将是革命性的；多元的发展方向和不同前景；以系统整合创新为主导。

3. 营销百年．卢泰宏，王海忠，杨晓燕，陈晶（中山大学管理学院）．销售与市场，2000（1）；2000（7）；2000（10）

（1）概要。

卢泰宏教授研究团队撰写的《营销百年》一文，从思想创新、公司实战创新以及策略创新三个方面，分析回顾和梳理总结了百年营销发展史、营销理论和企业营销实践的标志性成果和经典传奇。

（2）主要内容和观点。

思想创新之光篇：作者指出，过往的百年，是营销领域从孕育、生长到大发展的百年，是营销管理思想不断创新与丰富的百年。在营销领域，差不多每隔十年就会产生创新的思想、创新的做法。营销思想的创新是营销领域前进的动力和知识源泉。作者梳理的理论演进脉络见表1-9。

表1-9 百年中的营销思想之光

序号	年代	营销思想的出现
1	1923	市场研究之始——开辟理性营销之路
2	1931	品牌经理制——管理创新
3	50年代	营销管理——从经济学母体中分离
4	50年代以后	市场研究发展为专业服务产业
5	1956	市场细分的理论和方法
6	1957	市场营销观念——企业活动的新思维
7	1960	营销组合——创新源于综合
8	1963	生活形态——破译消费者的新工具
9	1969	定位——创造新的差异赢取市场
10	70年代	社会营销观念——企业的社会责任与新价值观
11	1969	营销泛化——非赢利营销
12	80年代	顾客满意
13	1989	品牌资产理论
14	1977	服务营销——挑战传统营销
15	80年代	全球化营销之道——标准化与本地化并举
16	90年代	4C挑战4P
17	90年代	整合营销传播（IMC）——新的策略
18	80—90年代	关系营销——回归到人
19	90年代末	网络营销——全新的一页

公司实战创新篇：作者指出，20世纪是财富迅速增长的百年，各国公司在发展和竞争中逐鹿市场，营销实战创新此起彼伏、高招迭出。作者选择了其中最早、最优秀、最有影响的25个营销创新成果进行了分析点评，见表1-10。

表1-10　百年中的卓越营销实战创新

序号	实战创新	序号	实战创新
1	福特汽车：使汽车消费大众化	14	花旗银行：银行营销新时代
2	美林证券：让华尔街深入大众	15	丽兹-卡尔顿饭店：内部营销为本
3	戴明：建立品质管理的平台	16	戴尔：真正实施定制化营销
4	迪士尼乐园：销售娱乐赚大钱	17	IBM：制造业率先引入服务营销
5	P&G：开品牌管理之先河	18	美体小铺：身体力行道德营销
6	Lee牌牛仔："贴"近目标市场	19	微软：以"软"胜天下
7	万宝路：品牌形象的经典	20	麦当劳：特许经营赢得全球
8	莱维牛仔裤：给产品注入文化和精神	21	沃尔玛：使零售业超过了制造业
9	索尼：重塑"日本造"的国际形象	22	可口可乐：以特许占领全球市场
10	耐克：中间商品牌的胜利	23	CTI：100万挑战2 000亿
11	西南航空：聚焦战略的成功	24	亚马逊：网络书店的领头羊
12	斯沃琪：差异化营销	25	雅虎：致富之道的革命
13	马狮：关系营销的先行者		

策略创新篇：作者分别从产品及技术创新、营销传播创新以及服务创新三个角度出发，对代表性企业的策略创新特点进行了透视。其中，产品及技术创新分析的企业有：凌志——由中低档提升到高档的典范；日本精工——替代产品颠覆市场；3M——全新创意。营销传播创新分析的企业是：万宝路——塑造鲜明个性的品牌形象；广告"1984篇"——苹果电脑挑战IBM；温迪汉堡——牛肉在哪里；微软——创造整合营销传播奇观；阿迪达斯——体育营销的先锋。服务创新研究的企业是：IBM——制造业率先引入服务营销；GE——全球第一的思维；电子商务——核心是服务而不是技术。

三、经典图书推介

1. 营销思想史．郭国庆，贾淼磊．北京：中国人民大学出版社，2012，2

（1）概要。

作者在前言中指出："营销思想史是研究营销思想和学说的产生、发展和变化历史的科学，是基础营销学的一个重要分支学科。营销思想史以营销思想或营销学说本身为研究对象，专门研究各个历史时期具有代表性的营销观点、营销思想和营销学说及其产生发展的背景与对后世的影响，所占的历史地位，以及各个人物、各个学派之间的承袭、更替、对立的关系等。"

作者还介绍道："作为一门独立的学科，市场营销学发展至今，已经有百余年的历史。百余年来，或者上溯到2 000多年前的古希腊苏格拉底学派营销思想最早闪现时期，在营销思想史这张波澜壮阔的巨幅历史画卷上,有萌芽时期的弱小稚嫩,有初创时期的筚路蓝缕,有成长时期的高歌猛进,有转型时期的迷茫阵痛,有扩展时期的激情澎湃。在这段历史岁月中,多少思想巨子在营销思想史的世界写下浓重的一笔,克拉克、肖、韦尔德、布莱耶、奥德逊、霍华德、麦卡锡、莱维特、科特勒等,这一个个响亮的名字闪耀星空。正是因为有了他们,才有了今天的营销学。营销思想史所要研究的正是这些内容。"

(2) 主要内容。

本书的内容架构:在导论中,作者首先对营销思想史的概貌和营销实践的演变进行了梳理。然后分别从历史发展篇、思想学派篇、专题演进篇三个视角对营销思想史的发展和演变进行了介绍和阐述,详见表1-11。

表1-11 《营销思想史》的架构和具体内容

本书构架	具体内容
第1篇 历史发展篇,以时间为线索,共分为4章,按照营销思想发展脉络,每一章介绍一个发展阶段	①营销思想的萌芽部分,内容包括:营销的善与恶;营销与国家目标;消费者主权论和作为交换的营销;营销视角的整合以及中国营销思想的萌芽。②营销学的古典时代部分,内容包括:营销思想体系化的背景;营销学的创立;美国早期的营销学派;营销学的成长。③现代营销学的形成部分,内容包括:现代营销学产生的背景;奥德逊的贡献;营销学的成熟。④营销思想的扩展部分,内容包括:营销思想扩展的背景;菲利普·科特勒的贡献;营销思想的扩展
第2篇 思想学派篇,共有9章,对营销思想发展历史中所出现的9个主要思想学派逐一进行了详细介绍	①商品学派,内容包括学派的初创、修正和发展以及衰退和演变。②职能学派,内容包括阿奇·W·肖与早期的职能分类,麦加利的创新以及职能学派的发展和消亡。③机构学派,内容涉及机构学派的兴起、鼎盛及演变。④区域学派,内容包括区域学派的定量研究和概念构建。⑤营销管理学派,内容有营销管理学派的兴起、营销范式扩展的影响。⑥营销系统学派,内容包括营销系统学派的基本观点和宏观、微观营销系统。⑦消费者行为学派,主要涉及消费者行为学派的产生和兴盛,以及消费者行为学派的扩展。⑧宏观营销学派,涉及的内容有宏观营销学派的先驱、关于宏观营销定义的争论以及宏观营销学派的变迁。⑨社会交换学派,主要阐述社会交换学派的产生以及一般交换概念的兴起
第3篇 专题演进篇,共4章内容,选取营销思想发展中的量化研究、国际营销、服务营销和城市营销四个论题,介绍其研究发展的历史和主要内容	①营销量化研究的发展,主要研究阐述营销量化研究的兴起和营销决策模型的研究应用。②国际营销的发展,主要内容包括国际营销的先驱和国际营销的发展和传播。③服务营销的发展,内容包括服务营销的兴起和发展以及服务营销研究的主要论题。④城市营销的发展,内容包括城市营销的发展过程以及城市营销研究的主要论题

2. 营销理论发展史. 郭国庆. 北京:中国人民大学出版社,2009,2

(1) 概要。

作者指出:营销理论发展史是研究世界范围内重要营销理论思想发展历史的学科,它阐释营销科学发展的历史轨迹,研究重要营销科学理论及思想发生、发展、继承、演变的逻辑过程。全书力求准确反映营销理论演变发展的历史轨迹,系统阐述各学派代表人物的主要观点,充分体现营销理论创新的最新进展和未来趋势。书中通过对营销科学思想发展阶段的划分,重要学说、见解的辨析,重要营销科学家哲学观点和方法论的载叙,廓清了营销科学思想发展的脉络,反映了不同历史时期、不同国家和地区出现的营销科学思想内容与特点,探索了营销科学思想发展规律。

(2) 主要内容。

全书内容架构遵循市场营销理论起源、发展、学说、流派、方法与创新等轨迹,分为四篇:基本理论篇、学说历史篇、理论学派篇和学术前沿篇。具体内容见表1-12。

表 1-12 《营销理论发展史》的架构和主要内容

本书架构	主要内容
基本理论篇	主要梳理关于营销理论研究的理论,阐明市场营销理论研究最基本的思维范式,包括研究的多维度、研究的领域拓展、跨学科研究、文化背景研究等
学说历史篇	主要研究现代营销理论的起源,特别是营销学最早在美国的兴起以及营销学派的形成和全球化营销的发展等
理论学派篇	主要梳理出营销历史形成的具有代表性的学派,包括商品学派、职能学派、区域学派、机构学派、功能主义学派、管理学派、系统学派、社会交换学派、组织动力学派、消费者主义学派、购买者行为学派、宏观营销学派等及其主张,以及该学派对世界营销理论的贡献及其对全球营销实践的指导意义
学术前沿篇	主要向读者展示国内外营销学者的最新进展和最重要成果,包括服务营销、关系营销、非营利组织营销、口碑营销、交叉销售、整合营销与整合营销传播、内部营销、顾客满意、网络营销、体验营销等诸多方面的学科前沿与创新内容,它不仅体现了国内学术界在营销领域的最新研究成果,而且预示了中国市场营销研究的方向和未来

(3) 发现与后续思考。

在经济学、心理学、社会学、行政管理学、社会工作学、政治科学、大众传播学等相关领域,人们已经将市场营销学视为一门正式的学科;消费者正逐步认识到营销的真正含义,营销者的社会责任感大大强化;营销的功能已经开始泛化,它已经突破了传统的制造产业领域,渗透到卫生保健、社会服务、教育科研等非营利领域中,从而大大提高了市场营销的多样性和重要性;营销活动在全球开展,营销学尚有广阔的领域需要营销学者和实践家们去探索研究。

3. 中国营销学史. 李飞. 北京: 经济科学出版社, 2013, 6

(1) 概要。

作者在前言中引用了伦敦大学经济学习与社会进化中心的心理学家杰弗里·米勒(Geoffrey Miller)在推荐营销为过去2 000年人类最伟大的发明时的推荐语:"营销已经成为文化的主导力量。人们常常把营销误认作矫饰的广告。但营销不只是广告,它是有计划、有步骤地通过提供人们愿意购买的产品和服务,来满足人们的需要所做的努力。正是在这个领域,任性的处女地和技术的威力相结合。我们几乎所有的购买行为,都是公司里的某些营销人员绞尽脑汁迎合我们的结果。他们并非天赋异禀、永远能够洞察人心,但他们努力不懈。生产不再由上季度利润数据的反馈信息来指导,主导生产的是对人类喜好和个性的研究、典型群体、调查表、人口统计。心理学臣服于市场调研,成为对人性的最重要的调查工具⋯⋯这就是20世纪60年代看不见的革命——人类历史上最重要的,但也是人们认识最少的革命。"

作者指出：营销学作为一门学科，其成熟的一个重要标志就是出现了关于这门学科的发展史文献。对于西方营销学史，已经有了诸多文献和著作，但是目前关于中国营销学发展的史学著作却是空白的。本书首次对中国营销学史做了史料性回顾及全面综述。

（2）主要内容。

本书研究的技术路线和内容架构如图 1-5 所示。

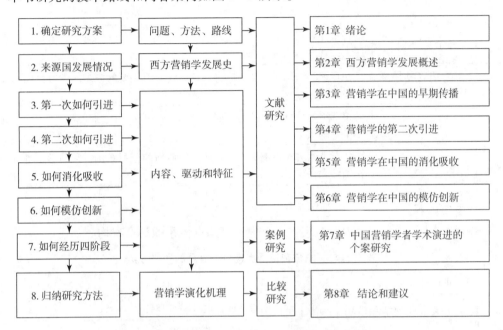

图 1-5 《中国营销学史》研究技术路线图

作者把中国营销学发展历史划分为以下阶段进行了研究和梳理：营销学在中国的早期传播（1919—1949 年）；营销学在中国的二次引进（1978—1990 年）；营销学在中国的消化吸收（1991—2000 年）；营销学在中国的模仿创新（2001—2010 年）；中国营销学者学术演进的个案研究（1979—2010 年）。

（3）结论。

本书得出的有价值的研究结论和发现：呈现了中国营销学发展的全过程；发现了中国营销学发展的驱动因素；探索出高水平营销学术研究的群体动因；描绘了中国营销学者个体的学术轨迹；考证了中国营销学发展的一些重要史实；梳理了西方营销学发展的脉络。最后作者对中国营销学未来发展提出三方面建议：关注中国营销实践的研究；鼓励多种研究方法的运用；按照管理学规律发展营销学。

4. 市场营销：原理与实践（第 16 版）.［美］菲利普·科特勒，加里·阿姆斯特朗. 楼尊，译. 北京：中国人民大学出版社，2015，8

（1）概要。

《市场营销：原理与实践》（第 16 版），是全球最信赖的营销教材。全球 40 多个国家说着 24 种不同语言的学生都将科特勒和阿姆斯特朗的《市场营销：原理与实践》作为他们学习营销概念和实践时最信任的教材。与以往的版本相比，第 16 版以一种全面、权威、新鲜、实用和有趣的新方式向初涉营销的学生介绍现代市场营销无比奇妙的世界，见表 1-13。

表1-13 基于多样化编写体例提供的学习栏目

序号	栏目设计	特点
1	本章预览	预览：简明扼要提出重要概念，说明它们与前面章节的联系。 引例：以一个引人入胜、精心设计和解释的营销故事紧扣主题导入本章内容，激发学生的学习兴趣。 学习目标：帮助学生清晰地了解全章的信息内容和目的
2	营销实例	每章几乎都包含了一个生动的营销实例，引导学生对公司营销实践进行深入的观察和思考
3	复习学习目标和关键词	在每章的结尾对所学内容进行总结，复习主要的概念、学习目标和关键术语
4	讨论和练习	每章结尾部分都有针对主要内容的一系列讨论问题和应用练习，帮助学生学以致用
5	应用与案例	每章末的公司案例提供了全新的或更新的公司案例，帮助学生将重要的营销理念运用于真实的公司和品牌

(2) 主要内容。

本书分为4篇，共20章内容，表1-14为本书知识体系的篇章架构。

表1-14 《市场营销：原理与实践》的知识体系

理论模块	具体内容
第1篇 定义市场营销和市场营销过程	第1章 创造顾客价值和顾客契合
	第2章 公司战略与营销战略：合作建立客户关系
第2篇 理解市场和顾客价值	第3章 分析市场营销环境
	第4章 管理市场营销信息获得顾客洞察
	第5章 消费者市场与消费者购买行为
	第6章 组织市场与组织购买者行为
第3篇 设计顾客导向的营销战略与营销组合	第7章 顾客导向的市场营销战略：为目标顾客创造价值
	第8章 产品、服务和品牌：构建顾客价值
	第9章 新产品开发与产品生命周期战略
	第10章 定价：理解和获得消费者价值
	第11章 定价战略
	第12章 营销渠道：递送顾客价值
	第13章 零售与批发
	第14章 沟通顾客价值：整合营销沟通战略
	第15章 广告与公共关系
	第16章 人员销售和销售促进
	第17章 直复、网络、社交媒体和移动营销

续表

理论模块	具体内容
第4篇 拓展市场营销	第18章 创造竞争优势
	第19章 全球市场
	第20章 可持续的市场营销：社会责任和道德

在本书理论和方法阐述过程中，向学习者呈现了对数十家著名公司或品牌的案例分析，包括亚马逊、联邦快递、耐克公司、戴森、微软、索尼、百事、甲骨文、GoPro、兽医宠物保险公司、UPS、思科系统、宝洁、多芬、ESPN、塔吉特、谷歌、3M、杰西潘尼、斯普瑞特航空公司、沃尔玛、蔻驰、网飞公司、康宁、西尔斯、福来鸡、士力架、GEICO、好事达、SunGard、脸书、Pinterest、SodaStream气泡水机、里昂比恩、可口可乐、宜家、巴塔哥尼亚、Warby Parker等。

（3）全书价值主题。

自始至终，第16版不断建立起一个创新性的、涵盖当今市场营销基本要素的顾客价值和客户关系框架，重点提出了五个主要的价值主题，见表1–15。

表1–15 《市场营销：原理与实践》的5个价值主题

价值主题	解释
①为顾客创造价值	今天的市场营销必须善于创造顾客价值和管理客户关系。杰出的市场营销公司理解市场和顾客的需要，设计创造价值的营销战略，制定整合的市场营销计划来传递顾客价值和顾客愉悦，建立牢固的客户关系。作为回报，它们从顾客那里收获以销售、利润和顾客忠诚为表现形式的价值
②顾客参与当今数字和社交媒体	数字和社交媒体已经极大地改变了公司或品牌与消费者之间的互动方式，也改变了消费者之间相互联系以及对品牌行为的影响。如何运用数字和社交工具创造顾客参与和建立品牌社群变得越发重要
③建立和管理为顾客创造价值的优势品牌	拥有强势品牌权益的、准确定位的品牌为建立顾客价值和赢利性客户关系提供了坚实的基础。当今的市场营销者必须有力地定位自己的品牌，并妥善管理它们来为顾客创造有价值的品牌体验
④测量和管理市场营销回报	市场营销经理必须确保自己的市场营销投入是明智的，在动荡的经济环境中尤为如此。"市场营销责任"——测量和管理市场营销投资回报——已经成为制定战略营销决策的重要组成部分
⑤全球范围内可持续市场营销	技术的发展使世界越来越小、市场越来越细碎化，市场营销者必须善于以可持续发展的方式在全球市场上营销自己的品牌

5. 营销革命3.0——从产品到顾客，再到人文精神．[美] 菲利普·科特勒，[印尼] 何麻温·卡塔加雅，伊万·塞蒂亚万．毕崇毅，译．北京：机械工业出版社，2011，1

（1）概要。

当今的顾客在进行消费选择时，注重的是能满足其创意性、群体性和理想性的产品和公司。企业意识到它们必须面对自觉意识日益增强和善于利用高科技的消费者，在这种情况下，传统的营销方法已经彻底失去了作用。正确的做法是，企业必须开发出能够激发和反映消费者价值观的产品、服务和公司文化。本书对营销3.0进行了权威解读，指出营销3.0时代超越了以产品为基础的1.0时代和以消费者为基础的2.0时代，它用一种更为全面的眼光来看待顾客，把他们视为具有多维性、受价值驱动的人群，甚至是企业潜在的合作者。

（2）主要内容。

本书分为三篇：第一篇总结了形成人文主义营销的商业趋势，为进入营销3.0时代进行了铺垫；第二篇阐述了企业如何向合作伙伴，即消费者、员工、渠道合作商和股东，营销自己的企业使命、愿景和价值观；第三篇介绍了在营销3.0时代，企业在解决社会福利、贫困问题、环境可持续性等全球化问题上的一些思路，以及企业如何通过实施人文主义商业模式来改善上述问题。最后，本书在第10章总结了有关营销3.0的一些主要观点，同时列举了一些积极采用这种商业模式的企业经营案例。

本书提出，营销3.0时代是指企业从消费者中心主义转向人文中心主义的时代，在这个新时代中，企业的盈利能力和它的企业责任感息息相关。1.0、2.0和3.0时代的对比见表1-16。

表1-16 营销1.0、2.0和3.0时代的综合对比

对比内容	营销1.0时代 产品中心营销	营销2.0时代 消费者定位营销	营销3.0时代 价值驱动营销
目标	销售产品	满足并维护消费者	让世界变得更好
推动力	工业革命	信息技术	新浪潮科技
企业看待市场方式	具有生理需要的大众买方	有思想和选择能力的聪明消费者	具有独立思想、心灵和精神的完整个体
主要营销概念	产品开发	差异化	价值
企业营销方针	产品细化	企业和产品定位	企业使命、愿景和价值观
价值主张	功能性	功能性和情感化	功能性、情感化和精神化
与消费者互动情况	一对多交易	一对一关系	多对多关系

（3）总结。

营销3.0的十大成功秘诀：热爱你的顾客，尊重你的竞争对手；善于观察变化，随时准备好做出变革；捍卫你的品牌，永远明确自己的目标；消费者千差万别，努力满足你的最佳客户；永远以合适的价格和包装提供产品；注重传播，努力寻找潜在消费者；获取、维护和增加客户；无论经营哪种业务，记住你是在提供服务；广集信息，慎下结论。

6. 跟德鲁克学营销．［美］威廉·科恩．蒋宗福，译．北京：中信出版社，2014，8

（1）概要。

菲利普·科特勒这样评价德鲁克道："彼得·德鲁克是得到广泛认可的现代管理学之父。有时候，我会被谬赞为现代营销学之父，如果我是营销学之父，那么德鲁克就是营销学鼻祖。"

本书是唯一一本关于德鲁克营销哲学的系统著作，它从独特视角解读德鲁克这位20世纪最有影响力的商业思考者的核心思想，为营销专业人员以及德鲁克追随者提供了阅读价值。

德鲁克希望经理人把营销视为发现最佳机遇、指导企业运作过程中的重要推动力。他批判了"营销只是广告和销售""营销只是处理好产品、价格、渠道与促销"的观点。他认为所有这些只是重要的战术性工作，一个公司营销人员必须承担起更加基础性的工作，如市场细分、锁定市场动态发展与市场定位。即便这些也代表不了营销的全部内涵。作者指出，成功的公司是这样看待营销的：在这些公司中，营销是驱动力；通过创造价值、宣传价值、传递价值来赢得客户、留住客户并拓展客户是其首要的任务。

（2）主要内容。

本书分为5个部分，共计25章，见表1-17。

表1-17 《跟德鲁克学营销》的内容架构

第一部分 介绍营销与管理，包括营销是企业一切业务的基础、企业的宗旨不是赢利、营销与创新是企业的灵魂、德鲁克的营销观以及领导者必备的营销8项原则五章内容
第二部分 介绍营销与创新，包括7个创新之源、需求驱动型创新、供给驱动型创新和德鲁克的创业式营销四章内容
第三部分 介绍营销与销售，包括预测未来的最佳方式就是创造未来、明确具体的目标和使命、制定营销战略过程中的新因素、舍弃与成功以及营销与销售有可能是对立的五章内容
第四部分 介绍营销与经营，包括调研的重点是客户的需求点在哪里、动态地分析人口学特征、时机不是一切而是唯一、如何避免重大失败、影响营销的5个致命过失和从客户出发的定价策略六章内容
第五部分 介绍营销与职业精神，包括客户驱动的质量观、正直是营销的关键、警惕"专业杀手"、为什么贿赂顾客行不通以及跟着德鲁克看未来五章内容

（3）德鲁克营销观选摘。

德鲁克对营销的一些论述见表1-18内容。

表1-18 德鲁克的营销观点

①企业觉得自己应该制造什么并不是最重要的。关键是客户眼中的价值是什么，客户想买什么东西，这决定了企业的性质、业务和发展前景
②企业的宗旨不是创造赢利，而是创造客户。对于企业而言，赢利其实是必要的，而赢利最大化则不可取，赢利最佳化则最好。所谓赢利最佳化，就是指赢利达到一个符合企业自身实际状况的最佳规模
③企业只有两个基本职能，即营销与创新
④战略是第一位的。营销属于较高的战略层面，而销售属于较低的策略层面，战略比策略更重要。营销与销售不一定是互补的，甚至有可能是对立的
⑤最根本的营销战略带来成功。集中资源，应用于正确的目标市场；充分调动组织成员的责任感和积极性
⑥卓越领导本质上就是营销，领导者必备的营销8项原则：保持绝对的正直、了解你的下属、公开表达你的预期、表现出非凡的献身精神、期待积极的结果、照顾好你接触到的人、先尽义务后谋私利、到工作一线去
⑦要正确地制定价格，必须首先研究一下潜在客户以及客户对产品或服务的看法。定价决策的驱动因素是客户的看法
⑧个人的是非观、价值观不应该同商业伦理区别开，商业活动中也应该保持正直。保持正直可能会让你蒙受损失，但这是值得的

7. 营销十宗罪——如何避免企业营销的致命错误．[美]菲利普·科特勒．李桂华，译．北京：机械工业出版社，2014，8

（1）概要。

本书是科特勒第一部反向思考市场营销理论与实践的著作。该书的内容完全是营销实践与教训的总结。书中提到的十个常见问题，最早是由威尔·罗杰斯和他的 MAC 集团及汉密尔顿咨询公司的研究人员发现的，而后，科特勒又结合自己的咨询实践，总结并完成了此书。科特勒说：本书是在多年咨询公司和客户工作基础上完成的。

（2）主要内容。

本书认为，营销者在维持企业利润和达到公司利润目标方面都将会遭遇更多挑战，但是，许多企业并没有以市场营销观念有效组织起来，所有的挑战再加上无效率的营销，对公司来说是个灾难。

本书确定了十项在市场中阻碍企业成功的最明显的营销缺陷，定义为"营销十宗罪"：企业没有充分关注市场和客户导向；企业没有充分理解目标客户；企业没能更好地明确和监控竞争对手；企业没有很好地管理与利益相关者的关系；企业不善于把握新机会；企业的营销计划和计划过程有缺陷；企业的产品和服务政策与市场脱节；企业的品牌建立及沟通技巧很弱；企业没有很好地组织起来实施卓有成效的营销；企业没有最大化利用科技力量。作者在书中对以上每一宗罪在企业中的具体表现症状进行了描述和总结，并针对每宗罪提出改革方案。

（3）营销"十诫"的效用。

作者最后总结提出，对于企业而言，实施这些解决方案会将这"十宗罪"变成"十诫"，它们会使企业获得更高的营销生产力和更高的收益。这"十诫"是：进行市场细分，选择最好的细分市场，在每个选择的市场创建一个强势定位；确认客户的需求、感知、偏好和行为，激励利益相关者去关注对客户的服务并满足客户；了解主要竞争对手及其优势和劣势；与利益相关者建立伙伴关系，给予他们丰厚的回报；开发能识别机会的系统，将这些机会分等级排序，选择最好的；管理一个营销计划系统，它能做出一些有洞察力的长期或短期计划安排；对产品和服务组合进行强有力的控制；通过应用最具成本效益的沟通及促销工具建立强有力的品牌；在不同部门之间建立起营销的领导力和团队精神；不断加大技术投入，在市场中建立竞争优势。

附　录

一、单选题答案

1. C　　2. D　　3. D　　4. A　　5. C　　6. D　　7. D　　8. C　　9. C　　10. D
11. B　　12. C　　13. D　　14. C　　15. A　　16. B　　17. C　　18. D　　19. B　　20. B

二、多选题答案

1. ABCD　　2. ABCD　　3. ABCDE　　4. ABCDE　　5. ABCD
6. ABD　　7. ABCD　　8. ABCDE　　9. ABD　　10. ABCDE

参考文献

[1] [美] 菲利普·科特勒, 加里·阿姆斯特朗. 市场营销原理与实践 [M]. 16版. 楼尊, 译. 北京: 中国人民大学出版社, 2015.

[2] [美] 菲利普·科特勒, [美] 凯文·莱恩·凯勒. 营销管理 [美] 14版. 王永贵, 等, 译. 北京: 中国人民大学出版社, 2012.

[3] 赵占波. 移动互联营销: 从4P时代到4D时代 [M]. 北京: 机械工业出版社, 2015.

[4] 郭国庆. 营销理论发展史 [M]. 北京: 中国人民大学出版社, 2009.

[5] 王月辉. 日本企业市场营销战略 [M]. 北京: 科学技术文献出版社, 2005.

[6] 圣才考研网. 科特勒《市场营销原理》笔记和课后习题详解 [M]. 13版. 北京: 中国石化出版社, 2013.

[7] 李文. 莱维特: 营销近视症 [J]. 中外管理, 2012 (6): 62-63.

[8] 肖洁玲. 企业市场营销近视症: 原因、表现与诊治 [J]. 企业家天地, 2006 (3): 51-56.

[9] 刘蓓, 彭林. 市场营销组合理论模式的演变与发展研究综述 [J]. 市场营销与技术, 2012, 96 (3): 64-67.

[10] 晏国祥, 方征. 营销组合理论演变的内在逻辑 [J]. 兰州商学院学报, 2005, 21 (2): 11-17.

[11] 周荣海. 营销组合理论从4P到4V的变迁 [J]. 现代企业, 2006 (6): 61-62.

[12] 屈洁峰. 洋河: "蓝色"的经典. 销售与市场 (评论版) [J]. 2010 (1): 78-81.

[13] 谢雅玲. 洋河蓝色经典的文化定位分析 [J]. 新闻世界. 2012 (6): 255-156.

[14] 李洁. 洋河蓝色经典的市场定位与营销策略分析 [J]. 科技经济市场, 2012 (10): 48-49.

[15] 王昊天. 老年商品市场商机无限尚待挖掘 [J]. 中国连锁, 2017 (1): 72-73.

[16] 蒋梦惟, 张畅. 年轻的老年市场蓝色的银发经济 [N]. 北京商报, 2017-11-24 (第D01).

第二章
市场营销环境

第一节 测 试 题

一、单选题

1. 市场营销学认为，企业市场营销环境包括（　　）。
   A. 人口和经济　　B. 自然和文化　　C. 微观和宏观　　D. 政治和法律
2. 与企业紧密相连，直接影响企业营销能力和效率的各种力量和因素的总和，被称为（　　）。
   A. 营销环境　　B. 宏观营销环境　　C. 微观营销环境　　D. 营销组合
3. 一个国家或地区的价值观念、生活方式、风俗习惯、宗教信仰、教育状况、审美观念等内容的总和称作（　　）。
   A. 社会文化　　B. 政治法律　　C. 科学技术　　D. 自然资源
4. 人们对社会生活中各种事物的态度和看法称作（　　）。
   A. 社会习俗　　B. 消费心理　　C. 价值观念　　D. 营销道德
5. 我国的龙形图案地毯出口到东南亚市场，绣有五个龙爪的地毯都卖出去了，而绣有三个、四个龙爪的地毯都卖不出去，因为当地的人认为吉龙生五爪，生三爪、四爪的是凶龙。这一现象反映了影响产品营销的因素是（　　）。
   A. 经济因素　　B. 人口因素　　C. 科技因素　　D. 社会文化因素
6. 消费习俗属于（　　）。
   A. 人口环境　　B. 经济环境　　C. 文化环境　　D. 地理环境
7. 下列属于有限但可以再生的资源的是（　　）。
   A. 水　　B. 森林　　C. 石油　　D. 煤
8. 企业的营销活动不可能脱离周围环境而孤立地进行，企业营销活动要主动地去（　　）。
   A. 控制环境　　B. 征服环境　　C. 改造环境　　D. 适应环境
9. 威胁水平低和机会水平低的业务，被叫作（　　）。
   A. 理想业务　　B. 冒险业务　　C. 成熟业务　　D. 困难业务
10. 消费需求变化的最活跃的影响因素是（　　）。
    A. 个人可支配收入　　B. 个人可任意支配收入

C. 人均国民收入　　　　　　　　D. 国民生产总值

11. 影响消费者购买力和消费支出的决定性因素是（　　）。
    A. 个人收入　　　　　　　　　B. 个人可支配收入
    C. 个人可任意支配收入　　　　D. 消费者储蓄和信贷

12. 根据恩格尔定律，随着家庭收入的增加，恩格尔系数将（　　）。
    A. 上升　　　　B. 下降　　　　C. 大体不变　　　　D. 时升时降

13. 影响豪华汽车等奢侈品牌销售的主要因素是（　　）。
    A. 个人可支配收入　　　　　　B. 个人可任意支配收入
    C. 消费者储蓄和信贷　　　　　D. 消费者支出模式

14. "在家购物"的不断发展，主要是由于（　　）。
    A. 科学技术的发展　　　　　　B. 政治和法律环境的改善
    C. 经济发展水平的提高　　　　D. 人口环境的变化

15. 企业营销的微观环境包括顾客、供应商、营销中介、竞争者、社会公众和（　　）。
    A. 企业内部环境　　　　　　　B. 国外消费者
    C. 人口　　　　　　　　　　　D. 社会文化

16. 广告公司属于市场营销渠道企业中的（　　）。
    A. 供应商　　　　　　　　　　B. 商人中间商
    C. 代理中间商　　　　　　　　D. 营销中介

17. 提供不同产品以满足不同种需求的竞争者是（　　）。
    A. 需求愿望竞争者　　　　　　B. 替代品竞争者
    C. 产品形式竞争者　　　　　　D. 品牌竞争者

18. 旅游业、体育运动消费业、图书出版业及文化娱乐业争夺消费者而相互竞争，它们彼此之间是（　　）。
    A. 需求愿望竞争者　　　　　　B. 替代品竞争者
    C. 产品形式竞争者　　　　　　D. 品牌竞争者

19. 全球性的"禁烟运动"对烟草公司造成了极大的威胁。烟草公司大力宣传在公共场所设立单独的吸烟区来应对，此种对策的目的是（　　）。
    A. 反抗环境　　B. 减轻威胁　　C. 转移风险　　D. 保持优势

20. PEST 分析中 P 指的是（　　）。
    A. 人口环境　　B. 政治法律环境　　C. 政策环境　　D. 自然环境

二、多选题

1. 市场营销环境具有以下特征（　　）。
   A. 客观性　　　B. 差异性　　　C. 动态性　　　D. 不可控性
   E. 相关性

2. 企业市场营销中的宏观环境包括（　　）。
   A. 人口和经济环境　　　　　　B. 自然和技术环境
   C. 政治和法律环境　　　　　　D. 社会文化环境
   E. 竞争和公众环境　　　　　　F. 市场规模大小

3. 企业市场营销中的竞争者包括（　　）。
   A. 愿望竞争者　　　　　　　　　　B. 替代品竞争者
   C. 产品形式竞争者　　　　　　　　D. 价格竞争者
   E. 品牌竞争者
4. 企业营销管理部门在进行经济环境分析时应着重分析的经济因素包括（　　）。
   A. 消费者需求的变化　　　　　　　B. 消费者收入的变化
   C. 消费者支出模式的变化　　　　　D. 消费者储蓄情况的变化
   E. 消费者信贷情况的变化
5. 微观环境指与企业紧密相连，直接影响企业营销能力和效率的各种参与者，包括（　　）。
   A. 企业内部环境　B. 营销中介　　C. 顾客　　　　　D. 竞争者
   E. 公众
6. 市场营销的文化环境因素包括（　　）。
   A. 风俗习惯　　B. 审美观念　　C. 价值观念　　　D. 宗教信仰
   E. 道德规范
7. 市场营销中介环境包括（　　）。
   A. 中间商　　　B. 物流配送公司　C. 供应商　　　D. 财务中介机构
   E. 营销服务机构
8. 企业的公众环境包括（　　）。
   A. 金融公众　　B. 政府公众　　C. 中间商公众　　D. 媒介公众
   E. 消费者公众
9. 关于市场营销环境，以下说法正确的是（　　）。
   A. 是企业能够控制的因素
   B. 是企业不可控制的因素
   C. 可能形成机会也可能造成威胁
   D. 是可以了解和预测的
   E. 通过企业的营销努力是可以在一定程度上去影响的
10. 营销者对环境威胁的分析，一般着眼于（　　）。
    A. 威胁出现的可能性大小　　　　　B. 威胁对企业的影响程度
    C. 威胁的征兆　　　　　　　　　　D. 威胁的应对

三、阐述题

1. 市场营销环境的含义和特点

市场营销环境是与企业营销活动有关的外部可控制的因素和力量，是影响企业生存和发展的外部条件。

（1）客观性。

企业总是在特定的社会经济和其他外界环境条件下生存、发展的。不管你承认不承认，企业只要从事市场营销活动，就不可能不面对着这样或那样的环境条件，也不可能不受到各种各样环境因素的影响和制约。

（2）差异性。

市场营销环境的差异性不仅表现在不同的企业受不同环境的影响，而且同样一种环境因素的变化对不同企业的影响也不相同。

（3）相关性。

市场营销环境是一个系统，各个影响因素是相互依存、相互作用和相互制约的。社会现象的出现，往往不是由某一单一的因素所能决定的，而是受到一系列相关因素影响的结果。

（4）动态性。

营销环境总是处在一个不断变化的过程中，同时市场营销环境的变化是有快慢大小之分的，有的变化快一些，有的则变化慢一些，有的变化大一些，有的则变化小一些。

（5）不可控性。

影响市场营销环境的因素是多方面的，也是复杂的，并表现出企业不可控性。例如一个国家的政治法律制度、人口增长以及一些社会文化习俗等，企业不可能随意改变。

2. 市场营销环境的构成

市场营销环境构成要素为：微观环境要素和宏观环境要素。

（1）微观环境要素，即直接营销环境，是指与企业紧密相连，直接影响企业营销能力的各种参与者。

企业内部环境，即企业内部状态。任何一个企业的市场营销活动都不是企业某个部门的孤立行为，企业市场营销管理部门也不例外。

顾客是企业服务的对象，同时也是产品销售的市场和企业利润的来源。理所当然是营销活动的极其重要的营销环境。顾客分为消费者市场、组织市场、非营利组织和政府市场、全球市场。

营销中介是指协助企业促销、分销其产品给最终购买者的公司和个人，包括中间商、实体分销公司（运输企业、仓储企业）、营销服务机构（广告公司、咨询公司等）、财务中介机构（银行、信托公司、保险公司）。

供应商是指组织活动所需的各类资源和服务的供应者。企业要搞好市场营销就必须要慎重选择供应商，并尽可能多地做到多渠道供应，以确保企业生产活动顺利进行。

竞争者包括产品品牌竞争者、产品形式竞争者、替代品竞争者、需求愿望竞争者。

社会公众是指对企业实现营销目标的能力具有实际或潜在利害关系和影响力的团体或个人。

（2）宏观环境要素，即间接营销环境，指影响企业营销活动的社会性力量和因素。

①人口环境。市场是由那些想买东西并且有购买力的人（即潜在购买者）构成的，人越多，市场的规模就越大。人口的规模、增长速度、地理分布、人口构成以及家庭单位等对营销活动都有影响。

②自然环境，指地理位置、自然资源、气候等。

③经济环境，主要指消费者收入的变化、消费者支出模式的变化、消费者储蓄和信贷情况的变化等因素。

④技术环境。新技术是一种"创造性的毁灭力量"。每一种新技术都会给某些企业造成新的市场机会，因而会产生新的行业，同时，还会给某个行业的企业造成环境威胁，使这个旧行业受到冲击甚至被淘汰。

⑤政治法律环境。政治体制、法令法规等的变化会对企业营销活动产生影响。

⑥社会文化，主要是指一个国家、地区的民族特征、价值观念、生活方式、风俗习惯、宗教信仰、伦理道德、教育水平、语言文字等的总和。文化及不同的亚文化群会对消费者行为带来影响。

3. 企业经济环境分析的具体内容

进行经济环境分析时，要着重分析以下主要经济因素：

（1）消费者收入的变化。消费者收入包括消费者个人工资、红利、租金、退休金、馈赠等收入。消费者的购买力来自消费者收入，所以消费者收入是影响社会购买力、市场规模大小以及消费者支出多少和支出模式的一个重要的因素。进行经济环境分析时，要区别可支配个人收入和可随意支配个人收入以及货币收入和实际收入等细分项目。另外不仅要分析研究消费者的平均收入，而且要分析研究各个阶层的消费者收入、不同地区的收入水平和工资增长率等因素。

（2）消费者支出模式的变化。消费者支出模式主要受消费者收入的影响。随着消费者收入的变化，消费者支出模式就会发生相应变化。对这一问题研究最著名的应属恩格尔定律。目前，西方经济学对恩格尔定律的表述为：①随着家庭收入的增长，用于购买食品的支出占家庭收入的比重（恩格尔系数）会降低；②随着家庭收入的增加，用于住宅建筑和家务经营的支出占家庭收入的比重大体不变；③随着家庭收入的增加，用于其他方面的支出（如服装、交通、娱乐、卫生保健、教育）和储蓄占家庭收入的比重会上升。另外，消费者支出模式除了主要受消费者收入影响外，还受家庭生命周期的阶段和消费者家庭所在地点的影响。

（3）消费者储蓄和信贷情况的变化。进行经济环境分析时还应该看到，社会购买力、消费者支出不仅直接受消费者收入的影响，而且直接受消费者储蓄和信贷情况的影响。储蓄来源于消费者的货币收入，其最终目的还是为了消费。但是，在一定时期内储蓄的多少将影响消费者的购买力和消费支出。在一定时期内货币收入不变的情况下，如果储蓄增加，购买力和消费支出便减少；反之，如果储蓄减少，购买力和消费支出便增加。此外，消费者信贷的数量及支出方式也是影响消费者支出的重要因素。

4. PEST 分析法

PEST 分析法是战略环境分析的基本工具，它强调要从政治的、经济的、社会的及其技术的角度出发进行分析，以从总体上把握宏观环境的状况。

政治要素（Politics），是指对组织经营活动具有实际与潜在影响的政治力量和有关的法律、法规等因素。

经济要素（Economic），是指一个国家的经济制度、经济结构、产业布局、资源状况、经济发展水平以及未来的经济走势等。

社会要素（Society），是指组织所在社会中成员的民族特征、文化传统、价值观念、宗教信仰、教育水平以及风俗习惯等因素。构成社会环境的要素包括人口规模、年龄结构、种族结构、收入分布、消费结构和水平、人口流动性等。

技术要素（Technology），这一要素不仅仅包括那些引起革命性变化的发明，还包括与企业生产有关的新技术、新工艺、新材料的出现和发展趋势以及应用前景。在过去的半个世纪里，最迅速的变化就发生在技术领域，像微软、惠普、通用电气等高技术公司的崛起改变着世界和人类的生活方式。同样，技术领先的医院、大学等非营利性组织，也比没有采用先进技术的同类组织具有更强的竞争力。

5. SWOT 分析与企业战略选择

（1）SWOT 分析法是一种对外部环境的机会与威胁进行分析辨别，同时估量组织内部的优势与劣势，在此基础上制定有效战略的方法。

企业的优势（Strengths），是指一个企业超越其竞争对手的能力，或者指公司所拥有的能提高公司竞争力的东西，如技术技能优势、有形资产优势、无形资产优势、人力资源优势、组织体系优势、竞争能力优势等。

企业的劣势（Weaknesses），是指公司做得不好或缺少的东西，或指某种会使公司处于劣势的条件，如缺乏具有竞争意义的核心技术，缺乏有竞争力的有形资产、无形资产、人力资源、组织资产，关键领域里的竞争能力正在丧失等。

企业面临的机会（Opportunities），是指影响公司战略的重大外部因素，如客户群扩大、市场需求增长强劲以及出现向其他地理区域扩张市场份额的机会等，具体包括新产品、新市场、新需求，外国市场壁垒解除，竞争对手失误等。

企业面临的威胁（Threats），是指公司的外部环境中存在着的某些对公司的盈利能力和市场地位构成威胁的因素，如出现将进入市场的强大新竞争对手、替代品抢占公司市场份额、主要产品市场增长率下降、汇率和外贸政策的不利变动、社会消费方式的不利变动、市场需求减少等。

（2）战略选择。

在完成环境因素 SWOT 分析后，便可以制定出相应的行动计划。制订计划的基本思路是：发挥优势因素，克服弱点因素，利用机会因素，化解威胁因素；考虑过去，立足当前，着眼未来。运用系统分析的综合分析方法，将排列与考虑的各种环境因素相互匹配起来加以组合，得出一系列公司未来发展的可选择对策。

企业战略包括：SO 战略——利用企业内部的长处去抓住外部机会；WO 战略——利用外部机会来改进企业内部弱点；ST 战略——利用企业长处去避免或减轻外来的威胁；WT 战略——直接克服内部弱点和避免外来的威胁。

SO 战略（优势+机会）：依靠内部优势，利用外部机会。SO 战略有时又称为增长战略。其对企业产生杠杆效应，杠杆效应产生于内部优势与外部机会相互一致和适应时。在这种情形下，企业可以用自身内部资源优势撬起外部机会，使机会与优势充分结合并发挥出来。然而，机会往往是稍纵即逝的，因此企业必须敏锐地捕捉机会、把握时机，以寻求更大的发展。

WO 战略（劣势+机会）：利用外部机会，弥补内部劣势。WO 战略又称为扭转战略。对企业面临的威胁采取影响与控制的措施，以阻止或减小它对企业产生不良后果。当环境提供给的机会与企业内部资源优势不相适合或者不能相互叠合时，企业的优势再大也得不到发挥。在这种情形下，企业就需要提供和追加某种资源，以促进内部资源劣势向优势方面转化，从而迎合或适合外部机会。

ST 战略（优势+威胁）：利用内部优势，规避外部威胁。当环境状况对公司优势构成威胁时，优势得不到充分发挥，出现优势不优的脆弱局面。在这种情形下，企业必须克服威胁，以发挥优势。

WT 战略（劣势＋威胁）：减小内部劣势，规避外部威胁。WT 战略又称为防御战略。当企业内部劣势与企业外部威胁相遇时，企业面临着严峻挑战，如果处理不当，就可能直接威胁到企业的生死存亡。

四、评析题

1. "企业营销只能被动适应营销环境"

这一观点是错误的。营销环境是与企业营销活动有关的外部不可控制的因素和力量，是影响企业生存和发展的外部条件。企业营销与营销环境的关系包括以下两个方面。

一方面，企业营销需要适应营销环境。营销活动依赖于这些环境才得以正常进行，这表现在：营销管理者虽可控制企业的大部分营销活动，但无法超越环境的限制；营销管理者虽能分析、认识营销环境提供的机会，但无法控制所有环境因素的变化，更无法有效地控制竞争对手。

另一方面，企业营销要能动地适应环境，在一定程度上影响环境。虽然企业营销活动必须与其所处的外部和内部环境相适应，但营销活动绝非只能被动地接受环境的影响，营销管理者应采取积极、主动的态度能动地去适应营销环境。就宏观环境而言，企业可以以不同方式增强适应环境的能力，在一定条件下，也可运用自身的资源积极影响和改变环境因素，创造更有利于企业营销活动的空间。

同时，企业营销要动态监测环境中的机会和威胁。无论企业是处在经济高速发展的时期，还是处在经济萎缩的时期，都会不断产生新的机会，同时也会产生新的威胁。但机会不会长期存在，也不会主动地、经常地光顾您的企业，许多机会都是稍纵即逝的。经营有方的企业都应从企业内外来考察自己的业务，要通过建立市场的预警系统来测报可能的机会与威胁，坚持不懈地监视变化的环境，并依据变化了的新情况不断调整自己的营销目标和营销策略，使企业资源与环境实现最好的结合。

2. "微观环境与宏观环境之间是一种并列关系，各自独立地影响企业的营销"

这一观点是错误的。微观市场营销环境和宏观市场营销环境之间不是并列关系。微观市场营销环境是指与企业紧密相连、直接影响企业营销能力和效率的各种力量和因素的总和，主要包括企业自身、供应商、营销中介、消费者、竞争者及社会公众。由于这些环境因素对企业的营销活动有着直接的影响，所以又称直接营销环境。

宏观市场营销环境是指企业无法直接控制的因素，是通过影响微观环境来影响企业营销能力和效率的一系列巨大的社会力量，它包括人口、经济、政治法律、科学技术、社会文化及自然生态等因素。由于这些环境因素主要以微观营销环境为媒介间接影响和制约企业的市场营销活动，所以又称间接营销环境。

微观市场营销环境和宏观市场营销环境之间不是并列关系，而是主从关系。微观市场营销环境受制于宏观市场营销环境，微观市场营销环境中的所有因素均受到宏观市场营销环境中的各种力量和因素的影响。宏观环境对企业营销的影响往往是通过影响微观环境而影响企业营销的。

3. "企业营销受到政府对自然环境干预的影响有日益加强的趋势"

这一观点是正确的。

随着社会的发展，企业营销面对的自然资源日益短缺。传统上，人们将地球上的自然资源分成三大类：取之不尽、用之不竭的资源，如空气、水等；有限但可再生的资源，如森林、粮食等；有限又不能再生的资源，如石油、煤及各种矿物。由于现代工业文明对自然资源无限度地索取和利用，导致矿产、森林、能源、耕地等日益枯竭，甚至连以前认为永不枯竭的水、空气也在某些地区出现短缺。目前，自然资源的短缺已经成为各国经济进一步发展的制约力甚至反作用力。

随着社会发展，企业营销面对的自然环境污染日益严重。工业化、城镇化的发展对自然环境造成了很大的影响，尤其是环境污染问题日趋严重，许多地区的污染已经严重影响到人们的身体健康和自然生态平衡。环境污染问题已引起各国政府和公众的密切关注，这对企业的发展是一种压力和约束。各国政府要求企业为治理环境污染付出一定的代价，但同时也为企业提供了新的营销机会，促使企业研究控制污染技术，兴建绿色工程，生产绿色产品，开发环保包装。

自然资源短缺和环境污染加重的问题，使各国政府加强了对环境保护的干预，颁布了一系列有关环保的政策法规，这将制约一些企业的营销活动。有些企业由于治理污染需要投资，从而影响了扩大再生产，但企业必须以大局为重，要对社会负责，对子孙后代负责，加强环保意识，在营销过程中自觉遵守环保法令，担负起环境保护的社会责任。同时，企业也要制定有效的营销策略，既要消化环境保护所支付的必要成本，还要在营销活动中挖掘潜力，以保证营销目标的实现。

4. "只要站在风口，猪也能飞起来"

猪不可能飞起来，雷军的这一比喻（图2-1）主要强调了环境中机会的重要性。

图2-1 风口飞猪

小米科技董事长雷军在一次滑雪过程中，好像突然发现了生命的密语："我领悟到，人是不能推着石头往山上走的，这样会很累，而且会被山上随时滚落的石头给打下去。要做的是，先爬到山顶，随便踢块石头下去。"后来他把人生感悟总结为："只要站在风口，猪也能飞起来。"这句话说明"势"的力量，也就是环境中机会的力量。

无独有偶，被看作网络文化发言人和观察者的美国人凯文·凯利在他出版的《必然》一书中也有类似的话。他说："这个时代最悲哀的事情，就是——你努力，但你不在风口上；你聪明，但你不在潮流中。知道趋势，才意味着胜利在望。"处于地球东西两侧的这两人表达的思想如出一辙,那就是:成功建筑在顺势的基础之上。所谓顺势,就是抓住环境给带来的机会。

对于"势",中国人最为看重,也多有研究。有人将其称为:顺势而为,借势而动,造势而上。先得识势,继而顺势,再则借势,然后得势,最终才可能是能者造势。顺势者昌,逆势者亡,是对势能的终极归纳。

对于企业,顺势而为十分重要。有着逆势而上的勇气固然可嘉,但凭一己之力要想改变大局的可能性十分渺茫。当今时代,企业想要顺势发展,就得主动对接互联网运用大数据,向工业4.0方向发展。总之,企业必须得在风口上、得在潮流中。

五、实训题

1. 某跨国公司在华面临的宏观营销环境分析

自改革开放以来,大量跨国公司进入中国,开启了一段高歌猛进的光辉历程。跨国公司进入我国近四十年的时间中,我国经济高速增长、市场空间广大、消费需求强劲、人力资源充足、低廉,本土企业刚起步、竞争力弱,而跨国公司在享受"超国民待遇"的同时,携资本、技术、品牌、产品和管理等优势,获得巨大成功。

今天,当这些利好环境不再显著或不存在时,在华跨国公司感到了挑战与困难。经历了多年的拼搏与磨砺,我国企业在技术、品牌、管理等方面上均取得了长足的进步,竞争力明显增强,其土生土长的特点也能更灵活、快速地为消费者提供更匹配需求的产品和服务。在华跨国公司已不能同日而语,转移、迁出或关闭的现象时有发生。

实训:请以某跨国公司为例,分析其当下和40年前在华所面临的营销环境,填入表2-1中。在小组中与同学分享你的分析结果。

表2-1 某跨国公司在华营销环境分析

宏观环境	当下环境特点	改革开放之初环境特点
政治环境		
经济环境		
自然环境		
文化环境		
科技环境		
人口环境		

2. 对香港"家乐福"的SWOT分析

继1997年年底八佰伴及1998年中大丸百货公司在香港相继停业后,2000年9月18日,世界第二大超市集团"家乐福"位于香港的4所大型超市全部停业,撤离香港。家乐福集团,在全球共有5 200多家分店,遍布26个国家和地区,全球的年销售额达363亿美元,盈利达7.6亿美元,员工逾24万人。家乐福在台湾、深圳、北京、上海的大型连锁超市,生意均蒸蒸日上,为何独独兵败香港?家乐福声明:由于香港市场竞争激烈,又难以在香港觅得合适地方开办大型超级市场,短期内难以在市场争取到足够占有率,所以退出香港市场。

家乐福倒闭的原因可以从以下两个方面进行分析。

从企业自身来看：第一，家乐福的"一站式购物"不适合香港地窄人稠的购物环境。家乐福的购物理念建立于地方宽大，与香港寸土寸金的社会环境背道而驰，显然资源运用不当。这一点反映了家乐福在适应香港社会环境方面的不足和欠缺。第二，家乐福在香港没有物业，而本身需要数万至 10 万平方米的面积经营，背负庞大租金的包袱，同时受租约限制，做成声势时租约已满，竞争对手觊觎它的铺位，会以更高租金夺取。第三，家乐福在台湾有 20 家分店，能够形成配送规模，但在香港只有 4 家分店，直接导致配送的成本相对高昂。

从外部环境来看：第一，在 1996 年进军香港的时候，正好遇上香港历史上租金最贵时期，经营成本高昂，这对于以低价取胜的家乐福来说，是一个沉重的压力，并且在这期间又不幸遭遇亚洲金融危机，香港经济也大受打击，家乐福受这几年通货紧缩影响，一直无盈利。第二，由于香港本地超市集团百佳、惠康、华润、苹果速销等掀起的减价战，给家乐福的经营以重创。作为国际知名大超市集团，家乐福没有参加这场长达两年的减价大战，但几家本地超市集团的竞相削价，终于使家乐福难以承受，在进军香港的中途失败而归。

实训：请对家乐福香港市场进行 SWOT 分析，按表 2 – 2 的格式将你的分析填入其中。

表 2 – 2 对香港家乐福的 SWOT 分析

优势	劣势
(1) (2) —	(1) (2) —
机会	威胁
(1) (2) —	(1) (2) —

3. VR 技术发展对企业营销的影响及其应对策略

VR（Virtual Reality），中文名称为虚拟现实，是一种通过计算机仿真提供沉浸式三维动态体验环境的技术。虚拟现实将是一场技术革命，将会深刻改变我们与世界的交互模式，改变现有的游戏规则。那么，VR 是从哪些方面改变了营销呢？

视觉传输：视觉营销在过去的几年中已经成为网上营销的主要推动力，而虚拟现实会进一步地推动视觉营销。直播视频将会变得越来越普遍，尤其最近社交巨头 Facebook 发布了 Facebook Live。通过这个应用，用户可以在不同的媒介上体验 360 度直播。文本内容和其他非视觉内容则会大大地减少。

沉浸感：虚拟现实所提供的沉浸感是最大的卖点之一，对营销来说也有很大的影响。VR 背后的意义是 360 度全方位感受，而这也是用户所期待的。内容的形式，如采访、社评和演示都会相应地进行调整。你需要把观众纳入这个体验中来，而不是以传统的方式向观众播送。这将会大大地提高观众的参与感。

交互：VR 为用户跟内容交互提供了可能。用户通过 VR 内容进行交互的可能性将会大大地提高。这包括简单的交互，如探索 3D 环境，或是更复杂的交互如物理触摸交互。

反馈与用户数据：更加成熟的 VR（图 2 – 2）可以让我们更好地得到用户的反馈和数

据,这似乎听上去还很遥远,但是这些设备将可以检测神经活动或者会革新我们的面部反应。这对于收集用户反馈和数据来说,开启了一个全新的时代。

图 2-2 VR 技术

实训:通过调研,分析 VR 技术发展对企业营销的影响,按表 2-3 格式将你的分析填入其中。

表 2-3 VR 技术发展下的企业机会、威胁及应对策略

	VR 技术的影响	涉及的行业/企业类型	应对策略建议
机会	(1) (2) —	(1) (2) —	(1) (2) —
威胁	(1) (2) —	(1) (2) —	(1) (2) —

4. 阿里巴巴如何应对美国的营销环境

2017 年 1 月 10 日,美国当选总统特朗普与中国阿里巴巴集团董事局主席马云在美国纽约特朗普大厦进行了 40 分钟的会谈,马云向特朗普介绍了中国的中小企业发展趋势和消费新形态。马云说,现在中国正在从制造大国转向消费大国,中国有 3 亿中产阶层,未来不久会增加到 5 亿,中国将会成为世界上最大的进口和消费市场,这对美国中小企业和消费者来说,也是一个巨大的机会和现实的存在。

特朗普则称:他和马云有个非常好的会面。"我们很开心,Jake(马云)和我会做一些很伟大的事情,聚焦中小企业。"并称赞马云是"非常非常伟大的企业家,是全球最好的企业家之一"。

马云也表示,这次会谈卓有成效。他和特朗普讨论了如何帮助美国中小企业通过阿里巴巴平台售卖商品,推动中小企业的全球化。根据阿里巴巴的计划,每家中小企业、每家农户为了上阿里巴巴做生意,估计会新增一个就业岗位。这样下来将增加 100 万个就业岗位。两人达成共识,要建立更友好的中美关系。

特朗普在竞选期间就一直拿中国拉票,说中国抢走了美国的就业,并扬言要对中国的出口贸易征收巨额 45% 关税,马云的电子商务帝国也同样面临着这类风险。之前,特朗普曾

说过上任前谁也不见，这次却见了马云。

实训：你认为阿里巴巴进入美国市场可能面临哪些机会和威胁？你对阿里巴巴应该如何把握机会并避免威胁有哪些好的建议？

第二节 案例分析与讨论

一、迪士尼走向世界

迪士尼之父华特·迪士尼一手打造了充满传奇色彩的娱乐帝国华特·迪士尼公司。1923年，华特·迪士尼与兄长罗伊·迪士尼，在一个废弃的小仓库里创立了迪士尼兄弟制片厂。1928年迪士尼创造了动画明星米老鼠，以手绘方式制作了两万多个精致的画面，大受观众欢迎。

1. 迪士尼乐园的诞生

1955年7月17日，迪士尼公司把动画片所运用的色彩、刺激、魔幻等表现手法与游乐园的功能相结合，推出了世界上第一个现代意义上的主题公园——洛杉矶迪士尼乐园！迪士尼乐园占地面积182英亩。乐园在洛杉矶市郊的阿纳海姆一个面积65公顷的柑橘园，这块土地价格低廉、面积广阔，虽然距离洛杉矶市区比较远，但是距其不到1千米处就有一条高速公路，具有较强的可入性。迪士尼乐园开园后，迅速闻名遐迩，成为好莱坞旅游甚至到美国旅游的首选之地。美国广播公司对此进行了现场直播，庆典活动由几位演员主持，其中包括里根，乐园立即引起轰动。开园仅7周，参观人数即达到了100万人。

2. 奥兰多诞生本土最大梦幻迪士尼

因痴迷佛罗里达温暖如春的气候，华特将新的园址选在了佛罗里达。那时的奥兰多还在沉睡，它是一个人口不足9万的尚未开发的小镇。为避免投机商哄抬物价，公司以匿名的方式买地。最终，华特以非常实惠的价格购得大片土地。奥兰多"华特·迪士尼世界"于1971年10月1日如期开放，位于佛罗里达州的奥兰多郊外，是一座老少皆宜的游乐中心。总面积达124平方公里，是美国本土最大的迪士尼乐园。

3. 走出本土经营困境，辉煌东京

在风光数年后，两个乐园都面临危机：访问量下降，并且利润降低。两个乐园为吸引不同的游客而设计，因此呈现出不同的面貌，也面临着不同的挑战：洛杉矶迪士尼是一处地方性的主题公园，对大多数游客来讲，是一日游景点。要重现乐园昔日风采不仅要兴建几个好的景观，而且要在迪士尼的新电影中找几个可供追捧的声名显赫的人物，问题是从20世纪70年代末到80年代初，迪士尼放映的成功影片凤毛麟角。奥兰多迪士尼要迎接挑战需兴建更多的宾馆和饭店以及新的主题公园和夜间娱乐设施，以延长游客在乐园留宿时间，因此首要任务是更有效地对乐园进行促销并提供全方位的旅游服务。

此时，日本东芝公司来到迪士尼，带着在东京湾、距市中心10千米、81万平方米的征地。1979年签订的正式合同中，日方同意支付给迪士尼全部食品、商品总收入的5%及门票收入的10%。日方的开价好得让迪士尼难以抗拒，洛杉矶迪士尼乐园的梦幻王国和奥兰多迪士尼乐园的精华部分全套东渡扶桑：从景观景点到快餐店和商品屋。通过一系列内容翔实的手册，详尽地规定了马场管理、客户服务，甚至演职员的培训规程。该乐园从1983年4

月 15 日开放以来就成为男女老少各享其乐的旅游胜地。东京迪士尼乐园的重游率相当高，比率超过 96%。很多游客入园超过 10 次，更有 16% 的游客重游达 30 次之多。而且这些游客大部分是来自日本的本土游客。这样的现象实在是令人称奇。

4. 国际业务遇挫，迪士尼乐园巴黎遭遇滑铁卢

迪士尼公司在日本的海外拓展战略取得了巨大成功后，迪士尼高层管理者坚信这种海外拓展战略可以继续施行，选择法国巴黎建设海外第二家迪士尼乐园。1992 年年初，位于巴黎市郊马恩河谷镇的迪士尼乐园开张。但开业之初就遭遇尴尬，游园人数寥寥无几，巴黎迪士尼乐园仅开业一年就亏损了近 9 亿美元，之后更是雪上加霜连年亏损。与日本迪士尼乐园的火爆截然相反，当年只有 40% 的法国游客来此参观。到了 1994 年年底欧洲迪士尼乐园共亏损 20 亿美元。

5. 进军中国市场

迪士尼在欧洲遇挫后，一边努力调整巴黎迪士尼乐园的经营，一边开始考虑一个更加富有挑战性的计划——进军中国市场。迪士尼公司认为拓展迪士尼品牌最大的机会在国外。当时，以电影为首的智力产品成为美国的主要出口产品，甚至超过了一直以来的领头羊——航空产业。大型、单一的产品公司像可口可乐和吉列公司所得收入中有 2/3 来自国外，而迪士尼产品只有 1/5 销往国外。当时，在美国，平均每人在迪士尼产品上的消费为每年 65 美元；在日本和法国这样的国家，平均每人 45 美元；在意大利、德国、西班牙这样的国家就降到了平均每人 15 美元；而在拉丁美洲、东欧、中国、印度就降到了平均每人 10～15 美分。迪士尼公司认为如果能拓展后两类国家达到美国销售的一半，带来的利润会是巨大的，相当于迪士尼现在运营收入的一半。迪士尼除了积极出口电影和消费品，还积极地寻求在全世界几个国家建设下一个设施完善的主题公园。

当时还找不到中国主题乐园建设的参考资料，迪士尼公司一时还搞不清应如何根据现有的迪士尼乐园建设的经验去评价中国市场的吸引力。虽然中国是一个巨大的前景乐观的市场，但开发它需要宝贵的管理资源，而且若决定打入中国就必须选择园址，这又带有很大的不确定性，机会和风险因城市而异，差别很大。

（1）90 年代的中国经济。

从经济周期的角度看，90 年代以来的中国经济，处于新一轮经济增长的高峰期。这一时期经济的增长，既反映了周期性经济扩张的固有趋势，也受到了宏观经济政策的深刻影响。一方面，"保持国民经济持续、快速、健康发展"的战略要求，构成了宏观经济决策的主线，决定了经济迅速增长的基本格局；另一方面，以稳定经济、整顿经济秩序为着眼点的宏观经济政策，构成了政府调控的基本内容，影响着经济增长过程中的宏观环境和结构变动。

中国经济自 1991 年开始出现回升，GDP 增长从 1990 年 3.9% 的波谷上升到 8.0%。1992 年，邓小平南方谈话发表，经济增长迅速加快，全年 GDP 实际增长达 13.2%。1992 年 10 月召开的十四大，进一步刺激了本已旺盛的投资热情，使来年的经济形势更趋高涨。1993 年上半年，GDP 的增长幅度高达 14.1%。虽然下半年开始的金融整顿使经济增长势头趋缓，全年 GDP 增长仍高达 13.4%。

1994 年，在财税、金融、外汇以及投资、价格等方面一系列重大改革相继出台的同时，政府在财政、金融等宏观政策上采取主动和适度的调控，使经济增长速度在高水平上稍有回落。全年 GDP 的增速为 118%。

(2) "米老鼠"诱惑申城。

早在 20 世纪 90 年代，随着《米老鼠》杂志的发行，《米老鼠与唐老鸭》卡通片的热映，当时的上海市领导萌生了在上海兴建迪士尼乐园的想法。

作为重要的经济增长点，同时具备一流的投资环境，申城期待着"米老鼠"落户。上海的诚意打动了迪士尼公司，同时公司深知上海自身的优势：地处长江三角洲，周边地区有一亿人口，而且周边居民消费能力高，即使收费低一点，巨大的游客数量也可以弥补这一点。

但 1998 年年底，迪士尼要落户有着政策优势的天津，抑或有着土地高性价比的成都的消息传出。而且迪士尼在与上海接触的同时，迪士尼代表团先后 6 次考察广东珠海，并对珠江口、澳门和珠海交汇处的横琴岛表现出浓厚的兴趣。新加坡、珠海、上海、天津、成都当然还有香港都加入了这场"皇帝女儿"的争夺战。众多的竞争对手不但实力强劲而且各有特色，一时间结果变得扑朔迷离了。

(3) 申城早期努力无果，迪士尼落户香港。

1997 年爆发东南亚金融危机，受其影响，香港经济陷入窘境，特区政府迫切需要一些项目来振奋人心、振兴经济。特区政府对迪士尼所带来的经济刺激效应及盈利能力寄予厚望。1998 年，香港在一场惊心动魄的金融保卫战中击退了来势汹汹的国际炒家，自身经济也遭受了重创，旅游业更是快速向谷底滑落。当年 10 月，在香港立法会的一次会议上，一份"振兴香港旅游业"的议案，获得了全票通过！议员朱幼麟提出十点建议，而第九项内容就是"兴建新的旅游景点，增加香港吸引力，例如兴建一两个主题公园……"

香港随即表示希望在一年内与迪士尼公司达成协议，在香港兴建世界级的迪士尼主题公园。1999 年 11 月 4 日，在香港的前总督官邸礼宾府举行了一次记者会，礼宾府还是首次用来举办正式的记者会，这次记者会由香港特区行政长官董建华亲自主持，宣布一件令港人欢欣鼓舞的好消息——迪士尼乐园正式落户香港。迪士尼随后的整个亚太的策略都向香港倾斜，包括诸多业务部门亚太总部向香港的转移。此举令在上海开办迪士尼乐园的早期努力没有结果。

(4) 迪士尼与上海："你选择了我，我选择了你"。

2004 年，艾斯纳在听取了香港迪士尼乐园运作报告后表示：从长期来看，公司希望可以在中国有两个迪士尼乐园。这是对中国的人口、经济增长和地理情况作综合考虑后得出的结论。

在香港迪士尼正式开业前夕，迪士尼公司将迪士尼消费品亚太区总部由香港迁到了上海，并在上海注册了华特迪士尼（上海）有限公司。这次迁址不仅表明了迪士尼公司非常重视中国巨大的商业发展潜力，也在一定程度上为迪士尼公司启动上海迪士尼项目开始做一些前期准备工作。

2008 年中期，美国次贷危机露出苗头，上海经济也出现了较大幅度的下滑。由于利润持续下跌，加上预期美国的国内消费在未来一段时间仍会受压，迪士尼集团所以积极寻求开拓海外市场。

迪士尼落户上海，在很多人看来，这是一种必然。2007 年东京迪士尼乐园游客人数 2 542 万人次，2008 年巴黎迪士尼乐园游客人数 1 530 万人次。以此来推算，上海迪士尼开园后全年的门票销售近60亿元人民币。按照以往的迪士尼产业链效应，1元钱的门票将拉动8元钱的消费。也就是说，单计算行程、吃饭及住宿，游玩、购物和娱乐等最基本的游客消费，迪士尼每年带来的服务业产值将达到480亿元。而且，上海令人眼花缭乱的利好消息此起彼伏，"2010年世博概念""大虹桥概念""2020年两个中心概念（国际航运中心与国际金融中心）"等等，似乎都在给已经沸腾的上海再填一桶油，再加一吨柴！2008年两会期间，上海市政府官员首次对建迪士尼乐园的传闻给予了正面回应，表示"上海有能力和条件建好一座迪士尼，各项前期准备工作都在进行中，最后将由国务院决定"。

  迪士尼很看重上海的商机，此时的迪士尼表现出了"积极"的姿态，表示可以商谈签约事宜，双方高层频频相互造访，这时的谈判已上升到实质性阶段。2009年1月中旬，美国华特迪士尼公司首次公开宣布，计划联同上海市政府兴建全球第六家迪士尼乐园。至此，盛传十多年的内地第一座迪士尼乐园将落户上海的消息终于浮出水面。

  2010年11月5日，上海迪士尼乐园项目正式签约。迪士尼与上海的距离，从接近至疏远，到再次回头，这一段历程走来却已有十多年。2013年3月7日，备受关注的上海迪士尼项目，首度向外界发布未来蓝图，包括首次呈现的位于主题乐园中央占地11公顷的美丽绿地，以及乐园的标志性景点——具有独特设计和规模的"奇幻童话城堡"的近距离效果。2015年年底迪士尼正式开门迎客。

讨论题

(1) 分析迪士尼在进入日本东京、中国香港市场时面临的营销环境及其特点。
(2) 分析一下导致迪士尼进入中国市场的历程如此曲折漫长的原因。
(3) 面对中国市场营销环境的变化，迪士尼选择的发展战略是什么？

二、福耀集团在美国开设工厂

  自1995年开始对美投资至今，福耀集团在美国有5家工厂。福耀集团董事长曹德旺在公开谈到中美投资成本上的区别时说，"中国制造业的综合税务跟美国比高35%"。在他看来，在中国发展制造业，意味着更高的土地和运输成本。"在美国，能源、电价是中国的一半，天然气只有中国的1/5，蓝领工资价格是中国的8倍，白领工资价格是中国的2倍多。"曹德旺这样算账，做一片夹层玻璃在中国要1块2，在美国要5块5，我们预算是6块5。但我们出口美国，出口是先征后退，在这基础上还要交4%，这样，一块玻璃出口需要交1块多钱，这就省去了1块多。那么在美国还有电价便宜，气价便宜，还有很多优惠条件，总的来说，算起来总利润会差40%，在美国能多赚百分之十几。

  为开拓北美市场，2014年年初福耀集团在俄亥俄州独资设立"福耀玻璃美国有限公司"，工厂选址该州代顿市的小城镇——莫瑞恩。其前身是通用汽车制造工厂，2008年在金融危机的冲击下关闭。2016年10月，代顿工厂竣工投产，为当地带来约2 000个就业岗位。工厂启动生产不久，就有员工多次投诉其作业环境存在隐患，之后该厂接受了8次联邦检查。几个月后，《纽约时报》登载一篇文章，文章题为"俄亥俄州一家中国工厂的文化冲突"，矛头直指福耀公司。对于福耀公司而言，还面临招聘和薪水两大挑战。福耀已经雇用了2 000名员工，并且正计划再招几百人。而该地区的失业率仅为4.4%，低于全国水平，这导致可供雇用的总人数非常少。在本地工人的起薪标准为12美元/小时。

  曹德旺指出，劳动生产率还是中国高，因为中国能够招到年轻的工人，在美国工厂招的两千多工人都是年纪较大。另外，企业在投资时不仅要考虑生产成本，还要考虑合规成本。美国各种法规标准相对完善，要求严格。曹德旺在一次采访中也表示："在美国，环保出了问题，不是罚款，不管什么，先关闭工厂，整改完再考虑怎么处理。"此外，还要了解当地的政策与文化，让管理规定符合当地习惯，克服语言沟通障碍。在美国，一定要了解工会的角色及其重要性，学会与工会打交道。用曹德旺本人的话来说就是，"美国国民的主权意识很强，维权意识比中国强。作为老板们，要想长期发展，也应该去尊重别人的存在。""有时候，我会沮丧得像只剩半条命。"

讨论题

（1）福耀玻璃在美国设厂的原因是什么？

（2）福耀玻璃是如何分析和适应美国市场营销环境的？

（3）你认为中国和美国在营销环境方面有哪些差异？

三、灵尚绣品：藏器于身，应时而动

山西灵石县灵尚绣品有限公司由创始人李晓丽于2008年创立，是以纯手工艺品设计、加工、制作为主营业务的一家民营企业。李晓丽2008年投资150万元成立了蒲公英合作社，2011年投资500万元成立了雅汇丝带绣合作社，2012年6月到2013年11月，投资1 200万元修建厂房，正式成立灵尚绣品有限公司。

1. 根植于文化

灵尚绣品的成立和发展与山西晋绣的文化渊源紧密结合。在山西农村里，人民的日常生活用品和衣帽服装，多以刺绣来装饰，像衣服的领口、袖口、裙边、披肩、帽子、鞋子和被面、枕头、喜帐、寿帐、桌围、椅垫等，都有不同纹样的刺绣图案。山西的民间刺绣，大都出自普通农家妇女之手，这种传统的刺绣技艺往往是通过家传、互相之间的交流而得以延续的。在李晓丽看来，这么好的东西，如果一直在山西隐姓埋名下去，早晚有一天这样的手艺会面临失传，那样就让人追悔莫及了。于是2008年李晓丽毅然辞去了自己在北京稳定的工作，投资150万元成立了蒲公英合作社，负责销售大家的绣品。

虽然村里的这些妇女对于刺绣都有一定的基础，但是，要想跟上市场的变化、满足对于高端产品的要求，这些是远远不够的。于是2008年下半年趁着农村农闲的时候，李晓丽带着姐姐来到苏州的一个刺绣加工厂进行学习，姐姐用了半年的时间就掌握了其中的精华。学成之后回到山西农村，开始对参加合作社的妇女进行免费培训。也正是由于这次学习和培训，刺绣的产品花样得到了很大丰富，做工也更加精细华美，对打开高端市场提供了先决条件。

2. 获取政府支持

一个小企业，要想做大做强，需要有足够的资金支持。为了解决资金问题，李晓丽找到灵石县领导商讨这个问题时，过程竟是出乎意料的顺利，双方一拍即合。原来，山西灵石县素有"燕冀之御、秦蜀之经"之称，地理位置十分优越，境内矿藏丰富，以煤炭的蕴藏量最多，达97亿吨。也正是凭借大自然的馈赠，灵石一直以煤炭等矿产开发为骨干产业。这样的产业结构在带动当地经济高速发展的同时，也造成了环境的严重破坏和资源的日益匮乏。中央及地方下发了一系列可持续发展的条文，对矿产开采各个方面进行了严格的限制，"山西煤老板"的光辉岁月一去不复返。如何在保证地方GDP平稳增长的同时实现可持续发

展呢？转型市场空间大、独具竞争力并可持续发展的产业成为重中之重、急中之急。而李晓丽的产业无疑给灵石县政府带来了新的方向和希望。

于是，经上级批准之后，灵石县政府将灵尚绣品有限公司确定为带动地方经济转型的龙头企业。现在回想起来，李晓丽觉得自己非常幸运，政府对创业过程中的各方面都给予了极大支持。

3. 市场反响良好

让李晓丽开心的是，几乎不用出门，产品就供不应求。合作社的刺绣作品成了整个晋中地区以及吕梁地区的政府礼品。2009 年，产品融入新的工艺，销售额增至 100 多万元。相邻县市政府部门、事业单位的订单纷至沓来。一些大型企业也成为公司的重要客户。产品销售向北京、上海、天津、太原等地扩展。公司销售呈大幅上升趋势，2012 年达到 1 900 万元。

4. 危机中突围

正当李晓丽准备大显身手时，突如其来的挑战又出现在面前。2012 年 12 月，中共中央下发八项规定，对于政府礼品等方面做出了明确的严格要求。这对于销量主要依靠政府、事业单位的灵尚来说无疑是重大打击。2013 年上半年，来自政府机关的订单大幅减少，企业开始滑向危机的边缘。为扭转这种局面，李晓丽开始积极探索新出路，大力加强企业市场开发。

既然政府市场受限制，目标市场必须发生转移，定制化纪念品市场进入李晓丽视野。李晓丽从大学生市场入手，因为大学生群体非常偏爱个性化的文化产品。像情人节、毕业季等大学的"礼品互赠高潮"，就是抓住了大学生的消费特点。对于大学生来说，他们既关注价格，又不喜落入俗套。面对这样的消费群体，定制化无疑是最好的选择。晋绣本身具有较高的收藏意义和纪念意义，通过晋绣实现的定制化必然能够收获大学生的青睐。李晓丽开始在大学招聘促销员进行宣传推广，价格维持在 200～500 元，根据不同定制需求，制定不同价格供市场选择。李晓丽从定制化服务入手，逐渐打开个人市场。

5. 拥抱互联网

一条新闻消息引起了李晓丽注意。截至 2013 年 12 月底，我国网民规模达到 6.18 亿，手机网民规模暴涨，网购风靡，呈现快速的增长势头。在网络营销受到重视、网民消费观念转变等因素的影响下，不少商家纷纷打破单一经营模式，在传统渠道外开拓网络渠道。还有什么时候比这时候开展网络营销更合适吗？就这样，在定制化如火如荼进行的同时，灵尚开始了网络营销之路，从建立企业门户网站开始，公司电子商务网站逐步开通，建立网络交易平台，为公司在网络化时代的市场营销开拓了更广阔的未来。

6. 持续发展

在原有客户群体基础上，公司的目标市场扩展到了家庭、个人，公司的产品加入了时尚元素。公司与中国戏曲学院设计系、北京林业大学艺术学院设计系建立的合作关系，为公司产品设计注入了一支强心剂。2014 年 6 月，公司与日本一家礼品企业签订了供应协议，这是第一笔出口订单，为公司手工艺品走向国际翻开了新的篇章。

讨论题

（1）分析灵尚绣品公司面临的环境机会和威胁。

（2）灵尚绣品公司是如何应对国内市场环境变化的？

(3) 分析灵尚绣品公司走向国际市场可能面临的机会和威胁及其应该采取的应对策略。

四、柯达公司的盛衰

柯达公司成立于 1880 年，它曾是世界上最大的影像产品及相关服务的生产和供应商。1883 年，公司发明胶卷，带来了摄影行业革命性的变化。1888 年，柯达推出照相机，推动了摄影大众化的发展进程。在胶卷时代，柯达曾经占据全球 2/3 的市场份额。1966 年，柯达海外销售额达 21.5 亿美元，当时位居感光界第二的爱克发销量仅及它的 1/6。到 1976 年，柯达在美国胶卷和相机销量中的占比分别达到 90% 和 85%。

1976 年，柯达公司就研制出了第一部数码相机；1987 年推出了世界上第一台 1 000 万像素的商用数码相机；1981 年公司的一项调研就预计到，数码摄影技术有可能在 10 年内取代胶片业务。但面对胶片业务的丰厚利润和数码相机的微薄利润，柯达管理层始终认为以胶片为核心的模式不应该改变。1981—1991 年的 10 年中，柯达公司的业务结构几乎没有任何变化。

后来，公司的 CEO 费舍尔认识到数码化的变革方向。他采取的战略是同时推进传统的胶片冲印业务和新的数字成像业务。在欧美市场上，通过合作和战略联盟等引进核心技术和知识大力发展数码产品，如与摩托罗拉公司达成联合研发生产更小、更轻和电池寿命更长的数字照相机（1997 年），与美国在线公司 AOL 合作推出在线照片发送业务（1998 年），与英特尔公司合作共同开发数字成像产品（1998 年）等。柯达还通过输出知识和能力获取最大化利益，如向惠普公司和佳能公司提供数据压缩和颜色管理软件技术，以及向奥林巴斯公司提供 CCD、CMOS 图像传感技术等。同时，柯达公司选择中国作为传统胶片业务的新市场。1998 年与中国政府签署了著名的"98 协议"，柯达公司承诺投入 12 亿美元开启对中国感光业的全行业合资项目以提升中国感光业的整体水平。费舍尔的二元分立战略取得了暂时成功：1997 年，公司的市值达到 310 亿美元的历史新高，1999 年，柯达在纽约罗切斯特的数码相机生产量是 1998 年的 300%，数字产品的销售和服务同比增长了 46%。自"98 协议"签署后至 2003 年，柯达在中国市场占有率和经营利润都遥遥领先于竞争对手。

20 世纪 90 年代开始，数码技术对胶片产业的影响日益明显，全球胶片市场以每年 10% 的速度萎缩。2000 年，柯达公司的股价从 1999 年最高的 80.38 美元下跌至 35.31 美元；2001 年公司的净利润同比下降 95%。费舍尔在战略变革的短暂成功，尤其是在中国市场的成功，使得管理层相信"胶片行业最后的晚宴没有结束"。甚至要继续开发欧洲市场和以中国为代表的新兴国家的市场，并在中国投入 10 亿美元开发新市场。这一时期，柯达公司大量资金仍用于传统胶片工厂生产线和冲印设备的重复投资。尽管在公司的数码业务部门建立了扁平化的组织形式，但在胶片业务部门的管理者多数还是按原来的方式行事。费舍尔后来承认，他始终未能将数码信念扩展到整个组织，尽管更换了很多高层，但中层管理人员和员工始终无法过渡到数字化思考的方式。

进入 21 世纪，柯达公司进行了两次战略变革。2003 年 9 月，柯达公司正式公布为期四年的"全力以数码为导向"的战略调整计划，力求利用数码技术将公司业务扩展到一系列商业领域并成长为数码影像市场的领导者。由于重组后销售利润和股份仍然不见明显好转，2007 年公司决定实施为期四年的第二次战略重组，目标是把公司的业务重点从传统的胶片业务彻底转向数码产品。然而，2008 年，公司又重新定位数码业务，决定加大消费用和商用喷墨打印机及企业工作流程软件等核心业务的投资力度。CEO 彭安东认为，如果利用柯达的研发和技术优势，喷墨打印机系列业务将为其利润收入贡献巨大。公司根据数码战略要求，将原来的业务部门重组为商业影像、医疗影像和显像及零售件五大数字科技部门。公司进行了大规模的裁员和人事调整，2008 年柯达宣布了其在全球裁员 20% 的计划。

2009 年，柯达的销售额下降到 76.06 亿美元；2010 年由于新模式运行不良，柯达公司仍未走出低谷；2011 年 9 月，柯达公司开始借款以补充流动资金，公司股票一度暴跌 68%。2012 年 4 月 20 日，公司正式宣布破产。

讨论题
（1）分析柯达由盛至衰面临的营销环境所发生的变化。
（2）从柯达盛衰中思考：当今时代，企业应该如何应对营销环境的变化？

五、诺基亚公司的战略转型

诺基亚是芬兰手机品牌，成立于 1865 年，当时以造纸为主，后来逐步向胶鞋、轮胎、电缆等领域发展，最后才发展成为一家手机制造商。诺基亚品牌深入人心，它的经典手机铃声和开机动画几乎无人不知、无人不晓。诺基亚从无名小企业发展到世界知名品牌，诺基亚借助 Symbian 系统，逐渐发展为全球第一大手机厂商，但随着苹果 iPhone 和谷歌 Android 操作系统的出现，诺基亚由辉煌走向衰落。诺基亚从辉煌一时的霸主沦落为失败者的盛衰史值得探讨。

1. 初创阶段

1865 年，在芬兰 Espoo 的诺基亚河畔，采矿工程师弗雷德里克·艾德斯坦创办了诺基亚公司，主营业务为木浆与纸板，之后逐步进入胶鞋、轮胎、电缆等领域。到 1967 年，诺基亚已经成为横跨造纸、化工、橡胶、能源、通信等多领域的大型集团公司。

从 1962 年到 70 年代中期，诺基亚在芬兰电信市场所占份额不断增加。1982 年，诺基亚生产了第一台北欧移动电话网移动电话 Senator。随后开发的 Talkman 是当时最先进的产品，该产品在北欧移动电话网市场中一炮打响。80 年代中期，诺基亚移动电话通过"Tandy 无线电小屋公司"的商店进入了美国市场。为生产由 Tandy 出售的 AMPS（高级移动电话系统）模拟机，公司与 Tandy 公司于 1985 年在韩国建立了一个联合生产厂。

2. 战略聚焦

20 世纪 90 年代，底端产业逐步转移到东南亚等资源丰富且劳动力廉价的第三世界国家。1992 年，时任总裁奥利拉做出公司历史上第一次最重要的战略转型——走出欧洲，剥离橡胶、胶鞋、造纸、家电等濒临破产的底端产业，专注于电信业，逐步转型为一家新型科技通信公司。1996 年，诺基亚成为全球移动电话的执牛耳者，而且连续 14 年占领市场第一的宝座。

1990 年，手机用户量大增，手机价格迅速降低，移动电话越变越小，诺基亚又明确制定了发展成为一个富有活力的电信公司的战略。在以电信为重点的同时，诺基亚的业务范围随着电信部门的迅速发展而急剧扩大。同时，诺基亚还致力于全球通技术，首次全球通话使用的就是诺基亚电话，是 1991 年通过芬兰诺基亚 Radiolinja 网络进行的。20 世纪 90 年代中期，诺基亚因涉及产业过多而濒临破产，而当时的诺基亚总裁以及高层果断地将其他所有产业舍弃，并拆分了传统产业，只保留下诺基亚电子部门，将其他所有传统产业出售，诺基亚集团开始了两年的分裂，而此刻的诺基亚做出了自己历史上最重要的战略抉择。

只剩下手机电信产业的诺基亚经过 5 年的时间逐渐摆脱了破产的境况，由于专注于传统功能手机产业的研发，诺基亚功能手机在当时具有极佳的用户品牌效应。1995 年，诺基亚开始了它的辉煌时期，它的整体手机销量和订单剧增，公司利润达到了前所未有的高度。

从 1996 年开始，诺基亚手机连续 14 年占据手机市场份额第一的位置，并且推出了 Symbian 和 MeeGo 的智能手机。2003 年，诺基亚 1100 在全球累计销售 2 亿台。2009 年诺基亚公司手机发货量约 4.318 亿部；2010 年第二季度，诺基亚在移动终端市场的份额约为 35.0%，领先当时其他手机市场占有率 20.6%。

3. 遭受重创

2007 年 1 月，苹果公司正式公布了旗下智能手机 iPhone，由此开启了新的智能手机市场格局，而诺基亚公司所拥有的 Symbian OS（塞班系统）则不再适用于当时的市场。2008 年，谷歌公司发布了旗下智能手机操作系统 Android，成为市场新的变革，由 iPhone 和 Android 引导的触屏智能手机风潮成为市场主流。2011 年，由于长期坚守塞班这个封闭的智能操作系统，诺基亚手机被苹果和安卓系统超越，错失世界第一的宝座。

4. 与微软合作

诺基亚在短暂尝试了自主研发操作系统 Meego 后，宣布了第二次重要的战略转型——抛弃主流的开放式操作系统，选择与微软深度合作。2011 年 2 月 11 日，诺基亚在英国伦敦宣布与微软达成战略合作关系。诺基亚手机将采用 Windows Phone 系统，并且将参与该系统的研发。2012 年 9 月，诺基亚推出搭载 Windows Phone 8 系统的 Lumia 820 和 Lumia 920，被外界视为"最后一搏"。

但事与愿违，仅仅过了 2 年，诺基亚手机帝国彻底颠覆，曾经的世界第一被以 37.9 亿欧元的超低价格出售给了微软公司。讽刺的是，在交易完成后，诺基亚花重金从微软挖来的总裁史蒂芬·埃洛普随即宣布离职，拿着巨额补偿重新回到微软任职。

5. 战略转型

虽然在手机业务失败，诺基亚坚守的另外一块业务却没有放弃——通信设备制造和解决方案。2010 年，诺基亚西门子通信公司宣布全资收购了美国摩托罗拉通信公司及其全球业务；2014 年完成了对合资公司诺基亚西门子通信公司中西门子所持的 50% 股份回收；2015 年宣布以 166 亿美元收购全球主流通信设备商阿尔卡特朗讯通信公司，同年以 28 亿欧元出售非主营业务 Here 地图。

2016 年，各大公司财报显示，全球通信设备及解决方案提供商中，华为收入 751 亿美元成为行业第一，诺基亚收入 249 亿美元排名第二，昔日冠军爱立信则以 3 亿美元之差排名第三。

讨论题

（1）分析诺基亚的战略转型所表现出的特点。

（2）分析导致诺基亚公司兴衰的原因。

（3）结合本案例，谈谈领先企业如何才能在技术变革时避免失败。

第三节 经典推介

一、标志性理论、人物及思想简介

1. 迈克尔·波特的竞争理论

战略大师迈克尔·波特的竞争理论对于战略管理学科有着举足轻重的影响,主要包括以下三部分。

(1) 五力模型。

一个产业内部出现竞争的强弱并不是偶然的,产业内的竞争深深根植于其基础经济结构,并远远超出了现有竞争者的行为范围。产业内部的竞争状态取决于五种基本作用力:进入威胁、替代威胁、客户价格谈判能力、供应商价格谈判能力和现有竞争者的竞争(如图2-3所示)。五力模型反映出的事实是:在一个产业内,企业的竞争对手不仅仅局限于现有的行业竞争者。客户、供应商、替代产品和潜在进入者均为该产业的"竞争对手"。在不同的情况下,这些竞争作用力或多或少都能体现其重要性,与传统竞争战略理论相比这是突破性的发展。产业中的这五种竞争力决定了该产业的竞争强度以及产业利润率,同时也影响着产品的价格、成本与必要的投资,更决定了产业结构。企业如果希望拥有长期的获利能力,就必须先了解所处的产业结构,并塑造出尽可能对自身有利的产业结构。

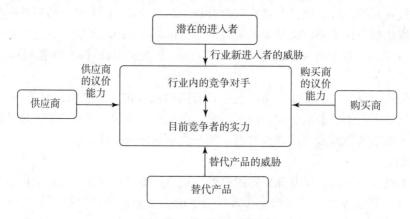

图2-3 波特的五力模型

(2) 三大通用战略。

在与五种竞争力的抗争中,有三种战略可使企业在该行业的竞争中脱颖而出,即成本领先战略、差异化战略、集中化战略。

成本领先战略要求企业必须建立起高效、规模化的生产设施,严格控制生产成本,缩减管理费用及研发、服务、推销、广告等方面的费用。为了达到这些目标,企业需要在制定竞争战略时对成本控制给予高度的重视,确保总成本低于竞争对手。

差异化战略是将公司提供的产品或服务差异化,树立起一些全产业范围中具有独特性的东西。最理想的状况是公司在几个方面都具有差异化的特点。但波特认为这一战略与提高市场份额不可兼顾,并伴随着成本上升的代价,而且并非所有顾客都有能力和意愿接受该产品的独特优势。

集中化战略是主攻某个特殊顾客群、某产品线的一个细分区段或某一地区市场。企业集中优势资源避免四处出击能够高效率地为某一狭窄的战略对象服务，从而超越宽泛竞争的对手。公司要么满足特殊客户群体的差异化需求，要么为这一对象服务实现低成本，这样的企业往往能获得高于产业平均水平的利润。

(3) 企业价值链。

企业提供给顾客的产品或服务，其实是由一连串的活动组合起来创造的。每一种活动，都有可能促成最终产品的差异性，提升价值。一个企业的价值链和它所从事的单个活动的方式反映了其历史、战略、推行战略的途径，以及这些活动本身的经济效应。基本价值链由5项基本活动和4项辅助活动构成。基本活动是涉及产品的物质创造及其销售转移给买方和售后服务的各种活动，包括：内部物流、生产作业、外部物流、市场和销售、服务。辅助活动是辅助基本活动并通过提供外购投入、技术、人力资源及各种公司范围的职能以相互支持的活动。各种辅助活动都与具体的基本活动相联系并支持整个价值链。企业的基础设施不与各项基本活动相联系，但支持整个价值链。

价值链理论揭示，企业与企业的竞争，不只是某个环节的竞争，而是整个价值链的竞争，而整个价值链的综合竞争力决定企业的竞争力。用波特的话来说："消费者心目中的价值由一连串企业内部物质与技术上的具体活动与利润构成，当你和其他企业竞争时，其实是内部多项活动在进行竞争，而不是某一项活动的竞争。"

2. 工业4.0

工业4.0是德国政府在《德国2020高技术战略》中提出的十大未来项目之一。该项目由德国联邦教育局及研究部和联邦经济技术部联合资助，投资预计达2亿欧元。其旨在提升制造业的智能化水平，建立具有适应性、资源效率及基因工程学的智慧工厂，在商业流程及价值流程中整合客户及商业伙伴。

德国学术界和产业界对工业4.0概念的一个比较统一的阐释是：通过信息通信技术和虚拟网络－实体物理网络系统（CPS）的结合，将制造业向智能化转型，实现集中式控制向分散式增强型控制的基本模式转变，最终建立一个高度灵活的个性化和数字化的产品与服务生产模式。简单来讲，CPS就是互联网技术运用于各行业，其核心就是通过应用信息通信技术和利用互联网，将虚拟系统信息与物理系统相结合的手段，完成各行各业的产业升级。

工业4.0项目主要分为三大主题：一是"智能工厂"，重点研究智能化生产系统及过程，以及网络化分布式生产设施的实现。二是"智能生产"，主要涉及整个企业的生产物流管理、人机互动以及3D技术在工业生产过程中的应用等。该计划注重吸引中小企业参与，力图使中小企业成为新一代智能化生产技术的使用者和受益者，同时也成为先进工业生产技术的创造者和供应者。三是"智能物流"，主要通过互联网、物联网、物流网，整合物流资源，充分发挥现有物流资源供应方的效率，而需求方，则能够快速获得服务匹配，得到物流支持。

工业4.0相对于前三次工业革命而言，又可以称为继机械化、电气化和信息技术之后的第四次工业革命。其意味着未来工业生产组织方式将向定制化、分散化、融合化转变，将使得互联网企业与工业企业的边界逐渐被打破，生产企业与服务企业的边界日益模糊，产业融合促进服务型经济。

工业4.0具有两大特点：一是多批次小批量，定制生产满足个性化需求；二是智能化。这是全新发展出的商业模式和合作模式，这些模式可以满足那些个性化的、随时变化的顾客需求。新生产出来的智能产品将会有一个IP地址，通过IP地址连到物联网上去，从而可以在任何时候定位、识别智能产品，并能知道它们自己的历史、当前状态和为了实现其目标状态的替代路线。而从终端消费者消费所产生的需求信号，通过一个全球性网络传递给制造商，借助大数据分析，制造商就可以预测市场需求，甚至根据需求来定制化生产。过去传统的生产，包括第三次工业革命之后的生产，仍然是大批量的生产，现在可以通过软件跟智能生产设备的结合，灵活地调整生产工序，并以一个比较合适的经济成本来制造出最终的用户所需求的产品。

通信网络设备是实现工业4.0的关键。在这一过程中，软件是重中之重，可以说起到赋予智慧工厂"灵魂"的中心作用，包括设备制造、物联网、数据网等都需要通过软件将这几大板块联结起来。如沈阳机床最近研发的i5智能机床主要特点为"i平台、云制造"，深度契合了未来制造的内涵和方向，具有互联网基因、网络平台潜力。

2014年10月，李克强总理访问德国时与德国总理默克尔发表了《中德合作行动纲要》，并提到希望在工业4.0方面和德国加强合作。

3. 动态能力与营销动态能力

（1）动态能力。

自20世纪50年代以来，企业在经营管理中面临的市场环境发生了重大变化，技术的不断突破使得环境由原来的稳定状态进入多变、快速的节奏，经营环境的不确定性因此大大提高。20世纪80年代以来，资源基础观（RVB）成了战略管理中探寻企业竞争优势来源的经典理论之一。资源基础观认为企业内部存在具有异质性的独特资源是其竞争优势的来源。进入20世纪90年代后，在资源基础观的基础上又发展出核心能力理论。然而，随着环境的变化和知识、技术的日新月异，企业必须具备根据环境变化而调整战略的能力，否则，企业的竞争优势将难以持续，甚至转变成为劣势。至此，资源基础观所认为的企业核心能力优势的"刚性"缺陷和"惯性陷阱"没办法回答企业如何在动荡的环境中获取和维持竞争优势的问题。据此，Teece等（1997）学者最早提出动态能力这一概念，认为企业只有不断地对自身的资源与能力进行不断的调适、重构和再造，基于动态的视角整合企业能力，在经营过程中比竞争对手更快地适应环境变化，从而在动态环境中获取和维持竞争优势。因此，到20世纪90年代后期，基于核心能力概念和演化经济学的企业动态能力理论在战略管理领域日益受到重视，越来越多的学者加入了对这一理论的研究中。

（2）营销动态能力。

随着动态能力理论研究的不断推进，越来越多的学者们也逐渐认识到经营环境的不确定性不仅对企业的战略、治理结构等有影响，同时还影响企业的营销职能。在市场环境日趋复杂和动荡的今天，对于重建快速、有效的流程来创造和传递顾客价值的企业营销动态能力的研究成了一个新的热点。

基于此，2005年学者Foley、Vorhies和Bush提出了营销动态能力的新概念。营销动态能力是动态能力在企业营销过程这一特殊情境中的具体界定，是企业营销能力与动态能力的整合结果。营销动态能力是一种涉及企业营销资源、营销能力和市场知识的组织流程，通过这种流程来快速、有效地创造和传递优质的顾客价值。因此，营销动态能力是动态能力的上升和具体化。近几年学者们才将动态能力理论引入营销研究中,因此,关于营销动态能力的相关理论研究尚处于起步阶段,研究内容主要集中在对营销动态能力的构成维度、形成机理以及其与企业绩效的关系三个方面。

4. 精准营销

早在 1999 年,美国著名营销学家、直销营销之父莱斯特·伟门就描述了一种崭新的营销模式:将生产商家和销售商家作为中心,改变传统的营销渠道和方法,借助电子媒介、邮寄、电话访问以及互联网等方式构建客户资料库,通过科学的分析,定位可能购买的潜在客户,引导厂商变革推广策略,同时为厂商构筑有针对性和操作性较强的营销传播方案,为其提供详细、全面的有关客户和销售商的追踪资料。相关学者认为关于精准营销模式的最早、最权威的描述是在 2005 年,美国营销大师菲利普·科特勒,在更深层次上阐述了精准营销模式的本质。他提出当公司进行更精准、可衡量、高投资回报的营销沟通,以及注重营销结果和行为的传播计划的同时,还要加强对直接营销沟通的投资。我国学者贺海涛指出精准营销模式主要是指在客户价值生命周期的基础上,以客户为中心,利用可利用的方式,在适当的时间、地点,以适当的价格,借助恰当的营销渠道,向恰当的客户推荐产品,有针对性地放置沟通内容,修正大众营销的不足。王波等将精准营销模式定义为"5W"分析框架,即以客户为中心,在恰当的时机(When)、将恰当的业务(Which)、借助恰当的渠道(Where)、组织恰当的行动(What)、向恰当的客户(Who)营销,进而推进营销管理的持续改进。由以上国内外对精准营销模式的界定可看出,精准营销模式构建理念逐渐由以生产商和营销者为中心转变为以顾客为中心,模式的构建以客户关系管理为基本思想,依托现代信息技术,在数据库营销的基础上进一步发展,是基于目标市场营销战略和营销组合框架上的营销创新,体现出精密、准确和可衡量等特性。

二、经典论文推介

1. 国内外环境扫描研究综述. 沈涛,赵树宽,李金津,支凤稳(吉林大学管理学院). 图书情报工作,2015(12):137 – 143

(1) 概要。

针对国内外环境扫描的研究现状,对环境扫描领域的国内外核心文献进行系统的梳理和分析,重点从环境扫描的研究概况、概念、环境分类及研究维度方面进行综述。

(2) 主要内容和观点。

- 国外研究概况。国外环境扫描的研究特点可以总结为以下几点:①研究内容丰富、视角广泛,主要是对外部环境、环境扫描系统、扫描行为的影响因素、组织绩效与环境扫描关系的研究。②跨领域多学科交叉融合研究,涵盖了绩效管理、战略管理、知识管理、技术管理、信息管理等研究领域。③逐步扩展到新的研究领域,诸如组织学习、战略柔性、动态能力等。

- 国内研究概况。环境扫描在我国还是一个较新的研究领域,总体上呈现以下研究特点:①理论研究以回顾相关文献为主,深入独到的综述较少。②环境扫描的实证研究集中于关系研究。③重视环境扫描在具体行业领域和战略管理中的应用。我国的环境扫描研究起步较晚,主要集中在图书情报学领域;3 种环境分类方法和 3 种环境扫描维度被广泛地应用于环境扫描研究中;环境扫描的相关研究有待得到进一步关注。

- 环境扫描的概念。主要代表性的概念见表2-4。

表2-4 环境扫描的代表性概念

序号	代表性概念	代表性学者
1	环境扫描是组织搜寻和收集组织外部环境中有关事件、趋势及变革的信息的过程,目的在于帮助组织识别威胁与机会,指导组织的战略管理	F. J. Aguilar,E. Auster,等
	环境扫描是一种获取和利用企业外部环境中有关事件、趋势以及关系的过程	C. Ngamkroeckjoti,等
	竞争环境扫描是指管理者通过获取组织边界之外的直接或间接影响到组织整体绩效的所有信息,为战略决策的制定和竞争优势的构建提供依据的过程	钟晨
2	环境扫描是一种被广泛应用于工商业领域的重要的管理方法,它可以评估和应对外部环境变化	D. C. Hambrick,R,M. Bea
	环境扫描对组织的战略决策、组织绩效乃至组织生存产生决定性的影响	W. Choy
	环境扫描是一种利用外部信息改进战略决策的管理工具	Liao Jianwen,H. Haase,等
3	环境扫描是一种识别、收集与组织有关的外部信息,并将其转化成有用的计划和决策的重要方法	N. Elci
	环境扫描是一种商业智能方法,它可以识别可能影响组织的经济地位的内外部因素	D. Bedford
4	从情报学的研究视角来看,环境扫描本质上就是企业经理人的一种信息查寻行为	王琳
5	竞争环境扫描是以企业的决策为导向的一种具有预警功能的情报活动,强调对企业所处的宏观环境以及行业环境情报进行全方位的监视	钟晨

企业环境扫描是企业为支持战略决策、赢得和保持竞争优势而发现、获取、分析和应用内外部环境中事件、趋势及变革的信息情报的过程。环境扫描以获取环境信息或情报为动机,不仅重视组织外部的环境,也关注组织内部的环境。环境扫描可以帮助组织及时获得所需信息或情报,发现自身优势与劣势,积累和解析竞争对手的竞争活动,最大限度地识别潜在机遇和威胁是战略决策的前提。有效的环境扫描要求企业有能力访问和解码内外部环境中的各种信息,并能早于竞争对手利用解码信息构建机会利用框架。

大数据时代,任何组织都难以及时扫描所有的经营环境,因此环境扫描要进行环境分类。环境分类汇总见表2-5。企业关注重点为子环境并监视新兴趋势,以评估态势变化对战略决策的影响。企业环境是一个内容较广的概念,它既包括企业的外部环境,也包括内部环境,这就要求企业管理者和相关研究者重视内部环境的作用。包括企业内部资源与能力在内的内部环境,无疑关乎着企业的生存与发展,从这个意义上讲,R. M. Beal的分类方法更符合大数据的时代背景。

表 2-5　环境扫描分类

序号	代表性分类	代表性学者
1	创业、管理、行政、法规	D. C. Hambrick，B. K. Boyd
2	竞争者、顾客、技术；法规、经济、社会文化	E. Auster，等；R. L. Daf，等；Z. T. Temtime
2	竞争对手、顾客、技术；政府/政策、宏观经济、法律/法规、社会文化	董小英
2	竞争者、客户、供应商、技术；政治/法规、经济、社会文化	D. S. Elenko，J. E. McGee，等
2	竞争者、顾客；社会、经济、政治、技术	L. Fahey，等
2	竞争者、顾客、资源；政治、经济、社会、技术	B. P. Ebrahim，O. O. Sawyerr
2	竞争者、顾客、供应商；经济、政治/法规法律、社会文化、技术	邵玉磊
3	竞争者、顾客、供应商、企业内部、技术、社会政治经济	R. M. Beal，L. T. Tuan，T. J. Qiu Tianjiao，T. Luu，支凤稳
3	客户/市场、竞争者、政治/法规、经济、社会文化、技术、资源	R. C. May，W. H. Stewart 等
3	顾客、竞争者、技术、政治、经济、社会文化	钟晨

• 环境扫描研究维度。分单维、二维、三维，见表 2-6。与单维和三维研究相比，二维研究被更为广泛地应用于实证研究中。目前关于环境扫描的研究维度呈现出多样化的趋势，很难说孰优孰劣，主要依据特定的研究目的选择与之匹配的维度以达成研究目标。企业环境扫描的行为研究指标涉及多个变量，用单一指标来研究扫描行为和绩效关系，很难发现两者之间的内在作用途径和作用效果。扫描行为的测量指标理应根据环境变化和企业实际情况不断发展完善。

表 2-6　环境扫描研究维度

分类	维度	支持文献
单维	扫描频率	董小英，W. H. Stewart，等
单维	扫描信息来源	J. S. Aldehayyat
单维	扫描活动的类型	R. Subramanian，等
单维	扫描完整性	J. R. Hough
二维	扫描范围、扫描频率	R. M. Beal，Qiu Tianjiao，L. T. Tuan，T. Luu，钟晨
二维	扫描频率、扫描信息来源	Z. T. Temtime，J. E. McGee 等
二维	扫描频率、扫描模式	R. L. Daft，D. S. Elenkov，W. H. Stewart，R. C. May，等
二维	扫描频率、扫描兴趣	B. P. Ebrahim，B. K. Boyd

续表

分类	维度	支持文献
三维	扫描频率、扫描兴趣、扫描时间	D. C. Hambric
	扫描目标、扫描影响因素、扫描信息来源	C. Ngamkroeckjoti，等
	扫描兴趣、扫描范围、扫描频率	支凤稳
	扫描频率、扫描兴趣、扫描信息来源	O. O. Sawyerr

（3）结论。

企业管理者注意以下几点：①系统地掌握内外部环境状况，并将组织和环境的权变理论灵活地应用于实践中。②结合自身面临的环境和组织特征，明确环境扫描活动的工作流程和组织程序，构建有效的环境扫描系统。③根据企业的内外环境作用过程，建立合理的组织内部信息传导机制，以保证环境扫描系统的高效运行，并注重扫描结果的反馈与评价。与单一维度相比，不同维度的组合使用更能表征组织的环境扫描行为。

2. 中国企业外部情境架构构建与研究述评．苏敬勤，刘畅（大连理工大学管理与经济学部）．外国经济与管理，2016（03）：3-18

（1）概要。

通过对 2003-2013 年发表于国内 9 种权威管理类期刊中涉及中国企业外部情境因素的 405 篇文献进行了扎根分析。在研究广度层面，提炼出已有研究成果中受关注的中国企业外部情境因素，并根据 PEST 框架进行归类，分析了各领域情境化研究中受关注的主、次要情境因素，整合相关因素间的关系。文章从研究深度及研究方法两个层面梳理了我国外部情境化研究的发展现状及特征。

（2）主要内容和观点。

- 构建出中国企业的外部情境因素框架。首先介绍了关于情景内涵和相关的研究，指出现有研究涉及的大量情境因素孤立存在，不成体系，尚未形成中国企业情境因素的"完整画面"。用扎根理论，通过选择国内学术界中大量具有代表性的中国企业管理理论研究成果，以从中识别中国企业的外部情境因素，提炼因素间的相关关系，构建出中国企业的外部情境因素框架。
- 编码过程及结果。按照文献中的描述，根据其内容或性质的相似性进行范畴化聚类，共归纳为 13 个副范畴，如表 2-7 所示。

表 2-7 环境扫描范畴分类

开放式编码 初始概念合并	PEST 框架归类	
	副范畴 （初始编码条目数）	主范畴 （初始编码条目数）
政府规制 利率管制行政化 政府管控的复杂性政府管控 民营企业进入管制性壁垒 民营企业融资难 国企"政治资源"优势	政府管控（34）	政治（P）
政府分权化 缺乏良好的法制环境发展型政府	体制/制度（14）	

续表

开放式编码 初始概念合并	PEST 框架归类	
	副范畴（初始编码条目数）	主范畴（初始编码条目数）
经济体制市场化 市场正式机制不完善 政府过度干预经济区域市场化进程不一致、制度环境差异大 持续性制度变革 经济分权化	制度/法规/体制（84）	经济（E）(132)
国内市场广阔 市场分割 关系嵌入型资源配置 要素市场不发达	市场（20）	
庞大剩余劳动力 廉价劳动力	劳动力（4）	
区域经济发展水平不平衡 经济发展的追赶特征 高不确定性环境 产业结构升级 外资依赖	经济环境（24）	
家族关系网 关系取向 人情社会	"关系"（40）	社会（S）(96)
差序格局 圈子	企业间关系（18）	
高度人格化的政商关系 企业政治关联程度高 国有企业承担政府公共目标	政企关系（20）	
和谐 中庸思维 整体观长期导向	思维方式（18）	
区域技术创新及区域技术效率差异化 技术成长起步于国外成熟产品解构 国有企业是外资吸引主体 企业技术经费偏重于技术改造	技术发展现状（10）	技术（T）(18)
重外资吸引、轻消化吸收 技术成果转化不规范、政策不健全	技术政策（4）	

在此基础上根据政治、经济、社会、技术（PEST）框架进行归类，得出现有涉及中国企业外部情境因素的 PEST 框架体系，如图 2-4 所示。从框架图中我们可以看出，我国企业的外部情境因素并不是孤立存在的，而是相互作用、相互影响的。

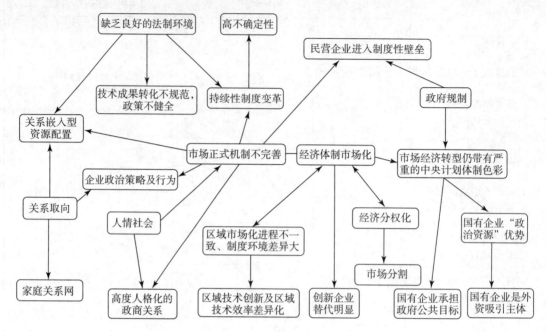

图 2-4　中国企业外部情境因素的 PEST 框架体系

目前，国内针对中国企业的外部情境因素的研究呈同心圆状（如图 2-5 所示），即以

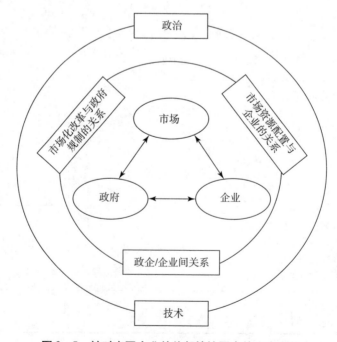

图 2-5　针对中国企业的外部情境因素的研究现状

市场、政府、企业为三大研究对象，以"市场化改革与政府规制，政府与企业、企业与企业，市场资源配置与企业"三种构念间相互关系机制为主要研究内容，即聚焦于经济情境和社会情境，而缺乏对政治情境因素及技术情境因素的深入研究。

同时针对具有不同研究深度的文献所采用的研究方法进行了统计和总结。实证研究方法仍然是目前国内情境化研究中理论构建的主要方法，其他包括案例研究在内的研究方法所占比例不高，而且并不是所有采用案例研究方法的文献都具有理论构建的功能，部分文献也通过案例研究方法进行理论扩展。

（3）结论。

从研究内容来看，目前，国内针对中国企业的外部情境因素的研究聚焦于经济情境和社会情境，而缺乏对政治情境因素及技术情境因素的深入研究。

从研究深度来看，现有研究的情境化深度可以通过情境因素在研究中的"位置"得以体现，即以情境因素作为研究背景的研究多是进行理论验证，以情境因素作为研究变量的研究多是对现有理论或模型的扩展，而探索新情境化理论和以情境因素作为研究构念的两类研究则具有理论构建的功能。

从研究方法来看，不同研究深度的文献所采用的研究方法不同。在目前的情境化研究中，实证研究方法仍是理论扩展及理论构建的主要方法。

3. 工业 4.0 时代的发展态势及企业的应对策略．汪彬（中国社会科学院）．现代管理科学，2017（5）：112－114

（1）概要。

工业 4.0 是继机械化、自动化、信息化等工业革命之后，以智能化为典型特征的产业革命。工业 4.0 时代的商业模式、生产模式、经济范式都发生了重大变革。与此同时，企业面临的外部环境发生了急剧变化，企业的客户关系、组织结构、竞争模式、价值生态等方面都发生了重要变化。在工业 4.0 时代，企业应该要实施机器人替代战略、应用智能技术构建智能工厂，建立大数据平台，构建开放型价值生态链等举措，以应对工业 4.0 带来的机遇与挑战。

（2）主要内容和观点。

工业 4.0 引起的变革：①生产方式的变革。工业 4.0 时代，导致生产方式由集中化生产向分散生产过渡。传统的制造业属于集中生产，向全球、全国分销的模式。随着工业 4.0 时代将实现分散生产，就地分销，可以进行有效率的生产配置，无须运输、库存。②经济范式的变革。传统的新古典经济学强调规模经济、范围经济，通过经济活动的空间集聚，实现规模化生产；工业 4.0 时代将打破这种经济范式，满足小众化、个性化的私人定制化生产将逐渐成为主流。③消费需求的变革。第一，个性化需求倾向明显。传统的标准化、规模化生产将受到消费者个性化需求的冲击。第二，体现在集成化。产品的集成化需求更加旺盛，随着时间成本上升，人们普遍希望需要的东西一次性得到满足；第三，消费便利化。随着互联网技术普遍应用，消费者的分散化的需求得到满足。

工业 4.0 对产业的作用机制：①对传统产业的改造提升。制造业将更加智能化、网络化、个性化、分散化、信息化。②催生出新业态和新商业模式。企业应用电子商务案例层出不穷，新业态、新商业模式不断涌现。近些年涌现出的"互联网＋服务业"的新模式和新业态。

工业 4.0 引发的企业变革：①以用户为中心的价值创造。一是智能制造为用户定制化的生产提供了条件，新科技革命为定制化提供了技术条件。二是定制化的需求日益旺盛，消费者个性化需求与日俱增。三是企业为满足多样化的市场需求，产品差异化的程度不断提高。②扁平化的企业组织架构。工业 4.0 时代，用户与企业之间关系零距离，它要求企业能够快速响应客户需求，扁平化的组织架构将有利于企业快速响应外部需求。③企业竞争模式的变革。工业 4.0 时代企业需要快速响应外部环境，必须要实施开放性战略，改变单一封闭的生产模式，积极利用生态价值链，形成新的竞争优势。④引起企业价值链重塑。在信息化与数字化时代，数据、信息逐渐成为企业新的核心资源，传统的劳动力、生产技术、管理水平等资源逐渐成为次一级的要素。企业必须要突破传统经营思维，以网络化生产模式为手段，重组企业价值链。

工业 4.0 时代企业的应对策略：①实施机器人替代战略。工业 4.0 对企业的生产效率和市场灵敏度的要求更高，因此，只有实施智能机器人战略，运用机器替代人工，提高人工智能水平才能摆脱双重困境。②应用智能技术构建智能工厂。标准化、模块化和数字化的产品设计是工业 4.0 的重要体现，为满足客户的个性化、定制化的市场需求，企业必须通过模块化分工与集成的柔性化生产方式实现。企业要注重智能化战略，强化人的智能与工厂智能的融合，促进人机互动，提高人工智能水平，实现软件与硬件集成。③构建大数据平台和云计算中心。大数据、云计算、3D 打印等新技术是工业 4.0 时代的重要代表。构建企业的数据中心，提高信息化程度，以信息化推动企业发展成为重要战略之一。④构建开放型的价值生态链。工业 4.0 时代企业与用户零距离，企业引导用户进行全流程的价值创造过程，"网络化""平台化""开放式"成为企业生产的重要方向，这将引起大规模生产时代建立起来的组织架构和生成流程的彻底重构。企业需要通过构建内外融合的开放式的生态圈，引导外部资源无障碍进入，真正推动重构企业价值链。

4. 大数据时代的商业法则. 穆胜，娄珺（北京大学光华管理学院）. 清华管理评论，2015（6）：38－42

（1）概要。

大数据时代，企业规模、资金、生产技术不再重要，品牌也不再拥有神力。获取数据、分析处理数据、挖掘数据价值的能力成为企业的立身之本。大数据时代最重要的商业法则就是，精准解读出用户需求，并快速实现社会化协作生产的安排。未来的赢家，将属于能够适应新的商业法则和新的商业逻辑的代表者。

（2）主要内容和观点。

法则一：精确解读用户需求。解读用户的真实需求，就是通过数据的收集挖掘出用户内心的欲望，提高企业产品推送的成功率，并将其转化为企业的订单。尽可能掌握用户的个人信息和关注信息。当关注信息指向个人时，就能够相对精准地定义出用户的需求。

在这一过程中，主要的操作模式有两种：静态辐射模式和动态跟踪模式。静态辐射模式的数据分析在一个时间节点上进行，尽量扩大分析对象，并用标签来筛选出最可能成交的用户。这是大数据应用中最典型的一种模式。由于一些大企业会主动进行用户标签的管理，所以需要大数据助力营销的企业就可以"借船出海"。动态跟踪模式的数据分析在一个时间周期内进行，尽量缩小分析对象，不断通过用户的行为为用户贴上标签，伺机发现产品推送的时点。由于这种分析针对小群体，无法由第三方机构提供统一的规模化服务，所以，对于企业来说是高门槛，需要企业练好内功。在这种模式中，企业对于用户不断产生的新数据，要进行随时跟踪，并随时在云端进行处理。

法则二，形成社会化协作的生产安排。基于互联网这样一个平台，所有的价值链环节可以实现数据共享和集中处理。另外，因为使用统一的数据构架，所以不会出现数据孤岛，浪费有价值的数据。由此，价值链各个环节之间可以无缝链接，实现最敏捷、最合理的生产。基于互联网这样一个平台，企业入围合作即可以获得充分的信息，也不再会遭遇太高的学习门槛。

更厉害的是，用户参与生产也变得容易。模块化的选择题让业余者可以发出专业的需求信号。由此，从始端原料的生产者到终端的消费者，全部都被植入了价值链（或称为价值网），社会化协作得以真正实现。而这在大数据出现以前，几乎是不可能的。

基于大数据的资源整合企业分为三种：第一种是掌握数据的企业，这类企业掌握了端口，掌握了数据的所有权；第二种是掌握算法的企业，负责处理数据，挖掘有价值的商业信息，这些企业被称为"数据武士"；第三种是掌握思维的企业，他们往往先人一步发现市场的机会，他们既不掌握数据技能，也不掌握专业技能，但正因为如此才有广阔的思维，能够最大限度地串联资源，形成商业模式，他们相当于"路径寻找者"。

三、经典图书推介

1. 激荡三十年. 吴晓波. 北京：中信出版社，2014，7

（1）概要。

该书采用编年体的写法，以时间为线索纵览了自1978年改革开放以来发生在中国大陆经济体制改革中的各大事件。通过作者对各大事件生动简洁的描写，人们能看出经济体制改革的艰难、经济政策环境调整中的奋力拼搏和企业领导者的经营决策对企业生存发展走向的决定性影响。它真实地映衬出中国三十年经济腾飞中高低起伏。

（2）主要内容和观点。

全书分上下两卷，上卷记载1978—1992年的企业变革，下卷记载1993—2008年的企业变革。分别讲述了改革开放三十年间，国内知名国企和民企在改革开放中的创业、守业案例，其中论及开放之初姓"社"姓"资"的迷思、政府的经济政策、中央领导的指示，有亚洲金融风暴席卷下的各国景象、宏观调控政策压力下的企业百态，更多的是企业界人士台前幕后的种种故事。为了让读者了解中国企业这三十年的发展历程，小至具体产品的营销策略、广告宣传手段，大至企业主营业务转型、管理模式，有柳传志、张瑞敏、王石、马云、任正非等成功的典型，也有禹作敏、牟其中、姬长孔、沈太福等昙花一现的争议人物。通过这些分处不同行业、风格迥异的企业家的创业、守业或是挫败、堕落的故事为读者展现了中国企业这三十年历经的风雨蹉跎，迂回曲折。本书的内容架构见表2-8。

表 2-8 《激荡三十年》的内容架构

上卷		下卷	
第一部 1978—1983 年 没有规则的 骚动	1978 年，中国回来了 1979 年，新的转机和闪闪的星斗 企业史人物："傻子"年广久 企业史人物："老板"袁庚 1980 年，告别浪漫的年代 企业史人物：川人春先 1981 年，笼子与鸟 企业史人物：难忘"任项" 1982 年，春天并不浪漫 企业史人物："大王"如蚁 1983 年，步鑫生年 企业史人物：裁缝神	第三部 1993—1997 年 民族品牌进行曲	1993 年，扭转战局 企业史人物：庄主之殇 1994 年，青春期的躁动 企业史人物：支教公司 企业史人物："君安教父" 1995 年，收复之役 企业史人物：刁民王海 企业史人物：万国大佬 1996 年，500 强梦想 企业史人物：一人三九 1997 年，"世界不再令人着迷" 企业史人物：时代标本
第二部 1984—1992 年 被释放的精灵	1984 年，公司元年 1985 年，无度的狂欢 企业史人物：两面雷宇 1986 年，一无所有的力量 企业史人物：郑氏之死 企业史人物：仁宝当家 1987 年，企业家年代 企业史人物："承包典范"马胜利 1988 年，资本的苏醒 企业史人物：廿人沉浮 1989 年，"倒春寒" 1990 年，乍热骤冷 1991 年，沧海一声笑 企业史人物：牟氏幻觉 1992 年，春天的故事 企业史人物：黄家"天使"	第四部 1998—2002 年 在暴风雨中转折	1998 年，闯地雷阵 企业史人物："烟王"是非 1999 年，庄家"恶之花" 企业史人物：胡润造榜 2000 年，曙光后的冬天 企业史人物：霸王宿命 2001 年，入世与出局 2002 年，中国制造 企业史人物：仰融悲情
		第五部 2003—2008 年 大国梦想成真	2003 年，重型化运动 企业史人物：大午集资 2004 年，表面的胜利 企业史人物："江湖"总裁 2005 年，深水区 2006 年，资本的盛宴 企业史人物："首富部落" 2007 年，大国崛起 2008 年，正在展开的未来

(3) 书评。

近 30 年来中国向世界经济大国的跃升，无疑是现代世界史上重要的事件之一。中国崛起这一宏大叙事，是由千百万普通人各不相同的创业故事集合而成的。虽然人们对于这些故事的阐释差别甚大，但是我深信，作家根据自己的所见所闻把这些故事记述下来，由大众去加以解读和评论，对我们总结过去和规划未来有着极大的价值。——吴敬琏

2. 国家营销——创造国家财富的战略方法. 菲利普·科特勒, 等. 俞利军, 译. 北京: 华夏出版社, 2001, 1

(1) 概要。

20 世纪 80 年代以来，市场营销理论日益向宏观方面拓展。享誉世界的营销专家菲利普·科特勒的新作《国家营销——创造国家财富的战略方法》，是这方面的又一尝试和突破。确切地说，国家营销理论不是纯粹的营销理论，而是营销学与发展经济学相融合的产

物。科特勒将宏观经济政策和微观厂商与消费者行为紧密结合，借用营销战略的分析方法，构建了一个创造国家财富和促进国家经济发展的战略性框架。

（2）主要内容和观点。

科特勒认为，设计有效的国家营销战略要循国家战略目标、政策、战略实施的步骤进行。

● 战略目标。设计国家战略目标需要分析全球竞争结构、主要趋势、国家能力。

①分析全球竞争结构。在一个高度相互依存的全球经济中，一国的财富在很大程度上依赖于其在全球市场中的竞争地位。每一个国家都会遇到一些紧密相关的竞争对手（也即采用与本国相同或相近的战略，追求同一目标市场的其他国家）。因此，可以把世界各国划分为若干战略集团，每个战略集团的国家都具有特殊的竞争条件和相应的竞争战略。

②分析主要的全球趋势。冷战后，各国都把注意力从军事和政治斗争转移到经济发展上来，国家的竞争目的也从政治转移到国家财富上。在这个转变下全球出现了六大趋势。这些趋势对不同的国家有着不同的影响，因此，每个国家都应该认清形势，迎接挑战，并充分利用好机遇。

③分析国家能力。每个国家面对挑战和利用机遇的程度取决于它的能力。这些能力包括：国家文化、态度和价值观；社会凝聚力；要素禀赋；工业组织和政府领导。一国的能力不仅要从每个因素的范围和强度判断，而且要从这些因素的互动作用方面加以判断，只有这样才能帮助政策制定者认清国家的强势和弱势。

在以上三项分析的基础上，每个国家便能建立起自己的目标体系。要形成国家的战略目标，就必须使该国的强势/弱势、机遇/威胁、竞争形式/合作形式与该国的目标相匹配。各个国家相对财富和相对竞争力的差异会带来四种不同的战略目标。

● 政策。国家的战略目标必须转换成具体的政策，从而增强本国的竞争力。国家政策大体可分为主要政策和辅助政策两类。

其中，主要政策由投资、产业、贸易三方面构成。

投资政策。要推动经济增长，光靠本国资本是不够的，同时还必须依靠外国的投资。外国投资，尤其是外国直接投资（FDI），具有强化竞争从而提高经济效益、提高本国新产品质量等作用。

产业政策。建立本国的工业园区对工业发展有着重要的作用。工业园区内的企业分别属于核心产业、相关产业和辅助产业，它们大多具有横向和纵向的联系，这些企业聚集一地可以产生"雪球效应""外溢效应"等众多外部经济。

贸易政策。在这个国际竞争日益激烈的时代，政府鼓励出口和帮助出口商起着越来越重要的作用。政府一般采用直接或间接的方法来促进出口。直接方法注重于需求面，间接法侧重于供给面，通过研究和开发、技术创新、人力资源开发等改变经济结构和进程，从而增强出口商的竞争力。

值得一提的是，这两种政策并非是互相排斥的，而是高度互补、互动的。

● 战略实施。在实施一国的财富创造战略过程中，如下四个要素起着十分关键的作用：

①评估一国的强势和弱势。

②认识政策选择中的两难问题，比如增长导向与收入分配导向，部门平衡与部门不平衡，休克疗法与循序渐进，高失业与高通胀，公有与私有，大企业与小企业，干预与自由放

任等。在充分认识这些两难问题后，应该采取目标一致的政策，而在政策的选择过程中应该考虑到一国文化、态度、价值观、经济发展阶段和要素禀赋的影响。

③建立良好的政企关系。

④加强政府间的合作。

在这四个要素中，科特勒强调的是第三个要素。他认为，一国的财富在很大程度上受到厂商行为的影响，而一国的财富创造战略又会对不同的行业部门产生不同的影响。所以，经济发展要求厂商和政府的密切合作。

（3）本书特色。

综观全书，其特色是：第一，将一国的宏观政策与微观市场环境中的生产者、分销者和消费者行为紧密结合，一步步地向人们揭示出在当今世界市场的背景下，企业经理，战略制定者和政府政策制定者、规划者如何来确定一国经济发展的最佳道路。作者一再强调，政府政策必须建立在深入理解微观主体行为的基础上，否则效果将适得其反。第二，除了经济因素外，作者还仔细分析了决定一国经济发展的文化和政治因素，指出经济因素必须与文化、政治因素相容。第三，不仅探讨了发展中国家的经济发展问题，还探讨了高度工业化国家的进一步发展问题。第四，作者并没有武断地提出经济发展的最佳道路，而是介绍了多种道路及其适用情况以及每个国家在决定自身发展道路时必须加以考虑的问题。本书最大的特色就是把发展经济学与市场营销理论相结合，用微观企业战略市场管理的概念、原理和工具来指导国家财富的创造过程。运用这些概念、原理和工具，一国可以评估自身的优势和劣势，辨明机会，实施可以带来长期繁荣的全球政策和战略。

3. 引爆社群——移动互联网时代的新4C法则. 唐兴通. 北京：机械工业出版社，2015，5

（1）概要。

唐兴通，社交网络、移动互联网领域的知名专家，被圈内人称"互联网时代的彼得·德鲁克"。

口碑传播一直是所有营销形式和传播形态中最有效的一种，社会化媒体时代尤其如此。《引爆社群——移动互联网时代的新4C法则》结合信息传播途径和载体所发生的变化，创新性地提出了"新4C营销理论"，研究在移动互联网时代如何实现口碑传播。所谓的"新4C营销理论"，是指企业通过选择合适的场景（Context），通过有传播的内容（Content），瞄准特定的社群（Community），随着人与人之间的社会网络连接（Connection）进行快速扩散与传播，起到病毒传播的效果，最终确保营销效果。

（2）主要内容和观点。

全书一共6章。第1章主要介绍了新媒体环境下营销所发生的变革；第2—5章则讲解了"新4C营销理论"的具体内容；第6章则对移动互联网时代的口碑传播进行了总结。主要内容如表2-9所示。

表2-9 新4C营销理论

要素	规划	努力方向
场景	选择合适的场景（需求场景、消费场景、使用场景）	从社群与产品相关联下手，寻找时间、地点、情绪，界定清晰的场景、在社群需求最为集中的场景、信息吸收最有效的场景

续表

要素	规划	努力方向
社群	画出作战地图：社群在互联网上居住的地方、熟悉社群结构	掌握社群在互联网上集中的 BBS、微信、微博、维基百科等据点。熟悉社群的行为分类；掌握社群的结构；构建企业的消费社群（互联网上的家）
内容	内容体系、内容表达风格、内容呈现形式	规划传播的内容；尝试内容表达形式（文字、音频、视频、漫画、新闻、白皮书）；结合平台特性，做满足微信、微博等平台的内容体系
人与人连接	促成人与人之间的传播，熟悉人与人之间的传播规律	绘制社会网络结构；找出社群中的关键节点；熟悉人与人连接的传播机制；助力病毒扩散的动力

4. 营销的未来. 菲利普·科特勒，等. 毕崇毅，译. 北京：机械工业出版社，2015，5

(1) 概要。

当今世界经济的命运取决于跨国公司和全球化城市之间的相互作用。本书是城市发展经济和营销战略的跨界创新之作，为中国城市发展和跨国公司走向全球市场提供了系统的分析和新的洞见与范式，目的是帮助企业管理者在全球经济增速最快的城市中选择正确的投资地点，帮助营销者强化营销活动、实现投资回报。在此基础上，本书还希望帮助全球城市的政治和民事管理者成功吸引跨国公司的投资，在招商竞争中脱颖而出。

(2) 主要内容和观点。

● 提出基于营销战略的城市决策模式。本书系统回顾了包括简·雅各布斯的《美国大城市的死与生》的规划视角，弗里德曼的《地球是平的》的全球经济视角，理查德·弗罗里达的《你属哪座城？》的个人和创意产业视角的系列论体系，并分析了东京、纽约、丹佛、斯德哥尔摩、特拉维夫、深圳、西安、武汉等城市的创新之路，基于这些分析和实证案例研究，创造性地提出基于营销战略的城市决策模式。

● 本书侧重讨论的是城市如何吸引跨国公司，即城市营销者如何利用城市优势在竞争中胜出，以成功吸引跨国公司的投资，推动城市的就业、收入、税收和繁荣。一个城市要提升其对关键利益相关者的吸引力（城市关键利益相关者包括跨国公司、人才、游客、资本家），城市必须在明确的愿景之下提升城市的 11 种关键特征：城市或城市区的规模、人口组合、物流运输、激励政策、产业集群、供应链、中央政府政策、社会稳定性、政治和民事管理、教育水平和商业力量。具备这些优势特征的城市要比缺乏这些特征的城市容易取得经济增长。同时城市和国家必须形成新的专业组织机构来推动城市经济发展，这个组织的核心特色是融合包括企业、民间组织、政府、国际机构的委员会机构。

本书向跨国公司的高层管理者提出城市选择战略的 4 个步骤和两类共 16 个具体条件。书中列举了大量数据和案例，用以说明营销的未来取决于企业营销者能否有效利用大公司的资源，在日益狭窄和高度集中的国际化城市市场中赢得份额并创造利润。

5. O2O 进化论——数据商业时代全景图．板砖大余，等．北京：中信出版社，2014，5

（1）概要。

板砖大余，原名余金华，原迪思副总裁、乐蜂网自有品牌市场总经理，曾自创"蜂鸣营销"方法论。

《O2O 进化论——数据商业时代全景图》一书提出了数据商业时代的来临及"有温度的数据"概念。本书指出 O2O 的本质是商业数据化，其打通了 O2O 的战略和落地的各个环节。本书讲述了移动互联时代，品牌、营销、战略等等的转型路径，给未来数据商业提供了一条清晰的架构路径——线上运营 + 线下运营，中间是用户数据，数据同时驱动线上和线下的发展，线上为线下带来订单和为 CRM 提供体验，线下为线上提供定制以及为 CRM 提供数据等。

（2）主要内容和观点。

作者从未来看现在，提出了一系列创新性观点：风险即战略、文化即管理、口碑即品牌、分享即营销、服务即销售。只有企业完成了以上的变革，才有可能 O2O 转型成功。

- 风险即战略。组织将由过去以寻求确定性机会为主导的战略转向在不确定性下的风险管理战略，通过试错和微创新，亦步亦趋地寻求发展机会。

- 文化即管理。组织将由过去的科层化管理转为水平管理，通过强强联合的创始人制形成垂直的自组织，加快决策、降低风险、提速创新。这种水平联合和垂直管理的模式看起来就像多个自组织在围绕着组织"公转"，同时自组织快速"自转"。组织公转和自转的驱动力则是价值观，即文化将成为组织的核心竞争力，人才将成为奢侈品。大量的人才在初级阶段会成为自组织的创业成员、体验实施人员；大量的高阶人才会成为联合创始人。

- 口碑即品牌。LOGO 认知将失效，这将导致过去以 LOGO 为识别核心的品牌体系崩盘，二维码将成为品牌 LOGO。品牌回归到最本证的定义：品牌即价值。用创新赋予价值，用体验感受价值，用分享传递价值，这就是品牌传播的方法论。进而口碑成为品牌价值的定性标准，积分成为品牌价值的定量标准。

- 服务即销售。品牌将直接和消费者面对面，代理商将成为众筹的投资商或者品牌商。O2O 成为销售模式设计的内核，即线上销售形态设计与运营、线下销售形态设计与运营、顾客数据获取与运营。而微信模型正是最合适的 O2O 模型。开设线上微信店铺、强化线下店铺的创新和体验、通过圈子打造微信的温度是现阶段最佳的解决方案之一。

6. 共享经济——市场设计及其应用．埃尔文·E·罗斯（Alvin E. Roth）．傅帅雄，译．北京：机械工业出版社，2015，12

（1）概要。

埃尔文·E·罗斯（AlvinE. Roth），美国经济学家，哈佛商学院教授。他因在博弈论、市场设计和实验经济学领域做出的显著贡献而获得 2012 年诺贝尔经济学奖。

学者们习惯将研究集中于商品市场。在商品市场中，价格是决定谁得到什么的唯一因素。你想要什么，只要你买得起它，你就可以得到它。但是，这个逻辑在配对市场上行不通。本书为解决配对市场的问题提供思路。这个就是"市场设计"的价值所在——用另一种方式去思考如何控制这些配对的过程。对于中国来说，本书有很多借鉴价值，在微观层面，比如机动车摇号、经济适用房的分配、学校志愿填报、论文投稿等，都可以运用这一理论。书中所有有趣的生活案例将带领我们逐一重新认识这熟悉的世界，同时也会让我们深刻感受到市场设计的无穷魅力。

（2）主要内容。

- 市场设计的价值。配对市场不同于普通的商品价格市场，它是有交换需求的，但无法进行公开买卖，比如说学校招生、器官捐献、招聘和找工作等。在这个配对市场中，价格不是唯一的决定因素或者买卖交易是被禁止的。当肾脏不够分配或最好的公办学校的名额不够时，稀缺资源必须要通过一些配对的过程进行配置。

- 市场设计的作用和运行机理。作者结合自己组织和参与的市场设计实例，如美国NRMP（全国住院医师配对项目）配对算法的重新设计、非同步肾脏交换链设计在新英格兰肾脏交换计划（NEPKE）中的应用、纽约公立学校录取配对系统与波士顿公立学校录取配对系统的设计等，向读者介绍了市场设计在这些特殊配对市场中的作用和运行机理。

- 市场设计目标。目标是让市场变得稠密起来，吸引更多的潜在交易者进入市场参与交易，从而减少因信息不对称而导致的配对失效问题。但需要注意的是，稠密的市场又往往会引发市场的堵塞，降低市场运行效率。这一问题最直接的体现就是捷足先登，市场参与者不得不选择提前交易（更早），或者不得不选择以更快的速度完成交易（更快），如要求交易另一方在很短时间内必须决定是否达成交易。这样做的结果是，市场参与者没有足够的时间去充分考虑各种可能的交易机会，并在此基础上选出最优交易。市场设计的另一个目标是使市场交易者可以安全表达自己的意愿，同时尽可能简单而且不会受策略行为的干扰。另外，就市场设计实践而言，可能会出现许多在道德层面令人厌恶的市场交易，如肾脏买卖，因此，在市场设计中需要考虑到这一重要约束。

本书还列举了许多日常生活中的鲜活事例，如农贸市场、网上购物、信用卡支付、相亲交友网站、大学生橄榄球赛、求职录用、学校申请、婚姻、拍卖、无线网络共享、eBay、Google、Uber、亚马逊等，所有这些市场都存在配对问题，都可以通过市场设计来实现市场的高效运转。

附　录

一、单选题答案

1. C　　2. C　　3. A　　4. C　　5. D　　6. C　　7. B　　8. D　　9. C　　10. B
11. B　　12. B　　13. B　　14. A　　15. A　　16. D　　17. A　　18. A　　19. B　　20. B

二、多选题答案

1. ABCDE　　2. ABCD　　3. ABCE　　4. BCDE　　5. ABCDE
6. ABCDE　　7. ABDE　　8. ABD　　9. BCDE　　10. AB

参考文献

[1] 汪彬. 工业4.0时代的发展态势及企业的应对策略 [J]. 现代管理科学, 2017 (5): 112-114.

[2] 王丽, 施建军, 邓宏, 夏传信. 颠覆式创新. 一个文献综述 [J]. 现代管理科学, 2016 (2): 3-5.

［3］郭惠玲，郭朝阳. 自适应营销能力的理论模型构建［J］. 现代管理科学，2014（8）：105-108.

［4］郁振山. 中国企业"走出去"的安全之路［J］. 思考与发现，2017（7）：85-88.

［5］刘巨钦，曹澍. 对于波特竞争理论的反思与超越［J］. 价值工程，2014（1）：142-145.

［6］刘帅，吴银平. 百年兴衰诺基亚：揭秘手机帝国为何轰然倒下［M］. 北京：中国经济出版社，2015.

［7］苏落. VR如何改变营销［EB/OL］. 成功营销微信号：vmarketing.

［8］范徽，李妍. 迪士尼乐园走向中国［EB/OL］. 中国管理案例共享心：http：//www.cmcc-dut.cn/Cases/Detail/1159.

第三章
市场购买行为

第一节 测 试 题

一、单选题

1. 消费者市场是指为满足生活消费需要而购买产品或服务的一切个人和（　　）。
   A. 企业　　　　B. 组织　　　　C. 政府　　　　D. 家庭
2. 在影响消费者行为活动的因素中处于支配性的主导地位的是（　　）。
   A. 心理因素　　B. 社会因素　　C. 家庭　　　　D. 社会阶层
3. 个性心理包括个性倾向性和（　　）。
   A. 需要　　　　B. 动机　　　　C. 个性心理特征　D. 性格
4. 个性心理特征包括能力、气质和（　　）。
   A. 需要　　　　B. 动机　　　　C. 态度　　　　D. 性格
5. 马斯洛认为人类最高层次的需要是（　　）。
   A. 生理需要　　B. 自我实现的需要　C. 安全需要　　D. 社交需要
6. 个人为了人身安全和财产安全而对防盗设备、保安用品、保险的需要属于（　　）。
   A. 生理需要　　B. 社交需要　　C. 尊重需要　　D. 安全需要
7. 引发消费行为发生的力量是（　　）。
   A. 消费者需要　B. 消费动机　　C. 反应　　　　D. 刺激
8. 年纪较大的夫妇和他们仍未完全独立的孩子所组成的家庭所处的阶段，一般是指（　　）。
   A. 满巢Ⅰ期　　B. 满巢Ⅱ期　　C. 满巢Ⅲ　　　D. 空巢期
9. 如果丧失了某些关键拥有物，那么他或她就成了不同于现在的个体。这个拥有物表达的是个体的（　　）。
   A. 自我概念　　B. 价值观念　　C. 生活方式　　D. 社会阶层
10. 个体在成长过程中，在与社会诸因素交互作用下表现出来的活动、兴趣和态度模式是（　　）。
    A. 社会阶层　　B. 社会决策　　C. 价值观　　　D. 生活方式
11. 更偏好他们熟悉的传统商品，并重视商品的实用性和耐久性的消费群体，一般是指（　　）。

A. 老年人群体　　B. 中年人群体　　C. 青年人群体　　D. 儿童群体

12. 相对于男性消费者，女性消费者的特点是（　　）。
　　A. 注重产品功能　　　　　　　　B. 花费时间少
　　C. 喜欢流行式样　　　　　　　　D. 决策果断

13. 消费者购买决策在很大程度上受到文化、社会、个人和心理等因素的影响，其中，家庭属于（　　）。
　　A. 文化因素　　B. 社会因素　　C. 个人因素　　D. 心理因素

14. 消费习俗属于（　　）。
　　A. 人口环境　　B. 经济环境　　C. 文化环境　　D. 地理环境

15. 中国人的口味大体上是东辣、西酸、南甜、北咸，这是一种（　　）。
　　A. 地域亚文化　　B. 种族亚文化　　C. 宗教亚文化　　D. 民族亚文化

16. 消费者总是到自己熟悉的地点去购买商品，被称为（　　）。
　　A. 复杂型购买　　B. 减少失调感购买　　C. 多样化购买　　D. 习惯型购买

17. 消费者购买决策过程的正确描述是（　　）。
　　A. 收集信息→认识需要→分析评价→购买决策→购后行为
　　B. 收集信息→分析评价→认知需要→购买决策→购后行为
　　C. 认识需要→收集信息→分析评价→购买决策→购后行为
　　D. 认识需要→购买决策→收集信息→分析评价→购后行为

18. 购买商品时比较慎重、有主见，不轻易受广告宣传、商品外观以及其他人购买行为的影响是（　　）。
　　A. 习惯型购买　　　　　　　　B. 理智型购买
　　C. 价格型购买　　　　　　　　D. 冲动型购买

19. 对于减少失调感的购买行为，为了使消费者确保自己的购买决策是正确的，企业最有效的手段是提供完善的（　　）。
　　A. 售前服务　　B. 售中服务　　C. 售后服务　　D. 无偿服务

20. 相对于消费者市场需求的波动幅度，组织市场需求的波动幅度（　　）。
　　A. 更大　　B. 更小　　C. 相等　　D. 都不是

二、多选题

1. 影响消费者购买行为的因素包括（　　）。
　　A. 营销因素　　B. 宏观环境　　C. 社会因素　　D. 心理因素

2. 在消费者购买决策过程中，参与购买的角色有（　　）。
　　A. 发起者　　B. 影响者　　C. 购买者　　D. 使用者
　　E. 决策者

3. 同一社会阶层的成员一般具有类似的（　　）。
　　A. 行为特点　　B. 个性　　C. 价值观　　D. 兴趣

4. 对于习惯型购买型行为，可以注重采取市场营销策略有（　　）。
　　A. 售后服务　　B. 电视广告　　C. 价格优惠　　D. 营业推广

5. 参照群体对消费者购买行为的影响力大小往往与以下因素相关（　　）。

A. 产品必需程度 B. 产品可见性
C. 产品质量 D. 产品与群体的相关性
6. 消费者刺激—反应行为模式包括以下三个部分（　　）。
   A. 环境刺激　　B. 消费者黑箱　　C. 购买行为　　D. 消费者的心理过程
7. 影响消费者购买行为的心理因素包括（　　）。
   A. 动机　　B. 知觉　　C. 学习　　D. 自我概念
8. 影响消费者购买行为的亚文化形态有（　　）。
   A. 相关群体亚文化 B. 民族亚文化
   C. 宗教亚文化 D. 地理区域亚文化
9. 消费者购买行为的反应包括以下（　　）方面。
   A. 何时购买　　B. 为什么购买　　C. 何处购买　　D. 如何购买
   E. 由谁购买
10. 组织市场的主要特点有（　　）。
    A. 购买者数量较少 B. 购买量大
    C. 供需双方关系密切 D. 市场较分散
    E. 情感型购买

三、阐述题

1. 消费者市场需求的特点

消费者市场是指为满足生活消费需要而购买货物或劳务的一切个人和家庭。消费者市场是一切市场的基础，是最终起决定作用的市场。消费者市场的需求具有以下特点。

（1）多样性。

消费需求的多样性体现了人类需要的全面性。首先，人不仅有衣食住行等方面的物质消费需要，还具有高层次的文化教育、艺术欣赏、娱乐消遣、社会往来、旅游休闲、体育竞赛等精神消费需求。其次，消费需求的多样性体现了人们需求的差异性。最后，消费需求的多样性还表现为消费者对同一商品的需求往往有多个方面的要求。

（2）层次性。

人们的需求是有层次的。一般来说，人的消费需求总是由低层次向高层次逐渐发展和延伸的，即低层次的、最基本的生活需要满足以后，就会产生高层次的精神需要，追求人格的自我完善和发展。

（3）发展性。

人永远是有所需要的，旧的需要被满足，又会不断地产生新的需要。随着社会经济的发展和人们生活水平的不断提高，人们对商品和服务的需求不论是从数量上还是从质量上、品种上或审美情趣等方面都在不断发展，总的趋势是由低级向高级发展，由简单向复杂发展，由单纯追求数量上的满足向追求质量和数量的全面充实而发展。

（4）周期性。

人的消费是一个无止境的活动过程。一些消费需求在获得满足后，可能在一定时期内不再产生，但随着时间的推移往往还会重新出现，并具有周期性。也就是说，消费者的需求在形式上总是不断翻新，重复出现的，也只有这样，需求的内容才会丰富、发展。

(5) 从众性。

在消费活动中，消费者会呈现出一种从众的特征，即在某一特定时空范围内，消费者对某些商品或劳务的需求趋向一致，这就是消费需求的从众性。

2. 影响消费者购买行为的因素

影响消费者购买行为的因素包括个体因素和环境因素。

（1）个体因素，包括生理因素、心理因素、社会因素等。

生理因素包括消费者个人的生理需要、生理特征（身高、体形、相貌、年龄、性别等）、健康状况、生理机能的健全程度等。

心理因素包括心理过程和个性心理。心理过程包括感觉、知觉、记忆、想象和思维过程。个性心理主要包括个性倾向性和个性心理特征两个方面。个性倾向性主要包括需要、动机、兴趣、理想、信念和世界观等；能力、气质和性格统称为个性心理特征。

社会因素包括消费者个体所受教育、职业、家庭、相关群体、社会阶层、生活方式、自我概念等方面，这些都会影响个体的消费行为。

（2）环境因素：包括宏观环境因素和企业营销策略。

宏观环境因素包括自然环境、经济环境、政治法律、科学技术、文化等。这些环境要素会对消费者购买行为产生影响。

企业营销策略包括产品、价格、促销、分销等策略，如商品的价格、质量、性能、款式、服务、广告、购买方便与否等，都会影响到个体消费行为。

3. 消费者购买行为模式

消费心理学揭示，消费者购买行为的发生，是一个"刺激—反应"的过程。也就是说，消费者个体接受外部刺激，经过一系列心理活动，最后产生购买反应。消费者购买的行为模式如图 3-1 所示。

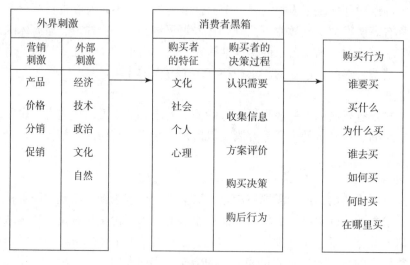

图 3-1 消费者购买行为模式

消费者的购买行为都是由刺激引起的，这种刺激既包括来自外界政治、经济、科技、文化、自然等不可控因素的刺激，也包括来自企业营销等可控因素的刺激，这些刺激作用于"消费者黑箱"，"黑箱"一方面涉及消费者个体特征，另一方面涉及消费者复杂的购买决策过程，表现为产生购买需要，在需要的驱使下，进行一系列购买决策，进而采取购买行动，到此完成了一次完整的购买行为。

4. 消费者购买决策过程及各阶段企业营销策略

消费者实际购买决策过程，一般包括以下阶段，即认识需要、收集信息、分析评价、购买决策、实施购买及购后行为。企业要根据消费者在购买各个阶段的心理和行为特征，采取相应的营销策略，有效地影响消费者进行有利于本企业的购买决策并采取相应的购买行为。

(1) 认识需要。

需要是购买过程的起点。当消费者发现现实状况与其所想达到的状况之间有一定的差距时，就会产生解决问题的要求。

在这一阶段，企业营销的任务是要通过营造特定的外部环境，刺激消费者对需要的感受。可通过市场调研，了解消费者产生的是哪些需要，这些需要为何产生，然后要考虑如何通过对这些需要的刺激和引导，把消费者引向特定产品的购买上。营销人员要发掘与本企业及其产品有关的驱使力，有效地规划刺激、强化需要驱使力的刺激物和提示物，如商品的展示、促销的广告等，从而顺利引发和强化消费者对需要的认识。

(2) 收集信息。

需要被消费者认知后，一般消费者会进一步收集满足需要所需商品的有关信息。在这一阶段，企业要设计和安排恰当的信息传播途径和沟通方式，采取对目标顾客群影响最大、效果最好的信息传播组合方式，向消费者传达更多的本企业商品信息，激发消费者的兴趣和注意，进一步引导购买行为。

(3) 分析评价。

消费者在收集信息的基础上，会进一步通过对信息的选择和评价来识别最适合自己需要的品牌。

在这一阶段，企业营销可采取以下措施，提高产品的选择率。修正产品的某些属性，使之接近消费者的理想产品；改变消费者对品牌的信念，通过广告和宣传报道努力消除其不符合实际的偏见；引导消费者注意被忽略的属性，设法提高消费者对自己产品优势性能的注意；改变消费者心目中的理想产品形象，引导消费者建立更符合实际的选择标准；改变消费者对竞争品牌的信念，可运用比较广告等促销手段，改变消费者对竞争品牌有关属性或地位的认知。

(4) 购买决策。

通过分析评价，消费者会形成购买意向，做出购买决策。这一阶段消费者除了要对购买的商品品牌、价格、产品属性等核心内容做出决策外，还要考虑以下问题。

①何时购买。消费者购买商品的时间受到消费地区、商品性质、季节、节假日及忙闲等因素的影响，商品的性质不同，购买的时间也不一样。市场营销者必须研究和掌握消费者购买商品的时间、习惯，以便在适当的时间将产品推向市场。

②何处购买。消费者在何处做出购买决定，同商品类别有密切联系。有些商品，如一般日用消费品和食品，一般是在购买现场做出决定，现场购买；而对另一些商品，如家用电器、成套家具、高档服装等，在实际购买前，往往先做出决策，然后再去购买。企业在拟订促销计划时，应考虑这两种情况。如果是属于现场决定购买的商品，应注重包装、陈列，加

强现场广告宣传，以促进消费者现场决定购买。如果是属于在事先做出决定的商品，则应通过各种传播媒介来介绍产品性能、特点和服务措施等，以影响消费者做出对本企业有利的购买决定。

③如何购买。消费者购买的方式，涉及零售企业的经营方式和服务方式，不同的消费者和对不同商品的购买，都有不同的要求。此外，对不同种类的商品，购买方式也有所不同。企业可根据消费者购买行为的不同特点，确定商品的分销途径。

④由谁购买。消费通常是以家庭为单位进行的，但购买决策者一般是家庭中的某一个或几个成员。究竟谁是决策者，要依不同商品而定。有些商品在家庭中的发起者、决策者、使用者和实际购买者，往往是不一致的。营销者必须了解谁是决策者，谁是影响者，谁参与购买过程，从而有针对性地开展促销活动，才能取得最佳效果。

（5）实施购买。

消费者对商品信息进行比较和评选后，已形成购买意愿，然而从购买意图到决定购买之间，还要受到以下两个因素的影响。

①他人的态度。消费者的购买意图，会因他人的态度而增强或减弱。他人态度对消费意图影响力的强度，取决于他人态度的强弱及他与消费者的关系。一般来说，他人的态度越强，他与消费者的关系越密切，其影响就越大。例如，丈夫想买一大屏幕的彩色电视机，而妻子坚决反对，丈夫就极有可能改变或放弃购买意图。

②意外的情况。消费者购买意向的形成，总是与预期收入、预期价格和期望从产品中得到的好处等因素密切相关。但是当他欲采取购买行动时，发生了一些意外的情况，诸如因失业而减少收入，因产品涨价而无力购买，或者有其他更需要购买的东西等，这一切都将会使他改变或放弃原有的购买意图。

因此，只让消费者对某一品牌产生好感和购买意向是不够的，还需要真正将购买意向转为购买行动。

（6）购后行为。

买到产品后，消费者在产品使用过程中感受如何，对购买到的产品是满意还是不满意，产品在丧失其使用价值之后，消费者如何对其进行处理，这些均属于购后行为。企业营销者要认真了解消费者的购买感受，一旦发现消费者的不满意感，要及时采取措施，帮助解决消费者使用中的问题，并从中发现企业的不足加以改进。

5. 消费行为类型及相应的营销策略

根据消费者购买介入程度的高低和产品的品牌差异程度的大小，可以将消费者购买行为划分为以下四种复杂程度不同的类型。

①复杂性购买行为。消费者购买过程完整，要经历大量的信息收集、全面的产品评估、慎重的购买决策和认真的购后评价等各个阶段。对于复杂性购买行为，营销者应制定策略帮助购买者掌握产品知识，运用印刷媒体、电波媒体、社会化媒体和销售人员宣传本品牌的优点，发动商店营业员和购买者的亲友影响最终购买决定，简化购买过程。

②和谐性（减少失调感的）购买行为。消费者并不广泛收集产品信息，并不精心挑选品牌，购买过程迅速而简单，但是在购买以后会认为自己所买产品具有某些缺陷或其他同类产品有更多的优点而产生失调感，怀疑原先购买决策的正确性。对于这类购买行为，营销者要提供完善的售后服务，通过各种途径经常提供有利于本企业和产品的信息，使顾客相信自

己的购买决定是正确的。

③习惯性购买行为。消费者并未深入收集信息和评估品牌，只是习惯于购买自己熟悉的品牌，在购买后可能评价也可能不评价产品。对于习惯性购买行为，营销者应努力提高产品质量，加强广告宣传，使消费者通过被动地接受广告信息而对品牌逐渐熟悉，并在心中树立良好的产品形象，使其成为被偏爱、习惯购买的对象。同时，可通过技术进步和产品更新将低度介入的产品转换为高度介入并扩大与同类产品的差距，将促使消费者改变原先的习惯性购买行为寻求新的品牌。

④多样性购买行为。消费者购买产品有很大的随意性，并不深入收集信息和比较评估就决定购买某一品牌，但是在下次购买时又转换到其他品牌。对于寻求多样性的购买行为，市场领导者和挑战者的营销策略是不同的。市场领导者力图通过占有货架避免脱销和提醒购买的广告来鼓励消费者形成习惯性购买行为。而挑战者则以较低的价格、折扣、赠券、免费赠送样品和强调试用新品牌的广告来鼓励消费者改变原习惯性购买行为。

6. 组织市场类型

①生产者市场。生产者市场是指购买产品或服务用于制造其他产品或服务，然后销售或租赁给他人以获取利润的单位和个人。主要由以下产业构成：农、林、渔、牧业；采矿业；制造业；建筑业；运输业；通信业；公用事业；银行、金融、保险业；服务业。生产者市场又称生产资料市场、工业品市场。

②中间商市场。中间商市场是指购买产品用于转售或租赁以获取利润的单位和个人，包括批发和零售。中间商市场又称为转卖者市场。

③非营利组织市场。非营利组织市场主要指具有稳定的组织形式和固定成员，不以获利为目的，而以推进社会公益为宗旨的机关团体及事业单位。

④政府市场。政府市场是指为了执行政府职能而购买或租用产品的各级政府部门。政府通过税收、财政预算掌握相当部分的国民收入，形成了潜力巨大的政府采购市场。政府市场是一种极其特殊性的非营利组织市场。

7. 组织市场购买行为的特点

与消费者市场相比，组织市场购买行为具有以下特征。

①购买者少。一般来说，组织市场营销人员面对的顾客比消费者市场面对的顾客要少得多。

②购买量大。组织市场的顾客每次购买数量都比较大。有时一位买主就能买下一个企业一定时期内的全部产品，往往一张订单的金额就能达到数千万元甚至数亿元。

③供需双方关系密切。组织市场由于购买量大，对买卖双方都有重要意义。在产品的花色品种、技术规格、质量、交货期等方面需要双方更密切地配合。由于组织市场购买人数较少，企业能够发展与组织客户的密切关系。

④衍生需求。组织购买商品是为了给自己的服务对象提供他们所需要的商品或服务。因此组织市场的需求是在其服务对象的需求基础上衍生出的需求。衍生需求往往是多层次的，形成一环扣一环的链条。消费者的消费是最终消费，消费者的需求是原生需求，是这个链条的起点。

⑤专业采购。组织市场的采购大多是由受过专门训练的专业人员或通过采购代理商来执行的。它们必须熟知组织的采购政策、结构和要求。

⑥影响购买的人多。大多数的组织购买决策是由技术专家和高级管理人员及使用人员等共同做出的，影响组织购买决策的人比影响消费者购买决策的人多。

8. 影响组织市场购买行为的因素

同消费者购买行为一样，组织的购买行为也同样会受到各种因素的影响，主要包括环境因素、组织因素、人际因素和个人因素。

（1）环境因素。

环境因素包括政治、经济、科技、自然及人口等因素。诸多因素中，经济环境是主要的。一般来说，当经济不景气，或前景不佳时，组织就会减少购买数量。环境因素可以刺激组织购买的需求，也可抑制购买行为发生。营销者要密切注视这些环境因素的变化，力争把握机遇。

（2）组织因素。

每个组织都会有自己的目标、政策、工作程序和组织结构。组织市场营销者应掌握采购部门在组织中处于什么地位，是一般的参谋部门，还是专业职能部门；购买决策权是集中决定还是分散决定；在决定购买的过程中，哪些人参与最后的决策等。只有对这些问题做到心中有数，才能使营销有的放矢。

（3）人际因素。

这是组织内部的人事关系的因素。组织购买决策，往往是由不同部门和不同层次的人员组成的采购中心做出的。这些成员的地位不同、权力有异，说服力有区别，他们之间的关系亦有所不同，而且对采购决定所起的作用也不同，因而在购买决定上呈现较纷繁复杂的人际关系。组织市场营销人员必须了解购买决策的主要人员、他们的决策方式和评价标准、决策中心成员间相互影响的程度等，以便采取有效的营销措施，促进组织购买行为的发生。

（4）个人因素。

组织市场的购买行为虽然由专业机构承担，但参加采购决策的仍然是具体的人，而每个人在做出决定和采取行动时，都不可避免地受其年龄、收入、所受教育程度、职位和个人特性以及对风险态度的影响。因此，市场营销人员应了解采购员的个人情况，以便因人而异采取营销措施。

四、评析题

1. "消费者购买决策往往是非理性的"

这一观点是正确的。理性是经济学的研究假设，消费者的购买行为实际上往往是非理性的。

理性"经济人"假设是西方经济学的奠基石。经济学中消费者以收入函数为约束，选择效用函数和收入函数的切点为购买产品的最佳组合。理性消费是指消费者在消费能力允许的条件下，按照追求效用最大化原则进行的消费。

但人们的实际决策行为不可能完全理性，这由两方面的原因造成：一是人类头脑的局限性；二是头脑在其中发挥作用的环境结构。由于人脑生理结构的限制，"经济人"处理信息的能力是有限的，表现在：①"经济人"在决策时，由于信息不全，而只能找到备选方案的一部分进行决策；②无法确定各备选方案所产生的结果及其出现的概率。因此人类头脑的局限性使得决策的结果不是绝对可靠的,人的决策与判断不是建立在数学和逻辑思维基础之上的,而是建立在人的情感、认知、理念和经验基础之上。人类的决策原则往往是"预期满意原则",而不是标准经济学理性假设的"最佳选择"。不管有机体在学习和选择情境中的行为多么具有适应性,这种适应性都无法达到经济理论中理性的最大化状态。

2. "消费者购买决策各阶段是每一次购买行为必经的阶段"

这一观点是错误的,并非每次购买行为都会经历购买决策的每一阶段。

消费者购买决策的过程包括认识需要、收集信息、分析评价、购买决策和实施购买,购后行为,以上步骤形成了消费者从认识产品和服务需求到购后评估的总体过程,但并不是消费者的所有决策都会按照顺序经历这一过程的所有步骤。

如果消费者属于高度参与,并且了解现有各品牌、品种和规格之间具有显著差异,则会产生复杂的购买行为。复杂的购买行为是指消费者需要经历大量的信息收集、全面的产品评估、慎重的购买决策和认真的购后评价等各个阶段。比如,家用计算机价格昂贵,不同品牌之间差异大,某人想购买家用计算机,但又不知硬盘、内存、主板、中央处理器、分辨率、Windows 等为何物,对于不同品牌之间的性能、质量、价格等无法判断,贸然购买有极大的风险。因此他要广泛收集资料,弄清很多问题,逐步建立对此产品的信任,然后转变成态度,最后做出谨慎的购买决定。

对于价格低廉的、经常性购买的商品,消费者的购买决策是简单的。这类商品中,各品牌的差别极小,消费者对此也十分熟悉,不需要花时间进行选择,一般随买随取就行了。例如,买油、盐之类的商品就是这样。这种简单的购买行为不经过收集信息、评价产品特点、最后做出重大决定这种复杂的过程。

3. 乔布斯:"消费者并不知道自己需要什么,直到我们拿出自己的产品,他们就会发现,这是我想要的东西。"

乔布斯的这句话说明了企业营销的价值所在。

消费者不一定不知道自己想要什么。当然某些情况下或许真的没有意识到,但多数情况下对于自身需要消费者是清楚的,消费者只是不知道什么样的产品能最好地满足自己的需求。正如当福特问消费者需要什么时,消费者一定知道自己是想要更快、更安全省心的交通方式,但完全不可能知道会有汽车这么一个东西来更好地满足自己的需求。

对乔布斯的话延伸来理解是:消费者不知道什么样是最好的解决方案,所以他们不明白什么样的具体的产品是他们所需要的。因此对于乔布斯的话正确的理解方式是,营销者不能向消费者去要解决方案,而是要更努力地去挖掘和探索、更努力地思考:什么样的产品能最好地为用户创造价值。大多数情况下,消费者很难知道什么样的产品能在时代科技的局限性下,最好地满足自己的需求。企业营销者就是要在现实条件下,为满足消费者需要找到最好的解决方案。

五、实训题

1. 影响消费行为的因素分析

"90 后"旅行消费有两个较为突出的特点:一是追求新奇消费;二是受明星效应影响明显。"90 后"追求新奇旅游消费的典型案例是去"哪儿网"的"试睡员"活动(图 3-2)。2015 年许婧(微博 ID:蕾拉小姐)作为星级试睡员,被去"哪儿网"赞助环游世界,让

"试睡员"的概念第一次被人们所熟知,在"去哪儿网"平台上订票出行的用户数量大幅上涨。年轻人踊跃报名参与"试睡员"选拔,使"去哪儿网"的知名度大大提升。

图 3-2 "去哪儿网"试睡活动

"90 后"旅行消费受明星效应影响明显的典型案例是"途牛旅游网"邀请陈紫函、戴向宇为其宣传。当时,微博上各种版本的明星恋情大公开成为旅行商们创新的切入点,"途牛旅游网"就抓住新婚旅行这一题材,邀请陈紫函、戴向宇在婚礼前体验并宣传。从微博转发、评论和点赞数量来看效果较好。

实训:通过以上现象分析"90 后"旅游消费行为的特点及影响因素。

2. 消费者购买决策过程

以你的家庭最近一年中发生的最大一笔购买支出为例,总结其购买决策过程及各阶段的特点,并分析商家采取的营销策略对购买过程产生了怎样的影响,然后在小组中进行交流。

3. 基于消费行为特点分析企业营销对策

"60 后及以上":需求多样化,覆盖各类移动场景。"60 后及以上"人群的移动场景同其身份特征紧密相关。"60 后及以上"群体的事业发展、财富积累已进入稳定期,对于资讯、理财方面的需求较大。有数据显示,对"今日头条"和"网易新闻"的打开次数和流量使用进入前五名,其中,"60 后"是 4 个年龄段中唯一同时出现两个新闻资讯应用的群体。"60 后及以上"群体对于理财的需求同样强烈,同花顺的月均使用流量为 47.2M,排在流量使用的第三名。"60 后及以上"群体对网络的熟悉程度不及年轻人,所使用的工具类应用强度较高。"60 后"对"墨迹天气""百度地图"两款工具类产品打开次数和使用流量排在前五名。"60 后及以上"群体同样对娱乐活动有强烈的需求,视频类应用"爱奇艺"和手机游戏"开心消消乐"的打开次数分别排在第四名和第五名。

"70后"：需求更为实用，同日常生活和工作紧密相关。大部分"70后"已经成家立业，一大部分人身居中高层职位，移动端行为更为全面和实用，同日常生活和工作紧密相关。社交依旧是"70后"群体最主要的移动行为，其次为工具类的地图和邮箱，理财和金融服务类的"同花顺""支付宝"，以及资讯类"今日头条"，这几大类型大致上覆盖了这一群体日常工作和生活的基本需求。

"80后"：承担更多工作及家庭责任，消费和理财应用使用频率高。作为背负压力最大的群体，大部分的"80后"拥有稳定的职业并已组成家庭，不仅自身消费和理财需求强劲，还承担了满足子女及父母需求的责任。从数据来看，"淘宝""闲鱼""滴滴出行"等消费类应用平台使用频率较高，其中"淘宝"和"同花顺"APP的月打开次数是所有年龄段中最高的。作为我国最早开始接触互联网的一代，"80后"对于新事物的接受能力强，对于不同类型的社交应用接受程度高，熟人社交应用微信、陌生人社交应用微博，二者的使用频率均进入前五名。

"90后及以下"：多样化的社交、购物和娱乐需求。"90后及以下"群体半数以上还在读书阶段，喜爱多样化的社交和娱乐，微信、手机QQ、微博3个类型的社交应用进入打开次数前五名，"QQ音乐"进入打开次数和使用流量前五名；同时，"90后及以下"显示出强烈的消费欲望，打开次数和流量使用方面远高于其他三个群体，月打开"淘宝"APP的次数高达148.4次，"闲鱼"APP月使用流量高达74.7M。

实训：小组同学分工，基于不同年龄段移动终端的行为特点，收集资料，分析相应企业（栏目、平台）采取的营销策略，并在小组中交流和讨论。

4. 组织市场购买行为

在过去十多年里，巴斯夫公司（BASF）曾在电视里这样做广告："我们没有制造您购买的产品，我们只是使这些产品变得更好。"

巴斯夫是做什么的？你也许拥有巴斯夫公司制造的DVD什么的，但是消费者并不能直接买该公司的大多数产品。从广告宣传来看，巴斯夫好像并不生产任何产品（实际上它制造化学产品），但它确实使得滑雪板更加强劲、床垫更加柔软、长筒靴更加干燥、地毯更加耐用。你会购买一件巴斯夫产品以提高地毯的耐用性吗？你不会这样做。那么，巴斯夫公司为什么要在电视上继续做广告呢？谁是这些广告的受众？

巴斯夫公司的广告目标是那些在其所在公司购买产品的人们，以及那些设计诸如滑雪板、床垫、长筒靴、地毯产品的人们。电视广告的目的是树立巴斯夫这些产品创造价值的形象。巴斯夫公司希望，当其销售人员拜访滑雪板、床垫、长筒靴及地毯的购买者时，他们都能想起巴斯夫的名字，记住巴斯夫是干什么的，并且让销售人员进门。

巴斯夫公司在网站、商业出版物上的广告和贸易展览会上继续宣传其"使产品变得更好"的主题，为销售人员提供更深层次的支持。所有这些营销努力都是为了找到最终产品（一副滑雪板、一张床垫、一双长筒靴、一块地毯）的决策者，产品参与市场的方式以及相关的捆绑利益等。

实训：分析巴斯夫公司所服务的市场类型及该类市场的需求、购买及决策与消费者市场不同之处。

第二节 案例分析与讨论

一、安德烈的消费

我（安德烈）在某个餐馆工作8个小时，然后再开车到另一家餐馆干8个小时。一天，当我回到家里，发现我的老婆和我们仅6岁的小孩不辞而别了。自从他们出走后，我感到一切都似乎完了。我停止了工作，整日坐卧不安，无所事事，人就像疯了一样——他们把我送进医院，我在大喊大叫之后才能入睡。醒来的时候，我发现自己在一个精神病室里。在差不多4个月的心理治疗之后，医生让我出院了。

当我走出医院，我一无所有。我想重新找回那份失去的工作，但他们不给我机会。我试图另找一份工作，但由于没有电话或手机之类的通信工具，找工作又谈何容易？很长一段时间，我不得不睡在弃用的建筑物里。

一天，大约是三年多以前吧，我很饿又身无分文，此时，我遇到了一个卖报的家伙，我问他卖什么报纸，他说是卖《街头智者》，这是芝加哥那些无家可归或以前曾经无家可归及经济上处于不利境地的男男女女销售的独立的、非营利的报纸，于是，我加入了卖报的行列——我并没有赚很多钱，但我省吃俭用，现在我正打算节省一些钱购置一件过冬的外套。

我不再是无家可归者，我在一个旅馆租了一间虽然很小但还算不错的房间——我可以买食品——甚至还省钱买了一双耐克鞋。

在低收入消费者产品中，像安德烈这样想买或者已经购买诸如耐克鞋这类产品的人为数不少。正如一位专家所说的：“这些（低收入）消费者需要得到和其他消费者同样的产品和服务。”他建议，营销活动应反映这些消费者的需求和欲望。另一位专家指出：“有一种传统的观念认为，低收入者甚至没有足够的钱购买牙膏，其实，这有点言过其实。被称为低收入者的人的确有些不同，但他们仍然要购买很多东西。”

生活贫困的人被迫花掉其收入的大部分用于房租、用具、医疗等方面，他们通常依赖公共交通，收入中只有很小一部分用于在外用餐、进入各种娱乐场所和购置玩具等，然而，正如安德烈所描述的，他们和其他富裕的消费者一样将其收入的大致差不多的部分（虽然绝对数上较小）用于服饰的消费。

讨论题

（1）分析一下像安德烈这类低收入者消费行为的特点。

（2）进一步思考如何理解消费的内涵和影响因素。

二、消费者为什么买奶昔

几乎所有企业都会依照产品或消费者类别来架构他们的市场结构，因为从企业内部看外部市场时，风景确实如此。这些分类方法的问题在于，消费者看到的世界截然不同。

不久前，一家快餐连锁公司决定提高奶昔的销量。公司的市场营销人员首先按产品——奶昔来区分市场，然后对最可能购买奶昔的客户群进行分析。公司邀请符合这些条件的人就怎样改进产品他们才愿意购买更多提出建议。专业小组成员随后根据调查结果给出清晰的意见，公司再对他们的产品进行改进。然而，这些并没有对销量产生任何影响。

为了更好地了解消费者，研究者一整天待在餐厅里，试图理解消费者购买奶昔这一行为想要满足的需求。研究者记录了每份奶昔被售出时消费者同时购买了哪些产品，他们是独自一人还是结伴而行的，是现场享用还是打包带走的。研究者惊讶地发现，超过40%的奶昔是在早晨售出的；这些早晨来的顾客往往是独自前来的；他们没有买别的东西，而且是离开餐厅回到车上享用的。

第二天，研究者采访了那些早晨来餐厅购买奶昔的顾客。他们用对方能理解的措辞问道："打扰一下，请问您来这儿购买奶昔是希望满足什么需求呢？"

顾客难以回答时，他们试着引导："想象一下，您在同样情形下需要达成这个目标时，如果没有来这儿买奶昔，您会去买些什么？"结果表明，大多数顾客购买奶昔只是为了一个简单的目的：他们需要开一段漫长而枯燥的车去上班，一只手放在方向盘上但另一只手无所事事时，总需要干些什么来打发开车时的空闲。他们当时还不饿，但是明白到上午10点钟时就会饿，因此需要在早晨吃些东西。他们当时面临的烦恼是时间紧张，穿着工作服，同时右手几乎是空闲的。

研究者在询问其他哪些产品也可能满足此需求时，顾客们有时会选择硬面包圈，但硬面包圈既干涩又乏味，抹上奶油乳酪或果酱后又会把手指和方向盘弄脏。有时顾客会买只香蕉，但这也无法解决旅途困乏的烦恼。甜甜圈则没法让人挺过早晨10点来袭的饥饿感。有些人会带些糖果解决问题，但又会为吃甜食感到内疚。结果，奶昔比它所有的竞争者表现得都出色：用细吸管喝完要花20分钟，这解决了旅途困乏的烦恼；只需用到一只手；尽管不清楚奶昔的原材料，但是人们明白，每天早上10点就不会挨饿了。奶昔是不是健康食品都无关紧要，因为吃得健康并不是购买奶昔的目的。

一旦公司理解了消费者的需求，哪种产品性能更好地满足需求，哪种改进毫无用处就变得非常清晰。如何更好地处理路途困乏的烦恼？把吸管做得更细，让顾客喝得更久。拌入小块的水果、坚果或者糖果，车主偶然吸入嘴里时，会给早晨单调的路途增添一点新奇和期待。同样，可以在柜台前摆台自动售卖机，向消费者出售预付充值磁卡，这样他们只需刷卡即可，便不会被堵在"车上购物"通道里。

正如彼得·德鲁克所言："消费者购买的商品很少是公司以为它正在卖的那些。"在认识早晨售出的奶昔的真正作用之前，公司认为它只是用来搭配出售的饮料，于是开发了一系列让人眼花缭乱的组合，包括三明治、配菜、沙拉、其他饮料和甜点，但是这些组合对于任何人和任何情况都通用，且效果并不出色。

理解工作需求，为更好地满足需求而提升产品质量，挑战真正的竞争者——不是其他连锁店的奶昔，而是坚果、硬面包圈、香蕉和路上的无聊时光，这样做才能扩大公司在奶昔市场上的份额。拓宽的市场类别给了我们一个重要的启发：按需求界定的市场往往比按产品分类的市场要大得多。那些陷入误区、将产品种类等同于市场容量的人不明白谁才是真正的竞争者，也不明白如何从消费者的角度提升产品价值。

一旦连锁餐厅明白，产品目标是给早晨的路途解乏，达成此目标的组合将大不相同——将一份优化过的产品、服务递送机制和支付系统结合起来。这种方式是大多数竞争产品难以复制的，因为其他人并不知道其中的原理。将公司的资源、流程、利润模式地整合起来，去满足消费者一直希望满足的需求，这才是竞争优势的本质。

讨论题

（1）公司在调研前后，对消费者购买奶昔动机的认识有何不同？

（2）在对消费者购买奶昔动机的认识变化前后，公司采取的营销策略有什么不同？

（3）结合本案例谈谈你对企业如何基于消费者需要和动机做好营销工作的思考。

三、新可乐为何昙花一现

1985年4月，可口可乐公司做出了一项重大决定：为了适应消费者对甜味更加偏好的变化，可口可乐公司决定放弃原来已有99年历史的神秘的"7X"配方，推出一种新的可乐。然而，这一决策产生了灾难性的后果，遭到了媒体和众多消费者的强烈抗议，使可口可乐第一次濒临危机。

在推出新口味可乐之前，可口可乐公司投入400万美元，进行了长达两年的调查。在13个城市中约19.1万人被邀请参加了无标记的不同配方的可口可乐的比较，55%的参加者更喜欢新可乐。

在新可乐推出前，是在产品大类中加入新口味的可乐还是用它来替代老可乐，经反复讨论，可口可乐公司的高级经理们一致同意改变可口可乐的味道，并把旧可乐撤出市场。

新可乐上市的消息发布后，81%的美国人在24小时内知道了这一消息，这个数字超过了1969年7月知道阿姆斯特朗在月球上行走的人数。1.5亿人试用了新可乐，这也超过了以往的需求量，达到了5年来的最高点。

形势很快就发生了变化。在刚上市的4小时内，公司大约接到了650个电话。到5月中旬，每天除了收到倾泻而来的愤怒信件外，还要接听5 000次电话。公司增加了83条电话线，雇用了一些新职员来处理这些反应。

竞争对手百事可乐也趁此机会大做文章。在整版报纸广告上攻击说："大家知道，某种东西如果是好的，就用不着改变它，百事可乐的成就，迫使对方出此下策！"现在是可口可乐"正视现实，向百事看齐"的时候了。

由于宣传媒介的煽动，消费者的怒气迅速扩展到全国。据调查，5月30日以前，53%的被调查者说喜欢新可乐；到了6月，被调查的半数以上的人说他们不喜欢新可乐；到了7月，则只有3%的人说他们喜欢新可乐了。堪萨斯大学社会学家安东尼奥描述道："有些人感到一种神圣的象征被粗暴地践踏了。"

可口可乐公司不得开始认真考虑怎样挽救这一衰落景况。于是公司决定在"传统可口可乐"的商标下，恢复老可乐的生产，同时保留新口味的可乐，并称之为"营养可乐"。消息对外宣布后，ABC广播公司中断了正在播出的广播剧，播送了这条新闻。在所有晚间有线新闻广播中，恢复老可乐的决定，都在通常是为灾祸或为外交动态保留的显著位置上被通报。因为老可乐的恢复，使可口可乐公司的股票上升到12年以来的最高水平。

讨论题

（1）一般来说，饮料产品的消费动机和购买有何特点？

（2）你认为新味可口可乐在美国市场推出后遭到拒绝的主要原因是什么？

（3）你对可口可乐公司当时避免失败有何建议？

四、一个高级白领家庭的购房行为

自从实行货币分房政策以来，广州市的房地产业得到了空前的发展。购房热潮可以说是一浪接着一浪。在这一拨拨的购房者中，有一部分是有房一族。他们的购房动机各异：有投资的、有改善居住条件的、也有完全是因为个人喜欢而说不出明显理由的。本文的主角陈先生和陈太太是其中的二次置业者。我们姑且来看看他们是怎样买房的。也许他们的行为与你很相似，也许完全不同，但作为事实，对买房的、卖房的、甚至既不买房也不卖房的都会有所裨益。

陈先生和陈太太已经享受了福利分房的待遇，1986年得到了一套三室一厅、面积96平方米的住宅。这套住宅在市中心，而陈先生和陈太太工作的单位，一个在城市的东面，另一个在南面。他们二人经常要早出晚归，难得在一起吃一次餐饭。这种生活方式一直维持了六七年。直到1993年，情况开始发生改变。

1. 问题提出

陈先生和陈太太又有四天没在一起吃饭了。这天下午，陈太太给先生打电话，要他下班后一定回家吃晚饭。陈太太一下班就开始为这顿晚饭张罗开了——买了先生最喜欢吃的菜，使尽浑身解数做了先生最爱吃的酸菜鱼。饭菜做好后，陈太太左等右等，一个小时后才看到先生一身疲惫地回来。饭桌上，陈太太的话匣子一打开，就开始谈她单位的事情：张三刚买房了，李四前段时间买的房子很漂亮，王五今天中午请他们几个人去他新买的房子里吃饭，他房子的面积和自家的差不多，但房子装修得很好、结构很合理，生活很方便，而且价钱较合适。

陈先生听太太谈到房子的问题，也想起他单位最近公布了在另外一个城市开发了一些房子，欢迎职工购买，职工购买的价钱特别优惠，许多职工都想认购。陈先生把这件事告诉了太太，问她是否也买一套。

"买房子！好啊！"陈太太一听可高兴了，好像等这句话已等了很长时间似的，她那突如其来的大嗓门差点没把先生吓一跳。"就这么着，买套新房享受一下。"陈先生看她太太这样兴奋，知道太太很想再买一套房，也就做了这样的表态。"买房"这件事，就这样自然地成了这个家庭的年度计划。陈太太常把这件事挂在嘴边，看到她的同事，总要把这事给议论一翻。陈先生为此也在单位办了报名手续，交了一百元手续费。

（旁议：买房是一件大事，花费不菲，有些家庭要耗尽多年的积蓄，有些要倾其一生的所得。陈先生和陈太太看到周围的同事都买房，就萌生了拥有自己的一套商品房的想法，正值陈先生单位有特价房出售这一绝好机遇，陈先生和陈太太没多作考虑就下了买房的决定。不知这样的决定是否合适呢？）

2. 一波三折

在陈家提出买房的十多天后，陈太太向陈先生提出了在另一个城市置业是否合适的问题。陈先生奇怪太太为什么提出这样的问题。陈太太把这些天与同事讨论的情况告诉了先生：他们都认为在另一个城市置业，要么是投资、要么是要到该市工作、要么是作旅游休闲之所，而自己家好像没有一条能沾得上边的，难道因为有优惠就到这么远的地方花几十万元去买套房？陈先生一听有道理，"要不我们就不买了。"陈太太想了想，尽管心里有点不甘，但想到要到这么远的地方买套房，也的确不合算，就同意了先生的提议。买房这件事因此也就告一段落了。

时间不长，陈太太又旧事重提了。"不买另一个城市的房子，我们有没有必要在本市再买一套房？"陈太太的想法也是陈先生在这段时间一直考虑的问题。自从上次提出要买房之后，买房这件事就成了他们夫妻的一种向往。陈先生和陈太太都觉得奇怪，每每想到买房，一种莫名的兴奋总会油然而生。他们是否真要考虑在本市再买一套房呢？陈太太摆了一些他们应该买房的理由：原来的房子已有六七年了，需要重新装修和买家具，与其花一笔钱装修和买家具，还不如交首期买套新房；二人的住房公积金差不多可以每个月供房之用；现在的房子正好在各自上班单位的中间，来回跑彼此都辛苦，可以买套靠其中一个人单位的房子。陈太太的理由既现实又可取，接下来的事是夫妻二人走访各自单位附近的楼盘，看是否有彼此满意的。

一晃几个月过去了，陈太太和陈先生在百忙中抽空实地考察了单位旁边的好些楼盘。还看了一些朋友介绍的、看起来还属于可考虑范围的楼盘。忙碌了几个月，有关楼盘的知识倒是增长了不少，还开了眼界，但也确实把他俩累坏了，最终结果却没有他们都满意的：不是规格不行、就是价钱不合算，要不就是对售楼小姐的服务不满。看来，在他们一方单位附近买房的想法又要泡汤了。

"算了，还是把钱省下来做别的吧。"陈先生垂头丧气地对陈太太说。陈太太也默认了——找不到合适的，有啥办法嘛！

（旁议：这一次陈先生和陈太太买房的想法很现实，理由也很充分，但他们毕竟不是无房户，他们要买就买能让其心动的又能解决现实问题的商品房。可惜，他们还没有找到，不得不放弃。不知他们是否会改变初衷？）

3. 柳暗花明又一村

陈先生以为买房这件事就这样过去了，没想到在"五一"黄金周期间，太太提议到番禺区去看一个她的同事。这个同事刚研究生毕业分配到单位不久，就在一个新楼盘上买了一套三室两厅的房子。陈太太把这位同事给她的有关这个楼盘的宣传单拿给先生看，顺便说："听说那里的房子很不错，而且在黄金周购房还有很多优惠呢！"陈先生回应："不错有啥用，解决不了我俩两边跑的问题，我们要买的不是单位附近的房源吗？既然没有合适的，还有必要买其他地方的吗？"陈太太说："是的。但我们去看看也无妨嘛！"陈先生拗不过陈太太，只好答应。

等他们到了这个楼盘后，他们的第一个感觉就是安静，更重要的是靠山面水、地方宽绰。这个环境对住在市中心、工作在繁忙拥挤区域的陈太太和陈先生来说真有点世外桃源的味道。陈先生有点动心了，再听太太的同事历数这里的诸多好处，也就情不自禁地请太太的同事一起去看看待卖的房源。在路上，陈先生碰到了一个熟悉的脸孔，他热情地迎了上来，原来是一位很久没谋面的朋友。这位朋友介绍说他是这里的副总经理，买房要先实地考察一下，看上了再找他，他会给些力所能及的优惠。陈先生和陈太太看了几套三室两厅的房子，对其中的一套特别感兴趣。陈先生和陈太太略略交换了一下意见，当即交了定金，办了相关手续。

在回家的路上，陈先生笑问陈太太是否早有预谋。陈太太一语道破天机："买新房、住商品房是我的一个梦！""为什么？"陈先生问。"商品房新潮，而且往往结构合理、好用。"陈太太的回答并没有打消陈先生的忧虑。他怀疑这么快下定金是否有点太冲动了。陈太太安慰他："其实，我们之所以这么快决定买这套房子，看似一时冲动，其实并不尽然。"陈先生想不到他太太竟有如此一说，带着欣赏的口吻说："愿闻其详。"陈太太自信地继续谈她的看法："这房子的确解决了我们的问题。你想想，我们原来的房子是在路边，而且是在高层,噪声很大。这就是为什么我们喜欢这里,而且要买低层房子的原因。""啊,原来如此。"这时陈先生才有恍然大悟的感觉。

(旁议:陈太太和陈先生意想不到地买了房。但与他们的初衷出入很大,这就难怪陈先生对其决策不放心。但是否就是一时冲动呢?陈太太的解释合情合理。任何的决定都是有理由的,被认知的现实是理由,潜意识也是理由,梦想是最好的理由,有什么比实现梦想更可贵的。话虽这么说,但陈先生和陈太太入住后会不会后悔呢?毕竟买和住是两回事呀。)

4. 知足常乐

陈先生和陈太太入住新房有半年多了,都很爱他们的新家,时不时请朋友来分享其幸福和快乐。尽管他们两人上班的距离更远了,但并没有感到太大的不方便,穿梭于市中心和楼盘间的屋村巴士专线直达,基本能解决上下班交通问题。偶尔的买东西不方便,也被其良好的环境抵消了。他们还介绍一些朋友来买房,成了业余的销售人员。下一步,他们要做的重要的家庭决策可能就是买车了,不知他们会买什么样的车呢。

讨论题

(1)陈先生和陈太太属于哪一种购买行为?
(2)哪些因素影响了陈先生和陈太太的购房决策?请把这些因素按重要程度排序。
(3)陈先生和陈太太购房的真正需要是什么?在买房过程中发生了什么变化?
(4)用消费者行为学理论描述和解释陈先生和陈太太的购买决策过程。

五、某公司对非处方药市场消费者行为的分析

某制药公司准备进入非处方药市场,因此委托一咨询公司对该市场的消费者行为进行分析,以确定是否进入该市场,同时明确若进入该市场后,应该如何满足消费者的需求。

非处方药品主要面对成年人,他们有一定的疾病判断能力,能较为准确地判断疾病的类别和病情严重程度,有一定的药品使用经验;在经济上有一定的基础,可以自主支配药品费用;文化程度较高,具有较高的医疗保健意识;工作节奏较快。

1. 影响购买的因素

在非处方药市场中,影响消费者购买的因素主要有文化、社会、个人、心理、购买者角色。

(1)文化因素。

随着文化水平的提高、保健意识的增强,人们对于预防疾病和身体保健逐渐重视起来,特别是高收入阶层和中老年人对补充维生素、增强免疫功能、防病强身、改善生活质量的非处方药的支出增加。同时,现在的中青年女性更加青睐减肥和养颜的非处方类药。

(2)社会因素。

消费者的相关群体、家庭和社会角色与地位都对非处方消费者产生影响。因此,这些因素影响消费者购买该类药品的档次。儿童和老人的购买受到父母、子女的影响,白领阶层的购买更倾向于品牌和公司的声誉。

(3)个人因素。

消费者购买非处方类药的决策也受到个人特征的影响,例如,消费者对自己病情变化的感知、对品牌特征的感知、对其他备选品牌的态度。同时,还受到年龄、职业、经济环境、生活方式、个性和自我概念的影响。

成年人对病情判断力强，购买非处方药的可能性较大；自我保健意识强的人、工作节奏快的人、不享受医疗费用报销的人、购买的次数较多。许多慢性疾病患者，如高血压、慢性胃炎、糖尿病患者会长期购买非处方类药品。

（4）心理因素。

中国消费者受传统中医药文化的影响较多。普遍认为中药的毒副作用小，比西药安全；中药对于一些慢性病更有疗效；中药作用全面，可以治本。因此，一般家庭都会备有红花油、健胃消食片、三七伤药片。但是，在起效方面，普遍认为西药比中药快。

（5）购买者的角色。

发起者：患者，包括儿童、老人、男性和女性家庭成员。

影响者：家人、朋友、医生、药店职员、广告代言人等。

决策者：在是否购买、如何购买、在哪里购买等方面作最后决定的人。

购买者：实际采购者。

使用者：实际患者或实际使用者。

在家庭中，妻子可能帮助丈夫购买非处方药品。儿童药品的决策者一般是家庭父母。

2. 购买决策过程

非处方药品有很详细的说明书，因此，非处方药具有安全性高、疗效稳定、质量稳定、使用方便等特点，所以购买决策过程相对简单。但是，由于同一治疗类别的非处方药品牌很多，差异较大，在价格、包装、公司声誉上的不同，消费者表现出寻求多样化的购买行为。

因此，消费者购买过程分为认识问题、信息收集、对非处方药的评价、购买决策和购后行为 5 个阶段。

认识问题阶段主要要关注引起消费者购买非处方药的因素，包括急病发作、季节影响、蚊虫叮咬、广告宣传等因素。

信息收集阶段要关注消费者的 4 种信息来源：个人来源，如家庭、朋友、邻居、熟人；商业来源，如广告、推销、陈列等；公共来源，如大众媒体、消费者评审团；经验来源，如使用过产品。

评价阶段主要是指消费者对非处方药的评价。影响评价的主要因素有功效、安全性、服用方便性、包装、公司声誉等。对于评价较高的产品，顾客购买的意图就会较高。

购买决策阶段是顾客形成购买意图、购买偏向后，可能会受到他人的态度、未预期的情况因素影响。例如，专业人士、医生护士、药店职员等，他们往往会改变顾客的初衷，并最终导致购买行为。

购后行为阶段是指消费者的使用阶段，在这一阶段，顾客的使用情况会对消费者未来的购买产生影响。非处方药都有详细的说明书，因此，顾客可以很简单地使用该类药品。顾客使用后是否有不良反应、疗效如何都会对顾客产生影响。如果一个好产品，没有被正确使用，或是没有对症下药的话，也不会产生好的疗效。一旦顾客有了好的治疗效果，那么会刺激顾客下次购买行为。同时，如果出现不良反应，顾客可以在药盒上面找到药品制造商或者销售商的联系方式，助力一般问题的解决，避免不良后果的产生。

讨论题

（1）影响消费者购买行为的主要因素，对处方和非处方消费行为分别表现出哪些不同的影响？

(2)根据非处方药消费者购买决策过程的特点,这家拟进入非处方药市场的制药公司应该采取哪些有针对性的营销策略?

(3)消费者的购后行为一般有哪些特点?这家制药公司在这一阶段应该做好哪些营销工作?

六、联合利华如何销售洗衣产品

联合利华在美国本土外销售洗衣产品非常成功,原因是公司不断适应其所销售国家的内部和外部、现有的和新兴的因素。据统计数据显示,全世界每半小时有700万人使用联合利华的产品洗衣服,其中600万人是直接手洗。

在全球洗衣市场,非均质性,即使在一个国家,也可能如此。例如,巴西东北部和东南部地区是非常不同的。一个区别是,在最贫穷的东北地区,大多数人洗衣服是直接用手和使用肥皂来进行的。而在较富裕的东南地区,大多数人洗衣服是使用洗衣机或者更有效的肥皂洗涤剂。

手洗和机洗导致不同洗衣产品的需要。此外,在发展中国家,对联合利华来说最关注的是产品的使用效果,即产品必须适应并满足高强度的清洗需要,能够清除由于体力劳动产生的汗、气味和污渍。

很显然,支付得起是产品具有竞争力的体现。然而,联合利华还面临从手洗向机洗的转变情境。这种转变很大程度上依赖于一个国家或地区的经济发展水平,因为它决定消费者是否买得起洗衣机。而洗衣机的使用,将改变洗衣产品的类型、数量。

清洁、方便和可持续性是洗涤产品在不同文化背景下都需要关注的核心价值。在许多国家,存在一个被称为"任天堂孩子"的细分市场,这些孩子倾向于不出去玩,因此衣服不会被弄脏。此时,联合利华的核心战略就是开展"污垢很好"活动,强调玩和弄脏是小孩子健康成长必不可少的一部分,"让联合利华来致力于如何把孩子们的衣服洗干净"。

一个广泛的基础设施问题是,洗衣粉是否放入热水中溶化。在许多发展中国家,无法方便地获得热水或大量的水。联合利华在印度推出了 Surl Excel 快洗,一个添加了酶的基础产品,它只要使用更少的水就能够在较低的水温环境下工作。

在欧洲,传统上清洗衣服要使用大量的热水,其目的是清洁和杀死细菌。但这一趋势正在发生逆转,联合利华将更环保的产品引入欧洲,并且欧洲人逐渐接受使用凉水节约能源的观念。一个有趣的趋势是,欧洲消费者要求抗菌添加剂能够杀死病菌。

消费者转向采用全自动洗衣机,将有助于联合利华实施标准化。它的重大影响是水的使用,机洗需要更多的水,这当然取决于漂洗次数。不断革新的产品和较少的用水需求,对联合利华来说既是性能问题,同时也是一个伦理问题。

讨论题

(1)什么是需要?根据案例,从全球市场来看,人们对洗衣产品的需求表现出哪些特点?

(2)什么是动机?人们购买洗衣产品的动机是什么?一般来说,动机形成的过程是怎样的?

(3)什么是亚文化?联合利华的洗衣产品面临哪些亚文化群体?公司洗衣产品的营销是如何适应亚文化要求的?

(4) 什么是绿色营销？你对联合利华洗衣产品的绿色营销策略有何建议？

七、"小米"手机的成功之道

"认真做手机，拉着客户一起干，在网上卖，因为量不够，大家排队。"小米科技董事长兼 CEO 雷军用这样一句简单的话形容小米手机研发与商业模式。自从雷军召开小米手机发布会以来，小米手机能否成功就成为业界一大热点话题。"小米手机"一度成为百度十大热门关键词之一。然而业界绝大部分人士并不看好小米，特别是手机界专业人士，而形成反差的是，在市场上小米手机的预订却异常火爆。

众所周知，小米手机始终处于供不应求的状态，以前的两轮开放购买都在短时间将备货销售一空。首先是，2011 年 12 月 18 日小米手机首轮备货 10 万台，但零点开放后三小时宣布售完，2012 年 1 月 4 日小米公司再次备货 10 万台，也很快在三个半小时内售完。2012 年 1 月 11 日中午 12：50，小米公司开始的第三轮开放购买更是引发了抢购热潮，仅用了八个半小时便售出了 30 万台。截至 2012 年 1 月 12 日 23：00 官网停止预订，小米手机的第三轮开放购买备货的 50 万部已经告罄。至此，小米手机开放购机数量已达到 70 万部，加上开放销售前的 30 万订单，小米手机的销量已达近百万部。

刚出生几个月的小米为何销量已经能比肩国内一线品牌？小米到底有何独到之处呢？有人说小米手机还算可以的硬件配置是现有技术的组合，称不上是重大技术创新。MIUI 操作系统是在 Android 基础之上做出改进，也没有太大的新意。而米聊虽然号称有数百万用户，但比起 QQ 来说就是小巫见大巫了。高规格的硬件配置、MIUI 操作系统、米聊，单个说来都谈不上什么重大创新。但当雷军将这些全都整合在一起的时候，就拥有了一种神奇的力量。小米的成功源于商业模式、营销模式及竞争战略上的创新。

1. 营销模式创新

小米手机除了运营商的定制机外，只通过电子商务平台销售，最大限度地省去了中间环节。通过互联网直销，市场营销采取按效果付费模式，这样的运营成本相比传统品牌能大大降低，从而最终降低终端的销售价格。

与其他电子商务企业不同的是小米从未做过广告。雷军说，保持产品的透明度和良好的口碑，是小米初步取胜的秘诀。从 MIUI 开始，小米就牢牢扎根于公众，让公众（尤其是发烧友）参与开发，每周五发布新版本供用户使用，开发团队根据反馈的意见不断改进，此后的米聊和小米手机皆如此，而且还鼓励用户、媒体拆解手机。

有人说发烧友是一个特定的用户群，不一定能代表广大用户，但这些人其实是最苛刻的用户，他们的反馈意见推动小米手机不断改进用户体验。而且数十万人的发烧友队伍成为口碑营销的主要力量。小米的成功，在于依靠 MIUI 和米聊用户的口口相传。

2. 商业模式创新

目前，所有手机厂商的商业模式都是靠销售手机赚钱，包括苹果、三星以及国内的华为、联想，甚至是深圳的山寨厂商。在商业模式上，小米也可以跟传统手机厂商一样靠硬件盈利，但雷军不是，他选择把价格压到最低、配置做到最高。

作为一家互联网公司，小米更在意的是用户口碑，只要有足够多的用户，盈利自然不是问题，最后也许小米公司只卖出 100 万部手机，但是却吸引到了几千万的移动互联网用户。

Google 免费 Android 想的是通过搜索和广告赚钱。Amazon 的 Kindle fire 低价亏本销售也是这个思路，只要用户量足够多，以后通过终端销售内容和服务就可以大赚其钱了。

手机一升级，原来的手机用户就有可能变成别家的，因此大部分手机厂商没有经营用户的意识，特别是国产品牌。如果只是低价卖手机，用户又不是自己的，那么这就没有意义。

而小米是自己的手机品牌，并且自己有系统级产品服务，能让用户不仅成为自己的手机用户，而且是自己的系统用户，这样发展起来的用户就有价值了。其实从这点来说，小米与苹果已经很类似了，区别是苹果的利润主要来自硬件，而小米却不靠硬件赚钱。

3. 竞争战略创新

一个小公司，当没有资源、没有品牌、没有用户，什么都没有的时候，就必须找到一块最适合的战场，让大公司看着眼馋，就是不敢进来。

显然，小米正是找到了这样的一片蓝海。小米在不靠硬件赚钱的模式上发展手机品牌，软硬件一体化，定位中档机市场（2 000元），价格不高不低，基本配置还往高端机上靠齐，甚至领先。在这个产品空间及利润空间层面，其他厂商不太好进入。

另外，手机与移动互联网混合的模式也使得小米没有竞争对手。小米所有Android开发的竞争对手都不是其做手机的竞争对手，所有做手机的竞争对手又都不是其做Android开发的竞争对手。而且就算是竞争对手模仿跟进，将遇到的困难和挑战也是一样的。

小米相对于一般的Android厂商的优势是有多个差异化竞争手段（MIUI、米聊等）。Android的二次开发系统MIUI是个优势。而雷军最大的优势是那些关联公司（金山软件、优视科技、多玩、拉卡拉、凡客诚品、乐淘等）。只要雷军让小米和这些公司进行服务对接，就有了其他手机厂商都不具有的优势——低成本、高效率、整合速度快和双向推动作用，可以形成一个以手机为纽带的移动互联网帝国。

手机作为随身携带的电子设备，未来所有的信息服务和电子商务服务都要通过这个设备传递到用户手上，谁能成为这一入口的统治者谁就是新一代的王者。而王者必须是硬件、系统软件、云服务三位一体，雷军反复说的"铁人三项赛"就是指这个。而小米正是奔着这个方向去的，也就不难想象为何出生只有几个月的小米可以引起业界如此关注，并取得这样的成绩了。

在苹果、三星稳占智能手机市场份额的今天，小米手机作为国产手机的后起之秀，成立起一年半内就售出710万台，总交易额突破百亿元。这个快速崛起的新锐品牌其实也有不少劣势，如雷军所说单一的机型、高端路线有风险等。

"高性价比""秒杀"，甚至"饥饿营销""期货手机"，小米科技成立两年一直话题不断。面对这些肯定与非议，雷军认为，从外界的"看不起""看不懂"到"学不会"，说明"小米模式"的发展背后也有一定的成功经验。谈到品牌热度和发展速度，他直言："若不是身在其中，我也觉得不可信。"究其原因，小米是站对了台风口、顺势而为，当然最重要的是坚持创新。

凭借对新鲜事物和数码产品的强烈兴趣，雷军对手机操作系统和硬件开发有着执着的追求。他喜欢把小米科技称为一家"铁人三项"公司，即硬件、软件、互联网服务。技术创新和商业模式创新则是两把利剑。

小米公司最津津乐道的当属自主开发的MIUI操作系统。小米最早使用互联网研发模式，每周在线更新系统程序。虽然每周要花费2天规划、2天写代码、2天做测试，难度系数很高，但小米坚信这是一场"软件工程的革命"，为的就是提供更独特、更便捷的应用体验。

"手机市场这么大，每个人都用手机，1%的需求量都是大需求。"个性主题、百变锁屏、自由桌面，让每位用户可以随心所欲地更改自己喜欢的系统样式，让结构更加简洁明了；字号更改、群发短信自动添加称呼，重新设计信息和电话的布局，大大方便了不同用户的日常使用。

最初，MIUI系统只有100个用户，是小米论坛上集结的一批"敢死队"，他们勇于在刷机中尝试新版本系统，不怕一不小心让手机死机。由于小米手机使用其他品牌手机做工程机，支撑其他机型，这一系统已拥有1 000万用户。活跃的小米论坛是"米粉"的天下，其中不乏一些发烧友根据使用体验踊跃地为操作系统提建议。每次更新的四五十个，甚至上百个功能中，有1/3是由"米粉"提供的。"我们愿意广泛听取大家的建议，有问题就改。"雷军认真地说。态度好是他认为互联网式服务的一大特点。通过在社区、微博、米聊等平台上与用户直接交流，把了解自己需求的用户吸纳过来一起做手机，关注细节，集思广益，这样才能获得良好的口碑。"米粉"渴望参与其中，每当看到系统版本更新采纳了自己的建议，就会心生成就感和认同感。

"粉丝经济"的创新改变了电商狂砸广告的固有模式。小米科技走的是网民最能接受的电子商务路线，不同的是，营销渠道移到了微博上，省下了广告费，也搭着我国微博用户数量急速攀升的便车，赚足了关注的目光。雷军坚定地说："我们不在乎有人骂，只要有口碑，就有不少人夸好。"

小米科技与众不同，不能不提雷军冲击高端的决心。据介绍，小米手机采用的高新技术元件，几乎每个重要零部件都可以知道是哪家企业做的。尖端科技能否按时发布、上市后的问题如何解决，这些都是需要经常考虑的。"如果不应对风险，只选用成熟技术，那么只能做中低端产品。"雷军斩钉截铁地说。例如，单玻璃全贴合技术让屏幕透光率增强、色彩更加鲜明；全球首发的高通四核1.5G处理器让性能提高45%、功耗降低63%。在"米2"手机的发布会上，小米科技一连提出了近百个技术新词。

接近成本的定价模式也是独特之处。电子消费品达到一定的批量生产需要很长时间，传统手机往往采取每过一段时间就降低价格的办法。而雷军则是利用摩尔定理赚钱，从一开始就极力压低价位，等到销售数量增加后开始获取正常的商业利润。正是这种高性价比，让很多"米粉"一次次地准时守在电脑前抢购。

在雷军看来，其核心竞争力还源于吸纳人才的能力。小米科技聚集了大规模的海归人员，还有100余人来自知名跨国企业。"创新是系统工程，在产品设计上下功夫才能持续前进。"他介绍，企业1/3的员工是设计师，从图标、界面等屏幕的每个细节到外放音响、内置天线面积，都需要设计师用心思考，精益求精。令他自豪的是，小米科技无论软件还是硬件部门，都拥有一支经验丰富、思想活跃的设计团队。公司正在紧锣密鼓研发的新操作系统邀请了一批国内优秀的设计师共同操刀。

小米科技的"异军突起"，离不开良好的创业环境。雷军说，跨国公司和研发机构在中关村国家自主创新示范区云集，为小米科技提供了大批懂技术、敢创新的人才。优化的融资环境和信贷环境帮助企业在两年内融资3.47亿美元、获得信贷额度20亿元。

讨论题

（1）一般消费者购买手机看重哪些因素？小米手机吸引消费者购买的主要原因是什么？

(2) 消费者在小米手机的营销中发挥了哪些作用？
(3) 结合小米的成功，分析C2B营销模式的特点。
(4) 创新是小米成功的关键，分析小米的创新特点及表现。

第三节 经典推介

一、标志性理论、人物及思想简介

1. 消费函数

20世纪30年代以来，消费函数研究经历了绝对收入理论、相对收入理论、生命周期理论、持久收入理论的变迁，消费的决定因素由具体的现期收入、过去收入丰富为抽象的总收入、持久收入及各种收入的组合，消费者面临的约束由简单的预算约束过渡到资本市场弱势有效条件下的流动性约束，而消费者行为由完全理性合理化为理性预期，并据其在不确定性条件下进行决策。

(1) 绝对收入和相对收入理论。

在凯恩斯创造性地引入"收入"变量之前，人们对于消费和储蓄的认识更多停留在利率的决定性作用上。随着凯恩斯主义宏观经济理论主导地位的确立，消费被看作决定总量需求的主要因素，而过度的储蓄会导致有效需求不足从而成为经济周期性波动和长期停滞的主要根源——这种由经济大萧条引起的对储蓄的恐惧持续相当长的一段时间。

凯恩斯认为，收入的增加会以一定的比例转化为消费，而这个比例会随着收入的增加而不断减小，即著名的边际消费倾向递减规律。正是这一"基本心理定律"，使得储蓄的增加及有效需求的不足成为不可避免的问题。

尽管形式非常简单，却并不妨碍绝对收入理论成为消费函数研究的开山之作：模型首次将收入引入对消费的研究，从此两者之间的关系就一直占据着相关研究的核心地位，改变的只是消费者的决策行为及所面临的约束等问题。它能够很好地解释大萧条的产生，遗憾的是囿于研究数据不足而无法对其进行实证检验。直到库兹涅茨（1942）对美国1879—1888年及1929—1938年两阶段国民生产和资本净积累的研究结果发布，人们才发现储蓄率并没有像绝对收入理论预测的那样随收入的增加而不断增加，反而表现出明显的长期稳定性。此外，凯恩斯主义对大萧条之后就业与收入的预测也出现了严重偏差。至此，对经济大萧条有相当解释能力的绝对收入理论遭受到了前所未有的质疑和挑战，这是经验研究第一次推动理论变革。

顺应理论变革的需要，杜生贝（1949）和莫迪利安尼（1949）分别提出了相对收入假说。他们将"过去收入"引入消费函数，认为消费与收入的比值遵循一定的函数关系。尽管两人的模型并不完全相同，但都证明了一个事实——消费收入比不会随收入水平的提高而变化，仅与现期收入和历史收入峰值的比有关。他们对此解释为"生活水平"效应（Hagen，1955），即当收入发生改变时，消费者并不倾向于马上改变自己的消费水平，即消费"黏性"。然而即使消费确实存在黏性，仍不能完美地解释库兹涅茨的储蓄率长期稳定性，且值得注意的是由于研究所选择的时间区间不同（杜生贝研究的时间区间为1929—1940年，而莫迪利安尼为1921—1940年），二人的参数估计结果有显著的差异，这也为方法的可靠性蒙上了一层阴影。尽管相对收入理论的解释能力有限，但与绝对收入理论相比显然有很大的进步，至少它开始从消费者行为出发来分析问题。

（2）生命周期和持久收入理论。

由于没有坚实的理论基础，消费函数的经验研究一度陷入混乱。一部分学者倾向于在时间序列数据中增加变量数量；还有一部分学者在模型中增添不同性质的变量，如人口因素等。直到20世纪80年代，经济学家才为储蓄率的长期稳定性建立了一个合理的解释——生命周期理论。该理论认为，代表性消费者在其拥有的总资源约束下追求一生消费的平滑，工作时进行储蓄，退休后则负储蓄。消费—年龄曲线的位置取决于其一生拥有的总资源，形状取决于消费者的偏好、时间偏好率及利率的关系，与各期收入无关。

至此，消费函数研究的着眼点发生了深刻的变革：由信奉绝对收入理论的消费至上，转而关注储蓄与经济增长之间的关系。莫迪利安尼认为国民储蓄是资本供给的来源，资本是主要的生产要素之一，故而储蓄对经济增长的作用应该是经济学的中心课题，而极为讽刺的是人们对储蓄问题的关注却源于凯恩斯主义的有效需求不足。"在所有的消费者行为模型中，只有生命周期模型指出较快的经济增长速度与较高的储蓄率之间存在因果关系"（Deaton，1992）。从生命周期模型我们可以得到以下令人惊讶的结论：一国的储蓄率与人均收入无关，而与其经济增长率呈正相关，故而稳定增长的经济体将拥有稳定的储蓄率；国民储蓄率不单是公民节约行为差异的结果，不同的国民储蓄率实际上可以用同一个消费者的行为去解释；对于一定的经济增长，控制财富——收入比和储蓄率的主要参数是退休期的长短（Modigliani，1986）。

与生命周期理论一样，持久收入理论（PIH）也始于20世纪50年代。它认为收入可以被分解为平均或预期的持久收入和暂时性收入，而消费由持久收入决定，不会对收入的短期变动有较大的反应，消费比收入更平滑（Friedman，1957）。跨期的持久收入与宏观数据在统计层面是具有一致性的，那么消费与持久收入在长期中成比例就顺理成章了。如果将持久收入理解为消费者一生拥有总资源的年金，那么它将与生命周期理论非常相似，如消费—年龄曲线是弓形的以及消费与收入滞后信息无关等。但二者的研究重点差别很大，生命周期理论的精髓在于可以专注于研究生命特征变化引起的"急需"（Modigliani，1986），而持久收入理论几乎不关注人口特征的变化对消费—收入关系的影响或者从宏观出发的人口、收入和财富积累之间的关系，它更关注消费的动态行为，尤其是超越了短期行为的消费——收入动态关系。由于二者在许多推论上有一致性，常被结合在一起讨论。

相对于生命周期而言，持久收入理论所得的"强推论"，理论本身显得过于笼统，更像是一个研究框架，缺少经得住实证检验的模型，因此招致了经验研究的许多质疑。从生命周期频度来看，消费—年龄曲线并不总是弓形的；从商业周期频度来看，预期消费不仅受到暂时收入波动的显著影响，且对持久收入波动反应"迟钝"；同时，没有被消费者预期到的收入波动并不像想象的那样影响消费。由以上三种质疑引发的讨论使得消费函数的研究思路得到了极大的拓展。

2. 符号互动理论

符号互动理论是由美国社会学家乔治·赫伯特·米德于20世纪20年代创立的。符号互动论这个术语是由布每默于1937年提出的。符号互动理论在20世纪40—60年代的芝加哥学派发展中达到了鼎盛时期，并在70年代形成四个主要的学派：芝加哥学派、衣阿华学派、拟剧论和常人方法学。尽管学界对于这样的划分存有异议，但是这几个学派的方法论基础都是相似的：坚持在社会与个体、宏观与微观的互动中解释社会生活中的行为形式。

符号互动理论成为一种深具影响的社会理论，主要是在20世纪60年代开始的，当时，主要是作为对占主导地位的帕森斯理论的一种批判。符号互动理论着眼于人类社会关系中的互动过程。认为社会组织是不固定的，没有互动，社会组织就不会存在，社会是一种构成现象——源自个体间的调适性互动，如米德所言"社会制度是群体或社会活动的组织形式——社会成员这样被组织起来，为了更好地采取行动，这些行动是以他人对社会的态度为导向的"，认为社会实体，既在本身内部互动，也与其所处环境有所互动，"主张人类在社会生活中会竭力调整自己的行为，以便与他们在所处的情景中与其他人达成协调和稳定的调和"。具体来说，符号互动理论核心思想主要包括以下几点。

（1）注重分析人性产生与互动形态之间的联系。"社会中的互动使人类成为独特的种类"，反过来，人类自身成为人的"能力使社会成为可能"。米德认为这种能力就是心智与自我，心智是"进行思维的能力，包括象征性地使用符号标识、权衡、评价、预测、设想蓝图以及组织行动过程"。心智赋予了行动者在行动场所根据情景不断调适自己行为的能力。自我是指"人们关于自身的相对稳定持久的想象"，自我是人们置身于社会场景中主要的"客体"，在很大程度上影响了人们在周围世界中的观感和行为。

（2）互动不仅仅存在于人与人之间，自然世界和社会生活世界的一切都在互动。社会是一种"相对稳定的互动模式"，社会与个体、结构与行动之间的互动是通过"显著符号"实现的，个体行为和社会行为是通过显著符号来调整各自的行为的。所谓显著符号，"是一些特定的姿态，言语以含蓄的方式，从一种姿态的实行者那里激起某种反应倾向，这种倾向也是行动施行者欲从参与互动的他人那里激发的"。通过这些"显著符号"将以往的刺激与反应行为模式之间插入沟通，当显著符号激发出共同期待的行为形式时，行为也就具有了意义，从而实现了宏观世界与微观世界的互动。

（3）社会结构是动态变化的，社会和制度性的力量通过互动"协商秩序"将社会生活联结在一起。互动秩序的发生也是在社会生活世界的具体情景中实现的。因此符号互动论深刻地扎根于现实的经验世界，抽象分离的社会并不在符号互动论的分析领域之内。

符号互动论认为，认识和解释我们生活的日常世界，必须坚定地坚持互动立场，这就需要社会理论家避免抽象的宏大理论，用调查的研究方法关注鲜活的日常生活体验。因此，符号互动论者提倡类似于人类学的研究方法："探索和审查丰富、多变、鲜活的社会经验，从经验当中提炼启发性概念，直接基于经验世界提取理论，不断返回经验世界来核查这类理论的实用意义。"符号互动论的民族性、大众传媒、时尚以及集体行为等研究都集中体现了符号互动论对现实世界的关注。

3. 心流体验

匈牙利裔美国心理学家 Mihaly·Csikszentmihalyi 在1975年首次提出心流体验的概念，并在后续的研究中形成了心流体验理论。心流体验理论在运动、休闲、教学等领域受到广泛的关注与研究。近年来随着计算机技术的发展，学者们关于心流体验的讨论逐渐延伸到电脑的使用、在线游戏、网络信息搜寻等方面。随着网络购物的兴起，从20世纪90年代末起，心流体验被引入在线消费者行为研究领域，并引起了极大的关注。

（1）心流体验的内涵。

Csikszentmihalyi（1975）在研究人的创造力时发现，人们在从事自己喜爱的工作时可能会经历一种独特的体验，它常使人废寝忘食，不计回报地全身心投入工作，并且乐在其中，而人在具有这种体验的活动中常常会爆发出惊人的创造力，这种独特的体验即心流体验。Csikszentmihalyi（1989）进一步研究认为心流体验是当人们完全投入到某项活动中时，获得的一种贯穿全身的内在感觉，在此种状态下，似乎有一种内在逻辑指引着身体的各种动作，而无须主体有意识的控制。Ghani 和 Deshpande（1994）发现心流体验有两个重要特征：一个是全神贯注于一项活动；另一个是从该活动中获得乐趣。心流体验的两个影响因素：一个是针对特定的技能有一个最佳的挑战水平，另一个是对环境的控制感。Trevino 和 Webster（1992）认为心流体验体现了与电脑媒介交流技术所产生的或多或少的娱乐感与探索性。心流体验是一个连续变量，从无到很强烈。Hoffman 和 Novak（1996）将网络环境中的心流体验定义为网络浏览过程中发生的一种状态。具有以下特征：①由机器交互支持的一系列无缝反应；②发自内心的愉悦感；③伴随着自我意识的丧失；④自我增强，即消费者自身学习能力、探索行为、参与活动及主观体验的提升。Hoffman 和 Novak（2009）提出在线心流体验，指网站使用者完全沉浸在某种在线活动中的状态。

（2）心流体验的特征。

各位学者对心流体验的定义着眼于不同的角度，但归纳起来有以下几个共同点：一是沉浸于某种活动。人们全神贯注于一某项活动，没有其他事情显得更为重要，并且时间感扭曲。二是从该活动中获得乐趣。体验活动本身很愉悦，以致人们无论花多大的代价都愿意去做。

此外，心流体验在持续时间、频率、强度上有所不同。心流体验持续时间从几分钟到几个小时不等，在频率上有的个体经常产生，而有的个体产生心流体验的频率则远小于前者（Pace，2004）。同样的，心流体验有强度上的差别，可能从很弱到很强（Csikszentmihalyi，1975）。

（3）心流体验产生的条件。

①三区间模型。Csikszentmihalyi（1975）在运用经验抽样法（Experience Sampling Method，ESM）研究之后预言：当人们参与某项活动时面临的挑战和所掌握的技能相吻合时，就有可能产生心流体验，当技能大于挑战时会产生厌倦，技能小于挑战时会产生焦虑，并以此提出了最初的三区间模型。该心流体验模型认为，不论挑战与技能处于低水平还是高水平，个体都会体验到愉悦，只要两者相吻合即可。

②四区间模型。米兰大学的研究团队运用 ESM 法对米兰的少年进行了采样分析，在三区间模型的基础上进一步深入研究后发现，当挑战和技能均处于相对比较低的水平时并不一定产生心流体验，只有两者均高于个人面临的平均挑战和平均技能时才有可能产生。Massimini 和 Carli（1988）建立了四区间模型，把技能和挑战按照高低水平分成四个区间，其中交点坐标为个人面临的挑战和技能的平均水平，高挑战和低技能会产生焦虑，低挑战和低技能会产生淡漠，低挑战和高技能会产生厌倦，高挑战和高技能才最容易产生心流体验（Flow）。

③八区间模型。Massimini 和 Carli（1988）结合研究获得的数据，对"挑战"和"技能"根据不同水平之间的关系进一步梳理之后，提出了八区间模型。根据纵坐标上挑战和横坐标上技能的标准值，将整个平面分成各为 45°角的八个区域。这一波动模型的机制与四

域模型是一样的,两者都是聚焦于任务挑战和个人能力的关系上。虽然前者较后者更为详细,但这一模型并没有被广泛地引用。这可能是由于该模型注重的是人的各种感受体验,从而使心流体验的比重减小,妨碍了心流体验的研究。

4. 技术接受模型

技术接受模型是研究用户对信息系统接受与使用程度的重要理论,最早被用于解释信息系统高投入低产出矛盾产生的原因。由于其结构简单、对用户行为解释能力强,受到很多学者认可,成为信息系统使用影响因素研究的基础理论模型。

技术接受模型(Technology Acceptance Model,TAM)于 1986 年由 Davis 首次提出,以计划行为理论为基础,主要包含感知有用性、感知易用性、用户态度、使用意向、实际使用行为和外部变量 6 个研究变量(如图 3-3 所示),其中感知有用性和感知易用性是作者在理论综述基础上,从前人研究中提取归纳得到的。1993 年 Davis 对初始 TAM 进行改进,删除了原始研究变量"使用意向"。1996 年,Davis 和 Venkatesh 指出,尽管在计划理论行为中用户信念对使用意向的影响全部通过用户态度的中介作用实现,但 TAM 的实证研究表明用户态度只能部分解释感知有用性对使用意向的影响。因此在模型再次改进中,Davis 去掉了"态度"变量。

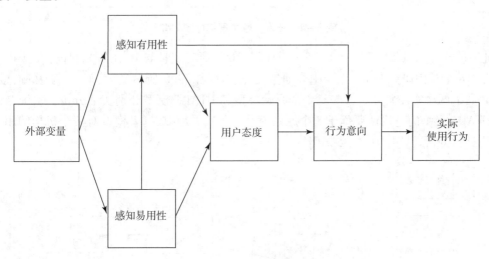

图 3-3 技术接受模型 TAM

2000 年,Venkatesh 和 Davis 对改进的 TAM 进行扩展并将新模型命名为 TAM2(技术接受扩展模型),如图 3-4 所示。TAM2 着重分析感知有用性和使用意向的影响因素,并被概括为社会影响和认知工具。其中社会影响包括主观规范、自愿性和使用者形象 3 个研究变量;认知工具包括工作相关性、输出质量、结果展示性和感知易用性 4 个研究变量。7 个研究变量中,除自愿性变量是对主观规范和使用意向之间的关系具有调节作用外,其他 6 个研究变量都是直接对感知有用性或使用意向产生直接影响。另外作者还提出,经验对主观规范和使用意向之间的关系以及主观规范和感知有用性之间的关系也都存在调节作用。

2003 年,Venkatesh 等在对技术接受模型、理性行为理论、动机模型等 8 个模型实证分析的基础上将其有机整合,构建了整合型技术接受模型(Unified Theory of Acceptance and

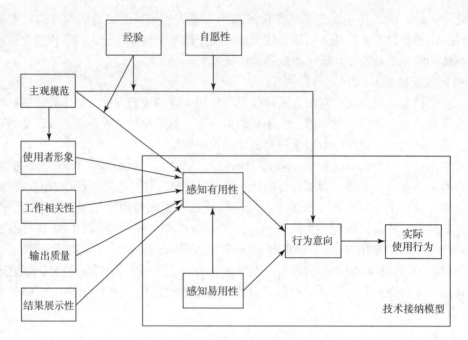

图 3-4　技术接收扩展模型 TAM2

Use of Technology，UTAUT）。UTAUT 模型包含 10 个研究变量与 16 条研究假设：1 个内因研究变量，8 个外因研究变量，1 个中介研究变量（如图 3-5 所示）。为验证模型的有效性，作者开展了两次实证研究。首先对 8 个原始模型和 UTAUT 模型分别实证分析，实证结果表明，UTAUT 模型的适用性要优于 8 个原始模型；其次采用 UTAUT 模型对两个机构的用户使用行为进行分析，解释力度达到 70%。

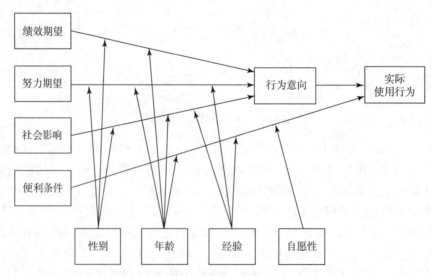

图 3-5　整合型技术接受模型（UTAUT）

（TAM3）。2008 年，Venkatesh 和 Bala 在 TAM2 的基础上对感知易用性的影响因素进行详细划分并提出了 TAM3（技术接受模型 3），如图 3-6 所示。

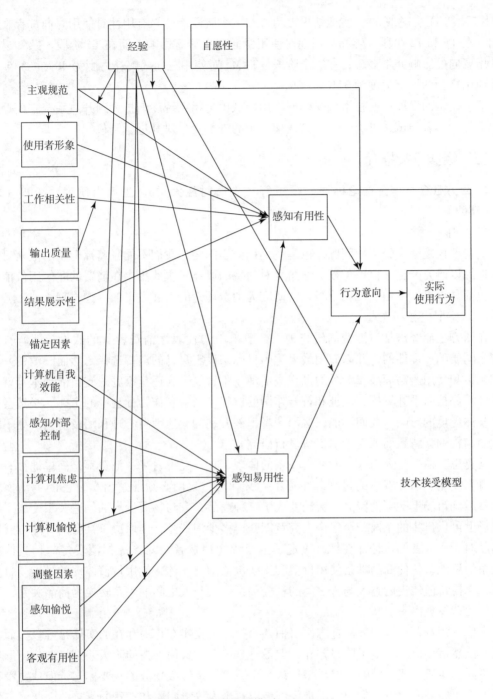

图 3-6 技术接受模型 3（TAM3）

感知易用性的影响因素包括锚定因素和调整因素，两者对感知易用性的影响存在此增彼减的关系，当调整因素对感知易用性的影响增强时，锚定因素对感知易用性的影响就会减弱。其中，锚定因素包括计算机自我效能、感知外部控制、计算机焦虑和计算机愉悦；调整因素包括感知愉悦和客观有用性。Venkatesh 和 Bala 分别针对 4 组用户的新系统接纳和使用展开实证研究，并将其分为使用新系统前（T1）、使用新系统 1 个月后（T2）和使用新系统

3个月后（T3）三个阶段。实证结果表明：在三个阶段，感知有用性对使用意向都存在显著影响；在 T1 和 T2 阶段，感知易用性对使用意向存在显著影响，而在 T3 阶段，感知易用性对使用意向的影响并不显著；在三个阶段，TAM3 对使用意向的解释力度为 40%～53%，对实际使用行为的解释力度为 31%～36%。

信息技术的发展促使技术接受模型应用领域由封闭系统逐渐扩大到开放系统，模型解释能力下降，学者尝试通过引入新理论或加入新的外部变量对其进行调整。

二、经典论文推介

1. 西方社会学消费理论综述．杨敬舒（上海财经大学）．生产力研究，2009（14）：184－186

（1）概要。

消费不仅是一个经济学问题，也是一个社会学问题，我们不能脱离社会学的范畴对消费孤立地加以研究。论文梳理了社会学角度对消费的研究，主要集中在消费的非使用价值体现上，包括马克思、韦伯、凡勃伦等人的研究为消费理论的发展做出的巨大贡献。

（2）主要内容和观点。

在西方主流经济学对消费的研究中，一般采用"代表性消费者"的假设，即所有消费者都是同质的、理性的，并以效用最大化为目标来设定自己的消费选择。然而，消费并不仅仅是购买和使用所需商品与劳务的过程或活动。不管是个人还是家庭的支出活动本身就是一种与外界保持联系并发挥其象征和符号作用的过程，消费者作为社会中的个体，必然会受到社会整体环境的影响。我们不能回避消费者千差万别的异质消费心理和消费行为，更不能脱离社会结构的大背景而孤立地对消费进行研究。

马克思：消费是人与人之间社会关系的体现。在马克思看来，消费不是简单地被看作主体占有、使用、消耗客体的过程。在资本主义社会，人们必须通过出卖自己的劳动换取工资，然后到市场上购买消费品。劳动变成了一种商品，人与物质世界的创造关系变成了某种在市场上可供出售的东西，至于个人究竟能获得多少消费品，则取决于社会的分配方式。正是商品对于生产者的这种外在性，决定了生产者（消费者）对产品的消费是一种具体的社会关系的反映，任何商品都是使用价值和交换价值的统一体，使用价值体现的是人与自然的关系，交换价值体现的是人与人之间的社会关系。人与人之间的关系转换为商品关系，通过商品的消费体现出来。

韦伯：消费是等级划分的标志。韦伯认为社会上实实在在地存在的实体是等级，而不是阶级。虽然市场机会产生了阶级差异，但最终是消费方式使潜在的阶级差别显性化，形成了地位不同、生活方式不同的等级。韦伯认为生活方式是等级划分的主要标志，但他并没有从根本上否定经济决定论，他非常看重经济地位对个人等级归属和消费的影响。因此，韦伯的理论是一种有限的经济决定论，经济地位、社会声望及其他非经济因素等通过影响个人的消费和生活方式，最终决定其等级归属。韦伯消费思想的缺陷在于，他认为等级在消费和生活方式上具有排他性，倾向于形成封闭的圈子。而现代社会中的模仿消费和炫耀性消费已经打破了这种封闭的圈子。但是，韦伯在学说史上首次将消费和等级地位明确地联系起来，是他对消费理论的重大贡献。

凡勃伦：消费的动机是金钱竞赛和歧视性对比。凡勃伦在 1899 年出版的《有闲阶级论》中，分析了布尔乔亚的消费生活方式，并首次提出了"炫耀性消费"。他认为："不论在什么地方，只要建立了私有财产制，哪怕是在低级的发展形态下，在经济体系中就有了人与人之间对商品占有进行竞争的特性。"凡勃伦将炫耀性消费的另一个动机归结为歧视性对比，即财富水平较低的阶层力图通过炫耀性消费来效仿财富水平较高的阶层以期被认为是其中一员。这种竞赛动机是"有闲"和"炫耀性消费"的最有说服力的解释。

西美尔：消费是较高阶层不断推出新时尚的需要。西美尔的消费思想集中体现在《货币哲学》的"生活风格"一章中。在他看来，时尚是有等级性的，"每一种时尚在本质上都是社会阶层的时尚，也就是说时尚通常象征着某个社会阶层的特征，以统一的外表表现其内在的统一性和对外区别于其他阶层的特性"。

对于社会上占主导地位的阶层来说，频繁地推出新时尚是非常必要的。因为较高社会阶层的时尚把他们自己与较低阶层区分开来，但他们又是较低阶层模仿的对象。"一旦地位较低的阶层试图跟从较高阶层的时尚模仿他们时，后者就会扔掉旧时尚，创造一种新时尚"。西美尔对时尚流行的分析实际上就表现了消费品符号意义的重要性，他的思想为模仿消费提供了一个很好的解释。

布迪厄：消费是不同社会阶层品位差异的外在表现。布迪厄在韦伯命题的基础上，运用资本、场域、惯习等概念工具，分析了消费如何在阶层分化中扮演区分的作用。布迪厄把消费实践中的品位差异与阶层之间的关系置于资本、场域与惯习的理论框架中，解释了消费的社会区分功能，即不同阶层为什么会有不同的消费。

波德里亚：消费是人们构建身份的符号操作行为。波德里亚的消费思想主要体现在《物的体系》一书中。从人们对"物"的消费行为中，波德里亚看到的不仅仅是物或商品对人的本性的支配与异化，他更看到了蕴藏在物品消费更深层次的"符号"消费。波德里亚认为，特定的社会阶级或阶层的成员资格，不再能为人们提供一种认同感、确定感和归属感，人们只能通过消费来与客体、集体和世界建立关系来获得一种身份和建构意义，所以，消费所体现的并不是简单的人与物之间的关系，而是人与人之间的社会关系。波德里亚对"物"的谈论，实际上是在谈论人和人的行为关系，深化了对物的研究，在人们看到物、人关系的地方，他看到的是物、人、符号这三者的关系，由此，他把人们从物的领域带入了符号领域。

（3）结论。

人的消费欲望和需求水平，不但受到经济水平、消费结构的影响，而且也受到社会心理、社会阶层、社会文化及相关群体的影响。对消费者来说，消费不仅仅是满足个人生理需要的事情，还是"相对于"他人消费状况、在社会中构建自己身份和地位的事情。

2. 消费行为研究的理性化反省与感性论转向——扩展社会学消费行为研究的传统界限．方劲（中国人民大学社会与人口学院）．天府新论，2010（5）：99－103

（1）概要。

经济学依据经济人基本理论假设，将消费行为看作理性最大化的行为，并建立了各种抽象的理论模型，但在面对消费生活的具体性、多样性和丰富性时明显缺乏解释力。社会学在消费行为的理性化反省过程中扮演了重要的角色，遵循社会和文化的研究路径，注重社会结构和文化因素对消费行为的影响，但在某种程度上又忽视了消费行为的选择性和主动性。感性选择是在感性意识支配下的选择行为。在研究消费行为时引入感性选择范式，既有利于弥补消费行为经济学研究的理性化缺陷，又有助于社会学深入开展消费问题的微观研究，弥补社会、文化等宏观范式在消费者主体性和选择性上解释力不足的缺陷。

（2）主要内容和观点。

长期以来，消费更多地被作为经济学问题予以关注，成为经济学的传统研究领域之一。总体而言，经济学是对消费行为研究最系统、最成熟的学科。经济学对消费行为的研究基本上是沿着经济人理性选择的传统展开的。传统经济学的一般逻辑和理论假设是，人是具有理性、精于计算的人，其在经济活动中都是谋求自身效益的最大化。

在研究消费行为时，传统经济学也都认为，消费者会基于各种考虑，使每一项消费行为都做到效益最大化，消费行为是理性最大化的行为。但是，这种排除其他因素而只注意消费经济层面的理论显然具有局限性，收入虽然是影响消费行为的关键因素，但消费者并不总是经济理性的。

随着消费在经济生活和社会生活中的地位和作用越来越突出，消费在经济学之外的研究领域引起了更多的关注，其他学科如哲学、社会学、人类学、历史学、心理学、文化学、市场营销学等也逐渐涉足消费领域，提出了各自研究消费的理论视角，在某种程度上转变了经济学对消费的传统解释。这些视角主要强调社会和文化因素对消费行为的影响，与经济学从经济人的个人效用最大化的理性视角形成了巨大的反差。但这种在某种程度上忽视消费行为选择性的研究路径，也难免会产生解释力不足的难题。

以往的消费理论既存在着把消费行为看作人们理性化的产物的情况，如经济学的消费函数理论把消费者看作完全理性或近似理性的，将消费行为抽象化，但这种抽象的模型往往很难与丰富多样的实际生活相符；也存在着把消费行为看作是对社会、文化等宏观结构因素的被动反应的情况，将消费看作外力作用的结果，而忽略了消费行为的内在作用。感性选择的研究范式的引入，有助于克服上述两个极端，并使社会学对消费行为的研究更加符合现实生活世界的具体情况。

作者对消费行为的感性选择议题进行了理论溯源，回溯到凡勃伦的社会习惯论和齐美尔的社会模仿论。这两种理论展示了消费行为的感性意识和感性选择性，既有利于弥补消费行为经济学研究的理性化缺陷，又有利于社会学深入开展消费的微观研究，弥补社会、文化、制度等宏观范式在消费者主体性和选择性上的解释力不足问题。

（3）展望。

目前，运用感性选择范式对消费行为开展实证研究还很缺乏，因此，结合中国的本土实际，对中国居民消费行为的感性选择性展开深入的实证研究，将是非常紧迫的工作。同时，有关感性选择和感性选择消费行为概念的阐述还显得过于笼统。要提高感性选择范式对消费行为的解释力，必须对相关概念展开深入分析，对消费行为的感性特征的模式、结构、范围等进行系统探讨。

3. 消费情感理论研究综述．王潇，杜建刚（南开大学经济与社会发展研究院，南开大学商学院）．消费经济，2013（10）：67-71

（1）概要。

在对消费行为的研究中，一直过于强调认知要素对于消费者购买行为形成机制的影响，而对情感因素的关注明显不足。近年来，越来越多的学者开始关注情感要素在消费行为中的作用，这也催生了学者们对于消费情感的研究。本文从消费情感理论的概念内涵入手，详细地梳理和分析了消费情感的类型测量模型相关变量，并针对当前理论发展中的不足和最新的研究动态对消费情感理论的发展进行了展望。

(2) 主要内容和观点。

● 消费情感的概念。学者们曾经用顾客态度来解释消费者的某种行为变化，但一些学者发现情感通常表现为与某种行为相联系的感受，并且能够比顾客态度概念更好地解释一些更为复杂的社会现象。在较早的研究中，学者将情感引入消费者的认知和行为过程中，将其视为认知过程中的附属因素，认为消费情感是消费者在消费经历中，由于对产品和服务的熟知而产生的心理反应。随着研究的深入，一些学者人认为消费情感不仅仅是社会感知和心理感知，更体现了人类的动机。消费情感是消费者在产品或服务消费过程中产生的一系列情感反应，它是消费者对产品和服务属性感知与最终价值获得间的比较和情感性反应。通过以上分析，可以发现消费情感体现了消费者在受到外界环境和情境刺激下，所产生的一系列情感反应，它具有动态变化性的特征，随着外在刺激物的不同，个体的消费情感会发生持续性的变化。

● 消费情感的类型与测量。大量心理学和营销学领域的研究针对顾客情感衡量展开研究，表3-1对已有的典型测量量表进行了归纳。

表3-1 消费者情感测量量表汇总

开发人员	量表名称	维度	指标
Plutchik & Kellerman (1974)	情感剖图指数（EPI）	恐惧、愤怒、兴奋、悲伤、接受、厌恶、惊讶和期待	62项指标
Mehrabian & Russell (1974)	"愉快-唤醒-支配"模型（PAD）	愉快、唤醒、支配	18项指标
Izard (1977)	四维度模型	兴趣、愉快、惊奇、厌恶、轻蔑、恐惧、痛苦、愤怒、害羞和内疚	30项指标
Plutchik (1980)	Plutchik量表	恐惧、愤怒、兴奋、悲伤、接受、厌恶、惊讶和预期	34项指标
Havlena & Holbrook (1986)	精简后的"愉快-唤醒-支配"模型（PAD）	愉快、唤醒、支配	12项指标
Edell & Burke (1987)	广告感受模型	积极乐观、唤起、负面情感	65项指标
Holbrook & Batra (1987)	SEP模型	愉快、唤醒、支配	27项指标
Richins (1997)	CES模型	愤怒、不满、担忧、悲伤、恐惧、害羞、嫉妒、寂寞、浪漫、情爱、平静、满足、乐观、愉快、兴奋、惊奇	43项指标
Oh (2005)	印刷广告的情感反应模型	温暖、负面情感、积极乐观、性快感、烦闷	14项指标
Han et al (2010)	EFA模型	兴奋、舒适、烦恼、浪漫	32项指标

对于消费情感的量表研究成果比较丰富，但研究结果差异较大，不同学者所获得的维度，指标由于开发背景和选择的研究行业不同而存在一定的差异。

● 消费情感的相关变量研究。当前学者对消费情感的影响因素研究主要集中在以下方面：顾客消费前情感对顾客消费情感的影响；服务人员的情感、行为对顾客消费情感的影响；服务环境对顾客消费情感的影响；顾客感知服务质量对顾客消费情感的影响。

● 消费情感的结果变量。当前对消费情感结果变量的研究中，消费情感对顾客消费心理与行为的影响，如对顾客满意度，顾客的行为意向等的影响占据了主导，得到很多学者的关注。

大部分学者认为消费情感与满意度的关系呈现效价一致性，即正面消费情感增强顾客满意度，负面消费情感降低顾客满意度，然而，一些实证研究发现顾客满意度可能与负面消费情感呈正相关。

（3）展望。

消费情感近年来引起了学者们的关注，但目前的研究还存在着测量工具混乱、相关变量关系不清晰等问题。此外，当前的研究中很少将消费情感的动态性和复杂性特征考虑进来，这也是在未来研究中有待改进的方面。

4. 国内外网络消费行为研究综述与评析．苏竹（华南师范大学经济与管理学院）．现代情报，2015（5）：171 – 177

（1）概要。

本文采用网络消费行为的主题词，分别检索了 Web of Science 以及中国知网中与网络消费行为相关的研究文献，从理论研究、实践研究角度分析了国内、国外网络消费行为的研究情况，最后对比了国内外在网络消费行为方面研究的差异并总结得出了未来网络消费行为研究的两个趋势。

（2）主要内容和观点。

在理论体系方面，国外尤其是发达国家的网络消费行为研究建立在已有的、比较成熟的消费行为理论基础上，如 TAM、SOR、TRA、TPB 等消费理论模型。这些较为系统的理论基础让国外的研究很快从传统消费行为研究转向网络消费行为研究。在万维网向公众开放后，相关研究也随之展开。国外的网络消费行为理论研究有两个重点方向：网络消费过程的研究和网络消费行为影响因素的研究。前者主要从宏观角度研究网络消费行为的行为过程、决策过程等，这类研究一般要对行为过程进行建模、细化、分阶段。后者主要是从微观方面的某些角度深入研究其对网络消费行为的影响，例如，从心理学角度的信任、社会学的文化、网页布局、网页互动和流程设计、网络评论、风险、隐私等角度。虽然是理论研究，但国外的研究绝大多数都是针对研究对象建立一个理论模型，然后通过各种研究方法来证明、检验相关的结论。该类研究方法结合了定性和定量分析，因此研究结论比较可靠。

网络消费行为研究建立在传统消费行为学、计算机网络、社会学、心理学等学科基础上，而国内学者在 1993 年前对这些学科领域的理论研究很少，这决定了国内的网络消费理论研究需要借鉴国外相关理论体系。国内的理论研究基本上是对既有网络消费现象的归纳、总结、创新，或者是进行网络消费行为本地化的应用研究。此外，国内网络消费行为没有系统性，研究点比较分散，实证性研究偏少，理论研究的信度不高。

国外的实践研究主要是针对一些具体问题来展开的，如环境、氛围、心理等，研究的结果可以直接应用于实际网络消费的某些方面。在推荐系统方面，由于国外的计算机、互联网发展较早，所以各种推荐算法研究比较成熟。国内网络消费行为的实践研究集中于网络消费行为的优化、行为因素关系的实证研究等。根据国内互联网发展情况及国民的受教育水平等，国内比较重视大学生群体的网络消费行为研究。我国的大学生群体数量庞大，且大学生的网络消费潜力巨大，因此研究好大学生网络消费行为对其他网络消费行为研究具有一定的启示。在推荐算法方面，国内的独创性算法研究很少，多数的研究是对国外算法的改进和优化。

（3）未来研究趋势。

关于网络消费行为，目前，国内外的研究总体上正逐渐进入成熟期。随着移动互联网的快速发展，很多学者开始研究移动环境下的网络消费问题。移动互联网下，用户网络消费可以随时随地、更加个性化，同时可以结合地理位置信息，实现各种精确消费信息的主动推送，这个是其他环境下的消费所无法实现的。移动互联网下的消费行为研究正成为一个热门领域。

同时，网络消费行为研究与其他学科领域的紧密关联决定了可以进行新环境下的多学科交叉研究，如研究互联网、移动互联网下消费与传统消费之间的竞争、互补关系既可以改进现有的网络消费行为、传统消费行为，同时可以合理制定、实施不同的消费行为下的营销策略，还可以结合两者的优势从而更好地方便人们消费、促进消费。此外还可以加强对网络消费行为的应用研究，让研究成果更好地运用到实际消费中去。

5. 消费者跨渠道购买行为研究评述与展望．郭燕（中国矿业大学管理学院），周梅华（淮海工学院商学院）．技术经济与管理研究，2014（8）：55 – 58

（1）概要。

消费者跨渠道购买行为是指多渠道零售环境下，消费者在购买决策过程的不同阶段运用不同渠道的行为。渠道零售环境下，消费者行为已经变得越来越复杂，因为消费者综合运用不同的渠道追求混合效用。研究与消费者跨渠道购买行为相关的问题，包括消费者跨渠道购买行为的定义、影响因素、管理策略等，有助于深入理解零售商 – 消费者互动过程，指导零售商设计有效的渠道管理机制，更好地进行多渠道顾客管理。

（2）主要内容和观点。

● 消费者跨渠道购买行为定义。消费者跨渠道购买行为是指多渠道零售环境下，消费者在购买决策过程的不同阶段运用不同渠道的行为。消费者跨渠道购买行为可以分为跨渠道搭便车行为和跨渠道保留行为两种类型。跨渠道搭便车行为是指在购买决策过程的不同阶段转换渠道且转换零售商的行为；跨渠道保留行为指消费者在购买决策过程的不同阶段转换渠道但未转换零售商的行为。

● 消费者跨渠道购买行为影响因素。第一，现有文献对消费者跨渠道搭便车行为研究较多，对消费者跨渠道保留行为研究较少。第二，消费者跨渠道购买行为主要受消费者因素、产品因素、渠道因素、零售商因素等的制约。对于消费者因素的研究主要应从心理学理论进行深入挖掘，探究态度的形成与行为之间的关系。对于产品因素的影响应根据不同产品类别的特点对产品进行科学的分类研究。对于渠道因素的影响应根据消费者对不同渠道的感知价值科学设计量表，并通过市场调查进行深入研究，探究消费者对渠道属性的认知，从而指导企业有的放矢地建设渠道，开发和维系顾客。对零售商因素的研究应当充分考虑到竞争对手的影响。第三，现有文献只考虑了影响因素中的一类或两类，没有分析所有因素的综合作用。不能揭示消费者跨渠道购买行为的内在机理，从而不能为企业营销实践提供有效的理论依据。第四，现有研究没有考虑年龄和情境因素对消费者跨渠道购买行为的影响。不同年龄的消费者具有不同的购物方式偏好和消费技能。此外，情境因素，如社会文化等，也会影响到各影响因素的作用关系。

- 企业管理策略研究及评述。通过对多渠道零售环境下企业对消费者跨渠道购买行为管理策略研究的回顾，大致可以得出如下结论：第一，企业多渠道顾客管理的关键在于如何设计渠道。消费者发生跨渠道购买行为的关键在于不同零售商提供的不同渠道提供的价值不同。因此企业应根据自身经营产品的特点科学地设计渠道，合理分配各种资源，吸引消费者向有利于企业方向进行跨渠道购买，从而提升整体绩效。第二，学者们对消费者跨渠道保留行为的研究较少。虽然一些学者从顾客关系管理的角度研究了顾客保留和顾客满意的关系，现有的研究尚未提出完整的理论模型来全面探索多渠道零售环境下消费者跨渠道保留行为的影响因素。第三，从增加顾客价值角度研究企业管理策略较少。现有研究大多从消费行为特点出发探讨企业的营销管理策略，缺乏从顾客价值增值视角研究跨渠道购买行为给顾客带来的利益。

（3）展望。

后续研究可以对消费者跨渠道购买行为的类型与路径之间的联系进行更深入的理论阐释。如利用认知心理学理论来完善和整合该模型，从而发掘消费者跨渠道购买行为机理；探索年龄和情境因素对消费者跨渠道购买行为的影响；研究消费者购买不同产品类别时的渠道偏好和行为轨迹；通过研究基于消费者跨渠道购买行为的两种类型和四条路径，分别探讨不同路径下企业的营销管理策略。

6. 消费者行为学 50 年：演化与颠覆．卢泰宏（中山大学管理学院）．外国经济与管理，2017（6）：23－38

（1）概要。

21 世纪数字化、智能化正在颠覆商业和社会基础结构，消费者的改变是变化之根本原因。消费者行为学作为营销学、营销管理、品牌管理、战略管理的基础，经历了半个世纪的发展，正面临重大的挑战。本文主要分为两大部分，首先简要回顾和评论了消费者行为学 50 年的演化；然后集中勾画了处在突变中的消费者行为学——数字化消费者行为学的轮廓。最后，文章进行了扼要的展望。

（2）主要内容和观点。

几十年来，消费者行为学作为年轻的学术研究领域和市场实战领域发展迅速，吸引了心理学、社会学、营销学和计算机科学等多门学科的学者。表 3－2 列示了消费者行为学演化的关键事件及其发生时间。

表 3－2　消费者行为学演化的大事年表

时间	事件
1940—1950 年	开始出现消费者动机研究（Motivation Research）
1963 年	生活方式（Lifestyle）概念提出

续表

时间	事件
1968 年	恩格尔等人的《消费者行为学》出版
1969 年	霍华德—谢斯（Howard-Sheth）的购买者行为理论提出
1974 年	《消费者研究学刊》（JCR）创刊
1982 年	自我概念（Self Concept）被引入消费者行为学（Sirgy，1982）
1985—1991 年	受限意向行为理论（Theory of Planned Behavior，TPB）产生并完善
1992 年	《消费者心理杂志》（JCP）创刊
1995 年	《数字化生存》（Being Digital）一书出版
2001 年	品牌社群（Brand Community）概念提出
2002 年	《消费者行为杂志》（JCB）创刊
2004 年	社交媒体 Facebook 出现
2005 年	消费者文化理论（Consumer Culture Theory，CCT）提出
2010 年	数字化媒体与数字化消费者行为概念与研究出现

论文从发端、人物、阶段、内容、方法、学科框架几个方面描述消费者行为学 50 年的发展梗概。

- 发端。在 20 世纪四五十年代兴起的动机研究为消费者行为研究成长为一门学科播下了种子。消费者研究和消费者行为学发展的外部驱动力量和个人动机是多方面的。其中，商业动机和市场驱动是显著的推动力量。在商业和营销领域，先后出现了以下三股主要的外部驱动力量：追求广告促销的效果、建立品牌和消费者关系的需要、创新顾客驱动的商业模式。

- 人物。J·恩格尔是第一位重要人物。恩格尔的主要贡献是以消费者行为学为基点或目标，进行了多学科整合。霍华德在消费者行为学领域的几本著作都是开拓性的。20 世纪 60 年代谢斯的消费者行为研究充满营销学色彩，使得消费者行为学不但是多学科的综合，而且有了营销学特有的概念和内容。关于消费者研究领域近几十年贡献卓越的、活跃的学者，最核心的《消费者研究学刊》（JCR）发表过 1974—2014 年的名单，包括发表论文最多的学者、引用率最高的主题和论文、研究贡献最多的大学等（Wang 等，2015）。

- 消费者行为学的四个发展阶段。学术研究的开始：20 世纪五六十年代，学者们提出了消费者行为的一些单一概念，这些概念都着眼于对消费者进行分类。理论创立阶段：20 世纪六七十年代，探索消费者行为各个方面的论文纷纷在学术刊物上出现，学术论文数量激增，研究方法亦走向和推崇定量化。理论深化阶段：人的行为到底是如何产生和决定的？这个问题一直吸引着不同学科的许多研究者，包括心理学（特别是认知心理学和社会心理学）、人类学、政治学、经济学、管理学、营销学等。他们从不同的角度带着不同的目标问题试图找到答案。理论重构阶段：2000 年以来，互联网和移动终端的广泛应用，使消费者行为本身和理解、分析消费者行为的方法发生根本性的变化。

- 消费者行为研究的主题变化。浪潮 A 的问题是 What（是什么），这由来已久。浪潮

B 的问题是 How（如何），大约从 20 世纪 60 年代开始形成高峰，并且成为主流。浪潮 B 的营销色彩最浓，在营销研究中分量很重，是心理学和营销学结合最为紧密的地带。浪潮 C 的问题是 Why（为什么），大约从 90 年代开始，对其关注的趋势仍在继续（Baker 和 Saren，2010）。移动浪潮 D 带来颠覆性的冲击，着眼于未来的重大新趋势，其问题是 How to Change（如何改变）。

- 消费者行为研究方法的变化。①观察和调研方法。这是早期的消费者研究的主要方法，与营销调研的方法没有区别，其分析方法不断深入发展。因果模型方法成为消费者行为研究和营销学研究的主流，其中，结构方程模型的应用最为显著并得到学界认可。②实验方法。进入以心理研究为主的阶段后，对心理学方法的依赖越来越大，以至于影响了总体营销研究的各个方面，出现了接受和采用实验方法的趋势。③大数据智能方法。21 世纪在大数据技术广泛应用的背景下，捕捉和分析消费者行为的方法完全不同了。洞察消费者的各种创新的技术和软件还在蓬勃发展之中。

- 消费者行为学知识框架的演进。从结构的重心和主导或特色内容所占的分量大致可以分辨出，全球消费者行为学的主导性教材有如下三种主要的取向：心理学取向、营销战略取向和文化取向。希夫曼版本代表了心理学取向，侧重于消费者个人心理因素；霍金斯版本和布莱克韦尔版本代表了营销战略取向，侧重于消费者决策过程；所罗门版本代表了文化取向，侧重于文化和亚文化对消费者行为的影响。以营销管理为取向的消费者行为学，注重消费者心理和行为与营销战略或策略的互动，以及消费者关联的市场商业效应，因为"营销学是一门试图影响消费者行为的学科"（德尔·I·霍金斯等，2002）。

- 数字化消费者行为学的颠覆。颠覆主要来自两个方面：首先和根本的是消费者本身的变化。我们将数字化时代前后的消费者分别简称为"传统人"和"数字人"。其次是理解、研究、洞察、影响消费者的路径、方法和工具手段发生了极大的变化。由此也带来了理论层面的改变。数字化消费者行为学的新概念群如表 3-3 所示，数字化消费者行为的新关键词如表 3-4 所示。

表 3-3　新的学术术语及代表性学者

数字化消费者行为	Solomon（2009）
数字化营销（Digital Marketing）	Carter 等（2007）；Ryan 和 Jones（2009）；《哈佛商业评论》（2014）
数字化传播（Digital Communication） 数字化口碑（eWOM）	Kotler 和 Keller（2015）
数字化生活方式（Digital Lifestyle）	Charmonman 和 Chorpothong（2005）
数字原住民（Digital Native）	Prensky（2001）
数字化自我（Digital Self）	Solomon（2015）
数字化品牌建立（Digital Branding）	Edelman（2010）；Rowles 和 Daniel（2014）
数字化消费者决策模型	Edelman（2010）
参与度（Participation）	Tuten 和 Solomon（2014）
融合（Engagement）	Kotler 和 Amstrong（2017）

表3-4 数字化消费者行为的新关键词

关键词	相关的消费者行为
上网或在线（on Line）	信息搜索，网购
链接（Linking）、连接（Connecting）	认知空间，社群
社会网络（Social Network）	影响力，交往方式，互动
社交媒体（Social Media）、新媒体（New Media）	媒体时间分配，信息来源，分享，互动，自媒体
大数据（Big Data）	了解消费者的路径和深度，智能判断
智能手机（Smart Phone）、智能终端（Smart Terminal）	新的生活方式，移动购物
众筹（Crowd Funding）	共同创造，创新
虚拟消费者社群（Virtual Consumer Community）	互动，分享，参照群体，信息来源，购买决策，品牌态度
消费者比特化（Bit-Consumer）	行为数字化
消费者画像（Consumer Portrait/Profile）	消费者特征的个体的、全景的、实时的精准描述

从总体上看，数字化消费者行为学（Digital Consumer Behavior）还在发展、更新和重构之中，将呈现精密科技化、智能化的趋势。但"如何解释消费者行为"，这个根本问题并没有因为大数据等技术创新而改变。当然，消费者行为学的学科基本特征（多元性和开放性、研究与应用交融）也没有改变。

三、经典图书推介

1. 消费者行为学（原书第12版）．[美] 德尔·I·霍金斯，[美] 戴维·L·马瑟斯博．符国群，等译．北京：机械工业出版社，2014，8

（1）概要。

消费者行为学（原书第12版）是一本具有代表性的著作。它系统介绍了在当今市场条件下，消费者行为的特点和新的变化趋势，用生动具体的营销案例介绍理解消费者行为的重要性。本书根据消费者行为总体模型组织各章内容，结构清晰，布局详略得当，正文和案例采用了很多与互联网技术相关的研究成果，具有前瞻性。

（2）主要内容。

全书共分六大部分。第一部分为导论，介绍消费者行为的性质、消费行为在社会各个方面尤其是营销领域的运用，阐明了掌握消费行为知识的意义与价值。第二部分讨论了消费行为的外部影响因素，包括文化、亚文化、价值观、性别、角色、人口与社会环境、家庭和群体影响等。第三部分讨论消费行为的内部影响因素，包括知觉、学习与记忆、动机、个性、情绪、态度、自我概念与生活方式。第四部分介绍消费者决策过程。第五部分讨论组织购买行为。第六部分则集中审视和阐述消费者行为与市场营销规制方面的问题。每章都附有一系列旨在加深学生对材料的理解而且有趣的内容，包括开篇引论、消费者透视、小结、关键术语、复习题、讨论题实践活动。本书还包括三种有用的学习材料：案例、消费者研究方法概览和消费者行为审计。

2. 消费者行为学：中国消费者透视（第 2 版）. 卢泰宏，等，著. 北京：中国人民大学出版社，2015，7

（1）概要。

本书在广泛吸收消费者行为学国际代表性教材的理论方法成果，比较国内外各种版本同类书的基础上，从营销学专业角度对消费者行为学进行重构，尤其重视消费者行为学的应用和解决营销问题，重视对中国文化背景下市场和消费者行为的透视。本书面向教学需求和教学创新，以最新的专业内容建立更强的互动体验学习平台，尝试建构移动互联网时代的数字化。

（2）主要内容。

全书由四大功能板块组成，即原理篇（如何解释消费者行为）、文化篇（如何透视消费者行为）、方法篇（如何测量消费者行为）和策略篇（如何影响消费者行为）。独特的"4H"框架（"如何解释消费者行为—如何透视消费者行为—如何测量消费者行为—如何影响消费者行为"）深化了消费者行为学的营销管理视角，注重消费者行为研究在商业中的应用。这意味着本书更适合营销学和管理学的本科生和 MBA，由此与其他角度（心理学、社会学或人类学）的消费者行为学教材有所区别。各部分内容详见表 3-5。

表 3-5　本书篇章内容架构

	章	内容
绪论	第 1 章　导论	学科内涵、特征、发展及数字化消费的时代特征
	第 2 章　消费者行为与营销	如何做出基于消费者的营销决策，顾客价值及与顾客共创分享的营销模式，营销伦理的重要性
原理篇	第 3 章　行为的基本理论与消费者行为的影响因素理论	消费行为的一般模型和专用模型。影响消费行为的二因素、三因素、四因素分析
	第 4 章　消费者需求、动机与体验理论	归纳了消费者动机和消费者价值的主要理论。消费者体验是越来越受到关注的消费者价值
	第 5 章　自我概念、生活方式与态度理论	自我是深层次解释消费者行为的有效工具，生活方式细分是一种有深度更有效的方法。多属性态度模型
	第 6 章　消费者信息行为理论	信息环境、数字化时代完全信息环境、介入度、信息加工中心路径与边缘路径、数字化口碑
	第 7 章　购买决策理论	消费者如何做出决策：决策模型、决策类型、终端购买行为理论及基本问题和流程、消费者体验及冲动性购买、购后行为
	第 8 章　移动互联网环境中的消费者决策	移动互联网环境下的决策模型及购买搜索和购后分享新环节，场景性、实时性、准确性等移动购买特征
消费文化篇	第 9 章　全球跨文化消费	基于文化的消费行为分析框架，消费全球化的成因及消费本土化，消费文化的形成、扩散及消费时尚
	第 10 章　中国文化的特色消费行为	中国文化及中国消费行为的特点：中国人的面子消费、关系消费、根消费

续表

	章	内容
消费文化篇	第 11 章 中国世代消费差异	中国消费者世代的划分、中国独生代的消费特征、90 世代特征
	第 12 章 中国区域消费差异	中国人消费在时间和空间上的巨大差异性,提出 TOFA 分析区域消费差异的工具及中国市场区域营销策略
方法篇	第 13 章 消费行为的研究方法入门	各种具体的研究方法和工具、研究要克服主观性问题、测量消费行为的问卷和量表
	第 14 章 消费行为的大数据智能分析	大数据特征,大数据的来源,大数据的采集、建模和应用
应用篇	第 15 章 如何影响消费者的认知和态度	影响和改变消费者认知的 8 条策略、有效劝说消费者的 9 条策略和影响消费者情感的 3 条营销策略
	第 16 章 如何影响消费者的购买和关系	提出吸引消费者购买的 6 条策略及建立、巩固、增强、长久维系和补救等方面 11 条发展消费者关系策略

3. 从 1.0 到 3.0——移动社群如何重构社交关系与商业模式. 郑清元,等. 北京:人民邮电出版社,2016,1

(1) 概要。

社群 1.0 时代,社群中主要是熟人交流为主,以图片、文字为主;社群 2.0 时代社群中不再是熟人,不再是朋友,而是越来越多的同兴趣的人沉淀在社群中,传统的好友关系延展到了非好友、兴趣类聚合中,但主要的沟通也是以聊天为主;社群 3.0 时代,社群以连接一切为目标,不仅聚合人,更连接信息、服务、内容和商品载体,最后连接一切。任何社交需求及行为最终都落实到人,平台、生态、工具只是辅助升级社群形态,任何需求或兴趣都可能演变为商业目的。本书正是以移动社群为基础,探讨移动社群 3.0 时代的社交关系和商业模式变化,通过挖掘移动社群中蕴含的人际关系变化和商业拓展形式变化,辅之以丰富的案例分析,最终总结和发现落地、实操的方法,帮助企业、创业者和微商从业者高效运营社群,决战社群经济,发现巨大商机。

(2) 主要内容。

● 从 1.0 到 3.0,社群构建庞大的虚拟社会。从 1.0 到 3.0,伴随着 PC 时代到移动互联网时代的更迭,伴随着微博、微信等一系列移动社交软件的横空出世,社群形成了一套完整的文化体系。3.0 时代的社群,将每一个人牢牢连接在了一起,成员之间的关系显得更为亲密。而开放化与共享化的特点,让社群也呈现不断扩张的趋势,将可以看到的、想到的连接在了一起,最终形成了一个庞大的虚拟社会。

● 社群连接一切,重构商业生态。社群 3.0 时代重构的,不仅是人与人之间的社交关系,更包括基于人产生的商业生态架构。在过去,品牌决定了消费者可以买到什么,只能消费什么;但随着社群生态系统的不断完善,各个平台之间的互动增强,以及社群客户日益追求的细分需求,让品牌开始成为社群的附属。社群需要什么,品牌生产什么,这种根本性的变化,让整个商业模式出现了前所未有的转变。

● 社群碎片化与整合化:社群联盟强化商业属性。基于兴趣产生的社群,在移动互联网大行其道的今天，呈现出了强烈的碎片化特性。每一个社群，都有着截然不同的追求；而当社群进一步细分，碎片化进一步加剧。将社群的碎片化进行整合，形成去中心化与垂直化并存的商业运作机制，让不同的社群形成交叉互动的模式，建立统一的社群追求与信仰，新的商业价值就会出现。

- 社群本地化：你和社群的距离，不超两公里。不是所有的品牌，都想要发展全国性的社群。对于那些立足本地市场的品牌而言，建立一个高聚合度的本地化社群，显然更为现实。如何定位自己的本地化社群？为什么"两公里"的概念如此重要？如何借助各种社群平台迅速打开本地市场，让线上线下共同活跃，形成强大的地域口碑？做好这些才有助于品牌站稳脚跟，并为未来走出本地做好铺垫。

- 社群场景化：客户只愿为特定场景解决方案埋单。无场景，不社群。场景对于社群的意义，就像汽油之于汽车——没有场景的建造，社群只能停留在概念的层面，无法产生变现的动力。客户只愿为特定的场景解决方案埋单，所以构建精准的场景，并根据社群的发展不断增加和优化场景，甚至开放社群边界引领新的社群文化进入拓宽场景，这样才能让客户真正形成社群的信仰，从而凸显品牌的价值。

- 社群垂直化：线上线下互动，O2O鼎力支持。垂直化的行业与品牌，必然会形成垂直化的社群。相比较大型综合社群而言，垂直社群的兴趣点将会更加细分，甚至小到某一道菜的某一种口味。对于这样的社群运营，一方面要找到垂直领域的精准话题，同时还应当举办线上线下活动共同引爆信息。此外，如何进行广告运作，促进品牌形成健康的盈利模式，是垂直化社群发展的核心。

- 社群富媒体化：信息即时引爆，多渠道放大效应。富媒体化时代的到来，让社群的传播呈现出了明显的多样性：语音、动画、漫画、视频形式不可谓不丰富。而各个社群平台的不同风格特点，也让富媒体化传播形成了更加细分的模式。针对不同社群，进行不同的富媒体化传播，这样才能即时将话题信息引爆，从而形成多渠道齐头并进的效应，让所有社群都呈现出高频互动的局面。

- 社群平台化。社群只是平台，每个人都是中心社群的运营，需要借助微博、微信、百度贴吧、兴趣部落等诸多平台。因此，有人就会产生这样的误解：社群运营的重点在于平台。但事实上，人才是社群的中心——没有客户只有平台，社群只能是一片荒芜。

- 社群生态化。打通服务与消费链条，构建闭环真正成熟的社群，必然会形成闭环，让社群客户的所有消费全部在社群内完成，如小米与罗辑思维。想要实现这一点，就必须形成完整的社群生态体系，让人、信息、服务、商品完全融合在一起，无论从哪一点接入都会在社群内进行循环。一旦形成这样的生态模式，那么应用开发的分发，甚至都不用品牌自己完成。

- 社群开放与共享。个性化、自定义体验凸显随着社群文化的不断发展，开放与共享渐渐成了社群的主题。每一个人，都是社群运营的参与者，个性化、自定义体验开始凸显。做到了这些，就打通了社群的"任督二脉"，从此社群连接的不仅是现实与虚拟，更是极具超前意识的全新商业文化！

4. 决胜移动终端：移动互联时代影响消费者决策的6大关键．查克·马丁．向坤，译．杭州：浙江人民出版社，2014，1

（1）概要。

在移动互联时代，拥有移动终端的消费者不再需要"去购物"，他们随时随地都"在购物"。这就给企业带来了巨大的挑战：怎样影响消费者的购买决策？怎么有效地占领移动终端？如何整合传统的实体通路及线上通路？怎么将新生的 APP 快速推进市场，并大幅占领市场份额？怎么有效地将已占领的终端转化为利润价值？如何率先抓住移动潮流带来的机遇，成为时代的领导者和推动者？马丁在书中研究了移动互联网时代影响消费者决策的 6 大关键因素，探索了营销人员与移动消费者进行互动的方法、时机和地点，阐明了移动革命对企业的意义。

（2）主要内容。

在移动购物生命周期的 6 个明显不同的阶段中，营销人员有机会促使移动购物用户注意到他们销售的产品，同时影响这些用户的购买行为。

● 预购阶段。移动购物用户在这个阶段主要进行思考、研究。在考虑是否要去商店购买商品前，消费者会使用它们的智能手机和平板电脑来研究商品。移动终端是一种拉动的媒介，而不是推动的媒介。这意味着与将信息通过电视媒介推荐给消费者不同，营销人员必须根据特定消费者的时间点、心智模式和所处位置来决定产品信息的位置，从而使得这些信息能够被消费者读取。

● 在途阶段。这个阶段存在于消费者去商店购物或者外出办事时。有了新的基于位置的营销能力后，营销人员能够利用诸如智能手机定位之类的信息，向已选择接收有价值信息的消费者发送高度精确并且相关性强的信息。营销人员必须通过给消费者创造价值来促使他们在相关的手机 APP 上分享位置信息。

● 在店阶段。这个阶段发生在实体店内。在互联网的早期拓荒时代，实体店对于生意而言是一个负担，因为在线零售商能够直接向消费者销售，相关费用更低。当一些零售商因为固守实体状态正在失去识别移动购物用户并与他们互动的机会时，其他竞争对手恰恰正在利用互动能力做这项工作。

● 决策阶段。当消费者实际考虑购买的商品时，这个阶段就到了。通过移动互联产业所称的精确营销的手段，营销人员能够利用多种技术手段一边与消费者实时互动，一边保持实时定价的能力。比如说，一些消费者在经过一件特定商品时能接收实时的优惠信息，比如说，一件商品正在打折。每当一批商品被售出，根据库存记录和价格记录，在下一批顾客到来时这批商品将恢复原价。消费者可以用智能手机扫描商品并且通过一种易于使用的先进技术来进行现场比价。

● 购买阶段。这个阶段给营销人员提供了最后一个影响购物者的机会。由于企业将更多的移动自校验选项和移动能力纳入到销售系统，报价和还价过程可以在实际购买和结账过程中呈现在消费者面前。像宝洁和卡夫食品这样的公司，它们正处在探索如何在这个关键点发挥更大作用的早期阶段。

● 售后阶段。这个阶段发生在实际购买商品后。在这个阶段消费者通过移动终端与朋友或者同事交换他们最近购买的商品的照片、视频和信息，同时不断地接收并且反馈信息。这对于营销人员的挑战是，如何在这个交流阶段挖掘价值。

附　录

一、单选题答案

1. D　　2. A　　3. C　　4. D　　5. B　　6. D　　7. B　　8. C　　9. A　　10. D
11. A　　12. C　　13. B　　14. C　　15. A　　16. D　　17. C　　18. B　　19. C　　20. A

二、多选题答案

1. ABCD　　　　2. ABCDE　　　3. ACD　　　　4. BCD　　　　5. ABD
6. ABC　　　　7. ABC　　　　8. BCD　　　　9. ABCDE　　　10. ABC

参考文献

[1] [美] 德尔·I·霍金斯, [美] 戴维·L·马瑟斯博. 消费者行为学 [M]. 12版. 符国群, 等, 译. 北京: 机械工业出版社, 2014.

[2] 卢泰宏, 等. 消费者行为学: 中国消费者透视 [M]. 2版. 北京: 中国人民大学出版社, 2015.

[3] 丁明媚, 迟磊. 从90后个性化需求洞悉旅游业未来发展趋势 [EB/OL]. 互联网普惠金融研究院: http://www.sohu.com/a/121717757_439151.

[4] 朱信凯, 骆晨. 消费函数的理论逻辑与中国化: 一个文献综述 [J]. 经济研究, 2011 (1): 140-151.

[5] 张培. 技术接受模型的理论演化与研究发展 [J]. 情报科学, 2017 (9): 165-171.

[6] 韩丽娜, 巩少伟, 马树日升. 宏观经济学视角下消费行为理论发展述评 [J]. 社会科学辑刊, 2008 (3): 122.

[7] 王星. 社会学视角: 消费行为、消费社会学与行动理论 [J]. 现代营销, 2006 (4): 14-16.

[8] 吴小梅, 郭朝阳. 心流体验概念辨析与测量评析 [J]. 现代管理科学, 2014 (4): 108-110.

第四章
营销调研

第一节 测 试 题

一、单选题

1. 在营销信息系统中，主要任务是针对具体问题进行收集、分析和评价有关的信息资料，并对研究结果提出正式报告，供决策者参考的子系统是（　　）。
   A. 内部报告系统　　　　　　　　B. 市场营销调研系统
   C. 市场营销分析系统　　　　　　D. 市场营销情报系统

2. 在市场营销信息系统中，承担"提供外界市场环境所发生的有关动态的信息"任务的子系统是（　　）。
   A. 内部报告系统　　　　　　　　B. 市场营销情报系统
   C. 市场营销调研系统　　　　　　D. 市场营销分析系统

3. 调查过程松散而且随意，调查者可以随时随地进行插话，探究问题的原因。但是一般不允许与被访者讨论问题，经常被用于对态度、意见、情感、动机、价值观等方面研究的方法是（　　）。
   A. 重点访问　　B. 深度访问　　C. 问卷调查　　D. 实验法

4. 营销调研是指运用科学的方法与技术，系统、客观地识别、收集、分析和传递有关市场营销活动的各方面信息，其最重要的目的是（　　）。
   A. 分析市场　　　　　　　　　　B. 为企业决策提供科学依据
   C. 了解产品　　　　　　　　　　D. 判断竞争对手

5. 在调查商品价格对销售量的影响程度时，往往会在试销中采用逐步变动价格的办法来判断价格变动对销售量的影响。这种调查方法是（　　）。
   A. 实验法　　B. 电话访问　　C. 人员访问　　D. 邮寄访问

6. 有的超市在收银台设置摄像头，目的是观察顾客是否顺带购买收银台附近的便利品，如电池、口香糖等，这种获取市场信息的方法属于（　　）。
   A. 实验法　　B. 观察法　　C. 问卷调查　　D. 德尔菲法

7. 通常用来测试的广告脚本或市场促销活动、定位产品或服务、测试新概念、测试产品的可用性的方法是（　　）。
   A. 焦点小组　　B. 深度访问　　C. 电话访问　　D. 实验法

8. 在营销调研中，许多被访者在被问到有关某种动机或行为时，往往会隐藏自己的真正动机或者行为，为了能够了解被访者真正的动机或行为，往往采取（　　）调查方法。
   A. 焦点小组　　　B. 深度访问　　　C. 电话访问　　　D. 投射法

9. 调查成本低、被访者有充足的时间填答问卷、有互动性、应用范围广、不受时间地点限制，并且通过应用科学手段可以避免样本代表性差的调查方法是（　　）。
   A. 入户访问　　　B. 街头拦截访问　　　C. 网络调查　　　D. 电话访问调查

10. 对一种方案的可行性进行全面质疑、评价和论证。在质疑过程中，鼓励提出可行性设想，以补充和完善原有的方案。这是（　　）。
    A. 产品留置调查　　　　　　B. 深度访问
    C. 反向头脑风暴法　　　　　D. 投射法

11. 通常对电视节目收视率的调查采用的是（　　）。
    A. 观察法　　　　　　　　　B. 消费者固定样组调查
    C. 问卷调查　　　　　　　　D. 德尔菲法

12. 为了提高实验的准确性，在同一时间周期内，在不同的企业或单位之间，选取控制组和实验组，并且对实验结果分别进行事前测量和事后测量，再进行事前事后对比。这一方法是（　　）。
    A. 事前事后对比实验　　　　B. 控制组同实验组对比实验
    C. 有控制组的事前事后对比实验　　D. 随机对比实验

13. 某公司进入留学中介服务市场前，对该市场可能存在的机会和问题进行了初步调研，这种市场营销调研类型是（　　）。
    A. 探测性调研　　　　　　　B. 描述性调研
    C. 因果性调研　　　　　　　D. 预测性调研

14. 重复购买率是企业监测市场常用的指标，其含义是（　　）。
    A. 发生过两次以上购买的消费者占此品牌所有购买者的比例
    B. 从本企业购买某产品的顾客占该产品所有顾客的百分比
    C. 消费者重复购买的次数占总购买次数的比例
    D. 某品牌的消费者消费此品牌的量占其消费此类产品总体的百分比

15. 入户访问的特点是访问员与被访者能够形成面对面的沟通，可以观察回答问题的态度，得到较高的有效回答率。但是其最大的缺点是（　　）。
    A. 拒访率较高　　　　　　　B. 调查难度适中
    C. 调查方法不科学　　　　　D. 容易实施

16. 以下关于街头拦截访问的说法正确的是（　　）。
    A. 街头拦截访问时间可以持续很长
    B. 在访问进行时很难对问卷真实性及质量进行控制
    C. 抽样环节费用高
    D. 不适合太复杂或不能公开问题的调查

17. 以下关于邮寄问卷调查的说法错误的是（　　）。
    A. 经常采用简单随机抽样　　　B. 调查成本低
    C. 可以对较敏感或隐私问题进行调查　D. 问卷回收率高，样本代表性强

18. 尽管网络调查的缺点是样本代表性差，但还是被广泛应用于营销调研的实践中。主要原因是（   ）。
    A. 被访者愿意花时间填答问卷   B. 调查成本较高
    C. 调查受时间地点限制   D. 调查成本低效率高
19. 关于问卷设计的说法，以下错误的是（   ）。
    A. 封闭式问题的答案要具有穷尽性和互斥性
    B. 开放式问题的优点是允许回答者充分自由地发表自己的意见
    C. 封闭式问题的优点是填答方便
    D. 在大规模正式调查所用的问卷中，通常以开放式问题为主
20. 德尔菲法是一种利用函询形式进行的集体匿名思想交流过程。以下说法中错误的是（   ）。
    A. 所有专家组成员不直接见面，可以消除权威的影响
    B. 经过若干轮的信息反馈，得到的结果较为客观、可信
    C. 每种观点都体现在统计结果中，避免只反映多数人观点的缺点
    D. 德尔菲法的应用领域局限性太强，不适合推广

二、多选题

1. 二手数据是指在调研之前已经存在的资料，通常包括（   ）。
   A. 企业内部的财务数据   B. 专业机构完成的调研报告
   C. 政府公布的调查报告   D. 行业协会公开的研究报告
   E. 期刊上发表的文章   F. 相关网站上发布的研究报告
2. 焦点小组座谈对于主持人的要求较高，一般来说，合格的主持人应当具（   ）特点。
   A. 理解调查问题的背景   B. 熟悉调研目标
   C. 了解小组成员   D. 能够调动小组成员的热情
   E. 同小组成员有良好的关系
3. 用于探测动机和态度喜好的投射技术包括（   ）。
   A. 自由联想   B. 词语联想   C. 完形填充   D. 泡泡图
   E. 拼图技术   F. 使用者形象
4. "神秘顾客法"的应用几乎涵盖了所有服务行业，特别是餐饮、酒店、银行、连锁零售店、房地产、医疗机构等。常用的方式有（   ）。
   A. 实际用户全体验   B. 实际用户部分体验
   C. 潜在用户全体验   D. 潜在用户部分体验
   E. 隐身人
5. 专家调查法通常是以座谈会或邮寄调查的方式对有专长的各类人员群体进行收集信息资料。具体有（   ）。
   A. 头脑风暴法   B. 反向头脑风暴法
   C. 德尔菲法   D. 街头拦截访问
6. 消费者固样调查一般是对所选择的固定的样本进行调查，这种调研方法的特点是

(　　)。
　　A. 样本固定且样本量大　　　　B. 样本具有连续性
　　C. 记录的信息较完整　　　　　D. 效率较高
　　E. 反映消费者实际发生的消费行为

7. 一般来说，在大规模正式调查所用的问卷中，通常以封闭式问题为主，主要的问题类型有（　　）。
　　A. 判断题　　B. 多项选择题　　C. 李克特量表　　D. 语义差别量表
　　E. 重要性量表　　F. 评分量表　　G. 购买意图量表

8. 问卷设计的好坏很大程度上与设计原则有关，问卷设计原则有（　　）。
　　A. 合理性　　B. 一般性　　C. 逻辑性　　D. 明确性
　　E. 非诱导性　　F. 便于统计

9. 企业营销调研必须越过的障碍有（　　）。
　　A. 狭隘的营销调研概念　　　　B. 角色与知识差异
　　C. 研究问题设计不当　　　　　D. 长周期与偶尔的错误
　　E. 调研人员素质参差不齐

10. 调研报告的构成一般包括（　　）。
　　A. 扉页　　B. 目录　　C. 摘要　　D. 正文
　　E. 附件　　F. 参考文献

三、阐述题

1. 按照调研性质和目的划分的营销调研类型及其特点

营销调研按照调研的性质和目的可以分为探测性调研、描述性调研、因果关系调研和预测性调研。

探测性调研：属于非正式调研，用于探询企业所要研究的问题的一般性质，了解市场的基本情况，或证实调研方案，或用于调研中收集资料工具的试用，为后面三种正式市场调研的开展做好准备。

描述性调研：是对所研究的市场现象的客观实际情况进行收集、整理、分析，以反映现象的客观表现。这类调研的目的就是客观地描述市场的实际表现，它不需要揭示事物的本质及影响事物发展变化的内在原因，是认识市场的起点。

因果关系调研：其目的是研究揭示市场现象与影响因素间客观存在的联系。在描述性市场调研基础上，对影响市场现象的可能影响因素收集资料、分析资料的分布特征、研究现象与影响因素间的关系特征，判断各种现象间相互联系的趋势和程度。

预测性调研：是指企业为推断和测量市场的未来变化而进行的一种调研，基于描述调研所提供的信息，同时还要充分考虑影响市场现象的各种因素。

2. 定性调研的主要方法及其特点

（1）无结构式访问：又称非标准化访问，它事先不制定统一的问卷、表格和访问程序，而是只给访问者一个题目，由访问者与被访问者就这个题目自由交谈。具体包括重点访问、深度访问、客观陈述法等。

（2）焦点小组讨论：一般由 8～12 人组成，在一名主持人的引导下对某一主题或观念进行深入讨论。调研的目的在于了解和理解人们心中的想法及其原因。

（3）投射技术：是一种无结构的非直接的询问形式，可以鼓励被调查者将他们对所关心问题的潜在动机、信仰、态度或感情投射出来。在投射技法中，并不要求被调查者描述自己的行为，而是要他们解释其他人的行为。在解释他人的行为时，被调查者就间接地将自己的动机、信仰、态度或感情投射到了有关的情景之中。

（4）观察法：指调查者利用自身的感官或借助仪器设备观察被调查者的行为活动，从而获取市场信息资料的调查方法。其最大特点是被调查者是处在自然状态下接受调查的。

3. 定量调研的主要方法

（1）入户访问：是指访问者到被访者的家中或者工作地点进行访问，直接与被访者接触，利用问卷问题逐个询问，并记录下对方的回答，或是将问卷交给被访者，说明填写要求，等待对方填写完毕后再收取问卷的调查方式。

（2）街头拦截访问：是指选定人流较大的户外场所，访问员随机地拦住过往行人，按照问卷选择被访者的要求就地进行问卷调查的访问方式。调查场所主要包括商业区、商场、街道、医院、公园等。街头拦截访问的主要目的不一定是要推断总体，因此主要的抽样方法是非概率的抽样。

（3）中心地点调查：又叫街头定点访问、厅堂测试、街头租点调查。主要方式是访问员在户外邀请合格的过路行人或者是预约被访者到会场依序接受访问。经常做的调查是一些测试类的调查，如口味测试、产品设计测试、命名测试、包装测试、广告测试等。

（4）电话调查：是一种由访问者通过电话向被访者进行访问的资料收集方法。电话调查克服了入户调查被访者接触难以及费用高等问题，同时又解决了街头拦截访问不能推断总体的情况。

（5）邮寄问卷调查：是将调查的问卷及相关资料寄给被访者，由被访者根据要求填写问卷并寄回的方法。邮寄问卷调查的特点是调查成本低，被访者有充足的时间填答问卷，可以对较敏感或隐私问题进行调查等。但是由于调查过程中没有调查者的指导与监控，所以问卷的信度与效度可能会受到影响，同时调查的回收率也较低，样本代表性略差。

（6）网络调查：是指通过互联网平台发布问卷，由上网的消费者自行选择填答的调查方法。网络调查是互联网日益普及的背景下经常采用的调查方法。其优点是调查成本低，被访者有充足的时间填答问卷，有互动性，应用范围广，不受时间、地点限制等；缺点是对调查的样本监控有难度。

（7）产品留置调查：是访问者将测试产品及问卷留置给被访者，由被访者试用产品后填写问卷，访问者在一段时期后取回填好的问卷的调查方法。这种调查方法经常被用于新产品上市前的测试，一般采用非概率抽样方法进行。

（8）专家调查法：以座谈会或邮寄调查的方式对有专长的各类人员群体进行的收集信息资料的方法。常用的有头脑风暴法、反向头脑风暴法和德尔菲法。

4. 焦点小组法的实施流程

（1）选择小组座谈实施环境。一般安排在会议室或专用实验室中，实验室的一面墙上装有一个单向镜，通过单向镜，观察者能清楚地看到参加座谈者的自然状态；尽量使用圆桌，因为按照小组动力学的原理，圆形可消除不合理的对立和上下级关系。

（2）招募参加者。小组成员一般是有目的地选择出来的，由具有共同背景或相似购买及使用经历的人组成。这既减少了小组成员在与调研目标无关课题上的冲突，又减少了在感觉、经历和口头表达技巧方面的差异。典型的小组座谈一般由8个人组成。

（3）选择主持人。主持人在激发与引导小组成员讨论与课题有关的情感、态度、感觉及把话题集中在相关课题上起着关键作用。小组座谈成功的一个重要方面是参加者是否能够根据讨论指引互相交谈，而不是只与主持人交谈。

（4）准备讨论提纲。讨论提纲是座谈会中将要讨论的主题的轮廓，通常由主持人根据调研目标和客户信息产生。一般包括：所要调研的问题，出示图片、样品的时间顺序，必须进行解释的地方，准备赠送的礼品内容等。

（5）执行。在座谈会开始之前，应准备糖果、茶点。座谈会一开始，主持人座进行自我介绍，并把调研目标清楚地传达给座谈成员，把活动规则解释清楚；然后是座谈成员一一进行自我介绍；最后，小组成员一起开始热烈讨论。主持人要不断调整小组成员发言者的次数，力求每人发言次数平均，不鼓励喋喋不休的成员，防止出现领导力量，要有效掌握讨论的控制权。讨论结束是小结。当有关问题都讨论过后，可简要地概括一下讨论的内容，并表示谢意。

（6）撰写小组座谈报告。正式的报告要根据客户的需要、调研人员的风格来撰写，通常以描述调研目标、小组成员的性质等引言为开始，接着是发现的问题和提出的建议等内容。

5. 投射法的操作流程

（1）前期设计。根据特定的研究目的，认真考虑被访者的基本人格特征或背景情况，有针对性地选择不止一种投射技术来了解被访者的想法。

（2）实施刺激。在实际的访问中要针对具体的询问内容，比如态度、动机、品牌、产品、服务等，向被访者出示一些刺激内容，然后要求被访者根据他们的想象和理解表达自己的想法。

（3）互动反应。被访者在合适的刺激环境和刺激物面前，会愿意表达出他们的想法。这种反应是无约束的、发自内心的、发散的，同时也是和研究人员互动的。

（4）交叉分析。通常把被访者表达的内容和他们的背景特征进行交叉分析，明确背景特征对结果产生的影响。

（5）最终结果。使用投射技术的目的绝不是使一项研究更有趣或者内容更丰富，而是更好地达到研究目的。需要基于研究目的本身，给出一个全面、客观、合理评价的结果。

6. 神秘顾客调查法的特点

这种调查方法在营销领域应用比较广泛，其应用领域几乎涵盖了所有行业，包括快餐服务、高档餐馆、酒店、度假村、银行和金融服务机构、公寓、便利店、连锁特色零售店、房地产、自营仓储设施、医疗机构和杂货店等。

由于神秘顾客调查法具有组织安排的系统性、实施的严密性、考核指标的客观性和咨询分析的科学性等特点，这种调查方法和技术开始渗透和影响到众多企业的管理层，被许多行业的客户服务部门和服务质量绩效评估部门广泛采用。也可以委托专业的市场研究公司采用神秘顾客调查法和技术进行服务质量的监控。

四、评析题

1. "在市场调研中有时消费者会说谎"

这种现象是存在的。营销决策基于市场调研的结果,但现实中确实存在这样一个问题:调查对象会隐瞒和掩盖一些真相。市场调研人员往往遇到的难题就是消费者可能不愿意说实话。通过大量商业案例的分析,大致可以将消费者调查中的说谎现象归纳为以下原因:

(1) 消费者本身不知道真相。很多调查都会问"请问您需要什么"。实际上很多消费者并不能准确地表达他们的动机、需求和其他思想活动,有些是他们没有意识到,有些是他们根本无从知晓的。当他们努力想要告知调查者他们心中所想时,其实有时候也不完全了解自己的真正需要。人们很难察觉到他们动机形成的过程和原因,不了解行为发生的根源。乔布斯也曾表示:"消费者并不知道自己需要什么,直到我们拿出自己的产品,他们才发现,这是我要的东西。"福特先生也曾比喻道:"消费者只是需要一辆跑得更快的马车而已。"

(2) 消费者故意撒谎。在实际调研中,有时候被调查者可能是故意撒谎。原因可能是多方面的。有时可能是因为问题涉及的内容过于敏感;有时可能是因为答案会导致被调查者外在形象受损。这些情况下消费者往往会自然选择保护自己而不透露真相。

(3) 行为发生时刻和调查时刻的区别。消费者发生行为的时刻和处于调查阶段的状态是不同的。在调研过程中,受调查者往往受到心理学上已知影响的干扰。当其意识到调查正在进行、自己正处于旁人的观测之中时,受调查者的反应和做出的选择往往会与真实情况产生偏差,这种偏差会导致行为的不一致性。

(4) 样本不具有代表性。传统的市场调研方法采取"实地调研+问卷发放"的模式,是一种基于样本的统计分析方法,即通过局部样本特性去判断总体特性。这时必须让样本具有一般意义的典型性才具有参考价值。不然即使抽取样本量很大,也具有较大的误差性。

面对可能发生"说谎"的情况,企业在实施调研时应当注意灵活采取措施,根据不同的调研对象和调研目标,选择正确的调研方法来避免或减小误差。科学和高质量的调研及其管理的目标是关注并有效防范可能受到的干扰和发生的风险。

2. "德尔菲法其实就是匿名调查法"

这一观点是正确的。德尔菲法是采用背对背的通信方式征询专家成员的预测意见,经过几轮征询,使专家小组的预测意见趋于集中和一致,最后做出符合市场未来发展趋势的预测结论。这种方法依据系统的程序,采用匿名发表意见的方式,即团队成员之间不互相讨论,不发生横向联系,只能与调查人员发生联系,以反复地填写问卷或访谈提纲的方式,集结填写人的共识或者搜集各方意见,用来解决企业面临的复杂任务或难题。可以说德尔菲法是一种利用函询形式进行的集体匿名思想交流过程。

3. "高质量的调查问卷具有很强的逻辑性"

这一观点是正确的,问卷设计的原则之一就是要求问题与问题之间要具有逻辑性,使问卷成为一个相对完善的小系统。问卷中的问项的排序一般需要注意以下问题。

(1) 先易后难、先简后繁。容易回答的问题放在前面,难于回答的问题放在后面;简单的问题放在前面,复杂的问题放在后面。一般问卷的前几道题目容易作答能够提高回答者的积极性,有利于把问卷答完,这是一种预热效应。

(2) 先提一般性问题,后提敏感性问题。在安排问句顺序时,可将那些虽涉及对方情况,但又不属于机密或敏感性的问句置于前面,这样可以创造一种宽松、随和、融洽的调查气氛,以便进行深入调查。对于那些较为敏感的问题一般应放在靠后位置,比如关于被调查者个人的问题,如教育程度、经济状况、年龄、婚姻状况等;涉及被调查者公司内部机密的问题,如公司的营业额、利润水平、购销渠道、具体进货价格、营销策略、发展规划等;较难回答的问题,如类似测试智商的问题、涉及个人政治态度及难度较大的自由回答问题等。

(3) 先提封闭性问题,后提开放性问题。从问题类型来看,一般应将封闭性问句放在前面,开放性问句放在后面。因为封闭性问句较易回答,若将较难回答的开放性问句放在前面,可能一开始就有遭到被调查者拒绝的危险。

(4) 先提总括性问题,后提特定性问题。总括性问题指对某个事物总体特征的提问。例如:"在选择冰箱时,哪些因素会影响你的选择"就是一个总括性的问题。特定性问题指对事物某个要素或某个方面的提问,例如:"您在选择冰箱时,耗电量处于一个什么样的重要程度。"总括性问题应置于特定性问题之前,否则特定性问题置前会影响对总括性问题的回答。

4. "营销调研中注意许多伦理方面的问题"

这一观点是正确的。市场调研活动是以调研者为主体,涉及被调查者、委托者、公众等众多主体,对于相应的涉及方来说,营销调研中需要注意许多伦理问题。

(1) 与被调查者相关的伦理问题。作为调查活动的主要对象,被调查者是信息的主要提供者,他们并没有专业的调研知识,对调研活动并不十分了解。调研者在与被调查者接触过程中可能会出现一些违背调研伦理的行为,如调查者骗取被调查者的信任、被调查者丧失调研背景及目的的知情权、对被调查者信息的保密性问题等。

(2) 与委托者相关的伦理问题。有的调研公司为了获取项目,在给委托方提供的调研计划书中夸大未来的预期成果,甚至欺骗委托者;还有的调研者可能出于节省时间、避免麻烦、减低费用等原因,没有保证调研过程是科学合理的,从而导致获取的信息失去了一定的有效性、准确性;再就是有其他组织或个人出于商业目的,希望购买委托企业信息,这时调研公司能否拒绝利益诱惑,也会影响委托者信息的保密性。

(3) 与公众相关的伦理问题。调研者发布给公众的报告并不是完整的,而是将其中的部分相关内容隐藏起来,只将其中有益于企业的内容公布于众;当调研结果被有目的地呈现在公众面前,并且导致公众产生不公平结论的时候,有关误导性报告的伦理问题就产生了。

在调研活动中,遵守伦理规范和道德要求,尊重和保护相关主体的权益,促进良好有序的健康调研环境的形成,需要相关主体和机构共同付出努力。

5. "顾客满意必然造就顾客忠诚"

这一观点是片面的。一般来说,企业通过营销调研,发现顾客需求—满足需求并保证顾客满意—营造顾客忠诚,是企业追求的目标。因此会有观点认为顾客满意必然造就顾客忠诚。其实满意度衡量的是客户的期望和感受,而忠诚度反映的是客户未来的购买行动和购买承诺。客户满意度调查反映了客户对过去购买经历的意见和想法,只能反映过去的行为,不能作为未来行为的可靠预测。忠诚度调查却可以预测客户最想买什么产品,什么时候买,这些购买可以产生多少销售收入。

客户的满意度和他们的实际购买行为之间不一定有直接的联系,满意的客户不一定能保证他们始终会对企业忠实,产生重复购买的行为。不可否认的是,顾客满意度是导致重复购买最重要的因素。当满意度达到某一高度,会引起忠诚度的大幅提高。顾客忠诚度的获得必须有一个最低的顾客满意水平,在这个满意度水平线下,忠诚度将明显下降。所以,营销调研中务必要区分顾客满意度的类型和顾客忠诚度的层次,只有这样才能制定科学的营销策略。

五、实训题

1. 完成对某品牌酸奶满意度的调查

随着生活水平的提高,人们对生活的质量也越来越重视,营养价值是人们所追求的新标准,因此,酸奶也成了居家生活的必需品之一。某企业开发了红枣酸奶,投放市场一段时间后销售量不温不火。为了解广大消费者对某品牌新开发的红枣酸奶的满意程度和认知度,该企业决定通过市场调查的方式获取相关数据资料并改进营销策略。下面是该企业设计的一份调查问卷。

酸奶满意度调查问卷

敬爱的女士/先生:

您好!我们是******。我们正在进行一项关于酸奶满意度的调查,感谢您在百忙之中抽空填写此调查问卷。本问卷采用不记名的形式,您填写的所有信息仅供改进产品之用,绝不对外公开,请您根据实际情况放心作答。说明:请您在认为最贴近实际情况的选项下打"√"。

1. 您喝酸奶的频率一般为?(单项选择)
    A. 几乎每天都喝   B. 一周3~4次   C. 每周1~2次   D. 半个月一次
    E. 一个月一次   F. 三个月一次   G. 其他_____
2. 您饮用酸奶的主要目的是什么?(可多选)
    A. 增强人体免疫力   B. 帮助消化,促进胃肠
    C. 降低胆固醇   D. 补钙
    E. 美容   F. 其他_____
3. 您通常在什么时间饮用酸奶?(可多选)
    A. 早晨(8点之前)   B. 上午(8点到12点)
    C. 中午(12点到14点)   D. 下午(14点到19点)
    E. 晚上(19点以后)
4. 如果您打算购买酸奶,您通常会选择在什么地方购买?(可多选)
    A. 超市   B. 社区便利店
    C. 餐厅、食堂等餐饮场所   D. 网店
    E. 其他_____
5. 如果您打算购买,通常会选择哪种包装的酸奶?(可多选)
    A. 百利包(多层无菌复合膜)   B. 杯装
    C. 瓶装   D. 屋型
    E. 桶装   F. 其他_____

6. 如果您打算购买,通常会选择购买哪种容量的酸奶?(单项选择)
   A. 200 毫升以下　　　　　　　　　B. 200~400 毫升
   C. 400~600 毫升　　　　　　　　　D. 600~1 000 毫升
   E. 1 000 毫升以上

7. (1) 您选择购买酸奶产品时,最关注的是下列哪项?(单项选择)
   A. 营养　　　B. 口感　　　C. 价格　　　D. 包装
   E. 品牌　　　F. 其他_____

   (2) 您选择购买酸奶产品时,最不关注的是下列哪项?(单项选择)
   A. 营养　　　B. 口感　　　C. 价格　　　D. 包装
   E. 品牌　　　F. 其他_____

8. 您所知道的酸奶品牌有哪些?(可多选)
   A. 蒙牛　　　B. 伊利　　　C. 三元　　　D. 光明
   E. 味全　　　F. 达能　　　G. 其他_____

9. 您是否知道君乐宝酸奶?(单项选择)
   A. 知道　　　B. 不知道

10. 您是从哪些渠道了解酸奶品牌的?(可多选)
    A. 电视广告　　B. 电台广告　　C. 报纸杂志广告　　D. 社交媒体
    E. 超市促销　　F. 亲戚朋友推荐　G. 网络广告　　　H. 其他_____

11. 您是否知道红枣酸奶?(单项选择)
    A. 知道　　　B. 不知道(如选此项,请直接作答第 17 题)

12. 您是通过哪些渠道知道红枣酸奶的?(可多选)
    A. 媒体广告　　B. 超市促销　　C. 亲戚朋友推荐　　D. 其他_____

13. 您是否购买或饮用过红枣酸奶?(单项选择)
    A. 买过　　　B. 没有买过(如选此项,请直接作答第 17 题)

14. 请您针对目前市场上的红枣酸奶做出简单评价

对红枣酸奶的评价表

项目	非常满意	基本满意	一般	不满意	非常不满意
总体印象					
包装					
口味					
营养价值					
价格					

15. 您购买过哪个品牌的红枣酸奶?(可多选)
    A. 蒙牛　　　B. 伊利　　　C. 君乐宝　　　D. 其他_____

16. 请您对君乐宝红枣酸奶进行简单的评价。

对君乐宝红枣酸奶的评价表

项目	非常满意	基本满意	一般	不满意	非常不满意
总体印象					
包装					
口味					
营养价值					
价格					

17. 如果市场上有新的红枣酸奶上市，您是否会选择购买？（单项选择）

    A. 会   B. 不会

18. 您认为目前市场上的红枣酸奶应该在哪些方面进行改进？

感谢您的参与，祝您万事如意！

实训：请分析以上问卷设计存在的问题或不足并做出改进，之后利用改进的问卷完成一次调研活动。

要求：①进行焦点小组座谈，分析问卷的不足；②征询专家意见完善调查问卷；③利用完善后的问卷先进行预测试，然后进行正式调查；④根据调查情况，完成一份调研报告。

2. 完成某创业者在创业项目启动之前的营销调研

乡村旅游是以具有乡村性的自然和人文客体为旅游吸引物，依托农村区域的优美景观、自然环境、建筑和文化等资源，在传统农村休闲游和农业体验游的基础上，拓展开发会务度假、休闲娱乐等项目的新兴旅游方式。乡村旅游的概念包含了两个方面：一是发生在乡村地区；二是以乡村作为旅游吸引物，二者缺一不可。传统的乡村旅游主要是到乡村去了解一些乡村民情、礼仪风俗等，也可以观赏当时种植的一些乡村土产、果树、小溪、小桥及了解它们故事，近几年围绕乡村旅游提出了很多原创新概念和新理论，如游居、野行、民宿、诗意栖居、第二居所、轻建设、场景时代等。新概念和新理论的提出使乡村旅游内容丰富化、形式多元化，有效缓解了乡村旅游同质化日益严重的问题。

某创业者经过探测型调研得到初步结论，认为乡村旅游在未来的10年将会呈现爆发式增长，决定在这个领域进行创业。为了进一步了解消费者对乡村旅游具体的需求特点和购买行为影响因素，该创业者计划进行一次详细的调研活动，此次调研的结果将关系到该创业者能否说服投资方对他的项目进行投资。

实训：（1）以小组为单位，按照营销调研的步骤，完成本次调研的方案设计。

（2）登录问卷星网站（https：//www.sojump.com/），尝试通过互联网完成此次调研活动，并对互联网调研方式做出评价。

3. 熟悉市场调研中观察法的应用

顾客观察法是在各种现场秘密注意、跟踪和记录顾客的行踪和举动，以总结出企业营销决策所需信息的调研方法。这是一种常用的非参与性人员观察法，比较适用于超市、快餐店、品牌专卖店和购物中心等场所进行的调研。目的在于获取前来购物或消费的人的平均滞留时间、单个和群体性的顾客拜访规模、顾客在店内的浏览和购买路径、顾客驻足留意的商品种类和比例、顾客驻足留意各种商品的时间长短、顾客产生购物冲动的次数、顾客对减价商品的反应等数据资料。

实训：现场观察或者采取暗访的方式观察和了解某服装专卖店或专柜的购物情况，按照表4-1的内容给该店的服务打分，之后提出改进或优化建议。

表4-1 对某服装专卖店的调查表

店铺地址：　　　　　　　　店铺名称（编号）：
访问日期：　　　　　　　　进店时间：　　　　　　　店内顾客人数：
访问员：　　　　　　　　　调查表编号：　　　　　　总得分：

调查项目	等级	评分标准
1. 营业员的礼仪		
（1）顾客进店时，有营业员立即面对顾客打招呼	优 良 中 差	有营业员立即面对顾客热情自然地打招呼 有营业员面对顾客打招呼，但不自然、热情 有营业员打招呼，但不面对顾客 不打招呼
（2）营业员衣着统一、佩戴胸卡、发饰整洁、化妆自然	优 良 中 差	衣着统一，佩戴胸卡，发饰整洁，化妆自然 四项中有一项欠缺 四项中有二项欠缺 四项中有三项以上欠缺或其中一项严重欠缺
（3）营业员各就各位，无倚靠、聊天、干私事现象	优 良 中 差	营业员各就各位，无倚靠、聊天、干私事现象 四项中有一项欠缺 四项中有二项欠缺 四项中有三项以下欠缺或其中一项严重欠缺
（4）能用普通话接待顾客，礼貌用语、面带笑容	优 良 中 差	礼貌用语、面带笑容（顾客讲普通话时，营业员也讲普通话） 四项中有一项欠缺 四项中有二项欠缺 四项中有三项以下欠缺或其中一项严重欠缺
（5）当顾客只想看看时，营业员没有板起面孔的现象	优 良 中 差	营业员态度热情，并适当推荐一些特色商品 营业员态度热情，但未推荐商品 营业员态度有较大变化，也未推荐商品 营业员板起面孔
（6）收银员的态度和蔼，唱收唱付，并说"谢谢"	优 良 中 差	态度亲切、和蔼，唱收唱付，并说"谢谢" 态度一般，并说"谢谢" 态度一般，不说"谢谢" 态度差

续表

调查项目	等级	评分标准
2. 营业员的推销技巧		
（7）同停留在货架前挑选货品的顾客主动打招呼并询问其需求	优 良 中 差	店员主动过来打招呼并询问需求 店员主动过来打招呼但不询问需求 店员未主动打招呼，但顾客招呼时，能迅速过来 店员未主动打招呼，当顾客招呼一遍以上时才过来
（8）主动热情地介绍商品的特性、面料及洗涤方式	优 良 中 差	全面详细地介绍商品的特性、面料及洗涤方式 顾客询问后，一问二答或以上 顾客询问后，被动解答，一问一答 顾客询问后，因反感而不答
（9）鼓励顾客试穿，乐意陪顾客到试衣间，并将待试服装为顾客准备好	优 良 中 差	鼓励顾客试穿，陪同顾客到试衣室，并将待试的服装准备好 鼓励顾客试穿，陪同顾客到试衣室，但未将待试服装准备好 不鼓励顾客试穿，顾客提出试穿后同意顾客试穿，但不陪同顾客到试衣室 不鼓励顾客试穿，也不同意顾客试穿
（10）告诉顾客售后服务的内容，包括：免费修改裤长、更换颜色、尺码等	优 良 中 差	主动告诉顾客全部售后服务的内容 告诉顾客两项售后服务内容 告诉顾客一项售后服务内容 未告诉顾客售后服务内容
（11）如果服装不合适，则主动、热情地给顾客更换或介绍其他商品给顾客试穿	优 良 中 差	若顾客提出不合适，主动征询不合适原因，并能提供相应的合适货品给顾客 若顾客提出不合适，没有征询不合适原因，就为其提供其他货品 若顾客提出不合适，让顾客自己挑选其他货品 若顾客提出不合适，收回货品，不予理睬，或强行推销该货品
（12）如试穿满意，顺便向顾客介绍、配搭其他商品和饰品	优 良 中 差	主动介绍并主动引导顾客配搭其他货品 未主动为顾客配搭，当顾客提出配搭要求后，能热情帮助配搭 顾客提出配搭要求后，不情不愿地寻找相应货品 顾客提出配搭要求后，没有反应
（13）服饰配搭恰到好处，令顾客满意	优 良 中 差	服饰配搭恰到好处，顾客非常满意 服饰配搭水平较高，顾客比较满意 服饰配搭水平一般，顾客可以接受 服饰配搭水平太差，顾客不能接受
（14）在不需同时接待其他顾客时，陪同顾客到收银处付款，并说致谢语	优 良 中 差	陪同顾客付款，并说致谢语 陪同顾客付款，不说致谢语 让顾客自己去付款，说致谢语 让顾客自己去付款，不说致谢语

续表

调查项目	等级	评分标准
（15）顾客离店时，有营业员能立即主动地对每位离店顾客说送别语	优 良 中 差	顾客离店时，营业员热情、自然地招呼 顾客离店时，营业员打招呼，但不热情 有营业员偶尔对个别离店顾客打招呼 不打招呼
3. 购物环境		
（16）在收银台附近，整洁摆放或张贴着"顾客服务热线"的标牌	优 良 中 差	店内收银台附近有标牌，且很整洁 店内收银台附近有标牌，但不够整洁 店内收银台附近有标牌，但很脏 无标牌
（17）店内货架、橱窗、门面招牌、地面整洁	优 良 中 差	店内货架、橱窗、门面招牌、地面整洁 一项欠缺 二项欠缺 三项或四项欠缺，或有一项严重损害商店形象
（18）货品摆放整齐、货架不空置、货品及模特无污渍、无损坏	优 良 中 差	货品摆放有条不紊，分门别类，货架不空置、货品及模特无污渍、无损坏 有一个货架（或货品、模特）未达到要求 有两个货架（或货品、模特）未达到要求 货品乱放，或三个以上货品及模特有污渍、有损坏
（19）试衣间整洁、门锁安全、设施齐全（配备衣钩、拖鞋）	优 良 中 差	试衣间整洁、门锁安全、设施齐全 三项中有一项欠缺 三项中有二项欠缺 三项均有欠缺或其中一项以上严重欠缺
（20）灯光明亮、音响适中、温度适宜、走道通畅（无杂物堆放）	优 良 中 差	灯光充足、音响适中、温度适宜、走道畅通（无杂物堆放） 四项中有一项有欠缺 四项中有二项有欠缺 四项中有三项或四项有欠缺，或有一项以上严重欠缺

（说明：对每项调查内容，优 5 分、良 4 分、中 3 分、差 1 分，满分 100 分。）

第二节 案例分析与讨论

一、高端洗发水是否真的很高端

和其他大的美容护理公司一样，日化巨头联合利华也面临着来自一些"小而美"的小众初创品牌的挑战。这些小众品牌通常价格不低，包装简洁朴素，借助"网红"迅速走红，俘获一大批细分市场的消费者。于是乎，联合利华决定"以其人之道还治其人之身"，也借用"网红"来为自己做推广，这一次，是它新推出的一款高端洗发水 Evaus。从外观上来看，Evaus 产品包装追求极简主义，瓶身上设计图案十分简洁，和那些小众品牌颇有几分相似（图4-1）。联合利华的数字代理公司Carrot找到几位"网红"，把Evaus的样品送给她们试用两周。两周结束之后，这些"网红"被邀请到一个工作室里，对着镜头说出自己的使用感受。

图4-1 Evaus的平面广告

"网红"Kathleen Harper说："用了10天之后，觉得这款产品简直就是前所未有的好用。"

另一位时尚博主Viannie Bell说："感觉这款产品很高端、现代，使用起来很顺滑。"

然后她们被告知一个真相——Evaus其实就是联合利华已经推出了80年的Suave，也是联合利华洗发水品牌中的低价品牌，只不过是换了个瓶子，看名字也能看出来，Suave倒着拼就是Evaus。被邀请来的网红、时尚博主们都傻眼了，没想到自己用的竟然是超市里的便宜货，要知道她们的造型师从来都不推荐她们买这种超市里的大众产品。

之所以搞这么一个噱头，是因为联合利华的一项调查发现，70%的女性都认为，价格越高越值得信赖。联合利华Suave品牌营销总监Jen Bremner表示这个发现让他们觉得，有必要揭开这件"皇帝的新衣"，让消费者看到真相。同时，调查也发现，90%的千禧一代女性消费者表示，在产品质量不下降的情况下，她们也愿意买价格较低的洗发护理产品。

所以，Suave把这个视频和公关活动链接在一起，这个公关活动主要是为千禧一代提供理财的建议，其中也包括购买价廉物美的洗发水。类似的事情，必胜客以前也做过。必胜客在纽约把自己"假装"成一家印度餐厅，消费者吃完之后才发现，这么好吃又便宜的餐厅，居然是必胜客开的！

讨论题

（1）案例中联合利华的代理公司采用了什么调研方法？

（2）"联合利华的一项调查发现，70%的女性都认为，价格越高越值得信赖"。分析女性消费者为什么会有这种心理。

（3）结合本案例谈谈营销调研对企业营销决策的指导意义。

二、安卓和苹果手机使用者的个性差异

一个人在选择手机的时候，往往会暴露一个人的性格，而两者之间的相关性可能会远远超出人们的预期。国外的一项研究就揭示出这样一个问题，一个人的性格和其使用手机类型之间存在微妙的关系。这是人类第一次针对这种关系进行研究。研究的结果显示年长的人、年轻的人、内向的人、外向的人、男性、女性在手机的选择上有不同的偏好。

1. 研究的背景

尽管苹果手机与安卓手机在功能及外观上并没有太大的差异，但是两种手机用户却在个

人性格特征上存在很大的差异。目前,很多的市场营销活动及各界的评论都在表明这个观点,但是始终没有一个系统的研究和可靠的证据来证明这个观点。为了验证这些观点,美国林肯大学和兰开斯特大学的一组研究人员对数百人进行了研究,试图找出这些人在性格、年龄、性别等方面的特征与他们所选择手机类型之间的关系。而研究的结果证明,被研究者在手机的选择上与他们自身的种种特征存在着非常高的相关性。研究人员表示:"这是第一次针对用户手机选择与自身个性之间的研究,而两者之间关系的强烈相关性,远远出乎大家的预料。"

2. 研究的过程

研究人员设计了一份问卷调查,其中包括了众多问题,不仅涵盖了手机用户自身的一些基本情况,也涵盖了手机用户对自己手机的一些态度。而后,他们把这份精心设计的调查问卷发给了 500 位普通的手机用户。心理学家甚至还开发出了一个计算机程序,根据苹果和安卓手机用户之间的种种不同特性进行分析,最后准确地预测出一个用户口袋里装的是什么手机,这也是非常神奇的事情。

3. 研究的讨论

根据这项研究得到的数据可以知道,选择安卓手机的用户可能相比于那些选择苹果手机的用户,在性格方面更加诚实,同时也更加谦虚。与此同时,相比于选择安卓手机的用户,苹果粉们可能更加外向,也更加喜欢社交活动,他们甚至会把自己的手机作为自己身份和地位的象征。调研结果见表 4-2。

表 4-2 关于性格与手机选择的调研结果

安卓手机用户	苹果手机用户
年长	年轻
男性	女性更多
诚实友善	更加外向
不喜欢打破常规	把手机当作身份地位的象征
对金钱地位兴趣不大	不关心自己的手机被大多数人喜欢

埃利斯博士和他的同事对这个课题进行深入的研究和广泛的讨论,并将研究成果写成文章发表在《Cyberpsychology, Behavior and Social Networking》上。文章中写道:"安卓手机用户,更多的是一些年长的人或者男性在使用,这群人普遍都更加诚实友善,他们不特别喜欢打破常规,对于金钱和地位的兴趣也不是特别强烈。苹果的用户却存在着相反的情况,苹果的用户大多数都非常年轻,而且女性的比例差不多是男性的两倍以上,且这些用户似乎对于自己拥有大多数人都喜欢的苹果设备并不是很在意。而实际上这些用户非常重视他们到底使用的是哪种手机,因为在他们眼中,手机已经脱离了其本身的使用功能,更多的是作为一种身份和地位的象征。"

这项研究是第一项关于手机选择与其个人性格之间关系的研究,而基于手机用户使用的手机类型就可以推断出手机用户的性格。林肯大学方面表示:"现在,手机已经变得越来越普遍,而且保存着非常多的用户信息,很多人都不希望别人看自己的手机,因为除了一些表面的信息之外,手机里还蕴藏着更多潜在的信息和隐私,包括我们的一些习惯和性格等等。"

讨论题

(1) 你认为要想测试手机使用者的真实动机和态度应该采用哪种方法?

(2) 有哪些投射技术可以用来测试手机使用者的真实态度和动机?

(3) 分析导致两种手机品牌不同用户特征的原因。

(4) 针对两种品牌的不同调查结果,选择一个品牌,对其今后的营销策略调整提出你的思考和建议。

三、大数据与用户隐私

这个案例是 Target(塔吉特超市,美国著名零售商,图 4-2)的故事。这个故事起源于 2012 年《纽约时报》刊登的一篇文章,这篇文章讲塔吉特超市可以预测它的哪个用户怀孕了。这篇文章的反响非常大,因为这里面有很多涉及隐私的问题。

图 4-2　塔吉特超市

塔吉特这家公司为什么要做这样一个分析?为什么要预测哪一个客户怀孕了?其实像塔吉特所用的这些数据,很多零售商都有,也就是涉及每一个用户在什么时间买了什么东西等很多具体的个性化信息。消费者去超市,都已经系统化了,每一次去超市买东西它都会给一个小票,这个小票都记录了消费者买了什么东西。从客户来讲是一个购物小票凭据,从超市的角度来讲就是它们的数据。消费者去塔吉特购物也好,去某一个别的连锁店也好,往往都会让你用一个会员卡,为什么要用会员卡?因为它说你用会员卡给你减几毛钱或者几块钱便宜一点,你不用会员卡就贵一点。一般情况下大家都会用会员卡,因为可以省点钱,反正会员卡也是免费的。这个会员卡对零售商有什么价值呢?它可以记录顾客的历史数据,比如说顾客上个星期买了一些什么东西?这个星期买了什么东西?它可以把这些东西都连起来,它知道是同一个人买的。

零售商有了每一个用户的历史数据,就会知道用户几年前什么时间买了什么东西,现在又买了什么东西。这些信息是至少在美国这些连锁零售商全都有的。但是,为什么塔吉特就能用这个数据去研究什么人怀孕了,别的公司却没有做这件事情?超市很重要的一项业务就是想吸引新的用户,可是零售业一般很少拉得到新客户。比如,顾客平常买牙膏在这个店买,那么每次用完牙膏就在这个店买。平常买牛奶,买日常的食品,在这个超市买,一般总在这一个超市买。很少说这个星期在这个超市买牛奶,下个星期跑到另外一个超市买牛奶了。但是人的行为有一个很奇怪的地方:虽然说一般情况下大家都很不愿意换零售商去买这些日用品,唯有一个时间点是大家愿意换的。什么时间点?就是生小孩的时候。

所以塔吉特超市就想,我需要把刚生小孩的这些消费者想办法抓过来。因为有孩子还是没有孩子是人生很大的转折点,这个转折点在大家寻找新的习惯,或者改变旧的习惯的时候,把它抓住,以后很长时间他可能就是你的忠实用户了。但是这样的事情并不是塔吉特一个公司知道,很多公司都知道,这就是为什么当你在美国生小孩的时候,你刚到医院就会收到一大把的广告,还有优惠券,这些公司都在说到我们公司买东西吧,我们这里有好多小宝贝用的东西。

塔吉特公司认为,如果我们等你进产房才给你优惠券的话,竞争就太激烈了,我们要想办法在你进产房之前就把你找到。这就是为什么他们想到了来预测谁怀孕了,其实预测谁怀孕是非常简单的模型,这个统计学的方法非常简单,不用编程,用 Excel 就可以完全解决这个问题。

曾经有一位男性顾客到一家塔吉特店投诉,商店竟然给他还在读书的女儿寄婴儿用品的优惠券。这家全美第二大零售商,怎么会搞出如此大的乌龙?但这位父亲与女儿进一步沟通后才发现自己女儿真的怀孕了。

塔吉特的统计师们通过对孕妇的消费习惯进行多次的测试和数据分析,得出了一些非常有用的结论:孕妇在怀孕头三个月过后会购买大量无味的润肤露;有时在头 20 周,孕妇会补充如钙、镁、锌等营养素;许多顾客都会购买肥皂和棉球,但当有女性除了购买洗手液和毛巾以外,还突然开始大量采购无味肥皂和特大包装的棉球时,说明她们的预产期要来了。

在塔吉特的数据库资料里,统计师们根据顾客内在需求数据,精准地选出其中的 25 种商品,对这 25 种商品进行同步分析,基本上可以判断出哪些顾客是孕妇,甚至还可以进一步估算出她们的预产期,在最恰当的时候给她们寄去最符合她们需要的优惠券,满足她们最实际的需求。依靠分析消费者数据,塔吉特的年营收从 2002 年的 440 亿美元扩大到 2010 年的 670 亿美元。这家成立于 1961 年的零售商能有今天的成功,数据分析功不可没。

讨论题

(1) 结合案例谈谈你对大数据对企业营销意义的认识。
(2) 塔吉特公司的做法对中国企业开展大数据营销有哪些启示?
(3) 你认为企业在使用大数据时,应该如何妥善处理涉及用户隐私等伦理问题?

四、当今的年轻人是如何选择餐厅的

为了搞清楚快餐用户的消费习惯,餐饮公司做了一个调查,一共收集到 13 205 份样本,其中 "90 后" 占 39%,"80 后" 占 33%,上班族占总样本的 68%。这应该是一份可以代表年轻上班族群的快餐消费习惯报告。

1. 调查结果描述

(1) 选择快餐的时间。

跟我们的传统认知不太一样的是,愿意在晚上吃快餐的人,其实跟吃午餐的人数差不多。

如图 4-3 所示,在用餐场景上,有 25% 的人会在工作日晚上选择快餐,而他们给出的原因是"下了班不想做饭",这个数据与注重效率和时间、在工作日中午吃快餐的人非常接近。表示自己在"周末工作日都吃快餐"的人占到了 23%,其原因是城市年轻独居人群越来越密集。

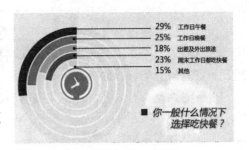

图 4-3 选择快餐的时间

(2) 快餐对多数人是高频需求。

调查显示:有 22% 的人表示他们每天至少吃一顿快餐,而每周吃三次快餐和每周吃 1~2 顿快餐的人分别占 21% 和 26%(图 4-4),也就是说 69% 的人每周至少会吃一次快餐。对快餐的高频需求在一、二线城市表现得更为明显。生活节奏紧张,无心买菜做饭,几乎是每个都市人都会遇到的状况。外卖平台在过去三年的普及和发展,在加速快餐业剧变的同时,也极大地培育了市场,提高了消费快餐的频次。

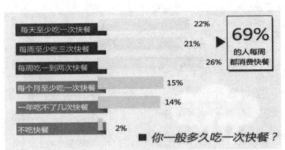

图 4-4 选择快餐的频率

(3) 外卖平台彻底改变了快餐业。

在所有餐饮业态中,快餐是被各大外卖平台改造最为彻底的一个。在调查中,只有 15% 的人明确表示自己会去店里吃一顿快餐,只愿意点外卖的用户占 41%,44% 的人会看情况决定是否要去店内吃还是叫外卖,见图 4-5。外卖对于快餐行业的影响不言而喻,经营得当的快餐类商家,外卖流水可以占到 50% 甚至更高。外卖具备的打破空间限制的特性,也一定程度上弱化了商圈和店址对于快餐商家的重要性。

图 4-5 快餐的消费地点

（4）洋快餐不再"一枝独秀"。

洋快餐不再像以往那样受欢迎了，可能跟注重健康营养的消费趋势有关。在13 205个接受调查的人当中，喜爱中式简餐的人占据多数。这两年爆红的黄焖鸡、小碗菜并非仅是跟风，而是有肉有菜有饭的搭配，让人感觉"更像正餐"。选择麻辣烫、冒菜这类重口味食物作为正餐的人也大有人在，达到14%。值得注意的是，明确表示愿意选择肯德基、麦当劳的用户只有6%，见图4-6。尽管从2015年开始甚至更早，肯德基和麦当劳的颓势已经显现，但这个数据多少还是出乎意料。

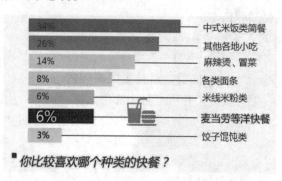

图4-6　对于快餐的喜爱程度

这种变化离不开注重营养健康的新风向以及消费升级的大趋势，经过肯德基、麦当劳在中国大陆十多年的教育，愿意选择西式快餐的用户群体开始转向品质更高、注重营养搭配的"快休闲餐"。而中式快餐随着经营水平的提升，也越来越能够抓住消费者的胃。

（5）快餐和正餐的界限变得模糊。

如图4-7所示，在人均消费上，53%接受调查的用户表示吃快餐的花费通常在10~30元，这部分人是快餐消费的主流人群，他们以中式简餐为主。值得注意的是，33%的人表示他们的快餐消费在30~50元，这个数据接近整个餐饮业的人均消费。在消费升级的趋势下，快餐和正餐的界限正在消失。上面提到的"快休闲餐"，就是一个代表。尤其对年轻人来说，他们可能已经很难定义什么是快餐了。

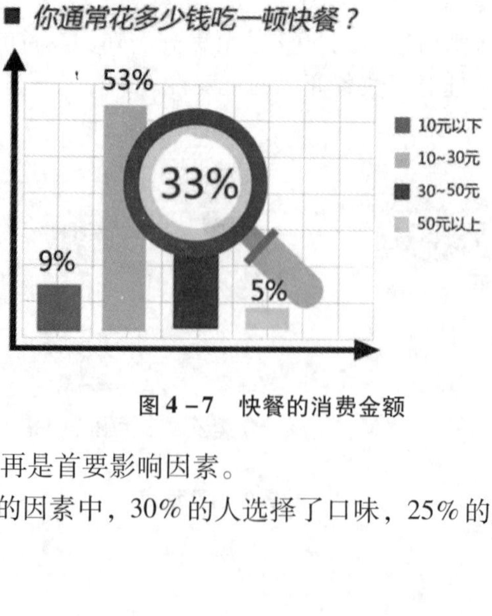

图4-7　快餐的消费金额

（6）快餐的价格不再是首要影响因素。

在选择快餐最关注的因素中，30%的人选择了口味，25%的人最注重的是卫生条件，只有14%的人首先关注价格问题,这和关注餐具质量、外卖包装这些视觉化体验的人比例差不多,见图4-8。另外,有12%的表示最喜欢"选择多,经常出新品"的快餐。对于通过"单品打爆"的快餐店来说,在找准主营品类的同时,定期优化和更新菜品也是不可避免的。年轻群体对于快餐的理解,已经超出了它的字面意义,快捷、经济、方便都不再是选择快餐的第一理由。快餐正在成为多数人生活中不可缺少的东西,但另一方面,快餐和正餐之间的界限变得不再明确。消费者对快餐的需求概括起来,无非是想"好好吃顿饭",食物本身才是最重要的。毕竟,比起要不要吃顿快餐,消费者每天会思考的问题是,"今天吃什么"。

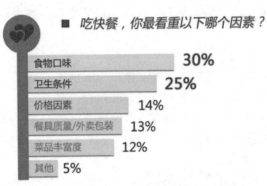

图4-8 选择快餐的影响因素

2. 透视年轻人的消费行为

(1) 对餐饮的认识简单。

并不是所有年轻人都知道并了解时尚餐饮,他们对餐饮的认知概念只有:好吃、好玩、可以约!

餐厅大可不必在"概念"上过多包装自己,年轻的消费者不管你有没有全国首家的头衔,这不是他们的关注点。对于餐厅的选择,只要做到他们心坎里去就可以了——把产品做好,有让他们印象深刻的记忆点,这样他们在约饭的时候就自然而然想到你的餐厅了!

(2) 顾客评论的影响作用很大。

可能靠餐饮APP或者团购APP等软件猎奇餐厅,"顾客评论"比"厨师推荐"管用。

现在出门约饭,大家都有不知道吃什么的难题,所以很多人都喜欢借助网络平台来选择就餐地点。另外还有一个大家都深有体会的趋势,那就是很多年轻人根本不需要服务员推荐好吃的菜品了,他们对于菜单上的"厨师推荐"也往往视若无睹,你要问他们最信任谁——当然是其他顾客的评论。

(3) 习惯于时尚用语。

"萌"和"贱"都是热门消费品,后者的热度正日渐超过前者。"萌萌哒"作为年轻人常说的一句口头禅,很多商家借此推出了不少与此风格有关的营销活动,但是你知道吗?现在比"萌"更火的其实是"贱贱的"!长篇大论的餐厅简介懒得看,这一点看似跟年轻消费者没什么关系,但是作为餐企管理者,餐厅简介是必备的。有些餐企为了更全面地介绍自己的餐厅,种种条件都罗列其中,成了长篇大论,对于这种简介发了等于没发,因为没人愿意看"企业简历"。

(4) 对促销的态度。

不介意看广告，如果它有趣。有些餐厅会定期在微信平台上发布宣传广告，不要怕没人看，只要做得有趣，不怕他们不看。你要明白，年轻消费者的包容性其实是很大的。另外，消费者不喜欢优惠券的很大一部分原因就是"华而不实"。他们希望用得最多的优惠券是可以一次领完当餐可用。

（5）对于服务细节。

不是不喜欢先生/女士的称呼，只是不喜欢这种拘谨的感觉。他们出门千万不能忘记的东西是手机，而不是钱包。这些年轻消费者在点菜时会提前询问"能否微信支付或者支付宝支付"。另外，他们最大的乐趣是吐槽，自己的餐厅被顾客吐槽了怎么办？相信大部分餐饮人都遭遇过这样的情况，但是如果你知道现在年轻消费者的一大爱好就是吐槽，你还会纠结吗？

（6）关于餐厅环境。

餐厅自选式小吃陈列台越来越能激发购买欲。一家面馆，除了面之外，小吃的营业额也占比很大，怎么做到的呢？原来，这家的点餐台和收银台是分开的，顾客点完面之后，服务员会交给你一张所点面条的小票，这个时候，顾客需要排队经过一排的小吃台，上面丰富的小吃很吸引人，想吃什么就可以自助拿取，最后走到收银台统一结账。

（7）关于顾客体验。

不好的消费体验前三位因素是：商场导购、不认路的司机和不靠谱的美食推荐。对于一名年轻消费者来说，不靠谱的美食推荐，相当于一次不好的消费体验。美食和酒店体验都可以激发旅行的动机。把自己的餐厅做出特色，保留住差异化，还愁顾客不会自发光顾吗？

对于已经添加微信的餐厅营销人员最强烈的要求是：要么好好营销，要么专心社交。很多餐厅要求工作人员添加粉丝的微信，加完之后怎么长期沟通交流？朋友圈固然是一个很好的选择，但是年轻顾客群会有选择地看，如果你只发营销方面的内容，那么很容易被他们拉黑。

（8）关于信息获取。

把美团、大众点评当搜索引擎使用，现在美团和大众点评的使用率非常高。想去一家没去过的餐厅吃饭，了解途径就是这些团购类网站了。朋友圈"好友"范畴变得越来越广，再遇"发朋友圈就赠饮料/就打折"的时候会犹豫。企业引导顾客发布朋友圈时，不妨找个让年轻人乐于接受的切入点。

（9）比较反感的事情。

不爱去吃中餐的原因之一是给人的社交压力太大。年轻人常去吃烤鱼或者快时尚餐厅，正宗的中餐厅反而很少光顾，原因就是环境让年轻人觉得有拘束感。所以餐厅可以从消减年轻人这一心态方面入手——装修、环境、服务，都可以改变一下，迎合年轻人。

有时候反对快餐的原因主要是它们越来越难吃，而不是不健康，所以，经营餐厅请做好第一步，把产品做好！对外卖口味的投诉远远少于憧憬，最主要的抱怨是想吃的东西都不在配送范围内。除非菜品真的跟图示差距太多，不然配送范围的局限可以从口味上做到弥补。

超过五成的年轻人不喜欢投诉时客服专员的反复、客套。在处理投诉问题时，不要让年轻消费者感觉出"刻意客套"。每个人都或多或少地因为某件事投诉过，如果反复、客套又没有实际性的解决方案拿出来，的确是让人反感的。

在网上买生鲜最担心的是"货不对版"和食材种类不全。如果有条件，餐厅可以扩充销售途径。

最讨厌餐厅故事营销里漏洞百出的情节设定。餐饮的"故事营销"越来越走俏，但是一个特别夸大的故事或者让人一看就心生疑惑的故事，还是不要轻易讲给顾客听了。

不爱喝酒。年轻消费者对于酒水的消费明显多不过饮品，餐厅可以丰富饮品种类，不过近来有很多餐饮人表示，鸡尾酒的销量还是不错的。

（10）其他影响因素

48%的消费者愿意为好看的零食包装而去购买零食。"对自己好一点"是一个重要的消费理由。对品牌有追求，但消费很分散。爱便利店主要因为它体贴又抚慰人心——"想要的时候它总在"。有时候年轻人也是任性的。他们只是满足自己尝鲜的爱好，只要是好的店，他们还会回来的。

讨论题

（1）根据这份调查报告提供的数据，归纳一下如今年轻人的餐饮需求发生的变化。

（2）基于这份调查报告，总结提炼一下可以得出的主要调查结论。

（3）根据这份调查报告提供的需求变化分析，提出你对某快餐店的营销策略建议。

（4）如果想了解消费者对于快餐消费的需求特点，应该用哪些调研方法？

（5）请你设计一份问卷，完成对某快餐店的消费者需求调查；并根据调查结果，给快餐店设计一份营销策划书。

五、鼎泰丰用小笼包征服世界

瑞士以一代代专业的"工匠"精神，打造了举世闻名的钟表；中国台湾的鼎泰丰，以细致的"手艺"精神，打造了小笼包世界。曾经不知道有多少餐饮业老板，排队去鼎泰丰吃饭，又派底下骨干去吃，甚至别家小笼包店干脆去卧底当师傅或外场人员。然而，不管怎么被偷学，终究还是没有把鼎泰丰的精髓学会。就连在鼎泰丰习过艺的师傅，即使手艺高超，出去自立门户后，也没有成功如鼎泰丰。为什么鼎泰丰的生意会这么好？为什么大学生、硕士生们都纷纷去应聘？如果你到台湾的鼎泰丰吃过饭，就会发现这里不仅人潮如流、味道好，而且服务也十分周到。在台湾曾一年卖 2 800 万个小笼包，佳绩的基础当然是"匠心"精神，其他秘诀还有什么？

1. 数据的使用与管理

鼎泰丰（图 4-9）是餐饮业中率先使用数据管理的企业。数据的意义在于分析、洞察资料，打破限制，进而看清变化与机会。鼎泰丰董事长杨纪华有句口头禅是"数字非常有意思"。他认为，管理者要善用数字看清关键问题，同时也不能一味地相信表面数字，失去

图 4-9 鼎泰丰的宣传图

了理解真实的能力。一方面，定量的数字让鼎泰丰能够突破手工制作的限制，追求精确质量；另一方面，他们也明白数据思考的本质与具体实践的重要性。

从2011年导入视频会议后，在杨纪华的带领下，鼎泰丰人发展出用数据佐证经验，解决现场问题与创新产品的团队思维。每日的视频会议都是一场从数据资料、决策到发展的集体创新过程。比如店里有道私房炒混菜，由三种青菜组合而成，各店大厨们正打算研发为各个店里新菜色，先订出青菜比例，再由各家店的后厨分别试炒，实验出各店认为最佳的制作方法。从三种青菜先后放入的顺序，以及炒的分钟数，同时拍摄实品照片，上传信息平台，隔天视频会议上，九家店进行讨论、票选。内部的信息系统平台，则随时更新各项营运相关统计分析数字与历年数据，提供给各店的主管或决策者参考。

2. 发挥数据的作用

从数据中透视现场作业的关键所在是引领员工思考问题的解决方案，特别是老板杨纪华，可以从各色报表与统计数字中，找出数据与现场作业之间的因果关联，提出建议。他不会立刻告诉员工答案，而是从数据里，带领大家思考一个又一个问题，像剥洋葱似的，从Know How 到 Know Why，找到真正的问题。如此，才不会落入迷思。在食材、天气、环境、人等多种变量之下，弹性应变，维持"始终如一"的精确质量标准。他是厨房里的"资料科学家"。

在品牌国际化的过程中，鼎泰丰也充分进行信息化与数据化建设。除了POS系统，逐年研发出排队调度系统、战情系统、视频会议、客诉事件、员工工作日志、排队叫号等系统。在输出全球品牌至海外的过程中，鼎泰丰利用ICT平台复制服务业管理模式，如新加坡、泰国导入POS系统。

3. 从"现场观察"到"现象洞察"

2011年，信息部变身"数据科学家"部门，依各类状况收集、整理、分析大量数据，以供团队决策参考。例如，央厨小菜组指出，凉菜每天生产两次，防止凉拌菜在常温下超过八小时而滋生细菌。由于一点前就要下单，确认下午的配送数量，若无法清楚计算中午凉菜总销售量，就会导致晚餐高峰时间，凉菜数量不足，引起客诉，同时门市又怕订过量，下班时只能报废。老板杨纪华请信息部统计各门市的凉菜销售时间点与数量，并提供各门市过去凉菜销售数字与营业额，作为下单参考数量，改善了各门市凉菜预估过量与不足的情形。"因为我们过去几年累积了足够多的数据，所以能分析、预测销售量。结合数据分析，未来可以做到精准预测，主动配送。"事实证明，鼎泰丰自行研发信息系统是正确的决策。服务业只有结合科技业，才能创造新的商业模式。为此，鼎泰丰还把信息能力列入厨师主管的升迁考核标准。

两岸营销专家May，几次在台北与杨纪华老板碰面吃饭，深刻体会到他对走动式管理与细节的重视，刮风下雨都可以看到杨纪华老板在巡店的身影。内地的餐饮业者对于数据收集的认识刚刚开始，而鼎泰丰已经将数据运用在管理与服务还有展店。

从观察到洞察，想在问题发生之前。十多年前，杨纪华读了严长寿的《总裁狮子心》，书中提到了"走动式"管理的重要性，令他感同身受，"如果主管没有确实执行走动式管理，到每个工作站去看，根本无法看到问题"。现在，他认为要做好高质量的服务业，不但要看到问题，"我们还得想在问题发生之前"。通过大数据的思考，杨纪华正带领鼎泰丰团队转换能力，要从"现场观察"变成"现象洞察"。例如，杨纪华巡店时，发现好几个员工因感冒请假，就请主管找出注射流感疫苗与请假人数比例的关联性，然后，在感冒容易流行的季节来临之前，公司事先倡导，请员工抽空注射流感疫苗，以防感冒影响出勤。

杨纪华在新闻中看到某快餐连锁店发生员工误将酒精瓶放置烤炉上，因而着火受伤的报道后，隔天通过视频会议要求立刻清查各店酒精瓶摆放位置，提醒务必远离火源，并要各店统计现场工作区使用酒精瓶的数量与容量，只留必要瓶数，每瓶也降低容量，"万一发生危险时，由于容量低，波及程度就不会那么大"。目前，公司正着手研发服务人员室内定位系统，希望能做到自动侦测人员在每个工作区停留的时间，不但能提升现场主管调度人力的效率，更能防止劳逸不均问题，使得工作绩效奖金能更精准根据个人的付出程度，实现公平发放。

讨论题

(1) 鼎泰丰的管理层采用了哪些方法进行数据收集？

(2) 鼎泰丰对收集到的数据做了哪些分析并用于改进管理工作？

(2) 结合鼎泰丰的做法，谈谈对餐饮服务业如何收集和应用相关数据资料改进服务和管理工作的启示。

六、一方水土养一方人

"吃面塑造了北方人，吃米造就了南方人"你认同这种观点吗？常听人说："橘生淮南则为橘，生于淮北则为枳。"地域决定论不仅适用于植物，也适用于人，鲁迅先生在《南人与北人》中说过："北人的优点是厚重，南人的优点是机灵。但厚重之弊也愚，机灵之弊也狡。"这段话可谓是对南北人差异的高度概括。当然，这样的认识不仅仅是鲁迅先生所独有，我们每个人都有对南北人的"刻板印象"。如果告诉你某人来自北方，你会给他贴上哪些标签？"高大敦实""彪悍""贼能喝""豪爽"。那么南方人呢？恐怕就是"温柔细腻""文人气质""弱不禁风"了。我们不排除有个体差异化的存在，但就整体而言，似乎这样的形象已经根深蒂固，如果某个人的表现不符合上述标准，最有可能招致的猜忌是："你是北方人（南方人）吗？怎么一点也不像。"

大多数情况下，我们区分地域的标准很简单，只是单纯地以长江为界，为何这样简单的划分却能够深入人心，得到普遍认同呢？我们该如何解释仅仅是一江之隔，同为华夏子孙的人们会有千差万别？

前不久，Thomas Talhelm 和他在美国、中国的同事们共同提出了别具一格的"大米理论"，从农耕作物的角度解释了个人和集体的文化差异。

1. 南方、北方人的差异

南方、北方人的差异不仅体现在身体上，更体现在饮食上。众所周知的是，南米北面，南方人习惯以米饭为主食，而北方人则更青睐各式各样的面食。林语堂先生在《中国人》一书中写道："吃大米的南方人不能登上龙位，只有吃面条的北方人才可以。"在林语堂先生论述中，他将南北人的差异追根溯源至日常饮食上。北方人更加健硕的身躯与他们的吃食确实密切相关，他们多食高粱、大豆、猪肉、牛肉、羊肉等；而南方人更钟情于大米和各色水产。另外，在吃的讲究上，北方人图的是痛快，重的是口感，往往是吃到腰圆肚实，是实实在在地吃。而南方人图的是新鲜，重的是味感，往往是吃得恰到好处，更确切地说应该是品，小盘小碟，菜要精致，品种要多。因此，初到北地的南方人，往往会点上几个菜，继而对着那满满的一桌子菜发愣。而初到南地的北方人，结局往往是点两个菜，加两个，再加两个……

社会学中的现代化假说提及，随着文明化的进程、社会财富的积聚、受教育程度的提高和资本化的加深，人们会变得更加个人主义。在众多南北差异性研究中，学者们往往认为北方人更具有创新意识，而南方人合作能力更强。如果按照现代化假说的推演，原本各地区的人们并没有太大的差异，但随着北方长期政权的确立，经济命脉和文化政治中心的掌控，促使单体能力较强的人纷纷汇聚北方，长此以往，造成了北方人个体思维、分析能力更好的错觉。

这样的解释符合历史的发展规律，能够在一定程度上反映社会变迁所带来的影响机制，但是它不能解释为何一向富饶的江浙一带却是最典型的南人。同时，如果放眼世界，如日本、韩国等东亚国家的现代化文明进程已达到一个非常高的层面，但其民众的合作精神、集体化的倾向远比中国南方更显著，而这一现象是现代化假说所不能阐释的。

2. 种水稻，长了庄稼短了创新？

"大米理论"的提出，引起了广泛的关注，研究者们指出南北文化的差异缘起于南方多种植水稻，北方多种植小麦，而水稻种植的历史可能使文化更倾向于相互依赖，而小麦种植则会使文化变得更加独立。

水稻种植和小麦种植对应的是两种完全不同的耕种体系，其中以灌溉方式和劳动力投入最为突出。稻田需要持续的供水，农民需要相互合作建设灌溉系统，并协调各人的用水与耕作日程，因此稻农倾向于建立基于互惠的紧密联系并避免冲突。相比之下，小麦的种植更简单：小麦基本不需精细灌溉，更轻的劳动任务也让麦农不需依靠他人就能自给自足。

为了检验大米理论的可行性，研究人员在南北两地共招募了1 162名大学生，通过地域调查确定他们所属区域，然后再对他们进行文化思维倾向性的测评。测评的方式采用词语配对法，如给被试者呈现3个词组"火车""汽车""铁轨"，让其将其中两个词语归为一类，如果被试者将"火车"和"汽车"归为一类（属同一抽象类别），则表明其更倾向于独立思维，如果被试者将"火车"和"铁轨"归为一类（属功能性关系），则表明其更倾向于整体性思维。评测结果显示，来自高稻田比例省份的学生更倾向于整体性思维，符合"大米理论"的假设。

随后，研究者又对被试者进行了社会关系测试，让被试者画出自己的社会网络，用圆圈表明自己和他人。研究者分别测量代表自己的圈和代表朋友的圈的大小，从而得到对自我的隐性测量。在以往的研究中，美国人笔下的"自己"平均比"他人"大6毫米，英国人的"自己"平均比"他人"大3.5毫米，而日本人的"自己"却比"他人"稍小。本次研究结果显示，小麦种植区的人自我膨胀了1.5毫米（接近欧洲人），水稻种植区的人则自我缩小了0.03毫米（类似日本人）。

同时，研究者还指出种植小麦的省份比种植水稻的省份拥有更旺盛的创新力，这与之前的研究表明分析性思考者更具创造性的结果是一致的。这些论证表明，与小麦种植区的人相比，水稻种植区的人更具有整体性思考倾向，彼此依赖，保持良好的人际关系，但同时少了独立思考的意识，创新能力上略显不足。因此，如果你觉得自己创新能力不如他人，可能与你祖先是种水稻的有关。

当然，对该理论的质疑也是存在的，因为现代化技术的发展，大部分的人都已经停止耕种，不管是水稻区还是小麦区，那么因耕作方式不同而引起的文化差异是否还会继续存在？答案或许只有时间知道。但这项研究在解答疑问的同时，也在向我们传达了一种态度，那便是"即使再深邃的道理，也是来自最普遍的生活中"，我们需要的是一颗好奇的探索之心。

讨论题

（1）结合文中得出的南方、北方人差异的结论和判断，分析总结可以采取的调研方法及其应用特点。

（2）你是否同意"大米理论"的观点？请说明理由。

（3）你认为这一研究成果对于企业开展差异化营销有什么指导意义？

第三节　经典推介

一、标志性理论、人物及思想简介

1. 亚历克斯·奥斯本

（1）主要贡献。

亚历克斯·奥斯本是创造学和创造工程之父、头脑风暴法的发明人，美国 BBDO（Batten，Bcroton，Durstine and Osborn）广告公司创始人。他是美国著名的创意思维大师，创设了美国创造教育基金会，开创了每年一度的创造性解决问题讲习会，并任第一任主席，他的许多创意思维模式已成为家喻户晓的常有方式。所著《创造性想象》的销量曾一度超过《圣经》的销量。

亚历克斯·奥斯本提出了最负盛名的促进创造力技法——头脑风暴法，所以被称为"头脑风暴法之父"（图4-10）。这种方法的目的是通过找到新的和异想天开的解决问题的方法来解决问题，目前被全世界广泛运用。

图4-10　亚历克斯·奥斯本和头脑风暴法

（2）头脑风暴法的原理。

采用头脑风暴法组织群体决策时，要集中有关专家召开专题会议，主持者以明确的方式向所有参与者阐明问题，说明会议的规则，尽力创造融洽轻松的会议气氛。主持人一般不发表意见，以免影响会议的自由气氛。专家们"自由"提出尽可能多的方案。头脑风暴法的原理如下：

①联想反应。联想是产生新观念的基本过程。在集体讨论问题的过程中，每提出一个新的观念，都能引发他人的联想。相继产生一连串的新观念，产生连锁反应，形成新观念堆，

为创造性地解决问题提供了更多的可能性。

②热情感染。在不受任何限制的情况下,集体讨论问题能激发人的热情。人人自由发言、相互影响、相互感染,能形成热潮,突破固有观念的束缚,最大限度地发挥创造性的思维能力。

③竞争意识。在有竞争意识情况下,人人争先恐后,竞相发言,不断地开动思维机器,力求有独到见解,新奇观念。心理学的原理告诉我们,人类有争强好胜心理,在有竞争意识的情况下,人的心理活动效率可增加50%或更多。

④个人欲望。在集体讨论解决问题过程中,个人的欲望自由,不受任何干扰和控制,是非常重要的。头脑风暴法有一条原则,不得批评仓促的发言,甚至不许有任何怀疑的表情、动作、神色。这就能使每个人畅所欲言,提出大量的新观念。

(3) 头脑风暴法的组织要求。

头脑风暴法组织形式一般小组人数为 10~15 人,最好由不同专业或不同岗位者组成;时间一般为 20~60 分钟;设主持人一名,主持人只主持会议,对设想不作评论。设记录员 1~2 人,要求认真将与会者每一设想不论好坏都完整地记录下来。会议要明确主题,会议主题提前通报给与会人员,让与会者有一定准备;主持人要熟悉并掌握该技法的要点和操作要素,摸清主题现状和发展趋势;参与者要有一定的训练基础,懂得该会议提倡的原则和方法;会前可进行柔化训练,即对缺乏创新锻炼者进行打破常规思考,转变思维角度的训练活动,以减少思维惯性,从单调的紧张工作环境中解放出来,以饱满的创造热情投入激励设想活动。

头脑风暴法实施的成本(时间、费用等)很高,另外,头脑风暴法要求参与者有较好的素质。这些因素是否满足会影响头脑风暴法实施的效果。头脑风暴法通过议题展开自由、无拘束的讨论,可以获得关于某项议题改进的创新性观念或者对某方案提出质疑,并在集思广益的基础上找到解决所面临的困难的创新性、飞跃性的实用性方案。

2. 李克特量表

(1) 量表特点。

李克特量表(Likert Scale)是用来测量人们对广告、产品等对象的态度的量表。它是由美国社会心理学家李克特于1932年在原有的总加量表基础上改进而成的。该量表由一组陈述句组成,每一陈述有"非常同意""同意""不确定""不同意""非常不同意"五种回答,分别记为5、4、3、2、1,每个被调查者的态度总分就是他对各道题的回答所得分数的加总,这一总分可说明他的态度强弱或他在这一量表上的不同状态。

李克特量表是一种心理反应量表,常在问卷中使用,而且是目前调查研究中使用最广泛的量表。当受测者回答此类问卷的项目时,他们会具体指出自己对该项陈述的认同程度。

(2) 量表设计要求。

设计李克特量表基本步骤如下:

①收集大量(50~100)与测量的概念相关的陈述语句。

②根据测量的概念将每个测量的项目划分为"有利"或"不利"两类,一般测量的项目中有利的或不利的项目都应有一定的数量。

③选择部分受测者对全部项目进行预先测试,要求受测者指出每个项目是有利的或不利的,并在下面的"方向-强度"描述语中进行选择,一般采用所谓五级量表(非常同意、

同意、无所谓或不确定、不同意、非常不同意)。

④对每个回答给一个分数,如从"非常同意"到"非常不同意"的有利项目分别为5、4、3、2、1分,对不利项目的分数就为1、2、3、4、5。

⑤根据受测者的各个项目的分数计算代数和,得到个人态度总得分,并依据总分多少将受测者划分为高分组和低分组。

⑥选出若干条在高分组和低分组之间有较大区分能力的项目,构成一个李克特量表。如果可以计算每个项目在高分组和低分组中的平均得分,就要选择那些在高分组平均得分较高并且在低分组平均得分较低的项目。

李克特量表的构造比较简单,而且易于操作,因此在市场营销调研中应用非常广泛。在实地调查时,研究者通常给受测者一个"回答范围"卡,请他从中挑选一个答案。需要指出的是,目前在商业调查中很少按照上面给出的步骤来制作李克特量表,通常由客户项目经理和研究人员共同研究确定。

3. 罗夏墨迹测验

罗夏墨迹测验是由瑞士精神科医生、精神病学家罗夏创立的,国外有时称罗夏技术,或简称罗夏,国内也有多种译名,如罗夏测验、罗夏测试和罗沙克测验等。罗夏墨迹测验因利用墨渍图版而又被称为墨渍图测验,是非常著名的人格测验,也是少有的投射型人格测试。现在已经被世界各国广泛使用。罗夏墨迹测验在临床心理学中使用非常广泛。通过向被试者呈现标准化的由墨渍偶然形成的模样刺激图版,让被试者自由地看并说出由此所联想到的东西,然后将这些反应用符号进行分类记录,加以分析,进而对被试人格的各种特征进行诊断。

(1) 测验内容。

罗夏墨迹测验是由10张经过精心制作的墨迹图构成的。这些测验图片以一定顺序排列,其中5张为黑白图片(1.4.5.6.7),墨迹深浅不一,2张(2.3) 主要是黑白图片,加了红色斑点,3张 (8.9.10) 为彩色图片。这10张图片都是对称图形,且毫无意义。图4-11是罗夏测验的全套10张图片。

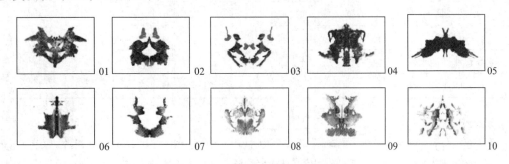

图4-11 罗夏墨迹测验用的图片

(2) 测验方法。

这些图片在被试者面前出现的次序是有规定的。主试者的说明很简单,例如,"这看上去像什么?""这可能是什么?""这使你想到什么?"。

主试者要记录:

①反应的语句。

②从每张图片出现到开始第一个反应所需的时间。
③各反应之间较长的停顿时间。
④对每张图片反应总共所需的时间。
⑤被试者的附带动作和其他重要行为等。

其目的是诱导出被试者的生活经验、情感、个性倾向等心声。被试者在不知不觉中会暴露自己的真实心理，因为他在讲述图片上的故事时，已经把自己的心态投射到情境之中了。

（3）回答内容。

回答内容见表4-3。

表4-3 罗夏墨迹测验回答内容记录示例表

人体	完整的人体、人体的一部分，虚构或神话中完整的人体、虚构或神话中人体的一部分
动物	完整的动物、动物的一部分，虚构或神话中完整的动物、虚构或神话中动物的一部分
抽象回答	如害怕、发怒
简单回答	回答为字母或阿拉伯数字
人或动物的解剖	如颅骨、骨盆
人类学回答	如图腾、古代武士
艺术的回答	如绘画、舞蹈
植物回答	
衣着	
自然现象	天上的云、雾、霜、风、雨、雷电等
危险现象	爆炸等
日常食物	
日常家具	
风景	
性器官或性活动	
有关职业等	

（4）结果分析。

系统的分析解释是很复杂的。做完这个测验一般需要20~30分钟。如果被试者反应过快，则可能是躁狂症；如果反应过慢，则可能是抑郁症；若慢得很多，则此人容易生病（隐匿性抑郁）；非常慢则要防他自杀了。运动反应多，说明有创造力、情绪稳定、内向。彩色反应多，说明感情丰富多变、灵巧机敏。在回答总数方面，正常人会对10张图片做出17~27个回答。如果回答总数多但质量差则为躁狂症；如果总数多且质量也高，则为内向者；如果回答总数少而质量高，则为抑郁症者；如果总数少且质量差，则可能有脑器质疾病，如脑瘤，或属智力痴呆者。动物回答少的，几乎可肯定其是专门艺术家，而动物反应过多（70%~100%）则可判定是非常刻板的学究；若动物反应在20%~35%，则表示被试人心情好，若占到 50%～75%，则可断定为心情压抑。

回答内容、回答部位、决定因素的不同，反映了被试人不同的精神心理状态，并可对疾病的愈后做出展望。

（5）罗夏墨迹测验的应用——投射法。

投射法就是让被试者通过一定的媒介建立起自己的想象世界，在无拘束的情景中，显露出其个性特征的一种个性测试方法。测试中的媒介可以是一些没有规则的线条，也可以是一些有意义的图片；可以是一些有头没尾的句子，也可以是一个故事的开头，让被试者来编故事的结尾。因为这一画面是模糊的，所以一个人的说明只能是来自他的想象。通过不同的回答和反应，可以推断对方的人格与人生态度。

投射法的最大优点在于主试者的测试意图藏而不露，这样就创造了一个比较客观的外界条件，使测试的结果比较真实、客观，对心理活动的了解比较深入。缺点是分析比较困难，需要经过专门培训的人主持调查。目前，投射法被广泛应用于探测动机、了解态度喜好、品牌形象研究、启发创意的研究、了解潜在需求、描述市场环境的营销实践等方面。

4. 阿瑟·查尔斯·尼尔森

（1）人物传奇。

小阿瑟·查尔斯·尼尔森，1918 年 4 月 8 日出生于美国伊利诺伊州，于 2011 年 10 月 3 日逝世。1923 年，现代市场研究业的奠基人之一，阿瑟·查尔斯·尼尔森在美国创建了 AC 尼尔森公司（图 4-12）。他的儿子，小阿瑟·查尔斯·尼尔森子承父业，将父亲一手建立的公司改造为国际市场调查行业的领导者。

图 4-12　AC 尼尔森公司创始人和公司 LOGO

小尼尔森出生在温内特卡，是家中五个孩子里最年长的一个。在小尼尔森的一生中，有很多地方都和父亲有相似之处。他毕业于威斯康星大学，老尼尔森同样也在威斯康星大学接受教育（现已属于威斯康星大学麦迪逊分校）。小尼尔森在这里拿到了最高荣誉的学士学位，而威斯康星大学也于 1974 年授予老尼尔森荣誉科学博士的头衔。

小尼尔森在"二战"时期服役四年，在陆军工程兵团担任少校，之后于 1945 年加入 AC 尼尔森公司，为公司的发展做出巨大贡献。为了遵守 AC 尼尔森制定的严格的退休政策，小尼尔森于 1983 年不再担任实质上的领导职位，而是名誉主席。除了一生都为自家公司打拼，小尼尔森还在 20 多家公司董事会担任职务。1984 年，他主持将 AC 尼尔森卖给了邓白氏公司。公司随后又被荷兰出版公司 VNU 收购，现在则变成名为 NielsenHoldingsN. V. 的独立公司，该公司仍以尼尔森的缩写"NLSN"为标志进行业务，因为该品牌有广泛的认知度。小阿瑟·查尔斯·尼尔森，2011年10月3日在伊利诺伊州靠近芝加哥的富足村庄温内特卡去世，享年92岁。

（2）突出贡献。

老尼尔森创建的AC尼尔森公司，在当时推动了市场调查这一新领域。该公司对新产品进行市场测试，在斥资进行大规模市场推广和生产前，衡量产品的发展潜力；通过对随机样品的测算来计算产品的销售情况，从而决定市场份额。

尽管小尼尔森本人并未发明被大众称为"尼尔森收视率统计"测算电视收视率的系统，这一荣誉属于他的父亲老尼尔森，但他却通过自己的能力将这一技术变革为一个可盈利并十分有效的制度。他还成功地让人们在提及收视率时，直接就以公司的名称"尼尔森"来代替。至今，人们在商业和广告领域仍依赖这一数据做出判断。

在小尼尔森的管理下，AC尼尔森公司业务最显著的发展扩张，是其对各种媒体测算的业务。小尼尔森一直致力于维持公司在业界的权威地位，并在收视率测量领域击败了数家潜在的竞争对手。但这却为他招致批评，这种行为被称为垄断。随着有线电视网络的不断扩张，急切需要全国性的收视率调查，尼尔森公司与电视台一拍即合，为电视台提供收视率数据，让其拿去向广告主宣传，获得收入。

1939年，AC尼尔森的业务第一次涉足英国；第二次世界大战之后，AC尼尔森公司的业务如雨后春笋般地迅速扩展到西欧、澳大利亚及日本。1994年，AC尼尔公司森通过收购调查研究集团步入亚太市场，又在20世纪90年代末通过收购AMER World Research打入中东及非洲市场。

（3）进入中国。

AC尼尔森公司于1984年进入中国。AC尼尔森公司于1984年开始在中国开展零售研究。目前的零售研究覆盖中国主要城市和城镇的70多类非耐用消费品，它定期为客户提供有关产品在各地的零售情况报告。AC尼尔森公司曾在中国100多个城市进行专项研究，内容包括单项和连续的定性、定量分析，帮助各行各业了解他们的消费者。AC尼尔森公司开发的独创研究工具包括预测新产品销售量的BASES、顾客满意度研究（Customer eQTM）和测量品牌资产的优胜品牌（Winning BrandsTM），以及广告测试服务。它充分利用其全球的研究经验，为中国客户服务。同时推出了在线研究服务，帮助客户更及时地完成调研项目。

AC尼尔森公司的广告研究服务连续监测电视报刊广告投放情况，并根据公布广告定价计算广告花费。其结果可用来衡量媒介、产品和品牌所产生的收益，判断哪些广告载体在何时何处效果较好，同时了解竞争品牌的广告动态，从而完善自身的广告策略。素材丰富的广告库随时可以提供各类产品的广告创意。目前，广告监测服务覆盖全国300多个城市的1 000个电视频道和300多份报纸杂志。AC尼尔森公司是中国和全亚太地区媒介研究的先驱，它采用先进的电子个人收视纪录提供电视收视率数据，进行报纸杂志读者调查和广告费用监测，这些已经成为媒体和广告行业的通用指标。AC尼尔森公司为全国10个主要城市提供电视收视研究服务，相当于覆盖全国超过60%的广告市场。

此外，AC尼尔森还提供大量先进软件、建模和分析服务。这些产品帮助客户综合广泛的信息，加以评估，判断发展机会和计划未来的市场营销活动。

5. 计算机辅助电话访问

计算机辅助电话访问（Computer Assisted Telephone Interview，CATI），是将现代高速发

展的通信技术及计算机信息处理技术应用于传统的电话访问所得到的产物。其问世以来得到越来越广泛的应用。国内越来越多的专业商业调查机构、政府机构和院校已在积极地使用这种技术（图4-13）。

图4-13　计算机辅助电话访问实景图

（1）计算机辅助电话访问及其特点。

计算机辅助电话访问是一种利用专业软件和计算机、电话等硬件进行的互动式电话访问形式。目前，它已经广泛应用于统计局社情民意调查、品牌知名度研究、市场研究等等。市场上较为成功的软件有德派访问专家软件、南康ITACATI等。

电话调查系统是利用现代化电脑程控通信设备进行的随机电话访问方式。在进行电话访问时，须事先输入受访人的电话号码，由电脑按程序自动拨号，电话访问员负责按规定访问内容进行访问对话。访问过程和内容可以实时录音，以确保调查访问内容的真实可靠。这种访问调查方式主要有以下特点：

①效率高。省去了传统调查所必需的印刷问卷、上门入户或邮寄问卷、审核问卷、数据录入等环节，在短时间内即可完成调查，访问结束后几十分钟内即可汇总数据，周期较短。

②科学性强。调查过程全程监控，没有中间环节，不必进行层层组织和布置，可排除调查过程中的人为干扰因素，使得调查结果更加客观和公正，数据质量高。所有调查访问均以录音方式保存下来以供复核，不易出现作弊。

③代表性强。利用计算机系统按照统计理论进行抽样调查，确保其随机性；可按区域等条件进行分组调查；可对电话号码和问卷答题的出现顺序进行控制，可避免因跳问或选择答项的错误而导致数据差错或丢失。

④结果可靠性高。由于采用CATI系统，问卷不外流，与被调查者非当面接触，可打消被调查者顾虑，所以调查成功率高；原始数据和汇总数据接触人员少，因此保密性强。

（2）CATI系统的基本功能。

CATI技术已成为国内外专业调查机构开展民意研究和市场调查最主要的数据收集方法。CATI系统的基本功能见表4-4。

表4-4　CATI系统的基本功能

功能	任务
自动拨号系统	包括手工和自动拨号，直线和电话卡拨号、录音、监听、监看服务等集成系统。该系统是CATI的前台部分，按角色划分，使用对象为访问员

续表

功能	任务
问卷录入系统	该系统提供为非电话项目的问卷录入功能,并利用 CATI 提供的与 SPSS、Excel 等通信的标准接口进行数据交换
问卷设计系统	问卷问题设计和问卷结构逻辑设计系统,使用对象为问卷设计人员
项目管理系统	对项目进行管理,进行问卷的分配,是样本的确定系统
配额管理系统	按 $n-1$ 级进行配额控制
电话访问抽样系统	主要进行初始电话样本的采集,包括样本数据的导入、导出和号码管理
名单抽样系统	主要用于项目委托方提供客户名单的项目抽样
数据采集系统	是电话访问数据与各类分析软件的通信接口
在线监测系统	对各 CATI 工作站的语音进行监听,屏幕监视。还包括系统广播、聊天室消息系统,以及 CATI 工作站管制工具
访问员管理系统	对访问员的效率进行分析,对成功样本统计等
短信采集平台	针对移动电话属性进行短信预约、问卷问题的自动收发和采集
系统维护	进行各类系统基本数据的维护和系统数据的维护。包括区号及电话维护、访问员管理电话卡管理,权限分配等

访问员坐在计算机前,面对屏幕上的问卷,向通话另一端的被访者读出问题,并将被访者回答的结果通过鼠标或键盘记录到计算机中去;督导在另一台计算机前借助局域网和电话交换机的辅助对整个访问工作进行现场监控。借助该系统,调查者可以以更短的时间、更少的费用,得到更加优质的访问数据。所得数据可被各种统计软件直接使用。

(3) 方法的应用。

早在1927年,柯乐利调查公司就在44个城市完成了3万个电话样本的访问,进行了广播收听率的调研。这应当算是较早采用电话方式进行的调研。1970年,CATI 在美国出现。访问员在电话访问时,能够同步将数据录入电脑,并且实现对数据录入和统计的同步整合。1975年,加利福尼亚大学洛杉矶分校将 CATI 系统应用于教学研究。如今已有许多组织及政府采用这种系统。CATI 系统研发追求简单化,电话访问员只要戴着耳机式电话坐在计算机终端机或电脑前,调查的问题就会显示在计算机屏幕上,电话访问员可将计算机屏幕上的问题读给受访者,并将受访者的回答输入计算机。

CATI 在欧美发达国家已广泛使用,许多国家半数以上的访问均通过 CATI 完成,有些国家 CATI 访问量甚至高达95%。CATI 技术在国外之所以如此流行,一方面得益于电话的高普及率,另一方面也是迫于城市入户访问成功率越来越低的现状。

在中国,直到1987年,电话调查才开始被一些专业调查机构使用,主要用于民意测验和媒体接触率的研究。1999年,四川卫视利用当地的电话网络进行收视覆盖率调查;2000年春节,央视春节晚会对收视率进行了即时调查。目前,CATI 在中国也已获得了较为广泛的应用,专业市场研究机构、高等院校、政府机关、社科院、卫生机构、大型企业等都出现了 CATI 系统的身影。CATI 被应用于品牌知名度研究、产品渗透率研究、品牌市场占有率研究、产品广告到达率研究、广告投放后的效果跟踪研究、消费习惯研究、消费者生活形态研究、顾客满意度调查、服务质量跟踪调查、产品（担保）登记、家庭用品测试、选举民意测验、健康问题调查，以及客户回访、电话营销等诸多领域。

二、经典论文推介

1. 基于神秘顾客调查法的服务质量管理研究．章刚勇，谢莉莎（南昌大学经济管理学院）．华东经济管理，2015，29（4）：136－142

（1）概要。

服务质量可以定义为基于服务管理目的，服务符合服务标准或满足顾客要求的程度。神秘顾客调查法不仅可以直接度量服务人员对事先制定的一整套标准的执行程度，而且可以捕获服务人员在执行过程中表现的行为特征。神秘顾客调查法在我国市场研究实践中已被广泛采用。文章回顾和总结了神秘顾客调查法在我国的研究进展及应用领域，重点探讨了神秘顾客调查法所收集的数据质量控制方法和进一步数据分析方法的选择等问题，并以实例展示了神秘顾客调查法应用于厅店服务质量管理的一般过程。

（2）主要内容和观点。

作者首先回顾和总结了神秘顾客调查法在中国的研究进展和实践应用领域。神秘顾客调查法是由经过严格培训的调查员，在规定或指定的时间里扮演成顾客，对事先设计的一系列问题逐一进行评估或评定的一种商业调查方式。在我国，对神秘顾客调查法在服务质量管理中的应用研究相对较少。以中国知网为考察对象，截止到2013年12月，在中国学术文献网络出版总库中以"神秘顾客"为主题所能检索出的文献只有150篇，发表时间跨度为1994—2013年。其中包括48篇报纸文章，102篇期刊文献，但大部分期刊为非学术期刊。另外还包括7篇硕士毕业论文。自2000年起，我国学术界和实务界开始关注神秘顾客调查法在服务质量管理中的应用，具体应用领域包括零售连锁、旅店餐饮、交通物流、金融电信、医院药店及政府、图书馆等提供公共服务的部门。文章多发表于报纸和商业杂志上。在大部分非学术期刊中所登载的文章偏重于对神秘顾客调查作为一种现场检测手段的应用场景和结果的描写，并且文章的文字较为活泼、生动，吸引眼球。文章作者一般为新闻工作者或市场研究实践者。在学术期刊中，很少有文献致力于把神秘顾客调查法作为数据采集的一种手段用于服务质量评价和管理。少数几篇文献探讨了使用神秘顾客调查法的目的和意义、使用神秘顾客调查法应注意的问题。

在关于方法论的论述中，作者分析了神秘顾客工作访问次数和数据质量控制。作者认为，为保证所收集数据的可靠性，对神秘顾客工作的控制和数据质量控制显得尤其重要。即使神秘顾客是个合格甚至老练的执行人员，神秘顾客的责任心和熟练度也仍是保证项目顺利完成及保证数据质量的必要条件。因此在检测环节中设计一些对神秘顾客工作的控制方法是必要的。而这些在已有的文献中很少被提及，市场研究实践者们也很少给予总结。对神秘顾客工作的控制和数据质量控制可以分别设置在事前、事中和事后。对神秘顾客工作的控制即为对神秘顾客调查法收集数据的数据质量控制。

关于神秘顾客调查数据的统计方法，作者建议发展一种简单易行且可变通的管理法，目的是搜寻服务质量异常的厅店，对于服务质量异常高的厅店给予奖励，对于服务质量异常低的厅店实施惩戒，并在下一期服务厅店检测中重点关注，以实现对厅店服务质量的动态管理。

（3）结论。

本文根据移动营业厅店服务标准，设计了服务质量维度，明确和细分了神秘顾客检测内容，并在参考移动服务专家的建议下，按服务内容的重要性程度给各项检测内容赋予了分值，把多维数据分析转化为一维数据分析，起到了简化数据分析方法的作用。

本文立足于市场研究实践，认为在市场研究实践中，受限于成本的约束或客户要求，市场研究结果只能基于一到两次的神秘顾客访问所获取的数据，对神秘顾客调查收集数据的数据质量控制可以通过对神秘顾客工作进行事前、事中和事后控制来实现。只有基于现实约束的研究结论才能指导实践，学术研究者不应把学术研究束之高阁，简单指责市场研究实践所获得的数据缺乏可靠性。

本文关注了学术研究与市场研究实践之间的差异，认为市场研究实践以"研究结果即时应用"为导向，立足于解决实践中的问题，并偏向于使用一些简单直观的分析方法，而不注重研究方法和研究结论的可拓展性。

2. 投射技术研究综述. 朱莉娟（郑州大学教育学系）. 人力资源管理，2010（10）：36-37

（1）概要。

投射技术主要可以分为联想技术、构造技术、图画分析技术、意象构造技术、笔迹分析技术和完成技术。投射测验被广泛应用于军事、教育、临床诊断、市场研究等领域，也有人把投射测验应用到员工品德的测评中，但投射技术仍需不断完善。

（2）主要内容和观点。

"投射"一词最早是弗洛伊德对心理防御机制的命名。按照弗洛伊德的观点，自我会把超我不能接受的冲动或愿望压抑到潜意识中，从而否认自己有不可接受的愿望，反而把自己不能接受的冲动或愿望转移到他人身上，以此来减少自己的焦虑。投射技术主要分为以下几大类，见表4-5。

表4-5 投射技术的主要分类

方法	内容
联想技术	这一调查技术起源于著名心理学家、精神分析师荣格（C. G. Jung）提出的语词联想技术，主要为被试者呈现一些刺激，如单词，要求受测者说出这种刺激引起的联想，一般指首先引起的联想。荣格的文字联想测验和罗夏墨迹测验属于此类测验
构造技术	该技术要求被试者根据一个或一组图形或文字材料讲述一个完整的故事，主要测量被试者的组织信息的能力，从测验的结果分析被试者的深层心理。比较著名的有默里的主题统觉测验、儿童统觉测验、麦克莱兰的成就测验等
图画分析技术	该技术要求受测者根据一定任务进行绘画，评定者根据其作品的内容特征或形式特征进行评定，如房、树、人测验。评定者根据受测者的绘画作品分析，以此推测受测者心理特点或者对心理障碍做出诊断
意象对话技术	这一调查技术是由我国心理学家朱建军教授根据自己多年在心理咨询领域的实践经验总结发展出的一种心理咨询技术，于20世纪90年代初创立。该技术主要通过让来访者在放松的情况下描述其头脑中自动出现的意象，咨询师通过与来访者在该情境下的对话发现和了解来访者的心理问题的情况并且对其内心深处的矛盾进行处理，从而达到消除外部不良行为及其内部心理根源的作用，对话是利用意象这一媒介进行的。所谓意象，是指来访者通过咨询师的引导产生或来访者自发产生的具有象征性的心理图像，来访者内心深层的情感、愿望、创伤等，通过意象的这种象征性投射出来

续表

方法	内容
笔迹分析技术	笔迹是人的活动产品，它在某种程度上是人的视觉、动作协调、情绪、注意、思维，乃至个性和能力等生理心理活动的投射。"笔迹分析可以看作是投射测验的一种，它类似于罗夏墨迹测验、默瑞主题统觉测验，笔迹分析是通过书写者自己的作品来表露心理状态及整个的人格结构，因此，相比其他投射测验，笔迹测验更类似于绘人测验"。1964年，台湾大学心理学系杨国枢、林碧峰完成了汉字笔迹第一篇实证论文《中文笔迹与人格：一项探索性研究》。此后，翁淑缘采用因素分析的方法研究汉字笔迹与人格的关系，还有对性别与笔迹、气质与笔迹的有关研究
完成技术	该技术是给被试者提供一些不完整的句子、故事等材料，要求受测者进行补充。句子填充测验是一种"半投射"技术，即填充的内容可能反映了被试者的潜在的态度、欲望和恐惧等

投射测验现在被更广泛应用于市场研究领域。1950年，美国加州大学教授MasonHaire成功运用投射技术帮助雀巢速溶咖啡产品准确发现了产生销售困境的原因，消费者对速溶咖啡的看法靠直接询问得不到真实的回答，运用投射测验法则可以让消费者在不知不觉中暴露出他们的真实的想法。在市场调查、广告测试、商品命名等商业活动中，经常要了解消费者内心的真实动机或者潜在欲望。彭移风、张游（2006）指出投射测验技术是一种调查消费者隐性动机的心理测验技术。

（3）展望。

随着投射测验的理论与技术的日臻完善，投射测验的信效度逐渐得到肯定，出现了综合运用各种测验技术的趋势，各取所长、相得益彰。一般来讲，做一个问卷测验，每个人要花一小时左右时间；而做一个情境测验，则需要投入更多的人力、物力和财力。心理学的应用客户要求经济实用，在这种情况下，投射技术就扮演了一个重要的角色。在国内外，笔迹分析等技术很有市场。心理学家需要开发像笔迹分析、自传分析、职业统觉之类的有满意效度的投射技术。在讲究效率的现代社会，这些经济实用的投射测验会有更大的应用空间。

然而投射技术还需要不断完善：一是使施测、计分等更标准化、客观化；二是注重施测关系的建立，使受测者做出更多、更好的反应；对施测和计分者加强精神分析素养的培养，使他们能更好地使用这些工具。此外，投射技术在我国的发展还需要注重进行国外已有测验的修订与推广，以及对测验使用者的培训。

3. 头脑风暴法在企业管理中的运用．许雨婷（郑州大学公共管理学院）．企业改革与管理，2016（9）：16-17

（1）概要。

美国创造学家奥斯本提出了智力激励法。奥斯本直接向发明创造者大声疾呼："让头脑卷起风暴，在智力激励中开展创造！"这也是世界上第一个创造技法。其英文为Brain Storming，原是神经学的术语，其原意指精神病患者的一种思想错乱状态，在此借用为"自由奔放的思考"。人们为了书写的方便，将其简称为BS法。也有人将其称为"脑轰法"或"献计攻关法"。我国将它翻译为"头脑风暴法"。头脑风暴法作为一种定性的寻找问题解决方案的方法，适用于不同的企业结构和企业文化。作为一种团队式的开发创造性思维的方法，头脑风暴法在企业管理中发挥着越来越重要的作用。

(2) 主要内容和观点。

● 影响头脑风暴法的因素。

①企业结构。不是所有的企业在收集解决问题的方案时都适合用头脑风暴法。从影响头脑风暴法实施效果的因素中我们知道，要选好会议的参加者，参加者的专业结构不能单一化，行家过多容易束缚思维，要尽量使专业结构多样化。因此类似于三叶草组织结构的企业，专业人士团体集中，即专业结构单一，不太适合头脑风暴法。另外，在头脑风暴会议中参加者都应得到同等对待，企业家组织结构由于规模小、人数少、老板直接控制员工等特点，也不太适合用头脑风暴法。其他类型的组织结构，如事业部组织结构、职能部门组织结构、矩阵组织结构，是可以使用的。

②企业文化。头脑风暴法比较适用于拥有较为开放的企业文化的企业。这些拥有较为开放的企业文化的企业大都采取矩阵结构或部门组织结构（事业部制可以看成部门组织结构的延伸）。只有认真分析了头脑风暴法的适用范围，管理者才能有的放矢将其应用到企业管理中。

● 头脑风暴法在企业管理中的运用。

作者结合布鲁斯·塔克曼的团队发展理论，即用团队发展理论，解释头脑风暴法在企业管理中的运用，见表4-6。

表4-6 头脑风暴法在企业管理中的应用

阶段	工作内容
第一阶段 组建期	对应的是召开头脑风暴会议前的准备期，包括产生问题、组建头脑风暴小组、选择主持人、事先向与会者通知问题的内容及会议召开的时间和地点。值得注意的是，头脑风暴会议的成功或失败在很大程度上取决于主持人是否掌握主持会议的方法。主持人主持会议时要把握住以下几点：①了解召集的目的；②严格遵循BS会议的规则——集中思想、自由奔放、延迟批判、以量求质、组合运用；③善于引导大家思考和发表观点；④自己不发表倾向性观点；⑤善于组织相互间的评价和批判。此外，在选择会议地点时也应注意以下几点：①一间安静、温度适宜、光线柔和的办公室或会议室，当然也可以是户外，如草地上、假山旁、树荫下；②严禁电话或来人干扰；③最好有一台性能良好的录音机能够把全过程都录下来，当然也可以不用录音机，而改用快速记录；④有一块白板以及相应的书写工具
第二阶段 激荡期	在这一时期，团队会形成各种观念激烈竞争、碰撞的局面。此阶段对应的是头脑风暴会议的自由畅想期。头脑风暴法一次一般只讨论一个问题，如果有时间可以让每个人先就所需解决的问题独立思考十分钟左右，如果这一团队中的小组成员缺乏经验，不妨在正式进行头脑风暴会议前先来一个热身会，目的是使与会者能迅速放松心理，大脑进入畅想，以期头脑风暴的到来。接下来便是真正的头脑风暴了，团队成员针对某一个议题各抒己见，每个人讲出与该问题有关的设想，想发言的先举手，由主持人指名开始发表设想。在此期间只追求数量而不追求质量，而保证数量的前提就是延迟评判，同时也不允许自我批判，彻底防止出现一些捧杀句和扼杀句。各种设想，不论大小，甚至是最荒诞的设想，记录人员也要认真地将其完整地记录下来。在遵守以上游戏规则的基础上，每位团队成员都在相互激励中迸发出越来越多新奇的点子。BS法鼓励与会者积极进行智力互补，善于利用别人的思想开拓思路，在增加自己提出的设想的同时，注意思考如何把两个或更多的设想组合成另一个更完善的设想，这样头脑自然卷起了"风暴"

阶段	工作内容
第三阶段 规范期	此阶段对应的是头脑风暴法的评价期。在短短几十分钟的头脑风暴会议后，会收集到大量解决问题的方法，所收集的几十条甚至几百条的点子并不是终点，将方法运用到企业管理中去才是终极目标。因此，在会后可组织专门的小组，将方案交于经验和专业知识丰富的专家进行筛选，对其中一些荒诞的设想可暂时放弃，对富于创见的想法可进行再加工，以便形成方案。并且，在加工整理的过程中还会形成更有价值的设想。这种做法常称为"二次会议法"或者质疑头脑风暴法
第四阶段 执行期	此阶段对应的是将头脑风暴会议和二次会议上产生的方案应用到企业管理中的过程。当使命完成以后，团队中的小组成员也该真正解散，即塔克曼团队发展理论中的休整期

以上就是头脑风暴法和团队发展理论的完美结合，在企业管理中发挥着举足轻重的作用。没有行不通的方法，只有不具体的方案。将头脑风暴法运用到适合它的企业结构和企业文化之中，可最终为企业管理者输送切实可行和高效便利的解决问题的方案。

4. 市场营销管理研究方法综述．邓雯琴（广西大学）．商场现代化，2016（21）：62-63

（1）概要。

当前，中国关于市场营销管理研究方法的研究较为有限，研究方法的滞后制约着市场营销学的发展，对其进行理论探讨具有重要意义。本文通过整理文献，从理论定性研究、理论定量研究、实证定性研究、实证定量研究四个维度对常用的市场营销管理研究方法进行归类，分析了现有研究的不足，希望能够为今后研究中国管理研究方法提供一定的参考。

（2）主要内容和观点。

作者参照管理研究方法的分类，从四方面对市场营销主要研究方法进行归纳，见表4-7。

表4-7 市场营销主要研究方法归纳

方法	内容
理论定性研究——文献综述法	在科学研究中，文献综述具有很重要的意义和作用，它是连接专题研究的重要桥梁。进行任何一项研究，无不需要站在前人的基础上。在进行专题研究前夕，对所研究的领域当中前人已经做出的贡献进行回顾性的评论，这是一种表达我们尊重的方式，也是一种通过比较揭示本研究创新点的重要方法。现阶段看来，传统的文献综述并没有实现规范性，研究者们倾向于"通过一个自认为合理的研究逻辑主线，从而串联起该研究领域的研究成果"
理论定量研究——内容分析法	美国传播学家伯纳德·贝雷尔森首先把它定义为一种客观地、系统地、定量地描述交流的明显内容的研究方法（Qiu, Zou, 2004）。内容分析法，分析的是文献内容当中包含的信息量和它的变化，从而在数据分析的基础上，对其内容开展可再现的、有效的推断（Wen, 2016）。进行内容分析需要做到：分析单位须选定、目标总体的范围须准确界定、抽取适量的样本、编码体系须确定、进行文献样本的阅读、完成数据统计分析、得到最终的结果

续表

方法	内容
实证定性研究——案例研究法	案例研究方法在管理学领域当中扮演着重要作用。这种重要的定性和归纳推理的方法，通过不断地成熟和完善，在管理学的文献中得到了相当广泛的应用。在营销学领域，实证定量研究的方法风靡一时。以 Bonoma 为代表的学者认为营销学应当寻求突破，不应该一味地强调传统的研究方法，更应该寻求新的知识增长机制，借此处理那些理论基础仍旧缺乏、相对较为复杂的营销学现象（Wang, Dong, 2012）。案例研究方法是一种极具灵活性的方法，因此它适合处理营销学当中复杂、动态的关系，由此逐渐成为诸多营销学研究者承认的极有前景的研究方法之一。以工业品营销领域为例，案例研究方法就得到了广泛应用（Wang, Dong, 2012）
实证定性研究——访谈法	有学者指出，访谈法是以解释学和建构主义为基础建立起来的（Zhang, 2013）。20世纪，深度访谈已经成为一种常规的研究工具，用于探究企业、广告公司的消费者需求、动机（Wu, 2004）。关于访谈法，虽然很多学者在不同层次上进行了分析，提出了不同的概念。但总体而言，学者们认为从本质上来看，访谈法可以定义为研究性交谈，即建立在以口头交流为形式的基础上，以成功采集第一手资料为目的。从访谈的内容进行划分，访谈法可分为事实调查和意见征询。前者，是指从被调查对象那里，了解他们知道的一些一般情况；后者，主要是指根据被调查对象针对某些问题发表的个人看法了解被调查对象的经历、心理特征等情况（Guo, 2007）
实证定量研究——问卷调查法	问卷调查法是一种较为常用的实证定量研究方法之一，它是一种借助书面形式间接地获得研究材料的方法。社会调查的绝大部分是采用问卷调查的形式进行的（Han, 2015）。它的优势是可以实现调查结果的量化，对于问卷调查的调查结果，我们比较容易进行统计处理以及分析，是一种收集数据最为快捷、最为有效的方法，所调查的样本容量越大，收集的数据质量就越有保证；对于被调查者而言，问卷调查法造成的干扰更小，可行性更高（Han, 2015）
实证定量研究——实验法	大多数学者坚持认为对社会现象包括消费现象进行试验是极为困难的。而在很多国内的很多教材中，都对实验法进行了介绍，但如何使用和怎么使用却很少能在学术性论文当中看到。而在国外，在一些主要营销类研究杂志上，实验法得到了较为广泛的应用。例如在《JOURNAL OF MARKETING RESEARCH》的文章中，实验法的应用就相当普遍，大约占据 1/3 以上（Mao, Luo, 2011）。在消费者研究中，罗纪宁提出实验法是基于改变产品品牌、价格、包装和广告等变量，从而研究消费者在态度上或者在行为上的改变（Luo, 2004）。在市场测试研究中，实验法也是一种极好的方式。例如，我们在正式推广新产品或者新包装之前，一般会在小范围内做相关的消费者反应实验，从而获得消费者的评价意见等，为进行进一步的市场决策做准备（Cui, Ning, 2010）

（3）结论。

中国学者对管理研究方法的实证研究集中于案例研究方法，而其他重要研究方法较少涉及；不少研究都是综述前人的成果或直接译自国外文献，原创性的应用研究缺乏；缺乏对于管理研究方法的比较研究，关于管理研究方法发展现状和趋势的比较研究较多。研究方法是一把重要的钥匙，是打开一个研究领域之门的重要手段。规范的研究方法，包括各种定量和定性的研究方法。目前，关于市场营销管理的研究有多种方法，每一种方法都应该受到鼓励和尊重。

5. 企业营销伦理问题及对策研究．马玲，吴秀莲（安徽师范大学经济管理学院）．长春理工大学学报：社会科学版，2014（5）：79-81

（1）概要。

企业营销伦理是企业管理伦理的重要组成部分。营销伦理是指营销主体在从事市场营销活动中处理与利益相关者的相互关系所应遵循的基本伦理准则。营销伦理问题是市场营销学研究领域的一个新发展。作者从市场调研、营销组合策略这两个市场营销的主要过程入手，分析了各个过程中营销伦理问题的表现。并从利益相关者理论这一视角出发，针对性地提出了企业营销伦理建设的对策。

（2）主要内容和观点。

● 企业营销伦理问题的表现。

市场营销过程依次为数据的收集与分析、营销方案的制定及营销方案的实施三个阶段，数据收集与分析的关键在于市场营销调研；营销方案的制定主要是对收集的原始数据和二手数据进行分析，从而得出最优化的营销组合策略；营销方案的实施是将方案付诸实践的过程。作者主要从前两个阶段入手来分析企业营销伦理问题，见表4-8。

表4-8 营销伦理问题的表现形式

市场调研中的伦理问题	营销组合策略中的伦理问题			
	产品策略中的伦理问题	价格策略中的伦理问题	渠道策略中的伦理问题	促销策略中的伦理问题
受访者伦理 委托人伦理 调研人员伦理	产品安全问题、产品包装问题或缺陷产品召回问题	妨碍公平竞争的定价策略 消费价格的合理性问题	渠道设计不合理、窜货、逆向渠道建设不完善 直销及传销问题 灰色市场存在	人员推销问题、广告问题 公共关系问题、营业推广问题

① 市场调研中的伦理问题。市场调研中的伦理问题涉及受访者、委托人和调研人员三个方面。首先，受访者对于营销活动至关重要。依赖于调研得到有效信息，营销人员才能制定相应的营销策略。而在现实生活中，调研人员利用某种影响力强迫受访者完成调研、未经许可私自泄露受访者个人信息、利用调研作为某种促销手段等伦理失范行为不绝于耳。其次，在实际调研中，调研人员可能会做出损害委托人利益的行为，比如有意隐瞒信息、篡改调研数据、随意改变调研流程以及将信息泄露给竞争对手等。最后，委托人必须依约支付调研经费，全面公正地发表调研成果，不能断章取义误导消费者，否则就是伦理失范行为。

② 营销组合策略中的伦理问题，见表4-9。

表4-9 营销组合策略中的伦理问题

营销组合	伦理问题
产品策略	一是产品安全问题，比如有缺陷的产品设计、产品生产不符合国家环保标准、产品中含有有害化学元素、假冒伪劣产品等。二是产品包装问题，比如复用包装策略、附赠品包装、欺诈性包装等。三是缺陷产品召回问题。产品召回制度是针对设计或生产有缺陷从而危害人身财产安全或生态环境的产品而制定的。目前在我国，产品召回仍存在许多问题，比如企业不及时公开召回信息、部分召回、召回渠道窄等

续表

营销组合	伦理问题
价格策略	第一类是妨碍公平竞争的定价策略,比如针对不同买主索取不同价格的歧视性定价、企业相互串通建立"价格同谋"、以"价格战"为表现形式的掠夺性定价等。第二类是消费价格的合理性问题,主要是讨论企业的定价行为对消费者的影响,比如价格欺诈、误导性定价、价格暴利等
渠道策略	一是渠道设计不合理,没有充分考虑消费者、中间商、竞争者等特性。二是经销商之间窜货行为的发生。三是逆向渠道建设不完善,没有合理利用废弃品,产生浪费和污染。四是在直销活动中普遍存在侵犯消费者隐私权、欺诈等问题,同时非法传销也难以杜绝。五是灰色市场的存在,大大损害了商标所有者、制造商、消费者等的利益
促销策略	主要表现在促销方式上,一是在人员推销中的伦理问题,如推销人员对消费者进行高压劝说、误导宣传等,并在推销过程中有意诋毁竞争对手。二是在广告中的伦理问题,内容缺乏真实性、与竞争者进行比较、涉及敏感话题等的问题广告在现实生活中尤为普遍。三是公共关系中的伦理问题,指的是组织与社会公众之间的问题关系,主要是危机公关的不妥善处理。四是营业推广中的伦理问题,主要表现在参与展销等短期推广活动中的多是积压或不合格产品、售后服务滞后等

● 企业营销伦理建设的对策研究。作者从内部环境建设和外部环境建设两方面提出了若干对策建议。内部环境建设方面提出了塑造优秀的企业伦理文化、设置相应的伦理机构、培育伦理型企业管理层、提高企业员工伦理素养和设计建设伦理型营销组合策略等建议;外部环境建设方面提出了完善经济伦理法律制度、遏制失信行为、健全政府职能、建设全民监督网、完善行业制度,发展自律新形式、促进营销伦理研究,提高营销伦理理论水平等对策建议。

(3)结论。

营销伦理对于企业和其他利益相关者的重要性日益显著,营销伦理不仅可以给企业带来经济利益、带动企业的全面发展、提升持续的竞争力,还影响着消费者、竞争对手、环境等其他利益相关者的利益。

三、经典图书推介

1. 当代市场调研(原书第 8 版)。[美] 麦克丹尼尔,[美] 盖茨. 李桂华,译. 北京:机械工业出版社,2012

(1)概要。

本书是国外最为流行的市场调研教材之一。两位作者均为国际知名的市场调研专家,既有很高的理论水平,又有丰富的实践经验。作者在前言中指出:本书特色鲜明、语言生动,以"做真实的市场调研"为宗旨,从管理者使用或购买市场调研信息的角度介绍市场调研的理念和方法,涉猎的内容包括市场调研与管理决策、调研方案的设计、市场调研方法、数据的收集、数据资料分析,以及市场调研的实际应用等各个方面。内容之全面,可谓当代市场调研的"百科全书";结构之清晰,可谓提纲挈领、纲举目张。本书将市场调研工作中的各种工具充分运用到具体的调研案例中,既有战略高度和理论深度,又有实践价值及现实意义。

（2）主要内容。

全书内容遵循了前面几版的架构体系，总共分为五大部分，见表4-10。

表4-10 《当代市场调研》主要内容

模块	内容
导论模块	属于基础知识和营销调研概述，主要介绍了市场营销的发展历程和实质、市场调研与决策制定、互联网对市场调研的深远影响、市场调研行业的结构、市场调研行业的现状、市场调研道德、市场调研过程与管理、市场调研计划书的制定
设计调研方案模块	主要介绍了二手资料的应用、焦点小组座谈、深度访谈、询问调研法的类型、影响调研方法选择的因素、市场调研人员、利用互联网收集二手资料、互联网搜索策略、在线定性调研、网络问卷调研、商业在线小组、人员观察法、机器观察、在线实施观察调研法、实验设计、实验处理与实验影响、市场测试等
数据获取模块	主要介绍了制定测量量表、评估量表的信度和效度、态度测量和管理决策、调研问卷的设计过程、互联网在问卷发展中的作用、问卷的软件发展、基本抽样问题和样本容量的确定
数据分析模块	主要介绍了数据处理与数据分析、差分统计检验、二元变量相关和回归、聚类分析、因子分析、知觉图、联合分析等内容
市场调研实践模块	主要介绍了市场调研报告的完成，包括研究报告、口头汇报、在互联网上展示汇报等内容。最后介绍了市场调研的计划、组织与控制的相关知识

（3）本书特点。

随着经济的发展，企业的规范化运作水平也在日益提高，科学决策已成为企业的重要诉求，而获取真实可靠的信息则是科学决策的前提。特别是在市场营销领域，如何为营销决策提供准确的市场信息已成为营销从业者和研究者十分关注的重要问题。本书聚焦于市场调研这一市场营销领域最为基础性的工作，试图夯实营销决策基础。本书自其中文版出版以来，中间经历多年，跨越了第5、6、7三个版本，第8版内容变化很大，章节文字数量增多。市场调研也是一门需要不断发展的学问，这与市场营销实践的发展息息相关，本书沿用了"当代"一词，以表与时俱进、不断创新。

2. 营销调研（第7版）．[美]阿尔文·伯恩斯，[美]罗纳德·布什．于洪彦，等，译．北京：中国人民大学出版社，2017

（1）概要。

阿尔文·伯恩斯是美国路易斯安那大学工商管理学院营销系主任。他多年来为本科生和硕士研究生讲授"营销调研"课程，为博士生开设营销调研专题，对B2C、B2B和一些非营利组织的营销调研项目进行指导，在多家学术期刊上发表大量文章。罗纳德·布什美国西佛罗里达大学营销系资深教授，作为专家，他经常参与调研方法的论证和调研报告的鉴定。这本书是一本经典的营销调研教材，在北美列销量排行榜前列，在其他国家也很受欢迎。

(2) 主要内容。

全书基本上是按照营销调研的几大模块展开的，内容更加详细，见表 4-11。

表 4-11 《营销调研》主要内容

模块	内容
引言及行业描述	介绍了营销调研的定义、作用和营销信息系统的组成；行业描述介绍了营销调研行业的发展、营销调研行业的结构、营销调研行业的绩效等内容
营销调研过程和内容	明确营销调研详细过程和调研内容、识别营销问题并确定营销问题的来源、界定营销问题过程中的障碍及营销调研计划书的要素；介绍了调研设计的三种类型和试销方法
关于数据方面	介绍了二手数据和打包信息、定量调研、定性调研和复合调研，详细介绍了焦点小组访谈及其他定性调研方法；数据收集方法中重点介绍了问卷调查法的优点、数据收集模式、调查方法的选择、撰写问句和设计问卷、测量的类型、营销调研中常用的等距量表、测量的信度和效度、问卷结构、计算机辅助问卷设计、问题编码、问卷预测试等
关于样本选取和样本容量	介绍了概率抽样与非概率抽样、在线抽样方法、抽样方案设计、样本容量定理、用置信区间法确定样本容量、样本容量公式、确定样本容量的考虑因素及两种特殊情况的样本容量确定
实地访问与数据审核	介绍了数据收集与非抽样误差、数据收集现场可能出现的误差、现场数据收集质量控制、非回应误差、数据集、数据编码和数据编码本、数据质量问题；营销调研中统计分析的种类、通过描述分析理解数据何时使用特定的描述指标、统计推断、参数估计、置信区间、假设检验、方差分析、相关分析、交叉列表、卡方分析、二元线性回归分析、多元回归分析、逐步多元回归等内容
调研报告	营销调研报告的重要性、改进书面报告的效率、撰写报告、报告的要素、报告写作的指导原则、使用视图——表格和图形、创建准确的且符合道德要求的视图、口头展示、电子报告写作助手

(3) 本书特点。

应用导向：营销调研可分为基础研究与应用研究。本书不仅侧重应用研究，而且在介绍适量概念的基础上，强调实务操作，如界定研究问题、问卷设计、访问误差控制等，其介绍通俗易懂，易于模仿与操作。

初学者导向：本书力图用能够与初学者沟通的语言介绍营销调研的内容，如调研内容的界定、调研设计、抽样方法、问卷设计、数据分析和报告撰写等。本书将复杂的内容简单化，并用细腻且循循善诱的语言，全面地介绍营销调研工具及其使用方法。

操作导向：本书将营销调研的内容简单化，将调研实务步骤化。如对于调研内容的识别、定性调研方法、问卷设计、抽样、数据分析、SPSS 的使用和报告撰写等内容，书中都列出了具体的步骤，并指出了在操作过程中应注意的问题。

网络导向：全书自始至终贯穿着一条主线，即互联网环境下的营销调研。本书将营销调研与互联网密切相联系，令读者体会到互联网在收集信息、整理信息以及分析信息方面的绝妙之处。

3. 营销调研精要. 纳雷希·马尔霍特拉. 张婧, 译. 北京: 中国人民大学出版社, 2016

(1) 概要。

本书以一种相对简明和基础的方式清晰阐述了营销调研的重要概念和主要步骤,而不过分纠结于技术细节和统计方法。全书聚焦营销前沿,关注国际营销调研、社交媒体和新技术、企业营销调研伦理等热点问题,尤其是贯穿了基于互联网的营销调研的应用,创新性地突出了作为新领域和新应用的社交媒体研究,以便学生全方位、多角度地反复学习和领会这些重要的新概念。本书不但有鞭辟入里的理论讲解,而且包含大量生动有趣的说明性案例。每章都展示了数个企业实际案例,这些例子详细描述了为解决具体管理问题所做的各种营销调研,以及基于这些调研结果的决策。此外,书中融合了一些其他的实例和例证,书末还提供了带有真实数据和问卷的运营案例、综合的批判性思维案例以及其他案例,进一步增强了教材的应用和管理导向。尤其值得一提的是,本书还介绍了使用 SPSS 和 Excel 所必需的定量知识和技能。

(2) 主要内容。

第1篇是营销调研导论和初始阶段,主要介绍了营销调研的定义、营销调研的分类、营销调研过程、营销调研行业概况、调研供应商的选择、营销调研相关职业、国际营销调研、营销调研和社交媒体及营销调研伦理、定义问题和确定调研方案的过程。

第2篇是调研设计,主要介绍了原始数据和二手数据的优点与缺点、二手数据的评价标准、二手数据的分类、辛迪加数据的性质、辛迪加服务的分类、整合不同来源的信息、定性调研方法的分类、焦点小组座谈、在线焦点小组座谈、深度访谈、投影法、电话访谈、人员访谈、邮件访谈、电子访谈、观察法、实验设计的分类、网络实验、比较量表技术和非比较量表技术、量表的评价、问卷设计过程、观察表格、抽样设计过程、非概率抽样技术、概率抽样技术、互联网抽样。

第3篇是数据收集、分析与报告,主要介绍了数据收集过程、数据准备过程、SPSS 窗口、Excel、假设检验的一般步骤、列联表的实际应用、关于差异的假设检验、相关分析和回归分析、报告准备与演示等内容。

(3) 关于作者。

纳雷希·马尔霍特拉,佐治亚理工学院国际商务教育与研究中心高级研究员,佐治亚理工学院 Scheller 商学院校级荣誉退休教授。他自 1997 年以来连续入选马奎斯《美国名人录》,自 2000 年以来连续入选《世界名人录》。2005 年,他荣获久负盛名的营销科学学会"CUTCO/Vector 杰出营销教育家奖"。2010 年,他入选营销传奇人物。

4. 市场研究实务与方法. 郑宗成, 陈进, 张文双. 广州: 广东经济出版社, 2011

(1) 概要。

本书理论结合实际,通俗易懂,由浅入深,从面到点,有针对性地介绍了不同的统计分析技术在解决市场问题中的应用。本书不是纯粹的市场研究方法论的书籍,也不是纯粹的市场研究实务操作的书籍,它围绕市场营销管理过程中企业面对的主要问题来介绍相关的市场研究方法,既有对应解决的方案和方法,又有相应的案例分析。

(2) 主要内容。

《市场研究实务与方法》模块与内容见表 4-12。

表4-12 《市场研究实务与方法》的内容架构

模块	内容
模块一:使用习惯和态度研究	主要介绍了通过研究消费者使用习惯和态度来识别市场机会和购买动分析及竞争态势分析,同时可以进行企业品牌形象分析。在此基础上完成市场细分与目标市场选择、产品定位和品牌定位决策
模块二:产品概念测试	主要介绍了产品概念测试座谈会、概念筛选测试、概念吸引力定量测试、概念及产品测试、概念发展研究及潜在销售量的估计
模块三:产品测试	主要介绍了一般产品测试的基本类型、数据分析的基本方法、产品筛选测试、产品发展研究
模块四:包装和品牌名称测试	主要介绍了包装的功能和设计测试方法,包装的消费者测试及品牌名称测试方法
模块五:价格研究	主要介绍了简单Gabor Grangeer法、扩展的Gabor Granger法、价格敏感度测试、品牌/价格交替选择模型和考虑产品多种属性的价格研究方法
模块六:广告研究	主要介绍了广告投放前测试和广告事后测试和跟踪研究的相关方法
模块七:营业推广研究	主要介绍了对消费者的营业推广研究和对经销商的营业推广研究
模块八:购物者研究	主要介绍了购物者研究中常用的研究方法、古典多维尺度法及产品分类的方法
模块九:在线市场研究	主要介绍了有关在线调查的特点和适用范围的研究、有关在线调查存在的问题和对策的研究、在线市场研究的几种类型和发展趋势

附 录

一、单选题答案

1. C 2. B 3. B 4. B 5. A 6. B 7. A 8. D 9. C 10. C
11. B 12. C 13. A 14. A 15. A 16. D 17. D 18. D 19. D 20. D

二、多选题答案

1. ABCDEF 2. ABCD 3. ABCDEF 4. ABCDE 5. ABC
6. ABCDE 7. ABCDEFG 8. ABCDEF 9. ABCDE 10. ABCDEF

参考文献

[1] 王丹. 浅析市场调研中的伦理问题 [J]. 绥化学院学报, 2010 (4): 55-56.

[2] 谭磊. 大数据挖掘 [M]. 北京: 电子工业出版社, 2013.

[3] 朱磊. 计算机辅助电话调查 [M]. 广州: 暨南大学出版社, 2012.

[4] 杨东, 吉沅洪. 实用罗夏墨迹测验 [M]. 重庆: 重庆出版社, 2008.

[5] 餐饮公会. 看了这份报告才明白"80""90"后是这么吃快餐的 [EB/OL]. http://mp.weixin.qq.com/s?_biz=MzI1NjM4MTQyOQ%3D%3D&mid=2247483898&idx=1&sn=609103d9af56a3039f6ce94a93e24b85&scene=45#wechat_redirect.

［6］《成功营销》杂志官方微信. 联合利华新出高端洗发水？骗你的［EB/OL］. http：//mp. weixin. qq. com/s/-RVousalordDGwA1_ PQ4rw.

［7］谭磊. New Internet：大数据挖掘［M］. 北京：电子工业出版社，2013.

［8］腾讯科技官方微信. 科学家说：用 iPhone 的人更外向，用安卓的人淡泊名利［EB/OL］. http：//info. 3g. qq. com/g/s？aid = tech_ ss&id = tech_ 20161127001721&icfa = 1301010&g_ f = 23590.

［9］百度百科. 李克特量表［EB/OL］. https：//baike. baidu. com/item/李克特量表/2282414？fr = Aladdin.

［10］林静宜，鼎泰丰. 有温度的完美［M］. 台北：天下文化出版社，2014.

［11］MIC 营创学堂.《科学》杂志封面文章：吃面塑造了北方人，吃米造就了南方人？［EB/OL］. http：//mp. weixin. qq. com/s/vvthnLEMi1um1qr_ EuPB4g.

［12］陈俊捷. 小阿瑟·尼尔森·查尔斯的生平简介［EB/OL］. https：//www. zhihu. com/question/27526505/answer/36983440.

第五章
市场细分、目标市场选择与市场定位

第一节 测 试 题

一、单选题

1. 企业按照消费者对品牌（或商店）的忠诚度来细分消费者市场，采用的市场细分依据是（　　）。
   A. 地理变量　　　B. 人口变量　　　C. 心理变量　　　D. 行为变量

2. 日本资生堂公司分别推出针对不同年龄段女性顾客的专用化妆品，这一市场细分的依据是（　　）。
   A. 地理细分　　　B. 行为细分　　　C. 利益细分　　　D. 人口细分

3. 某时装公司生产妇女时装，分别设计成"朴素型""时髦型""知识型""优雅型"等不同款式，该市场细分的依据是心理细分，具体是（　　）。
   A. 生活方式　　　B. 人格　　　　　C. 社会阶层　　　D. 使用者情况

4. FI 皮鞋厂冬季在南方地区主推单皮鞋，在北方地区主推棉皮鞋，FI 皮鞋厂采用的市场细分属于（　　）。
   A. 地理细分　　　B. 人口细分　　　C. 心理细分　　　D. 行为细分

5. 无差异营销战略主要适用的情况是（　　）。
   A. 企业实力较弱　B. 市场同质性　　C. 市场竞争者多　D. 消费需求复杂

6. 甲企业选择与乙企业相同的市场位置，利用差别不大的产品、价格等争夺同一个顾客群体。甲企业采用的定位策略属于（　　）。
   A. 迎头定位　　　B. 避强定位　　　C. 重新定位　　　D. 混合定位

7. 对于资源有限的中小企业，一般适宜采用的目标市场营销战略是（　　）。
   A. 无差异营销　　B. 差异化市场　　C. 集中化营销　　D. 大量市场营销

8. BI 工程机械公司专门向建筑业用户供应推土机。该企业在选择目标市场时，只生产一种型号的产品，供应单一的目标客户群。该公司选择目标市场的方式是（　　）。
   A. 密集单一市场　B. 有选择的专门化　C. 产品专门化　　D. 市场专门化

9. HU 家具公司决定只推出针对家庭市场的系列橱柜、桌椅，其采取的目标市场选择方式是（　　）。
   A. 密集单一市场　B. 有选择的专门化　C. 产品专门化　　D. 市场专门化

10. UY 公司进行市场细分时，首先考虑细分市场能否获得充足的利润，这种市场细分有效性体现的是（　　）。
    A. 可衡量性　　　B. 可接近性　　　C. 足量性（可获利）D. 差异性
11. 某服装公司把其女性消费者分为青年女性、中年妇女、老年妇女三种，这种市场细分依据是（　　）。
    A. 地理细分　　　B. 心理细分　　　C. 人口细分　　　D. 行为细分
12. 某服装生产企业分别针对不同性别、不同收入水平的消费者推出不同品牌、不同价格的产品，并采用不同的广告主题来宣传这些产品。该企业采用的是（　　）。
    A. 无差异营销　　B. 差异化营销　　C. 集中化营销　　D. 密集化营销
13. 某著名品牌变更了产品特色，使目标顾客对其产品形象有了新的认识，该品牌采用的定位方法是（　　）。
    A. 迎头定位　　　B. 避强定位　　　C. 重新定位　　　D. 混合定位
14. 云南白药牙膏以"防止牙龈出血"为产品的重要诉求点，这反映了其产品的细分变量是（　　）。
    A. 地理细分　　　B. 心理细分　　　C. 人口细分　　　D. 行为细分
15. 企业将自己的产品定位于另一个市场区域内，使自己的产品特征与强势对手有明显的区别，这种定位方法是（　　）。
    A. 迎头定位　　　B. 避强定位　　　C. 重新定位　　　D. 混合定位
16. 由于进入的细分市场少，企业经营的风险会较大，这一目标市场营销战略属于（　　）。
    A. 无差异营销　　B. 差异化市场　　C. 集中化营销　　D. 大量市场营销
17. 有利于实现规模化生产，降低营销成本的目标市场营销战略是（　　）。
    A. 无差异营销　　B. 差异化市场　　C. 集中化营销　　D. 大量市场营销
18. 饮水机厂只生产一种型号的产品，销售给家庭、银行、学校、酒店等各类用户，这种目标市场选择方式属于（　　）。
    A. 密集单一市场　　　　　　B. 有选择的专门化
    C. 产品专门化　　　　　　　D. 市场专门化
19. 细分市场在观念上能被区别，并且对于不同的营销组合因素和方案的反应不一样，这种衡量细分市场有效性的标准属于（　　）。
    A. 可衡量性　　　　　　　　B. 可接近性
    C. 足量性（可获利）　　　　D. 差异性
20. 我国一家南方的工程机械公司专门向建筑业用户供应推土机、打桩机、起重机、水泥搅拌机等机械设备，这反映出这家公司选择目标市场的方式是（　　）。
    A. 密集单一市场　　　　　　B. 有选择的专门化
    C. 产品专门化　　　　　　　D. 市场专门化

二、多选题

1. 五种目标市场选择方式包括（　　）。
    A. 密集单一市场　B. 有选择的专门化　C. 竞争专业化　　D. 市场专门化

E. 产品专门化　　F. 完全市场覆盖
2. 市场细分要依据一定的细分变量来进行，消费者市场常用的 4 类细分变量是（　　）。
A. 地理变量　　B. 人口统计变量　　C. 心理变量　　D. 行为变量
E. 环境变量
3. 市场细分常用的 3 种方法是（　　）。
A. 单因素法　　B. 综合多因素法　　C. 系列因素法　　D. 系统分析法
4. 企业可选择的目标市场三种营销战略是（　　）。
A. 无差异营销　　B. 差异化营销　　C. 集中化营销　　D. 专业化营销
5. 市场定位的过程是要能够塑造出独特的能在顾客心目中留下鲜明印象的产品或服务形象，其三个典型步骤是（　　）。
A. 识别竞争优势　　B. 选择细分市场　　C. 选择竞争优势　　D. 传播市场定位
6. 定位要追求差异性，这些差异性可以表现在（　　）。
A. 产品差异　　B. 服务差异　　C. 人员差异　　D. 目标差异
E. 形象差异
7. 评估细分市场以便企业有效选择目标市场的两个重要标准是（　　）。
A. 市场吸引力　　　　　　　　B. 企业目标与资源能力
C. 细分市场的差异性　　　　　D. 营销目标
8. 市场细分是企业进行目标市场选择和市场定位的重要基础，其作用体现在（　　）。
A. 发现可以利用的市场机会　　B. 合理配置资源
C. 实现无差异营销　　　　　　D. 制定合理的营销组合策略
9. 组织市场常用的市场细分变量有（　　）。
A. 企业统计变量　　　　　　　B. 经营变量
C. 购买方式　　　　　　　　　D. 环境因素
E. 个人特质
10. 组织市场的企业统计细分变量包括（　　）。
A. 所属行业　　B. 公司规模　　C. 公司性质　　D. 所在地理位置
E. 忠诚度

三、阐述题

1. 市场细分的含义及其作用

市场细分是指根据构成总体市场消费需求及购买行为的差异性，将整体市场划分为若干个相类似的消费者群体。在细分后的若干细分市场中，同一细分市场具有共性需求，不同细分市场具有差异化需求。其作用表现在以下方面。

（1）发现可以利用的市场机会。通过细分划分出不同的子市场，通过对各细分市场需求满足度评估，从中识别那些需求尚未得到满足或低满足度的子市场，这就是最好的市场机会。

（2）合理配置资源。基于市场细分，不仅可以掌握细分市场的需求满足度，而且也可以把握各细分市场的需求特点，然后企业可以将自己的资源与细分市场进行最佳匹配和最佳组合，实现企业资源的合理配置。

(3) 制定合理的营销策略。在市场细分基础上，企业对各子市场需求的认识和把握更加清楚、准确，有利于提供更有针对性的产品、服务和设计适合的营销组合策略。

2. 消费者市场和组织市场的细分变量

细分变量是指影响需求差异的那些变量。细分变量往往具有层次性，依据何种变量进行的细分就相应地叫作这种变量细分。消费者市场常用变量有地理细分、人口细分、心理细分、行为细分、利益细分。各种细分变量下的具体子变量及其举例见表5–1。

表5–1 消费者市场常用细分变量

细分变量	举例
地理细分	(1) 国家：欧美、中亚、东亚、东南亚、中东、拉美、非洲、西亚、北亚、澳大利亚/发达国家、发展中国家。 (2) 地区：南方、北方或西北、华北、华东、华南等。 (3) 城市规模：超大城市、特大城市、大城市、中等城市、小城市等。 (4) 人口密度：人口密集区、中等区、稀少区、极稀区。 (5) 气候：寒带、温带、热带/海洋性、大陆性。 (6) 地形地貌：平原、高原、盆地、山地、丘陵
人口细分	(1) 年龄：学龄前、小学生、中学生、青年、中年、老年。 (2) 性别：男性、女性。 (3) 家庭规模：单身、二人世界、三口之家、四口之家、家族。 (4) 家庭生命周期：单身、新婚期、满巢期、空巢期与解体。 (5) 民族：汉族、五十五个少数民族。 (6) 籍贯：中国大陆、中国台湾、中国香港、中国澳门、海外华侨、外籍在华。 (7) 宗教信仰：佛教、道教、天主教、基督教、伊斯兰教。 (8) 受教育程度：文盲、小学、初中、高中、大学本科、硕士、博士等。 (9) 经济收入（月收入）：1 500元以下、1 500～3 000元、3 001～5 000元、5 001～8 000元、>8 000元。 (10) 职业：国家机关、党群组织、企业、事业单位专业技术人员，办事员，商业、服务业人员，农、林、牧、渔、水利业生产人员，生产、运输设备操作人员及有关人员，军人，不便分类的其他从业人员等等
心理细分	(1) 生活方式：传统型、新潮型、节俭型、奢华型、严肃性、活泼型、乐于社交型、爱好家庭生活型等。 (2) 个性：活泼好动型、沉默寡言型、传统保守型、优雅型、追逐潮流型、放荡不羁型。 (3) 购买动机：求异心理、求实心理、攀比心理、求新心理、炫耀心理、求美心理等。 (4) 价值取向：理性型、追求完美型、服务型、无私奉献型、利益至上型、信仰至上型、追求权力地位型。 (5) 商品供求形势：供过于求、供不应求、供求平衡。 (6) 销售方式的感应程度：敏感型、迟钝型、理智型、排斥型。 (7) 阶层：目前中国已形成十大社会阶层：国家与社会管理者阶层、经理人员、私营业主，专业技术人员，办事员，个体工商户阶层，商业服务人员阶层，产业工人，农业劳动者，城乡无业、失业、半失业者

续表

细分变量	举例
行为细分	(1) 消费者进入市场的程度：经常购买者、初次购买者、潜在购买者。 (2) 消费的数量：大量客户、中量客户、少量客户。 (3) 对品牌的忠诚度：忠诚者、转变者、多变者。 (4) 品牌偏好：单一品牌忠诚者、多品牌忠诚者、无品牌偏好者。 (5) 购买或使用产品的时机：普通时机、特殊时机（节假日）。 (6) 使用率：经常使用、偶尔使用、从未使用。 (7) 对产品的态度：相当热情、无所谓、厌恶反感
利益细分	(1) 化妆品：美白、祛斑、保湿、防晒。 (2) 牙膏：美白、防蛀牙、口气清新、全面护理、经济实惠。 (3) 服装：舒服、实惠、个性、大方。 (4) 汽车：安全、省油、贵族、时尚、实惠。 (5) 食品：包装抢眼、营养、美味、独特等

组织市场的细分变量与消费者市场不同。常用的组织市场细分变量有企业统计学、企业运营、用户购买行为、环境因素、决策者个人特质等。各种细分变量及其包含的子变量特点见表 5-2。

表 5-2　组织市场细分变量

企业统计变量 (1) 行业：我们应该服务于哪个行业？ (2) 公司规模：我们应该服务于多大规模的公司？ (3) 地点：我们应该服务于哪些地理区域？
企业经营变量 (1) 技术：我们应该把重点放在客户重视的哪些技术上？ (2) 使用者状况：我们应该服务于重度使用者、中度使用者、轻度使用者还是未使用者？ (3) 客户能力：我们应该针对需要大量服务的还是少量服务的客户？
用户购买方式 (1) 采购职能组织：我们应该服务于拥有高度集中采购组织的公司还是分散采购的公司？ (2) 权利结构：我们应该服务于工程导向、财务导向还是其他导向的公司？ (3) 现有业务联系的本质：服务于和我们有牢固关系的公司还是简单追求最理想的公司？ (4) 总体采购政策：应该服务于喜欢租赁、签订合同、进行系统采购还是采用投标的公司？ (5) 采购标准：我们应该服务于追求质量、服务还是价格的公司？
环境因素 (1) 紧急性：我们是否应该服务于需要快速、随时交货或提供服务的公司？ (2) 具体应用：我们是否应该关注于我们产品的某一种应用而不是所有的应用？ (3) 订单规模：我们应该着重于大订单还是小订单？
决策者个人特质 (1) 购买者与销售者的相似性：我们是否应该服务于那些人员和价值观与我们相似的公司？ (2) 对风险的态度：我们应该服务于偏好风险的公司还是规避风险的公司？ (3) 忠诚度：我们是否应该服务于对其他供应商表现出高忠诚度的公司？

3. 细分市场评估

经过市场细分划分出的细分市场,企业要通过评估,将有限的资源用在那些最有吸引力、又有能力为之服务的细分市场上。细分市场的评估可以从市场吸引力、企业目标与资源能力两个方面进行。

(1) 市场吸引力。决定市场吸引力的主要因素有:市场规模大小、市场成长性、市场竞争结构、市场进入难度、市场透明度、市场生命周期、市场经验曲线、关键经营因素与本企业优势的相关性,及企业保持差异化优势的能力等。其中前三个因素对市场吸引力的作用最大,因而往往更被大多数企业所关注。

(2) 企业目标与资源能力。吸引力大的市场是企业目标市场选择的备选对象,但仅有吸引力还不够,还必须考虑企业能否驾驭这些市场,为目标顾客提供相适应的产品,能否符合企业既定的发展目标。企业资源能力分析可以从战略资源、产品技术资源、产品原材料资源、营销渠道资源、品牌资源等方面进行。

4. 目标市场营销战略的类型及其特点

目标市场营销战略类型有:无差异营销战略、差异化营销战略和集中化营销战略。

(1) 无差异营销战略。

无差异营销战略就是企业把整个市场作为自己的目标市场,只考虑市场需求的共性,而不考虑其差异,见图 5-1。这时企业对整个市场只采取一种营销组合策略,它是建立在顾客需求的共性十分明显,甚至就是同质市场的假设前提下的。随着市场发展,需求差异程度提高,无差异营销战略受到了越来越严重的挑战。

图 5-1 无差异营销

(2) 差异化营销战略。

差异化营销是把将整个市场细分为若干子市场的基础上,针对不同的子市场设计不同的营销组合策略,以满足不同的消费需求,见图 5-2。这种战略考虑了细分市场的需求差异化,能很好地满足细分市场的不同需求,有利于提高顾客忠诚,扩大销售并抵御竞争者进入。

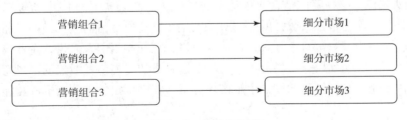

图 5-2 差异化营销

(3) 集中化营销战略。

集中化营销就是在细分后的市场上,选择单一或少数几个经过缜密定义的细分市场作为目标市场,实行专业化生产和销售,见图 5-3 所示。采用这种战略的企业对目标市场有较深的了解，也是大部分中小型企业在初期应当采用的战略。

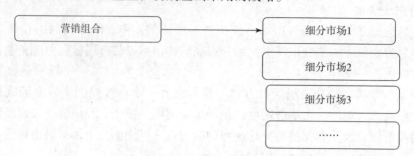

图 5-3　集中化营销

5. 市场定位的含义及其过程

市场定位就是根据竞争者现有产品在市场上所处的位置，针对消费者对该产品某种特征或属性重要程度的认知，强有力地塑造出本企业产品与众不同的、给人印象鲜明的个性或形象，并把这种形象生动地传递给消费者，从而使该产品在市场上确定适当的位置。市场定位要经过的三个重要环节。

（1）识别可能的竞争优势。消费者一般都选择那些给他们带来最大价值的产品和服务。因此赢得和保持顾客的关键是比竞争者更好地理解顾客的需要和购买过程，以及向他们提供更多的价值。常见差异化选择包括产品差异、服务差异、人员差异、形象差异。

（2）选择合适的竞争优势。假定企业已经很幸运地发现了若干个潜在的竞争优势，企业必须选择其中若干竞争优势，据以进行准确的市场定位。企业在定位时应该尽量避免定位不足、定位过分及定位模糊。

（3）传播市场定位。一旦选择好市场定位，企业就必须采取措施把理想的市场定位传达给目标市场。企业的市场营销组合必须支持这一市场定位战略。

6. 市场定位的方式、特点及其应用注意点

市场定位的方式主要有避强定位、迎头定位和重新定位。

（1）避强定位。这种定位是企业避免与强有力的竞争对手发生直接竞争，而将自己的产品定位于另一市场的区域内，使自己的产品在某些特征或属性方面与强势对手有明显的区别。这种方式可使自己迅速在市场上站稳脚跟，并在消费者心中树立起一定形象。由于这种做法风险较小，成功率较高，常为多数企业所采用。

（2）迎头定位。这种定位是企业根据自身的实力，为占据较佳的市场位置，不惜与市场上占支配地位、实力最强或较强的竞争对手发生正面竞争，从而使自己的产品进入与对手相同的市场位置。由于竞争对手强大，这一竞争过程往往相当引人注目，企业及其产品能较快地为消费者了解，达到树立市场形象的目的。这种方式可能引发激烈的市场竞争，具有较大的风险。因此企业必须知己知彼，了解市场容量，正确判定凭自己的资源和能力可以达到的目的。

（3）重新定位。这种定位是企业对销路少、市场反应差的产品进行二次定位。初次定位后，如果由于顾客的需求偏好发生转移，市场对本企业产品的需求减少，或者由于新的竞争者进入市场，选择与本企业相近的市场位置，这时企业就需要对其产品进行重新定位。一般来说，重新定位是企业摆脱经营困境，寻求新的活力的有效途径。

四、评析题

1. "营销战略思维是一种由上向下的思维"

艾·里斯和杰克·特劳特认为这一战略思维路径有其局限性。艾·里斯和杰克·特劳特在《营销革命》一书中指出:"传统的营销方向是自上而下的。你决定做什么(战略),然后你计划怎么做(战术)。"这种由上(战略)而下(战术)思维的局限性表现在两个方面:一是"拒绝承认失败";二是"不主动地把握成功的机会"。

里斯和特劳特分析了20世纪50年代通用电气公司进入计算机市场战略决策失败的案例。认为通用电气公司如果注意当时市场的空白,由下向上进行思考,注意两种选择:向高处,开发超大型计算机;向低处,开发个人计算机,也许都可以避免失败。里斯和特劳特指出:"在商业中,人们倾向于看那些期望看见的东西。这就是自上而下思维的危险所在。人们往往忽略任何与战略成功无关的因素。"

里斯和特劳特强调,在进行战略思考时,要"扭转思维过程"。维克斯公司发明了"第一种夜晚感冒药",这是一个由下向上思维的成功案例:是战术(第一种夜晚感冒药)在支配战略(开发一种叫奈魁尔的新感冒药)。因此,"营销恰恰应该以相反的方向进行。发现一个管用的战术,然后把它建成一个战略"。也就是说,要建立一种由下(战术)向上(战略)的战略发现思维模式。

2. "市场细分,就是市场分得越细越好"

此观点不正确。市场细分并非越细越好,市场规模将会因过度细分而缩小,进而限制经营规模,影响收益;基于更细市场细分的微观营销和定制营销的实施需要相应条件,比如定制营销对企业信息收集与反应能力、柔性制造系统、产品设计与创新能力等提出相应要求,而这些要求并不是所有企业都能达到的。所以企业界出现了"反细分"的理论,即将过度细分的子市场再度归并,也叫同合化理论。反细分化营销(市场同合化)就是要求企业应在兼顾成本和收益分析的基础上,对市场进行适度细分。

有效细分市场的评价标准要遵循以下几个原则:①可衡量性。指细分市场的规模大小、购买力和其他市场特征是能够被衡量的,因此要选择有效的细分变量或变量组合。②可接近性。企业能提供符合该细分市场需求的产品;产品信息能传播到该细分市场;有效的分销渠道使产品能及时到达该细分市场。③足量性。细分市场能为企业带来可持续发展的合理利润,并具有发展空间和获利潜力。④差异性。细分市场在观念上能被区别,并且对于不同的营销组合因素和方案的反应不一样。

3. "微观营销不是在人群中寻找顾客,而是在每位顾客身上探寻个性"

这一观点是正确的。微观营销是指适合特定个人和特定地区的偏好而调整产品和营销策略,包括当地营销和个人营销。

(1)当地营销。

当地营销指根据当地顾客群,如城市、街区甚至特定的商店的需要和欲望,调整品牌和促销策略。如美国梅西百货商店推出一项名为"我的梅西"的当地计划,根据69个不同的地理区域定制其商品结构。在全美各地的梅西商店里,销售人员记录当地的购物者的要求,并将信息传给区域经理。区域经理就会综合顾客需求和商店交易数据调整商品组合。如在密歇根地区的商店会销售更多当地产的Sanders巧克力糖;在奥西多的水上乐园附近的梅西商店里备有更多的泳装等。现代信息技术的发展促进了高技术产品的当地化营销。GPS功能的智能手机和定位社交网络的爆炸性增长，使企业可以追踪消费者的位置并发送相应的产品或服务信息。

（2）个人营销。

个人营销是根据个体顾客的需要和偏好调整产品和营销策略。个人营销也被称为一对一营销、大规模定制营销或单人市场的营销。高效的计算机、详尽的数据库、机械化生产和精益制造，以及手机和互联网等互动媒体的发展，都为个人营销提供实现了可能性。

如今，许多商品已经实现了高度的定制化。在mymms.com网站，糖果爱好者可以购买嵌有自己孩子或宠物形象的M&M巧克力；在mixmyown.com网站，重视营养的人可以设计它们自己的健康麦片组合。彪马工厂运动鞋定制网站，让顾客挑选自己喜欢的面料和款式。公司对顾客说："在这里，你可以尽情发挥，使自己的鞋子与最爱的球队或旧T恤搭配、绘上数字或创新的外观。"

4. "企业对目标市场的营销要考虑社会责任"

这一观点是正确的。目标市场的选择虽然对于公司来说能够使其聚焦于最有利可图的细分市场；对于消费者而言，也有利于获得公司为其提供满足自己需求的产品和服务。但是，企业目标市场的一些营销行为也引发了争议和担心。

例如，多年来，在一些国家或地区，一些快餐连锁店因向低收入的城市居民兜售高脂肪、高盐的食物而受到指责，因为营销手段的诱惑可能导致居民过量地消费了垃圾食品；类似的，大型银行和信托公司因以贫困市区的消费者为目标市场，用很有诱惑力的可调整利率吸引他们接受根本不可能承担的抵押贷款而遭到批评。

儿童被视为特别脆弱的人群。数年来，从燕麦、玩具到快餐食品、时装等众多行业的营销者，因为直接向儿童进行营销活动而受到指责。批评家担心，赠品和借可爱的卡通人物之口说出来的强效广告词会轻易地击破孩子的心理防线。当今数字时代，为吸引孩子关注产品而特别设计的视频游戏中，设置浸入式广告游戏；或者在电视剧、流行音乐或其他可供营销的载体中嵌入广告、有效问答等。这些都可能使得孩子们在商业化的营销信息面前没有甄别能力。

综上所述，营销者需要注意，当以目标市场的利益为代价换取盈利，即以不公正地易受影响的细分市场为目标，或者向他们推出有问题的产品或营销策略时，就会引发争议甚至批评。菲利普·科特勒指出："具有社会责任的市场营销要求，细分市场和目标市场选择不能只考虑公司自身的利益，还要考虑目标顾客的利益。"

5. "定位是对消费者心智资源的抢占"

这一观点是正确的。里斯和特劳特指出："定位从产品开始，可以是一件产品、一项服务、一家公司、一个机构，甚至是一个人"；"定位是围绕潜在顾客的心智进行的。也就是说，将产品定位于潜在顾客的心智中"；"定位最新的定义是：如何让你在潜在客户的心智中与众不同"。

据哈佛大学心理学博士米勒的研究，顾客心智中最多也只能为每个品类留下7个品牌空间。里斯和特劳特的研究进一步发现，随着竞争的加剧，顾客最终连7个品牌都容纳不下，只能给两个品牌留下心智空间，这就是定位理论中著名的"二元法则"。可以说，在顾客心智中没有位置的品牌，终将从现实中消失，而品牌的消失直接意味着品牌背后组织的消失。

里斯和特劳特指出："成为第一，是进入心智的捷径。"可口可乐、通用、施乐等品牌的共同之处，是它们都是同类产品第一个进入顾客心智的品牌。如今，这些品牌在它们的品类中仍然位居前列。"当第一胜过做得最好"是迄今为止最有效的定位观念。

6. "既定的定位要向顾客进行传播和传递"

这一观点是正确的。里斯和特劳特在阐述定位的步骤时指出，定位不仅要将企业内部运营的方方面面整合进去，还要在传播上有足够多的资源，以便将定位植于顾客的心中。里斯和特劳特还指出："应对传播过度的社会的最好方法，就是尽量简化信息"；"传播和建筑一样，越简洁越好。你一定要'削尖'你的信息，使其能切入人的心智"。

菲利普·科特勒指出，公司的定位一旦确定，就要采取有力的措施向目标顾客传递和沟通既定的定位。公司所采取的营销组合策略必须给予定位战略有力的支持。如果一个公司选择了定位于更好的质量和服务，就必须按照这一定位向目标顾客兑现承诺。进行市场营销组合策略的设计，就是在安排定位战略的战术细节。实现战略与战术的一致和统一，才能保证公司的良好运营和发展。

五、实训题

1. 练习 STP 分析

根据中国互联网协会、工信部信息中心发布的2017年"中国互联网企业100强"榜单，2016年，我国互联网百强企业的互联网业务收入总规模达到1.07万亿元，首次突破万亿大关，同比增长46.8%。其中，前4强互联网企业分别是腾讯、阿里巴巴、百度、京东。

实训：请根据这4家企业的主要品牌及其业务特点，通过进一步的资料收集，熟悉经营品牌业务，分析其细分变量、细分市场、选择的目标市场及其市场定位的特点，填写表5-3和表5-4。并在小组中交流一下你的分析结果。

表5-3　中国互联网4强企业的STP分析（1）

企业名称	主要品牌	细分变量	细分市场
深圳市腾讯计算机系统有限公司	微信、QQ、腾讯网、腾讯游戏		
阿里巴巴集团	淘宝、天猫、优酷、土豆		
百度公司	百度、爱奇艺		
京东集团	京东商城、京东金融		

表5-4　中国互联网4强企业的STP分析（2）

企业名称	主要品牌	进入的目标市场	市场定位
深圳市腾讯计算机系统有限公司	微信、QQ、腾讯网、腾讯游戏		
阿里巴巴集团	淘宝、天猫、优酷、土豆		
百度公司	百度、爱奇艺		
京东集团	京东商城、京东金融		

2. 熟悉目标市场营销战略选择的影响因素

企业实力、产品性质（产品的差异化程度）、市场性质（市场的同质化程度）、产品生命周期、竞争对手的目标市场战略，是影响一个公司选择目标市场营销战略的主要因素。

实训：根据以上因素的状况，填写表5-5中的空白内容：可选择的目标市场营销战略。

表5-5 影响因素——目标市场营销战略选择

影响因素	因素状况	可选择的营销战略
企业实力	强	例：无差异、差异化
	弱	
产品性质（产品的差异化程度）	高	
	低	
市场性质（市场的同质化程度）	高	
	低	
产品生命周期	投入期	
	成长期	
	成熟期	
	衰退期	
竞争对手的目标市场战略	无差异	
	差异化	
	集中化	

3. 熟悉价值主张的种类及其实践应用

价值主张是指品牌的整体定位，即该品牌赖以差异化和定位的所有利益的组合。价值主张直接回答顾客的问题："我为什么要购买你的品牌？"公司的价值主张包括五种：优质优价、优质同价、同质低价、低质更低价、优质低价，见图5-4。图中，浅灰色的方格代表成功的价值主张；黑色方格代表失败的价值主张；中间灰色的方格代表边缘性的价值主张。在任何市场中，各种不同的公司通常都能够找到属于自己的发展空间，成功地占据不同的定位。

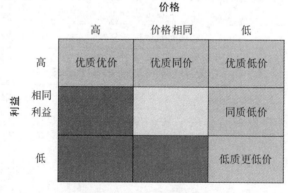

图5-4 可能的价值主张

实训：选取你生活中最熟悉的三个品牌（如酒类的、方便面类的、饮料类的、零售商类的等），与图中的五种价值主张做一对应思考，分析一下它们可以归为五种价值主张中的哪一种，并说明理由。在小组中与同学交流一下你的选择和分析。

第二节 案例分析与讨论

一、芭比娃娃经久不衰的奥秘

1. "芭比娃娃"王国世界

在美国,一说起"芭比",人们就会想起芭比娃娃,一个高 11 英寸,或长发披肩,或一头乌黑卷发梳成漫不经心的马尾式,胸部高耸,具有窈窕淑女形象的玩具娃娃。就是这样一种玩具创造了风靡世界玩具市场几十年的奇迹。芭比娃娃的经典造型示例见图 5-5。

图 5-5 芭比娃娃的经典造型示例

据《美国玩具制造》杂志估计,1993 年芭比这个玩具世界的女王为生产她的马特尔公司盈利 12 亿美元。今天,芭比娃娃在世界上 100 多个国家以每秒钟两个的速度销售。3~10 岁的美国女孩,平均每人拥有 8 个芭比娃娃。如此巨大的销售奇迹在世界玩具市场也是绝无仅有的。

2. 约翰．阿默曼上任

马特尔公司的现任总经理——约翰．阿默曼,在 20 世纪 80 年代初受命于危难之际,当时公司因产品积压,濒临破产。阿默曼上任后第一件事就是抓产品和市场。一次偶然的机会,阿默曼发现小女孩对待玩具比小男孩更执着和持久,并倾注了更多的情感。从此,公司确定了以 12 岁以下的小女孩为主要销售对象的目标市场策略,并以此为核心向各个年龄层的消费者渗透。到 1987 年芭比玩具的销售额达到 10 亿美元,占公司总销售额的 1/2 左右,成为公司的拳头产品。公司又以美国市场的成功为契机进一步拓展国际市场,到 1994 年芭比玩具的销售额已突破 50 亿美元大关。

3. 芭比娃娃的创意

芭比是 1959 年由一位女商人按照她女儿巴巴拉的模样设计的。她曾对一位记者说:"我构思芭比时认为小女孩应该跟胸部丰满的娃娃一起玩,这对她的自尊心大有益处。"这种使玩具娃娃女性化的创意和设计思想打破了美国以往玩具娃娃幼儿化的传统,满足了幼儿天生的"亲母化"的心理需要。

芭比娃娃区别于一般玩具娃娃显著特点在于其产品形象的"拟人化"和"情感化",她不仅仅是玩具,而是一个可以用心与之交流、用情寄托的忠诚的朋友、伙伴和母亲。马特尔构思抓住小女孩的心理特点,赋予芭比娃娃以生命。为了使芭比娃娃能够和千千万万个生活中的小朋友建立起友谊关系,使芭比娃娃紧紧抓住小朋友的心,马特尔精心构思,为芭比娃娃塑造了一个动人的故事：芭比娃娃，5月3日出生，O型血，小学五年级学生，成绩中上，学得最好的功课是语文和音乐，但对算术不感兴趣，甚至讨厌。母亲是位服装设计师，父亲是法国人，担任乐团指挥，经常在国外旅行演出。这一背景故事虽然简单，却与少年儿童的心理产生了强烈的共鸣，为小朋友们塑造了一个栩栩如生的自身像。

4. 求新求变

市场总是不断变化的，消费者的需求也是千差万别的。阿默曼先生自1987年担任马特尔公司总经理以来，发挥了空前丰富的想象力，使芭比娃娃闻名遐迩，使她的形象不断花样翻新。阿默曼不断搜集各种信息，根据功课心理、喜好、志趣和时尚的变化，推陈出新、求新求变。随着时间的变化，除了保持芭比娃娃的部分要素不变之外，将不变的生活环境、喜欢的游戏、交往的朋友等要素不断变化，与之配套，推出一系列新的玩具产品，使不变娃娃经常保持一个常新、可爱的形象。

自从芭比娃娃问世以来就特别重视新技术的应用。从产品设计、原材料应用到玩具的"娱乐"方法都尽量适时应用高新科学技术。阿默曼先生说："只有高新技术才能使芭比玩具走在现代生活潮流的前头。"为此，他摸索如何利用硅谷技术推出新的芭比。两年前马特尔公司开发了一种会背四个短句的芭比娃娃，1994年又推出一种"健谈的芭比娃娃"，她通过预置的电脑芯片能说10万多短句。芭比玩具设计主管道格拉斯·格林说："消费者正在经历一场根本性的变化，对于多数成人来说，电脑技术实在叫人发怵。可是任何一个1975年以后出生的美国孩子从小就对电脑技术驾轻就熟。"由此，马特尔公司正在集中精力开发一些软件，如一度由外国公司生产的芭比超级模特儿游戏机。

1995年，在芭比生产线上有90种不同的玩具：芭比玩偶屋；芭比赛车；芭比游船；身着可穿可脱，零售价140美元一套的结婚礼服的大号芭比娃娃；穿着设计师尼科拉·米勒设计的衣裙，售价65美元的成人收藏品芭比娃娃；还有限量生产的金婚纪念芭比娃娃，售价高达1 000美元……。

5. 传播策略

公司总经理阿默曼说："芭比娃娃的成功得益于成功的广告，因为只有通过广告才能创造出芭比娃娃拟人化和情感化的形象。"公司首先选择了适合少儿的广播、电视节目和报刊作为其主要的广告媒体，同时在资金上予以保障，大约以销售额的25%投入产品广告。广告的主题和诉求方式力求塑造芭比娃娃拟人化和情感化的形象。

首先，马特尔公司在儿童漫画杂志和少儿电视节目上大肆宣传，尤其在《少儿之友》漫画杂志上，以芭比为主角，制作连载漫画，使芭比不仅有生命，而且有如生活在大家身边。同时，公司专门在广播、电视和报纸杂志上开辟"芭比乐园""芭比信箱"，并投资拍摄"芭比卡通片"。以上广告策略为芭比产品形象的成功塑造奠定了坚实的基础。

由于芭比娃娃的问世，20世纪后叶出生的千百万美国少女的生活已经笼罩在芭比娃娃那副曲线起伏不可思议的身影之下了。也许是芭比娃娃形象预见到了当今的审美情趣，也许是她帮助促成了当今的审美情趣。最近，亚利桑那大学调查一些美国少女，什么是十全十美的少女体形，她们的看法不谋而合：身高5英尺[①]7英寸[②]，体重刚过100磅，两腿修长，

[①] 1英尺＝0.304 8米。
[②] 1英寸＝0.025 4米。

散发披肩。完全是活生生的芭比娃娃,可见广告的成功和影响力。可以预见,随着高新技术的进一步发展和应用,新一代芭比玩具将更加拟人化和情感化。

讨论题

(1) 什么是市场细分?孩子的玩具市场一般可以采用哪些变量进行细分?

(2) 什么是目标市场?要成为可行的目标市场,一个细分市场必须具有哪些特点?芭比娃娃进入了哪些目标市场?

(3) 什么是市场定位?芭比娃娃是如何进行品牌定位的?

(4) 芭比娃娃是如何进行定位传播的?其传播沟通的效果如何?

(5) 如何理解新产品的创新扩散过程?结合案例谈谈你对影响创新采用的产品特征的理解。

二、王老吉品牌的崛起

1. 王老吉品牌的"身世"

凉茶是广东、广西地区的一种由中草药熬制,具有清热去湿等功效的"药茶"。在众多老字号凉茶中,又以王老吉最为著名。王老吉凉茶发明于清道光年间,至今已有175年,被公认为凉茶始祖,有"药茶王"之称。到了近代,王老吉凉茶更随着华人足迹遍及世界各地。

20世纪50年代初由于政治原因,王老吉凉茶铺分成两支:一支完成公有化改造,发展为今天的王老吉药业股份有限公司,生产王老吉凉茶颗粒(国药准字);另一支由王氏家族的后人带到香港。在中国大陆,王老吉的品牌归王老吉药业股份有限公司所有;在中国大陆以外的国家和地区,王老吉品牌为王氏后人所注册。加多宝是位于东莞的一家港资公司,经王老吉药业特许,由香港王氏后人提供配方,该公司在中国大陆地区独家生产、经营王老吉牌罐装凉茶(食字号)。

2. 做大市场的困惑

2002年以前,从表面看,红色罐装王老吉(以下简称"红罐王老吉")是一个活得很不错的品牌,在广东、浙南地区销量稳定,盈利状况良好,有比较固定的消费群,红罐王老吉饮料的销售业绩连续几年维持在1亿多元。发展到这个规模后,加多宝的管理层发现,要把企业做大,要走向全国,就必须克服一连串的问题,甚至原本的一些优势也成为困扰企业继续成长的障碍。

而所有困扰中,最核心的问题是企业不得不面临的一个现实难题——红罐王老吉当"凉茶"卖,还是当"饮料"卖?在广东区域,红罐王老吉拥有凉茶始祖王老吉的品牌,却长着一副饮料化的面孔,让消费者觉得"它好像是凉茶,又好像是饮料",陷入认知混乱之中。而在加多宝的另一个主要销售区域浙南,主要是温州、台州、丽水三地,消费者将"红罐王老吉"与康师傅茶、旺仔牛奶等饮料相提并论,没有不适合长期饮用的禁忌。在两广以外,人们并没有凉茶的概念,甚至在调查中频频出现"凉茶就是凉白开""我们不喝凉的茶水,泡热茶"这些看法。而且,内地的消费者"降火"的需求已经被填补,他们大多是通过服用牛黄解毒片之类的药物来解决。

放眼整个饮料行业,以可口可乐、百事可乐为代表的碳酸饮料,以康师傅、统一为代表的茶饮料、果汁饮料处在难以撼动的市场领先地位。红罐王老吉以"金银花、甘草、菊花等"草本植物熬制,有淡淡的中药味,对口味至上的饮料而言,的确存在不小的障碍,加之红罐王老吉3.5元的零售价,如果不能使红罐王老吉和竞争对手区分开来,它就永远走不出饮料行业"列强"的阴影。这就使红罐王老吉面临一个极为尴尬的境地:既不能固守两地,也无法在全国范围推广。

3. 借助外脑深入研究市场

2002年年底,加多宝委托成美营销顾问公司为其进行市场运作策划。为了了解消费者的认知,成美公司的研究人员一方面研究红罐王老吉、竞争者传播的信息,另一方面,与加多宝内部、经销商、零售商进行大量访谈。完成上述工作后,聘请市场调查公司对王老吉现有用户进行调查。

在研究中发现,广东的消费者饮用红罐王老吉主要在烧烤、登山等场合。其原因不外乎"吃烧烤容易上火,喝一罐先预防一下""可能会上火,但这时候没有必要吃牛黄解毒片"。

而在浙南,饮用场合主要集中在"外出就餐、聚会、家庭"。在对当地饮食文化的了解过程中,研究人员发现:该地区消费者对于"上火"的担忧比广东有过之而无不及,如消费者座谈会桌上的话梅蜜饯、可口可乐都被说成了"会上火"的危险品而无人问津。而他们对红罐王老吉的评价是"不会上火","健康,小孩老人都能喝,不会引起上火"。

通过二手资料、专家访谈等研究表明,中国几千年的中医概念"清热祛火"在全国广为普及,"上火"的概念也在各地深入人心,这就使红罐王老吉突破了凉茶概念的地域局限。研究认为:"做好了这个宣传概念的转移,只要有中国人的地方,红罐王老吉就能活下去。"

再进一步研究消费者对竞争对手的看法,则发现红罐王老吉的直接竞争对手,如菊花茶、清凉茶等由于缺乏品牌推广,仅仅是低价渗透市场,并未倡导"预防上火的饮料"消费理念。而可乐、茶饮料、果汁饮料、水等明显不具备"预防上火"的功能,仅仅是间接的竞争。

4. 新的战略构想及其实施

在研究一个多月后,成美公司向加多宝提交了品牌运作建议研究报告:明确红罐王老吉可在"饮料"行业中竞争,竞争对手应是其他饮料;其品牌的独特的价值在于——喝红罐王老吉能预防上火,让消费者无忧地尽情享受生活:吃煎炸、香辣美食,烧烤,通宵达旦看足球……

紧接着,成美公司为红罐王老吉确定了推广主题"怕上火,喝王老吉",在传播上尽量凸显红罐王老吉作为饮料的性质。在第一阶段的广告宣传中,红罐王老吉都以轻松、欢快、健康的形象出现,电视广告选用了消费者认为日常生活中最易上火的五个场景:吃火锅、通宵看球、吃油炸食品薯条、烧烤和夏日阳光浴,画面中人们在开心享受上述活动的同时,纷纷畅饮红罐王老吉。结合时尚、动感十足的广告歌反复吟唱"不用害怕什么,尽情享受生活,怕上火,喝王老吉",促使消费者在吃火锅、烧烤时,自然联想到红罐王老吉。

红罐王老吉的电视媒体选择主要锁定覆盖全国的中央电视台,并结合原有销售区域(广东、浙南)的强势地方媒体,在2003年短短几个月,一举投入4 000多万元广告费,销量立竿见影,得到迅速提升。同年11月,企业乘胜追击,再斥巨资购买了中央电视台2004年黄金广告时段。正是这种疾风暴雨式的投放方式保证了红罐王老吉在短期内迅速进入人们的头脑,给人们一个深刻的印象,并迅速红遍全国大江南北。

2003年年初,企业用于红罐王老吉推广的总预算仅1 000万元,这是根据2002年的实际销量来划拨的。红罐王老吉当时的销售主要集中在深圳、东莞和浙南这三个区域,因此投放量相对充足。随着广告的第一轮投放,销量迅速上升,给企业极大的信心,于是不断追加推广费用,滚动发展。到2003年年底,仅广告投放累计超过4 000万元(不包括购买2004年中央台广告时段的费用),年销量达到了6亿元。

在地面推广上,除了强调传统渠道的广告外,还配合餐饮新渠道的开拓,为餐饮渠道设计布置了大量终端物料,如设计制作了电子显示屏、灯笼等餐饮场所乐于接受的实用物品,免费赠送。在传播内容选择上,充分考虑终端广告应直接刺激消费者的购买欲望,将产品包装作为主要视觉元素,集中宣传一个信息:"怕上火,喝王老吉饮料。"餐饮场所的现场提示,最有效地配合了电视广告。消费者对红罐王老吉"是什么""有什么用"有了更强、更直观的认知。目前餐饮渠道业已成为红罐王老吉的重要销售传播渠道之一。

在频频的消费者促销活动中,同样是围绕着"怕上火,喝王老吉"这一主题进行。如在一次促销活动中,加多宝公司举行了"炎夏消暑王老吉,绿水青山任我行"刮刮卡活动。消费者刮中"炎夏消暑王老吉"字样,可获得当地避暑胜地门票两张,并可在当地度假村免费住宿两天。

同时,在针对中间商的促销活动中,加多宝除了继续巩固传统渠道的"加多宝销售精英俱乐部"外,还充分考虑了如何加强餐饮渠道的开拓与控制,推行"火锅店铺市"与"合作酒店"的计划,选择主要的火锅店、酒楼作为"王老吉诚意合作店",投入资金与他们共同进行节假日的促销活动。由于给商家提供了实惠的利益,红罐王老吉迅速进入餐饮渠道,成为主要推荐饮品。

红罐王老吉成功的品牌运作,给这个有175年历史的、带有浓厚岭南特色的产品带来了巨大的效益:2003年红罐王老吉的销售额比2002年同期增长了近4倍,由2002年的1亿多元猛增至6亿元,并以迅雷不及掩耳之势冲出广东,2004年,尽管企业不断扩大产能,但仍供不应求,订单如雪片般纷至沓来,全年销量突破10亿元,以后几年持续高速增长,2008年销量达120亿元。2009年王吉被认定为中国驰名商标,2010年王老吉凉茶入选"国家863计划";2010年王老吉以价值1 080亿元成为中国凉茶第一品牌。

王老吉经典平面广告示例见图5-6。

5. 商标之争最终落地

2010年5月1日,鸿道集团租用王老吉商标到期。2011年4月26日广药集团按照双方共同约定的纠纷解决方式,向中国国际经济贸易仲裁委员会提出仲裁。2012年5月10日晚间,广州药业在香港联合交易发布公告称,根据中国国际经济贸易仲裁委员会2012年5月9日的裁决书,广药集团与鸿道(集团)签订的《"王老吉"商标许可补充协议》和《关于"王老吉"商标使用许可合同的补充协议》无效,鸿道(集团)有限公司停止使用"王老吉"商标,2012年5月15日,广药集团赢得王老吉商标。

讨论题

(1) 王老吉的品牌定位有何创意?其定位为什么会赢得消费大众的认可?

(2) 根据案例资料分析王老吉品牌定位的过程及其特点。

图 5-6 王老吉经典平面广告

三、百事可乐"活在当下"的品牌再塑造

1. 世纪之交的新挑战

50 年前,百事可乐推出了广告口号:"让自己充满活力,你是百事新一代";"你乐享生活,百事乐享奉献",聚焦于年轻一代的可乐消费者。但近年来,百事可乐迎来了新的挑战:美国软饮料销量持续下降;百事可乐在与老对手可口可乐的"世纪之战"中衰败,它由常在的销量第二名降到第三名,落后于可口可乐和健怡可乐。市场份额的下滑发出了警报:百事可乐品牌的定位亟须改进。

2. 基于市场洞察的反省

为了找到市场份额下滑背后的原因,百事可乐发动了一次全球性的消费者调查:目的是找出百事可乐与可口可乐的不同。百事可乐为此成立了一个秘密的高级调查小组,该调查小组进行了历时 9 个月的详尽的全球调查,力求实现新的顾客洞察。

调查小组剖析了百事可乐以往的广告,并采用传统的焦点小组、个人深度访谈以及问卷定量调查等方法收集顾客的意见。公司的调查员和高层管理者还参与人种学研究,深入到南北美、亚洲、欧洲、澳洲等地区的文化中,观察顾客日常的真实生活。

研究小组发现,长期以来,百事可乐这一标志性品牌渐渐忽视了其在消费者生活中应该代表什么以及应该扮演什么角色,不像耐克、迪士尼、星巴克、可口可乐等具有明确的品牌意义。

过去数年间,百事品牌定位的变化从浓缩的广告口号可见一斑:从"百事可乐使世界焕然一新"到"夏日时光就是百事时光",再到"有百事可乐的地方,应有音乐"。对消费者来说,百事可乐到底意味着什么呢?消费者感觉到的百事可乐和可口可乐的区别究竟是什么呢?

研究小组经过分析总结出以下两个结论:一是如果说可口可乐是长久不变的,那么百事可乐是适时而变的;二是如果说喝可口可乐的人追求的是幸福,那么喝百事可乐的人追求的是刺激。

百事可乐全球欢乐品牌总裁布拉德·杰克曼认为:可口可乐代表的是快乐幸福的时刻,这是为了保护它所代表的文化现状;而百事可乐更能代表的是创造文化而不是保护文化,因此与可口可乐追求幸福生活相比,百事可乐的消费者更青睐刺激的生活。如果说可口可乐意味着归属感;那么百事可乐强调的是个性。杰克曼进一步总结道:"定位长久不变的品牌希望可以留存于博物馆中,而百事可乐就偏偏不是那种属于博物馆的品牌。"

几十年前,百事可乐针对年轻人进行定位,提出"新一代的选择",向年轻一代展示出它是一个强大的品牌,出色地表现出了品牌的自信与声势。杰克曼和研究小组认为,从长远来看,百事可乐下一步的关键是重拾原先那种魄力与声势。杰克曼断言:"这样的品牌需要的不是重塑,而是重燃。"

3. "活在当下"的全球运动

百事可乐掀起了一场激荡全球市场的品牌定位运动——"活在当下"。这场运动可以说是百事可乐传统经典品牌定位"百事新一代"的现代版本,是在当下为百事可乐年轻的消费者喊出的鼓舞人心的新口号。"活在当下"这句口号专为塑造品牌文化、抓住当下令人兴奋的时刻以及重新建立百事可乐与娱乐和流行文化之间的联系而设计。为此,百事可乐公司将营销预算提高了50%。图5-7为百事可乐"活在当下"平面广告示例。

图5-7 百事可乐"活在当下"平面广告

这场品牌定位运动与众多音乐和体育明星合作,试图将百事可乐品牌与当代最令人兴奋的娱乐明星联系在一起。如,第一则广告与说唱歌手妮基·米娜关联,她在主打单曲Moment4Lire中的一句抒情歌词——"我希望永远停留在这一时刻,此时我才真切感到自己的生命",与百事可乐"活在当下"的主题非常契合。

这场运动的核心是互动网站"百事脉动",它被称为"公司主导的流行文化的仪盘表",以流行文化信息、娱乐新闻和原创内容为特色。百事公司还与推特建立了音乐合作关系,其百事主页(MiPepsiWeb)和脸书主页迎合拉丁美洲生活方式和文化,倡导顾客"及时行乐"。

百事公司对印度消费者的分析发现,印度年轻人是全世界最乐观的人群之一,对未来即将发生的事情缺乏耐心。百事可乐通过在印度的明星广告,鼓励人们克服无耐心的急躁时刻,鼓励人们从事激动人心的突发奇想,成为生活的积极参与者,而非旁观者。

百事公司研究发现,全球百事可乐的消费者非常相似,"活在当下"的全球性口号,正在重新焕发百事的品牌活力,为人们重燃希望和热情。

讨论题

(1) 百事可乐"新生代的选择""活在当下"的品牌定位有何独特之处?

(2) 百事可乐是如何实现顾客和市场洞察的?这种洞察的发现有何价值?

(3) 基于百事可乐的这场运动思考:品牌与时代发展、品牌与重度消费者、品牌与营销传播的关系?

(4) 百事可乐的这场品牌重塑运动带给我们哪些启示?

四、"终极座驾"——宝马

1. 宝马品牌的国际地位

宝马在国际上以高质量、高性能著称,与奔驰车并列为著名的品牌。宝马汽车公司创建于1916年,总部设在德国慕尼黑。宝马所有的车系包括1系、3系、5系、6系、7系、X系、Z4敞篷跑车、M系列、混合动力车和BMWi。"坐奔驰,开宝马"的说法,表明了奔驰的稳重和宝马的豪放。据福布斯发布的2016年的"世界最具价值品牌排行榜"中上榜的汽车品牌价值榜中,丰田居榜首,资本估价为421亿美元;宝马排名第二,估价为288亿美元;第三名是德国汽车品牌梅赛德斯-奔驰,估价260亿美元,宝马品牌的标志见图5-8。

图5-8 宝马品牌标志

由图5-8可见,宝马品牌采用了内外双圆圈的图形,并在双圆圈环的上方,标有"BMW"字样。整个商标就像蓝天、白云和运转不停的螺旋桨,寓含宝马公司渊源悠久的历史,又象征公司的一贯宗旨和目标,在广阔的时空中,以最新的科学技术、最先进的观念满足顾客的最大愿望,反映了公司蓬勃向上的精神和日新月异的新风貌,表明宝马轿车的品质优秀、技术领先、驰骋全球。

2. 不断刷新的市场业绩

当宝马成功地定位于将工作放在首位、需要一辆车表现其成功人士身份的、年轻富裕的专业人士市场时,它在20世纪80年代和90年代的增长呈现爆炸趋势。宝马是出色的运动型轿车和代表着威望和成就的品牌。3系、5系、7系的汽车基本上是同一设计的三种不同尺寸。正在这时候,雅皮士创造了"Beemer"和"Bimmer"这两个宝马车俚语表达,这两个流行的名字现在仍然在使用。

世纪之交,消费者对于汽车的态度改变了。研究表明,他们较少关心宝马这个品牌带来的炫耀性效果,而是希望有着不同设计、尺寸、价格和风格的选择。因此,公司采取了很多措施针对专门的市场细分来增长其产品系列。这导致了特别高价的汽车,如SUV、敞篷车、跑车和比较便宜的小型汽车1系。此外,宝马公司重新设计了它的3系、5系、7系汽车,使得它们在外观上更加独特,并仍然保持了性能上的独特。

宝马创造了较低价格的1系和X1 SUV,以针对"现代主流人群",这些人关注家庭、喜欢外跑,但是以前因为较高的成本而回避购买宝马。1系用它的低价、运动型设计和想要拥有奢侈品牌的愿望来吸引这部分群体。而X1和X3也用它较小、较便宜的SUV设计进入了这一群体的家庭。

宝马最豪华的汽车-7系的重新设计,旨在针对"上层保守党"这一群体。这一富裕、传统的消费者一般不喜欢运动型汽车,所以,宝马增加了许多电子元器件,如控制窗户、座椅、气流和光线的多重选择,按钮点火器和夜视功能,这些都可以由"iDrive"的点式系统控制。这些增强的设计加大了舒适性和豪华性,将消费者从捷豹、奔驰这些竞争对手中吸引过来。

宝马针对"上层自由分子"成功推出了X系列。这一群体在20世纪90年代成为成功人士,正在养育孩子,而且经常有骑车、高尔夫、滑冰等户外活动。现代的生活方式和扩大的家庭成员，需要一个空间更大的汽车。为此，宝马推出了高性能、豪华的SUV。为了吸引这类消费群体，宝马公司称其SUV为SAV（Sport Activity Vehicle，或可译为"高性能运动型多功能车"。）宝马M3特别版和X2车型示例见图5-9。

图5-9　宝马M3特别版和X2车型

宝马推出的敞篷车和跑车是针对"后现代主义者"群体的，他们是要不断用更加艳丽耀眼的汽车来吸引关注的高收入群体。

自从1974年产品上市以来，宝马以较高的投入进行广泛的广告宣传。但其核心广告口号"终极座驾"的诉求始终保持如一。最近几年，宝马重新开始强调性能而不是地位，它声称："我们只做一件事，那就是终极座驾"。

宝马拥有大批品牌忠诚者，它的车主们每年都举行宝马节向他们的爱车致敬。宝马培育了这些忠诚的用户，并重视对顾客需求的深度研究，以不断的创新与众多的细分客户群体建立良好的关系。

3. 稳居高档汽车市场领导地位

2016年，宝马集团在中国市场全年销量首次突破50万辆大关，共销售516 355辆BMW和MINI汽车，同比增幅11.3%。在全球市场，宝马集团连续第六年创下销售纪录，共交付了2 367 603辆BMW、MINI和劳斯莱斯汽车，同比增长5.3%，成功捍卫了其全球高档汽车制造商的领导地位。

讨论题

（1）汽车一般可以采用哪些变量进行市场细分？宝马是如何进行市场细分的？

（2）在目标市场营销上，宝马这么多年做得好的地方是什么？哪些地方可以加以改善？

（3）宝马是否应该改变它的广告口号"终极座驾"？并说明理由。

五、"多芬男士+护理"产品的成功上市

联合利华公司是全球领先的食品、日用品和个人护理用品供应商，其产品销售到全球190多个国家和地区，每天有超过20亿人的使用者。多芬是美国排名第一的个人洗护用品品牌，其产品有香皂、沐浴露、护肤产品、止汗剂、体香剂和护发用品，仅多芬一个品牌每年就为联合利华创造40亿美元的销售收入。

1. 推出"多芬男士+护理"

基于市场研究，联合利华发现，男性个人护理产品市场日益呈现增长趋势。联合利华多

年来,已经有了一个非常成功的男性个人护理品牌阿克斯。为了进一步开拓男性护理用品市场,多芬决定以另一个新品牌扩大对这一市场的覆盖。为此,联合利华创建了一个附属于多芬的子品牌——"多芬男士+护理",认为这一品牌可以延伸到任何一种男性个人护理产品。多芬同时通过包装设计来吸引消费者。以深灰色为基础色调,加上富有阳刚气息的主色调,"多芬男士+护理"的外观设计成功吸引了预期的目标顾客。

2. 推出系列产品

阿克斯个人护理产品线主要针对的是热衷于社交和约会的24岁及以下年轻的单身男士。"多芬男士+护理"系列选择25~54岁的男士为目标顾客。数据显示,这一年龄段的男士基本上是已婚,要比单身者承担更多家庭责任。

联合利华护肤品副总裁罗布·坎戴里诺曾经这样描述他们的目标顾客群:从家庭到职业生涯,如今需要男人们操心的事情可太多了,他们往往无暇顾及自己的个人护理问题。多芬男士面部护理产品可以很好地帮助男士改善护理过程,避免对皮肤造成不必要的损害,并且在容貌很重要的时刻使他们展现最光彩照人的精神面貌。

"多芬男士+护理"系列首批上市的就是男士护肤品,包括沐浴液、香皂、去角质沐浴液等。这些产品战略性的设计为高度互补,均展现出"男人,应该好好照顾你们的皮肤"的观念,同时强调了多项多芬产品高度保湿的功效。

在首批护肤产品面市后不久,"多芬男士+护理"系列又新增了止汗液,随后又推出了洗发水产品,使"多芬男士+护理"逐步发展为全方位品牌。多芬的男士面部护理产品鼓励男士"更好地爱护你的脸";男士洗发水则承诺"3倍强壮你的头发"。这些产品线传承和发扬了多芬品牌核心的清洁、保湿功效。

3. 广告策略

多芬男士面部护理产品发布时的广告展示了一张饱经风霜的男士面孔,上面布满雪沫、电动机润滑油、孩子不小心留下的划伤、坐过山车劲风造成的刮伤等,广告口号是:不要再伤害你的脸。随后推出了一系列生活中的男性讲述自己通常的面部护理过程(肥皂,没有保湿,剃须之后感到刺痛)及其感受(我感到紧绷、我感觉一点都不好)等。

广告推出后,调查发现,有73%的男性认为,广告中展示和描述的男性形象大多不正确或不真实。为此,"多芬男士+护理"发起了一场名为真实时刻的宣传运动来打破这些讽刺形象,建立自己的品牌。该运动通过诸如阿密热火队球星德怀恩·韦德这样真实的父亲形象讲述现实生活中的父亲故事。韦德的广告带给男人们的触动是:男人应该将关爱家庭放在首位。"多芬男士+护理"产品平面广告示例见图5-10。

图5-10 "多芬男士+护理"产品平面广告

4. 市场业绩

"多芬男士+护理"新产品线的上市得到了回报。在美国"最值得拥有的品牌"年度调查中,多芬在男性和女性市场都获得了每4名的名次。对联合利华来说,多芬之前停滞不前的销售业绩在男士护理系列上市的第一年就提高了9.8%,并保持了稳定增长。"男性只有更好地关爱自己,才能更好地关爱他们所重视的",这一品牌理念的阐述看来是准确有效的。

讨论题

(1) 男士个人护理产品一般可以运用哪些变量进行细分?请画一张表,列出细分变量和每个变量下具体的细分市场。

(2) 根据案例中的描述,分析多芬目前已经进入的目标市场,其采取的目标市场营销战略以及这一战略可能带来的弊端。

(3) 分析多芬"男士+护理"产品的定位战略及其特点。

(4) 运用STP理论,对多芬"男士+护理"产品拓展中国市场的战略选择提出你的建议。

第三节 经典推介

一、标志性理论、人物及思想简介

1. 定位理论的创立

(1) 创立公司。

作为市场营销重要理论之一的定位理论,是由杰克·特劳特和艾·里斯共同创立的,年轻时的杰克·特劳特和艾·里斯见图5—11。

图5—11 年轻时的杰克·特劳特和艾·里斯

1963年,艾·里斯在纽约成立了自己的第一家广告代理公司:Al Ries Advertising。6个月后,托尼·卡皮耶洛和鲍勃·科尔韦尔加入进来,里斯把公司名字改为 Ries Cap – piello Colwel Advertising(缩写为 RCC)。在接下来的几年中,里斯和他的伙伴们一直致力于用一种最简单清晰的方式表达复杂的产品,区隔概念逐渐形成。讨论的焦点逐渐集中在"rock"这个词上,但大家都不是太满意。

1968年年底,特劳特加入 RCC 广告公司,出任客户经理。就如何将公司与别的广告代理公司区隔开来,他于1969年1月3日晚上,写了一页备忘录给里斯,提出用他称之为"定位"的概念来代表他们不同于其他广告公司的独特思想,许多广告公司标榜创意,而他们把焦点放在战略和定位上。"定位"得到大家的一致赞赏,被确认为 RCC 公司营销哲学的代名词。

(2)首创定位理论。

1969年,杰克·特劳特和艾·里斯共同创办 Trout&Ries 公司并由特劳特担任总裁。6月,两人在美国《工业营销》杂志上发表了一篇文章,题目为"定位是人们在今天模仿成风的市场中的一场比赛",文章以美国广播公司(RCA)为例,提出了"定价"这一新观点。尽管此文在当时没有引起太大反响,但意义仍然是重大的。美国广播公司全面进军计算机行业,在耗资2.5亿美元之后以失败告终。

1971年11月,特劳特和里斯又在《工业营销》上发表了"重提'定位'话题:通用电气和 RCA 为何不听劝?"一文,在广告和营销界引起了强烈反响,甚至掀起了一场思想论战。

1972年,特劳特和里斯在美国《广告时代》上发表题为"定位时代"的一系列文章。这些文章使得"定位"这一概念得到更为广泛的传播。

1981年,特劳特和里斯合作出版了第一本确定定位理论的专著《定位:头脑争夺战》。在这本书中,他们提出了"心理占位"的新的广告传播目标;并划分出产品时代(20世纪50年代)、形象时代(20世纪50年代)和定位时代(20世纪70年代以来);还提出定位不仅是营销之道,也是广义的成功之道,它对政治、战争、商业甚至追求异性都非常有价值。

《定位:头脑争夺战》作为定位理论的首部专著出版后,立即在广告和营销界引起强烈反响,人们竞相购阅。2001年,在该书出版20周年之际,业内人士隆重推出了《定位》20周年纪念版,以表示对创立者的敬意和思想的推崇。

2. 杰克·特劳特及其贡献

(1)与艾·里斯的合作及其贡献。

杰克·特劳特生于1935年,被誉为"定位之父",也被摩根士丹利推崇为高于迈克尔·波特的营销战略家。生前担任美国特劳特咨询公司总裁,图5-12为"定位之父"——杰克·特劳特。

1985年,基于对营销已从需求时代进入竞争时代的现实洞察,杰克·特劳特和艾·里斯合作推出了《营销战》一书,将军事战略思想运用于

图5-12 杰克·特劳特

营销领域，提出了四种战略模式——进攻战、防御战、侧翼战、游击战，列举分析了历史上许多著名战役和大量营销案例，该书被美国企业界誉为企业营销的"战争论"。

1988年推出的《营销革命》，是特劳特和里斯的又一合作结晶。书中结合大量案例，对战略和战术的关系以及建立由下（战术）向上（战略）的思维模式进行了深入阐述。

1993年，特劳特和艾·里斯总结美国商业历史上的成败规律，总结两人近30年的专业研究与实践经验，推出了《22条商规》一书，该书被美国的企业家们认为是"最怕被竞争对手读到的奇书"。

（2）与史蒂夫·里夫金的合作及其贡献。

1994年，特劳特将公司更名为Trout&Partners，即特劳特伙伴公司，特劳特开始与史蒂夫·里夫金等新的伙伴合作。1996年，特劳特和里夫金首次合作，出版了《新定位》一书。该书从解读消费者角度，进一步阐述其定位思想，为其定位理论画上了圆满的句号。正如特劳特自己的评价："《新定位》囊括了定位的最终含义。"

1998—2000年，特劳特和里夫金合作分别推出了《简单的力量》和《区隔或死亡》两本著作。2002年，特劳特又出版了《精灵的智慧》和《大品牌大麻烦》，其中，后者被称为"定位之后的企业发展策略""原汁原味的特劳特"。

2001年，定位理论被美国营销学会评为"有史以来对美国营销影响最大的观念"。

（3）经营咨询公司服务于企业营销实践。

除著书立说外，其经营的特劳特伙伴公司作为一家全球领先的战略定位咨询公司，总部设在美国，在全球24个国家和地区设有分部，由熟悉当地的合伙人及专家为企业提供战略定位咨询。客户包括IBM、惠普、宝洁、西南航空、雀巢、苹果、通用电气、微软、沃尔玛和其他财富500强企业。2002年，特劳特中国公司成立，"定位"理论正式进入中国，开启了"定位"理论的新篇章。多年来，成功助力加多宝、东阿阿胶、方太、瓜子二手车等众多企业重新塑造品牌价值。

2017年6月5日上午（美国时间6月4日下午），定位理论和营销战理论的奠基人杰克·特劳特于家中辞世，享年82岁。

3. 艾·里斯及其贡献

艾·里斯是一位美国营销大师，营销史上的传奇人物，和特劳特共同创立了定位理论，被誉为现代营销理论的奠基者。1994年，艾·里斯离开和特劳特共同创办的公司，和他的女儿劳拉·里斯创办了Ries&Ries咨询公司，并担任公司主席。图5-13为艾·里斯和女儿劳拉·里斯的合影照。

如前所述，里斯除在1981年与特劳特共同推出《定位》这一奠基性著作外，在1985—1993年，里斯和特劳特还合作完成了《营销战》《营销革命》《马的竞争》《22条商规》。

图5-13 艾·里斯和女儿劳拉·里斯

这些著述，使里斯成为定位理论创立与发展中具有重要贡献的思想家。

1996年，艾·里斯出版了《聚焦法则》，该书被称为"管理史上的加农炮"。与女儿劳拉·里斯合作,在1998—2004年,出版了《打造品牌的22条法则》《打造网络品牌的11条法则》《公关第一,广告第二》《品牌之源》四本著作。其中,《品牌的起源》以创建了系统的"品类战略"思想而被称为"品牌战略的重新定义之作"。

1999年,艾·里斯被《公共关系周刊》评为20世纪100个最有影响力的公众人物之一,并两次成为《商业周刊》的封面人物。

2007年,美国权威媒体评选的"全球十大顶尖商业战略大师",艾·里斯作为营销战略领域的代表与彼得·德鲁克、杰克·韦尔奇等并列其中。

目前,里斯先生专门辅导年营业额超过十亿美元的大企业,如IBM、通用、微软等企业,每小时的咨询费高达25 000美元,是美国收费最高的战略大师。

二、经典论文推介

1. 市场细分研究综述:回顾与展望.罗纪宁(山东大学威海分校).山东大学学报,2003(6):44-48;国内外市场细分研究综述.吴进(浙江长征职业技术学院),中国市场,2012,44(11):9-13

(1) 概要。

《市场细分研究综述:回顾与展望》是国内学术界较早的一篇梳理国外对市场细分理论研究进展及其有关问题的文章;《国内外市场细分研究综述》则从国外和国内两个视角出发,梳理和总结归纳了市场细分理论研究的进展及其特点。

两篇论文在研究内容和梳理成果的时间节点上可以互补,帮助学习者大致了解近年来,细分市场理论研究的视角和取得的成果。

(2) 主要内容和观点。

罗纪宁梳理了市场细分研究的两个视角,即消费者导向的细分和产品导向的细分,分析了两种导向下关注的重点和特点;提出西方学者在细分标准的选择上重点经历了三个变化——基于自然地理、人口统计等外部特征对消费者进行细分,消费者心理分群模式以及行为细分的研究。在细分方法方面,他认为事前细分和事后细分是主要方法。他的研究还揭示出,当时(2003)西方细分研究的主流是对生活形态细分模型的研究,代表性研究工具是消费者活动、兴趣和意见法(AIO)、价值观和生活方式结构法(VALS)。作者还对当时市场细分在研究视角、细分标准研究、细分方法研究的缺陷、细分研究的一些误区进行了反思,提出了自己的分析观点,最后对未来的研究方向进行了展望。

吴进从国外和国内两个角度对市场细分的研究进行了综述。作者对国外研究的梳理,主要涉及的内容有:市场细分概念;市场细分的分类,包括基于消费者细分与基于产品/服务的细分、事前与事后细分、静态与动态细分、描述性与因果性细分以及市场细分与顾客细分等多种视角;市场细分的变量,主要包括地理细分和人文细分;心理细分;行为细分;超市场细分;反市场细分等。对国内学者的研究重点综述了陈静宇(2003)的价值—特征—行为三维市场细分模型和周建明(2008)改进Wind细分模型提出的营销任务细分模型。

(3) 未来研究方向。

罗纪宁认为,未来的市场细分研究应以系统整体为研究基点、以消费者心理场及先天后天心理行为的结构功能为研究前提。要根据系统全息论的研究方法创建中国式消费心理理论，研究不同类型心理场的结构功能特征，并在此基础上提出一套完整系统的动态市场细分模型和方法。

吴进提出今后对消费者需求及行为的研究应该关注：结合消费者先天的体质、心理来考虑；重视宏观因素（政治、经济、文化、科技等）与微观因素（消费者的人口特征、情境、利益、产品）的结合与相互作用；关注消费者需求的历史发展规律。

2. 中国品牌定位理论研究综述．李雪欣，李海鹏（辽宁大学商学院）．辽宁大学学报：哲社版，2012，40（5）：100－106

（1）概要。

本文对国内品牌定位理论近十年的研究成果做了全面梳理，通过对品牌定位基本内涵、理论演进历程、研究层次、方法论、测评等方面的综合评析，得出中国的品牌定位理论研究仍处于模仿式创新阶段。作者提出，运用科学的研究方法探索中国本土化的品牌定位理论，构建适宜中国自主企业品牌定位的理论体系应是学术界努力的方向。

（2）主要内容和观点。

作者从以下几方面对主题进行了研究和阐述：品牌定位内涵界定；品牌定位理论演进研究；品牌定位层次和方法论研究；品牌定位测评研究；评价与展望。

作者通过梳理得出，品牌定位的内涵界定包括四个不同的视角：广播传播视角、营销战略视角、系统微观视角以及品牌资产视角。

作者从基于定位理论的演进和基于认知心理学理论的演进两个角度对品牌定位理论的演进进行了梳理和归纳。基于定位理论的演进见表5－6。

表5－6 品牌定位理论的演进

理论	UPS理论	品牌形象论	定位理论	重新定位理论
产生时间	20世纪50年代	20世纪60年代	20世纪70年代	21世纪初
时代背景	产品主导	形象主导	定位主导	竞争主导
核心观点	强调产品特征及利益	塑造形象长远投资	创造心理第一位置	给竞争对手重新定位占据心智资产
方法依据	实证	精神和心理满足	品类的独特性	心智差异化
沟通基点	产品属性	形象识别系统	消费者需要	消费者心智模式

基于认知心理学理论的演进分析，作者将定位演进划分为"非心智定位时代"和"心智定位时代"。"非心智定位时代"指定位论提出之前，即20世纪70年代之前，包括USP理论和品牌形象论以及之前的理论研究阶段；"心智定位时代"指定位论提出后，即20世纪70年代之后包括定位理论和重新定位理论阶段。

关于品牌定位方法论研究，作者梳理得出，具有代表性的成果是品牌动态定位模型、钻石图定位模型和品牌定位点选择模型。

品牌动态定位模型由余阳明等（2010）提出，他们认为：①从五个维度作为定位参照系进行精确定位。以消费者、竞争对手和企业自身为主维度，以宏观环境、行业等为辅维度。②静态定位与动态定位相协调。动态定位，就是定期扫描各个定位维度，捕捉变化的信息，适时调整品牌定位。静态定位与动态定位是相对的概念，目的都是保持品牌在消费者心智中的有利位置。③定位要以品牌价值为核心。在向消费者传导定位信息时,要注重品牌个性和品牌形象的塑造。④品牌定位分为战略定位和战术定位两个层面。战略层面的定位涉及品牌整体战略,战术层面的定位主要是与品牌竞争、品牌维系相关。

钻石图定位模型由李飞(2004)提出。其基本思想是:定位的范围包括产品、价格、分销和沟通或传播等方面;定位的内容包括属性定位、利益定位、价值定位等层面;定位的步骤包括找位、选位、到位等阶段;提出用纵轴表示定位过程,横轴表示定位内容,三角形表示定位范围,然后将它们三者组合起来,就构成了一个市场定位或品牌定位的钻石图形。

品牌定位点选择模型由李飞(2009)提出。包括3个阶段18个步骤,提出:①确定利益定位点,包括确定为谁定位、列出顾客关注的利益点、找出有竞争优势的利益点、判断竞争优势点是可信的、确定利益定位点的数量和进行选择等5个步骤;②确定价值定位点,包括判断价值定位必要性、确定为谁定位、列出顾客关注价值点、找出有竞争优势价值点、判断竞争优势点是可信的、确定价值定位点数量并选择等6个步骤;③确定属性定位点,包括判断属性定位必要性、列出与利益和价值定位相匹配的属性点、列出顾客关注属性点、找出有竞争优势属性点、判断竞争优势点是可信的、确定属性定位点数量并选择、依定位点和非定位点进行营销组合等7个步骤。

(3) 研究评价。

中国品牌定位研究学者用十余年时间消化吸收了西方品牌定位研究学者50年的成果。作者认为:在研究内容上,中国学者仍停留在品牌定位策略和方法上,大多数缺乏理论推导、科学的研究设计以及实证检验,而主观经验式提出的品牌定位原则、方法、策略之类研究成果,对于品牌定位理论的发展贡献微乎其微;在研究方法上有待创新;在指导实践方面,中国品牌定位理论研究远远落后于企业实践。总之,中国的品牌定位理论研究仍处于模仿式创新阶段。

3. 高度同质化产品的差异化营销研究. 周晓斌,娄炳林(湖南工程学院管理学院),2014(6):1-5

(1) 概要。

高度同质化产品的差异化营销,是企业市场营销中的难题。销售平台是各种销售管道的综合,平台的变化是根本性大范围的变化,销售平台差异化是最大的差异化。O2O销售平台差异化,是扩大差异化、倍增差异化效果的新途径。将多种虚拟和实体销售平台融合在一起,与同类企业展开销售平台差异化竞争,将收到事半功倍的差异化效果。

(2) 主要内容和观点。

本文中讨论的高度同质化产品,是指不同企业间生产的同类产品以及各品种、类别、档次等方面差异很小,很难区分的产品。主要品类包括:瓶装水、油、盐、糖、酒、烟、饮用品、乳制品、农产品、日用品及大部分轻工产品等。这些多半是科技含量低,处于自由竞争状态下的生活必需品,或快速消费品。

作者认同高度同质化产品具有以下特征:基本无视觉差异;基本无形态差异;微功能差异(即不同类型产品间的功能差别很小);主要为非耐用品。高度同质化产品往往具有相似的产品特性和特征,相近的产品特色和市场定位,相同的目标顾客和目标市场。

作者认为,高度同质化产品激烈竞争背景下的同质化困境主要表现为:高度同质化产品的广告效益越来越低、渠道成本越来越大以及模仿复制越来越快。作者提出,高度同质化产品的差异化营销可以通过以下途径进行创新。①"本末倒置",即跳出产品创差异,重点在核心产品以外的形式产品、期望产品、延伸产品、潜在产品等方面进行创新。②追求"唯一、第一、一对一":"唯一",就是要争当第一个吃螃蟹的人;"第一",就是要争当行业冠军;"一对一",就是要把差异化做到极致。③通过动态、组合差异化阻遏差异化递减效应。动态差异化,要求企业不断创新,不断为产品创建差异,对差异化进行动态控制;组合差异化,是指企业要实施产品、包装、品牌、价格、促销等多维度,系统性、配套性差异化。④通过O2O平台融合扩大差异。通过将多种虚拟和实体销售平台融合在一起,与同类企业展开销售平台的差异化竞争。

作者提出了企业实现高度同质化产品差异化营销的十余种策略对应的实例,详见表5-7。

表5-7 高度同质化产品差异化营销策略及实例

差异化策略	企业实例
概念差异化	矿泉水、纯净水、富硒水、弱碱性水、小分子水、月子水
传播差异化	今麦郎弹面:墙体+地方台,新1+1广告传播模式 农夫果园:喝前摇一摇
品牌差异化	宝洁洗发水:沙宣、海飞丝、潘婷、飘柔等 湘潭槟榔:胖哥、牛哥、纯香坊、究脑壳等
形象差异化	旺仔牛奶:"旺仔"小朋友心目中的明星 万宝路:象征男子汉气概的"牛仔形象"
包装差异化	美国Morton食盐:纸罐装上方设计了一个三角形出口,非常便于倾倒,又不会一次倒出很多 农夫山泉:"运动盖"
价格差异化	青岛啤酒(每瓶):高档金威5元以上;中档蓝带4~5元;低档珠江3~4元;大众菠萝啤1~3元
渠道差异化	妙士乳酸奶:放弃传统渠道,以"餐饮店为主要终端" 荣锦婴儿服:开创全新通路,以"婴儿分娩医院妇产科为终端"
需求差异化	生理需求型——简装"芙蓉"烟;安全需求型——黄壳"芙蓉王"烟;社交需求型——蓝壳"芙蓉王"烟;尊重需求型——"软蓝芙蓉王"烟;自我实现型——"钻石芙蓉王"烟
功能差异化	婴幼儿专用奶、学生奶、中老年专用奶、亚健康人群专用奶、运动员专用奶等
状态差异化	蒙牛:奶球、奶片、奶粉、奶酪、奶茶
时间差异化	早餐奶、晚餐奶;早餐饼、晚餐饼

(3) 结论。

作者认为,高度同质化产品的差异化营销,关键是要找准努力方向。为此,企业需要注意以下几方面问题:创造产品本身差异之外的外围性差异;价值和利益点要找对,一定要是消费者需要的;在实施形象、品牌、传播、价格、渠道等差异化策略时,必须紧扣消费者的诉求;要"打防结合",即打造差异和防阻模仿相结合。

三、经典图书推介

1. 定位——有史以来对美国营销影响最大的观念．［美］艾·里斯，杰克·特劳特．谢伟山，宛爱冬，译．北京：机械工业出版社，2016，3

（1）概要。

2001年，美国营销学会评选"定位"为"有史以来对美国营销影响最大的观念"；2009年，美国《广告时代》杂志评选"定位"为"史上最佳营销经典"第一名。

本书提出了"定位"这一重要范畴，并阐述"定位"观念的产生，剖析"满足需求"无法赢得顾客的原因，给出如何进入顾客心智以赢得选择的定位之道。在竞争日益激烈的今天，本书揭示了现代企业经营的本质是争夺顾客，为企业阐明了获胜的要诀是赢得心智之战。

（2）主要内容。

作者指出：定位不是围绕产品进行的，而是围绕潜在顾客的心智进行的，即将产品定位于潜在顾客的心智中。因此，定位的最新定义是：如何让你在潜在客户的心智中与众不同。

本书的22章内容可以归纳为六大部分，见表5-8。

表5-8 《定位——有史以来对美国营销影响最大的观念》阐述的内容架构

	章目	主要内容
第一部分	第1章 到底何为定位	阐述定位的内涵，尝试剖析客户心智的特点以及如何进入客户的心智
	第2章 心智备受骚扰	
	第3章 进入心智	
	第4章 心智中的小阶梯	
	第5章 你不能由此及彼	
第二部分	第6章 领导者的定位	在市场中处于不同地位的企业应该如何进行正确定位
	第7章 跟随者的定位	
	第8章 重新定位竞争对手	
第三部分	第9章 名字的威力	名称在定位过程中的重要作用，以及在选择名称时可能遇到的陷阱
	第10章 无名陷阱	
	第11章 搭便车陷阱	
第四部分	第12章 品牌延伸陷阱	阐述品牌延伸过程中的陷阱以及有效延伸的策略
	第13章 品牌延伸何时有效	
第五部分	第14章 公司定位案例：孟山都公司	通过多个成功案例的解剖，深入阐释定位的技巧
	第15章 国家定位案例：比利时	
	第16章 产品定位案例：奶球	
	第17章 服务定位案例：邮递电报	
	第18章 给长岛的一家银行定位	
	第19章 给天主教会定位	

续表

	章目	主要内容
第六部分	第20章 给你自己和你的职业定位 第21章 成功六部曲 第22章 定位的游戏规则	阐述对定位理念与个人职业生涯发展关系的思考和建议

（3）作者致中国读者。

艾·里斯："在美国，定位理论经历了数十年的时间才被企业家广泛接受"；"最近几年里，里斯伙伴中国公司，向中国企业家传播定位理论"；"努力正在发生作用，由此我相信，假以时日，中国企业一定可以创建出真正意义上的全球主导品牌"。

杰克·特劳特："中国正处在一个至关重要的十字路口上。制造廉价产品已使中国有了很大的发展，但上升的劳动力成本、环境问题、收入不平等以及对创新的需求都意味着重要的不是制造更廉价的产品，而是更好地进行产品营销"；"这意味着中国需要更好地掌握如何在顾客和潜在顾客的心智中建立品牌和认知，如何应对国内及国际上无处不在的竞争，这也正是本书能够发挥作用的地方"；"中国如果要建立自己的品牌，正如你们在日本、韩国和世界其他地方所看到的那些品牌，你们依然有很长的路要走"。

2. 营销战. 艾·里斯，杰克·特劳特. 李正栓，贾纪芳，译. 北京：中国财政经济出版社，2002，10

（1）概要。

本书被美国企业界誉为企业营销的《战争论》。本书重点阐述了市场营销战役中的四种常用战略形式：防御战、进攻战、侧翼战和游击战；针对每一种形式提出了三条应遵循的原则，以及如何在具体的市场营销战役中应用这些原则。

本书的绪论以"营销即战争"为标题，指出今天的市场营销，其本质并非局限于为顾客服务，而是在同竞争对手的对垒中，以智取胜、以巧取胜、以强取胜。市场营销就是战争，在这场战争中，敌人就是竞争对手，而顾客就是要占领的阵地。

（2）主要内容。

本书主要内容分为四个部分，共16章，见表5-9。

表5-9 《营销战》的框架和主要内容

架构	主要内容
第一部分：对历史上著名战役和兵力布置的回顾	包括第一章2 500年的战争和第二章兵力原则。作者以9世纪普鲁士伟大的战争哲学家卡尔·冯·克劳塞维茨有关战争的思想为基础，首先介绍了2 500年以来一些有代表性的战役，如马拉松战役、埃尔比勒战役、梅陶罗战役等；然后根据克劳塞维茨的兵力原则和防御优势原则，提出了市场营销战中的数学法则，即"在同样条件下，大公司击败小公司；但具有规模优势的公司进攻处于防御状态的劣势公司，却可能导致失败"

续表

架构	主要内容
第二部分：重点阐述了市场营销战役中的四种常用战略形式及其营销践行	包括第三章防御战略优势、第四章竞争的新时代、第五章战地的本质、第六章战略形式、第七章防御战原则、第八章进攻战原则、第九章侧翼战原则以及第十章游击战原则。作者针对防御战、进攻战、侧翼战和游击战四种战略形式进行阐述和分析，对每一种战略形式提出三条应遵循的原则，并阐述如何在具体的市场营销战役中应用这些原则。作者指出，在市场竞争中，"只有市场领先者才应该考虑进行防御"；进攻时"要找到领先者强势中的弱点，并攻击此弱点"；"一次好的侧翼进攻行动应该在无人竞争的地区展开"；小公司在游击战中应"找一块细分市场，该市场要小得足以守得住"
第三部分：分析了市场营销战中的实际案例	包括第十一章可乐战、第十二章啤酒战、第十三章汉堡战、第十四章计算机战。深度分析了可口可乐与百事可乐战役、百威啤酒与喜力啤酒的冲突、汉堡王与温迪斯对麦当劳的挑战以及 DEC 对阵 IBM 的经典对决带来的启示和借鉴
第四部分：对战略和战术的关系以及营销将领作用和素质的深度分析与思考	包括第十五章战略和战术、第十六章营销将领

(3) 最后的思考。

作者在第四部分提出了这样的思考：形式应该服从内容，战略应该服从战术。取得战术上的胜利是战略的最终和唯一目的。战略应该从底层而非顶层发展而来。一位将军只有在纵深详尽地了解了战局后，才能制定出有效的战略。今天的商界呼唤更多的市场营销将领，需要更多的人承担起统帅和指导营销全局的职责。未来的营销将领应拥有的品质是灵活、意志力和胆量。

3. 营销革命. ［美］艾·里斯，杰克·特劳特．左占平，等，译．北京：中国财政经济出版社，2002，11

(1) 概要。

承继代表作《定位》《新定位》的思想，作者提出一种新的营销决策思维路径——"自下而上的营销"。在作者看来，真正的营销法则应该抛弃那些大而无当的战略，从起点开始发掘并制定出一个实用的战术、围绕这一战术建构起相应的战略。作者认为，成功的营销专家应该像一位深入前线、把握战情的战术指挥官，在竞争激烈的营销战场上创发出自己的营销战术。营销的"前线"在消费者，具体而言，在消费者的大脑。

(2) 主要内容。

本书共设有 21 章，各章的主要内容和观点见表 5–10。

表 5–10 《营销革命》章目、主要内容及观点

章目	主要内容和观点
1. 战术支配战略	传统的营销方向是自上而下的。你决定做什么战略，然后你计划怎么做战术。然而，营销恰恰应该以相反的方向运行。发现一个管用的战术，然后把它建成一个战略

续表

章目	主要内容和观点
2. 深入前线	如果你想找到管用的战术，你就必须离开你的象牙塔，走到正在进行营销战的前方。前方在哪儿？在你的顾客和潜在顾客的心里
3. 控制发展趋势	为了确保你的战术适应将来的发展，你必须注意你们部门正在产生的趋势。注意：趋势变化非常缓慢，变化非常快的是时尚
4. 缩小你的聚焦点	发展有效战术的关键办法是缩小你的焦点，只有集中在小范围内的观点才有机会进入头脑。大多数自上而下的战略家忽视了这个原则，他们经常寻找一些分散他们力量的办法
5. 寻找你的战术	战术是一种"竞争观念"。运用战术的最好办法是在顾客心中打击竞争者的弱点
6. 寻找与滥用毒品做斗争的战术	美国面临的最大问题之一是非法用药问题，本章介绍了一个帮助减少需求的战术
7. 制定你的战略	战略被描绘为"一致的营销方向"。战略是装置，它推动战术深入人心。为了建立一个成功的战略，你必须想办法，直接把你的机构的全部资源用在战术开发上
8. 为雅芳公司制定战略	假若你是雅芳的营销经理，本章将向你展示发现战术，然后为公司建立有效战略的过程
9. 实施变革	你不能改变顾客的心理，你必须通过改变产品、服务，或者组织机构，使战略起作用
10. 转移战场	当你在战斗中失败，请转移战场。战场转移有四种类型：改变顾客，改变产品，改变焦点，改变分销渠道
11. 通用汽车公司的战场转移	本章将向你展示怎样通过转移战场在竞争持久的战场上击退欧洲入侵者
12. 检验你的战略	本章介绍如何与你的顾客、你的销售队伍以及媒体提前检验你的战略
13. 推销你的战略	如何向上层管理者推销你的战略
14. 获取资源	如何获取必要的资源拼写为"钱"，为你的战略提供资金
15. 邀请局外人	什么时候邀请局外人帮助你发展有效的营销规划，及局外人是否应该按照战术或者战略工作
16. 开始实施规划	如何选择实施规范。实施规划有两种办法：轰动式和慢滚动式
17. 保持正常运行	随着时间的流逝，如何抵抗日益增加的改变战略的压力
18. 感觉成功	成功的规划经常从第一天起就开始起作用了，而失败的规划也经常是从开始就失败
19. 全力以赴	营销胜利的关键是全力以赴，如果你想获得巨大的成功，你就必须全身心地去奋斗，休息是为失败者准备的

续表

章目	主要内容和观点
20. 减少损失	没有人能预测将来,如果你的规划不起作用,那就另找一个,并把它建成一个不同的战略,不要强化失败
21. 玩游戏	自下而上营销的实质是根植于现实

(3) 对本书的推荐。

苗杰(中国人民大学商学院):"全书具有创新性的核心思想是:战略应该是一个自下而上的过程,战术支配战略。先确定战术,再去制定战略。"

邓德隆、陈奇峰(特劳特中国品牌战略咨询公司部经理、首席咨询师):"《营销革命》是深刻影响美国传统营销的一本书,它一针见血地指出了'先有战略,后有战术'的缺陷,同时借由可行的战术导出战略,亦使众多的企业或个人赢得了未曾预想过的市场机会。正如书中所列举的比尔·盖茨,还有联邦快递的创办者史密斯,他们就是遵循了此法则而获得巨大成功的。"

4. 重新定位——定位之父杰克·特劳特封笔之作.[美]杰克·特劳特,史蒂夫·里夫金. 谢伟山,宛爱冬,译. 北京:机械工业出版社,2016,2

(1) 概要。

如何认识重新定位,特劳特指出:定位是如何在潜在顾客的心智中实现差异化,从而获得认知优势;而重新定位是如何调整心智中的认知。这些认知可以是关于你的,也可以是关于竞争对手的。重新定位的关键在于为自己建立起正面定位。

特劳特在本书的前言中写道:"我一直在为企业讲授商业本质,现在我把过去所写的书中关于有关战略的课题汇集,精写成本书,提出商业成功应该遵循的重要原则。本书是我在商界漫漫旅途中获得的战略心得,全部凝结其中。"

(2) 主要内容。

本书主要内容分为四部分,共12章,见表5-11。

表5-11 《重新定位——定位之父杰克·特劳特封笔之作》架构及主要内容

	章目	主要内容
第一部分 竞争	第1章 基本规律	涉及心智工作的基本规律,如心智疲于应付、憎恨混乱、缺乏安全感、不可改变、会丧失焦点等;竞争激增、竞争蔓延使得竞争时代到来,选择必须小心;重新定位竞争对手,就要做到谨慎攻击、寻找弱点,攻击必须引起消费者共鸣
	第2章 竞争时代的到来	
	第3章 重新定位竞争对手	
第二部分 变化	第4章 面对变化,演变是关键	面对变化,企业演变是关键,重点阐述了企业演变的重要性,以及如何演变;企业愈大,愈难变革,庞大的规模会在很大程度上导致组织的僵化、自负、特权阶级和其他损害公司的不良问题;何时不该演变,并非每个公司都应该发展壮大,为增长而增长可能是个陷阱
	第5章 企业愈大,愈难变革	
	第6章 何时不该演变	

续表

	章目	主要内容
第三部分 危机	第 7 章　改变竞争格局的动力	改变竞争格局的动力，包括宏观危机和微观危机；价值是关键
	第 8 章　价值是关键	
第四部分 重新定位	第 9 章　重新定位需要时间	介绍重新定位所需的条件，包括需要时间、需要勇气、需要 CEO 的全程参与；重新定位对于企业而言是不可忽视、显而易见的一件事情
	第 10 章　重新定位需要勇气	
	第 11 章　重新定位需要 CEO 的全程参与	
	第 12 章　重新定位是显而易见的	

(3) 结语。

作者在结语中写道："在某种意义上，这本书结束了一段旅途，这段旅途源于 1969 年我写的第一篇定位文章——《定位：同质化时代的竞争之道》。从那时起，'定位'和'重新定位'都已经成为全球大量使用的商业用语中。但直到今天，当人们使用'定位'一词的时候，并不是所有人都能理解。如果人们现在不能理解，他们永远也不会理解。在这个高度竞争的时代，这只会意味着大麻烦。"

5. 蓝海战略，[韩] W·钱·金，[美] 勒妮·莫博涅. 吉宓，译. 北京：商务印书馆，2016，4

(1) 概要。

本书自 2005 年 2 月由哈佛商学院出版社出版以来，在世界范围内引起了极大的反响，先后获得了"《华尔街日报》畅销书""全美畅销书""全球畅销书"的称号，迄今为止已经被译成 24 种语言，打破了哈佛商学院出版社有史以来出售国际版权的纪录。

作者基于对跨度达 100 多年、涉及 30 多个产业的 150 个战略行动的研究，提出：要赢得明天，企业不能靠与对手竞争，而是要开创"蓝海"，即蕴含庞大需求的新市场空间，以走上增长之路。这种被称为"价值创新"的战略行动能够为企业和买方都创造价值的飞跃，使企业彻底甩脱竞争对手，并将新的需求释放出来。

(2) 主要内容。

红海战略与蓝海战略比较见表 5-12。

表 5-12　红海战略与蓝海战略比较

红海战略	蓝海战略
竞争已有市场空间	开创无人争抢的市场空间
打败竞争对手	甩脱竞争
开发现有需求	创造和获取新的需求
在价值与成本之间权衡取舍	打破价值与成本之间的权衡
按差异化或低成本的战略选择协调公司活动的全套系统	同时追求差异化和低成本协调公司活动

本书的结构框架及主要内容见表 5-13。

表 5-13 《蓝海战略》结构框架及主要内容

章节		主要内容
第一部分 蓝海战略	第一章 开创蓝海	介绍开创蓝海的重要性与紧迫性，提出蓝海战略的基石"价值创新"
	第二章 分析工具和框架	介绍开创和夺取蓝海的必备分析工具和框架
第二部分 制定蓝海战略	第三章 重建市场边界	明确了如何通过比较不同的行业群体，开辟非竞争性市场空间，并降低"搜寻风险"
	第四章 注重全局而非数字	展示了如何设计一家企业的战略规划过程，超越数量扩张，实现价值创新
	第五章 超越现有需求	论证了如何实现蓝海领域的最大化
	第六章 遵循合理的战略顺序	对战略的设计，既要为大多数客户创造价值，同时又要创建可靠的商业模式，创造并维持自身的利润增长
第三部分 执行蓝海战略	第七章 克服关键障碍	引入了"引爆点领导法"概念，即管理者如何激励组织，以克服在执行蓝海战略中的关键性组织障碍
	第八章 将战略执行建成战略的一部分	论证战略执行的原则，激励员工在组织内部坚定地执行蓝海战略。本章引进了"公平过程"概念
	第九章 结论：蓝海战略的可持续性及更新	探讨了蓝海战略的动态发展：战略的可持续和不断更新

(3) 本书最后的三个附录。

①开创蓝海的历史模式概览。针对美国三个产业的发展历史，即汽车业、电脑业以及影院业，作者从开创市场空间并创造重大新需求的主要产品及服务的角度做了分析。②重建主义的战略观点。介绍了重建主义战略观点的理论基础、主要思想及其意义。③价值创新的市场动态。价值创新是蓝海战略的基石，在这种战略逻辑的指导下，企业不是把精力放在打败竞争对手上，而是放在全力为买方和企业自身创造价值飞跃上，并由此开创新的无人争抢的市场空间，彻底甩脱竞争。

6. 长尾理论．[美] 克里斯·安德森．乔江涛，译．北京：中信出版社，2006，12

(1) 概要。

"长尾"这一概念是由《连线》杂志主编克里斯·安德森在 2004 年 10 月的《长尾》一文中最早提出的，用来描述诸如亚马逊和 Netflix 之类网站的商业和经济模式。这一文章已经成为当代最有影响力的商业文章之一；而后"长尾理论"这个词频频出现在各类媒体上。长尾理论获得《商业周刊》"Best Idea of 2005"奖项，并被《GQ》杂志称为"2006 年最重要的创建"。

作者认为，长尾理论的来临，将改变企业营销与生产的思维，带动新一波商业势力的消长；执着于培植畅销商品的人会发现，畅销商品带来的利润越来越薄；愿意给长尾商品机会的人，则可能积少成多，累积庞大商机。

(2) 主要内容。

本书共有 13 章，章节结构及主要内容见表 5-14。

表 5-14　《长尾理论》结构及主要内容

章节	主要内容
第 1 章　长尾市场	讲述了市场的变化：从集中产品市场向分散产品市场的转变
第 2 章　大热门的兴衰起伏	分析了工业化大批量大规模经济的来龙去脉，从工业化的衰落中自然引申出长尾经济兴起的必然性
第 3 章　长尾的三种力量	概括了调和"大规模"与"定制"矛盾的生产要点、销售要点和产销结合要点
第 4 章　新生产者	生产环节的进一步展开。生产工具的普及，如何通过模糊生产者与消费者之间的传统分工，实现廉价的生产，以使尾部生产的成本在经济上从原来的不可承受转变为可以承受
第 5 章　新市场	销售环节的进一步展开。普及传播工具，让每一个集合器都可以使销售成本显著下降，降低市场的进入门槛，允许越来越多的产品跨过物理障碍，找到属于自己的顾客群
第 6 章　新时尚领军人	产销环节的进一步展开。被放大的口头传播效应印证了长尾的第三种力量：利用消费者的情绪来联结供给与需求
第 7 章　长尾经济学	说明长尾经济学与新古典经济学的不同。新古典经济学以稀缺为常态，遵循 80/20 法则，追逐大规模生产的"短头"；长尾经济学以丰饶为常态，逆 80/20 法则而动，追求多品种生产的"长尾"
第 8 章　货架争夺战	分析了传统短头领域的商务长项，以及由于物理限制不可克服的劣势，指出长尾策略通过在线商务超越传统短头营销的可能性
第 9 章　选择的天堂	提出了多样性的经济学（长尾经济学）的又一个要点：更多的选择 + 更多的可获得性和便捷
第 10 章　利基文化	提出了长尾理论的文化经济结论：大众文化和小领域文化并存，后者地位日益上升
第 11 章　无限的荧屏	指出长尾理论的一个突出优点，是把互联网技术变革与商业变革充分融为一体，抓住了时代脉络
第 12 章　娱乐业之外	举例说明了长尾理论在不同行业的不同成功应用，旨在说明它所具有的广泛适用性
第 13 章　长尾法则	总结了长尾理论的三个方面九条法则

（3）长尾法则。

作者在最后一章提出创造一个繁荣长尾市场的秘诀：一是低成本地提供所有产品；二是高质量地帮我找到它。为此，作者总结了三个方面九条法则。在降低成本方面，法则 1——让存货集中或分散；法则 2——让顾客参与生产。在考虑小市场方面，法则 3——一种传播途径并不适合所有人；法则 4——一种产品并不适合所有人；法则 5——一种价格并不适合所有人。在摆脱控制方面，法则 6——分享信息；法则 7——考虑"和"，不要考虑"或"；法则 8——让市场替你做事；法则 9——理解免费的力量。

7. 战略营销. [美] 托德·A·穆拉迪安, 库尔特·马茨勒, 劳伦斯·J·林. 郑晓亚, 尤海波, 闫慧, 肖莹, 译. 上海: 格致出版社, 2014, 5

(1) 概要。

本书涉及内容是基础、简明的企业战略营销的理论、方法和工具, 与其他同类教材相比, 框架思路更加贴合真实的战略营销实践过程。在阐述理论的同时结合具体的商业实例进行讲解和分析, 使理论通俗易懂。

(2) 主要内容。

战略营销是基本的市场营销活动, 它在组织并引导所有相关市场营销活动的同时, 将企业与消费者联系在一起。本书为战略营销管理带来一个全景式的解决方案, 它包括以下 4 个基本的步骤: 环境评估; 战略制定; 战略实施(包括定位与营销组合); 归档、评估与调整, 具体如图 5-14 所示。

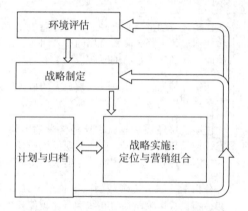

图 5-14 战略营销分析和计划步骤总结

本书从 6 个模块入手进行相关内容的阐述, 分别是: 环境评估; 营销战略; 战略制定; 战略实施; 战略的归档、评估与调整。本书的分析工具和框架的章节安排见表 5-15。

表 5-15 分析工具和框架的章节安排

第一部分 战略营销的流程	
1. 营销战略总览及战略营销流程	4. 战略制定
2. 环境评估: 企业外部环境分析	5. 战略实施
3. 环境评估: 企业内部环境分析	6. 计划的制订、评估与调整
第二部分 环境评估	
7. 市场定义	14. 行业分析
8. PEST 分析	15. 产品生命周期
9. 消费者评估——趋势和洞察	16. 经验曲线对降低成本的影响
10. 消费者评估——消费者与组织购买行为	17. 规模经济与规模不经济
11. 竞争者分析——竞争情报	18. 范围经济——协同与良性循环
12. 企业评估——使命和目标	19. 市场份额效应
13. 企业评价——价值链	20. 情景分析

续表

第三部分　营销战略	
21. 市场营销观念	24. 一般战略——消费者价值图
22. 什么是市场营销战略	25. 一般战略——产品—市场增长战略
23. 一般战略——优势和范围	26. 特定的营销战略
第四部分　战略制定	
27. 市场细分	31. SWOT 分析
28. 忠诚营销、消费者开发与维系	32. 目标市场选择
29. 消费者终身价值	33. 产品定位
30. 竞争优势	
第五部分　战略实施	
34. 以消费者为导向的市场调研	38. 产品——产品组合
35. 品牌与品牌战略	39. 定价策略
36. 产品——新产品研发	40. 促销与人员——整合营销传播
37. 产品——创新	41. 渠道——分销
第六部分　战略的归档、评估与调整	
42. 预算、预测与目标	44. 评估与调整
43. 梯度分析	
附录	
附录 1　营销战略涉及的基本财务数学 附录 2　战略营销规划训练	附录 3　战略营销人员的一页备忘录 附录 4　案例分析和行动导向型决策

本书第一部分综述了战略营销的整体框架，简明扼要地勾勒出了企业营销战略的轮廓和边界，帮助读者形成对营销战略的全局性认识。第二部分至第六部分，在整体框架的基础上细化了战略制定流程的各分支环节，从前期的环境评估到中期的战略制定与执行，再到后期的战略评估与调整，完整向读者展示了战略营销的全貌。

（3）收获和阅读建议。

通过学习，读者将对解决一般性问题的框架有一个全面的了解，可以在特定情况、任务或问题的背景下，快速定位并理解特定工具。读者应该完整地研读本书第一部分的内容，牢记这一部分涉及的各类流程和步骤，尝试将这些工具和方法应用到各类实际问题中。

8. 营销战略与竞争定位（第 5 版）．[美] 格雷厄姆·胡利，奈杰尔·皮尔西，布里吉特·尼库洛．楼尊，译．北京：中国人民大学出版社，2014，4

（1）概要。

本书阐释了制定和执行营销战略的过程。本书聚焦于如何在市场中创造和维持卓越的业绩，关注营销战略形成中的两大关键问题：确定目标市场和创造差异化优势。为此，作者识别出在经济衰退和变化中产生的新的潜在目标市场，并探讨了企业通过承担环境和社会责任实现差异化的方法。本书考察了服务质量和关系营销、网络营销和战略联盟、创新、内部营销和公司社会责任等问题，强调动态营销能力的开发以及需要重新评价营销在组织中的作用，并将其作为一个关键的过程，而不是简单地视为一种传统的职能分工。

（2）主要内容。

全书分为营销战略、竞争市场分析、确定现在和未来的竞争定位，竞争定位战略、实施战略及结论6篇，共19章内容，详见表5-16。

表 5-16　本书架构和主要内容

全书架构	主要内容
第1篇：关注营销在组织中的作用变化，强调营销应该作为一个过程而不是一种职能分工	作者指出，组织在执行市场导向中遇到的重要问题，希望发现更好的方法以应对复杂多变且难以预测的市场环境，提出以强调市场导向的方法进行战略管理，制定营销战略框架。本书提出的战略营销计划的框架是解决营销两大关键问题——选择目标市场和确定有利的竞争定位。这一框架的核心是营销的资源基础观，以及建立、培养和利用动态营销的能力
第2篇：讨论公司运行所处的竞争环境，尤其注重由经济衰退带来的最新变化和对持续发展的关注	首先考察不同类型的战略环境以及应对各种环境的关键成功要素；然后重点讨论由顾客、竞争者和公司三者在企业运行所处的环境中所构成的"战略三角"。这种依次分析各种环境的方法有助于确定公司面对的机会。制定战略的重点是将公司的资源、资产和能力与市场机会相匹配
第3篇：讨论如何确定现在和未来的竞争定位这一战略性问题	更加详细地考察各种确定细分市场（或潜在的目标市场）和当前（及潜在）定位的方法；探究细分消费者和组织市场的各种标准，以及收集和分析数据的技巧。企业需要判断市场吸引力和企业优势，慎重选择目标市场
第4篇：讨论战略制定问题	着重探讨如何在市场中创造可持续的定位，从创造可持续的竞争优势、通过新营销组合竞争、通过创新竞争以及通过卓越的服务和顾客关系竞争四个方面展开
第5篇：详细地考察战略执行问题	分为战略客户管理、战略联盟和网络、战略执行与内部营销以及公司社会责任四章，探讨如何有效实施战略
第6篇：总结对21世纪第2个10年竞争的看法	这一部分进一步明确了市场中已经发生或正在发生的主要变化，并提出组织必须对这些变化做出积极的应对，努力制定能够在未来的营销中赢得优势的竞争定位战略

（3）结论

最后一篇为全书的总结，作者展望了21世纪第2个10年的市场营销战略。作者在这部分突出了商业环境中的重大变化，并为企业如何制定合适的战略以应对不断变化的世界提供了以下建设性意见：建立学习型组织；获取、内部化和运用知识；清晰的市场导向，并致力于为顾客创造卓越的价值和更高水平的满意；将定位战略牢牢地建立在市场营销资产和能力的基础之上；与重要客户建立更加亲密的关系；反思市场营销在企业中的作用。作者以市场营销在未来的市场环境中将被视为实现市场需求与企业能力的资产之间最佳契合的过程,而不是作为企业中的一个职能部门而发挥作用的预言,作为对全书的总结。作者认为在未来,如何发挥营销的这种战略性的而非操作性的作用是市场营销学科的热点所在。

附　录

一、单选题答案

1. D　　2. D　　3. A　　4. A　　5. B　　6. A　　7. C　　8. A　　9. D　　10. C
11. C　　12. B　　13. C　　14. D　　15. B　　16. C　　17. A　　18. C　　19. D　　20. D

二、多选题答案

1. ABDEF　　　2. ABCD　　　3. ABC　　　4. ABC　　　5. ACD
6. ABCE　　　7. AB　　　　8. ABD　　　9. ABCD　　10. ABCD

参考文献

[1] [美] 菲利普·科特勒, [美] 加里·阿姆斯特朗. 市场营销原理 [M]. 13 版. 楼尊, 译. 北京: 中国人民大学出版社, 2010.

[2] [美] 菲利普·科特勒, [美] 加里·阿姆斯特朗. 市场营销原理与实践 [M]. 16 版. 楼尊, 译. 北京: 中国人民大学出版社, 2015.

[3] [美] 菲利普·科特勒, [美] 凯文·莱恩·凯勒. 营销管理 [M]. 15 版. 何佳讯, 于洪彦, 牛永革, 徐岚, 董伊, 金钰, 译. 北京: 格致出版社, 2016.

[4] 艾·里斯, 杰克·特劳特. 营销革命 [M]. 左占平, 等, 译. 北京: 中国财政经济出版社, 2002.

[5] 杰克·特劳特, 史蒂夫·里夫金. 重新定位——定位之父杰克·特劳特封笔之作 [M]. 谢伟山, 宛爱冬, 译. 北京: 机械工业出版社, 2016.

[6] 魏炬. 世界广告巨擎 [M]. 北京: 中国人民大学出版社, 2006.

[7] 钱杭园, 杨小微. 杰克·特劳特: 广告定位理论的最早提出者 [J]. 新闻爱好者: 理论版, 2008 (12): 104-105.

[8] 邓德隆. 十年亲历特劳特 [J]. 当代经理人, 2006 (2): 92-94.

[9] 新浪资讯. "定位"之父杰克·特劳特先生辞世 [EB/OL]. http://finance.sina.com.cn/roll, 2017-6-7.

第六章

品牌决策

第一节 测 试 题

一、单选题

1. 品牌中可以通过口头语言来表达的部分,被称为( )。
   A. 品牌术语   B. 品牌名称   C. 品牌标志   D. 商标
2. "奔驰"会让人想到一位有品位的老板或一头有权势的狮子,这体现了品牌构成要素中的( )。
   A. 属性   B. 价值   C. 利益   D. 个性
3. HT 公司是一家家用电器生产企业,全部产品均使用 HT 品牌进行销售,该公司采用的品牌命名策略是( )。
   A. 单独命名   B. 统一命名
   C. 分类命名   D. 企业名称加单独品牌
4. WE 连锁超市集团公司主营消费品,其中销售的产品多数由超市向生产厂家订购,然后再用"WE"品牌包装并将产品销售出去,这种品牌归属策略是( )。
   A. 商店品牌   B. 制造商品牌
   C. 许可品牌   D. 联合品牌
5. 某著名白酒厂拥有四大品牌,分别命名为青竹、晋酒、天福、三清山,该公司采取的品牌命名策略是( )。
   A. 单独命名   B. 统一命名
   C. 分类命名   D. 企业名称加单独名称
6. 某公司洗发水品牌用"黑丝"、沐浴露品牌用"润白",该公司采取的品牌命名策略是( )。
   A. 单独命名   B. 统一命名
   C. 分类命名   D. 企业名称加单独品牌
7. 品牌是一个集合概念,若一个品牌已获得专用权并受法律保护,则指的是( )。
   A. 商标   B. 品牌资产   C. 品牌标志   D. 品牌名称
8. 品牌是一个集合概念,除了品牌名称和品牌标志之外,还有( )。
   A. 属性   B. 利益   C. 商标   D. 用户

9. TY连锁超市销售超市自有的"洁白"牌牙膏，这种品牌策略属于（　　）。
   A. 商店品牌　　B. 制造商品牌　　C. 许可品牌　　D. 联合品牌
10. 企业推出一系列以其最强势的品牌名称命名的新产品，以充分利用强势品牌这一资产，这一策略是（　　）。
    A. 多品牌策略　　B. 合作品牌策略　　C. 品牌延伸策略　　D. 产品线扩展策略
11. 代表品牌能满足消费者物质需求的要素是（　　）。
    A. 属性　　B. 价值　　C. 利益　　D. 个性
    E. 文化
12. 格力公司的空调以"格力"进行名称，这种品牌策略属于（　　）。
    A. 商店品牌　　B. 制造商品牌　　C. 许可品牌　　D. 联合品牌
13. 可口可乐的商标被使用在玻璃器皿、收音机、服装、卡车上，这种品牌策略属于（　　）。
    A. 商店品牌　　B. 制造商品牌　　C. 许可品牌　　D. 联合品牌
14. 耐克和苹果合作推出了"耐克+iPod"，这种品牌策略属于（　　）。
    A. 商店品牌　　B. 制造商品牌　　C. 许可品牌　　D. 联合品牌
15. 达能公司一直经营酸奶产品，近两年在达能品牌下推出了七种新酸奶口味、一种脱脂酸奶以及一种大的经济装酸奶，这一策略属于（　　）。
    A. 产品线延伸　　B. 品牌延伸　　C. 多品牌　　D. 新品牌
16. 企业在一个已有的产品类别中，仍然使用原来的品牌，推出包括新口味、新样式、新色彩、新包装规格等新产品，这一策略属于（　　）。
    A. 产品线延伸　　B. 品牌延伸　　C. 多品牌　　D. 新品牌
17. 宝洁公司借助家庭清洁先生品牌，推出了几条新产品线，包括清洁坐垫、浴室清洁工具、汽车清洗液等，这一策略属于（　　）。
    A. 产品线延伸　　B. 品牌延伸　　C. 多品牌　　D. 新品牌
18. 本田在进入豪华车市场时，建立了讴歌品牌，以区别于本田其他的车型，这一策略属于（　　）。
    A. 产品线延伸　　B. 品牌延伸　　C. 多品牌　　D. 新品牌
19. 品牌延伸后，消费者不再将品牌与特定产品或高度相似的产品联系在一起，并减少对该品牌的偏好，这种现象是（　　）。
    A. 品牌联想　　B. 品牌稀释　　C. 品牌误区　　D. 品牌缺陷
20. 以消费者为核心，评估品牌的健康状况，发现品牌资产的构成，提出品牌资产改进和调整的建议等实践活动，属于（　　）。
    A. 品牌审计　　B. 品牌评估　　C. 品牌增值　　D. 品牌复兴

二、多选题

1. 品牌作为一个集合概念，包括的六个构成要素有（　　）。
   A. 属性　　B. 价值　　C. 利益　　D. 文化
   E. 个性　　F. 满意度　　G. 用户
2. 品牌资产是指品牌赋予产品和服务的附加价值，其四个构成要素是（　　）。

A. 品牌知名度　　B. 品牌认知度　　C. 品牌联想度　　D. 品牌推广度
E. 品牌忠诚度
3. 四种典型的品牌归属主体策略分别是（　　）。
A. 制造商品牌　　B. 商店品牌　　C. 竞争者品牌　　D. 许可品牌
E. 联合品牌
4. 企业采取多品牌策略的优点是（　　）。
A. 建立不同的产品特色　　　　　B. 迎合顾客不同的购买动机
C. 在卖场中占有更多的货架位置　　D. 节省公司的营销资源
E. 通过建立侧翼品牌保护主打品牌
5. 1985 年，可口可乐公司改变配方的产品推向市场最终以失败告终，这反映了影响消费者购买行为的因素包括（　　）。
A. 品牌偏好　　B. 消费习惯　　C. 品牌满意度　　D. 品牌忠诚度
6. 品牌的价值体现在（　　）。
A. 企业的宝贵资产　　　　　　　B. 带给消费者多方面好处
C. 带给企业竞争优势　　　　　　D. 代表某种质量水平，使顾客重复购买
7. 中间商品牌的优势体现在（　　）。
A. 有利于控制价格甚至生产　　　B. 有利于降低成本从而降低销售价格
C. 有利于培养顾客的偏好　　　　D. 承担各种风险
8. 品牌组合是指企业向消费者提供的特定产品类别中所包含的全部品牌和品牌线，它们包括（　　）。
A. 侧翼品牌　　B. 主品牌　　C. 低端品牌　　D. 高声望品牌
9. 以下属于品牌资产管理工作的是（　　）。
A. 评估品牌资产　B. 实现品牌增值　C. 满足顾客需求　D. 关注品牌复兴
10. 基于顾客的品牌资产的特点有（　　）。
A. 它来自顾客的不同反应
B. 这些反应体现出顾客对品牌的理解是不同的
C. 顾客的反应会体现在与品牌营销相关的感知、偏好及其行为中
D. 顾客的反应可能是消极的

三、阐述题

1. 品牌的内涵及其价值

美国营销学会将品牌定义为"由名称、术语、标记、符号、设计或它们的组合构成，用于识别某个或某群销售者的产品或服务，使之与竞争对手的产品和服务相区别"。这一界定表明了品牌的外在表现形式是名称、术语、标记、符号、设计或它们的组合构成；建立品牌的目的是将企业的产品或服务与竞争对手区别开来。

一个有影响力的品牌往往有很高的品牌价值。品牌价值具体体现在以下方面。

（1）高价值的品牌是企业的宝贵资产。品牌价值是企业长期战略资产的积累，如今在很多行业，往往都将品牌看作是一种关键资源和一种与顾客建立牢固关系的有效载体。

（2）品牌带给消费者多方面好处。品牌让顾客了解产品的来源或制造者，使顾客（个

人消费者或组织消费者）可追究制造商或分销商的责任；消费者对同类产品依靠其品牌化评估其中的不同；通过以往的产品体验和企业营销活动了解品牌，发现哪些品牌能满足自己的需求，哪些不能；随着生活节奏日趋加快，品牌还可以帮助消费者简化决策过程、降低购买风险。

（3）高价值品牌为企业带来竞争优势。一个优秀的品牌会增强企业与经销商讨价还价的能力；有助于企业比较容易地推出系列产品，拓展品牌的市场；还能够使企业在激烈的市场竞争中增强防御能力。

（4）品牌可代表某种质量水平，使满意的消费者重复购买产品。品牌的忠诚度可被转换为消费者愿意接受高于一般产品20%～25%的价格。竞争者可轻易模仿产品制作过程和设计，但很难与品牌拥有者通过多年的营销活动和产品体验在消费者心目中形成的印象相抗衡。

2. 如何进行品牌命名决策

品牌命名的要求：表明有关产品带来的好处和质量特征；易于发音、识别和记忆；品牌名独特、鲜明；品牌名便于扩展；品牌名易于翻译成外语；能够注册并得到法律保护。

按照品牌名称与系列产品的关系，品牌命名有以下四种方法。①单独命名。其最大优势在于，企业没有将其声誉和产品紧密相连。如果某一产品在市场上遭遇失败或质量低劣，企业名称和形象不会因此遭到破坏。②统一命名。优势是无须不断研究新的命名并投入高额广告费用创建品牌名称认知，开发费用也较低。另外，如果制造商的声誉很好，新产品的销售情况一般也比较好。再者，一般人们习惯于想知道他们购买的产品是由哪家厂商生产的，这一特点对采用统一命名的商家很有利。③分类命名。如果各种产品区别度较大，一般就不适合采用统一命名。企业往往为同一类别不同质量的产品取不同的名称。④企业名称与单独名称相结合。

按照品牌名称的具体特点，又有以下不同的命名方法，它们是：①以人名命名，如麦当劳；②以地名命名，如燕京；③以字首组合命名，由英文缩写或拼音字母组成，如TCL、LG；④以企业名称命名，如联想、格力；⑤以数字命名，如999、505；⑥以寓意命名，如轻骑、金利来；⑦以吉祥语命名，如双喜、平安、福临门；⑧以民俗命名，即根据各国、各民族的历史传统、文化特色、风俗习惯、喜好等命名，如红旗、凤凰、孔雀、大中华等。

3. 品牌归属决策的主要内容

根据品牌所有权的归属主体，形成了不同主体类型的品牌归属决策。

（1）制造商品牌。它是由生产商创立的，旨在确保顾客购买时将生产商与它们的产品同等看待。制造商品牌长期以来统治着零售业。创立这种品牌的生产商需要参与分销、促销以至定价决策。制造商可以通过促销、质量控制和质量保证等措施提高产品的顾客忠诚度。制造商要努力刺激产品需求，以激励经销商销售其产品。

（2）商店品牌。分销者自有品牌也称为商店品牌或经销商品牌，是由经销商（批发商或零售商）创立并拥有的。商店品牌的主要特点是产品与其制造商被分离开来。零售商或批发商可以利用自己的商店品牌进行更为有效的促销、创造更高的毛利并改善商店的形象。利用商店品牌，零售商或批发商可以以最低的成本销售符合一定质量标准的产品而又不会泄露不便公开的与制造商有关的信息。

（3）许可品牌。一些企业通过许可使用其他制造商已经树立的名称或符号、知名人士的名字、流行读物或者时髦电影中的角色,并向其支付一定的费用。许可经营当中发展最快的就是公司整体品牌许可,越来越多的营利和非营利组织将自己的品牌名称许可经营出去以获取额外的收入,提高品牌知晓度。

(4)联合品牌。在一种产品上使用两个或多个品牌,即为联合品牌。营销者采用联合品牌策略是为了利用多个品牌的资产。联合品牌利用了顾客对合作品牌的信任和信心。一般来说,联合品牌中所涉及的两个品牌在顾客看来应该是相辅相成的。联合品牌能帮助企业将自己的产品与竞争者区分开来。借助品牌联合的合作伙伴的产品开发技术,企业可以生产出与众不同的产品。建立联合品牌还可以使合作双方发挥各自的分销能力。

4. 品牌开发决策的主要内容

在品牌开发方面,企业有四种策略选择,见图6-1。第一,产品线延伸策略,将现有品牌名称延伸到现有产品类别中的新样式、新规格和新风格的产品上;第二,品牌延伸策略,把现有的品牌名称延伸到新的产品类别上;第三,多品牌策略,在相同的产品类别中引入新品牌;第四,新品牌策略,在新的产品类别中引入新品牌。

图6-1 品牌开发策略选择

(1)产品线延伸策略。就是当企业在一个给定的产品类别中引进新产品的时候,仍然使用原来的品牌,这些新产品包括新口味、新样式、新色彩以及新包装规格等。企业可以将产品线延伸作为推出新产品的一种低成本、低风险的方法,以满足消费者多样化的需求。通过延伸,可以帮助企业利用过剩的生产能力,并从分销商那里争得更多的货架位置。

(2)品牌延伸策略。企业推出一系列以其最强势的品牌名称命名的新产品,以充分利用强势品牌这一资产,这就是品牌延伸策略。评判一个有潜力的新产品延伸品牌的标准是:其能否有效地将现有品牌资产从母品牌传递到新产品上,以及延伸品牌反过来能否有效地提升母品牌的品牌资产。

(3)多品牌。企业在同一类产品中使用新品牌。多种品牌战略可以使企业建立不同的产品特色和迎合顾客不同的购买动机;还能使企业稳固占据销售商的货架,或者帮助企业通过建立"侧卫"或"斗士"品牌来保护主打品牌。多品牌的缺点是,每种品牌也许只能获得一小部分市场份额,而且每一种利润可能都不高。

(4)新品牌。企业在进入新的产品类别而公司现有品牌都不适合的情况下,可以建立一个新品牌。设立太多新品牌可能会导致公司资源的分散使用。一些公司如宝洁、富莱托雷等正在追寻"大品牌"战略,即消除那些较弱的品牌,将营销开支集中于其产品类别中能够占据较高市场份额的少数几个品牌。

5. 品牌延伸的利与弊

(1)品牌延伸的利。首先表现在能够增加新产品成功的机会。基于对母品牌及母品牌与新产品相关程度的了解,顾客会做出推断,对新产品可能的构成和功能产生预期。其次,品牌延伸能减少新产品的营销成本。由于通过品牌延伸推出的新产品潜在地增加了顾客需求，企业会较容易说服零售商库存和促销该产品。从营销传播的角度看，针对品牌延伸产品的推介活动无须创建品牌和新产品的知晓度，而只需专注于新产品本身。再次，通过品牌延伸，还可使那些因枯燥、厌烦和受其他因素影响而渴望变化的顾客转向企业的不同产品，仍在企业的品牌家族中成为忠诚消费者。最后，品牌延伸还能为企业带来反馈利益。在品牌延伸之后，反馈利益有助于企业向顾客澄清品牌的意义和核心价值，或增进顾客对企业的依赖感。

（2）品牌延伸的弊。首先，可能导致品牌稀释。品牌稀释指消费者不再将品牌与特定产品或高度相似的产品联系在一起，并减少对该品牌的偏好。其次，如果顾客认为企业推行的品牌延伸不适宜，就会对品牌的完整性和能力产生怀疑。不同的产品线延伸可能会混淆顾客的思维，甚至使顾客产生挫败感：究竟什么样的产品才是自己想要的？结果将导致他们倾向于那些"经考验证明是好的"产品或通用的产品，而拒绝新的延伸。再次，零售商也可能不得不放弃很多新产品和新品牌，因为它们无法为其提供足够的货架和展示空间。最后，对于企业来说，最糟糕的情形是，品牌延伸不仅未能成功，还在这一过程中伤害到母品牌的形象。

6. 品牌资产的内涵及其战略意义

品牌资产指品牌赋予产品和服务的附加价值。该价值可通过消费者对品牌的联想、感知和行动体现，也可从企业的价格、市场份额和利润中体现。品牌资产是企业一项重要的、具有心理和财务双重价值的无形资产。

品牌资产的战略意义在于获得强势品牌的营销优势。这些优势表现在多个方面：提高顾客对产品性能的感知；赢得更高的忠诚度；增强应对竞争对手营销行动的能力；增强企业应对营销危机的能力；帮助企业获得更多的利润；使得顾客对提高价格的抵制心理下降；使得顾客对降低价格的敏感度提高；帮助企业获得更多的商业合作和支持；提高品牌营销传播的有效性；有助于为企业创造可能的许可经营机会；使得品牌延伸的机会可能增多。

7. 如何进行品牌资产管理

（1）评估品牌资产。

评估品牌资产的方式主要有两种：一是间接方式，即通过确认和跟踪顾客的品牌知识评估品牌资产的潜在来源；二是直接方式，即评估品牌知识对顾客对不同营销方式做出的反应的实际影响。这两种常用方式是互补的，可同时使用。

品牌审计是以消费者为核心，评估品牌的健康状况，发现品牌资产的构成，提出品牌资产改进和调整建议的一系列实践活动。营销者打算对重要的战略方向做调整时，应进行品牌审计。定期开展品牌审计（如每年一次）有助于营销者随时掌握品牌情况的变化，从而能够前瞻性地、及时地对品牌进行管理。尤其是在管理者制订营销计划时，品牌审计报告将是十分有用的背景资料。

品牌跟踪研究指定期地采用常规方式收集顾客的数据，以便从多个主要维度为营销者提供关于品牌和营销计划如何连续运行的基本信息。品牌跟踪研究是了解创造品牌价值的地点、数量和方式的手段，有助于企业的日常决策。

（2）实现品牌增值。

作为企业主要的可持续资产，企业应对品牌认真管理以避免贬值。

首先，持续地向顾客传递品牌意义的营销行为能使品牌资产增值，为此，需要认真分析：品牌代表什么样的产品？品牌提供什么样的核心利益？品牌满足什么样的需求；品牌如何使产品更优秀？在消费者心目中，什么样的品牌联想是强大、吸引人、独一无二的？

其次，品牌资产增值要求营销计划始终保持创新。营销者应引入新产品，开展新营销以真正满足目标市场的需求；品牌应始终朝正确的方向发展；营销应始终坚持寻找有吸引力的新品，以及将其售出的方式。

再次，要考虑营销从数量和种类两个方面对品牌回报的持续支持。持续性并不代表一成不变，而是需要做出许多战略性的变革以保持品牌的战略推进方向。

最后，要认真考虑如何在增强品牌和品牌内涵的营销活动，与那些试图借助现有品牌资产收获财务利益的营销活动之间做出取舍。在一定程度上，如果不能提升品牌资产，品牌知晓度和品牌形象就会在激烈的市场竞争中受到削弱。

（3）关注品牌复兴。

顾客品位和偏好的变化，新竞争者、新技术的出现，或营销环境的任何新发展，都将对品牌的命运造成潜在影响。扭转衰退品牌的命运，要么使其回归到最初的样子，恢复其已失落的品牌资产来源，要么建立新的品牌资产来源。不论哪种方式，在品牌复兴的过程中，都需要更多的创新性变革。

一般情况下，转变品牌命运的第一步是了解品牌资产的来源，正面联想是否正推动优势或独特性？品牌是否有负面联想？然后，企业就要决定，是保持原来定位不变，还是重新定位。如果重新定位，应如何定位？品牌复兴战略过程是一个连续的统一体，一端是纯粹的"回复到原来"战略，另一端是纯粹的"再创新"战略，而多数复兴是两种战略的结合。

四、评析题

1. "品牌是一个集合概念"

这一观点是正确的。品牌作为一个集合概念可以从两个角度去理解。

（1）与品牌相关的概念具有集合性。品牌的相关概念从不同的角度诠释了品牌：①品牌名称，是品牌中能够用语言来表达的部分，包括字母、单词和数字等，如"七喜""IBM"等。品牌名称通常是某产品最具区别性的特征。②品牌标志，指构成品牌元素中的某种符号或设计，如麦当劳的"金色拱形"标志、苹果公司播放器的"黑色人景"标志等。③商标，是一种法定的名称，表示拥有者对品牌或品牌中的一部分享有专有权，并从法律上禁止他人使用。

（2）品牌的构成层次具有集合性。品牌的构成包括以下 6 个层次：①属性。品牌代表特定的商品属性，这也是品牌能满足消费者物质需求的客观基础。②利益。品牌代表着特定的利益，商品的属性实际是通过转化为功能性利益或情感性利益来最终满足消费者的物质或精神方面的需求的。③价值。品牌体现了生产者的某种价值感。品牌的价值感客观要求企业营销的人员能分辨出对这些价值感兴趣的购买者群体。④文化。品牌附着着特定的文化，如奔驰轿车体现了有组织、高效率和高品质的德国文化。⑤个性。品牌代表了一定的个性，不同的品牌往往使得人们产生不同的品牌个性联想。⑥用户。品牌还能体现购买或使用产品的消费者类型。不同的消费者由于社会阶层、职业、收入、生活方式等的差异，会选择和消费与其生活形态大体相符的品牌。

2. "品牌就是名牌"

这一观点是片面的。这需要正确认识品牌作为企业的无形资产的基本特征。

品牌资产作为一个品牌的市场实力所带来的营销与财务上的价值,有一部分表现为实际财产形式,如专利和商标。除此之外,品牌资产还包括四个主要部分:品牌知名度、品牌忠诚度、品牌认知度及品牌联想度,见图6-2。

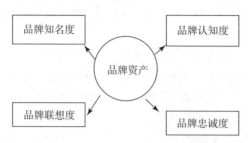

图6-2 品牌资产的主要构成要素

(1) 品牌知名度。顾客从对品牌的认知可以达到对品牌的熟悉,进而对品牌产生依赖。当在熟悉和不熟悉的品牌之间做出选择时,顾客更可能选择自己熟悉的品牌。原因在于他们认为熟悉的品牌更值得信赖而且质量更佳。一般熟悉的品牌会更容易进入顾客购买选择的考虑范围。

(2) 品牌忠诚度。忠诚度增强了一个品牌的对抗竞争能力。有了较高的品牌忠诚度,企业就可以保住现有的顾客,引来新顾客。由于顾客希望能随时随地买到他们喜爱的品牌,零售商也会不遗余力地销售这种人气指数高的产品。

(3) 品牌认知度。顾客会将某一品牌与某一质量水平相联系。某种品牌名称可能会成为高质量的代名词,顾客借之判断产品的真实质量水平。在很多情况下,顾客自己并不能对某产品的真实质量水平做出判断。这样,他们就会将品牌名称作为判断产品质量的指标。因此,认知度高的品牌,往往意味着对品牌质量、信誉、承诺的认同,就越容易获得消费者的信赖。

(4) 品牌联想度。品牌会引发消费者的一系列联想。有时,营销者会努力将某种特定的生活方式(有的情况下是某种个性特征)与某一特定品牌相联系。例如,一提起米其林轮胎,顾客就会联想到要注意保护家人的安全;一提起德比尔斯钻石,人们就会想到直至地老天荒的爱情("钻石恒久远,一颗永流传")。积极正向的各种联想会大大增加品牌资产。

综上所述,名牌往往是知名度很高的品牌,但名牌还要具备很高的认知度、忠诚度及良好的联想度等特征,才能成为品牌。

3. "品牌老化是一种普遍现象"

这一观点是正确的。一般来说,品牌也具有其生命周期,在经历一段时间的生存和发展后,会逐渐步入老化阶段。如今,科学技术的发展和应用日新月异,市场竞争的激烈程度前所未有,在很多的行业中,产品的生命周期都越来越短;同时,消费者的需求日益呈现出多样化、多层次、个性化和活跃性,社会的进步和发展日益达到新的高度,这些都会影响到品牌的市场寿命。品牌的老化也对企业的营销带来了巨大的挑战。

品牌的老化从广义上是指品牌缓慢地、逐渐地退化。品牌创立和最初的发展可能是有活力的和较高市场接受度的,但随着时间的推移,可能会慢慢失去新意和独特性,从而使得忠诚顾客日益减少。品牌老化的另一层含义是指，品牌所反映的消费者的形象。品牌的最终消费者的形象也在逐渐衰退，从年龄上说，表现为曾经认同品牌的一代消费者步入老年，其消费或购买能力下降。

品牌老化在市场上的表现可能是未老先衰，也可能是盛极而衰，还有可能是一蹶不振。而导致品牌老化的原因是多方面的，表现在产品质量下降、品牌定位模糊、缺乏鲜明的品牌形象、产品策略单一、传播策略中断或创新不够等。对于老化的品牌，企业面临的任务就是进行品牌更新。

品牌更新是指随着企业经营环境的变化和消费者需求的变化，品牌的内涵和表现形式也要不断变化发展，以适应社会和经济发展的需要。品牌更新是品牌自我发展的必然要求，是克服品牌老化的唯一途径。品牌更新是全部或部分调整或改变品牌原有形象使其具有新形象的过程。品牌经过更新，可以赋予品牌更富有针对性的消费意愿和意境，并强制性地指定了一个新的视觉框架，这个新框架将引导消费者进入一个新的视觉空间，进而有利于形成企业所期望的品牌形象，直至使品牌形象为消费者所接受，并使其发展增值。

品牌更新的契机可以选择在企业重组、公司上市、新产品上市及公司整体战略调整之时等进行，可选择的更新策略包括更换品牌名称、变换品牌标识、产品与技术的创新、更换产品包装、重新选择定位战略、重新选择和设计整合营销传播策略及进行营销管理的创新等。

4. "品牌资产具有无形性和附加性"

这一观点是正确的。品牌资产是一种无形资产。它不同于厂房设备等有形资产，无法凭借眼看、手摸等直接感受到。因此，从所有权角度看，品牌资产作为一种财产权，由其无形性所决定，它与有形资产存在差异。有形资产通常是通过市场交换方式取得的，而品牌资产一般经由品牌使用人申请品牌注册，由注册机关按法定程序确定其所有权。因而，品牌资产的使用价值拥有独占权、独享权，其他企业要占有或使用品牌资产的使用价值，只有通过该企业转让品牌资产的所有权或使用权来实现。

品牌资产的使用价值具有依附性。品牌的使用价值没有独立的实体，只有依附于某一实体才能发挥作用。品牌只有和企业的生产经营活动、与企业向市场提供的产品和服务结合起来，才能实现其使用价值。当品牌与企业及企业的产品或服务有机结合在一起的时候，品牌资产就会将自身的使用价值融合于产品和服务中，实现其经济价值。

品牌资产意味着赋予产品一种附加价值，是品牌持有者长期在营销方面为品牌所做的投资的结果。这种投资所带来的收益就是更高的忠诚度。品牌忠诚度是顾客对品牌感情的量度，反映一个顾客转向另一个品牌的可能程度。品牌建立起来的高忠诚，可以使得企业对于竞争对手的营销行为具有较强的抵抗能力，对市场危机具有较强的应变能力，也会使企业的顾客对产品价格的上升有较强的承受力，同时使企业得到更多的相关利益者的合作和支持。

5. "采取多品牌战略是最有效的竞争战略"

从管理角度理解，这一概括不准确。多种品牌战略可以使企业建立不同的产品特色，迎合顾客不同的购买动机，还能使企业稳固占据销售商的货架，或者帮助企业通过建立辅助品牌来保护主打品牌。此外，为了适应不同文化或语言的需要，企业可以为不同的地区或国家建立独立的品牌。例如，宝洁公司凭借汰渍品牌控制了美国洗衣粉市场，仅这一种品牌就占了40%的市场份额。但在北美以外，宝洁公司的碧浪洗衣粉品牌处于主导地位，其年销售量达15亿美元，成为欧洲仅次于可口可乐的第二大包装商品品牌。在美国，碧浪针对的是西班牙裔顾客市场。基于多品牌的优势,它可以帮助企业建立竞争优势。

但另一方面,采取多品牌战略也具有劣势。每种品牌也许只能获得一小部分市场份额,而且每一种利润可能都不高。多品牌战略下可能会使企业把资源分摊在更多品牌上,造成资源的分散,使得公司能够创造较高利润水平的品牌面临发展资金的不足。多品牌战略虽然将竞争机制引进了企业内部,但也可能由于管理不当而使内部冲突增大,造成内耗。因此,当品牌过多使得劣势明显暴露出来时,企业需要考虑减少已有的品牌数量,如,21世纪初,联合利华公司推行和实施"增长战略",对约2 000个公司产品品牌进行削减和重组,最后集中发展400个左右的品牌,这400个品牌对公司利润的贡献达到80%。此外,实施多品牌战略,公司还要建立起比较严格的新品牌筛选程序。

五、实训题

1. 熟悉品牌命名的具体方法

企业通过品牌化决策赋予产品或服务以品牌的力量。品牌的命名是品牌化决策的重要内容。

实训:表6-1列出了常见的品牌命名的具体方法,对应表中的每一种方法,举出你知道的三个例子,然后和小组同学交流一下。

表6-1 品牌命名常用方法和实例

序号	具体方法	我熟悉的三个实例
1	以人名命名	
2	以地名命名	
3	以字母组合命名	
4	以企业名称命名	
5	以寓意命名	
6	以吉祥语命名	
7	以数字命名	
8	以民俗命名	
还有其他的命名方法,以下是我的新发现		
9	—	—
10	—	—

2. 熟悉品牌的构成要素

Brand Finance是世界知名的品牌价值及战略咨询公司,每年都会评估全球数千个知名品牌,并在年度"Brand Finance全球500强"报告中列出最具价值的品牌。在其发布的2017年全球最具价值品牌500强榜单中,有16个中国品牌跻身前100强。表6-2列出的是中国前10强品牌。

表 6-2 2017 年中国全球品牌前 10 强

2017 年全球排名	品牌名称	2017 年品牌价值/百万美元
10	中国工商银行	47 832
11	中国移动	46 734
14	中国建设银行	41 377
23	阿里巴巴	34 859
29	中国银行	31 250
32	中国石化	29 555
33	中石油	29 003
34	中国农业银行	28 511
40	华为	25 230
47	腾讯	22 287

实训：从表中选择一个你最熟悉或关注的品牌，通过进一步的资料调研，分析其品牌的内涵特征，填写表 6-3。在小组中和同学交流一下你的分析结果。

表 6-3 我对选择品牌内涵特征的分析

我选择分析的品牌是：		
序号	品牌的构成要素	我对选择品牌的分析结果
1	属性	
2	利益	
3	个性	
4	文化	
5	价值	
6	用户	

3. 营销辩论

品牌延伸是指企业推出一系列以其最强势的品牌名称命名的新产品。品牌延伸也许会导致品牌稀释，甚至会伤害到母品牌形象；但强势母品牌的成功延伸，又往往会使企业降低推出新品牌的成本，增加新产品成功的机会。据美国的一项调查显示，近 10 年在美国大型超市中畅销的品牌有 2/3 是延伸品牌，而不是新品牌。

实训：辩论双方观点：品牌延伸会破坏品牌；品牌延伸是实现品牌扩张的重要战略。

4. 熟悉品牌开发策略的类型

《财富》世界 500 强排行榜一直是衡量全球大型公司的最著名、最权威的榜单，被誉为

"终极榜单",由《财富》杂志每年发布一次。《财富》发布的 2017 年全球 500 强企业前 10 强见表 6-4。

表 6-4　2017 年全球 500 强企业中的前 10 强

序号	公司名称（中英文）	营业收入/百万美元	利润/百万美元	国家
1	沃尔玛（WAL-MART STORES）	485 873	13 643	美国
2	国家电网公司（STATE GRID）	315 198.6	9 571.3	中国
3	中国石油化工集团公司（SINOPEC GROUP）	267 518	1 257.9	中国
4	中国石油天然气集团公司（CHINA NATIONAL PETROLEUM）	262 572.6	1 867.5	中国
5	丰田汽车公司（TOYOTA MOTOR）	254 694	16 899.3	日本
6	大众公司（VOLKSWAGEN）	240 263.8	5 937.3	德国
7	荷兰皇家壳牌石油公司（ROYAL DUTCH SHELL）	240 033	4 575	荷兰
8	伯克希尔-哈撒韦公司（BERKSHIRE HATHAWAY）	223 604	24 074	美国
9	苹果公司（APPLE）	215 639	45 687	美国
10	埃克森美孚（EXXON MOBIL）	205 004	7 840	美国

实训：从表 6-4 中选择 3 家企业，通过对资料的进一步跟踪调研，分析近 3 年来，这 3 家企业在品牌开发策略方面采取了图 6-1 中的哪几种策略。填写表 6-5，并在小组中和同学交流一下你的分析。

表 6-5　我选择的 3 家企业的品牌开发策略分析

我选择分析的 3 家企业是：		
序号	品牌开发策略	我对选择企业的调研分析结果
1	产品线延伸	
2	品牌延伸	
3	多品牌	
4	新品牌	

5. 熟悉品牌所有权归属策略的类型

实训：以下是大家熟悉的知名品牌：丰田、沃尔玛、迪士尼、耐克、谷歌。通过浏览企业网站以及资料检索，分析上述企业在品牌所有权的归属方面采取了哪些策略，这些策略近 3 年是否发生了变化，填写表 6-6。

表6-6　我对5家企业的品牌归属策略的分析

序号	品牌归属策略	我对选择企业的调研分析结果
1	制造商品牌	
2	商店品牌	
3	许可品牌	
4	合作品牌	

第二节　案例分析与讨论

一、Mbox 音乐盒饰品店的网络品牌建设

Mbox 音乐盒韩国饰品店最初成立于 2002 年，在那个网络购物刚刚开始的年代，店主田依雯通过销售一些自己的闲置物品，渐渐发现了网络销售的商机。于是，一个网络饰品品牌"Mbox 音乐盒"诞生了。

1. 开始网络创业故事

店主田依雯读大三时，开始在网络购物平台"易趣"上卖东西。由于做得很有起色，毕业后她索性全职投入。随着生意越来越忙，丈夫石先生也干脆辞了工作来帮她。

从最初的 53 元启动资金到第一张自己拍摄的饰品照片，再到第一个自己设计的商品页面，Mbox 完全是由店主"盒子"——田依雯自己一个人完成。不同风格、亲民价格、来自韩国的时尚饰品，让 Mbox 渐渐在网络上有了第一批自己的客户，雇用了第一个员工。Mbox 从纯粹个人的小店逐渐蜕变成了有独立工作室的网店。

2005 年，Mbox 被高速发展的淘宝所吸引，在淘宝上注册了自己的第一家店：musicbox。从此，Mbox 进入了一个崭新的时代。更多的竞争对手、越来越多的模仿者、更低的产品价格，让 Mbox 深深体会到了市场的残酷。然而，淘宝本身就像一个不断进化的机器，在淘宝不断地自我升级中，Mbox 也领悟到了应变的策略。于是，Mbox 开始寻找自己的特色，定位自己的目标客户群，并一直坚持走了下来。最终，Mbox 在淘宝上成功地生存了下来，并且得到快速发展。

在田依雯和丈夫的精心打理下，网店的生意做得有声有色。从开始的销售别人的产品渐渐转变为开始销售自己设计的产品。2008 年，Mbox 成立公司，注册自己的商标并成功加入淘宝商城，现在已经成为年销售额几百万元、十几个人的专业团队，成长为一个真正的网络品牌。不过，田依雯坦言，周围有很多比他们大 10 倍的网络卖家，而他们则"发展得不快，不过还算稳定"。

在发展过程中，田依雯也有了自己的目标：Mbox 音乐盒要做一流的网络饰品销售品牌。"我们做的不仅是销售产品，而是希望可以通过淘宝这个平台打造出一个真正的饰品品牌，买家是因为喜欢 Mbox 品牌而来购买，而不是因为价格便宜而来购买。在 Mbox，买家不仅是买产品，而且更能享受到我们提供的个性化定制服务，只有这样，一个公司才能长久生存下去。"田依雯认为，淘宝就像一个孵化器，不仅孵化出了很多个人卖家，还孵化出了像 Mbox

一样的拥有自己品牌的网络销售公司。

丈夫石先生提出，三年内的目标是结合网络和实体店走立体网络的发展道路，立足于长远发展，希望能把自己的品牌推广开。总之，先活下来，再考虑如何活得更好，继而建立自己的品牌。夫妻俩都明白，建立品牌是一个长期的过程。

2. 搭顺风车的网络品牌

然而，一次偶然的活动让田依雯夫妇发现，借助网络的力量，建立网络品牌也许没有想象的那么困难。

当时，淘宝搞了一个"最值得收藏的101家店铺"活动，Mbox音乐盒并不知道已被网友主动推举上了名单，这使店铺的销量在短期内一下子翻了5倍。田依雯问客户："怎么看到我们家商品的？"没想到客户说，是在淘宝的活动页面上看到的。就是从那个时候，他们充分领略到了网络平台的推广具有多大的作用。

其实，最初创业时，Mbox音乐盒并没有很注意自己的品牌。但后来他们发现，客户群很稳定，老客户的重复购买率很高，逐渐有了"品牌"意识。这期间，两个人也曾经尝试做过其他产品，但都放弃了。"因为你会发现，别人卖得好不一定你能卖得好。其实每一行都需要时间和经验的积累，而且饰品行业的市场其实很大，而我们只能做很小的一部分。"田依雯这么谈论自己的新体会。

于是，Mbox音乐盒重新审视了自己的定位。他们意识到，在网络饰品这个领域，中国还没有一个真正的好品牌，且基本还没有流行饰品的概念。目前，饰品行业叫得响的品牌只有老庙黄金、周大福等这些做贵重金属首饰的企业，但是这些产品的市场相对来说并不大，一来价格高，二来款式也较少、陈旧，大部分更适合成熟的人群。

而对18岁至30岁的女性来说，她们比较时尚、年轻，她们需要的是款式新颖、能经常更换的饰品，而不是动辄一两千元的高档贵重饰品。就线下的市场来说，这种流行饰品一般只在一些商场的专柜或专卖店销售，而且价格不菲，很多人往往找不到购买场所，且性价比相对来说比较低。因此，这个市场可以大有作为。

"事实证明，现在从事这块业务的企业越来越多，网络饰品的销售带来了销量，让那些厂家看到了商机。逐渐地，流行饰品的市场从生产到推广再到销售已经完全网络化了。"石先生笑言，"虽然竞争对手多了，但证明这确实是利润点，否则也不会有那么多企业进入这一市场"。

在他们看来，网络购物平台就像一个放大器，把市场放大了。而且随着网络不断深入百姓生活，这个市场仍在不断扩大。此外，"支付宝"等第三方机构又解决了消费者对网络交易的不信任问题，从而吸引了更多的消费者。

3. 从经营产品到经营人心

石先生觉得，网络价格更透明，性价比更高——就像淘宝的广告所说，"让1分钱变2分钱"——所以经营品牌更需要用心。目前的网络也存在一些问题，如商品良莠不齐，但如果想在网络上长期稳定发展，那就与做实体经济很类似，需要经营人心。所谓经营人心，就是要站在发展品牌的角度上考虑，如果卖什么赚钱就卖什么，可能前期也能赚到钱，但绝不会长久，可能一辈子就是个网络上的"倒爷"。

这一点，一个大卖家的话让田依雯夫妇记忆犹新。那是全球最大的电子配件卖家，一年销售额约4 500万美元，可田依雯夫妇与这个卖家交流时发现，"他比我们低调多了，把很多问题都理顺了,架构搭得很好,做得很稳。他们前期并不是为了扩张,而是在不断完善公司的管理,建立公司和品牌文化,打造公司的核心竞争力,后来他们的优势逐渐显现出来了,销售额也越来越高。"

受到启发后,Mbox音乐盒的网络品牌之路也着重从建立自己的文化着手。田依雯介绍说:"我们的第一目标就是给广大买家提供质优价廉的商品,让客户在我们这里可以开心愉快满意地购买商品,而利润只是目标的一部分,但不是首要的。我们发现,当把质量、服务等提高后,品牌就自然而然地推广开了。因为网络销售的一个重要特点是口碑相传,一个人买了觉得好后,她就会推荐其他人来买。再后来,我们开始从包装等方面树立自己的品牌,有了印有品牌标志的包装盒、包装纸,并采用会员制,给老客户一定的让利;另外联合淘宝等网络平台举办一些活动以吸引更多新客户。"Mbox音乐盒饰品店经营的产品示例见图6-3。

图6-3 Mbox音乐盒饰品店经营的产品示例

讨论题

(1)田依雯提出:"饰品行业的市场其实很大,而我们只能做很小的一部分。"分析Mbox饰品店已经进入的目标市场及其品牌的定位。

(2)石先生认为,需要"建立自己的品牌"。你认为公司应该如何丰富品牌的内涵?

(3)田依雯认为:"在Mbox,买家不仅是买产品,而且更能享受到我们提供的个性化定制服务。"公司开始从包装等方面树立自己的品牌,有了印有品牌标志的包装盒、包装纸。分析品牌与产品、服务、包装、标志等要素的关系。

(4)田依雯确立了公司的发展目标:Mbox要做一流的网络饰品销售品牌。"网络饰品销售品牌"的特殊性表现在哪些方面?你对公司的品牌开发策略有什么好的建议?

(5)"夫妻俩都明白,建立品牌是一个长期的过程。"你对公司建立自己的品牌资产有何建议?

二、金六福品牌与福文化

四川金六福酒业有限公司位于四川省邛崃市,是一家白酒生产企业,由收购原"中华中恒华醇酒厂"组建而成。原酒厂始建于1985年。1998年,第一瓶金六福酒从五粮液生产车间下线。金六福酒依托邛崃市独特天然的自然地理条件和微生物环境,秉承厚积千年的酿造工艺精酿而成。华泽集团2005年7月收购金六福酒业有限公司。

在工信部发布的2015中国品牌力指数行业TOP3品牌榜中,金六福获得主流白酒品牌第一名。在世界品牌实验室发布的2015《中国最具价值品牌排行榜》中,金六福凭借长达17年的不间断投入和"福文化"持续打造,连续7年入围榜单,品牌价值为203.85亿元。在这份基于财务、消费者行为和品牌强度分析推出的中国品牌国家队榜单中,金六福与茅台、五粮液、泸州老窖等知名品牌共同位列品牌价值排行榜 10 强，位列第 9 位，总排名第 121 位。

1. 福文化的根基与演绎

福文化源自中国的民俗文化。它伴随中国几千年的历史文明的变迁与发展，已全面渗透于人们生产、生活、思想等方方面面，超越了民族、宗教、社会、地域、时空等范畴，可谓是包罗万象。可以说，福文化是对中华民族影响最远、影响最广的民族主流核心文化。

所谓"福"，在过去是指"福气""福运"，而现在人对福的理解是"幸福"。无论是现在还是过去，中国的老百姓都有一个共同的愿望，那就是企盼福气的到来。一个"福"字都寄托了人们对幸福生活的向往，也是对美好未来的祝愿。

"福"乃"福、禄、寿、喜、财、吉"六大吉祥之首，"求福、纳福、惜福、祝福"又是各种文化现象的概括和代表。中国人每遇到喜事、好事，都需要用酒。节日喜庆，婚礼宴请、功成名就、交朋结友、祈福迎祥……都离不开美酒。这些是中华民族千年不变、代代延续的传统。因此，福文化与酒文化就有了巧妙而完美的契合点。福气因美酒而锦上添花，美酒因福气而越发醇香。

以金六福命名这一酒类品牌，寓意中国人的福酒。公司认为，金六福所代表的六福是：一曰长寿福，二曰富裕福，三曰康宁福，四曰美德福，五曰和合福，六曰子孝福。与六福遥相呼应，金六福酒的特色是香、醇、浓、甜、绵、净。

2. 福文化的现代传播

多年来，金六福以幸福之酒为主题，形成和打造了中国福、奥运福、团圆福、新婚福、除夕福、新年福的独特现代中国福酒文化传播活动。

中国福。2005 年 10 月 17 日，以"国有喜事，金六福酒"为主题的灯箱广告在北京、广州、上海等全国 11 个大中城市出现，祝贺"神舟六号"载人飞船胜利返航，升华了品牌从个人福到民族福、国家福的内涵。

奥运福。2001 年 7 月，北京申奥成功，金六福酒被中国代表团高高举起，成为"第 28 届雅典奥运会中国奥委会合作伙伴"和第 28 届雅典奥运会中国体育代表队唯一庆功酒。同时，金六福也是 2001—2004 年中国奥委会合作伙伴。以北京申奥为契机，金六福一直传播着"人类共同庆典——奥运福"的新内涵。

中秋团圆福。"明月几时有？把酒问青天。"中秋与酒的诗曲韵律犹如金六福酒，品之回味悠长。金六福酒致力于传播自古至今的团圆福文化。2014 年中秋，金六福启动"中秋团圆金六福酒"传播活动，联合权威机构发布《中国家庭团员报告》，发起了"一分钟测量亲情指数"的调研。

新婚福。金六福融汇了中国传统的民族特色和酿造工艺，研制出了婚宴专用酒，祝福新人"相亲相爱幸福永，同德同心幸福长"！2014 年夏季，金六福推出 520 "爱的礼物"婚庆珍藏纪念酒，启动"爱的瓶证"全国婚庆主题传播活动；活动结合发布微视频，推出国内首部婚俗文化科普微视频《中国婚俗报告》，推出微喜帖，上线国内首个手机端喜帖 DIY 平台。

除夕福和新年福。2004 年，公司提出"春节回家，金六福酒"的传播口号，这一口号在期盼春节返乡的人群中引起强烈认同。"回家过年是福"，表达了大众百姓的心声和心愿。

金六福品牌平面广告示例见图 6 - 4。

图 6-4　金六福品牌平面广告示例

3. "全家福行动"公益活动

2015 年春节前，六福集团联合社会各方力量发起"全家福行动"公益活动。活动倡导全社会关注家庭团圆，呼吁人们"春节回家拍张全家福"。仅 2015 年春节前后，"全家福行动"便成功为数万个家庭提供免费拍全家福等多项公益服务，并影响了数百万人春节回家和家人团圆、拍全家福。"全家福行动"征集而来的山东青州五世同堂全家福更是登上了羊年春晚，感动了亿万华人。为了让更多人拥有一张温暖的全家福，"全家福行动"于 2016 年春节前夕再度启程。

2016 "全家福行动" 1 月 16 日在羊城广州启动，中国扶贫基金会副会长、原广州市政协主席陈开枝，恒大球星郜林与妻子王晨、300 多个家庭以及 66 名青年艺术家等千余人齐聚二沙岛体育公园为公益发声。启动仪式现场还举行了别开生面的"全家福公益跑"。随着主持人的一声令下，由主办方之一、华泽集团副总裁、金六福酒业董事长李奥、郜林、王晨夫妇领队，300 多个家庭、1 000 多人的队伍温馨而愉悦的慢跑在广州二沙岛的珠江之畔。

"全家福行动"主要的发起人之一、华泽集团副总裁、金六福酒业董事长李奥先生表示："希望通过这次行动让更多的人关注'全家福行动'，让更多的人拥有一张温暖的全家福。拍全家福只是个形式，最根本的目的是传承'团圆是福'的理念，通过拍全家福的形式，增强国人的幸福感。"

"全家福行动"面向全社会招募"幸福拍客"，每一名市民都可以投身公益，拿起自己的相机或者手机给亲人、朋友拍摄全家福；在"全家福行动"活动平台上可以上传全家福照片，并有机会获取丰厚的奖品。

金六福 2016 年"全家福行动"除了广州启动仪式外，还以"全家福之夜"为主题，在青岛、南京、郑州等地陆续举行了分会场活动。各分会场活动邀请当地家庭代表欢聚，一起举杯畅饮，共贺新年。此外，"幸福客"授牌仪式、2015 活动全家福公益展、万张照片拼出的 500 平方米巨幅"全家福"也悉数亮相。

2016 年，作为活动核心部分，"全家福行动"公益服务继续以"幸福大篷车"形式，以多条线路同时开展，深入山东、江苏、河南等近百个城市，开展全家福公益服务；继续举行"免费拍全家福、微信打印全家福、全家福老照片修复、春节回家互助联盟"四大公益服务活动；此外，还增加了公益幸福拍客招募、全家福公益展等多项活动内容，确保"全家福行动"帮助更多的人。

讨论题

（1）运用品牌六要素理论，分析金六福品牌的内涵表现。

（2）运用 STP 理论，分析金六福品牌的战略营销特点。

(3) 金六福这一品牌带给你的品牌联想是什么？你如何评价这一品牌与竞争品牌的区别和差异？

(4) 你对金六福今后的品牌资产建设有什么好的建议？

三、网络原创品牌——"三只松鼠"

"三只松鼠"是2012年成立于安徽的一家电子商务有限公司，它主要以销售坚果、干果、茶叶等食品为主，是集产品研发、产品包装、产品销售为一体的电子商务企业。只在网络上销售并没有线下实体零售商店。该品牌于2012年上线，当年实现销售收入3 000余万元，2013年全网销售额突破3.26亿元，2014年全网年销售额突破10亿元，2015年全网年销售额破25亿元。2016年"双十一"天猫年终盛典单日销售额1.7亿，截至2016年12月12日，三只松鼠年销售额突破50亿元。

1. 品牌定位

三只松鼠在设计品牌角色之前首先考虑到网购的主流人群是年轻的"80后""90后"，这类人群个性鲜明、喜欢新奇事物，追求生活品质，注重购物体验。对于这些年轻人来说，营养健康、干净卫生、方便携带、包装独特的食品更受他们的青睐。"三只松鼠"抓住了这群人的消费心理，将其品牌定位为自然、健康、新鲜的"森林食品"。

2. 标识与包装设计

"三只松鼠"在创立之初运用了三只憨态可掬的萌版动漫松鼠作为品牌形象与标识，并分别取以小美、小酷、小贱的昵称，赋予了与名字相称的性格特征。"鼠小酷""鼠小贱""鼠小美"整体造型略有差异，穿着不同的服饰，配合标志性的动作，具有独特的个性，分别代表着目标消费群体中的典型类型。

鼠小酷戴着大大的黑框眼镜，突出其知性气质，其角色设定为典型的技术宅，痴迷于发明创作，对一切新奇的事情充满了兴趣并喜欢去研究，符合大多数理工科宅男的状态。小酷的形象主要印在补脑的坚果类产品包装上。鼠小贱一脸无害的笑容，突出其大众版亲和力，其角色设定为年轻的萌宝贝，象征着自我意识和自我觉醒的奋斗族。小贱的形象主要印在休闲零食类产品的包装上。鼠小美头戴可爱的蝴蝶结，其角色设定为美丽温柔的年轻女性。小美的形象主要印在女性喜爱的花草茶类产品的包装上。生动可爱的卡通形象令包装风格显得感性活泼，并具有直观性强、识别度高、记忆深、感染力强的特点；卡通形象还负载着品牌所赋予的时代文化、角色个性诉求的功能。图6-5为"三只松鼠"的品牌标识设计示例。

图6-5 "三只松鼠"的品牌标识设计示例

3. 网络店铺设计

"三只松鼠"的网络店铺是通过独立域名网站或第三方提供的交易平台,以电子商务的方式,主营零售业务的店铺。网络店铺的优势主要表现为两点:一是广阔的地域覆盖度;二是购买与共享体验的平台一体化。"三只松鼠"的网站制作整体简洁大方,版块布局清晰,按照产品类别设置不同版块,方便顾客快速找到需要的产品。网站主页面会定期以某个节日或活动为背景,以三只小松鼠为主角设计浓郁的动漫系风格主题页面,举办相关促销活动,刺激消费者购买欲望。"三只松鼠"在一号店、京东、拍拍上的网络店铺也都和天猫店的网站设计风格保持一致。

4. 衍生产品开发

公司还开发了松鼠玩偶、水杯、挂钩、车贴、收纳盒等周边产品,进一步强化了"三只松鼠"品牌角色的认知度。每一个顾客被称呼为"主人",每个客服化身为松鼠萌宠,致力于为"主人"提供满意的服务,让"主人"变得更加"快活"。当面对消费者质疑、差评或投诉时,他们会针对问题做出详细回答和处理,后期进行电话回访,争取消费者满意。从客服到售后,将"松鼠"品牌立体化,带给顾客一次完整的"松鼠与主人"的购物体验。

5. 品牌传播策略

电视剧植入广告。随着企业的发展,"三只松鼠"进行了影视传播,《小别离》《欢乐颂》《微微一笑很倾城》等各大剧中都出现了三只松鼠的身影,甚至韩剧《W 两个世界》中的女主角打开冰箱拿出的零食都是"三只松鼠"。"三只松鼠"还投资成立动漫工厂创作动画片,和乐视动漫合作跨界推广,投资 500 万元拍摄 15 秒的品牌宣传片,在众多网络食品品牌中树立个性鲜明的品牌形象。

微博营销。"三只松鼠"大多是转发顾客发表的微博,并用了与网店客服同样萌萌哒的语言来做回复。还利用数据分析技术,对微博用户进行分类,按照不同类型用户所关注的信息的不同分别投放广告。微博互动很多,经常有优惠信息或转发抽奖送礼品的活动,借助微博话题,拉近与目标顾客的距离,同时引发大量粉丝参与转发。

口碑营销。三只松鼠凭借优质的产品,贴心的价格,萌式的客服征服顾客的心,顾客在购买产品后会不自觉地发微博、朋友圈来晒产品,表达对三只松鼠的喜爱,形成对产品的免费宣传的作用。有些顾客在体验过产品后,会选择将产品作为礼物进行二次购买送给身边的朋友,朋友在首次免费体验过产品后会转化为三只松鼠的顾客,自主地进行产品的购买,进而扩大了顾客群体。

总之,凭借着过硬的产品质量、可爱的松鼠包装、贴心的松鼠小物件、卖萌的在线服务、快速的物流服务,三只松鼠创造了独特的用户体验,积累了良好的口碑效应,提升了三只松鼠品牌的美誉度,促进了网络销量和网络排名的良性循环。

讨论题

(1) 分析"三只松鼠"这一网络原创品牌能够获得成功的原因。

(2) "三只松鼠"品牌的快速发展,为当今时代企业的品牌创建和建设提供了哪些经验和启示?

四、路易威登品牌的成长之路

奢侈品品牌是指超出人们生存与发展需要范围的具有独特、稀缺、珍奇等特点的商品的名称、术语、标记、符号等的集合。奢侈品品牌的形成和成长具有其特殊性。19世纪30年代至50年代末是奢侈品品牌诞生时期。

1. 品牌的创立

欧洲文艺复兴使奢侈品走上了真正的艺术之路。路易十四制定了各类烦琐细致的宫廷礼仪，提升了宫廷所用建筑设施、陈列器具、饮食、服装和文化活动的品质和档次。17世纪的最后几十年，巴黎已经成为世界时尚之都。18世纪初期，法国在文化、时尚和奢侈生活等方面占据了垄断地位。迟到的工业革命也为法国在19世纪中期的奢侈品发展提供了充足时间。

路易威登的创始人路易·威登，父亲是磨坊主，16岁时（1837年）只身来到巴黎，在马雷夏尔商行当学徒，学习行李打理和箱包制作。由于学过木匠，又刻苦努力，很快成为商行的优秀箱包制作师，多次提供令皇室满意的服务。1854年，他自己开设店铺，自然也有了延续的高端客户群。

2. 品牌的形成

19世纪中叶，皇室成员和上流社会掀起了旅行的高潮，有身份的人出门旅行常常要花费几个月的时间，多者可能要携带50个行李箱。路易·威登正是为了满足这些需要，以经营旅行箱起家。1854年，路易·威登在巴黎卡普西尼街上开设了店铺。

19世纪中后期，殖民地的财富不断向欧洲集聚，欧洲开始进入高消费时代，消费主体包括帝国贵族、新中产阶级、工业家、企业家、银行家和富豪犹太人。1852年，世界第一家百货商店在巴黎诞生，百货商店与奢侈品品牌互相推进，形成了时尚和奢侈生活的潮流。汽车发明、旅行热潮、艺术繁荣促进了奢侈品的精致化和艺术化。到第二次世界大战前，奢侈品的发展由商品完成了向品牌化的转化。

路易·威登的儿子乔治·费雷奥尔，儿时就在父亲的店铺和作坊当学徒工。乔治23岁时，60岁的路易·威登把一家店铺交给他单独管理。乔治在继承传统的同时，对品牌产品进行了一系列创新：1896年，他用父亲姓名的第一个字母组成了"LV"花朵图案；1912年，在香榭丽舍大街70号建造了路易威登大厦。

1854年，路易·威登设立路易威登店牌，1888年，产品上已印有"路易威登注册商标"，并加上了棋盘型的格子图案；1896年，乔治启用了品牌标志，用灰褐色作为底色，加上小花、钻石图案及创始人名字的缩写"LV"做陪衬，设计出经典的Monogram帆布。路易威登的品牌标志和店铺外观示例见图6-6。

图6-6 路易威登的品牌标志和店铺外观示例

路易威登品牌开始受到高雅、富有群体的偏爱和追逐。路易·威登开店前就是欧仁妮皇后的行李打理师，开店后又为其定制行李箱。1869年9月，欧仁妮皇后带着62个路易威登行李箱去埃及旅行，由此引发欧洲各国皇室乃至世界各地的君主向其订购箱包。名流、探险家、风雅人士、艺术家的订单也纷至沓来。20世纪初期，英国国王爱德华七世把路易威登和爱马仕的产品引入英国王室，使英国掀起了效仿法国式优雅生活的潮流。

路易威登在1920年11月《法国艺术复兴》上的广告强调的是"优雅女士的理性之选"；1921年的广告为"观其包，知其人"；1924年的广告语为"3个轻便的行李箱让你将所需之物全部随身携带"；1928年在《Vogue》杂志上刊登的广告语为"路易威登行李箱让您放心出行"。

路易威登的产品一直追求精致和艺术化，选择稀缺材料，精心设计，建立作坊，坚持手工制作，追求复杂工艺以保证实施严格的质量控制标准。路易·威登1859年在阿斯尼耶尔创建了第一家路易威登工厂，延续手工定制的传统。1904年，沙皇家族罗巴诺夫·德·罗斯托芙公主花费1 000法郎，在路易威登店铺购买了一个桌式行李箱，这个行李箱是当时唯一的成品。

在经营店铺上，数量很有限，产品仅在自己的店里销售。产品的产量也非常有限，保证延续产品精致的形象。1885年在伦敦开设的第二家店铺，由儿子乔治负责创建。直到1977年，路易威登在法国也仅有巴黎和尼斯两家店铺。

路易威登一直重视口碑传播，19世纪中叶以后，也开始在时尚媒体上做广告，精心布置店铺橱窗，1867年之后曾多次参加世界博览会。

3. 品牌的成长

第二次世界大战之后，特别是20世纪70年代之后，皇室的消费成为一种象征，人们对美好生活的向往和对精致生活的追求激发了对奢侈品品牌的需求，品牌也成为选择产品和服务的重要参考要素。另外，机器化生产水平迅速提高，批量生产成为可能，战争促使劳动力成本上升。奢侈品品牌价格高、制作周期长、规模小，在市场中所占份额越来越少，在市场急剧扩大的前景下，面临萎缩或消失的风险。19世纪后半期，奢侈品行业还坚持着贵族、订制和手工生产经营模式，而在20世纪初期，虽然大多数品牌仍然坚持手工工艺，但同一款式的产品通常会被复制几百件或上千件，坚持手工作坊生产模式的品牌大多消失不见了。

在营销定位方面，品牌由利益定位转变为精神价值定位。路易威登开始强调在旅途中的自我发现和情感体验。为了适应由旅行中座位空间变小带来的箱包、手袋等小型旅行用品的需求，路易威登和爱马仕把产品拓展到手袋、皮带、钱包、钥匙包、服装、鞋品、丝巾、香水、珠宝、眼镜等多个领域。

这一时期，路易威登形成了菱形的产品组合形态：以旅行箱、订制品等作为高端标志性产品，这类产品购买人群小、单位价值高，主要用来维持品牌形象；以流水线生产的手袋、皮包等作为主流产品，为公司贡献利润。此外，少量开发钥匙链、钱包、名片夹等产品，吸引入门顾客买来尝试，期望他们在未来购买中档品。

在价格方面，按照需求定价，生产和设计成本一般不超过零售价格的20%。价格对应菱形的商品结构：高端定制手工品，毛利率最高，价格高达几十万元人民币，甚至超过百万；中端手工和机器制品，集中于手袋等，毛利润较高，价格在5 000元至数万元；钱包、钥匙包、名片夹等小件在3 000元左右，毛利率很低，甚至不赚钱。

2007年，路易威登在全球店铺数量达到368家，遍及全球各个高端零售场所。2004年，为庆祝创立150周年，路易威登将香榭丽舍大道的旗舰店规模扩增两倍，店中展示了历史上28件珍贵的古董行李箱，旗舰店七层还设有美术馆。

广告传播方面主要选择时尚杂志广告、名流代言以及品牌博物馆展品巡回展等方式。2007年以后，路易威登的广告回归了旅行这一核心价值，广告创意是从情感角度诠释旅行的概念，将其呈现为个人的旅程、一个自我发现和情感体验的过程。路易威登通过历史经典产品的展示和赞助艺术活动，体现产品的艺术性和尊贵气质。

讨论题

（1）从路易威登品牌形成与成长的历程中，分析影响奢侈品品牌发展的主要因素。

（2）从路易威登品牌的发展历程中，分析品牌的创建和发展可以从哪些要素着手。

（3）近年来中国已经成为全球奢侈品消费增速最快、规模最大的国家之一，一些本土企业对奢侈品行业产生了极大的兴趣，甚至不惜投入巨资筹划向奢侈品领域进军。借鉴路易威登的经验，你对进入奢侈品行业的中国企业在营销方面有什么好的建议？

五、蓝月亮品牌的崛起

2001年，广州蓝月亮实业有限公司成立并推出洗手液，进入个人清洁护理领域。截至2015年，蓝月亮已连续10年入选中国500最具价值品牌排行榜；蓝月亮洗衣液连续六年排名同类产品市场占有率第一，成为中国洗涤行业的领导品牌。

1. 品牌引入期（1992—2000年）

蓝月亮品牌诞生初期，选取了家庭清洁剂这片"蓝海"，是国内最早从事家庭清洁剂生产的专业品牌，对于普通百姓来说还是比较陌生，且售价较高。由于替代品众多，消费者的接受度较低，新产品在市场的销售情况难以预知。这一阶段，人们获取信息的方式大多是报纸、杂志等媒介，电视虽然逐渐普及，但信息资源较少，信息的传播受限，消费者处于信息相对匮乏的时期，为了精准传播产品功能和品牌形象，提升目标受众的品牌兴趣，蓝月亮实施了"终端故事营销策略"。

基于品牌定位的故事主题，倡导"自动清洁，解放劳力"的生活方式，内容以品牌诉求为主。目标受众是从事家务劳动较多的中年女性，高效清洁是她们的价值诉求。聘请社区大妈作为产品推销员，由她们向年龄相仿的目标客户讲述产品体验，并当场演示与顾客互动，目标受众对新产品产生好奇及对品牌产生兴趣，进而购买产品。这一阶段在销售终端的故事营销策略，使得众多消费者认知并接受品牌，产品市场份额稳定增长。2000年，蓝月亮状告宝洁"不正当竞争"的案子以蓝月亮的胜诉而告终，宝洁被判向蓝月亮书面赔礼道歉并赔款，蓝月亮的品牌知名度获得极大提升。

2. 品牌快速发展期（2001—2009年）

进入21世纪，国际知名企业宝洁、联合利华、汉高等品牌推出新产品，并投入到更多细分市场，国内新生的日化品牌如雨后春笋，日化行业竞争越来越激烈"。随着信息传播速度的加快和信息量剧增，商家通过各种渠道宣传品牌，抢占市场份额，而国际品牌更善于用品牌故事打动消费者，国内企业纷纷效仿，"品牌竞争"的战场转移到了"品牌故事竞争"。

蓝月亮集团于2001年成立广州蓝月亮实业公司，并加大科技创新投入，致力于打造与国际洗涤业发展同步的品牌，缔造中国人的精致生活。基于品牌文化价值理念的故事主题——"一心一意做洗涤",邀请跳水明星郭晶晶作为品牌代言人,阐述品牌诉求——"保护肌肤与衣物就选择蓝月亮"。随着人们生活节奏的加快和消费理念的革新,目标受众的价值诉求发生改变,注重追求精致生活,对于产品性能的要求也越来越高,除了满足"洁净"的基本要求,需要"更保护"衣物与肌肤。收入较高的城镇居民成为蓝月亮此阶段的主要目标客户,品牌故事中的品牌诉求迎合了目标受众的价值理念。电视成为这一阶段蓝月亮宣传品牌和传播故事的主要媒介,蓝月亮投入超 2 亿元在央视、卫视投放广告打造品牌。此外,蓝月亮举办洗衣液进社区活动,近距离与目标受众互动,积极投身公益活动,体现蓝月亮对社会责任的担当,品牌获得了消费者的普遍认可。2009 年世界品牌研究室发布的数据显示,蓝月亮品牌资产价值达 31.2 亿元,连续六年入选中国 500 最具价值品牌排行榜,并于 2009 年启用全新标识,开启新的征程。

3. 品牌稳定发展期(2010—2015 年)

为应对同质产品的竞争,蓝月亮领先推出节能环保的洗衣产品,迎合消费者"低碳环保"的价值诉求。故事的构建依然围绕品牌文化价值理念,并创造不同版本的故事内容传播品牌的个性诉求,同时邀请与品牌形象具有高契合度,且在环保、低碳方面身体力行的杨澜作为品牌形象代言人,打造品牌个性和品牌关联性,弱化竞争产品的相关度,树立鲜明的品牌形象,并提升消费者对品牌的忠诚度。

随着移动互联网的普及,信息渐渐碎片化,故事的传播途径越来越多元化。蓝月亮通过电影植入广告、冠名多个综艺娱乐节目和晚会、网络推广以及线上线下互动等,维持品牌在市场上的影响力和知名度。众多消费者持有"选择蓝月亮,我为环保做贡献"的观点,品牌忠诚度极高。蓝月亮洗手液自 2007 年连续八年全国销量冠军;蓝月亮洗衣液自 2010 年连续五年排名同类产品市场占有率第一,其他产品的综合排名多年稳居全国领先水平,成为洗衣液和洗手液领导品牌。蓝月亮产品平面广告示例见图 6-7。

图 6-7 蓝月亮产品平面广告示例

讨论题

(1)故事是被精心设计并融入了一定艺术成分的,它通过有趣的情节吸引人们的注意力。故事营销是以故事为载体传播品牌文化和价值的营销策略。从蓝月亮品牌的发展历程中,分析其是如何进行故事营销的。

(2)蓝月亮是入选"2017 国家品牌计划"的品牌,这一品牌在央视的广告宣传有何特点?

（3）我国洗涤用品行业是众多品牌竞争激烈的行业。你对蓝月亮品牌如何做强做大，有何思考和建议？

六、百雀羚品牌的复兴

百雀羚诞生于1931年，是国内最为知名的护肤品牌之一，2016年"双十一"当天百雀羚天猫旗舰店最终以1.45亿元的单天单店成交额占据美妆类榜首。

早在20世纪30年代初，它就首创了香脂类润肤膏，是上海时尚电影明星阮玲玉、周璇、胡蝶和名媛政治贵族宋氏三姐妹的首选护肤品，引领了一个时代的时尚风潮。80年代以来，百雀羚由单纯的皮肤"保护"诉求转向全面"护理、滋养"的新理念，致力于为消费者创造天然温和的优质护肤品，深受各阶层、各地区老百姓的喜爱。

从20世纪30年代受到时尚明星和名媛贵族的青睐，到80年代风靡全国，到新世纪草本系列的华丽亮相，再到2013年作为国礼走向世界，百雀羚一直对传统东方之美不懈追求，始终走在时尚的前端。

1. 品牌名称和标识

关于百雀羚的由来，民间有这样一种传说：鸟儿的羽毛根部富含一种油脂，原先还没有护肤品的时候，人们将其提炼出来，涂抹在肌肤上，防冻防裂、滋润皮肤的效果非常突出。由此，"百雀羚"的创始人顾植民先生想到了"百雀羚"这一品牌名称。"百"意味着许许多多、众多；"雀"指的是各种鸟类；"羚"是鸟儿羽毛中所分泌出来的油脂。顾名思义，百雀羚意为从鸟羽中所提炼出来的油脂精华，体现出了百雀羚天然、安全的护肤理念。

百雀羚的标志设计为蓝白色的隶书"百雀羚"，蓝白色的色调容易形成视觉冲击，引起消费者对美白肌肤的憧憬和联想，从而引发购买动机。标识中的绿色英文"PEHCHAPLIN"虚实地排布在一个绿色的方形中，象征着小鸟自由跳动，被两片叶子部分遮盖，象征着绿色、草本、安全的企业理念，也寓意企业的生命不息，充满生机和希望。百雀羚的品牌标志见图6-8。

图6-8 百雀羚品牌标志及产品包装

2. 品牌理念

"天然不刺激，百雀羚草本"的品牌口号，反映了百雀羚鲜明的品牌理念。百雀羚遵循五行"相生相辅"的平衡理论，从《本草纲目》和《神农本草经》等医家圣典中，探寻现代草本护肤应用之法。专设"本草工坊",并成立汉方本草研究所,从五行本草中萃取精华,按草本属性精心配制,精炼出温和醇厚的五行能量元,为肌肤注入本草能量,安全倍护,演绎着"中国草本,东方之美"的时尚理念。

百雀羚不断创新和突破,提取多种全新的花材配方,最新的至臻皙白系列,包含了芍药、当归、茯苓三种中草药材。这三种药材在《本草纲目》《千金翼方》中都有其功效记载,"茯苓、茯神,行水之功多,益心脾不可阙也""当归亦名干归、山蕲、文无,气味苦、温、无毒",百雀羚将其巧妙搭配,达到柔嫩肌肤、美白润泽的功效。中国自古就用"立如芍药,坐如牡丹"的诗句赞美和称颂美女,百雀羚致力于将中草药的药效价值和美丽气质相融合,满足消费者对天然、安全的要求和对美、时尚的追求。

3. 品牌包装

从20世纪30年代"百雀羚"牌润肤膏问世以来,除了将最初的文字用英文代替中文外,仍然采用上下左右四只雀的蓝黄铁罐的包装形式,没有实质性的变化。80多年过去了,"百雀羚"的品牌形象已映入几代人的脑海,深得市场认可。

但百雀羚的蓝黄铁罐包装只能满足中老年群体和怀旧人群的部分需求,已经无法适合追求自由个性的新生代需求。首先,百雀羚对品牌要素进行了提炼和升级,如将"Pehchaoin"缩写为"Pechoin",产品包装上的四只小鸟的图案也由"集中式"改为"朝气向上"式。其次,百雀羚聘请香港著名设计师,在容器包装上设计了一系列方形带圆弧的新包装,将"天圆地方"的传统文化观念融入包装设计中,寓意将天地间五行草本的精华盛装在这天圆地方的瓶中,为消费者提供最天然、安全的产品。

2012年,三生花系列产品推出。三生花的包装设计以穿着时尚旗袍、举止优雅、貌美如花的时髦东方女性为背景,色彩淡雅亲切,浪漫精致,具有强烈的怀旧性、鲜明的识别性,体现了百雀羚对年轻、时尚、美的推崇。外包装上点缀了中国红,加之带有浮雕花纹的铁盒及锡软管的人性化设计,每个细节、文字、色彩、图案的搭配都精致,耐人寻味,呈现出东方美学的艺术和浪漫,迎合了年轻一代时尚、个性的消费需求。百雀羚的产品包装示例见图6-8。

4. 品牌定位

中老年群体,怀旧情绪较重,百雀羚在这类消费者心中有着"守旧""活力""时尚"等个性特征,为满足该类市场消费者的需求和偏好,比如古朴典雅的包装、安全护肤的诉求,百雀羚一直保留铁盒护肤脂、止痒润肤露和凡士林等经典产品。

在年轻一代消费者心中,对于青春、个性、自由具有强烈的向往和追求,百雀羚更加注重品牌的年轻化、时尚化。百雀羚借助其在草本护肤方面的优势,不断丰富和创新了旗下产品品牌,相继推出了精粹天然草本、三生花、气韵草本等草本系列护肤品,符合年轻人对肌肤保养的追求,清新自然的风格也紧贴年轻人的个性和时尚潮流。

5. 品牌传播策略

邀请明星代言。2014年,百雀羚邀请周杰伦与李冰冰代言。李冰冰充分展现了东方美所具有的独特魅力——摩登与婉和,演绎了百雀羚集团一直推崇的东方和谐之美。而周杰伦作为超级明星,通过其年轻、时尚、有活力的气质,彰显出百雀羚青春、时尚的品牌内涵,为品牌树立了年轻化的形象,让百雀羚更加贴近年轻消费者。

作为"国礼"之荣。2013年,百雀羚曾作为"国礼"被彭丽媛带到坦桑尼亚,让民族品牌广受关注；2015年，在驻华使馆联谊会上，百雀羚再次作为"国礼"被赠予外国使节，向世界展现东方美学之道，也体现了官方对百雀羚品质的认可。百雀羚顺势推出了国礼套装，其外包装礼盒采用中国传统的中国红为底色，四周配以浮雕花纹，中间是金黄色的圆形的品牌标识。中国红象征着吉祥、和谐、浪漫，金黄色象征着尊贵的地位，外方内圆的形式代表着"天圆地方"的理念，而盒中在玉上刻有百雀羚的品牌标识，寓意百雀羚高贵、美好、天然的品质。

开展公益活动。中国传统文化中包含丰富的慈善的思想，例如，孔子的"仁"，墨子的"兼爱"等。百雀羚将这种"仁爱"的思想融入品牌塑造中，树立有责任、有担当的品牌形象。2011年，百雀羚携手中国青少年发展基金会以及淘宝网等电子商务平台，启动了"涌泉相报"公益活动，通过义卖筹集了30万元善款。此次公益活动不仅帮助老人解决了难题，实现了绿色梦想，还弘扬了珍爱自然、人与自然和谐相处的可持续发展理念。

弘扬民间艺术，宣传草本理念。2012年，百雀羚"东方之美，琥珀计划"启动。"琥珀"寓意百雀羚天然草本的护肤理念，"东方之美"代表着民间艺术瑰宝的独特魅力。活动以北纬30度为地理线索寻找民间濒临失传的民间艺术，从该纬度上的七个省份各采集一种最具代表性的草本植物，开发一款限量版的护肤产品用于义卖，用来支持民间艺术传人保护和传承民间艺术。同时，百雀羚也与民间艺人合作设计该产品的包装，开发一些具有文化艺术价值的纪念产品作为附赠，将绵竹年画、彝族漆艺、畲族山歌等传统文化全景展现在消费者面前，引起消费者对民间艺术的了解和关注。

总之，作为有着80多年历史的上海老品牌，百雀羚始终坚持传承与创新的复兴策略，坚持传统的"草本护肤"理念，研发符合市场需求的新产品。百雀羚品牌在新的时代环境下，将"草本"这一特色国粹融入品牌价值中，并创造性地加入时尚性元素，改变了品牌的属性和基因，成功塑造了品牌的新形象。

讨论题
（1）构成百雀羚品牌的各要素表现出来哪些独特性？
（2）百雀羚品牌是如何处理传统积淀与现代发展的关系的？
（3）中华老字号品牌可以从百雀羚品牌的复兴之路中学习和借鉴哪些经验和做法？

第三节 经典推介

一、标志性理论、人物及思想简介

1. 凯文·莱恩·凯勒及其贡献

（1）主要经历及学术贡献。

凯文·莱恩·凯勒是美国达特茅斯学院塔克商学院 E. B. Qsborn 讲席营销学教授，拥有康奈尔大学、卡耐基—梅隆大学和杜克大学学位。曾就职于斯坦福大学，并曾在加州大学伯克利分校和北卡罗莱纳大学教堂山分校任教。凯文·莱恩·凯勒见图6—9。

凯勒的主要专业领域是营销战略规划和品牌推广，具体研究方向是通过理解消费者行为改善营销策略。他的研究成果发表在三大营销期刊——《营销学》《营销研究》《消费者研究》。已经公开发表90多篇论文。

凯勒所著的《战略品牌管理》是品牌管理领域集大成的先进著作和经典教材,被誉为品牌圣经。该书为品牌战略管理提供了全面和前沿性知识,着眼于为提高品牌战略的长期营利性提供各种概念和方法。这一专著已经出版第四版,被世界顶尖商学院和公司采用。凯勒是菲利普·科特勒的畅销著作《营销管理》第 14 版和第 15 版的合作者。菲利普·科特勒认为凯勒的《战略品牌管理》"给出了有关品牌构筑的艺术和最新、最完整的科学思考"。

(2) 原创性理论观点。

凯勒教授认为,品牌管理首先要形成一个开放的战略品牌管理的视野与理念,这是品牌营销的基础。品牌表达的是企业的产品或服务与消费者之间的关系,而战略品牌管理是对建立、维护和巩固品牌这一过程的管理。其核心思想就是有效监控品牌与消费者的关系发展,使消费者对某一品牌比对其他竞争品牌

图 6-9　凯文·莱恩·凯勒

有更大的信心与希望。他认为所谓"品牌资产"就是基于消费者的品牌资产,而不是由企业财务会计所决定。基于消费者的品牌资产是由企业通过长期的品牌战略管理在消费者心中形成的品牌知识与品牌形象所致。一个强势品牌的力量,是消费者随着时间的推移对该品牌的感受、认知和体验。

凯勒教授认为创建品牌资产更是一项品牌营销活动,具体包括选择品牌要素、设计营销方案、整合营销沟通、利用次级品牌杠杆及评估品牌资产的来源等内容,其中品牌要素选择又是最基本的一环。所谓品牌要素是指那些能标记和区分品牌的要素,主要包括品牌名称、URL、标识、图标、形象代表、广告语、广告曲以及包装等。企业可以通过选择品牌要素来提高消费者的品牌认知,进而形成强有力的、偏好的、独特的品牌联想即品牌形象。

品牌定位与品牌联想是品牌资产增值的关键。从品牌战略管理的意义讲,品牌定位的实施主要包括消费者通过使用一个品牌预期所要达到的目标,以及在实现这一目标的过程中为什么选择这一品牌。简言之,品牌定位就是详细说明品牌是如何与消费者的目标进行关联的。凯勒教授认为,当顾客对某个品牌有了深入的认知和了解,并在记忆中存在着强有力的、偏好的、独特的品牌联想时,基于顾客的品牌资产就随之产生。但品牌资产增值主要是由影响顾客品牌联想的三个因素决定,这对分析品牌资产来源具有重要的意义,这三个因素是:品牌联想强度、偏好性及独特性。

(3) 服务企业并关注中国市场。

凯勒担任世界上一些最成功品牌的长期咨询顾问,并为顶级公司提供品牌咨询活动,以及为众多知名企业的高级管理人员进行管理培训。这些企业有福特、英特尔、宝洁、强生、壳牌、柯达、联合利华、高露洁、固特异、埃克森美孚等。他的学术演讲遍布世界各地。

凯勒在 2007 年曾经接受《当代经理人》杂志的专访,他提出:中国企业要想在品牌价值链中占据更有利的位置,需要做好以下几件事:①企业必须要理解品牌的力量,并且做好品牌建设和品牌管理工作;②必须愿意为品牌建设投资,并能够耐心实施整个过程;③通过

正确的市场推广活动，提高品牌的知名度和积极的品牌联想。

2. 品牌经理制

（1）品牌经理制在宝洁公司的诞生。

品牌经理制是由宝洁公司于1931年首创的，又被称为产品品牌经理制。其基本管理思想是，企业为每一品牌安排一位品牌经理，由其负责该品牌的各项活动。

品牌经理制的创立者是美国宝洁公司负责佳美香皂销售的尼尔·麦克·爱尔洛埃。1962年，刚从哈佛大学毕业的爱尔洛埃被分配协助规划宝洁新上市的第二个香皂品牌——佳美。此前宝洁已经拥有一个招牌香皂品牌——象牙。当时，象牙和佳美的广告都是由黑人广告代理。爱尔洛埃全身心投入想为佳美打开市场，但销售一直不见起色。于是宝洁公司决定将佳美的广告业务转给新的代理商派乐·理扬，爱尔洛埃也被公司正式任命为佳美香皂的"品牌经理"，这是美国历史上第一位品牌经理。佳美香皂的生意开始出现转机。爱尔洛埃对一个品牌由一个经理负责的做法深有信心。在对当时市场上品牌的竞争进行观察和思考的基础上，爱尔洛埃于1931年5月初写了一份长达3页的备忘录，得到了当时宝洁公司总裁杜布里（Deupree）的肯定，这也使得"品牌经理"从实验性质转变为真正具有资源和职权保证的管理职位。从此，宝洁公司的市场营销理念和营销管理体系逐步建立。美国的《时代》杂志评价：麦克·爱尔洛埃赢得了最后的胜利。他成功地说服了他的前辈们，使宝洁公司保持高速发展的策略其实非常简单：让自己和自己竞争。

（2）品牌经理制在全球的应用及其发展。

品牌经理制诞生以后，美国许多公司，如庄巨公司、棕榈公司，甚至服务业的银行、邮局也都竞相采用这一管理模式。在美国，1967年有84%的主要耐用消费品生产企业采用了品牌经理制。品牌经理制的职责主要有：制定品牌的长期经营目标和竞争战略；编制品牌年度营销计划，并做出销售预测；与广告代理商和经销商一起进行产品品牌的策划；激发销售人员和经销商对该产品品牌的推销兴趣；收集产品的市场信息；组织对产品品牌的改进，以适应市场的变化等。对品牌经理的素质和能力也提出较高的要求，如要有敏锐的市场洞察力、具备全面的产品知识、具有跨职能的领导能力等。

对于生产多种产品或多品牌的企业，品牌经理制是一种有效的组织管理形式。其优势主要表现在：为每一种产品或品牌的营销提供强有力的保证；增强各职能部门围绕品牌运作的协调性；有利于维持品牌的长期发展和整体形象；有利于实行目标管理；在内部管理中引入竞争机制；有利于企业推行市场导向的管理体制；为经销商和消费者提供更有针对性的服务等。

然后，在这一组织管理模式的运行与发展中，其局限性也表现得越来越明显。1994年，英国《经济学家》杂志曾经发表题为"品牌经理制的终结"一文，对其弊端提出了尖锐的批评。在宝洁公司的运行架构中，品牌经理制是主体，几乎所有部门都围绕不同的品牌经理开展工作。因此，品牌经理无疑具有巨大的权力空间，这种空间往往为腐败的滋生提供了可能，也使得各品牌之间内耗多有发生。具体来说，其局限性表现在：竞争有余而合作不足；品牌管理缺乏统一的规划和领导；导致腐败滋生；有时可能会过分强调短期成果；所需要的费用常常超出了预算等。

（3）类别品牌经理制和企业品牌经理制。

随着品牌经理制局限性的日趋明显，出现了新的品牌管理组织形式：一是类别品牌经理制；二是企业品牌经理制。

从20世纪80年代末90年代初开始，宝洁公司开始推行类别品牌经理制。这一组织形式是在品牌经理制的基础上发展起来的。其具体做法是：首先将企业中的品牌按产品性质分为若干个类别，每一个类别设置一个类别经理，管理着该类别下所属同类产品品牌。在管理体制上，实行二级管理，即在保留原先的产品品牌经理的基础上，再增加一层协调机构——类别管理层。类别品牌经理的主要职责是：协调与其他品类品牌的关系；确保同类产品的各品牌间不出现过度竞争。

企业品牌经理制是近年来出现的一种新的品牌管理组织形式，它重点培育企业品牌或旗舰品牌，通过明确企业品牌与其他品牌的关系，使品牌系统中各品牌能够相互支持，从而实现品牌建设整体最优化。这组织形式的出现主要有以下原因：营销环境的改变；市场竞争压力加大；创建和维持品牌费用昂贵；品牌分期管理削弱品牌竞争力；克服品牌经理制的缺陷等。

企业品牌经理的主要职责是：制度品牌管理的战略性文件、规定品牌管理与识别运用的一致性策略方面的最高原则；建立母品牌的核心价值及定位，并使之适应公司的文化及发展需要；定义品牌架构与沟通组织的整体关系并规划整个品牌系统，使公司每一个品牌都有明确的角色；解决品牌延伸与提升等战略性问题；关注品牌体验、进行品牌资产评估及进行品牌传播的战略性监控等。实行企业品牌经理制的意义在于：使企业从战略高度对品牌进行管理；使众多品牌相互支持，成为有机的整体；集中企业资源，培育企业品牌或旗舰品牌，维护统一的公众形象；合理使用和配置用于品牌建设的资源；有利于企业从更高、更长远的角度选择适合自我发展的品牌管理模式。

3. 品牌价值评估

（1）品牌价值及其评估法。

品牌价值，也称品牌货币价值，是"以可转让的货币单位表示的品牌经济价值"（ISO10668，2010）。品牌价值评估主要是运用财务会计手段对品牌资产在市场上的表现进行评价。作为世界上被公认最著名的品牌价值评估公司——Interbrand公司，2010年在其中文官网发表署名Interbrand的《品牌价值评估方法及品牌排名的意义》一文，文章指出目前在全球范围内有影响力品牌价值评估方法为Omnicom旗下全球最大的品牌咨询公司Interbrand的评估法以及全球广告业巨头WPP集团旗下Millward Brown的BrandZ评估法。

（2）Interbrand公司的评估法。

Interbrand公司创建于1974年，主要从事品牌战略顾问和设计；1984年开创品牌价值评估方法；1987年推出品牌价值评估的量化方法，由此改变了品牌分析与评估方式；1998推出专业著作《品牌价值评估》；1999年，开始与Business Week（商业周刊）合作，发布年度"全球最佳品牌排行榜"（Best Global Brands）；2010年，Interbrand的品牌价值评估方法获得了ISO10668 2010的认证，成为全球第一家获得ISO权威认证的品牌策略顾问机构，Interbrand评估法也成为品牌价值评估的国际通用方法。

Interbrand认为，与其他资产的价值一样，品牌价值也应该是品牌资产未来收益的折现，因而品牌价值评估适宜采用收益法。Interbrand评估法的估算模型为"品牌价值＝品牌收益×品牌强度系数"。其强调品牌给业务带来的额外收益，认为这部分额外收益是由品牌的作用力带来的，且品牌作用具备可延续性。基于此，评估模型主要考虑经济附加值

(EVA)、品牌作用力分析和品牌强度分析,其中品牌收益由经济附加值、品牌作用力决定,品牌强度系数依据品牌未来获得此项收益的风险大小而定。

(3) BrandZ 评估法。

BrandZ 创建于 1998 年,是由 WPP 旗下权威调研公司 Millward Brown(华通明略)建立的品牌资产数据库。该数据库收录 5 万多个各国知名品牌,品牌信息主要通过在线和面谈形式访谈 30 多个国家的 200 多万消费者而获得,并且做到每年更新。在品牌资产领域,BrandZ 现已成为全球规模最大且资料最全的数据库。2006 年起,Millward Brown 联合 Financial Times(金融时报)每年发布"BrandZ 最具价值全球化品牌 100 强排行榜";2010 年起,每年发布"中国最具价值品牌 TOP50 强"榜单。由于母体公司的强大背景,以及强调采用的评估方法是以量化消费者决策行为和深度分析企业财务数据为基础的,Brand Z 排行榜一经发布就引起了品牌价值评估领域的高度关注。

BrandZ 评估法强调"品牌价值是企业价值的一部分",采用"经济用途法"评估品牌价值,其评估模型为"品牌价值 = 品牌财务价值 × 品牌贡献",而"品牌财务价值 = 品牌收益 × 品牌乘数"。BrandZ 评估所采用的数据除来自自建的全球品牌资产数据库外,还有彭博社(Bloomberg)、Datamonitor 公司、WPP 旗下调研公司 Kantar Worldpane 以及企业向监管部门提交的数据。此外,BrandZ 评估法引入了两个重要指标——品牌动能和品牌贡献,分别反映品牌价值的未来增长潜力和品牌对企业盈利能力的贡献。

(4) 品牌价值评估 ISO10668 标准体系。

ISO10668《品牌评估——品牌货币价值评估要求》,由德国联合包括法国、英国、日本、中国等在内的 13 个国家组成的品牌评价项目委员会(ISO/PC231)起草,并由国际标准化组织(ISO)于 2010 年正式公布。这是品牌评估领域的第一项国际标准,旨在从财务、行为科学和法律等方面为品牌价值评估提供一致且可靠的测量程序和方法,主要为品牌评价规定了框架,包括目的、评价依据、评价方法和合格数据源以及假设,同时还规定了这种评价结果的报告方法。

这一标准体系指出,品牌评价方法包括收入法、市场法和成本法三种。其中,尤其对"收入法"作了详细说明,这主要是因为收入法是目前的主流评估方法。标准体系给出了品牌价值评估时需采集的数据类型与数据要求。数据类型分为 3 种,即市场与财务数据、品牌行为数据和法律数据。市场与财务数据包括现在的和预测的市场容量、价值、利润和渠道等数据;品牌行为数据包括关键财务参数、品牌衍生利益、品牌形势(品牌价值驱动因素)、品牌强度、品牌贡献等数据;法律数据包括品牌的法律保护、法律权利(所有权、注册合法权、使用合法权)以及法律参数等方面的数据。

ISO10668 的颁布为品牌评估提供了国际通行准则,能在很大程度上解决品牌价值评估做法杂乱繁多的问题,对推动企业品牌建设和发展第三方品牌评估行业有着极大的推动作用。

二、经典论文推介

1. 品牌理论里程碑探析. 卢泰宏,吴水龙,朱辉煌,何云(中山大学管理学院). 外国经济与管理,2009,31(1):32-42

(1) 概要。

品牌在近三十年成为营销理论和实践中最有影响的活跃领域。品牌理论的不断创新以及品牌实践的发展，展现出丰富多彩的画面。本文通过扫描和梳理国外品牌理论研究中引用次数最多、寿命最长的核心文献，来记录品牌理论演进中的标志性"足印"。作者基于对营销管理本质的认识，试图突现品牌理论演进中具有里程碑意义的贡献，分析原创性理论研究所回答的基本科学问题以及研究发展的脉络和路径。

（2）主要内容和观点。

作者指出，品牌理论研究的重心和主导性领域依次大致经历了品牌、品牌战略、品牌资产、品牌管理和品牌关系五个重要阶段。

- 品牌研究阶段。基本科学问题包括两个：一是什么是品牌；二是为何需要品牌。研究主题包括品牌内涵及定义、品牌命名、品牌标识和商标等，而以品牌命名为研究重点。
- 品牌战略研究阶段。基本科学问题包括：品牌化的相关决策问题；如何通过品牌化形成品牌识别的问题，涉及品牌形象和品牌定位这两个品牌差异化的关键要素；如何规划品牌战略的问题，涉及品牌层级和品牌组合这两个基本工具。这一阶段提出的新概念包括品牌化、品牌战略、品牌形象、品牌定位、品牌层级和品牌组合。
- 品牌资产研究阶段。20世纪90年代品牌资产理论的提出，是品牌理论领域最重大的进展，同时也表明该领域达到了一个新的高峰。基本科学问题包括：品牌资产的来源；品牌资产的构成要素模型；品牌资产的评估与测量。新概念包括品牌价值链、品牌资产、基于顾客的品牌资产（CBBE）、品牌知识。
- 品牌管理研究阶段。基本科学问题是：品牌管理的长期要素构成；品牌管理业绩。新概念包括品牌管理建制与组织、品牌延伸、品牌强化、品牌激活、品牌联盟、品牌管理业绩。
- 品牌关系研究阶段。基本科学问题是：品牌关系的类别和维度；如何测量品牌关系；如何发展品牌关系。新概念包括品牌关系、品牌关系质量、品牌社区、品牌体验。

（3）结论。

本文分五个阶段对西方品牌理论的发展演进进行了梳理和分析，指出了各阶段所研究的基本科学问题、出现的新概念、取得的重要成果以及原创性的理论贡献。

2. 品牌实践演进中的里程碑——基于品牌实践的案例分析．吴水龙，卢泰宏（中山大学管理学院）．华东经济管理，2010，24（6）：134－139

（1）概要。

作者以品牌实践中的大问题为导向，以设计品牌元素—品牌管理的建制—品牌规划方法—营销传播提高品牌资产—发展品牌优势—测量品牌资产和品牌价值为主线，搜索考察跨国公司和专业化品牌咨询机构这两大品牌实践的创新来源，突现其中具有标志性的创新成果，并分析其产生的影响和意义。

（2）主要内容和观点。

- 设计品牌元素。品牌名称是所有品牌元素中最核心的内容，品牌命名的实践创新在于将命名视为科学的调研和决策过程，并从心理学、语言学、美学和营销学的综合视角评估品牌名称的效果。埃克森（EXXON）公司耗时6年、花费10亿美元的品牌易名实践具有典型意义。

专业咨询机构对品牌命名的科学实践具有重要推动作用。郎涛设计顾问公司对品牌命名的分类包括：描述型、暗示型、复合型、古典型、随意型、新颖型。品牌命名专业化遵循的几个步骤：界定目标—命名—名称初选—调研备选品名—调研最终入选名称—最终确定品牌名称。品牌命名十大常犯错误见表6-7。

表6-7 品牌命名十大常犯错误

序号	内容
1	将品牌命名视为事后的工作
2	忽略商标的复杂性及域名注册
3	继续保留已经不再适用的品牌名称
4	忽略品牌命名的创造性和战略性
5	掉入主观陷阱
6	忽视品牌名称的全球性意义
7	品牌名称内部沟通失效
8	仅满足于品牌名称的口头传播
9	进行了无关紧要的品牌命名
10	认为品牌命名是一个简单的过程

- 品牌管理建制。品牌建设需要从公司管理组织架构中体现和保障，品牌管理的任务是保证品牌的长期健康发展。品牌管理建制阶段的标志性实践分别是：宝洁1931年首创品牌经理制、通用汽车推行"品牌图景"管理制以及高露洁、可口可乐等一流公司开始设立新职位"首席品牌官"（CBO）。
- 品牌规划。品牌战略实现由品牌到品牌化的跨越，要解决的主要问题是如何建立品牌识别（品牌定位）和确立合适的品牌架构与品牌组合。宝马完美地运用定位框架（POP/POD）原理，通过成功定位创造顾客独特联想和提升品牌资产，令"BMW"成为经典的品牌符号；福特汽车在20世纪80—90年代共投资120多亿美元收购豪华汽车品牌，使之成为品牌组合战略的经典案例。
- 整合营销传播，提升品牌资产。标志性的创新案例是：智威汤逊从"汤普逊方式"到"整体品牌化"；奥美从"品牌形象"到"品牌管家"；精信从"品牌性格"到"品牌未来"；达彼斯从独特卖点"USP"到"品牌轮盘/品牌精髓"。
- 创建品牌联想。品牌实践中的一个大胆创新和突破，是借用强势的次级品牌联想，通过杠杆化效应创建现有品牌强势、积极和独特的联想。标志性的实践有：1991年新西兰开始创建区域品牌——新西兰之路。品牌联想的实用测试方法见表6-8。

表6-8 品牌联想实用测试方法

	方法	含义及特点
定性方法	焦点小组法	以人口统计学、心理学或其他指标为变量基础，将6~10名精心挑选的人员召集在一起，通过他们深度探讨各种感兴趣的问题，从而总结他们对于品牌联想的观点
	自由联想法	让消费者回答当他们想到某一品牌时头脑中便会出现什么形象，这是描绘品牌联想最简便、最有效的方法。能粗略反映品牌联想的相对强度、偏好性、独特性

续表

方法		含义及特点
定性方法	投射技术	给消费者一个不完整的刺激物,让他补充完整;或给一个含义模糊、本身无意义的刺激物,让消费者讲出其含义。该方法在调查个人深层动机或个人、社会敏感主题时特别有效
	比拟法	要求消费者将品牌比作某个人、国家、动物、活动、植物、职业、汽车、杂志、蔬菜、国籍,甚至其他品牌等,从而表达出他们实际的印象。尤其适用于确定品牌个性和联想
	萨尔兹曼隐喻诱引技术(ZMET)	该方法假设消费者购买行为通常是基于某种下意识的动机,从而引出那些影响人们思想和行为的相互关联的概念
	经验法	在更加自然的环境中对消费者进行研究,研究者通常入住消费者家中观察或通过相机实拍记录
定量方法	量表法	采用语义差异量表,高度结构化
	知觉图法	测量消费者对不同品牌联想或相似性的感知,通常转换为平面二维坐标图,对品牌联想进行直观比较

- 通过挖掘深化品牌关系增进品牌资产。品牌实践以培育品牌个性、创建品牌社区和增强品牌体验为主。咨询公司和营销学者先后开发出品牌关系的各种可操作性测量模型和方法。对于品牌关系的测量和评估主要分为价值法和指标法。哈雷—戴维森创建的哈雷车主俱乐部不但成为创建品牌社区的先行者,而且成为体验营销的践行者。
- 运用品牌延伸和品牌联盟发展品牌资产。万豪酒店的品牌延伸、通用面粉的品牌联盟和品牌授权,成为标志性实践。
- 测量品牌资产和品牌价值。专业咨询公司开发出了具有可操作性的品牌资产测量模型(表6-9)和品牌价值测量方法(表6-10)。

表6-9 品牌资产测量模型

研究者	模型	测量要素
Young& Rubicam	BAV	差异性、能量、相关性、尊重程度和品牌知识
Millward Brown	Brand Dynamics	存在、相关、性能、优势和联结
Research International	Equity Engine TM	权威性、认同感和承认感

表6-10 品牌价值测量法

研究者	Interbrand 公司
模型	品牌估价法
用途	(1) 兼顾营销、财务和法律因素 (2) 符合会计准则 (3) 能够定期进行重新估价 (4) 适用于收购品牌和自身品牌

续表

研究者	Interbrand 公司
步骤	（1）市场细分 （2）金融分析 （3）需求分析 （4）确定竞争基准 （5）测算品牌价值

3. 标志性品牌研究述评．周懿瑾，卢泰宏（中山大学管理学院）．外国经济与管理，2010，32（2）：51－57

（1）概要。

标志性品牌是那些变成了文化标志的消费品牌，文化意义是这些品牌最显著的属性。作者通过回顾相关研究，追溯了标志性品牌的理论渊源，分析了该类品牌的形成机制，并探讨了该类品牌对消费者认知和评价的影响。

（2）主要内容和观点。

● 标志性品牌概念。那些成为"社会的某些成员一致奉行的特定价值观的表达物"的消费品牌，即标志性品牌它们由某一文化定义，并且在两种不同的文化间具有相对唯一性。如同仁堂是中国文化的标志，就不会是美国文化的标志。标志性品牌与身份品牌、文化标志的联系与区别通过"身份价值"表现出来（图6－10）。

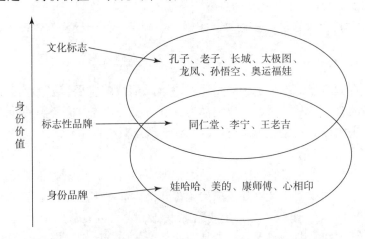

图6－10 标志性品牌与身份品牌、文化标志的联系与区别

● 标志性品牌形成机制。标志性品牌是在文化对个体的影响（文化影响个体心理）（图6－11）以及个体对文化的反影响（个体心理影响文化）的共同作用下形成的，标志性品牌的形成是文化与个体相互作用的双向过程。

● 标志性品牌作用机制。标志性品牌像其他文化象征物一样，可以成为文化意义的传播媒介，它可以通过激发消费者的文化联想，来影响消费者的认知与评价。标志性品牌对消费者认知的影响包括消费者的相关文化价值观、消费者对产品类别的认知。标志性品牌对消费者品牌延伸的评价产生影响，消费者会利用它来定义自己的身份，并通过使用它安抚自己的身份焦虑。

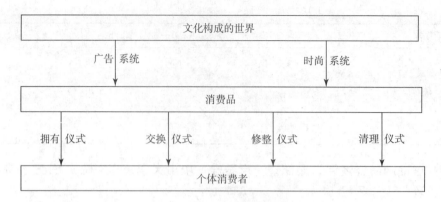

图 6-11 文化意义的传递

(3) 研究展望。

作者提出,自 Holt (2002) 提出标志性品牌概念以来,消费者行为研究逐渐将品牌作为文化标志的性质引入相关研究,但目前直接考察标志性品牌的实证研究仍然较为有限;现有的研究对于标志性品牌对品类及品牌延伸的影响进行了一定的阐述,但仍有众多空白点值得讨论,如标志性品牌的品牌关系是否异于普通品牌,标志性品牌如何影响消费者行为,标志性品牌的营销传播是否存在一定的文化边界等;从标志性品牌的角度出发,对老字号品牌的文化意义进行探讨,回到原点对老字号品牌这一特殊品牌群体的品牌性质进行深入探索和挖掘,这是标志性品牌研究的创新方向。

4. 国外品牌重塑研究综述. 王俊峰, 王岩, 鲁永奇. 外国经济与管理, 2014, 36 (2): 46-54

(1) 概要。

随着竞争的日益激烈,越来越多的企业考虑到长期战略发展,开始实施品牌重塑战略。作者从品牌重塑的含义、驱动因素、研究模型、利益相关者等方面对国外的现有研究进行了综述,这对于促进国内的相关理论研究以及商业实践都具有参考价值。

(2) 主要内容和观点。

作者从品牌重塑的含义、驱动因素、品牌重塑模型、品牌重塑对品牌资产和企业绩效的影响、品牌重塑中的利益相关者以及未来展望等几个方面对主题进行了阐述。

● 品牌重塑的含义。作者认为,企业品牌重塑的含义可以从两个关键维度来解释:一是企业品牌的外部感知,即品牌形象;二是企业品牌的内部感知,即品牌身份。企业品牌重塑是修正或重新建立品牌形象,反映品牌身份改变的活动过程。品牌重塑的变化水平由于面对的主客观条件的不同,分为渐进性品牌重塑、革命性品牌重塑;品牌重塑根据涉及范围的不同还可以分为企业层面、业务层面和产品层面三个层次。

● 品牌重塑的驱动因素。可以归结为两大类,即内部驱动因素和外部驱动因素。其中,内部驱动因素包括组织结构的改变,合并、收购和多样化,树立新的企业形象,升级企业在消费者心目中的个性,校正文化,嵌入新的愿景、使命和价值观,企业战略的改变等;外部驱动因素包括竞争地位、竞争环境的影响,市场的转变,法律条件的变化,经济放缓等。

● 品牌重塑模型。它可以分为总体理论模型、进化理论模型以及阶段过程模型三类。总体理论模型的特点是对品牌重塑的重要领域和关键因素进行总体性的理论分析。Muzellec

等（2006）通过实证研究构建了一个概念化的品牌重塑模型（图6-12）。

图6-12 Muzellec等品牌重塑模型

进化理论模型主要基于进化理论来解释品牌重塑的演进过程，Alexander等（2012）利用自然选择进化理论构建模型解释了品牌重塑的过程（图6-13）。

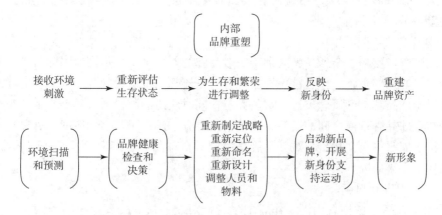

图6-13 Alexander等品牌重塑模型

阶段过程模型是目前对品牌重塑相对主流的分析。研究者认为企业的品牌重塑是由多个阶段构成的战略过程，可以用模型清晰分解品牌重塑的程序及各个阶段。Ahonen（2008）的企业品牌重塑过程模型把品牌重塑过程分为分析、计划、执行及评估四个阶段（图6-14）。

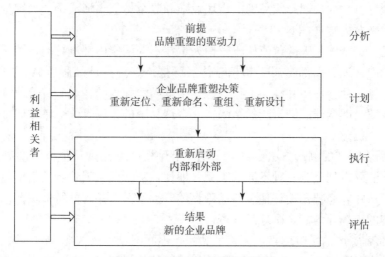

图6-14 Ahonen品牌重塑模型

● 品牌重塑的评价。评价品牌重塑的关键是品牌资产，它由品牌认知、品牌联想、感知质量、品牌忠诚及其他所有权（如商标、专利等）构成；而在商业实践中，评价品牌重塑成功与否，更直接的衡量因素是企业绩效的变化。

● 品牌重塑中的利益相关者研究。品牌重塑过程中，企业必须考虑内外部利益相关者的参与和影响。关于消费者的研究涉及消费者对品牌重塑过程中品牌合并的态度、品牌重塑策略如何影响消费者对品牌个性等的认知、消费者对原品牌的感知忠诚对品牌重塑的影响。关于员工的研究涉及员工在企业品牌重塑过程中的重要作用、不同规模企业品牌重塑过程中员工的参与程度等。

（3）研究展望。

作者最后从内外部品牌重塑的研究内容、研究的地理范围以及衡量品牌重塑的效果三个方面，提出了对深化研究的有关建议。

5. 全球品牌资产：概念、测量与影响因素. 吴漪, 何佳讯. 外国经济与管理, 2017, 39（1）: 29 – 67

（1）概要。

全球品牌资产反映了全球品牌区别于一般品牌的价值来源，是当前国际营销学界和全球营销经理关注的重要主题。作者首先根据现有文献梳理了全球品牌资产的两类内涵，接着从整合视角对全球品牌资产概念进行了重新界定，同时应用品牌价值链模型表征两类全球品牌资产内涵与全球品牌价值之间的关系，在此基础上分别阐述了与之对应的三种测量方式，并论述了经济发展水平、文化价值观和品牌来源国对全球品牌资产评价及其效应的影响机制。最后，展望了未来研究方向。

（2）主要内容和观点。

● 全球品牌资产的概念内涵。作者把学者们对这一概念的界定归纳为两类：品牌在全球范围内的资产和全球品牌特有的资产。作者从整合视角对全球品牌资产进行定义，提出：全球品牌在国家层面开展的营销活动中产生它在各个国家的品牌资产集合（第一类全球品牌资产），这种集合性的品牌资产又会形成超越国家层面的品牌资产，即全球品牌在非国家层面独有的品牌资产维度（第二类全球品牌资产），如感知品牌全球性、全球品牌真实性、全球品牌声望等。它们共同影响品牌的市场业绩和股东价值，形成全球品牌价值链，表明全球品牌价值的来龙去脉（图6 – 15）。

由此可见，①全球品牌的价值始于营销人员在不同国家内部进行的营销活动投资；②在顾客心智资源中，还有一部分属于超越具体品牌层面、为全球品牌所共有的独特属性和联想，如感知质量、社会声望和社会责任等；③全球品牌独具的顾客心智价值能形成优于一般品牌的市场业绩，即全球品牌资产的结果；④全球品牌的市场价值会转化成金融市场上的财务价值。

● 全球品牌资产的测量方法。对应于全球品牌资产在品牌价值链上的表征，全球品牌资产的测量方法可以划分为三种不同的类型，即评估不同国家消费者关于全球品牌的所感所知再做汇总、从顾客心智角度评估全球品牌整体区别于一般品牌的特殊资产来源，以及通过评估全球品牌的市场业绩确定全球品牌资产。

● 全球品牌资产的影响因素。无论是品牌在不同国家的区域性资产（第一类界定），还是全球品牌特有的利益联想（第二类界定），都受到国家、消费者及品牌三方面因素的影

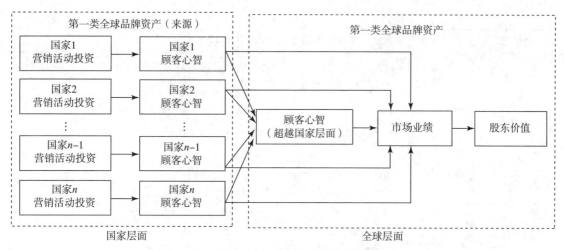

图 6-15　全球品牌资产的两种概念界定在品牌价值链上的表征

响。作者基于现有文献,分别就经济发展水平、文化价值观和品牌来源国进行了重点论述。

(3) 研究展望。

作者指出,总体上,以全球品牌资产为主题的研究虽然已经累积了一定的成果,但实证探讨仍处于起步阶段,未来的研究可以从以下几个方面进行:探究不同界定下的两类全球品牌资产的相互联系与影响关系;尝试将对全球品牌资产的研究和探讨拓展到市场业绩或股东价值上去;对全球品牌资产维度提升品牌价值的机制的深化探讨;分析来自新兴市场的品牌和来自发达市场的品牌在全球品牌资产维度及其效应上的差异,为具体的全球品牌资产管理提供基础性诊断信息。

三、经典图书推介

1. 战略品牌管理(第 4 版).[美] 凯文·莱恩·凯勒.吴水龙,等,译.中国人民大学出版社,2014,10

(1) 概要。

凯文·莱恩·凯勒指出,本书为战略品牌管理"提供最全面、最前沿的知识",着眼于为提高品牌战略的长期赢利性提供各种概念和方法。译者指出,本书是品牌众多著作中的领先著作,其重要价值在于集品牌理论研究和品牌实践案例之大成,系统、科学地构筑了品牌理论框架,反映出前沿进展,并不断更新品牌实践案例。

(2) 主要内容。

本书分为六篇,共 15 章,第Ⅰ篇引入了品牌化的相关概念;第Ⅱ、Ⅲ、Ⅳ、Ⅴ篇详细展开论述了这些概念;第Ⅵ篇总结并在不同情境下应用了这些概念。各篇章的具体内容见表 6-11。

表 6-11　《战略品牌管理》各篇章具体内容

第Ⅰ篇:通过战略品牌管理的"轮廓图",为全书做铺垫,主要目的是通过识别主要的品牌决策并为这些决策提供一些重要思想,使读者理解战略品牌管理的内容和情境	
第 1 章	导入了关于品牌的基本概念,介绍了这些概念在营销战略中已经和正在扮演的角色;还定义了什么是品牌,品牌为什么重要,如何成为品牌,战略品牌管理的流程

续表

第Ⅱ篇	提出了品牌资产的主题，并介绍了品牌规划的三个关键模型
第2章	引入了基于顾客的品牌资产的概念，描绘了基于顾客的品牌资产的框架，并且为重要主题——品牌定位提供了详尽指导原则
第3章	介绍了品牌共鸣和品牌价值链模型，这有益于建立更高的顾客忠诚和设计更好的营销方案
第Ⅲ篇	介绍了创建基于顾客的品牌资产的三条主要路径，更多选取了"单一产品—单一品牌"的视角
第4章	阐明了建立基于顾客的品牌资产的第一条路径，如何选择品牌元素（如品牌名称、标识、符号、口号等）和这些元素在品牌资产中所扮演的角色
第5章	第5章与第6章介绍了创建品牌资产的第二条路径以及如何进行最优化营销组合，以创立基于顾客的品牌资产。 第5章涉及产品、定价和渠道策略。
第6章	第6章是如何通过整合营销传播方案创建品牌资产的专题。大多数读者可能都熟悉营销的"4P"，该章则侧重从品牌资产的视角分析，讨论品牌知识与营销组合的顾客反应两者之间的双向影响
第7章	研究了创建品牌资产的第三条路径——从其他实体（如公司、地理区域、个人、其他品牌等）中提升品牌的次级联想
第Ⅳ篇	介绍了如何评估基于顾客的品牌资产，详尽阐述了顾客对品牌的理解、公司所期望的顾客对品牌的感知，以及公司应如何建立品牌评估流程等问题
第8章	概述了这些主题，并考察了如何制定、实施高效和有效的品牌资产评估系统
第9章	研究了衡量顾客的品牌知识结构的各种方法，用于识别和量化品牌资产的潜在来源
第10章	基于公司从品牌资产来源中获取的主要利益的角度，研究了如何测量品牌的全面价值
第Ⅴ篇	从更宽泛的"多产品—多品牌"的角度和长期的、多市场的视角，论述了如何管理品牌资产
第11章	涉及品牌架构战略相关的主题，即公司应当选择哪些品牌元素应用于自己的各种产品，如何使不同产品的品牌资产最大化；介绍了制定品牌战略的两个重要工具——品牌组合和品牌架构
第12章	从正反两方面论述了发展品牌延伸的若干原则，目的在于顺利推出新产品及将品牌进行延伸
第13章	论述了如何强化、激活和撤销品牌，研究了长期管理品牌过程的具体问题
第14章	研究了消费者行为差异性以及不同类型细分市场对管理品牌资产的启示，这一章还特别关注了国际化问题和全球品牌战略
第Ⅵ篇	介绍了基于顾客的品牌资产框架的种种内涵和应用
第15章	进一步强化了前面几章出现的管理原则和重要主题，总结了品牌的成功因素，并将基于顾客的品牌资产框架应用于不同类型的具体产品（如在线产品、工业品、高科技产品、服务业、零售业和小企业）的战略品牌管理中

（3）作者寄语中国读者。

在中国市场推广品牌无疑是振奋人心的，因为在中国，各类产品和服务正在创造一个巨大的、快速增长的市场,所有在中国市场制定正确品牌战略和战术的企业,都将从市场的领导地位获利。营销环境的巨大挑战主要表现在:市场竞争日益激烈,消费趋势和营销基础设施快速变化。中国市场已经发生很大变化,并将在未来数年中持续嬗变。中国市场的品牌营销者必须响应这些变化和趋势。

《战略品牌管理》中国版将帮助读者有效了解中国区域市场的品牌状况以及同一历史进程中全球任何其他市场的品牌现状,将阐述全球营销者面临的基本挑战以及在广阔的、快速变化的中国市场品牌化所面临的特殊问题。

2. 现代品牌管理.[英]西尔维·拉福雷.周志民,等,译.中国人民大学出版社,2012,9

(1) 概要。

本书采用全新视角探讨了品牌管理和品牌战略,重新审视了当今商业环境下品牌的核心地位。重点解决当前品牌经理所面临的战略决策问题,包括:品牌资产——对企业而言,品牌有何价值?其价值如何评估?品牌建设和业务建设——品牌如何帮助企业获得成功?品牌化如何从营销工作当中独立出来,成为高层管理者关心的战略问题?品牌在建立企业声誉过程中所发挥的作用——如何利用社会营销的力量,直面伦理的、环境的、社会责任的挑战?全书设有结合品牌管理实践的专题内容,如品牌化与嘻哈文化,消息源品牌化——播客、rss、彩铃、数字广播,可持续发展对品牌的影响等;配有丰富的案例资料,包括维珍、美国运通、家乐氏、耐克等公司。

(2) 主要内容。

本书包括3篇共13章内容,详见表6-12。

表6-12 《现代品牌管理》各章的主要内容

第Ⅰ篇 品牌化的战略含义
第1章 现代品牌管理概述。本章包括品牌定义,各种品牌范式,品牌内涵、功能以及重要性;品牌与客户关系管理的关系;品牌组成要素;品牌管理流程,品牌化决策,品牌化隐喻,在线品牌化与互联网时代的品牌化;营销伦理和品牌的可持续性——主要挑战
第2章 品牌资产和品牌评估。本章包括品牌资产的概念基础;如何评估品牌以及为什么说计算品牌价值是重要的;公司应该开展品牌评估的前提条件;品牌评估的财务方法、行为方法和基于顾客的品牌资产;品牌评估的现代新方法,比如品牌资产标量(Brand Asset Valuator, BAV)、英特品牌公司(Interbrand)品牌评估法和广告从业者协会(Institute of Practitioners in Advertising, IPA)提出的叙事性报告会等新趋势
第3章 品牌建设和业务建设。本章考察了业务建设与品牌建设的关系(认为如果没有先建立业务就无法建立品牌,品牌是在业务模式的基础上建立起来的)同时将品牌建设与传统和现代的业务建设模式作对比;运用业务管理模式来建设品牌
第4章 作为战略资产的品牌正被提上公司议程。本章考察了品牌作为战略资产的角色,并讨论了对品牌管理成为公司议程的看法。学术文献与实务洞见的证据表明,有一个更具战略性的观点日益根深蒂固。其中包含各行各业的例子,也说明了大公司和小公司之间的视角比较
第Ⅱ篇 管理品牌——创建和维系品牌资产

续表

第5章　品牌识别和定位。本章包括品牌识别系统的概念，品牌识别的元素和构面，品牌形象及其维度，品牌形象的形成和建设，战略性品牌形象概念管理；品牌定位以及其在营销组合中的作用；品牌定位的流程；品牌定位战略；直觉图；品牌识别与品牌形象的差异；整合品牌传播的流程；艾克的品牌资产建设模型和PCDL模型
第6章　品牌架构。本章考察了品牌结构是什么；描述了品牌组合和产品关系的管理，并且讨论了用于产品组合的各种品牌化方法，如公司品牌化、公司背书、组合品牌、双重品牌、单一品牌、隐藏品牌、超级品牌化、子品牌等。快速消费品公司的案例也包含其中。本章同时考察了每一种品牌方法的基本原理，以及如何选择一种合适的品牌战略，包括国际化当中的品牌结构。另外还讨论了品牌化面临的新压力；品牌将如何发展；最新战略以及品牌授权等未来的发展趋势
第7章　品牌延伸。本章包括品牌延伸的定义与基本原理；品牌延伸的选择；品牌延伸的优劣势，产品线和产品类别延伸的利益与风险，垂直与水平延伸，这两种延伸方式成功的关键因素，影响垂直延伸战略的因素。品牌延伸流程；品牌联系——品牌合作关系，品牌之间的关系与互动矩阵，向成熟市场与新兴市场延伸的对比；用公司品牌、家族品牌或者产品品牌来延伸，品牌稀释与距离化技术，品牌延伸流程以及品牌延伸战略对品牌资产的影响
第8章　跨生命周期的品牌管理。本章的重点从创建品牌资产转到品牌生命周期中品牌资产的管理与维系。内容涵盖了品牌衰退与失败的分析，品牌的商品化，基于产品生命周期模型的品牌管理，品牌激活战略，品牌生命周期中的定位与重定位，以及品牌生命周期（BLC）五阶段模型、古德伊尔模型、穆提品牌生命周期模型、品牌概念管理（BCM）模型等各种品牌生命周期模型
第9章　品牌声誉和企业声誉建设。本章考察了企业声誉和品牌声誉建设的原则，这是品牌化的一个新领域。内容包括：企业和品牌声誉的管理与测量；品牌脆弱性评估；声誉对公司业绩的影响。本章同时引入了企业社会责任观念，并且探讨了消费者民族主义和国际市场企业声誉方面的最新研究；竞争情报与企业声誉等，并且通过各个行业的案例来加以验证
第Ⅲ篇新的业务环境
第10章　新竞争环境和品牌化。本章分析了品牌化当中的环境压力，技术因素与互联网的兴起，传媒的分化与现代市场的挑战以及这些环境变化对品牌化战略与品牌传播的影响；竞争性品牌化；战略品牌联盟；善因品牌化与社会营销；新兴创意媒体与品牌化等。本章还讨论了以上内容对诸多全球企业带来的影响
第11章　零售商品牌与制造商品牌。本章讨论了零售商品牌的成长与变化；零售商应该拥有自主品牌的原因；零售商品牌如何获得长期增长。另外还考察了零售业务与零售商品牌的建立；制造商该如何应对零售商品牌的竞争以及模仿；制造商该如何面对低成本竞争
第12章　面向消费者的包装设计和品牌化。本章考察了品牌化与包装设计的关系；包装对于强化品牌信息和向消费者传播价值方面的作用；消费者期望从包装品牌中获得实用性还是交互性；在消费者涉入度与时间都有限的情况下，包装如何影响品牌选择；制造商如何通过克服食品质量与其品牌包装的不一致来赢得消费者信任。本章还讨论了相关性与认知度之争，以及环境问题如何影响消费者的购买行为；满足消费者包装需要的包装设计的新技术趋势与运用（用实例说明了新的创新性包装设计）。另外，本章还解释了品牌化策略如何与包装设计和子品牌化方案相匹配；如何把品牌战略运用到包装上面；何时以及如何优化品牌之间的关系
第13章　原产地品牌化。本章讨论了原产地品牌化的概念，消费者对来自法国、英国、德国以及其他原产地的产品的认知；国家品牌的性质以及这些品牌在促进国家发展中所起的作用；国家联想的成功标准。回顾了最新的概念框架并且讲述了来自新兴工业化国家或不发达国家的例子。另外还讨论了成功的品牌传播计划，并且研究原产地在增加品牌市场份额、品牌资产以及为小型制造业和服务业定位所带来的利益，同时也研究其对品牌来源的影响。它着眼于品牌来源和国家形象联想对中国跨国公司品牌的认知及购买意向的影响，并且讨论了总体的管理启示

(3) 译者对本书特色的评价。

本书是第一部引进中国的英国品牌管理教材。具有三个明显特点：体现品牌与企业融合的品牌管理思维；反映了品牌化最新的动向；提供了大量的练习辅助材料。本书很适合本科生和研究生学习品牌管理知识。

3. 将心注入——一杯咖啡成就星巴克传奇．[美]霍华德·舒尔茨，[美]多莉·琼斯·扬．文敏，译．北京：中信出版社，2015，8

(1) 概要。

本书是星巴克创始人、董事会主席霍华德·舒尔茨的自传。舒尔茨在本书中首次完整披露个人成长经历的细节，星巴克在初始和成长期的各种措施和运营方式如何成形，对待股东、雇员时如何平衡利润、福利和公司核心价值之间的关系。本书不仅是一个人的自传或是一个企业的成长史，而且对那些正在创办企业和追求生活梦想的人也颇有启发意义。舒尔茨告诉读者在经营企业过程中与在生活中面临问题时该如何应对，怎样才能对未来始终抱有信心。

(2) 主要内容。

舒尔茨和一群热爱咖啡的人从西雅图开始起步，他们与咖啡签下生死契约，坚守激情、信念与尊严，将鲜明的价值观融入星巴克。几十年来，他们共同判断是非、克服困难，并在企业发展的重要时刻完成自我颠覆和自我更新。本书从"重新发现咖啡""重建咖啡体验""重塑企业精神"三个篇章展开，详见表6-13。

表6-13 《将心注入——一杯咖啡成就星巴克传奇》章节内容

第一篇 重新发现咖啡
第1章 想象、梦想和卑微的出身；第2章 丰盛的"遗产"；第3章 对意大利人来说，浓缩咖啡就像一曲咏叹调；第4章 好运气只眷顾有规划的人；第5章 说"不"者难成大业；第6章 铭记企业的价值
第二篇 重建咖啡体验
第7章 睁大眼睛实践梦想；第8章 让自己情迷，才能房获他人的心；第9章 员工不是生产线上的零部件；第10章 万丈高楼始于一石一木；第11章 别被比你聪明的人吓倒；第12章 坚守信条还是灵活变通
第三篇 重塑企业精神
第13章 华尔街评估的是公司市值，而非价值；第14章 想要再造卓越，先要重塑自我；第15章 别打击下属的进取精神；第16章 想要保持超前，必须时刻更新自我；第17章 价格危机考验公司价值观；第18章 建立品牌的最佳方式：面对每一个顾客每次都给予诚挚的服务；第19章 为2 000万名新顾客冒险；第20章 做大之后如何保持小企业的优势；第21章 企业怎样担负起社会责任；第22章 如何避免千篇一律；第23章 为长远目标和品牌建设创造价值；第24章 跟随内心前行

(3) 媒体评价。

《商业周刊》：对企业家、管理者和星巴克咖啡的热爱者来说，《将心注入》无疑是一部真实的编年史，记录了一家企业如何坚守价值观，并通过零售在世界范围内建立起自己的卓著声誉。

《财富》：本书中，星巴克总裁霍华德·舒尔茨展示了星巴克赖以生存发展的原则，和读者一起分享他在不尽追求中获得的智慧。销售员、经理人和有抱负的创业者将会在这部企业编年史中领悟到如何将内心的激情转化为利润。

4. 腾讯传（1998—2016）——中国互联网公司进化史 . 吴晓波 . 杭州：浙江大学出版社，2017，1

（1）概要。

本书全景式记录了腾讯崛起的历程，并从互联网的视角重新诠释了中国在融入全球化进程中的曲折与独特性。从1998年开始创业到成为世界级互联网巨头，腾讯以即时通信工具起步，逐渐进入社交网络、互动娱乐、网络媒体、电子商务等领域，在超高速发展的同时亦饱受争议，在"3Q大战"的激烈冲突之后又进一步走向开放……腾讯的发展路径，亦是中国互联网企业成长的缩影。从本书可以看到，中国的互联网人在应用型迭代和对本国消费者的行为了解上，找到了自己的办法，并开始领跑全球。

（2）主要内容。

在本书中，作者提出了三个层次的设问：①为什么是腾讯，而不是其他互联网公司，成为当今中国市值极高、用户数巨大、盈利能力极强的企业？它的成功是一次战略规划的结果还是偶然的产物？②为什么腾讯曾经遭遇空前的质疑，它所面临的模仿而不创新、封闭而不开放的"指控"是怎样形成的？性情温和的马化腾如何成为很多人眼中的"全民公敌"？③中国互联网与美国互联网有什么异同？前者的繁荣是一次长期的追随之旅，还是有自己的东方式生存之道？围绕着这三个问题，作者从创业（1998—2004年）、出击（2005—2009年）、巨头（2010—2016年）三个时间段对腾讯的发展史进行了挖掘和铺陈。本书整体框架结构及主要内容见表6-14。

表6-14 《腾讯传》框架结构及主要内容

PART 1 创业：1998—2004年
第1章 少年：喜欢天文的Pony站长。看见了哈雷彗星的少年；马化腾和三个中学同学；大学机房里的病毒高手；润迅公司里的"小马"；惠多网里的马站长；中国的第一批互联网人；"我们一起办一家企业吧"
第2章 开局：并不清晰的出发。创办日——1998年11月11日；不可错过的"互联网世代"；狼狈不堪的岁月；从ICQ到OICQ；OICQ的中国式改造；OICQ发布日——1999年2月10日
第3章 生死：泡沫破灭中的挣扎。"一只饿死鬼投胎的小精灵"；企鹅的诞生；"你可以不还钱，不过我不要你的股票"；救命的IDG与盈科；从OICQ到QQ；MIH的意外进入
第4章 梦网：意外的拯救者。"影子国王"的梦网计划；梦网拯救中国互联网；第一次组织架构调整；不成功的收费试验；QQ收费风波：第一次舆论危机；Q币——虚拟货币的诞生
第5章 QQ秀：真实世界的倒影。群聊——"社区"的第一次出现；市场部的"阿凡达计划"；"QQ人"与QQ现实主义；2003年，三个战略级的演变；进入网游——没有"凯旋"的《凯旋》；QQ.com——"青年的新闻门户"
第6章 上市：夹击中的"成人礼"。为什么选择高盛；纳斯达克还是香港；被光环掩盖了的上市；整顿风暴中的"跛脚企鹅"；对QQ的集体围剿；告别少年期
PART 2 出击：2005—2009年

续表

第7章 调整：一站式在线生活。"虚拟电信运营商"的幻灭；被中国移动"驱逐"的日子；在手机上"自立门户"；新战略——"像水和电一样融入生活当中"；第二次组织架构调整；蚂蚁搬家：与淘宝的一场遭遇战；"全民公敌"马化腾；曾李青的离开
第8章 战 MSN：荣誉与命运。MSN 来了；"收购"张小龙；罗川的三重攻击；重新定义即时通信；MSN 做错了什么；2005 年，中国人统治中国互联网
第9章 空间：有别于 Facebook 的社交模式。"一个大号的 QQ 秀"；黄钻与进阶式会员体系；绿钻与 iTunes 不同；美国大学与中国网吧；"他们跟我们争夺每一个网吧"；三战 51；马化腾与扎克伯格；开心农场的爆炸性效应
第10章 金矿："游戏之王"的诞生。偏师借重任宇昕；进击联众——一场事先张扬的比拼泡泡堂与 QQ 堂之战；QQ 宠物——母爱情结的宣泄；绕开主战场的侧击战略；《穿越火线》与《地下城与勇士》；"恐怖之王"的诞生
第11章 广告：社交平台的逆袭。流量上的胜利；"QQ 用户中有多少人买得起 Dior？"；MIND——重新定义互联网广告；广点通——"效果广告"的逆袭
PART 3 巨头：2010—2016 年
第12章 用户：小马哥的产品哲学。"那个只看见鸟的孩子是好学生"；"他就是一个邮件狂人"；瞬间变成"白痴级用户"的速度；马化腾的第一次产品演讲；大数据下的反馈体制
第13章 转折：3Q 大战。暴风雨来袭的气息；企鹅帝国的"三宗罪"；舆论突袭——"狗日的"腾讯；宿敌的出现——从制毒者到杀毒者；正面冲突——电脑管家与隐私保护器；舆论攻防——技术的，还是道德的；白热化——QQ 保镖与艰难的决定；刘畅的眼泪与"各退五十步"；尴尬的结局——"赢了官司，输了舆论"
第14章 开放：新的挑战与能力。"打开未来之门"；"马八条"与半年战略转型筹备期；"诊断腾讯"：十场神仙会；开放能力：资本与流量；微博：移动时代的新对手
第15章 微信：移动互联时代的"站台票"。张小龙与雷军赛跑；为什么是张小龙；朋友圈、公众号与微信红包；微信的"创世纪"
第16章 年轻：手机 QQ 的自我变革。"并非补充，而可能是颠覆"；"近六成 QQ 用户是 90 后"；QQ 新打法一——娱乐化社交；QQ 新打法二——场景化通信
第17章 互联网＋：泛娱乐的环型生态。从《洛克王国》开始；从动漫撕开一个口子；50 亿元收购盛大文学；四环合璧，内容生态
第18章 失控：互联网越来越像大自然。"谁将会成为腾讯未来的敌人？"；灰度法则的七个维度；沉静型领导团队；"连接一切"与"互联网＋"；腾讯的公益与社会责任；"微微的晨光还照不亮太远的路"

（3）后记。

在很长的时期里，腾讯是中国互联网世界的一个秘密。其宛如一只正在进化中的生物体，虽然我们对它的过往经历所知不详，却被它正在发生的进化所吸引和裹挟。裂变中的互联网经济至今仍然存在巨大的不确定性，造成了观察和定义的困难，谁都无法准确地描述乃至定格一座正在喷发中的火山。这显然是一个没有讲完的故事，博弈正在进行，没有人猜得到它的结局。

5. 可口可乐传——一部浩荡的品牌发展史诗. ［美］马克·彭德格拉斯．高增安，马永红，李维余，席虎牙，译．北京：文汇出版社，2017，1

（1）概要。

可口可乐的发展历程堪称一部品牌发展史诗，这个年销逾6 000亿件产品的商业帝国，正是过去130年商业品牌的典范。本书完整记述了可口可乐公司的整个发展历程，展开了一卷充满洞见的商业发展全景图。读本书，可以了解可口可乐创立、发展、崛起和占领全球市场的全过程，洞察卓越公司引领时代、基业长青的商业秘密。

（2）主要内容。

本书展示了在不同市场状况下，可口可乐保持稳固增长和高速发展的恢宏画卷：在金融危机和经济景气中同样稳固发展品牌；在战争时期和战后重建时代都能增强品牌知名度；在声誉危机和市场萎缩时同样壮大品牌影响力；在政府调控和用户需求降低时都能开发高占有率的新产品……与此同时，凭借无与伦比的品牌影响力，可口可乐公司也与无数历史事件、流行风潮和文化现象一起成为商业和历史不可分割的一部分。

本书将可口可乐从1886年成立到2014年划分为六个重要阶段，介绍了各阶段的重要事件和故事，具体章节内容见表6－15。

表6－15 《可口可乐传——一部浩荡的品牌发展史》的内容架构

第一部分　最初（1886—1899年）
第1章　时间隧道——骗子的黄金岁月；第2章　弗洛伊德、利奥教皇和彭伯顿的共同点；第3章　纠缠不清的产权问题；第4章　阿萨·坎德勒——他的成功和头痛；第5章　瓶装可口可乐——世界上最愚蠢却又最聪明的交易
第二部分　异教徒和真信徒（1900—1922年）
第6章　突出重围；第7章　威利博士的介入；第8章　险恶的辛迪加；第9章　可口可乐内战
第三部分　黄金时代（1923—1949年）
第10章　罗伯特·伍德拉夫——掌舵的老板；第11章　欣快的萧条与百事可乐的扩张；第12章　可口可乐的第二次世界大战传奇；第13章　关于可口可乐
第四部分　乐土上的烦恼（1950—1979年）
第14章　可口可乐公司的海外政策；第15章　打破常规；第16章　奥斯汀喧嚣的20世纪60年代；第17章　可口可乐公司寝食不安
第五部分　郭思达的全球化时代（1980—1997年）
第18章　郭思达的实力；第19章　世纪性营销错误；第20章　大型红色自动饮料售货机；第21章　地球村的饮料
第六部分　平息一切渴望（1997—2014年）
第22章　艾弗斯特接手了一个烫手山芋；第23章　达夫特进退维谷；第24章　力挽狂澜；第25章　突飞猛进；第26章　世界无止境

（3）附录：可口可乐公司的35条管理经典。

可口可乐公司的管理经典归纳见表6－16。

表6-16 可口可乐公司的35条管理经典

1. 销售品质优良的产品	18. 成为主导影响力
2. 对产品保持信心	19. 具有坚忍不拔的耐心
3. 培育产品的神秘感	20. 坚持简单的戒律
4. 销售价格低廉的产品	21. 保持应变能力
5. 在被出售给最终消费者之前，任何参与了产品制造、运输或销售环节的人都能够获得巨额利润	22. 不要使用防御性的消极广告
	23. 只在必要时才多元化
	24. 注意财务底线
6. 让所有人都买得起你的产品	25. 让员工敬畏你
7. 使你的产品无处不在	26. 内部提拔
8. 广泛开拓市场	27. 所有曝光都是有益的，至少在还能够保持良好商誉的情况下都是好的
9. 广告一种形象，而非产品本身	
10. 欢迎竞争对手	28. 有效地使用资金
11. 请名人代言是明智的，但要有所节制和谨慎	29. 组建合资企业
	30. 全球化思维，本土化运作
12. 要用名人代言时，用本地的名人	31. 追求光环效应
13. 迎合全世界人的心愿	32. 化敌为友
14. 抓住年轻消费者	33. 面临危机反应迅速
15. 加强地域文化敏感度	34. 没有所谓市场饱和点，特别是对一个可以被喝掉的产品来说
16. 雇用敢作敢为的律师	
17. 遵纪守法	35. 让消费者参与进来

附　录

一、单选题答案

1. B　　2. D　　3. B　　4. A　　5. A　　6. C　　7. A　　8. C　　9. A　　10. C
11. A　　12. B　　13. C　　14. D　　15. A　　16. A　　17. B　　18. D　　19. B　　20. A

二、多选题答案

1. ABCDEG　　2. ABCE　　3. ABDE　　4. ABCE　　5. ABCD
6. ABCD　　7. ABC　　8. ABCD　　9. ABD　　10. ABC

参考文献

[1] [美] 菲利普·科特勒, 加里·阿姆斯特朗. 市场营销原理与实践 [M]. 16版. 楼尊, 译. 北京: 中国人民大学出版社, 2015.

[2] [美] 菲利普·科特勒, 凯文·莱恩·凯勒. 营销管理 [M]. 15版. 何佳讯, 于洪彦, 牛永革, 徐岚, 董伊人, 金钰, 译. 北京: 格致出版社, 2016.

[3] 黄静, 王文超. 品牌管理 [M]. 武汉: 武汉大学出版社, 2005.

[4] 龚艳萍, 谌飞龙. 品牌价值评估的理论演进与实践探索 [J]. 求索, 2014 (3): 24-30.

[5] 丁家永. 战略品牌管理思想的理论与实践 [J]. 心理技术与应用, 2015 (3): 27-30.

[6] 万东福, 张木子, 陈立彬. 百雀羚的品牌塑造: 传统文化元素的时尚化 [J]. 公关

世界，80-85.

[7] 董亚平. 从品牌形象包装创新谈日化国货的重生——以百雀羚为例 [J]. 中国包装，57-61.

[8] 许方崇. 古井 VS 金六福之文化营销 [J]. 中国酒，2009（4）：54-55.

[9] 许晖，牛大为. "攻心为上"：品牌故事视角下本土品牌成长演化机制——基于蓝月亮的纵向案例 [J]. 经济管理，2016（9）：108-119.

[10] 李飞，贺曦明，胡赛全，于春玲. 奢侈品品牌的形成和成长机理——基于欧洲 150 年以上历史顶级奢侈品品牌的多案例研究 [J]. 南开管理评论，2015，18（6）：60-70.

[11] 柏玲. 网络原创品牌角色营销分析——基于"三只松鼠"的案例研究 [J]. 经营管理者，2016（2）：244.

[12] 石佳伟. 从"三只松鼠"看电商企业营销组合策略 [J]. 现代商业，2017（5）：44-45.

[13] 金六福官方网站. 六福文化 [EB/OL]. http：//：www.jinliufu.net.

[14] 蓝月亮官方网站. http：//www.bluemoon.com.cn.

[15] 三只松鼠官方网站. http：//www.3songshu.com.

[16] 百雀羚官方网站. http：//www.pechoin.com.

[17] 路易威登官方网站. https：//www.louisvuitton.cn.

第七章

产品决策

第一节 测 试 题

一、单选题

1. 全新的产品理念认为，企业能通过直接与客户接触而改善和提升产品质量，为了更多地从客户的角度出发，企业营销中应当融入（　　）。
   A. 用户体验　　B. 顾客服务　　C. 技术创新　　D. 互联网思维
2. 包装属于产品整体概念五层次中的（　　）。
   A. 核心产品　　B. 形式产品　　C. 延伸产品　　D. 潜在产品
3. 家电企业对消费者购买的产品提供送货、安装、调试、维修、零配件供应等服务，这体现的产品层次是（　　）。
   A. 核心产品　　B. 期望产品　　C. 延伸产品　　D. 基础产品
4. 消费者购买洗衣机所获得的核心产品是（　　）。
   A. 洗衣机本身　　　　　　　　B. 清洁衣物的效用或利益
   C. 终身保修　　　　　　　　　D. 优质品牌
5. 某公司有清洁剂、牙膏、条状香皂 3 条产品线，其中清洁剂有 4 种产品，牙膏有 2 种产品，条状香皂产品线有 5 种产品，则产品组合的长度是（　　）。
   A. 3　　　　　B. 5　　　　　C. 11　　　　　D. 33
6. 某家用电器公司生产三种型号电视机、五种型号电冰箱、六种型号洗衣机，该公司产品组合的宽度为（　　）。
   A. 3　　　　　B. 14　　　　　C. 5　　　　　D. 6
7. 某公司有清洁剂、牙膏、纸巾、纸尿布 4 条产品线，其中清洁剂产品线有 7 个产品项目，牙膏产品线有 3 个产品项目，纸巾有 4 个产品项目，纸尿布有 2 个产品项目，则产品组合的平均长度是（　　）。
   A. 8　　　　　B. 9　　　　　C. 16　　　　　D. 4
8. 某一品牌或产品大类内由尺码、价格、外观及其他属性来区别的具体产品，指的是（　　）。
   A. 产品线　　B. 产品大类　　C. 产品项目　　D. 产品深度
9. 某日化企业生产蓝天牌洗涤剂和蓝天牌牙膏，其中牙膏有 150mL、200mL、300mL 三种规格，分别有中草药和含氟两种配方，以下（　　）说法正确。
  A. 该企业产品组合的长度是6　　　　B. 该企业产品组合的宽度是6
  C. 该企业牙膏产品项目的深度是6　　D. 该企业的品牌总数是6

10. 某公司发现现有的产品线无法吸引对价格敏感的顾客。该公司可以考虑采用的产品组合策略是（　　）。
  A. 双向延伸策略　　　　　　　　　B. 向上延伸策略
  C. 向下延伸策略　　　　　　　　　D. 水平延伸策略

11. 关于波士顿矩阵中的瘦狗业务，以下说法错误的是（　　）。
  A. 瘦狗业务是指低市场成长率、低相对市场份额的业务
  B. 一般情况下，这类业务常常是微利甚至是亏损的
  C. 瘦狗业务存在的原因更多是由于感情上的因素
  D. 瘦狗业务一般不会占用企业资源

12. 波士顿矩阵中，相对市场占有率低、市场增长率高的业务属于（　　）。
  A. 金牛类　　B. 明星类　　C. 问题类　　D. 瘦狗类

13. 某类业务市场增长率大于10%，市场份额与最大竞争对手的市场份额比值大于1.0，该类业务属于（　　）。
  A. 问题类　　B. 金牛类　　C. 明星类　　D. 瘦狗类

14. 某项战略业务具有高相对市场份额、低市场成长率的特点，该战略业务属于（　　）。
  A. 金牛类　　B. 明星类　　C. 问题类　　D. 瘦狗类

15. 具有高市场增长率和高相对市场占有率的战略业务单位是（　　）。
  A. 金牛类　　B. 明星类　　C. 问题类　　D. 瘦狗类

16. 使用波士顿咨询集团法对乐视公司进行分析时发现，该公司电视机业务的特点是高市场增长率和低相对市场占有率，这类战略业务单位属于（　　）。
  A. 问题类　　B. 明星类　　C. 金牛类　　D. 瘦狗类

17. 最适合金牛类战略业务单位的战略选择是（　　）。
  A. 发展　　　B. 维持　　　C. 收获　　　D. 放弃

18. 以下关于明星类战略业务单位描述正确的是（　　）。
  A. 明星业务不可能是由问题业务继续投资发展起来的
  B. 明星业务一定会成为公司未来的现金牛业务
  C. 明星业务一定可以给企业带来滚滚财源
  D. 企业应当将有限的资源投入在能够发展成为现金牛的恒星业务上

19. 关于扩大产品组合，以下（　　）是正确的。
  A. 增加产品组合的宽度　　　　　　B. 增加产品组合的长度
  C. 增加产品组合的深度　　　　　　D. 以上都正确

20. 产品线延伸策略指全部或部分地改变原有产品的市场定位，在高端产品线中增加低端产品项目属于（　　）策略。
  A. 向上延伸　　B. 向下延伸　　C. 双向延伸　　D. 产品线现代化

21. 产品生命周期指的是（　　）。

A. 产品的使用寿命　　　　　　　　B. 产品的物理寿命
C. 产品的合理寿命　　　　　　　　D. 产品的市场寿命

22. 在产品生命周期的各阶段中，当市场需求趋于饱和，潜在的顾客已经很少，销售额增长缓慢，这标志着产品进入了（　　　）。
A. 成熟期　　　B. 投入期　　　C. 衰退期　　　D. 成长期

23. 中国家电行业基本处于成熟期，生产厂家最适合采取的策略是（　　　）。
A. 集中策略　　　　　　　　　　　B. 产品改良策略
C. 快速掠取策略　　　　　　　　　D. 收缩策略

24. 在产品导入期，假设市场容量很大，市场对新产品的知晓度不高，消费者对价格敏感，潜在竞争激烈，企业随着生产规模的扩大可以降低单位生产成本的情况下，营销者应该采用的营销策略是（　　　）。
A. 快速渗透策略　　　　　　　　　B. 缓慢撇脂策略
C. 快速撇脂策略　　　　　　　　　D. 缓慢渗透策略

25. 某新品牌洗衣粉采用"只选对的、不选贵的"广告语进行大规模高强度促销宣传。这种导入期的营销策略是（　　　）。
A. 快速撇脂策略　　　　　　　　　B. 快速渗透策略
C. 缓慢撇脂策略　　　　　　　　　D. 缓慢渗透策略

26. 下列关于产品成长期的描述中，不正确的是（　　　）。
A. 产品的生产工艺趋于稳定
B. 大批竞争者加入，市场竞争加剧
C. 消费者对产品已熟悉，销售量增长很快
D. 由于市场逐步扩大，所以价格开始大幅上涨

27. 某公司的婴幼儿润肤产品由"宝宝用好"到"宝宝用好，您用也好"的定位转变，使其目标市场在婴幼儿市场的基础上，又增加了中青年女性市场，产品销售量也因此而得以增长，这种产品成熟期的决策是（　　　）。
A. 调整品牌　　　B. 调整市场　　　C. 调整产品　　　D. 调整投资

28. 某品牌的新产品市场容量小，消费者对其比较熟悉，对价格反应不敏感，即愿意出高价购买，并且潜在竞争不激烈。此时适宜采用的营销策略是（　　　）。
A. 快速撇脂　　　B. 快速渗透　　　C. 缓慢撇脂　　　D. 缓慢渗透

29. 化妆品公司为了避免由于一种产品销售失败而影响其他产品的声誉，在包装上为不同产品采用不同的风格、色调和材料，该公司包装策略是（　　　）。
A. 相似包装策略　　　　　　　　　B. 差异包装策略
C. 相关包装策略　　　　　　　　　D. 复用包装策略

30. 某品牌白酒的包装非常有特色，许多消费者将该酒的空瓶作为花瓶使用，则该酒的包装策略是（　　　）。
A. 相似包装策略　　　　　　　　　B. 复用包装策略
C. 相关包装策略　　　　　　　　　D. 差异包装策略

31. 某食品公司生产的儿童饼干采用铁盒与纸盒两种包装方式，用以区分送礼和自用，这种包装策略属于（　　　）。

A. 相似包装策略　　　　　　　B. 相关包装策略
C. 分等级包装策略　　　　　　D. 附赠品包装策略

32. 为便于顾客的购买和使用，现在很多食品公司将系列方便食品放入同一包装内，这种包装策略属于（　　）。
A. 相关包装策略　　　　　　　B. 相似包装策略
C. 改变包装策略　　　　　　　D. 差异包装策略

33. 电视机从电子管、晶体管电视发展到如今的智能化集成电路电视机。这属于（　　）。
A. 全新产品　　B. 改进产品　　C. 换代产品　　D. 仿制产品

34. 在新产品开发的某个阶段，企业管理者需要核实对新产品未来的销售额、成本和利润的估计，以检验它们是否符合企业目标，该阶段是（　　）。
A. 形成产品概念　　　　　　　B. 制定营销策略
C. 商业分析　　　　　　　　　D. 产品开发

35. 新产品开发中，经过筛选后保留下来的产品创意还要进一步发展为（　　）。
A. 核心产品　　B. 样品　　　　C. 产品概念　　D. 形式产品

36. 企业首次采用新原理、新技术、新材料、新工艺制成的前所未有的产品属于（　　）。
A. 全新产品　　B. 换代新产品　C. 改进新产品　D. 仿制新产品

37. 在原有产品的基础上，部分采用新技术、新材料、新工艺，使产品的性能有显著提高的产品属于（　　）。
A. 全新产品　　B. 换代新产品　C. 改进新产品　D. 仿制新产品

38. 对现有产品在结构、材料、性能、款式、包装等方面进行改变，由基本型派生出来的产品属于（　　）。
A. 全新产品　　B. 换代新产品　C. 改进新产品　D. 仿制新产品

39. 企业对市场上已有的某种畅销产品进行模仿，或者是市场上已有而本企业第一次模仿制造的产品属于（　　）。
A. 全新产品　　B. 换代新产品　C. 改进新产品　D. 仿制新产品

40. 占新产品潜在采用者的约2.5%，极富创新精神、收入水平、社会地位和受教育水平较高，一般为年轻人，交际广泛而且消息灵通。这类消费者可能属于（　　）。
A. 落后采用者　B. 早期采用者　C. 大众采用者　D. 创新采用者

二、多选题

1. 个别产品和服务的开发和营销过程中的几项重要决策主要包括（　　）。
A. 决定产品属性　B. 建立品牌　　C. 包装决策　　D. 设计标签
E. 产品支持服务

2. 消费品是指那些由最终消费者购买并用于个人消费的产品。通常将消费品分为（　　）。
A. 便利品　　　B. 选购品　　　C. 特殊品　　　D. 非渴求品
E. 奢侈品

3. 产品的整体概念通常用产品层次来描述，产品层次包括（   ）。
   A. 核心产品   B. 形式产品   C. 期望产品   D. 延伸产品
   E. 潜在产品

4. 工业品指那些进一步用于企业生产而购买的产品。一般情况下，可以把工业品分为（   ）。
   A. 材料和零部件   B. 资本项目   C. 物资和服务   D. 办公用品

5. 很多因素使得包装成为一种重要的促销工具，创新的包装可以为企业提供高于对手的优势。包装日益重要的原因有（   ）。
   A. 自助购买服务的兴起   B. 消费者收入的增加
   C. 企业树立品牌形象的要求   D. 营销创新的应用

6. 标签是指附着或系挂在产品销售包装上的文字、图形、雕刻及印制的说明。通常标签内容包括（   ）。
   A. 制造者或销售者的名称和地址
   B. 产品名称、商标、成分、品质特点
   C. 包装内产品数量、使用方法及用量、编号
   D. 贮藏应注意的事项、质检号、生产日期和有效期
   E. 产品的价格

7. 产品组合是指一个企业生产或经营的全部产品线、产品项目的组合方式，通常用来衡量企业产品组合的指标有（   ）。
   A. 产品组合的宽度   B. 产品组合的长度
   C. 产品组合的深度   D. 产品组合的关联度

8. 销售额和利润分析法是指分析、评价现行产品线上不同产品项目所提供的销售额和利润水平。以下（   ）是正确的。
   A. 如果销售额和盈利高度集中在少数产品项目上，意味着产品线比较脆弱
   B. 企业必须努力发展具有良好前景的产品项目
   C. 对于无发展前景的产品项目可以考虑剔除
   D. 如果销售额很低但是盈利很高的项目不应当发展

9. 相对市场份额指数（RSOM）可以用来分析产品层次或细分层次竞争结构中各个品牌的市场地位。以下（   ）是正确的。
   A. 竞争结构中市场占有率处于第一名的品牌称为领导品牌
   B. 只有 RSOM 指数大于 1.5 的品牌，才算是真正的领导品牌
   C. 哪一个品牌的 RSOM 指数大于 1，它就接近领导品牌
   D. 波士顿矩阵中，圆圈面积的大小表示各业务的销售额大小

10. 现金牛业务是指低市场成长率、高相对市场份额的业务，这是成熟市场中的领导者，它是企业现金的来源。以下正确的是（   ）。
    A. 由于市场已经成熟，企业不必大量投资来扩展市场规模
    B. 该业务享有规模经济和高边际利润的优势，因而给企业带大量财源
    C. 企业往往用现金牛业务来支付账款并支持其他三种需大量现金的业务
    D. 如果公司的现金牛业务单一，说明它的财务状况是很脆弱的

E. 强壮的现金牛经常会变弱，甚至成为瘦狗

11. 产品组合决策涉及的策略有（　　）。
    A. 产品线延伸　　B. 扩大产品组合　　C. 产品线现代化　　D. 产品线缩减

12. 在产品的投入期，如果只按照促销和价格两个维度，企业可以选择的营销策略有（　　）。
    A. 快速撇脂　　B. 缓慢撇脂　　C. 快速渗透　　D. 缓慢渗透

13. 产品或服务进入成长期以后的特点有（　　）。
    A. 经广泛传播，消费者和用户逐渐接受新产品，销量迅速上升
    B. 随着销售量的上升，利润也迅速增长
    C. 由于有利可图，竞争者纷纷涌入使供给增加，价格开始下降
    D. 利润增长速度有减慢迹象

14. 产品或服务进入成熟期以后的特点是（　　）。
    A. 产品渗透率非常高，销量上升减缓
    B. 利润在此阶段会达到最大
    C. 为维持竞争地位，销售费用上升
    D. 主要竞争者市场占有率变动不大，新竞争者少

15. 针对产品进入成长期市场特点，企业为维持其市场占有率，使获得最大利益的时间延长，可以采取的策略是（　　）。
    A. 改善产品品质　　B. 寻找新的子市场
    C. 塑造产品形象　　D. 择机降价

16. 新产品开发的基本要求有（　　）。
    A. 市场需求　　B. 差异化　　C. 资源条件　　D. 经济效益
    E. 社会效益

17. 以消费品为例，新产品的开发方向包括（　　）。
    A. 多功能　　B. 微小　　C. 简易　　D. 多样化
    E. 环保化

18. 新产品开发的风险，体现在（　　）。
    A. 忽视或误解市场调查研究　　B. 过高地估计市场规模
    C. 产品设计差　　D. 市场定位错误
    E. 营销策略错误

19. 新产品开发的步骤包括（　　）。
    A. 构思产生　　B. 构思筛选　　C. 形成概念　　D. 营销规划
    E. 商业分析　　F. 产品研制　　G. 市场试销　　H. 正式上市

20. 通常进行产品构思筛选的方法有（　　）。
    A. 经验筛选　　B. 相对指数评分法
    C. 多方案加权评分法　　D. 市场营销系数评价模型

21. 由于消费者性格、文化背景、受教育程度和社会地位等因素的影响，不同消费者对新产品接受的快慢程度也不同。常见的新产品采用者类型有（　　）。
    A. 早期采用者　　B. 创新采用者　　C. 落后采用者　　D. 早期大众

E. 晚期大众

22. 新产品扩散过程管理是指企业通过采取措施使新产品扩散过程符合既定的市场营销目标的一系列活动。通常可以采取的措施有（　　）。

A. 实现迅速起飞　　　　　　B. 实现快速增长

C. 实现渗透最大化　　　　　D. 长期维持一定水平

三、阐述题

1. 产品的整体概念

在现代营销学中，产品概念具有宽广的外延和丰富的内涵。产品在市场上包括实体商品、服务、体验、事件、人、地点、财产、组织、信息和创意等。产品整体概念是指人们向市场提供的能够满足消费者或用户某种需求的任何有形物品和无形服务的总和。产品的整体概念用产品层次来描述，见图7-1。产品层次包括以下五个层次：

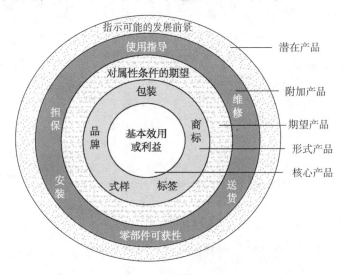

图7-1　产品的整体概念

核心产品：消费者购买产品首先必须有能够满足其自身需要的使用价值，即产品的核心利益。

形式产品：是寻求具备这些使用价值的实物形态。

期望产品：在寻找和选购过程中，逐步形成了对该产品属性和功能的认知和心理要求。

附加产品：在现代产品设计日趋完善的趋势下，消费者在寻求和购买产品的过程中，还会发现产品还带有超出自身期望的附加利益。

潜在产品：在购买并消费已选定产品时，还会发现具有买卖双方未曾发现的效用和使用价值。

2. 个别产品决策的内容

（1）决定产品属性。开发一个产品或服务涉及定义它将要提供的利益。这些利益由诸如质量、特色、风格和设计等传达出来。

（2）建立品牌。品牌是一个名称、名词、符号或设计，或者是它们的组合，其目的是识别某个销售者或某类销售者的产品或服务，并使之同竞争对手的产品和服务区别开来。

（3）包装决策。包装在流通过程中保护产品，方便储运，促进销售，按一定的技术方法所用的容器、材料和辅助物等的总体名称；也指为达到上述目的在采用容器，材料和辅助物的过程中施加一定技术方法等的操作活动。

（4）设计标签。标签是指附着或系挂在产品销售包装上的文字、图形、雕刻及印制的说明。标签可以是附着在产品上的简易签条，也可以是精心设计的作为包装的一部分的图案。标签可能仅标有品名，也可能载有许多信息，能用来识别、检验内装产品，同时也可以起到促销作用。

（5）明确产品支持服务。企业应当定期通过调查顾客来评估目前服务的价值，并获得关于提供新服务的观点。在实际应用中，产品支持和服务可以结合担保来完成。担保是制造商做出的关于产品预期性能的正式陈述。

3. 波士顿矩阵的内容和指导意义

波士顿矩阵是根据相对市场份额和市场增长率的高低形成的矩阵，见图 7-2。

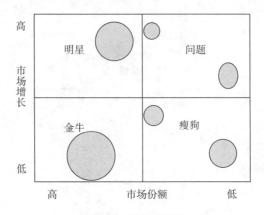

图 7-2　波士顿矩阵

问题产品：对于那些符合企业发展长远目标、企业具有资源优势、能够增强企业核心竞争能力的产品集中投资发展。

明星产品：企业要具备识别行星和恒星的能力，将企业有限的资源投入在能够发展成为现金牛的恒星上。

现金牛产品：由于市场已经成熟，企业不必大量投资来扩展市场规模，同时作为市场中的领导者，该业务享有规模经济和高边际利润的优势，因而给企业带大量财源。

瘦狗产品：是指低市场成长率、低相对市场份额的业务。一般情况下，这类业务常常是微利甚至是亏损的，适当时候考虑收割或放弃。

4. 产品组合决策的策略选择

（1）扩大产品组合：这种决策包括开拓产品组合的宽度和增加产品组合的长度或深度，前者指在原产品组合中增加产品线，扩大经营范围；后者指在原有产品线内增加新的产品项目或增加某个产品项目的规格或型号类型。

（2）缩减产品组合：当产品线中含有影响利润的滞销产品时，可以通过销售－成本分析，把疲软的产品项目区分开来并作为削减的对象。另外，当企业的生产能力缺乏、不能按量生产所有的产品项目时，产品线经理应检查一下各种产品的获利幅度，集中生产那些盈利高的产品项目，把利润低或亏损的产品项目从产品线中削减下来。

(3) 产品线延伸策略：每一家企业的产品都有特定的市场定位。产品线延伸策略指全部或部分地改变原有产品的市场定位，具有向下延伸、向上延伸和双向延伸三种实现方式。

(4) 产品线现代化：有时企业的产品组合的长度、宽度和深度都较为合适，但产品技术含量或式样可能过时了，这不利于同产品线现代化的竞争对手进行竞争，这样就必须采用新的技术和制造工艺，改变产品面貌，使产品线现代化。

5. 产品生命周期原理

产品的生命周期是指产品从开发成功，经过批量生产投放市场，到市场饱和，至最后被市场淘汰的全部变化过程。通常产品的生命周期一般可分为四个阶段：导入期（介绍期），成长期，成熟期及衰退期，见表7－1。

表7－1 产品生命周期特点及营销策略

阶段	特点	营销策略
导入期	（1）企业推出新产品，鲜为人知，所以销量小、利润低。 （2）促销费用高（通常需要促销）。 （3）风险大	主要任务是介绍产品，以吸引消费者试用，同时要建立完善的分销渠道。若仅考察价格和促销因素，则有四种组合策略：快速撇脂、缓慢撇脂、快速渗透及缓慢渗透
成长期	（1）经广泛介绍，消费者和用户逐渐接受新产品，销量急剧上升。 （2）随着销售量的上升，利润也迅速增长。 （3）由于有利可图，竞争者纷纷涌入，使供给增加，价格下降，利润增长速度减慢	针对成长期市场特点，企业为维持其市场占有率，使获得最大利益的时间延长，可以采取改善产品品质、寻找新的子市场、塑造产品形象、择机降价等策略
成熟期	（1）大多数用户已购买新产品，销量上升减缓。 （2）利润在此阶段达到最大。但是为维持竞争地位，销售费用上升，利润开始出现下降。 （3）主要竞争者市场占有率变动不大，新竞争者少	针对成熟期市场特点，该时期营销总目标是延长成熟期，使产品生命周期出现再循环，相应的策略包括调整市场、调整产品及调整营销组合策略
衰退期	（1）销量急剧下降，利润下降，无利甚至出现亏损。 （2）竞争者纷纷退出。 （3）价格大幅下降，尽量吸纳剩余的买主	面对处于衰退期的产品，企业需要进行认真的研究分析，决定采取什么策略，在什么时间退出市场。通常可供选择的策略有：维持、集中、收缩及放弃策略

6. 新产品开发过程

一般开发新产品的程序可以分为八个阶段，见图7－3。

图7－3 新产品开发过程

（1）构思产生。构思是创造性思维，即对新产品进行设想或创意的过程。企业通常可从企业内部和企业外部寻找新产品构思的来源。

（2）构思的筛选。根据企业的发展目标和长远利益，结合企业的资源能力和实际情况，淘汰那些不可行的构思，把有限的资金集中于少数有潜力的新产品上来。

（3）产品概念的形成与测试。新产品的构思经过筛选后，要进一步将其发展成为更具体明确的产品概念。即把新产品的构思用有意义的消费者术语描述出来，它是构思的具体化。一个新产品构思可以形成若干个产品概念，对发展出来的产品概念，还需进行目标顾客测试，听取他们的意见，包括产品特点、用途、价格、包装、款式等方面，这一步叫产品概念测试。

（4）初拟营销规划。测试完成以后，必须提出把这种新产品引入市场的初步营销规划。包括：描述目标市场的规模、结构和顾客行为，确定产品的市场定位，预计近期的销售量、市场份额和利润目标、产品的计划价格、分销和促销策略及预算、预期的长期销售量和利润目标，以及不同时期的营销策略组合。

（5）商业分析。对概念产品进行商业分析，判断其商业上的可行性和吸引力。这种分析包括需求分析、成本分析和盈利分析三个方面。

（6）产品研制。经过商业分析认为有开发价值，就可交给生产部门试制。即把产品概念变为物质产品，把抽象的东西具体化。

（7）市场试销。样品经测试，结果满意，就可投入小批量生产，将其推向市场进行试销。试销就是将产品投放到有代表性的小范围市场上，进行销售试验，了解消费者的需求和购买情况，检验产品的质量、包装、价格、广告效果，以确定大批量生产的可能性和营销方案。

（8）正式上市。如果试销成功或某些方面改进以后，就可以进入商业化阶段，正式大批量生产，全面推向市场。这时产品进入市场生命周期的投入期，以后可按市场生命周期策略设计营销策略。

四、评析题

1. "企业做产品需要'工匠精神'"

这一观点是正确的。工匠精神代表着一个时代的气质，坚定、踏实、精益求精。那么何谓工匠精神？简单说就是有正确的信仰和踏实、认真的态度和精神。美国兰德公司曾花了20年时间，跟踪了500家世界大公司，发现其中百年不衰的企业都有一个共同的经营秘诀就是"工匠精神"。看看全球经营超过200年企业的分布，荷兰超过200家，德国超过800家，日本200年以上的企业甚至超过3 000家。这些长寿企业扎堆出现在这些国家，并不仅仅是偶然，秘诀就是它们都能把"工匠精神"发挥到极致。有工匠精神的人不一定都能成为成功的企业家，但成功的企业家身上必有这种工匠精神。

日本企业能在漫长的岁月中长久存在的秘诀是：细水长流、不追求眼前利益、诚信经营、专业专注、透彻的职业精神、保守的企业运作，而将这些高度概括，即是工匠精神。这种"工匠精神"的核心是：不仅把工作当作赚钱的工具，还要树立一种对工作执着、对所做事情和生产的产品精益求精、精雕细琢的精神。在众多日本企业中，这一精神在企业领导人和员工之间形成了一种文化与思想上的共同价值观，并由此培育出企业的内生动力。

产品不断改进、不断完善、严格自我要求的"工匠精神"是从"制造大国"逐渐走向"制造强国""创新强国"的必经之路。

2. "企业成功转型从产品哲学开始"

这一观点是正确的。产品哲学就是企业在做产品时坚持的或认可的理念,其具有一定的稳定性、时效性和动态性,是现代市场营销观念在实践中的应用。例如Google产品的哲学是"创新、开放、简洁、不作恶";腾讯公司的产品哲学是"小步快跑,试错迭代";小米产品的哲学观是"专注、极致、口碑、快!"。产品哲学贯穿在产品生命周期中,涉及产品研发、产品上市、产品经营等方面。产品哲学不仅指导我们去坚持信条,还界定不做什么。按照学者唐兴通(2017)的观点,产品哲学有如下分类角度:

(1)关于产品自身的哲学。由产品自身定义的价值或者信仰,这类产品哲学占据主流,也最为常见。例如,"极简""少即是多""传递快乐""极致""绿色""安全"等。一旦确定关于产品自身的哲学,产品的管理和经营过程中选择就变得容易,尤其是去除那些有悖于价值观的研发。

(2)围绕产品和用户关系构建的产品哲学:在产品自身哲学之外,围绕产品和用户关系的思考和坚持的信念就构成另外一个维度的产品哲学。产品和用户关系是不可回避的,原则上每一个产品哲学都需要涉猎,碍于产品哲学的描述差异,可能是融合在其他的理念中。如何在产品中对待不同用户,是否平等?为什么样的人服务,选择什么样的用户?这些类似的话题背后的答案就是围绕产品和用户关系构建的产品哲学。

(3)围绕产品和社会关系构建的产品哲学:如何处理和看待产品和社会关系?围绕在这个话题的产品理念和价值观就构成另一个维度的产品哲学。社会是个复杂的概念,产品与它的关系维度可以延伸很多。例如,产品哲学有通过商业行为解决社会问题;产品哲学有保护环境,让世界更美好;产品哲学有引领社会创新;产品哲学有消灭贫困等等。

3. "短命是互联网产品逃不过的魔咒"

这一观点是片面的。尽管短命是大多互联网产品难以逃脱的噩运,十几年来有很多产品昙花一现,但是也有不少产品一直风光无限。其实只要做好生命周期管理,短命不见得一定是互联网产品的魔咒。没有什么产品是长久不衰的,腾讯虽然强大了十几年,它的产品线也不是一成不变的,如社交类游戏不断更迭,产品线不断扩增,看家的QQ也是不断更新,QQ到了暮年还有微信来接班等。邮箱从互联网一开始便应运而生,十几年过去邮箱早已进入暮年,但邮箱也成了互联网上最基础的产品。它的功能已不再局限于收发邮件,我们更多的是用邮箱去注册新产品、订阅等,正是这样邮箱才有了永久的生命。

互联网产品的可替代性是传统产品无法比拟的,也正是互联网的这一特点给创业者提供了丰富的创业机会,创业者只要用心做好产品,管理好产品的生命周期,一定能让互联网产品生命长青,而不是让互联网产品成为快速消费品。

4. "要有效防范产品线延伸的风险"

这一观点是正确的。公司只有一种产品,对未来的保障明显不够,这是很多企业做产品线延伸时的主要考虑因素。"金嗓子"喉片卖起了植物饮料。作为润喉片制造商,"金嗓子"的利润来源主要是"金嗓子"喉片,从2012年到2014年,每年为公司贡献九成以上的收益。收入构成单一则意味着公司整体收入直接受到该产品的影响,"金嗓子"走出这一步也是迫于压力,不得已而为之。但是做产品线延伸也是有风险的,一是很多时候企业对自己所要进入的领域并不完全了解;另外像"金嗓子"这样在同一个品牌下延伸产品线,还要考虑到与消费者的关系。在做产品线延伸的,并不止"金嗓子"一家,小米、格力最近几年都在做产品线延伸,他们的一些成功经验和失败教训,都给后来的企业提供了借鉴。

(1) 沿着品牌的核心价值做延伸:找到品牌的价值主线,沿着这条主线延伸,更容易成功。

(2) 紧盯自己的核心资源和能力:从自己的核心资源和能力出发做产品线延伸。核心资源和能力不一定只是指产品,它还包括很多内涵。比如企业在建立销售渠道方面的能力,或者特别了解某一个顾客群等。企业在产品延伸之前,首先必须判断进入新产品市场需要的核心资源和能力是什么,企业是否具备这样的核心资源和能力,并且知道如何利用它们来为产品延伸服务。

(3) 不盲目进入热门行业:埃森哲的研究发现,产品延伸到集中度比较低、竞争比较活跃、没有被少数大公司控制的目标市场时,往往能够产生好的盈利效果。

(4) 避免产品线过度延伸:一个品牌下有很多产品,会给消费者造成困扰,削弱品牌的影响力;而且产品线过多,产品之间可能互相冲突、争抢资源。

5. "所有新产品上市都要做试销"

这一观点过于武断。并非所有的新产品都要经过试销,可根据新产品的特点及试销带给新产品的利弊比较来决定。下列新产品通常要经过试销:

(1) 高投入的新产品:高投入新产品的市场风险很大,不经试销直接上市,如果失败了,其损失是巨大的。试销是减少该类新产品失败风险的有效手段,且相对于高昂的开发费用,试销费用所占的比重是极小的。

(2) 全新的新产品:由于企业缺乏有关全新产品的消费者、市场方面的信息,也没有价格、销售渠道、促销等方面的经验,因此对全新的新产品进行试销是必要的。

(3) 创新程度高的产品:某些新产品采用跟以往完全不同的包装、分销渠道、销售方法等手段,也须试销,对某些改良新产品进行试销也是值得的。总之,新产品的创新程度越高,越值得试销。

典型无须试销的新产品有:

(1) 时效性极强的新产品:时效性极强的新产品在时间上往往不允许试销,如新款时装等。

(2) 投入不大的新产品:对于投入不大的新产品也可直接上市,即便失败了损失也不太大,还可避免试销带来的负面效应。

(3) 模仿型新产品:其他企业的该类新产品已经上市,本企业紧跟模仿,此时应尽快向市场推出新产品,多数情况下无须试销。

6. "新产品开发就是品类创新"

这一观点是错误的。"新产品"不等于"新品类"。许多优秀的企业,几乎天天都在研究新产品、开发新产品。新品类一定是新产品,但新产品不一定是新品类。也就是说,品类的概念远大于产品的概念。为了便于理解,举个例子。伊利金典牛奶的开发,提出了"有机奶"这一概念,可以说是一种新品类,但是他们接着开发脱脂有机奶或高钙有机奶,就不能算是新品类,只能算新产品。一个新产品能否成为新品类,还是要取决于消费者的认知。如果消费者认为是一个新的品类,与现有的品类有明显的差别,就可以成为新品类。新品类具有与老品类"平起平坐"的身份。从竞争的角度看,它要么广泛替代老品类,要么与老品类处于同等地位。通常判别"新品类"的方法有如下几种:

(1) 品类的判别是基于产品的内在特性:内在特性就是指产品的本质属性。例如,互联网电视的出现,它是从本质上就已经改变了电视的意义,传统电视是单纯的硬件载体,互联网电视却是一个人机交互终端,两者内在特性是不一样的,所以"互联网电视"就是新品类。

(2) 新品类起源于老品类的渐变和分化:"渐变"和"分化"是品类发展的基本定律。王老吉从传统药用凉茶渐变为现代化的功能饮料,分化成药用凉茶和去火饮料两种特性和定位完全不同的品类;立顿袋泡茶使泡茶从传统的工艺冲泡方式渐变为简单便捷的袋泡方式,分化成传统茶品和零售快消品两种不同品类。对于新品类来说,原有的产品就是老品类,新品类可能是老品类的进化过程,推进行业的发展进步,成为行业的长青要素;新品类也有可能与老品类是竞争关系,例如普通牛奶和有机牛奶。

(3) 新品类必须是符合消费者认知的:不能与人们对事物的认知相冲突。如娃哈哈的"啤儿茶爽",没有从消费者的角度去考虑产品的开发,违背了人们对啤酒和茶的认知,喜欢茶的人不会为这瓶像酒的东西埋单,而想喝酒的人也不会考虑买瓶酒味的茶来喝。再比如伊利集团嗅到了"有机产品"的美好市场前景,消费者对生活品质的要求越来越高,有机食品越来越受到青睐,渐成风尚,"高端品质、纯天然、无污染、有机"的消费诉求在乳品市场正是空白,金典有机奶因而诞生,有机奶品类的出现迅速受到广大消费者的接受与喜爱,同行竞争对手的跟进也促使有机奶品类的稳固形成。

五、实训题

1. 分析产品组合特点,提出产品组合优化建议

产品组合是指一个企业在一定时期内生产经营的各种不同产品、产品项目的组合。一般来说,拓宽产品组合有利于发挥企业的潜力、开拓新的市场;延长或加深产品线可以适合更多的特殊需要;加强产品线之间的关联度,可以增强企业的市场地位,发挥和提高企业在有关专业上的能力。

苹果公司目前提供了比以往更多的产品组合,无论是购买 iPhone、iPad、Mac、Apple Watch,消费者都有更多的选择。而有选择对于消费者来说,永远都是一件好事。但是苹果公司的产品组合复杂起来以后,是不是太混乱了呢?苹果公司是否有资源来保持对产品的支持和新鲜感呢?

实训:通过搜集苹果公司相关产品资料,完成表 7-2 的填写。判断分析苹果公司产品组合的特点(宽度、长度、深度、关联度)并提出你对公司产品组合决策创新的有关建议。

表 7-2 苹果公司的产品项目表

产品线	iPhone	iPad	Mac	Apple Watch
产品项目				
你对公司今后产品组合策略的建议: (1) (2) (3) ……				

2. 产品整体概念的应用

产品整体概念对企业营销有着重大意义，产品是有形特征和无形特征构成的综合体，同时产品整体概念是一个动态的概念。对产品整体概念的理解必须以市场需求为中心，产品的差异性和特色是市场竞争的重要内容。

实训：以某旅游服务企业和某品牌智能手机为例，分析各自的产品整体概念的含义，将你对各产品层次的理解填入表7-3。

表7-3 产品整体概念分析表

行业（企业）		产品整体概念
旅游企业	核心产品	
	形式产品	
	期望产品	
	延伸产品	
	潜在产品	
智能手机	核心产品	
	形式产品	
	期望产品	
	延伸产品	
	潜在产品	

3. 产品生命周期理论的应用

从2010年开始，以苹果iPad为代表的平板电脑掀起了抢购狂潮，还一度风靡全球。在经过几年的持续快速上升后，平板电脑已经进入消费的稳定期，开始出现销量下滑趋势。根据市场调查机构IDC发布的全球平板电脑出货量报告，近几年全球平板电脑市场的销售情况较之前呈现显著跌幅。特别是随着大屏幕智能手机的日渐普及，平板电脑的发展遭到强烈冲击，销量增长速度进入了天花板时期，产业形态暗藏危机。面对这种现状，不少业内人士甚至喊出了"平板将死"的论调。平板电脑销售市场的衰败与其生命周期长不无关系，但归根结底，创新乏力才是最核心因素。企业只有通过加强产品创新力、深耕用户体验，开拓出更大的市场发展空间，才不会被淘汰出局。

目前市场销售的平板电脑主要是以iOS系统为代表的苹果iPad，Windows系统为代表的微软Surface Pro，以安卓系统为代表的三星Galaxy Tab。其他的主要是一些大企业推出的，比如做安卓的谷歌Nexus、华为MateBook X、小米，做Windows的联想miix或Thinkpad8、戴尔的Venue Pro等等。

实训：请你调研目前市场上的平板电脑的主要品牌销售情况，选择苹果和华为的平板电脑，结合产品生命周期理论提出平板电脑在其生命周期不同阶段应当采取的营销策略建议，将你的观点填入表7-4。

表7-4 产品生命周期策略建议

品牌	生命周期营销策略	
苹果 IPad	投入期	
	成长期	
	成熟期	
	衰退期	
华为 MateBook X	投入期	
	成长期	
	成熟期	
	衰退期	

第二节 案例分析与讨论

一、昂贵的"帆布包"

如何把20块钱的地摊货卖到2 000块？比如说一只蛇皮袋。20世纪50年代，红白蓝帆布最先在香港出现，一开始的用途是保护大外墙或木屋区居民作为阻挡风雨之用。20世纪60年代初期，聪明的中国人使得这种红白蓝帆布改造的红白蓝蛇皮袋，逐渐风靡全国！

红白蓝蛇皮袋可以说是世界上售出最多的包袋，至少也有几十亿只。蛇皮袋甚至获得一个美称"中国LV袋"。即便如此，一个也只能卖十几块钱。在遥远的瑞士，受到中国蛇皮袋启发的两兄弟，把同样用作遮盖材料的卡车篷布进行改造，做成包袋，创立了名为Freitag的包袋品牌，地摊货摇身一变成了炙手可热的潮牌，甚至刷爆了Instagram。这个包的制作材料比中国蛇皮袋还要廉价，用的是很旧的卡车篷布。猜猜一个这样的包要多少钱？在Freitag官网上，一个包轻轻松松卖到300瑞士法郎左右，大约人民币2 000块。

1. 全球开店400家

Freitag Bag诞生于20世纪90年代，当时只在瑞士小有名气，而到了如今，这个品牌的包已经风靡全世界，成为绿色时尚的代名词。每年大约有350 000个包被售到全世界，而且每个包价值不菲。

1993年的一个雨天，苏黎世的平面设计师兄弟Markus和Daniel Freitag一如寻常地骑着自行车奔驰在街头，当骑到公寓楼下锁车时背包已经湿透了。Markus和Freitag都是设计专业的学生，上课需要带很多制作东西的材料，他们一直想制作一款轻便又实用的防水包，那时候瑞士还没有这种东西，只有纽约伦敦这样的地方能买到，但都不是他们想要的款式。一天，Markus在厨房做饭，看到窗外的公路上驶过一辆盖着篷布的卡车，受到中国人把遮盖布变成包袋的启发，这激发了他对于材料的灵感，那鲜艳的防水布一下就抓住了Freitag兄弟的眼球。"为什么不试试卡车防水布呢？图案迷人，防水性好。而且这帮大卡车每年不知要扔掉多少防水布。去废品回收站肯定能找到不少好货色。"就这样，在雨中Freitag兄弟找到了他们自己防水包的概念雏形。

说干就干，兄弟俩从废品回收站买来防水布，清洗干净，开始尝试制作自己的防水包。二人仔细研究了包袋的制作工艺，规划防水布的构图。还现学了缝纫技术，亲自上阵经过几次修改，第一款"F13"包就这样问世了。如今这只"始祖"已经被纽约 MOMA 博物馆收藏。当时亲戚朋友们看到此包后，对这个"低调"的包完全没抵抗力，纷纷要求他们也为自己做一个。Freitag 兄弟索性建了工厂生产这种包，甚至为这个包取了个名字——"Freitag"，非常响亮，这个包虽然看起来粗糙，但是别以为做一个 Freitag 包很容易。瑞士人的严谨在包的制作过程中体现得淋漓尽致。Freitag 兄弟在通往苏黎世的公路上挂出"回收废旧卡车篷布"的告示。将回收的防雨布清洗消毒，根据材料设计构图方式。设计师进行设计，将备好的料缝制起来。如今，瑞士街头随处可见背着一个脏脏旧旧的 Freitag 包，Freitag 在瑞士的地位就像 Uniqlo 之于日本、Longchamp 之于法国，是瑞士人人手一个的国民包。至今 Freitag 在全世界有 460 个零售商，在欧洲拥有 10 家实体店面。Freitag 也成为流行文化的代表，即使有许多包包都看起来非常老旧，却依旧减低不了它们的魅力，有许多人就是刻意要挑这种看起来有故事和历史的帆布购买。

2. 引爆全球

Freitag 兄弟知道单纯卖包是行不通的，包包背后的故事和环保理念更加值钱。想品牌大卖，必须将 Freitag 打造成一种生活态度。毕竟，瑞士人对环保和实用的追求可是深入骨髓。低调、耐用的 Freitag 完完全全戳中了他们心中的那个点。而独特性是一个包可以卖到 2 000 块的关键因素，因为每个 Freitag 包包的材料都是回收再利用而制成，配色和花纹独一无二。简单来说，世界上没有两个一模一样的 Freitag。你如果有一个 Freitag 包，整个地球上绝对都没有人跟你撞包！比限量版还要牛！你甚至还能到 Freitag 官网选定一块喜欢的防水布，享受专属的定制服务（图7-4）。

图7-4　形式多样的 Freitag 包

3. 超强卖点——坚不可摧

瑞士是一个注重专业和实务的国家，在生活中，他们对于产品的实用性也有较高的要求，所以大部分人会宁可选择实用性高的商品，而不选择外表漂亮却不实用的装饰品，Freitag 兄弟就是典型的代表。

如何让包坚固耐用呢？Freitag 包的布面是废旧的卡车防水布，那么其他材料也要和它搭配才行，布面的滚边是自行车的废旧内胎，背带直接用上了汽车的废旧安全带。耐用程度之强，据说用一辈子也没有问题，反正一般伤害都不能损它半分。

Freitag 包的每一个包款,外表看似粗犷,但内部的夹层都可以让你妥善地放置心爱的物品,处处可以看到瑞士的精密设计文化。因为使用帆布材质的关系,能防水又耐热,耐磨不容易损坏,这和瑞士人重视实务和实用的精神息息相关。他们非常擅长将一个昂贵的设计做得不留痕迹。

如今,旧物回收利用已经成为一个普遍观念。Freitag 包开始风靡世界。除了包以外 Freitag 还尝试了用可循环利用的材料制作服装,开启新的里程!有人这样评价 Freitag:商业历史上,有 1 000 种把产品做到极致的方式,但 Freitag 选择的是另外一种,那就是:把环保做到了极致。

讨论题

(1) 请你用产品整体概念分析 Freitag 包各层次的内涵及其特点。

(2) Freitag 包的开发创意是如何产生的?

(3) Freitag 包的成功之处体现在哪些方面?对企业的产品创意和创新可以带来哪些启示?

二、MT 纸胶带的创新之路

对于文具和手账爱好者们来说,MT 纸胶带大概是很多人的首选:从涵盖了各种色系的纯色基础款,到数量繁多、宽窄不一的各色花式款。每年推出超过 300 个新款的 MT,几乎是纸胶带品牌开山鼻祖一般的存在。这么小小一卷胶带,是如何吸引消费者的呢?

1. 品牌的诞生

就像很多无心插柳柳成荫的品牌故事一样,深受喜爱的 MT 纸胶带,一开始并不是生产文具系列产品的。KAMOI 加工纸公司已经有 90 年的历史,在生产 MT 纸胶带之前,一直生产的是建筑工地和车辆制造商用的封装胶带。2006 年,KAMOI 加工纸公司收到了一封邮件,里面是三位富有创意的女性用 KAMOI 生产的胶带为素材制作成了一本五彩缤纷的手账(手账,指用于记事的本子。应用在日本,无论男女老少都会随身带着一个被称为"手账"的笔记本,随时随地掏出来翻翻看,或者在上面记些什么),信里还提议,希望以后胶带能有更多的颜色。这本手账直接激发了一个品牌的诞生(图 7-5)。

图 7-5 MT 纸胶带及其装饰的汽车

2. 充满创意的活动

MT 纸胶带从 2007 年诞生伊始，就不断用各种充满创意的有趣营销活动捕获消费者的心。

起初，MT 纸胶带只有纯色系列和日本传统纹样，然而品牌自从涉足文具领域之后，就被激活了无限的想象力，每年都会发布让消费者耳目一新的花纹：草木鱼虫，花鸟走兽，自然、人文艺术都在这小小的方寸之间展现。就像快时尚不断出新一样，MT 纸胶带也在用层出不穷的新品刺激着消费者的购买。快时尚品牌为了提升自己的格调往往会和大牌进行跨界合作，给产品带来丰富的多样性，MT 在每年推出的几百款纸胶带中，会和知名艺术家和设计师进行跨界合作。而在这些带有鲜明个人风格的合作款胶带受到众多粉丝追捧的同时，即使并不是纸胶带使用者，也会因为对合作方的喜爱而对纸胶带感兴趣。MT 纸胶带虽然款式繁多，但大多数人气款第二年并不会再生产。这些打着限定贩卖旗号的纸胶带不仅在推出时就被收集者们抢购，绝版后甚至会有人在交易网站上以几倍的价格出售。

MT 在 2015 年曾与日本设计师皆川明的品牌 mina perhonen 合作推出了几款纸胶带。对比 mina perhonen 的一把椅子售价近人民币 6.5 万元左右，这些纸胶带每个人民币 20～40 元的价格非常平易近人，消费者只需要买上几卷胶带，就可以把自家的椅子粘贴成皆川明风格了。

图 7-6　MT 纸胶带装饰的自行车和房屋

3. 适时出新品

除了艺术家系列，MT 每年都会根据时节推出限定款：春夏推出清新色调的冰激凌色纯色纸胶带；秋冬则有泛黄的红叶、雪山；圣诞节有红绿配色的限定款。MT 推出的 2016 万圣节系列，是南瓜和万圣节糖果的配色。MT 在会员维护上也下了不少功夫，这些每季度推出的限定款商品只在官网上售卖，想要购买都必须注册成为 MT 会员才有资格购买。

各种活动是 MT 和消费者形成紧密联系的重要方式，MT 定期举办的活动有两种：MT factory 和 MT school。MT factory 活动是针对资深用户，邀请他们到纸胶带工厂参观。一上路，胶带纸体验就开始了。参与者们坐着纸胶带装饰的巴士，在工厂体验亲手制作日本纸、切割胶带和设计图案。在参观的过程中，人们可以购买纸胶带，还能投票决定哪款绝版胶带可以复刻。

MT school 是一个在日本各地巡回举办的免费课程,针对那些刚刚入门的普通消费者。在活动现场,有很多手账达人和 DIY 达人教消费者如何用纸胶带做手账拼贴和家居装饰。MT 在 2014 年推出了 CASA shade 系列,这一系列是为了装饰家居专门推出的,有三角形、六角形和方形的大张贴纸,以及比常规款宽几倍的纸胶带组成,专门用于大件家具和墙壁、地板的拼贴。相比墙纸,纸胶带更具反复使用的优势:方便拼贴,可以撕下多次使用,不会留下胶水印。在各地开办展览的时候,几乎所有的墙面拼贴都是用 MT 的产品完成的,展览完成后撕去贴纸,建筑物又恢复了原来的样子,这是最直观的优势展现。

为了体现 MT 胶带可以广泛应用于不同场合,MT 胶带和三宅一生服装旗舰店、优衣库合作。除此之外,还曾尝试将 MT 胶带用于导视设计。在濑户内海的淡路岛上,MT 胶带就用来装饰防波堤和指示牌,令前往参观的游客远远一望就能分辨。

4. 海外扩张

在日本已经有相对成熟的手账和 DIY 文化,而在中国市场,文具手账热还在上升期,MT 也趁热打铁地把展览和品牌合作搬来了中国。

MT 胶带展是既圈钱又刷好感的营销方式,已经几乎开遍全日本的 MT 展会,于 2013 年来到了中国。MT 胶带的创意指导居山浩二说,在筹办展览之前会预先调查举办展览的地区的流行文化、元素、形象、观众的背景、当地的历史、特产等。收集好数据后会进行分析,通过分析他会从中受到启发,然后将这些灵感全部做好记录,在 MT 胶带上做不同尝试,看哪一种元素是适合这个胶带的。

香港成为第一个引进的中国城市,诚品书店里,推出了香港名胜、广东话、幸福粉红等具有当地特色的胶带组成的香港限量版,MT 在上海开展出售了熊猫、灯笼、中国花卉图案的限量版胶带。去年,台北举办了 MT 展,台北展既有大受好评的本土限定,又有引发抢购热潮的绝版,更有 MT 公司首次贩售的夜光款和票签款胶带。

除了聚集人气的多彩胶带,各种展会的场地布置也是 MT 展的一大看点。在成都展上,不仅有麻将、变脸主题限量版胶带,还在位于太古里的物心文具店在地板上铺开了一条纸胶带彩虹,以蜀锦为元素的吊牌从天而降。

MT 在制造无数经典绝版的同时,也能及时照顾到后期采用者的消费者,在官网对绝版胶带开放投票,得票最高的十余款胶带将会进行复刻再版。从某种程度说,MT 已经不仅仅是一种胶带,而且是沟通不同文化的一道桥梁。MT 纸胶带通过设计,从一个不起眼的工业商品增加附加值,扩大它的使用范围,最后切实地改变人们的生活。

讨论题

(1) 分析 MT 胶带的产品组合特点。
(2) 请总结一下 MT 胶带的产品创意种类。
(3) MT 胶带的产品采取了哪些方式与消费者沟通?
(4) 结合案例谈谈新产品开发应遵循的原则。
(5) MT 纸胶带的创新之路带给我们哪些启示?

三、产品决策与企业家的"情怀"

乐视生态摇摇欲坠,而各方对贾跃亭的评价也是极为不同。支持贾跃亭的认为,不论乐视是否成功,贾跃亭都是有情怀的人。京东集团创始人刘强东发文力挺贾跃亭。刘强东称:"今天谈论乐视或者贾跃亭的成败为时尚早。但是至少有一点可以肯定:贾跃亭有情怀、有梦想、敢冒险、工作努力,作为一个创业者,值得肯定和赞扬。"反对贾跃亭的人则认为,光有情怀并没有用。不论是贾跃亭早期类似"胡雪岩"般的官商爆发式发展,还是后来乐视"生态化"的模式发展,这样的企业注定不可持续。

1. "情怀"在蔓延

与乐视的贾跃亭类似,有着类似造车或造手机情怀的还有董明珠、罗永浩等。作为格力电器第一掌舵人,2016年董明珠曾尝试收购新能源汽车企业珠海银隆,但因遭到了股东大会投票反对而失败。而董明珠一直坚持下来的格力手机也一直无法成功。格力手机(图7-7)一代由于董明珠把自己的头像放在开机页面而遭到全国网友嘲笑。而今天的格力手机三代,销量仍然在行业里可忽略不计,并非她所说的"分分钟卖出5 000万部"。同样有手机情怀的还有罗永浩。创作者要做手机的想法,最初起源于2011年年底被邀请去小米总部参观。锤子手机(图7-7)是由罗永浩创办的锤子科技(北京)有限公司设计与研发的一系列高端智能手机。锤子手机采用基于Android定制的Smartisan OS智能手机操作系统。罗永浩的锤子手机号称是"东半球最好的手机",然而,尽管罗永浩的情怀一直令人感动,他的一次产品发布会可以有两万粉丝在体育馆里购票听他演讲,但是锤子手机却仍然无法成功。

贾跃亭、董明珠、罗永浩的情怀……是否应该继续?

图7-7 格力手机和锤子手机

2. 企业家更需要"勇气"

根据波士顿矩阵,乐视的汽车和手机、格力的汽车和手机、锤子的手机目前都是问号业务。因此,对这个问题的终极回答,取决于对乐视、格力、锤子这些企业自身实力的分析。

如果确实坚信乐视、格力、锤子能够在三年左右成为电动汽车或者智能手机行业的全球市场领袖,那么贾跃亭、董明珠、罗永浩都应该继续。

但是,如果觉得乐视、格力、锤子自身的实力不足以在电动汽车或者智能手机领域成为全球市场领袖,那么尽早退出或许是最好的结果。

如果让贾跃亭、董明珠、罗永浩对其他企业做一个判断,这个问题可能会容易很多。例如,最不缺钱的工商银行是否应该也进入电动汽车或智能手机?答案很清楚,尽管不会有任何资金链问题,工商银行也很难在电动汽车或智能手机领域成功。然而,对于贾跃亭、董明珠、罗永浩来说,对其自身实力做一个客观判断,却并不容易。毕竟,他们身在局中,而且已经投入了那么多。"沉没成本"和"过度自信"往往是优秀企业家也难理性面对的两个陷阱。继续接受挑战是一种勇气,敢于承认失败也是一种勇气。而且,后者往往更难。

讨论题

(1) 请用波士顿矩阵分析一下格力电器目前的产品状况。
(2) 请谈谈波士顿矩阵法的局限性表现在哪些方面。
(3) 你认为企业家在做产品决策时应该如何避免"情怀"的影响?

四、解决游客痛点的 APP——"51 导游"

"51 导游"是一款景点讲解 APP,为您免费提供全国景点自动讲解服务。到达景区后,"51 导游"自动检测到附近有哪些景点,所有具有游览价值的观赏点在地图上一目了然,自动定位,自动讲解,没听清楚还可以重复收听。专业的导游讲解、顶级的录音棚音效,为游客节省了请人工导游的成本。游客还可以在去景点之前先用 WiFi 离线下载将要去的景点,进行试听。

2014 年,一款名为"51 导游"的语音讲解 APP 上线,仅一年多,这款 APP 用户数量就攀升至近千万,日讲解次数最高达 10 万次。"51 导游"为何如此有魅力?其创始人王再明讲述了"51 导游"背后的故事。

1. 创业之初

虽然"51 导游"2014 年才上线,但已经在王再明心里酝酿了十几年。十多年前,王再明有一次游览北京故宫,花十元钱租了一台电子讲解器挂在脖子上,边走边听讲解,这让他觉得十分新鲜,他当即就对语音讲解器产生了极大的兴趣。跑了一些景区后,王再明发现,很多家长愿意支付昂贵的门票、讲解费,让孩子了解相关知识,电子讲解器市场广阔,很有发展前景。不久后,他向上海一家"海底世界"和一家水族馆介绍了电子讲解器,对方均表示愿意与他合作。

然而,王再明的想法却被现实扼杀。"我找到生产故宫电子讲解器的生产厂商,跟负责人说,我去挖项目,你们来做机器,我只拿一成利润。但他们认为自己也可以做市场,不肯合作。"王再明说。被拒绝的王再明打算自己接下这个项目,于是他找到几个电子专业的大学同学,"同学告诉我,电子讲解器原理简单,技术不是问题。但这几位同学都有稳定的工作,不想冒险。这个想法虽然没能实现,但这件事却一直装在我心里,我始终觉得这个项目有前途,值得做。"王再明说。

2. 不忘初心

由于没有机会创业,王再明转入传统行业。王再明说:"后来我一直在江苏一家太阳能企业工作了七八年。这期间,我自己投了两个项目,也都是传统行业,虽然收入可观,但是回款速度太慢了。"王再明做的一个项目是建材,每年销售收入有 3 亿多元,利润可以达到 30%,但欠款却有七八千万元。王再明还说:"那几年,我专门雇了几个人,每天到处去催款,心累。后来我就想,互联网支付快捷、结算方便,从这个角度讲也一定要再次进入互联网行业。"

2012 年,王再明卖掉了建材公司,再次投身互联网。"语音讲解这个项目在我心里装了好多年了。卖掉公司之后第一件事就是重新拾起这个项目。"这一次,王再明利用互联网,打造了一款融多种功能于一体的语音讲解 APP——这个项目圆了他多年来的创业梦想。王再明说,十几年前的语音讲解器现在还存在,但已经落伍了。他说:"取和退都要排队、携带不方便、无法看到线路图、全程手动操作等缺陷会妨碍游览体验。如何让讲解器成为协助游览的一个便捷工具，是我们一直想做的，也就是从'痛点'出发，解决游客最关注的问题。"

在研发的过程中，王再明不断换位思考，游客的需求是什么？经过与研发团队的碰撞、对接，王再明得出了结论：首先是讲解声音要清晰、准确；其次是讲解要能自动播放。"为此，我们把收集到的导游词拿给经验丰富的导游修改，然后请南京大学专家核实导游词，聘请电台主持人在专业的录音棚里录导游词，确保发音准确。"王再明说。要做到自动定位则需要人工踩点，这是一项繁重的工作。王再明鼓励团队，不要退缩，要做就要做到最好。他带领团队到各地景点踩点，用手持定位仪定位，采集位置信息后做成导览图，让游客走到哪里语音讲解就自动播放到哪里。

王再明说，公司于2012年成立，直到2014年5月8日APP才正式上线，比原计划推迟了近一年时间。"最初做这个项目的时候，我们公司成员之间进行过激烈的争论。我希望做到自动定位、自动讲解，为游客提供最便利的服务。但是有同事认为，市面上手动操作、语音合成的同类型APP也能赚钱，何必花这么大成本去做。因为意见分歧，有人离开了公司。"王再明说接着说，"这个道理我也懂，但我不打算做'短命'产品。"他认为，只有良好的视听体验、贴心的服务，才能获得游客的认同，赢得信赖。

3. 展望未来

王再明有两个想法要落实：一是发展国外景点；二是解决用户在旅途中的各种需求。王再明说："目前出境游客数量已超过1亿人次，自由行的比例逐年增多。"他满怀信心地表示："我们做过市场调研，数据显示，中国游客到国外游览最需要讲解的是一些历史悠久的国家及一些小语种国家的景点。下一步，我们会派人到国外景点去采集资料，做一些翻译工作，成本会更高一些，但是市场需求很旺盛。"

讨论题

（1）你认为语音导游APP产品相对于原来的语音讲解器属于哪类新产品？

（2）你认为语音导游APP目前处于生命周期哪个阶段？

（3）请你给语音导游APP今后的市场营销策略提出几点建议。

五、半个世纪稳居青岛市场第一的白酒品牌

白酒是中国的传统酒。是以粮谷为主要原料，以大曲、小曲或麸曲及酒母等为糖化发酵剂，经蒸煮、糖化、发酵、蒸馏而制成的蒸馏酒。酒质无色（或微黄）透明，气味芳香纯正，入口绵甜爽净，酒精含量较高，经贮存老熟后，具有以酯类为主体的复合香味。中国白酒产地主要集中在长江上游和赤水河流域的贵州仁怀、四川宜宾、绵竹三角地带。中国三大名酒之一的茅五剑，扛起了中国白酒产业的半壁河山。白酒作为中国特有的一种蒸馏酒，是世界六大蒸馏酒（白兰地 Brandy、威士忌 Whisky、伏特加 Vodka、金酒 Gin、朗姆酒 Rum、中国白酒 Liquor and Spirits）之一。

近年来，白酒消费在不断向全国名优品牌集中的同时，还出现了其他行业很少有的另一种现象：大量地方性强势品牌的涌现，大约60%以上的中低档产品容量集中在所在地第一强势品牌。鉴于白酒消费的特殊性，这种现象在未来的一段时间内将仍会存在。

1. 藏在深闺

琅琊台白酒,山东省以外80%的消费者可能不知道这个品牌,纵然是没有到过青岛的山东人大多也只能说个大概。然而就是青岛这家琅琊台酒厂,自1958年建厂以来几十年一直稳居青岛第一强势白酒品牌。在大部分白酒企业出现生存危机的情况下,琅琊台却一年一个台阶,平均以40%左右的比例递增,而且80%左右是消化在青岛。然而,在全国的媒体上,几乎找不到琅琊台的系统介绍和广告。这在全国3万多家白酒企业中绝无仅有。如果说一个白酒品牌在目标市场上流行5年靠的是机遇和英雄主义,流行10年靠的是胆识和管理的话,那么流行10年以上的品牌,必定是品牌文化与目标市场的消费文化和谐共进的天然合一。无论是国际性名牌人头马和马爹利,还是国家级名牌茅台和五粮液,白酒地方品牌要想经久不衰也绝不例外。琅琊台的奇迹,就在于其掌握了这一核心真谛。

2. 创新的基础

赢在起点的强调并不是否定后天的努力!随着白酒市场向名优酒的逐渐集中以及市场逐渐走向成熟的客观规律,琅琊台首先已经拥有了青岛白酒名牌的起点性先机:青岛琅琊台白酒公司的前身为"青岛第一酿酒厂",始建于1958年,是当时全国500家最佳效益工业企业之一,山东省重点酿酒厂家,全国酒行业明星企业。在20世纪80年代以前的计划经济时代,求大于供的市场情况,第一的琅琊台稳居青岛强势第一既合情又合理。30年的积淀已在青岛广大消费者的心里深深地烙上了名牌的印记,为以后进入市场经济的自由竞争打好了坚实的根基。

3. 区域地利优势

山清水秀与历史悠久几乎是所有白酒炒作的核心主题。琅琊台位于黄海岸边,青岛胶南境内,系秦始皇统一六国后为寻求长生不老药三到琅琊所筑。由于炼仙丹需以药入酒,秦始皇令方士研制出酒香浓郁、清冽甘甜、沁人心脾的仙酒并取名为"琅琊台御酒"。自此开始,琅琊台御酒的秘方得以在民间流传至今。民间酿酒师们利用琅琊山泉和优质的粮食,通过对酿酒技术的不断改进,使琅琊台酒逐渐形成了自己独特的风格,成为历史名酒。作为这种历史文化的延续,1958年才自然而然地有了"青岛第一酿酒厂"的成立。青岛——琅琊台,琅琊台——青岛,这种天然的地利优势为琅琊台打造融入区域市场文化的名牌战略提供了实实在在的连体壁垒。

4. 文化对接

如果说悠久的历史和所处的位置是琅琊台成为青岛强势名牌的天时地利的话,那么人和就要靠后天的努力。天时和地利是赢在起点的优越条件,却不是"必赢"的唯一条件,"人和"才是创造名牌整合制胜的关键性门槛。唯有以产品为纽带与目标市场的消费性格和消费文化对接才能打造市场的"人和",也唯有在"人和"中的消费,品牌才能升华为名牌。因为"人和"的深层含义是品牌已不仅仅属于品牌自己,同时还属于目标消费者。那么琅琊台是如何对接的呢?主要手段就是推出了"温柔3.0与高傲70度"(图7-8)。

温柔3.0。青岛背山面海,有着天然港湾绝佳的自然条件,其气候温润,很适合人们居家生活。从山东省各地移民过来的青岛人大多秉承着山东人安分守己的淳朴性格。在云淡风轻的日子里守规守矩地过自家小门小户的生活。所以青岛男人的居家水平并不比上海男人逊色。正是这份天然成就的温良使青岛人多年来一直钟爱着低度的青岛啤酒。也正是这种内心的温柔使青岛白酒的相对容量少于全国其他同级别的城市。因为低度青啤喝起来,只要没达

图 7-8 琅琊台酒平面广告

到一定的量,就不会释放酒精的危险,所以对于安分自足的青岛人来说,喝起来既恣意又安全,也正因为如此青岛才有了一流的治安。琅琊台从青岛人爱喝低度青啤的消费现象中认清了这一点。于是在 20 世纪 80 年代末,在全国率先果敢地开发了超低度白酒 30°。产品一上市就因适应了青岛的消费性格而迅速畅销,时至今日 30°长生琅琊台酒十几年如一日常胜不衰,同时也是琅琊台系列产品中生命力最强年销量最多的品牌产品。30°长生琅琊台是对青岛性格的人文关怀和赞同,其伴随着青岛城市的成长和许多岛民的成长而成长。这种文化的内在融入所带来的消费拉力,是单纯的终端推力永远也无法替代的。

高傲 70°。青岛和许多城市一样也具有性格的两面性,除了温柔的一面,青岛还具有张扬和高傲的一面。新的城市、优美的环境,加之移民后的舒适感觉,使得以移民后裔为主体的青岛人有着极强的城市自豪感和自我认同感。其敢于创新和赶潮流的意识比较强烈,有着追求名牌高档和自然的个性。根据这一性格特点,琅琊台在全国同行业中又率先开发了一款高端产品:2.2 两 70°琅琊台原酒。这么高的度数令青岛以外市场的人们不可思议,青岛的温和为什么又能毫不犹豫地接受并钟爱着 70°?而且目前每小瓶终端价要超过 40 元?这是因为人们忽略了青岛人高傲的一面,高傲的性格注定了原酒 70°琅琊台对接的必然成功。青岛消费者很自豪和亲切地称 70°原酒为"青岛小茅台"!

5. 恪守传统

有所为有所不为。业内人士知道,目前许多白酒厂家大量使用糖化酶和干酵母以提高出酒率,琅琊台却依然坚定地严控其用量。出酒率在他们看来是服务于酒质的第二因素,要酿好酒就必须有所为,有所不为。

颇具特色的储藏。琅琊台酒必须在地下库中储藏三年以上,使酒充分自然老熟后方允许上市。在其地下库内,一排排盛美酒的大瓷缸和巨大的不锈钢罐静静地立在那里,散发着诱人的酒香,走在其间,夏天凉气切肤,冬天暖意洋洋,使人仿佛进入了古代帝王的藏宝室。上万吨的储藏量彰显着琅琊台酒业的雄厚实力和朴实。另外,琅琊台用的主要原料是东北优质高粱。为确保酿酒用粮的品质,琅琊台选优质的原材料,整个流程确保原料处于安全无污染状态,用优质粮、绿色粮,酿出质量上乘的好酒。

讨论题

(1) 你认为"文化"属于白酒产品整体概念的哪一层?

(2) 琅琊台酒在产品开发方面有哪些独特的地方?
(3) 你认为很多地方性白酒品牌短命的原因有哪些?
(4) 对于白酒产品,你认为如何才能延长其生命周期?琅琊台酒带给我们哪些启示?

六、招行推出首家"微信银行"

1. "微信银行"的诞生

2013年3月末,招行正式推出信用卡微信客服,不到3个月,有超过100万客户绑定了招行信用卡的微信客服平台。7月2日,在推出信用卡微信客服的短短80多天后,招商银行再度宣布升级了微信平台,推出了全新概念的首家"微信银行"。"微信银行"的服务范围从单一信用卡服务拓展为集借记卡、信用卡业务为一体的全客群综合服务平台。

2. "微信银行"的功能

升级后的"微信银行"覆盖了更广阔的服务范围,不仅可以实现借记卡账户查询、转账汇款、信用卡账单查询、信用卡还款、积分查询等卡类业务办理,更可以实现招行网点查询、贷款申请、办卡申请、手机充值、生活缴费、预约办理专业版和跨行资金归集等多种便捷服务。此外,微信银行的在线智能客服更可实现在线实时解答客户咨询,为客户提供了方便的咨询通道。

"微信银行"除了人们所熟悉的客户服务功能外,还提供了网点地图和排队人数查询的功能。客户在微信上点击"网点查询和服务预约"的菜单并登录后,将可以看到附近有哪些招行网点和这些网点目前的排队情况,方便客户选择排队最少的网点办理业务。

除了以上功能外,想申请信用卡、贷款或预约办理专业版和跨行资金归集的客户,也可以在"微信银行"选择相应的菜单,进行信息录入。之后,便会有招行的客服人员主动联系办理,该功能在很大程度上提高了业务办理的效率。

3. 扩展服务

"微信银行"(图7-9)是招行手机银行的延伸,也是继网上银行、电话银行、手机银行之后又一种方便银行用户的金融业务服务方式。对客户而言,它的便利性进一步加强,对于一些常用业务和便捷业务,客户可直接在"微信银行"中进行办理,随时随地进行查询、咨询与办理,客户选择空间更大。

图7-9 招行"微信银行"二维码

在"微信银行"中，凡涉及客户私密信息的功能，均将在招行手机银行后台进行办理，招行手机银行采用 SSL 安全协议进行高强度的数据加密传输，即使网络传输的数据被截获，也无法解密和还原。同时，招商银行采用双重密码、图形验证码等全方位安全措施，确保客户资金与信息的安全。在登录时，要提供登录名、密码，即使手机被他人操作，不知道密码也将无法登录。在用户退出手机银行或关闭手机浏览器后，手机内存中临时存储的账户密码等信息将自动清除，不会在手机上保存。如果用户打开手机银行，超过一定的时间未操作，银行后台系统将自动注销登录。

由于微信具备信息表现形式丰富、拓展性好、延展性好等特点，同时有可支持视频通话等创新功能，预计将会为银行客服带来更广阔的发展空间。

讨论题

（1）分析招商银行"微信银行"的服务特点。

（2）招商银行推出的"微信银行"，与线下实体银行相比，其优势是什么？

（3）对招商银行"微信银行"的服务持续改进提出你的建议。

第三节　经典推介

一、标志性理论、人物及思想简介

1. 雷蒙德·弗农及其贡献

雷蒙德·弗农，1931 年出生，美国经济学家，第二次世界大战以后国际经济关系研究方面最多产的经济学家之一，产品生命周期理论的提出者。他有着二十年在政府部门任职的经历，还在短期内从事过商业。从 1959 年开始，他在哈佛大学任教，是克拉维斯·狄龙学院的国际问题讲座教授。雷蒙德·弗农的主要成就是创立了产品周期理论，代表性成果是《产品周期中的国际投资和国际贸易》。

雷蒙德·弗农（图 7-10）早期曾致力于区位经济学的研究，后转入对信息和专业化服务的研究，受克拉伍斯和波斯纳技术差距理论的启发，于 1966 年发表了《产品周期中的国际投资和国际贸易》一文，提出了著名的产品生命周期理论。他认为产品生命周期理论可以解释发达国家出口贸易、技术转让和对外直接投资的发展过程。他在国际贸易理论方面的主要贡献就是创立了产品周期理论。他认为商品与生命相似，有一个从出生到成熟、衰老的过程。弗农把产品的生命周期划分为三个阶段，即新产品阶段、成熟产品阶段和标准产品阶段。

图 7-10　雷蒙德·弗农

（1）新产品创始阶段。

这一阶段中，国内市场容量大，开发研究资金多的国家在开发新产品、采用新技术方面居于优势，厂商掌握技术秘密，将新技术首次用于生产。此时对厂商来说，最安全最有利的选择是在国内进行生产，产品主要供应国内市场，通过出口贸易的形式满足国际市场的需求。

（2）产品成熟阶段。

在这一阶段中，新技术日趋成熟，产品基本定型。随着国际市场需求量的日益扩大，产品的价格弹性加大，降低产品成本尤为迫切。由于国外劳动力成本低于国内劳动力成本，国内生产的边际成本加上边际运输成本大于国外生产的成本，所以把生产基地由国内转移到国外更为有利。另外，由于产品出口量的急剧增加，厂商原来拥有的垄断技术也逐渐被国外竞争者掌握，仿制品开始出现，厂商面临着丧失垄断技术优势的危险。为了避开贸易壁垒，接近消费者市场和减少运输费用，厂商便要发展对外直接投资，在国外建立分公司，转让成熟技术。一般来讲，厂商总要先到技术水平较接近，劳动力素质较好，人均收入水平较高并与本国需求类型相似的国家或地区建立分公司，就地生产，就地销售，或向其他国家出口。

（3）产品标准化阶段。

在这一阶段，产品和技术均已标准化，厂商所拥有的技术垄断优势已消失，竞争主要集中在价格上。生产的相对优势已转移到技术水平低、工资低和劳动密集型经济模式的地区。在本国市场已经趋于饱和，其他发达国家产品出口急剧增长的情况下，厂商在发展中国家进行直接投资，转让其标准化技术。根据比较成本的原则，厂商大规模减少或停止在本国生产该产品，转而从国外进口该产品。

尽管产品生命周期理论最早是应用于国际贸易和投资领域，但是这一理论对后来企业营销实践起到了巨大作用。该理论揭示了任何产品都和生物有机体一样，有一个从诞生—成长—成熟—衰亡的过程，企业需要不断创新，开发新产品才能满足消费者的需求。同时企业需要借助产品生命周期理论，分析判断产品处于生命周期的哪一阶段，推测产品今后发展的趋势，正确把握产品的市场寿命，并根据不同阶段的特点，采取相应的市场营销组合策略，增强企业竞争力，提高企业的经济效益。

2. 埃弗雷特·罗杰斯

埃弗雷特·罗杰斯，全球知名的创新及传播学教授，40年专注创新扩散研究，是世界创新扩散研究领域公认的第一权威。《创新的扩散》一书奠定了罗杰斯（图7-11）作为创新扩散开创者的地位。在书中罗杰斯用细腻的文笔阐述了创新如何在人群中得以扩散，并梳理了许多重要的概念，如S曲线、临界大多数、扩散曲线，以及商界耳熟能详的"跨越鸿沟"等，不仅改变了许多知名企业的新产品营销策略，而且重新定义了扩散的含义。《创新的扩散（第五版）》成为这部经典著作的最后一版。

图7-11 埃弗雷特·罗杰斯

埃弗雷特·罗杰斯提出的"创新扩散理论"认为，创新是一种被个人或其他采纳单位视为新颖的观念、时间或事物。而一项创新应具备相对的便利性、兼容性、复杂性、可靠性和可感知性五个要素。创新扩散模型是对创新采用的各类人群进行研究归类的一种模型，它的理论指导思想是在创新面前，部分人会比另一部分人思想更开放,更愿意采纳创新。这个模型也被称为创新扩散理论或多步创新流动理论、创新采用曲线。罗杰斯把创新的采用者分为创新者、早期采用者、早期采用人群、后期采用人群和迟缓者。创新扩散包括五个阶段:①了解阶段:接触新技术新事物,但知之甚少;②兴趣阶段:发生兴趣,并寻求更多的信息;③评估阶段:联系自身需求,考虑是否采纳;④试验阶段:观察是否适合自己的情况;⑤采纳阶段:决定在大范围内实施。图7-12为罗杰斯描绘的创新采用曲线。

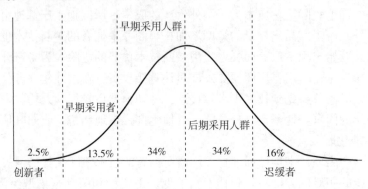

图7-12 创新采用曲线

创新扩散的传播过程可以用一条曲线来描述。在扩散的早期,采用者很少,进展速度也很慢;当采用者人数扩大到居民的10%~25%时,进展突然加快,曲线迅速上升并保持这一趋势,进入所谓的"起飞期";在接近饱和点时,进展又会减缓。在创新扩散过程中,早期采用者为后来的起飞做了必要的准备。这个看似"势单力薄"的群体能够在人际传播中发挥很大的作用,劝说他人接受创新。在罗杰斯看来,早期采用者是愿意率先接受和使用创新事物并甘愿为之冒风险的人。这些人不仅对创新初期的种种不足有着较强的忍耐力,还能够对自身所处各群体的意见领袖展开"游说",使之接受以至采用创新产品。之后,创新又通过意见领袖们迅速向外扩散。这样创新距其"起飞期"的来临已然不远。

(1) 创新者:他们是勇敢的先行者,自觉推动创新。创新者在创新交流过程中,发挥着非常重要的作用。

(2) 早期采用者:他们是受人尊敬的社会人士,是公众意见领袖,他们乐意引领时尚、尝试新鲜事物,但行为谨慎。

(3) 早期采用人群:他们是有思想的一群人,也比较谨慎,但他们较之普通人群更愿意、更早地接受变革。

(4) 后期采用人群:他们是持怀疑态度的一群人,只有当社会大众普遍接受了新鲜事物的时候,他们才会采用。

(5) 迟缓者:他们是保守传统的一群人,习惯于因循守旧,对新鲜事物吹毛求疵,只有当新的发展成为主流、成为传统时,他们才会被动接受。

罗杰斯指出,创新事物在一个社会系统中要能继续扩散下去,首先必须有一定数量的人采纳这种创新物。通常这个数量是人口的10%~20%。创新扩散比例一旦达到临界数量,扩散过程就起飞,进入快速扩散阶段。饱和点的概念是指创新在社会系统中一般不总能100%扩散。事实上,很多创新在社会系统中最终只能扩散到某个百分比。当系统中的创新采纳者再也没有增加时,系统中的创新采纳者数量(绝对数量表示)或创新采纳者比例

（相对数量表示），就是该创新扩散的饱和点。

罗杰斯认为，创新扩散总是借助一定的社会网络进行的。在创新向社会推广和扩散的过程中，信息技术能够有效地提供相关的知识和信息，但在说服人们接受和使用创新方面，人际交流则显得更为直接、有效。因此，创新推广的最佳途径是将信息技术和人际传播结合起来加以应用。

创新扩散理论是多级传播模式在创新领域的具体运用。这一理论说明，在创新向社会推广和扩散的过程中，大众传播能够有效地提供相关的知识和信息，而在说服人们接受和使用创新方面，人际传播则显得更为直接、有效。因此，罗杰斯认为，推广创新的最佳途径是"双管齐下"，"将大众传播和人际传播结合起来加以应用。这一观点已得到大部分人的认可"。创新扩散理论在市场营销、广告推广、产品更替以及媒介生命周期的研究方面都得到了承认，有着广阔的应用前景。

3. 安索夫矩阵

伊戈尔·安索夫，战略管理的鼻祖。其在战略管理中的特殊地位最主要表现在对战略管理的开创性研究，他的开创性研究使他成为这门学科的一代宗师。安索夫矩阵是由安索夫（图7-13）于1957年提出，也被称作产品市场扩张方格、成长矢量矩阵。它以产品和市场作为两大基本面向，区别出四种产品/市场组合和相对应的营销策略，是应用最广泛的营销分析工具之一（图7-14）。

图7-13　伊戈尔·安索夫

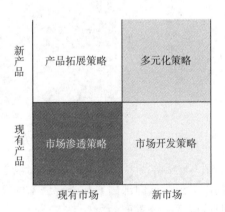

图7-14　安索夫矩阵

（1）市场渗透：以现有的产品面对现有的顾客，以产品市场组合为发展焦点，力求增大产品的市场占有率。采取市场渗透的策略，借由促销或是提升服务品质等方式来说服消费者改用不同品牌的产品，或是说服消费者改变使用习惯、增加购买量等。

（2）市场开发：提供现有产品开拓新市场，企业必须在不同的市场上找到具有相同产品需求的使用者，其中产品定位和销售方法会有所调整，但产品本身的核心技术则不必改变。

(3) 产品拓展：推出新产品给现有顾客，采取产品拓展的策略，利用现有的顾客关系来借力使力。通常是以扩大现有产品的深度和广度，推出新一代或是相关的产品给现有的顾客，提高该厂商在现有顾客中的占有率。

(4) 多元化经营：提供新产品给新市场。在此处企业的既有专业知识及能力可能派不上用场，因此它是最冒险的策略。成功的企业多半能在销售、通路或产品技术等核心知识上取得某种优势，否则多元化的失败概率很高。

4. 通用电气公司法

（1）基本思想。

通用电气公司法又称 GE 矩阵、麦肯锡矩阵、九盒矩阵法、行业吸引力矩阵，是美国通用电气公司（GE）于20世纪70年代开发出的投资组合分析方法，对企业进行业务选择和定位具有重要的价值和意义。GE 矩阵可以根据企业在市场上的实力和所在市场的吸引力对企业进行评估，也可以表述一个公司的事业单位组合，判断其强项和弱点。在需要对产业吸引力和业务实力做广义而灵活的定义时，可以以 GE 矩阵为基础进行战略规划。按行业吸引力和竞争能力两个维度评估现有业务（或业务单位），每个维度分三级，分成九个格以表示两个维度上不同级别的组合，见图7-15。

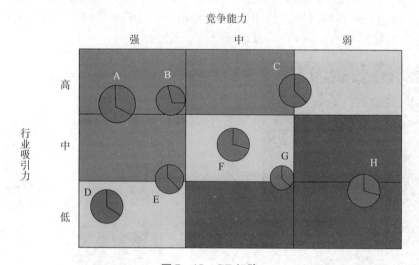

图7-15 GE 矩阵

绘制 GE 矩阵需要找出外部（行业吸引力）和内部（企业竞争力）因素，然后对各因素加权，得出衡量内部因素和外部因素的标准。在开始搜集资料前仔细选择哪些有意义的战略事业单位是十分重要的。

①定义各因素。选择要评估业务（或产品）的企业竞争实力和行业吸引力所需的重要因素。在 GE 内部分别称之为内部因素和外部因素。确定这些因素的方法可以采用头脑风暴法，关键是不能遗漏重要因素，也不能将微不足道的因素纳入分析中。

②估测内部因素和外部因素的影响。从外部因素开始，根据每一因素的吸引力大小对其评分。若一因素对所有竞争对手的影响相似，则对其影响做总体评估，若一因素对不同竞争者有不同影响，可比较它对自己业务的影响和重要竞争对手的影响。可以采取五级评分标准（1＝毫无吸引力，2＝没有吸引力，3＝中性影响，4＝有吸引力，5＝极有吸引力）。然后也

使用5级标准对内部因素进行类似的评定（1=极度竞争劣势，2=竞争劣势，3=同竞争对手持平，4=竞争优势，5=极度竞争优势），在这一部分，应该选择一个总体上最强的竞争对手做对比的对象。

③对外部因素和内部因素的重要性进行估测，得出衡量实力和吸引力的简易标准。这里有定性和定量两种方法可以选择。

定性方法：审阅并讨论内外部因素，以在第二步中打的分数为基础，按强中弱三个等级来评定该战略事业单位的实力和产业吸引力如何。

定量方法：将内外部因素分列，分别对其进行加权，使所有因素的加权系数总和为1；然后用其在第二步中的得分乘以其权重系数，再分别相加，就得到所评估的战略事业单位在实力和吸引力方面的得分（介于1和5之间，1代表行业吸引力低或业务实力弱，而5代表行业吸引力高或业务实力强）。

④将该战略事业单位标在GE矩阵中。矩阵坐标纵轴为行业吸引力，横轴为竞争能力。每条轴上用两条线将数轴划为三部分，这样坐标就成为网格图。两坐标轴刻度一般是高中低。另外，在图上标出一组业务组合中位于不同市场或产业的战略事业单位时，可以用圆来表示各企业单位，图中圆面积大小与相应单位的销售规模成正比，而阴影扇形的面积代表其市场份额。这样，GE矩阵就可以提供更多的信息，见图7-15。

⑤对矩阵进行诠释。通过对战略事业单位在矩阵上的位置分析，公司就可以选择相应的战略举措。归结为简单的一句很经典的话就是"高位优先发展，中位谨慎发展，低位捞他一把"。如果用图7-15进行分析，那么：

- 绿色区域：采取增长与发展战略，应优先分配资源。
- 黄色区域：采取维持或有选择发展战略，保护规模，调整发展方向。
- 红色区域：采取停止、转移、撤退战略。

一般比较具体的战略选择方式，如图7-16所示。

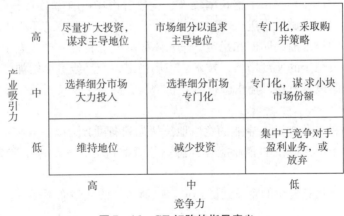

图7-16 GE矩阵的指导意义

（2）GE矩阵与BCG矩阵的比较。

GE矩阵是为了克服BCG矩阵缺点所开发出来的，基本假设和很多局限性都和BCG矩阵相同，最大的改善在于用了更多的指标来衡量两个维度。相比BCG矩阵，GE矩阵也提供了行业吸引力和竞争能力之间的类似比较，但不像BCG矩阵用市场增长率来衡量吸引力，用相对市场份额来衡量实力，只是单一指标；而 GE 矩阵使用数量更多的因素来衡量这两个变量，纵轴用多个指标反映行业吸引力，横轴用多个指标反映企业竞争能力，同时增加了中间等级。也由于 GE 矩阵使用了多个因素，所以可以通过增减某些因素改变它们的重点所在。

GE 矩阵比 BCG 矩阵在以下三个方面表现得更为成熟：

①行业吸引力代替了市场成长成为评价维度之一。行业吸引力较市场成长率包含了更多的考量因素。

②竞争能力代替了市场份额成为另外一个维度。竞争能力较市场份额包含了更多的考量因素。

③GE 矩阵有 9 个象限，而 BCG 矩阵只有 4 个象限。GE 矩阵结构更复杂、分析更准确。

GE 矩阵的局限是对各种不同因素进行评估的实现程度，指标的最后聚合比较困难；核心竞争力未被提及，也没有考虑到战略事业单元之间的相互作用关系。

5. ADL 矩阵

ADL 矩阵也称为利特尔矩阵或生命周期组合矩阵，是一项投资组合管理方法。ADL 矩阵是著名的咨询管理公司阿瑟·D·利特尔公司（ADL）于 20 世纪 70 年代提出来的。它把组织自身在市场上的优势与劣势同该市场的生命周期阶段相结合。它集中于"业务市场成熟阶段"——从一个年轻和快速增长的业务市场到一个成熟和衰退的业务市场，"竞争地位"——从一个占主导地位并能控制行业的公司到一个较弱、勉强能生存的公司。ADL 矩阵的一个维度是产业的生命周期阶段，另一个维度是企业的竞争地位。

（1）识别行业所处的生命周期。产业的生命周期分为萌芽阶段、增长阶段、成熟阶段和衰退阶段四个阶段。各阶段由外部因素所决定，它们包括市场的增长率、增长的可能性、产品线的宽度、竞争者的数量、竞争者市场占有率的分布、顾客的忠诚度、进入障碍和技术。这些要素的均衡决定了产业的生命周期阶段。不同生命周期阶段的产业具有不同的特点。处于萌芽期时，产业具有市场增长率较高、竞争者市场占有率分布分散而且变动较快、市场中几乎没有顾客的忠诚度、进入障碍低等特征。产业处于增长阶段时，具有高速增长、用户、市场占有率的技术渐趋明朗和稳定，进入障碍提升等特征。产业处于成熟阶段具有增长率降低，但仍以较稳定的速度增长，技术、市场稳定，产品线宽度增加，进入障碍高等特征。产业处于衰退阶段具有产品需求降低、停止增长，甚至出现负增长，竞争者数目和产品品种减少等特征。

（2）确定企业的竞争地位。企业的竞争地位从强到弱可分为以下五类：

统治地位：处于统治地位的企业能够控制竞争者的行为，其战略的制定不受竞争者的影响。

强势地位：处于强势地位的企业能够遵循自己所选择的战略而不必过多关注竞争对手的行为。

有利地位：处于有利地位的企业虽不处于主导地位，但这些企业都是居于良好的竞争地位及拥有各自的竞争优势。

维持地位：处于维持地位的企业具有较好的业绩，能与主要的竞争对手相抗衡，有能够维持其地位的机会。

软弱地位：处于软弱地位的企业竞争地位弱，优势少，很难长久地与竞争者相抗衡。

根据企业所处于的产业生命周期及相应的企业竞争地位的不同，形成以下矩阵，见表7-5。

表7-5 ADL矩阵

周期 状态	幼稚期	成长期	成熟期	衰退期
主导	迅速增长 开创	迅速增长 获成本领先地位 更新	防御、获成本领先地位、更新、迅速增长	防御、集中一点、更新、随行业增长而发展
企业较强	开创 差异化 迅速增长	迅速增长 赶超获成本领先地位 差异化	获成本领先地位、更新、差异化、随行业发展而增长	寻找新市场、固守旧市场、随行业发展而增长
竞争有利	开创 差异化 集中一点	差异化 集中一点 赶超 随行业发展而发展	收获、寻找新市场、固守旧市场、更新、转变方针、差异化、集中一点、随行业发展	紧缩 转变方针
实力维持	开创 随行业发展而增长 集中一点	收获 赶超 固守阵地 寻找避风地 转变方针集中一点 随行业发展自然增长	收获 转变方针 寻找避风地 紧缩	放弃 紧缩
脆弱	寻找避风地 迎头赶上 随行业发展自然增长	转变战略 紧缩	撤退 放弃	撤退

根据ADL矩阵，当企业和市场条件不同时，相同的战略可以有不同的形式，如一个占统治地位的企业可以主动引导消费，刺激需求量增加，从而达到市场发展的战略目标。而在一个成熟的市场上实力弱小的企业没有能力使市场需求扩大，只能瞄准一个新的市场区段进行开发或及时转向另一个有利的发展方向上去，只有这样才能达到发展的目的。

利用这种方法分析企业战略的适宜性，关键一点是确定企业当前在矩阵上处于什么位置。确定在横轴上的位置，可以从市场增长率、产业发展潜力、产品线宽度、竞争对手数量、市场份额在各竞争对手之间的分布、客户忠诚程度、产业进入障碍和技术水平等方面进行考虑。在纵轴位置的确定，可以从分析各类实力的特点获得。竞争力较强的企业一般具有市场领先地位，可以按照自己制定的战略目标发展，其他竞争对手对它的威胁不大。有利地位是指行业中没有一个特别突出的企业占据主导地位，多个领先者地位均等。在尚可维持的状态下，企业可以通过差异化战略或集中一点战略固守阵地。而较弱的企业由于缺乏实力，很难长期独立地生存下去。一般来讲，在市场增长的情况下，实力较强的企业可以遵循正常发展的道路，即可以通过各种不同的途径来实现发展的目的。具有统治地位的企业在行业的整个生命周期过程中，都可以保持很强的竞争实力，关键要看这个企业能否适时调整战略方向。与此相反,实力弱小的企业如果不能找到一个避风地,即开发出一块自己的市场空间,将难以生存下去。

二、经典论文推介

1. 营销学产品分类研究综述. 倪娜(上海财经大学国际工商管理学院). 外国经济与管理, 2006 (9): 31-37

(1) 概要。

产品分类是营销学研究领域的一个重要分支,因为消费者行为和企业营销行为往往会随着特定产品特征的变化而变化。出于不同的需要,在研究过程中,学者们对产品的分类也采取了各种各样的方法,可谓纷繁多样。本文回顾了营销学研究领域产品分类的主要方式。经过学者们八十多年的探索和研究,产品分类方式基本上形成了以消费者购买努力、产品信息特征等为主,其他分类标准为辅的格局。但是在各类不同的研究中,产品分类方式的使用没有形成统一的标准,而是呈现多元化的趋势。

(2) 主要内容和观点。

- 按照购买努力程度分类。

Copeland (1921) 将产品分为便利品、选购品和特殊品。便利品是指那些习惯上可以方便地从附近商店购买到的产品,如罐头汤、香烟。便利品的单价通常比较低,所以消费者不愿意为了购买特殊品牌的产品而"远途跋涉"或者花费额外的交通费用。选购品是指那些消费者在购买时愿意比较价格、质量和款式的产品。消费者通常愿意为这类商品"货比三家"。典型的选购品包括衣服、瓷器等。特殊品是指那些对消费者而言有特殊吸引力的商品,如高档家具。为购买这类商品,消费者愿意做出特殊的努力。有许多学者根据这种分类来研究不同类型产品的消费者行为和企业营销行为。Bucklin (1963) 在 Copeland 的产品分类基础上,结合消费者惠顾商店的动机,将零售商店区分为便利店、选购店和特殊店,并将这三种零售商店与上述产品分类相结合,形成了商店—产品组合,不同的商店—产品组合代表不同组合的购买行为。

- 按产品的信息特征分类。

信息经济学家 Nelson (1970) 在 Stigler (1961) 信息搜索理论的基础上提出了搜索类产品和经验类产品分类法。Nelson 认为,除了 Stigler 界定的搜索过程外,消费者还可以通过购买并使用产品即获得经验来确定产品的质量。他把产品分为搜索类产品和经验类产品两大类。他认为,搜索类产品是指有关其主要特征的充分信息在购买和使用前就能获得的产品,通过搜索产品信息就能确定产品的质量,如地毯、鞋子、家具等就属于这类产品;而所谓经验类产品是指购买者在购买和使用之前无法确认其质量特征的产品。这样有关产品的质量或者性能的信息只能通过购买和使用它们才能获得,这类产品包括书、香水、家电和钟表等。Darby 和 Karni (1973) 在 Nelson 产品分类的基础上提出了增加信用类产品的观点。该观点的提出使得产品信息特征分类法变得更加精确。他们认为信用类产品主要是指消费者即便使用了一定时间以后也难以准确判断其质量的产品。信用类产品多为无形的服务,如汽车修理、医疗服务等,由于消费者不能确切地知道他们需要服务的程度,所以,即使购买之后,消费者也难以确定产品的质量。

- 按照购买成本和频率、价值主张与差异化程度分类。

在网络购物的研究中，Peterson（1997）提出了一个以商品有形性、经验类产品/搜索类产品为构面的四象限分类系统，试图在产品分类方面构建一个具有一般适用性的框架。随后 Peterson 等人（1997）在研究互联网对不同产品和服务的潜在影响时探讨了搜索类产品和经验类产品的分类方法，并在以往研究的基础上提出了另一种产品分类方法，即按照购买成本和频率、价值主张与差异化程度等维度来区分产品（参见表7-6），而其研究结果也证实了这种分类方法的有效性。购买成本及频率是从低购买成本、高购买频率的产品（如牛奶）到高购买成本、低购买频率的产品（如家庭音响设备）。价值主张是指产品是有形还是无形的。差异化程度是指一种产品或服务与另一种产品或服务之间的差异性，它反映销售人员通过产品或服务的差异来创造持续竞争优势的程度。

表7-6 购买成本和频率、价值主张与差异化程度三大维度产品分类举例

维度1	维度2	维度3	举例
低成本、高频率	有形或实物	高差异性	酒、软饮料、香烟
		低差异性	牛奶、鸡蛋
	无形或信息	高差异性	电子报纸、杂志
		低差异性	证券
高成本、低频率	有形或实物	高差异性	汽车、立体声音响设备
		低差异性	重量和成色已知的重金属
	无形或信息	高差异性	计算机软件
		低差异性	保险、汽车金融

（3）结论。

产品分类是研究消费者行为和企业营销行为的一个非常重要的维度。一方面，不同种类的产品具有不同的属性，消费者对它们具有不同的认知和重视程度，这就决定了消费者的购买行为会随产品属性的变化而发生变化，如消费者在购买不同种类的产品时会选择不同的零售业态（超市、大卖场、百货商店等）和选择不同的购买渠道（实体商店、网上购物、电视购物、邮购等），会付出不同的购买努力并表现出不同的风险接受意愿等；另一方面，由于消费者的购买行为随着产品属性的变化而发生变化，所以，企业的市场策略和营销行为也会由此而发生变化，如对不同种类的产品采用不同的零售终端和不同的信息沟通方式。

2. 新产品开发成功因素的文献综述与研究展望．杨波（重庆大学经济与工商管理学院），刘伟（宜宾学院经济与管理学院）．科技进步与对策，2011（5）：153-157

（1）概要。

新产品开发（New Product Development，NPD）是企业经营的一个重要环节，也是企业获得持续发展的关键因素，因此新产品开发决策就成为企业十分关注的问题。为了满足消费者细分群体的不同需求、满足消费者尝试新产品的愿望、提供更多的价格选择空间、利用过剩的生产能力、应对激烈的竞争等，企业必须对其产品线进行延伸，但是过度的延伸又会带来品牌忠诚度下降、成本增加等风险。影响新产品开发成功的因素有很多，论文首先讨论了新产品开发成功因素的研究角度，然后从个性因素、组织因素、环境因素三大方面对新产品开发成功因素进行了文献回顾，在此基础上提出了未来的研究方向，即团队领导的个性对

NPD 绩效的影响、集成客户的跨组织边界的整合是否以及如何对 NPD 绩效进行影响、NPD 成功的具体文化因子等。

(2) 主要内容和观点。

众多学者从不同角度对 NPD 成功因素进行了研究。Atuahene - Gima 等从个人、组织和购买因素的角度对组织客户参与 NPD 过程的影响进行了研究。Wai - sum Siu 等则从制度分析的角度讨论了中国大陆、香港、台湾三地中小企业新产品开发过程的异同。他们研究了政府干预、制造系统和商业模式三者对三地中小企业 NPD 的影响。综合这些研究成果，笔者把对 NPD 成功因素的研究归纳为个性因素、组织因素、环境因素三个方面来讨论，见图 7 - 17。

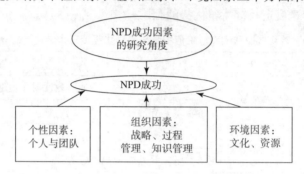

图 7 - 17 NPD 成功因素研究框架

- 个性因素：个人与团队。

众多学者对影响新产品开发成功的个性因素进行了研究。综合来看，对 NPD 过程产生积极影响的个性因素包括开放性、稳重性、一致性、勤奋、外向—内向、对购买功能重要性的感知、可感知的购买人员的耐心以及新产品团队能力等。

- 组织因素。

成功的 NPD 需要有效的战略以降低风险。战略适应性是 NPD 成功的重要因素。NPD 中的组织整合、新产品开发能力与市场成功三者之间呈正相关关系。NPD 是一种知识密集型活动，通过知识管理方法和知识管理系统可降低新产品开发中的风险。正式控制（主要是过程控制、结果控制和团队报酬控制）会影响 NPD 中客户之间的互动。研究表明，结果控制和团队报酬控制对客户互动有积极影响；而过程控制如果不同时注意结果控制，则会减少客户互动。此外，市场与企业家精神导向也能影响新产品开发的进度。

- 环境因素。

众多学者讨论了环境因素对 NPD 成功的影响，其中主要是文化因素。研究表明，文化对 NPD 成功有重要影响，因此跨国公司研发组织中的跨文化管理就成为促进新产品开发成功的重要手段。另外，NPD 过程中的市场 - 研发关系中的组织环境因素，如信任和跨职能整合对新产品绩效也有重要影响。

(3) 展望。

现有的研究对 NPD 团队个体及整体的个性因素进行了一些探讨，但是对团队领导的个性对 NPD 绩效的影响还没有涉及。另外对于集成于 NPD 团队的客户，特别是领导客户的个性是否对 NPD 绩效存在影响还尚未有研究。现有研究对组织整合特别是跨职能整合提出了很好的建议，但是还没有研究针对集成客户的跨组织边界的整合是否以及如何对 NPD 绩效产生影响进行讨论。众多的学者谈到了文化对 NPD 成功的重要意义，但没有指出 NPD 成功的文化因子具体有哪些。

3. 新产品开发速度研究综述与展望. 郝生宾, 王媛（哈尔滨工业大学管理学院）. 中国管理科学, 2013（11）: 707-712

（1）概要。

随着市场竞争的日趋激烈，企业为了抢夺市场、获取竞争优势，必须具备快速开发新产品的能力。基于时间的竞争战略关键在于快速响应需求的变化，比竞争对手更快推出新产品，利用时间上的优势、技术上的领先以及行业标准的制定来保持企业的领先地位。新产品开发速度越快，企业获取成功的机会就越大。鉴于新产品开发速度对企业的重要作用，国内外学者对其展开了大量研究。本文对新产品开发速度现有文献进行了系统梳理，具体包括新产品开发速度的定义、测量指标、影响因素和绩效结果四个方面，用以加深人们对新产品开发速度及相关问题的理解，并在此基础上，针对现有研究的不足，提出了未来可能的研究方向。

（2）主要内容和观点。

新产品开发速度是基于时间的竞争理论的重要组成部分，是企业获得时间优势、先发优势、快速跟随优势的最重要方式。

• 加快新产品开发速度的措施。

在项目中同时进行市场营销与开发活动加速产品开发；企业运用详细的有明确目的并有时间限定的计划来加速产品上市；修改过去的新产品开发过程来加速开发步骤、消除不必要的延迟；运用先进制造技术加速新产品开发过程等。

通过员工快速领悟新产品创意、企业快速审批新产品创意、最终产品能够快速上市、产品工程设计过程大大缩短来加快新产品开发速度。

通过对实际收益与预期收益的比较，以是否达到或超销售期望指数、期望利润、投资回报预期、市场份额的期望等几个指标来衡量新产品开发速度。

• 新产品开发速度的影响因素主要从团队、过程、组织和技术等方面来识别。

团队：从团队领导力、高层支持、团队授权、团队激励、岗位轮换培训、团队协同定位、团队合作、交叉功能团队以及内外部整合等方面来分析对新产品开发速度的影响。

过程：主要探讨了过程形式化、过程并行发展、过程反复研究等因素对新产品开发速度的影响。

组织：主要探讨了组织结构对新产品开发速度的影响。

供应链参与：从企业内部、顾客、供应商等不同角度对新产品开发速度的影响进行了分析。

环境：主要探讨了不良竞争、市场快速发展和环境不确定性等因素对新产品开发速度的影响。

技术：主要探讨了工艺设计、计算机辅助设计系统、组合管理、灵活制造、大规模定制、计算机集成制造等因素对新产品开发速度的影响。

速度：企业刻意强调提高速度势必会提高新产品开发速度，但在强调速度的同时定要考虑各种影响，不能一味地追求速度忽略如质量等其他重要环节。

（3）展望。

未来研究的方向之一是建立一套科学、合理、完善的评价指标体系，便于不同类型的企业对新产品开发速度水平进行客观测量，全面考虑不同环境、不同受访群体，或因数据搜集不够等原因带来的误差，提高对新产品开发速度测量的准确性，便于企业把握自身新产品开发速度，明确与其他企业的差距。

未来研究要在进一步识别新的影响因素的基础上，综合考虑内因和外因，探讨因素之间的交互作用，深入研究因素对新产品开发速度的影响机理，帮助企业明确影响新产品开发速度的关键因素，进而采取针对性措施来提高新产品开发速度。

在未来的研究当中可以考虑在某因素调节作用下，新产品开发速度对绩效的作用效应。同时也可以将新产品开发速度自身作为中介变量、调节变量探究在新产品开发速度的作用下，其他变量的绩效结果。通过对新产品开发速度绩效结果相关研究的补充与完善，得到系统完整的关于新产品开发速度的模型，用以指导企业的新产品开发活动，进而达到提高企业绩效的目的。

4. 产品生命周期识别方法的演进及评析. 汪兴东，陈健（江西农业大学经济贸易学院）. 江苏商论，2006（7）：58 - 59

（1）概要。

产品如同生物一样，都要经历一个从诞生、成长、成熟到最后衰亡的生命历程，但不同的产品却表现出不尽相同的生命形态。有的产品会顺利地走完每一生命周期阶段，而有的产品却不会经历所有的生命周期阶段，有些产品会在某个阶段停留一段较长的时间，而有些产品却刚好相反。因此准确地对产品生命周期不同阶段进行识别是产品生命周期理论中较困难但却是很重要的一部分。特别是随着互联网时代的到来，许多产品的生命周期都呈现日渐缩短的趋势。本文旨在通过描述产品生命周期识别方法的演进并对不同的方法进行评析，以便使用者甄别和选择。

（2）主要内容和观点。

目前产品生命周期识别方法基本上有三大类：经验判别法、数学模型法和联合预测法（表7 -7）。

表7 -7 产品生命周期识别方法类型

方法大类	方法内容
经验判别法：就是通过一个经验或典型的值作为参考来对产品生命周期阶段进行区分	1）销售增长率法：产品销售增长率小于10%为导入期，增长率大于10%为成长期，增长率在0 ~10%为成熟期，增长率小于零即为负数时则是衰退期。在采用上述经验数据作为判断产品生命周期阶段划分的标准时，应视其销售的长远趋势，而不能以某一段时期因受客观环境影响的短期波动来确定。 2）类比预测法：类比预测法简称类比法或类推法，是一种应用范围较广的定性预测方法。此法用于产品生命周期阶段的分析和预测时，就是把对比产品与相类似的产品生命周期的发展变化规律进行比较分析，以判断对比产品的生命周期阶段。这里所讲的类似产品的含义是很广泛的，它包括同类型的产品、同系列产品、换代产品、替换品和互补品，以及国外某些产品的发展变化倾向同国内同类产品对比等。 3）普及率分析与预测法：普及率法主要用于耐用消费品生命周期阶段的分析与预测。对于这类商品可以通过社会拥有量、社会普及率等方法来测算产品生命周期所处的阶段及社会需求量。利用耐用消费品平均普及率数据，可以大致判断其产品生命周期所处阶段。经验数据是当家庭普及率在5%以内时，可视为导入期，5% ~50%为成长前期，50% ~80%为成长后期，80% ~90%为成熟期，90%以上则已基本满足市场需求，逐步转入衰退期，如无新产品代替，市场需求稳定在一个水平

续表

方法大类	方法内容
数学模型法：指通过建立数学模型来拟合或推断产品生命周期各个阶段的方法	1）龚伯兹曲线法：是一种纯粹的数学方法。其数学思路是用S形生长曲线（龚伯兹曲线）近似拟合产品生命周期的典型状态曲线，从而对产品生命周期进行识别。 2）模糊数学法：首先建立隶属函数，求出这些不同阶段的隶属度，即某一个元素属于某一个集合的程度，用以描述元素的阶段特征。然后根据最大隶属度原则（模糊数学中一种识别元素属于集合的原则，某一个元素对于不同的集合有不同的隶属程度，哪个隶属度大就判定该元素属于哪个集合）对生命周期阶段进行判断，哪个隶属度最大就属于哪个阶段，从而完成对产品生命周期的识别
联合预测法	就是以简单算术平均或加权平均的方式，将两种或两种以上的可行预测方法或预测模型所得出的预测结果进一步综合起来，作为最终结果

（3）结论。

销售增长率法虽然比较简单明了，不必作复杂的数学计算，但使用此法判断产品生命周期不很准确，只是一种定性分析的量化技术，往往需要同其他方法结合使用，才有可能达到预期的效果。

类比法在掌握的数据资料有限情况下应用时，具有一定的参考价值。如果对预测目标已掌握了足够数据资料，则此法只能作为采用其他定量预测的一种定性补充方法。

龚伯兹曲线法是根据典型的产品生命周期曲线进行拟合，但由于产品生命周期曲线并不总是遵循这种曲线进行，因而不具有通用性。

模糊数学法的缺陷则主要在于隶属函数建立的困难，因为其中涉及经验点的选择问题，这给这一方法的应用带来了一些障碍。其次采用指标要素较少，整体性不足，所以需要更全面一些的考虑。

对于联合预测结果的精确度问题，从理论上讲，这种方法的最终预测值是平均数，因此其精确度不可能是最高的，它介于其他几种预测方法之间。

5. 新产品预告的时间距离、消费者在线评论及其购买目标的关系研究. 龚艳萍, 等（中南大学商学院）. 研究与发展管理, 2015（8）: 36-42

（1）概要。

以建构水平理论为基础，从消费者视角探讨新产品预告与产品上市之间的时间间隔长短对消费者产品评价的影响，以及产品上市后预告所引发的产品评论对不同目标的消费者产品购买意愿的影响。实验发现，当新产品发布与上市间隔时间较长时，消费者主要发表针对产品核心属性的评论；当两者间隔时间较短时，消费者主要发表针对产品次要属性的评论。产品上市后，以浏览为目标的消费者的购买意愿主要受产品次要属性评价信息的影响；以立即购买为目标的消费者的购买意愿主要受产品主要属性评价信息的影响。

（2）主要内容和观点。

- 新产品预先发布是一种营销策略。例如苹果公司的系列产品、微软的操作系统、国产魅族智能手机系列等，都是采用新产品预先发布的实例，但在发布时间的选择上这些企业存在较大差异，苹果公司的惯常做法是产品上市紧随预先发布之后，但微软却往往在新产品预先发布2年以后再上市该产品，魅族的做法与微软相似。究竟何时发布更为合适？是在产品上市几年前,还是在产品即将上市时?作者针对以上问题提出假设、建立模型并展开实证研究。

- 新产品预告发布时间的早晚选择对企业来说是一把"双刃剑"。研究表明,预告愈早发布,企业就越容易试探到投资者、供应商、分销商、消费者等各个相关利益者对新产品的态度,而在正式上市前进行一系列调整;供应商、其他相关厂商能做好充分准备,为新产品提供充足的原料来源及相关配套;消费者就有可能将新产品纳入自己的购买选择计划内,从而推迟购买。

- 不同视角下决策结果不同。企业方面,企业所处市场地位越高和公司规模越大,其新产品预告时间越晚;企业声誉越好,其新产品预告时间越早。产品方面,新产品的创新程度、利润率、复杂程度、属性清晰度和转换成本与新产品预告时间间隔呈正相关。而新产品与现有产品的品牌冲突则与新产品预告时间间隔负相关。行业方面,新产品市场竞争越激烈,新市场增长速度越快,企业新产品预告时间越晚。

- 网络和社交媒体的影响日益明显。消费者开始越来越多地通过各种媒介分享自己所知道的产品相关信息,发表自己对产品的看法,由于信息来源可信度高,这些评论的说服力是企业所发布信息说服力的 12 倍。与传统环境相比,在互联网时代,消费者能够通过各种媒介更广泛地了解到新产品的预告内容,并通过各种社交平台将其对新产品的评论发表出来,这些内容会被更多的消费者阅读,从而对这部分消费者的产品态度甚至产品上市后的购买决策产生重要影响。

作者从建构水平理论出发,探讨企业新产品预告发布时机的选择与消费者围绕此发表的产品在线评论之间存在何种关系以及这些在线评论又如何作用于最终购买等问题,从而为在社交媒体充斥的时代中企业如何发布新产品预告提供来自消费者视角的理论支持和决策建议。

(3) 展望。

本文研究仅检验了手机这一行业中新产品预告时间、在线评论和消费者购买意愿之间的关系,而预告行为已经被广泛运用于各个行业,产品类型不同,预告时间选择上存在巨大差异,因此检验不同产品类型对预告时间的调节作用是未来值得研究的一个方向。由于环境限制,研究只选取了大学生作为被试,使实验结果的外延效度受到一定影响。在今后的研究中,可以对多类人群消费者行为加以考察,弥补本次研究实验外延效度不足的问题。

三、经典图书推介

1. 产品生命周期管理(21 世纪产品实现范式第 2 版).[英]约翰·斯达克.杨青海,等,译.北京:机械工业出版社,2017

(1) 概要。

本书是作者对多年来在产品生命周期管理领域的实践应用和理论研究的总结。书中以产品生命周期管理(PLM)为主题,对其概念、理论、策略和实施方法等进行了系统的阐述,分析了 PLM 产生的背景,概括了 PLM 的基本原理,描述了 PLM 的主要功能,剖析了 PLM 对企业的组织机构、业务流程等的影响,讨论了 PLM 实施过程中所应该考虑的主要问题及其解决办法。本书内容深入浅出,具有较强的操作性,更加深化、细致,体系更加具有逻辑性、系统性,同时还有丰富的案例。

(2) 主要内容（表7-8）。

表7-8 《产品生命周期管理》主要内容

结构	内容
PLM 介绍	第1章　是 PLM 概要，描述了 PLM 的需求，举例说明了缺乏 PLM 的环境下，可能产生的一些问题以及失去的一些机遇。 第2章　关注21世纪公司必须管理其产品的环境。 第3章　揭示在产品生命周期中，各种问题都可能出现。 第4章　揭示了 PLM 如何在21世纪早期作为战略活动出现。 第5章　描述了 PLM 的机遇和效益
PLM 的基本要素	第6章　描述 PLM 中需要理解和定位的产品特性。 第7章　描述成功的产品生命周期管理下的产品数据管理方法。 第8章　描述影响产品管理的过程特性。 第9章　介绍在 PLM 环境下使用的应用系统。 第10章　对管理产品生命周期数据的 PDM 应用系统进行了描述。 第11章　介绍了人员在 PLM 中的重要作用。 第12章　对 PLM 中应用的许多专用的工作方法或技术进行了描述。 第13章　介绍产品生命周期中的设备和设施。 第14章　介绍 PLM 环境下的度量指标。 第15章　揭示如何结构化 PLM 要素。 第16章　描述 PLM 环境下可能发生的一些问题。 第17章　描述 PLM 引入时出现的公司变革管理问题
PLM 的实现	第18章　对 PLM 环境下的一些术语进行了定义。 第19章　描述了 PLM 中的原则，揭示了 PLM 战略开发的过程。 第20章　揭示如何开始 PLM 实施。 第21章　揭示如何开发 PLM 远景和 PLM 战略。 第22章　给出了 PLM 远景开发的一个案例，确定了 PLM 远景的各种要素。 第23章　揭示了公司应该如何描述 PLM 环境的当前状态。 第24章　给出了当前状态的描述案例。 第25章　描述了 PLM 成熟度模型，揭示了公司如何通过不同成熟度阶段的进化。 第26章　揭示了公司应该如何进行 PLM 环境未来状态的描述。 第27章　揭示了如何开发 PLM 实施策略和计划。 第28章　阐述了公司开始执行 PLM 实施策略时经常采取的活动

(3) 本书强调的重点。

作者在前言中指出：PLM 出现于21世纪早期，是制造公司的一种新的管理模式。顾名思义，PLM 能使公司管理其产品的整个生命周期，从最早的产品概念一直到产品生命终结。对任何开发和支持产品的公司而言，这都是最重要的活动之一。PLM 的重要性在于能够使公司从产品生命周期来控制产品。如果公司失去了控制，其后果是严重的。如果在产品开发过程中失去了控制，产品将会延期投放市场，并且产品成本将超过目标成本。在产品使用过程中失去控制，其后果可能是客户的挫败和不满意，甚至可能会造成人身伤害。PLM 针对的是公司的核心、公司的决定性资源、公司财富的源泉，即公司的产品。这就是 PLM 的任务，也是其重要的原因。产品决定公司，如果没有产品，公司就不称其为公司。在公司中，几乎没有什么比产品以及其开发和使用方式更为重要的。如果没有这些产品，也就没有了客户，没有了收益。

2. 创新管理与新产品开发（第 5 版）．［英］保罗·特罗特．陈劲，译．北京：清华大学出版社，2015

（1）概要。

本书全面引入创新管理的概念，提出把创新与新产品开发视为管理过程，介绍了很多重要的创新性课题和最新的研究成果，是一本实用指南。书中鲜明地指出创新与新产品开发是企业的整体策略而非单一的职能，企业必须密切技术创新与新产品开发的关系。这一观点对于正确实施技术创新与新产品开发具有指导价值。本书从经营战略的高度介绍了技术创新与新产品开发活动，并密切关注建立开放的组织架构以吸纳全方位的创新资源。本书着重强调企业的知识管理和知识产权管理。书中还吸纳了当今关键的开放式创新思想和企业间动态联盟的思想。并配备了许多的案例帮助学习实践。

（2）主要内容。

本书分为创新管理、技术和知识管理与新产品开发三大部分，共十六章。全书整体性和逻辑性都非常强，是当今创新管理与新产品开发领域的优秀著作，对于正确实施技术创新和新产品开发具有重要的指导价值。本书既具有创新理论的战略性高度，也能指导具体的创新实践，覆盖了知识管理、研发管理、项目管理、战略联盟等多个知识体系，并从品牌战略、产品开发、产品包装、服务创新等方面对新产品开发进行了全流程指导。主要内容体系见表 7-9。

表 7-9 《创新管理与新产品开发》主要内容

模块	内容
创新管理	第 1 章　创新管理概述 第 2 章　创新的经济分析和市场采纳 第 3 章　管理企业中的创新 第 4 章　创新和运营管理 第 5 章　知识产权管理
技术和知识管理	第 6 章　组织知识管理 第 7 章　战略联盟与网络 第 8 章　研发管理 第 9 章　研发项目管理 第 10 章　开放式创新和技术转移
新产品开发	第 11 章　产品和品牌战略 第 12 章　新产品开发 第 13 章　包装和产品开发 第 14 章　新服务创新 第 15 章　市场调研及其对新产品开发的影响 第 16 章　管理新产品开发过程

（3）阅读重点。

本书的第三部分新产品开发是阅读和学习的重点内容。这部分共包括 6 章内容，详细介绍了产品和品牌战略的建立和执行、新产品开发的意义和流程、包装和产品开发的方法和策略、新服务创新的思路和途径、市场调研及其对新产品开发的影响、管理新产品开发过程的重要性。

3. 战略管理．[美] 安索夫．邵冲，译．北京：机械工业出版社，2013

（1）概要。

本书被视为应用理论的典范，弥补了实用技术与理论探讨的分歧。它研究的是普遍性，能帮助企业解决实际问题。安索夫创造性地将数学的逻辑论证方法引入了管理学领域，并用严谨的定义与假设分析在日趋动荡的经营环境下，企业和非营利组织应当如何根据实际情况做出理性的战略决策。本书回答了以下一些关键问题：在动荡环境中有哪些组织行为模式？哪些因素决定了行为差异？哪些因素导致了成功或失败？哪些因素决定了行为模式的选择？组织从一种模式转变到另一种模式的过程是什么？本书将有效帮助今天的中国企业系统弄清自己的位置、成熟界定自己的目标、明确为此需要采取的行动。

（2）主要内容。

- 战略的制定是一个有意识的正式计划过程，企业的战略计划必须有资源的支持和组织保证；企业的高层管理负责战略计划和战略实施的全过程，并组织有关人员参与战略计划的制定和实施；战略形成以后要通过目标、项目预算的分解使之落实。

- 企业高层管理者制定的战略必须与环境相适应，根据环境的变化实施不同的战略管理模式。安索夫根据环境的变化程度不同，也就是环境的风险度不同，把环境划分为五个等级，即稳定的环境、活跃的环境、可测的环境、可探索的环境、极动荡的环境。根据不同风险度的环境，分别实施相对应的五种战略管理模式，即保守稳定型、效率反应型、营销先导型、战略探索型、开拓创造型。每种管理模式相应地采取不同的组织结构，确定不同的管理重点和管理对象。

- 要确定企业定位，即产品定位和市场定位，企业在哪个行业经营，生产该行业何种产品，为哪个或哪些市场领域服务，这就是安索夫的产品与市场组合定位理论，简称企业定位理论。

- 确定企业的成长方向，即在企业已选定的产品和市场领域中，企业经营活动朝着什么方向发展。安索夫认为根据现有产品与市场领域和企业未来要发展的新产品与新市场领域的组合，提出了四个可供选择的方向，即实施四种不同的经营战略，这就是市场渗透战略、市场开发战略、产品拓展战略、多元化经营战略。

- 企业制定和选择经营战略时必须考虑企业有何竞争优势，各个产品和市场领域之间有无协同作用，应根据企业的竞争优势和各领域之间的协同效应做出战略选择。

（3）本书的价值。

安索夫先出版了《公司战略》这本开创性著作，后又出版了另一本具有划时代意义的杰作《战略管理》，从此赢得"战略管理之父"的赞誉，名满天下。安索夫用毕生精力构筑起了一套自成一格的战略管理分析框架，他重视并尊重不同文化，以批判的态度吸收各种文化的精华。在公司战略和战略管理两个重要领域做出了划时代贡献，为管理科学分析独辟蹊径。安索夫的战略管理理论和企业定位理论（即产品与市场的组合理论），对企业的战略管理实践起了十分重大的推动作用。

4. 体验为王：伟大产品与公司的创生逻辑．[美] 哈雷·曼宁．高洁，译．北京：中信出版社，2014

（1）概要。

本书是全球领先的客户体验研究机构弗雷斯特14年研究成果的结晶。全书汇集了几十家世界知名公司的客户体验案例，包括联邦快递、富达投资、全日空航空公司（ANA）、美国USAA银行、美国AT&T通讯、维珍传媒、丽兹卡尔顿、E.ON能源等，涉及服务、快消、金融、医疗、通信、能源等诸多行业。大量数据表明，提升客户体验，将是企业以低成本换取最高效益提升的一条重要战略途径。基于大量案例，本书提出了架构客户体验机制的六大原则，并指出设立"首席客户官"（CCO）的重要性。对于如何贯彻"客户体验"战略，本书不仅仅在理念层面，更在实际操作上，给予企业更多的指导。

（2）主要内容。

作者认为，单凭"商业模式"就能制胜的时代已经一去不复返了，客户体验时代已经悄然来临。客户体验良好的公司，将会获得更多的客户、更多的利润和更快的成长。当你的竞争对手都在拼命关注他们产品和服务的"客户体验"时，你却对此一无所知，那么等待你的必将是被淘汰出局！这是一个"体验为王"的时代，由外向内的客户体验反馈，必然要求公司的关注重点乃至组织架构得到全新转变。只有公司管理层、产品设计人员，乃至整个公司文化都将客户体验放在举足轻重的位置，企业才能在这个群雄逐鹿的新一轮商业竞赛中立于不败之地。

全书共分为三大部分，第一部分介绍了客户体验的价值，特别是提出了"客户体验生态系统"这一概念。第二部分提出了客户体验的六大原则，从策略、客户认知、设计、测量、管理、文化等方面进行了分析。第三部分分析了客户体验改变企业，从通往成熟的客户体验的自然路径、首席客户官的兴起、客户体验竞争等方面做出了描述。

（3）本书评价。

福布斯传媒董事长史蒂夫·福布斯，认为："这本让人大开眼界的书，会让你看到那些聪明的公司如何在处理客户问题上实现可持续的成功，视角全面、一针见血。需要注意的是：它涉及的是整个组织，而不只是一线员工。这种类似GPS的导向是非常宝贵的。"

5. 新产品开发.〔美〕罗宾·卡罗尔，毕比·尼尔逊.冯丽丽，等，译.北京：人民邮电出版社，2015

（1）概要。

互联网时代，企业要想成功开发新产品，需要具备哪些条件？要想将新产品成功推向市场，又需要具备哪些条件？搞清楚这些问题并能采取准确的策略，是企业在互联网时代激烈的市场竞争中制胜的法宝。本书深入讲述了互联网时代新产品开发的基础知识，提出了互联网时代新产品开发和投放市场的方法。还剖析了新产品开发在互联网时代所面临的挑战，并给出了企业应对挑战的方法。全书分别针对上述问题展开了详细的讲解，囊括了作者在产品开发领域丰富的经验与认知。本书是一本系统、全面、实用性强的新产品开发指南性图书。

（2）主要内容。

本书包括五个部分，见表7-10。

表7-10 《新产品开发》的主要内容

模块	内容
新产品开发的基础知识	主要包括新产品开发的基本条件、新产品开发成功的要素、新产品开发中各岗位的职责、评估新产品在发展规划中的重要性、确定新产品开发在企业中的地位、确定新产品的类型、构建盈利模式、新产品线与品牌的糅合等内容

续表

模块	内容
绘制新产品的"机遇之洋"	主要包括了解客户的真正需求、客户拜访流程、量化客户拜访项目成果、组建创意团队、设立并开放创意会议、筛选创意并构建新概念、将技术能力与产品和市场相衔接、全力以赴开发新产品等
进入产品"开发之河"	主要包括产品开发流程、从调动各业务部门参与新产品开发、理解与管理新产品开发风险、组建新产品开发团队、管理新产品开发资源、建立评审机制保证项目按预定目标开展、产品成功投放市场、产品投放效果评估等内容
产品开发面临的新挑战	主要包括利用数字技术进行测试和实验、运用IT技术来策划企业创新活动、产品开发的全球化策略、选择新产品开发的合作伙伴等
新产品开发的创意与方法	主要包括新产品概念测试、产品原型检查进度、客户体验测试产品以及跟进创新工作的方法等内容

(3) 本书的价值。

本书填补了产品开发知识领域的主要空白,通过学习本书,读者可以学会制定新产品开发策略、生成产品与服务的创意、了解客户到底想要什么、保证开发项目的进度、拥有一个高效的跨职能团队、学会与全球客户合作。

从企业管理的角度来看,如果想在企业内激励创新,就必须做到以下几点:清楚你的发展目标——愿景;了解外面世界的发展趋势——远见;有野心——扩张目标;具备实现目标的自由——环境;借助他人力量以及与他人共同合作——交流、合作;付出能获得回报——认可。

附 录

一、单选题答案

1. A   2. B   3. C   4. B   5. C   6. A   7. D   8. C   9. C   10. C
11. D   12. C   13. C   14. A   15. B   16. A   17. B   18. D   19. D   20. B
21. D   22. A   23. B   24. A   25. B   26. D   27. B   28. C   29. B   30. B
31. C   32. A   33. C   34. C   35. C   36. A   37. B   38. C   39. D   40. D

二、多选题答案

1. ABCDE   2. ABCD   3. ABCDE   4. ABCD   5. ABCD
6. ABCD   7. ABCD   8. ABC   9. ABCD   10. ABCD
11. ABCD   12. ABCD   13. ABCD   14. ABCD   15. ABCD
16. ABCDE   17. ABCDE   18. ABCDE   19. ABCDEFGH 20. ABCD
21. ABCDE   22. ABCD

参考文献

[1] 付守永. 工匠精神——向价值型员工进化 [M]. 北京: 中华工商联合出版

社,2015.

[2] 罗杰斯. 创新的扩散 [M]. 5版. 北京:电子工业出版社,2016,1:173-186.

[3] 高杉尚孝. 麦肯锡问题分析与解决技巧 [M]. 北京:北京时代华文书局有限公司出版社,2015.

[4] 谭爽. 一个纸胶带的入坑套路 [EB/OL]. http://mp.weixin.qq.com/s/_irNXpiXMbqTxreaVx4c4Q.

[5] 金错刀. 中国20块的地摊货被俩老外卖到2 000,开店400家,红遍全球 [EB/OL]. http://mp.weixin.qq.com/s/hmIDNhvhVuSjm6yYzpvAew.

[6] 郑毓煌. 在互联网时代,传统的汽车经销商应如何做营销? [EB/OL]. http://news.bitauto.com/hao/wenzhang/248204.

[7] 王再明. 解决游客痛点,不做短命产品 [EB/OL]. http://m.cncn.net/blog/606178.

[8] 郑新涛. 白酒地方品牌如何经久不衰. 中国营销传播网 [EB/OL]. http://www.emkt.com.cn/article/222/22254.html.

[9] MBA智库百科. ADL矩阵/利特尔矩阵(ADL Matrix)[EB/OL]. http://wiki.mbalib.com/wiki/ADL%E7%9F%A9%E9%98%B5.

[10] MBA智库百科. 安索夫矩阵(Ansoff Matrix)[EB/OL]. http://wiki.mbalib.com/wiki/%E5%AE%89%E7%B4%A2%E5%A4%AB%E7%9F%A9%E9%98%B5.

第八章
价格决策

第一节 测试题

一、单选题

1. 企业产品的最高价格取决于（　　）。
   A. 市场需求　　　B. 供给水平　　　C. 质量标准　　　D. 规格型号
2. 在最高和最低的价格之间，企业产品价格的高低取决于（　　）。
   A. 新旧程度　　　B. 市场竞争　　　C. 产品成本　　　D. 价值尺度
3. 企业产品定价的最低价格取决于（　　）。
   A. 产品成本　　　B. 市场竞争　　　C. 市场需求　　　D. 质量标准
4. 在完全竞争情况下，企业只能采取的定价方法是（　　）。
   A. 成本加成　　　B. 随行就市　　　C. 拍卖　　　D. 边际成本
5. 企业在定价时，通过降低价格薄利多销来达到增加盈利的目的，采取这种策略的前提是（　　）。
   A. 需求价格弹性小于1　　　B. 需求价格弹性大于1
   C. 需求收入弹性小于1　　　D. 需求收入弹性大于1
6. 以市场需求强度及消费者感受为主要依据的定价方法是（　　）。
   A. 认知价值定价法　　　B. 差别定价法
   C. 目标利润定价法　　　D. 需求导向定价法
7. 在企业定价方法中，目标利润定价法属于（　　）。
   A. 成本导向定价　　　B. 需求导向定价
   C. 竞争导向定价　　　D. 市场导向定价
8. 企业每多出售一件产品所增加的收入，也就是最后一件产品的卖价，叫做（　　）。
   A. 总收入　　　B. 销售额　　　C. 销售收入　　　D. 边际收益
9. 制造商往往会给某些批发商或零售商一种额外折扣，促使他们愿意执行某种市场营销功能。这种折扣方式叫作（　　）。
   A. 让价策略　　　B. 现金折扣　　　C. 数量折扣　　　D. 职能折扣
10. 企业推出新产品时采用高价格高促销的策略为（　　）。
    A. 缓慢渗透　　　B. 快速渗透　　　C. 缓慢撇脂　　　D. 快速撇脂

11. 企业把创新产品的价格定得较低，以吸引大量顾客，提高市场占有率，这种定价策略叫作（　　）。
　　　A. 撇脂定价　　　B. 渗透定价　　　C. 目标定价　　　D. 加成定价
12. 中国服装设计师李艳萍设计的女士服装以典雅、高贵享誉中外，在国际市场上，一件"李艳萍"牌中式旗袍售价高达 1 000 美元，这种定价策略属于（　　）。
　　　A. 声望定价　　　B. 招徕定价　　　C. 渗透定价　　　D. 需求导向定价
13. 饮用水厂向广大消费者免费赠送饮水机以扩大桶装饮用水的销售量的定价策略是（　　）。
　　　A. 招徕定价　　　B. 渗透定价　　　C. 组合定价　　　D. 促销定价
14. 按照顾客一次购买总量或定购量而给予折扣的方法是（　　）。
　　　A. 现金折扣　　B. 季节折扣　　C. 功能折扣　　D. 数量折扣
15. 企业对于卖给不同地区顾客的某种产品，都按照相同的出厂价加平均运费定价策略是（　　）。
　　　A. 统一交货定价　　　　　　　B. 分区定价
　　　C. 基点定价　　　　　　　　　D. 运费免收定价
16. 中国电信规定每日 21：00—24：00 拨打国内长途电话按半价收费。这种定价策略属于（　　）。
　　　A. 成本加成策略　　　　　　　B. 差别定价策略
　　　C. 心理定价策略　　　　　　　D. 组合定价策略
17. 企业把市场分为若干价格区，对于卖给不同地区顾客的某种产品，分别制定不同的地区价格是（　　）。
　　　A. 基点定价　　B. 邮资定价　　C. 统一交货定价　　D. 分区定价
18. 如果一个垄断企业面对的需求价格弹性很小，它将（　　）。
　　　A. 降低价格，增加收益　　　　B. 提高价格，增加收益
　　　C. 降低价格，降低成本　　　　D. 提高产量，降低价格
19. 利用顾客求廉的心理，特意将某几种商品的价格定得较低以吸引顾客，是采用的（　　）。
　　　A. 招徕定价　　B. 撇脂定价　　C. 价格歧视　　D. 折扣定价
20. 某汽车制造商给全国各地的汽车经销商一种额外的折扣，以促进他们执行配件提供、免费咨询、售后服务等更多的服务。这种折扣属于（　　）。
　　　A. 现金折扣　　B. 数量折扣　　C. 功能折扣　　D. 季节折扣

二、多选题

1. 企业定价目标包括（　　）。
　　　A. 产品质量领先　　　　　　　B. 创新
　　　C. 当期利润最大化　　　　　　D. 市场占有率最大化
　　　E. 维持生存
2. 企业定价方法包括（　　）。
　　　A. 成本导向　　B. 需求导向　　C. 竞争导向　　D. 规模导向

E. 批量导向

3. 影响定价因素的三个主要因素是（　　）。
   A. 定价目标　　B. 市场需求　　C. 成本　　D. 国家政策
   E. 市场竞争

4. 下列定价方法中，（　　）属于成本导向定价法。
   A. 目标利润率定价法　　　　B. 随行就市定价法
   C. 成本加成定价法　　　　　D. 边际贡献定价法
   E. 理解价值法　　　　　　　F. 投标定价法

5. 在（　　）条件下，需求可能缺乏弹性。
   A. 市场上没有替代品　　　　B. 购买者对较高价格不在意
   C. 产品无特色　　　　　　　D. 市场上没有竞争者

6. 竞争导向定价法主要有（　　）。
   A. 成本加成定价法　　　　　B. 随行就市定价法
   C. 投标定价法　　　　　　　D. 目标定价法
   E. 认知价值定价法

7. 提高认知价值的主要措施有（　　）。
   A. 增加服务项目　　　　　　B. 提高服务质量
   C. 提高产品质量　　　　　　D. 降低单位成本
   E. 进行更有效的沟通传播

8. 折扣定价的方式有（　　）。
   A. 现金折扣　　B. 数量折扣　　C. 职能折扣　　D. 季节折扣

9. 心理定价策略主要有（　　）。
   A. 声望定价　　B. 招徕定价　　C. 尾数定价　　D. 渗透定价
   E. 折扣定价

10. 地区定价策略的主要形式有（　　）。
    A. 原产地定价　　B. 统一交货定价　　C. 分区定价　　D. 基点定价
    E. 运费免收定价

三、阐述题

1. 影响企业定价的内、外部因素

（1）影响定价的内部因素。

营销目标。企业为产品定价时，先必须有明确的目标，也就是明确本项产品或本次营销活动到底要达到什么目的。企业营销目标主要有以下几种：维持生存、当期利润最大化、市场占有率最大化、产品质量最优化。不同的目标就有不同的定价方法和定价策略。

企业的营销组合策略。价格是营销组合的因素之一，所以定价策略必须与其他因素如产品的整体设计、分销和促销策略相匹配，形成一个协调的营销组合。

产品成本。产品成本包括制造成本、营销成本、储运成本等，它是价格构成中一项最基本、最主要的因素。成本是产品定价的最低限度（下限），产品价格必须能够补偿产品生产、分销和促销的所有支出，并补偿企业为产品承担风险所付出的代价。

企业的价格决策机制。企业的价格决策机制对企业定价工作具有深远的影响。所谓价格决策机制，就是指由谁来定价，按照什么程序来定价，在定价过程中如何进行信息的反馈和交流等。

（2）影响定价的外部因素。

市场需求。在产品的最高价格和最低价格的幅度内，企业能把产品价格定多高，则取决于竞争者同种产品的价格水平。可见，市场需求、成本费用、竞争产品价格对企业定价有着重要影响。

竞争者的产品和价格。企业必须采取适当方式，了解竞争者所提供的产品质量和价格。企业获得这方面的信息后，就可以与竞争产品比质比价，更准确地制定本企业品价格。

其他外部环境因素。影响企业定价的环境因素还有很多。比如，国内或国际的经济状况，是否出现通货膨胀，经济是繁荣还是萧条，利率的高低等，都会影响定价策略。因为这些因素影响生产成本和顾客对产品价格和价值的理解。此外，政府的有关政策法令也是影响企业定价的一个重要因素。

2. 需求价格弹性的影响因素及其对产品定价的指导意义

影响需求价格弹性的因素主要有以下几方面：①产品与生活关系的密切程度。凡与生活密切的必需品，如柴、米、油、盐，价格对其需求量的影响小，即需求的价格弹性较小；反之，需求的价格弹性就大。②产品本身的独特性和知名度。越是独具特色和知名度高的名牌产品，消费者对价格越不敏感，需求弹性越小；反之，则需求弹性大。③替代品和竞争产品种类的多少和效果的好坏。凡替代品和竞争产品少并且效果也不好的产品，需求弹性小；反之，弹性就大。④产品质量和币值的影响。凡消费者认为价格变动是产品质量变动或币值升降的必然结果时，需求弹性小，反之，弹性大。

需求价格弹性大的商品，价格的升降，对市场需求的影响大；需求价格弹性小的商品，价格降低并不能刺激需求。许多时新的商品，或是具有威望的名牌产品，购买者对价格并不注重。而对于多次购买的消费品，则要价格合理，宜采用降低价格和薄利多销的策略，以促进销售。

3. 企业定价方法

定价方法包括成本导向定价法、需求导向定价法和竞争导向定价法。

（1）成本导向定价法。

成本导向定价法是以产品单位成本为基本依据，再加上预期利润来确定价格的成本导向定价法，是中外企业最常用、最基本的定价方法，包括成本加成定价法、目标利润定价法、盈亏平衡定价法、边际成本定价法。

成本加成定价法，指按照单位成本加上一定百分比的加成来制定产品销售价格。

目标利润定价法：是指根据估计的总销售收入（销售额）和估计的产量（销售量）来制定价格的一种方法。

盈亏平衡定价法：也叫保本定价法或收支平衡定价法是指在销量既定的条件下，企业产品的价格必须达到一定的水平才能做到盈亏平衡、收支相抵。

边际成本定价法：指每增加或减少单位产品所引起的总成本的变化量，边际成本定价法也可称为增量分析定价法。

（2）需求导向定价法。

需求导向定价法是一种以市场需求强度及消费者感受为主要依据的定价方法，包括逆向定价法、认知价值定价法、需求差异定价法。

逆向定价法是指依据消费者能够接受的最终销售价格，考虑中间商的成本及正常利润后，逆向推算出中间商的批发价和生产企业的出厂价格。

认知价值定价法，就是企业根据购买者对产品的认知价值来制定价格的一种方法。认知价值定价与现代市场营销观念相一致。

需求差异定价法以不同时间、地点、商品及不同消费者的消费需求强度差异为定价的基本依据，针对每种差异决定其在基础价格上是加价还是减价。

（3）竞争导向定价法。

在竞争十分激烈的市场上，企业通过研究竞争对手的生产条件、服务状况、价格水平等因素，依据自身的竞争实力，参考成本和供求状况来确定商品价格。竞争导向定价法主要包括随行就市定价法、产品差别定价法和密封投标定价法。

随行就市定价法：企业根据市场竞争格局，一般采用行业领导者价格或行业平均价格。

产品差别定价法：企业通过不同营销努力，依据企业的产品与服务与竞争对手所提供的产品和服务在外观、质量、品牌、售后服务等方面的差别，选取低于或高于竞争者的价格作为本企业产品价格，以便于消费者区分产品，树立企业自身的市场地位和市场形象。

密封投标定价法：指发包人招标、承包人投标的方式来选择承包者，确定最终承包价格的定价方法。一般来说，招标方只有一个，处于相对垄断地位，而投标方有多个，处于相互竞争地位。

4. 企业定价策略

企业在选定产品的基础价格后，还需要根据不同状况，灵活运用适当的定价技巧，制定最终的销售价格。定价策略主要有：①新产品定价策略：撇脂、渗透、满意等定价；②差别定价策略：顾客差别定价、产品形式差别定价、产品部位差别定价、销售时间差别定价等；③心理定价策略：尾数定价、声望定价、招徕定价；④折扣定价策略：价格折扣的主要类型包括：现金折扣、数量折扣、功能折扣、季节折扣、价格折让；⑤地区定价策略：不同费用分担、不同市场的定价。FOB原产地定价、统一交货定价、分区定价、基点定价、运费免收定价等；⑥组合定价策略：产品线定价、互补品定价、替代型产品定价等。

5. 顾客对企业调价的反应

企业价格的变动，会直接地影响到顾客的利益，而且价格的变动会给顾客发出一些信号，顾客会对这些信号做出不同的解释和反应。

（1）顾客对企业降价的反应。

顾客对于企业的某种产品的降低价格可能会这样理解：①这种产品的式样过时了，将被新型产品所代替；②这种产品有某些缺点，销售不畅；③企业财务困难，难以继续经营下去；④价格还要进一步下跌；⑤这种产品的质量下降了。

（2）顾客对企业提价的反应。

企业提价通常会影响销售，但是购买者对企业的某种产品提价也可能会这样理解：①这种产品很畅销，不赶快买就买不到了；②这种产品很有价值；③卖主想尽量取得更多利润。

6. 企业发动价格战的条件

一般来说，一个企业要发动价格战，需要具备以下条件：

（1）产品质量达到业内较高水平，并得到目标顾客的认同。这样降价就不至于使顾客产生质次价低的印象。这是价格战成功的基础。企业如果没有这方面牢固的基础，就只会吸引那些对价格敏感的和贪图便宜的低端顾客，最终可能得不偿失。英特尔和各大国际电脑厂商都经常降价，但顾客仍然认同他们的质量和技术，因此他们能一直引领市场的主流。

（2）价格战必须以新产品上市作为先导和后续手段。利用降价引人注目的时机推出新产品或高档产品，既可以降低推出新产品的广告费用，也可以通过新产品吸引更多的非价格导向的顾客，冲淡价格低、档次低的思维定式，还可以减少因降价而产生的利润损失。没有新产品的推出，价格战就失去了灵魂，难以产生持久的效果。

（3）发动价格战的企业要有一定的生产规模。一般认为生产能力达到整个市场容量的10%是一个临界点，达到这一点之后，企业的大幅降价行为就足以对整个市场产生震撼性影响。同时，这一规模也是企业形成规模经济的起点。许多企业为了向这一规模发起冲击而发动价格战，冲击成功会大大改善自己的市场地位，冲击未果将使企业从市场上销声匿迹。

（4）一般地讲，价格战对有一定规模但还没有建立自己市场地位的中型企业有利，而已经建立了稳固的市场地位或规模最大的企业则不适宜发动价格战。原因如下：大企业搞价格战，容易树大招风，招致同业的共同阻击，可能得不偿失。尤其是业已在消费者心中建立了特定价位的企业，更不能发动价格战，因为那会破坏企业已经建立的市场定位。大企业尤其是业内的领导企业发动价格战，还容易导致给较小的企业以过大的压力，迫使他们进行联合或者投靠竞争对手，共同对抗价格战的发动者。对于那些产品线较宽或同一产品品种较多的大企业，其生产成本结构并不一定具有优势。

（5）发动价格战最佳时期是产品生命周期处于成长期。在产品的成长期进行价格战比较容易产生积极效果，而产品处于成熟期时进行价格战则容易产生消极效果，原因如下：一是产品处于成长期时，市场拥有巨大的成长空间。企业通过价格战，可以加速市场的成长，同时也比较容易迅速扩大自己的销售量和市场份额、实现薄利多销。二是产品的成长期时发动价格战，不至于对其他企业尤其是市场上的主导企业构成最直接的威胁，价格战不至于演变为自相残杀，而是通过价格战共同得到消费者的关注和青睐，扩大整个市场容量，可以在一定程度上实现多赢。三是成长期的价格战一般不容易引起连锁反应，其他企业还可以走服务、品牌、品质、创新、特色等道路，可以避免在一条路上堵死。

四、评析题

1. "价格策略是市场营销组合中独具特色的组成部分"

这一观点是正确的。主要特色有以下方面：

价格策略是营销组合中唯一给企业带来收入的营销策略，其余策略都需要企业支出。

产品价格是企业市场营销过程中一个十分敏感而又最难有效控制的因素。

产品价格直接关系到市场对产品的接受程度，影响着市场需求量的大小和企业利润的多少；价格的高低涉及生产者、经营者和消费者三方的利益，再好的产品如果定价过高或过低，都有会使其市场缩小，销路不畅。

由于价格在企业市场营销组合中的特殊作用，企业往往先研究其目标顾客所能接受的价格范围，然后，在这个范围内设计产品，此时，价格成为产品市场定位的主要因素，价格决定了产品的目标市场、竞争者和产品设计，价格还决定产品具有什么特色及生产成本的高低。在这种情况下，其他营销组合因素的决策，要以定价策略为转移。

2. "定价要以产品成本为基础"

这一观点是正确的。成本是企业定价的重要影响因素之一，任何时期，企业定价都要以产品成本为基础。

在短期内，企业要实现利润最大化，必须让价格等于边际成本。因为，边际利润等于价格减去边际成本，当价格高于边际成本时，企业增加销量所带来的边际利润是正值，从而带来利润的增加。于是企业会不断增加销售量，但随着销售量的增加，边际成本会提高，最后将导致成本支出大于价格收入，那么这时边际利润就是负值，于是企业的利润就会开始下降。这样，只有当价格等于边际成本，企业的利润才是最大的。

长期状况下的企业定价，必须注意两个方面：一是长期与短期边际成本必须等于产品价格，并且此时的边际成本必须处在递减状态。二是长期与短期平均成本必须等于产品价格，此时也必然是长期与短期成本的最低点。

有时企业为了能够实现特定的企业目标，比如维持生存或抢占市场，可能在短期内会降低价格甚至以远低于产品成本的价格出售产品，但这也是为了企业长期取得利益最大化，也需要以成本为基础。

3. "高价总是打败低价"

这一观点有其合理性。营销大师科特勒说："你不是通过价格出售产品，而是出售价格。"价格以及围绕支撑价格所开展的营销活动，构成了营销体系。价格高低不是一个纯粹的定价问题，而是营销体系的核心问题。低价决定了营销的核心要素只能是价格，因为低价无法支撑其他营销活动，高价决定了营销活动可以是丰富多样的，高价总是打败低价。

消费者的购买必须建立在他们对产品的认同基础之上。这种认同源于包装、价格、消费体验（如品尝、试用）、市场推广、品牌传播等。产品上市之后，除了包装和价格的认同之外，其他认同方式都需要一定的营销支持。

价格认同有两个概念：一是价格本身，即价格高低；二是价格与价值的关联，即产品是否值这个价格，这是价格与价值的差异。低价本身只产生第一种认同，不产生第二种认同。第二种认同是消费体验和市场推广之后所产生的认同。

市场活跃度比价格更容易引起消费者关注。低价产品往往是沉默的，高价产品往往是活跃的。在终端市场，谁的表现活跃，谁就更容易引起消费者关注，被关注是需要费用的。目前，终端最常用的表现手段是促销和推广，这些都是需要花钱的。因为价格低，所以企业缺乏费用支持而表现为产品市场活跃度低。

对价格敏感的消费者，很容易被低价诱惑。既然能被你的低价诱惑，也很容易被其他的低价诱惑。所以，对价格敏感的消费者，忠诚度不高。相反，对价格不敏感的消费者，很难被诱惑，可是一旦被打动，就很忠诚。对于渠道商来说，最关注的与其说是价格，不如说是价格空间，即利润。高价才能给渠道商留出合理的价格空间。

因此新品上市时价格要稍微高一点，然后把利润空间预支出来，用于开展营销活动，以营销活动来支撑消费者对价格的认同。

高价打败低价是市场的常态，低价打败高价是个案。

4. "价格战是一把双刃剑"

这一观点是正确的。价格战是一把"双刃剑"，有积极作用也有消极作用。

（1）积极作用。

价格战可以使消费者直接得益，迅速促进市场扩容，提高社会购买力和扩大内需；价格战可淘汰一批劣质产品生产商及谋求短期利益者，制止重复投资，使社会资源得到合理的整合与利用；不断的价格战会使行业产品价格逐渐逼近成本，企业无利润可赚时，其他的竞争形式，包括品牌竞争、质量竞争、服务竞争、产品品种竞争以及技术竞争等就成了企业竞争的主体，从而促进整个行业的提高和进步，同时，相关行业也会受到带动。

（2）消极作用。

往往会造成企业发展后劲不足。价格战以牺牲利润为代价来获取营业额的增长的方式，无异于饮鸩止渴、竭泽而渔。如果企业长期搞低价销售，那么利润会减少，相应会减少在研发、技改、营销、管理等领域的投入，致使发展后劲不足。而发展后劲不足又会反过来进一步影响企业的经营业绩，使企业陷入恶性循环的泥淖。

破坏企业及行业形象。频繁降价对于品牌形象的破坏十分巨大，对单个企业如此，对整个行业亦然。一个企业经常将降低价格作为打开市场的手段是不明智的，如市场上的电子类消费品，隔三岔五地降低价格，会让早期购买的消费者有上当的感觉，而且往往会造成消费者持币等待的状况。

五、实训题

1. 需求与成本在企业定价中的作用辩论

价格的制定通常是为了满足需求，或者反映顾客愿意为产品或服务支付的费用。

实训：对以下观点进行讨论：正方：价格应主要反映消费者愿意支付的价值；反方：价格应主要反映产品或服务所包含的成本。

2. 定价方法与定价策略

在20世纪80年代和90年代初，罐头在中国市场上有很大的销量，尤其是水果罐头，更是受到广大消费者的喜爱。在汕头有一罐头厂，以生产橘子罐头出名，但是剩下的橘子皮一直没有很好的方法处理，于是便将橘子皮以九分钱一斤的价格送往药品收购站销售，但依然十分困难。难道橘子皮只能入中药做成陈皮才有用？经过一段时间的研究，他们终于开发出"珍珠陈皮"这一新用途，可将其用做小食品，而且这种小食品具有养颜、保持身材苗条等功能。

经市场调查发现，妇女和儿童尤其喜欢吃零食，且在此方面不吝花钱，但惧怕吃零食会导致肥胖，而"珍珠陈皮"正好解其后顾之忧，且市场上尚无同类产品。

实训：请给该企业进行市场细分，并针对不同目标市场选择定价方法和设计定价策略，完成表8-1。

表 8-1　定价方法与定价策略

目标市场	定价方法	定价策略
女性		
儿童		
老年人		
……		

3. 撇脂定价法

1945 年美国雷诺公司从阿根廷购进圆珠笔专利，迅速制成大批成品，并趁第一颗原子弹在日本爆炸的新闻热潮，将圆珠笔取名原子笔。由于圆珠笔确实使用方便，免去使用墨水笔的诸多不便和烦恼，短期内无竞争者能模仿，该公司每支笔制造成本才 0.5 美元，却以 20 美元的零售价投放市场。半年时间，雷诺公司生产原子笔投入 2.6 万美元，竟获得 15.6 万美元的丰厚利润。原子笔获利甚厚，竞争者蜂拥而至，原子笔价格不断下降，雷诺公司把每支笔价格降至 0.7 美元，给竞争者有力一击。

实训：调查耐用消费品（任选智能手机、家电、汽车等）领域哪些品牌曾经或正在采用撇脂定价法，分析其特点完成表 8-2。

表 8-2　撇脂定价

品牌	定价策略	特点

4. 电商价格战分析

刘强东在 2012 年 8 月 14 日上午 10 点连发两条微博：京东大型家电三年内零毛利，所有大家电保证比国美苏宁连锁店便宜 10% 以上，将派员进驻苏宁国美店面。

苏宁易购副总裁李斌 2012 年 8 月 14 日下午 4 点回应：保持价格优势是我们对消费者最基本的承诺，我重申：苏宁易购包括家电在内的所有产品价格必然低于京东，任何网友发现苏宁易购价格高于京东，我们都会即时调价，并给予已经购买反馈者两倍差价赔付。明天 9:00 开始，苏宁易购将启动史上最强力度的促销，我一定能够帮刘总提前、超额完成减员增效目标。

刘强东随后连发 6 条微博回应京东所有大家电价格都比苏宁线上线下便宜！并且无底线便宜，如果苏宁敢卖 1 元，那京东的价格一定是 0 元！

国美副总裁何青阳晚上 10 点左右表态加入价格战：国美副总裁何青阳向新浪科技独家表示，国美从不回避任何形式的价格战，从 2012 年 8 月 15 日 9 点开始，国美电器网上商城全线商品价格将比京东商城低 5%，并且从本周五开始，国美 1 700 多家门店将保持线上线下一个价。

当当网李国庆宣布"迎战"：李国庆评论刘强东的微博说：噱头吧，线上比人家线下价格，算什么价格战啊，当当网手机、电脑和小家电等以及当当网国美在线大家电旗舰店全品种迎战！欢迎顾客货比三家！

易迅网："京东商城比价不应局限于线下企业，其比价的范围也应拓展至线上。"易迅网 2012 年 8 月 14 日下午发出《京东敢不敢和易迅比比价》的挑战书，声称从 9 月份起，将掀起下半年大规模的整体促销活动，届时易迅网的大家电及 3C 产品都将便宜于京东。

实训：（1）分析京东发动价格战的条件及各企业采取的应对策略。（2）分析 2015—2017 年"双十一"期间，中国市场代表性电商（京东、天猫、苏宁、国美）的价格策略，并做出你的评价。

第二节　案例分析与讨论

一、沃尔玛天天平价

沃尔玛经营几种零售业态，虽然它们的目标顾客不同，但经营战略却是一致的，即"天天平价"，"为顾客节省每一元"，实行薄利多销。所谓"天天平价"就是指零售商总是把价格定得低于其他零售商的价格。在这种价格策略的指导下，同样品质、品牌的商品都要比其他零售商低。

（1）采购本地化，尽可能降低产品的进价。

在阿肯色州本特维拉市沃尔玛的总部，各个部门的采购人员每天都在与供货商口干舌燥地谈判，艰难地砍价，一分钱一分钱地压低价格，目的只有一个——以最低的进价达成协议。有时，采购员艰苦卓绝的谈判工作，换来的结果只是比竞争对手的定价少了几分钱。但对消费者来说，每一分钱的差价决定了消费者是在沃尔玛购物而不是到其他商店购物。

此外，沃尔玛避开了一切中间环节直接从工厂进货，其雄厚的经济实力使之具有强大的议价能力。更重要的是，沃尔玛并不因自身规模大、实力强而以肆意损害供应商来增加自身利润，而是重视与供应商建立友好融洽的协作关系，保护供应商的利益。沃尔玛给予供应商的优惠远远超过同行。美国第三大零售商凯马特对供应的商品平均 45 天付款，而沃尔玛仅为平均 29 天付款，大大激发了供应商与沃尔玛建立业务的积极性，从而保证了沃尔玛商品的最优进价。

实现采购本地化可大大地降低产品的进价，节约成本。如在中国，沃尔玛商店销售的 95% 商品都是"中国造"，这样，既节约成本，又适应当地顾客的消费习惯。

（2）建立现代化的物流配送中心。

建立现代化的物流配送中心、形成完善的物流管理系统可实现高科技、电脑化管理，把物流、商流、信息流通过配送中心实现统一，大幅提高效率，降低成本。

沃尔玛被称为零售配送革命的领袖。其独特的配送体系，大大降低了成本，加速了存货周转，成为"天天平价"的最有力的支持。沃尔玛补充存货的方法被称为"交叉装卸法"。这套"不停留送货"的供货系统共包括三部分。

①高效率的配送中心。沃尔玛的供应商根据各分店的订单将货品送至沃尔玛的配送中心，配送中心则负责完成对商品的筛选、包装和分拣工作。沃尔玛的配送中心具有高度现代化的机械设施，送至此处的商品 85% 都采用机械处理，这就大大减少了人工处理商品的费用。同时，由于购进商品数量庞大，使自动化机械设备得以充分利用，规模优势充分显示。

②迅速的运输系统。沃尔玛的机动运输车队是其供货系统的另一无可比拟的优势。至1996年，沃尔玛已拥有30个配送中心，2 000多辆运货卡车，保证进货从仓库到任何一家商店的时间不超过48小时，相对于其他同业商店平均两周补货一次，沃尔玛可保证分店货架平均一周补货两次。快速的送货，使沃尔玛各分店即使只维持极少存货也能保持正常销售，从而大大节省了存储空间和费用。由于这套快捷运输系统的有效运作，沃尔玛85%的商品通过自己的配送中心运输，而凯马特只有5%，其结果是沃尔玛的销售成本因此低于同行业平均销售成本2%~3%，成为沃尔玛天天平价策略的坚实基石。

先进的卫星通信网络。巨资建立的卫星通信网络系统使沃尔玛的供货系统更趋完美。这套系统的应用，使配送中心、供应商及每一分店的每一销售点都能形成连线作业，在短短数小时内便可完成"填妥订单→各分店订单汇总→送出订单"的整个流程，大大提高了营业的高效性和准确性。

(3) 严格控制各成本。

实行"反损耗战"，降低营业成本。在沃尔玛的办公室里，你绝对看不到豪华的装修、昂贵的家具或者厚厚的地毯，而是俭朴得不能再俭朴的办公桌。沃尔玛明文规定，职员因工外出时，需两人住一间汽车游客旅馆；而商店里诸如照明设施、空调设备等出于节约能源和降低成本的考虑，也实行统一管理。为了保持低价位，沃尔玛将损耗降到最低限度。沃尔玛的全体工作人员，自上而下都要为削减成本努力，大型削减成本的措施和上百条削减成本的小技巧相辅相成，使沃尔玛的经营成本大大低于其他同行业竞争者。

控制成本首先是厉行节约。例如，在沃尔玛中国总部，大家看到的是狭窄的过道和没有任何装修，素面朝天的办公大厅。在大厅内，随处可见"打17909，长话可省钱"的提示；而沃尔玛国际公司总经理约翰·门泽尔和他的下属们至今还挤在一起办公，他的那间办公室小得可怜。其次对商品优胜劣汰。每家店都要根据不同的地区和人文环境，根据顾客需求的变化，选择销售不同的产品。这项工作的目的在于让货架上的商品永远都是适销的商品，从而减少滞销商品所增加的存货资金成本。最后是降低仓储成本。沃尔玛还有一个非常有意思的降低成本的办法，就是它的分店总是一个镇一个镇、一个县一个县地逐次建立，这样可降低运输成本和广告费用，因为新店总是在上一个沃尔玛店附近建立，往往并不需要再进行大规模的宣传。

沃尔玛规定采购费用不得超过采购金额的1%，整个公司的管理费用为整个公司销售额的2%，而行业平均水平为5%。其费用控制主要体现在采用开架自助销售方式，使其同等规模营业人员仅为百货商店的1/3。

严格控制营销成本。沃尔玛的营销成本仅占销售额的1.5%，商品损耗率仅为1.1%，而一般美国零售商店这两项指标的平均值分别高达5%和3%。减少广告费用。沃尔玛连锁店一般不做太多的促销广告，而是将节省下来的广告费用，用来推出更低价的商品来回报顾客。沃尔玛在电视或报纸上每年只做12次广告，而大型百货公司每年要做50~100次广告。沃尔玛的广告开支仅相当于美国第二大零售连锁商——西尔斯的1/3。

充分利用货架空间。山姆会员店内要尽量利用所有的货架空间，储存和陈列商品。价格也不是标在每件商品上，而是统一标在货架上，这样简单醒目，便于统计。

(4) 大单位快速销售。

单位商品的成本由单位固定成本和单位可变成本两部分组成，单位可变成本可以看作是一个不变值，而单位固定成本会随商品的销量增加而减少。因此随着销售量的增加，单位商品的成本是下降的。所以沃尔玛低价经营除了要控制总成本外，还必须多方扩大销售量。为了扩大销售量，沃尔玛连锁店必须从畅销度高的商品中培养主力商品，实行量贩定价，发展连锁商店，当然更基础的工作是要做好商店的市场定位，搞好形象塑造工作，综合运用各种营销组合和促销工具。

沃尔玛山姆俱乐部极低的毛利率要求它有很高的单店销售规模，最低也要几千万美元，高的达上亿美元，因此只有设在人口40万~50万以上的较大都市区；低成本、高客流所需的停车空间又使它只能设在地价便宜的郊区。经营山姆俱乐部要求有极高的效率，店内几乎没有装饰，也几乎没有售货人员，商品都是直接从制造商处订购。因单位销售规模大、品种单一，商品直接从制造商处发货到商店，明显降低了配送成本。

(5) 有效的库存控制。

沃尔玛有效的库存控制是以其强大的配送中心和通信设备作技术支持。1983年，沃尔玛建立全美最大的私人卫星通信系统，加快了决策传达和信息反馈的速度，提高了整个公司的运作效率，同时节省了总部与分支机构的沟通费用。在沃尔玛总部，高速电脑和各个发货中心及各家分店的电脑联网，商店付款台上的激光扫描器会把每件货物的条形码输入电脑，再由电脑进行分类统计。一般分店自发出订单24~48小时之内，就可以收到配送中心送来的商品。沃尔玛的有效库存控制主要包括以下两方面的内容：

①充分利用POS系统。沃尔玛的各个分店均建有功能较强的POS系统，并配有功能强大的数据分析、辅助决策软件。POS系统的应用，至少使沃尔玛的经营成本降低1.5%，营业额提高8%，并可随时了解商品的销售信息，据此建立合理的商品结构。

②高效的库存管理。当某一货品库存减少到一定数量时，沃尔玛总部供货系统电脑就会发出信号，提醒商店及时向总部要求进货。总部安排货源后，送往离商店最近的一个发货中心，再由发货中心的电脑安排发送时间和路线。这样，只需36小时，由商店发出订单到接到货物并把货物摆上货架销售，一整套工作就完成了。如此快捷的信息反馈和高效的存货管理，使存货量大大降低，资金周转速度加快，成本自然降低。这种高效率的存货管理，使公司能迅速掌握销售情况和市场需求趋势，及时补充库存不足。这样既可以避免存货风险，又可以加速资金周转速度。

沃尔玛的"天天平价"不在于其频繁地降价，而在于其努力提高商品的价值链，为顾客提供更多的附加价值，这种平价主要是依靠成本控制，优化商品结构，推进服务来实现的。也就是说低价不等于廉价，低价不等于服务低劣。相反，低价也有高价值，低价也有高的服务质量，沃尔玛不仅在控制成本方面做不懈的努力，而且努力为顾客提供优质服务，让顾客在舒适的购物环境中享受到优质周到的服务。沃尔玛从顾客的角度出发，以其超一流的服务吸引大批顾客，为顾客提供许多特殊服务。

讨论题

(1) 分析沃尔玛是如何实现"天天低价"的。

(2) 沃尔玛要持续实现"天天低价"，你认为要做好哪些工作？

(3) 面对电商的冲击，沃尔玛应当如何应对？

二、苹果公司的高价策略

苹果公司核心业务是电子科技产品，苹果产品定价成为营销界高定价的典范。

创造完美客户体验。苹果拥有强大的研究机构，市场上的电子类企业一向致力于发现消费者的需求，继而迎合需求，然而，苹果走的是一条完全不同的路——不去问消费者他们想要什么，而是去创造那些他们需要但表达不出来的需求，为消费者提供了一种新的生活方式，打造完美消费体验。而这些需求是市场上别的产品满足不了的，消费者想获得这种完美的用户体验，唯一的选择就是购买苹果产品。

饥饿营销策略。苹果公司多年来一直坚持着一种"保密策略"，新产品不到最后正式发布，外界无法从苹果获得任何关于产品的信息。从 iPhone4 和 iPadl 开始，每一款新的产品公开发售的半年内，都采取一种摇号加预约和限购的销售模式，产品的供应量被限制在一个满足不了市场需求的水平下，苹果首创饥饿营销模式。

高价策略。有了优秀的产品和客户体验，苹果得以放开手脚。饥饿营销提升了苹果品牌在消费者心中的地位。而高定价则不仅增加了苹果的营业收入和利润，为下一代产品的研发提供基础，而且反过来给消费者传输了一种信号——只有高的价格才配得上苹果产品。

讨论题
(1) 苹果公司的定价方法是什么，采用该定价的条件是什么？
(2) 结合案例分析定价策略和其他组合策略的关系。
(3) 苹果公司的做法带给我们哪些启示？

三、格兰仕的阶梯式降价

广东格兰仕集团是世界最大的微波炉制造商。公司拥有全球最大的微波炉生产基地，微波炉年生产能力 3 500 万台。微波炉销量占有全球市场份额的 50%、中国市场 70% 的份额。

格兰仕公司的营销模式被称为主流营销模式，即当竞争对手普遍较弱时，通过规模经济和低成本扩张策略，迅速取得该市场的领导地位。格兰仕微波炉的降价历程：

1996 年 8 月，格兰仕在上海率先降价，幅度 45%，后波及北京乃至全国。降价品种为 WP800S、WP750 型，市场占有率分别达到 34%、85%。

1997 年 7—8 月，最小型号微波炉产品降价 40.6%，市场占有率由 4.9% 提高为 20.6%，带动了整个产品畅销，总占有率由 43.8% 上升为 56.4%。1997 年 10 月，全国范围内 13 个品种同时降价，平均降幅达 32.3%，总市场占有率由 47.1% 上升为 58.7%。

1998 年、1999 年两次变相降价，即增加微波炉产品的附加值，将奖品分量加重。当年市场占有率分别为 61% 和 67.1%。

2000 年 5 月，新世纪系列产品大幅下调，加赠送，总市场占有率由 50.9% 上升为 55.7%。2000 年 6 月 3 日，全国范围最大力度降价，降幅达 40%，包括直接降价及提高促销赠品价值，总市场占有率由 55.7% 上升为 73.3%。2000 年 10 月，所有产品包括高档品全部锁定在 1 000 元以内，平均降价 40%。

2001 年推出 300 元以下产品，引起淡季市场热销。

2002 年 1 月，数码温控王系列降价 30%，以高档中价直逼对手。2002 年 3 月，黑金刚系列中高档全面下调，平均降幅 25%，引起市场热销。

2003年，推出"格兰仕喋血百万打假，买光波敬赠千元钻表"推广活动，掀起8月风暴，青岛两天销售800台光波炉。

2004年，公司副总裁俞尧昌对媒体发布：中国家电迎来了最困难的时期，不但钢材、塑料涨价疯涨，铜材、铝材等材料也在不同程度涨价。国家对外贸出口进行政策调整，出口退税下降4%。格兰仕微波炉2004年全球订单1 800万台，内销500万台，虽然公司拥有世界第一的产销规模和自我配套能力，但利润率也只有不到3个点，他说"实在无法想象还会有哪家企业扛得起价格战这把双刃剑"；产品"不涨价的话，只能是赔本或牺牲产品质量，对企业本身、对全行业及消费者都是不负责的"。

俞尧昌提出，"格兰仕要去努力打造一个价值型企业，一个是为国家，一个是为社会，一个是为消费者，一个是为合作伙伴、为企业、为员工创造价值。现在很多人说，格兰仕是'打价格战'打出来的，我认为，格兰仕是用'价值战'打出来的，实际上要为消费者创造更多的价值。市场就是衡量唯一的标准。就同样的性能、同样的功能、同样的质量、谁的价格低，谁的性价比就最高。所以我们打的是一种价值战"。

讨论题

(1) 分析格兰仕的降价策略的特点。
(2) 为何格兰仕能够通过降低价格获得成功？
(3) 价格战和价值战的区别是什么？

四、在线旅游（OTA）行业的价格战

2000年前后，在线旅游（OTA）行业崛起了两个先驱者——携程和艺龙，2004年至2010年，涌现出了一大批各式各样的OTA，比较有名的包括去哪儿、途牛、驴妈妈、同程等，此时OTA进入了比较辉煌的时代，也进入了激烈的王位争夺的价格战时期。

（1）艺龙挑战携程。

艺龙对携程的价格战开始于2010年，当时艺龙CEO崔广福的战略定位是打造酒店在线预订领域的领导者，遂放弃机票与度假业务，从价格敏感型的休闲酒店起步，专攻酒店预订市场。到2012年年初，艺龙的酒店预订量已经是携程的一半，崔广福针对携程酒店市场争夺战的策略，效果显著。

2012年7月，携程决定用对手最擅长的方式打败对手，宣布投入5亿美元与艺龙网对攻价格战。这次战役虽然使艺龙酒店的预订量依旧增长70%，酒店营收达到1.57亿元，但利润猛跌98%。携程利润亦下降39%，这次价格战让艺龙付出了更大的代价。

2013年12月，艺龙、携程又一次"开启战争"。携程宣称从12月12日到2014年1月12日拿出5亿元人民币进行促销，并且向艺龙客户发送"携程个个酒店都比艺龙便宜10%"的消息。艺龙CEO崔广福12日公开指责携程"三分之二酒店比艺龙贵10%"，向携程CEO梁建章"约战"，新一轮价格战爆发。此次价格战导致双方损失惨重，艺龙更是连续5个季度出现亏损，这也导致了艺龙CEO崔广福的离职风波和艺龙要被"卖掉"的传言。

最终，与携程长期大打价格战的艺龙不堪重负。2015年5月22日，携程宣布联手铂涛集团和腾讯收购了艺龙大股东Expedia所持有的艺龙股权，携程出资约4亿美元，持有艺龙37.6%的股权，成为艺龙最大股东，铂涛集团持股约22.3%。自此，"携龙之争"结束，携程控制了酒店领域89%的市场份额。

(2) 携程合并去哪儿。

在携程董事长梁建章心中，国内在线旅游领域能够对携程构成真正威胁的只有去哪儿网，携程要想保持在线旅游领域的王者之位，击败去哪儿是不可避免的选择。截至2013年6月，去哪儿网移动端下载量破亿，是同期携程下载量的2倍、艺龙的4倍，一举奠定了在线旅游移动互联领域的领先地位。

2011年，去哪儿曾公开指责携程已变成利用行业垄断地位打压对手、阻碍行业发展的"邪程"。2013年年初，去哪儿又炮轰携程从去哪儿采购低价酒店，然后加价倒卖客房赚差价。在这两次"战役"中，去哪儿网均主动出击，携程则节节败守。截至2014年上半年，去哪儿酒店业务营收为人民币1.33亿元，同比增长67.14%。

2014年9月，携程向去哪儿主动发起进攻，下架了去哪儿的酒店产品，并指出去哪儿丧失搜索平台公正性。而去哪儿则高调宣布投入15亿元，开启送"红包"回馈活动，率先开启价格战。

去哪儿与携程多年的价格战最终双方陷入巨亏。2014年去哪儿净亏损18.5亿元，2015年第二季度净亏损8.157亿元人民币；携程也在2014年第四季度迎来上市11年首亏，净亏损为2.24亿元。

为了避免继续因"价格战"烧钱不止，梁建章邀庄辰超进行谈判，但在去哪儿获得银湖资本5亿美元融资后，谈判中止，梁建章被逼无奈，转而求助拥有去哪儿61.05%控股权的百度。在百度的撮合下，2015年10月26日，携程与百度进行股权置换，拥有去哪儿45%的股份，正式将去哪儿纳入携程系版图，成为中国OTA行业无可争议的王者。

(3) 价格战不绝。

易观智库的数据显示，2015年中国在线旅游市场规模为4737.7亿元人民币，仅占同期中国旅游业总收入的11.5%，相较于欧美在线旅游市场40%以上的渗透率，中国在线旅游的市场规模还有拓展空间。在市场规模继续增长的情况下，牺牲利润以换取市场份额的模式将不可避免。

劲旅网总裁魏长仁向时代周报记者表示，由于在线旅游市场交易额占整个旅游市场存量的比例较低，导致OTA企业在整个市场上的竞争度并不高，"按照行业集中度指标CR4来说，当行业排名前四的企业的市场份额达到50%以上，这个市场格局才开始相对稳定，只有前面企业的市场体量达到较大规模时，才有更大的话语权，才能实现规模化盈利"。魏长仁认为，目前国内的在线旅游市场的集中度还远远未达到这样的标准，行业仍处于"诸侯割据的混战阶段"，各OTA平台为抢占市场份额，难免加大投入、降低价格，只有市场集中度达到一定程度，新的平衡状态出现时，在线旅游市场胶着的竞争状态才会改变，"但至少在未来两年内，OTA很难各得其所，实现平衡"。

2015年，携程网收购去哪儿网、艺龙网；途牛网获得京东领投的5亿美元战略投资后，又取得海航5亿美元战略投资；同程获得万达领投的60亿元融资；驴妈妈获得老牌酒店国企锦江集团的5亿元战略入股，并登陆新三板市场。此外，阿里旅行背靠淘宝、天猫等流量入口，并拥有较完善的金融体系；腾讯也未放弃在线旅游市场。前不久，又有众信旅游、金鼎投资等机构向周边游平台"要出发"投资5.5亿元。

新资本的注入使得在线旅游市场的竞争格局更加严峻，不少OTA企业纷纷采取成本领先战略，价格战日益白热化，在线交通预定、在线度假旅游和在线住宿预订等领域的促销轮番上演。

讨论题

(1) 在线旅游行业价格战为何持续不断？
(2) 你认为在线旅游企业如何才能实现成本领先？
(3) 你对携程网的保持价格竞争优势有何好的建议？

五、涨价风潮中的香满楼

自 2010 年以来，全球谷物、饲料等商品价格上涨，我国奶牛饲养产业成本升高，原奶价格暴涨，收购价已经从 2011 年年初的每公斤 2.4 元上升到 2012 年 1 月的每公斤 7.2 元。

在原奶成本上涨，人力、运输等各方面成本不断增加的同时，牛奶已成为人们日常生活必不可少的组成部分，且牛奶也是婴儿食品、巧克力、冰激凌和乳酪等日常消费品的主要原料，使得牛奶需求量逐年提高，加上主要奶源供应地新西兰和澳大利亚遭遇大旱、欧盟政府减少农业补贴、印度和阿根廷为保护本国市场减少奶制品出口等影响，全球奶源供应大幅减少，给我国奶制品生产企业带来很大的压力，液态奶市场出现整体涨价的势头。在这样涨声一片的情况下，竞争对手对相关产品进行了一系列的提价，位于广州市的广美香满楼畜牧有限公司（以下简称"香满楼"）势必得跟随涨价，但如何评价涨价风潮的影响，并采取怎样的策略在激烈的市场竞争中求得长远的发展呢？

1. 香满楼的发展进程

香满楼成立于 1982 年，是我国第一家投资于畜牧业的中外合作企业，由香港中国农工业发展有限公司与广州市国营新塘果园场合作兴办，注册资本 2 500 万美元。自香满楼成立以来，一直遵守此承诺。无论是从奶牛的饲养还是生产设备的引进、产品质量，都是以国际高标准作为衡量准则，并确立了"先牧场、后工厂"的生产模式。20 多年的经营中，为了保证产品质量，香满楼并不一味地追求销售额和扩大市场，从不收购散户奶，先后在广州市天河区小新塘和广东肇庆建立了自己的奶源基地。

作为广东的区域品牌，香满楼产品在珠三角市场上享有很高的认知度和美誉度，得到消费者的广泛认可，2010 年销售额已达 1 亿元人民币，占广东省液态奶市场份额的 1.6%。

2. 香满楼的渠道体系和价格体系

（1）香满楼的渠道体系。

香满楼现有的渠道分为直供渠道和非直供渠道两大类。直供渠道包括现代渠道和传统渠道。①现代渠道由三部分组成：第一，KA：指全国或区域性经营的大型超市或量贩连锁卖场（如华润万家、沃尔玛等）。第二，CVS：指 24 小时便利店（如 7-11、全家）。第三，A 场：指本地单店规模较小的连锁超市（如胜佳超市）及百货商场（如广州百货）。②传统渠道由三部分组成：第一，代理经销渠道：指在特定区域代理或经销香满楼产品，并自销或分销到其终端销售网络的中间商。第二，特殊渠道：指封闭的、单一的终端销售渠道，如机关团体、酒店、机场、车站、医院、学校及景区等等（如五羊-本田员工饭堂）。第三，宅送渠道：指送货上门渠道。非直供渠道是指由香满楼通过中间商供货的渠道，一般均是传统渠道，且主要有：第一，面包店连锁，指经营即食面包的连锁店。第二，B、C 场，指本地规模较小的超市单点或小型连锁超市。第三，士多店，指个人或夫妻经营的街边小店。第四，牛奶专卖店，指经营液态奶的单店或连锁店。第五，其他，如餐饮、网吧、夜场等。

(2) 香满楼的价格体系。

香满楼的定价方法为成本加成法（即按照成本加合理的费用和利润确定价格）和目标收益定价法（即根据香满楼希望获得的收益率目标确定价格），在此基础上，针对不同的渠道成员和促销需要实行价格差别化。

3. 香满楼的应对策略

经过分析，在现有的条件下，香满楼的产品作为快速消费品，跟随涨价是很难避免的了，但是如何实现涨价却需要制定行之有效的策略。

(1) 分销渠道分类调整。

为应对涨价对中间商的影响，香满楼考虑过去的渠道划分已经不适应市场环境，采用了新的渠道分类，划分为流通渠道、零售终端、特殊通路。

①流通渠道。

流通渠道主要是指各级批发市场、批零商店、食杂店、非自选百货商场、社区便利店、集贸市场等销售通道。它的特点是，粗放式经营和管理，购物环境一般，运营成本低，适合大进大出，集中于生活消费品等等。

②零售终端。

这里所指的零售终端，主要是指以零售为主的各类连锁超市、大卖场等，如跨国或国内的各种大卖场，连锁性质的B、C类店，等等。其特点是品类比较齐全，一般是统一或集中配货，购物环境好，管理精细，运营成本高，开架自选，等等。

③特殊通路。

特殊通路是指介于流通、零售渠道之外的第三种销售通路，主要是指学校、单位、网吧、社区包括团购，等等，它的特点是消费群体特定，或购买、消费集中，一般是大宗购买，须有一定人脉或社会关系，相比于流通和零售渠道，特殊通路运营成本相对较低，但业务团队的综合素质和操作水平要求较高。

(2) 调整定价策略。

①分析影响产品价格的重要因素。

影响香满楼产品价格的主要因素有以下几个：第一，目前系统，包括传统渠道和KA渠道的所有执行零售价格和促销价格；第二，按新渠道分类后不同渠道间的利益兼顾，平衡渠道间的经营利益，促进各渠道生意健康、良性增长；第三，市场竞品和标杆产品价格；第四，原材料现有成本以及未来一年内的预计成本飞涨；第五，消费者的期望；第六，公司综合毛利率目标制定；第七，产品品种系列化的归纳与定位；第八，同系列不同规格产品间的定价；第九，快速消费品相关行业的整体趋势和国家宏观的经济导向。

②按新的渠道分类定价。

不同的分销渠道，其运营成本和操作模式是不同的，因此，香满楼根据新的渠道分类进行价格的设定时，因地制宜，根据不同的分销渠道，制定不同的价格执行模式。

流通渠道定价。由于流通渠道是香满楼提高产品销量，扩大市场份额，增强产品及企业影响力的关键渠道。作为快速消费品，要想迅速打开局面，抢占市场的制高点，就必须利用流通渠道的快速铺市。但流通渠道，同时也是一种容易窜货、容易倒价的一种销售通路，因此，需要制定和执行较为稳妥的价格策略。在价格的制定上，流通渠道的价格组成形式为：第一，出厂价，或者说是开票价，一般都是指送到价或到岸价。第二，月度返利，即为了控制通路、避免窜货而设定的正常返利，一般是次月兑现。第三，追加政策，即为了鼓励核心经销商或重点客户而设定的追加投入、促销、刺激政策，等等。第四，对这一渠道上所有的客户采用一年分销量分等级价格制度，即分销越多价格越优惠的策略。

零售终端定价。零售终端是企业打品牌、树形象、保利润的一种重要销售渠道，零售终端供货，分为经销商供货或厂家直供两种方式，但不论哪一种，香满楼认为均需要分品牌、分产品、分品项进入，即零售终端产品与流通类产品分开运作，因为，零售卖场在产品性能、产品档次、产品内外包装等方面都有别于流通渠道，因此，分开运作是一种长线的操作方法，其价格的设定可以遵循"就高不就低"的原则来进行，只有分渠道、分产品来进行价格设定，渠道成员之间的利润才能更好地保障，市场才能长治久安。

特殊通路定价。特殊通路是企业的一种利润"主产区"，因为它费用投入相对较小，操作短平快，因此，越来越被一些快速消费品厂家所看好。特殊通路产品价格的设定需要考虑的因素是：第一，开拓市场需要投入的"公关"费用。第二，给诸如团购经纪人等中间介绍人的高额销售提成。第三，日常维护的费用，比如定期举行的茶话会、座谈会、资料邮寄等一些计划内费用。特殊渠道的产品设定务必坚持"高质、高价"，即质量要有保障，产品要有卖点，价格要公道。

③按产品分类定价。

即针对以下不同类型的产品制定不同的价格。

市场中的同质流通产品定价。市场中的同质流通产品差异化非常之小，因此香满楼在制定价格时采用随行就市定价法，即主要根据竞争对手的价格定价的方法。

市场中的主推产品定价。市场中的主推产品是香满楼希望取得利益的来源，因此香满楼在制定价格时采用目标收益定价法，即根据公司目标的收益率来定价。

上市新品定价。上市新产品处于产品生命周期的导入阶段，需要提高知名度，香满楼对上市新产品的价格制定主要做到综合衡量市场细分、竞争状态及新产品的市场定位，适当采取撇脂定价法（高质高价）或感知价值定价法（即依据目标市场消费者对香满楼上市新品"值多少钱"的感受，制定价格）等。

核心竞争力产品定价。香满楼的核心竞争力产品意味着香满楼竞争优势之所在，这种产品价格制定采用感知价值定价法。针对这类产品，香满楼需要根据价值主张所承诺的传递价值，让消费者感知，向消费者传播和强化感知价值。

下市产品定价。下市产品即将被淘汰，香满楼对这类产品以成本加成定价为导向，采用低价定价，逐步退出。

④调价策略。

调价策略需要在对现有市场乳制产品的价格调整情况及数据进行分析的基础上，结合香满楼实际情况进行制定涨价调整，涨价调整的执行方案如下：a. 流通渠道和特殊通路调价策略。流通渠道和特殊通路调价周期短，一旦涨价则可立即见效，并且可以用月度搭赠进行调节。b. 零售渠道调价策略。零售渠道调价周期长，须 1~2 个月，可考虑以下策略：一是先抬高月度促销计划做过渡；二是涨价期间减少卖场特价，特别是 DM 的档期；三是对配合度不高的卖场做暂时停货压力；四是先对客情较好的卖场进行调价，拿到调价价格标签；五是先调零售价，再调供货价。

（3）塑造产品差异化策略。

塑造产品差异化的策略主要是为了应对涨价对品牌营销策略的影响，也是为了应对涨价对企业声誉和消费者对企业品牌忠诚度的影响。香满楼产品差异策略的关键是塑造产品特色，为消费者创造价值，从而建立起相对于竞争对手的差异化优势。但要创造有效的差异化优势，必须解决好三个基本问题：一是确定可以产生差异性的产品；二是确定差异之核心所在；三是以何种方式建立产品差异。

①确定可以产生差异性的产品。

目前乳品市场主要对手的产品差异策略是：光明提出了要让每个人都找到适合自己喝的牛奶的概念，维维树立了"维维豆奶，欢乐开怀"的健康概念，而蒙牛则对其产品特仑苏提出了"不是所有的牛奶都叫特仑苏"等。

对于香满楼来说，要在产品分类的前提下选一种最具特色的产品，从而把此产品作为主打产品，且对此产品赋予其外部形象，从而提高香满楼整个品牌的知名度，在树立外部形象时要特别注意差异化。

香满楼的产品分为鲜奶系列、酸奶系列和常温奶系列。对于以上几个奶品来说，只有鲜奶的品质和保质期的长短密切相关，因此鲜奶也在很大程度上有了地域的限制。远的地方运过来是需要时间的，这样一来本地的奶就有了很大的优势，香满楼目前的市场主要是立足广州，辐射珠江三角洲地区，运输距离较短，因此香满楼有了相对的优势。

②确定产品差异之核心所在。

鉴于香满楼鲜奶本身的高品质及对各个环节的严密监控以及目前国内食品安全问题频频出事这样一个事实，香满楼可以从高品质鲜牛奶、做质量有保证的产品，突出高品质差异。香满楼的奶源检测标准不但远高于国内同行，也高于国际标准。无论是从奶牛的饲养还是生产设备的引进、产品质量，香满楼都是以国际高标准作为衡量准则，保证牛奶中绝不含抗生素。

讨论题

（1）香满楼采用了什么定价方法，是否合理？
（2）影响香满楼产品定价的因素有哪些？
（3）针对不同渠道、不同产品，香满楼采取了哪些定价策略？
（4）面对竞争，香满楼采取了哪些调价策略？

第三节 经典推介

一、标志性理论、人物及思想简介

1. 价格歧视

价格歧视实质上是一种价格差异，当两个单位的同种实物商品对同一消费者或不同消费者的售价不同时，我们可以说，生产者在实行价格歧视。价格歧视是一种重要的垄断定价行为，是垄断企业通过差别价格来获取超额利润的一种定价策略。

要使价格歧视得以实行，一般要具备三个条件：企业必须具有一定的市场势力，即企业必须面对一个向下倾斜的需求曲线；企业必须能够推断或知道消费者对某一单位产品的支付意愿；企业有能力阻止顾客之间的转卖行为或者套利。

地区封锁和限制贸易自由的各种障碍往往有利于垄断者实行其价格歧视。价格歧视分三类。

（1）一级价格歧视（图8-1），指完全垄断厂商根据每一个消费者对买进每一单位产品愿意并能够支付的最高价格逐个确定产品卖价的行为，因此又被称为完全价格歧视。垄断厂商根据 $MR=MC$ 的定价原则所确定的均衡价格为 P_m，均衡数量是 Q_m。此时假定价格和数量是连续变动的。如果存在一级价格歧视的话，可以看到，在产量小于 Q_m 的范围中，消费者为每一个单位的产品所愿意支付的最高价格均大于 P_m，所以厂商继续增加产量还可以增加利润。当产量达到 Q_m 后，消费者为每一单位的产品所愿意付出的最高的价格仍然大于边际成本 MC，即此时的边际收益 MR 仍然大于边际成本 MC，理智的厂商会继续扩大生产以增加利润，因此，厂商继续增加产量，一直将产量增加到 Q_c 水平为止。可以看到此时厂商的全部收益为 $OAEQ_c$ 的面积，厂商获得了比按同一价格 P_c 销售时的更大的利润。而且消费者的剩余，即图中 P_cAE 三角形的面积，全部被垄断厂商占有，转化为厂商的收益或者是厂商利润的增加量。

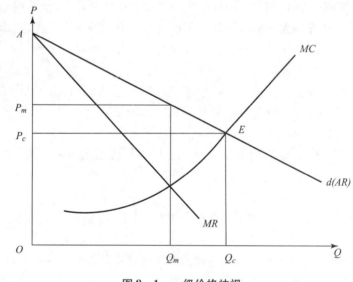

图8-1 一级价格歧视

一级价格歧视在实际经济生活中是很少见的，因为垄断厂商往往不能确知消费者所愿意支付的最高价格，就算能够知道，向每一个消费者索取不同金额也是困难的。

（2）二级价格歧视（图8-2），指垄断厂商按不同的价格出售不同单位数量的同一产品，而对于每一个购买相同数量商品的消费者则收取相同的金额。如图8-2所示，垄断厂商规定有三个价格水平。在 $O \sim Q_1$ 的销售量上，垄断厂商把价格定在 P_1 的价格水平上；在 $Q_1 \sim Q_2$ 的消费阶段，垄断厂商定的价格下降到了 P_2；当消费者的消费数量增加到 $Q_2 \sim Q_3$ 的销售水平上，垄断价格也会随之下降到 P_3。通过图8-2很容易看到如果没有价格歧视，垄断厂商的总收益就是 OP_3DQ_3 的面积，而消费者的剩余就是三角形 AP_3D 的面积。如果实行了二级价格歧视，那么垄断厂商的总收益的增加量即利润的增加量就为 P_3P_1BE 和矩形 $EGCF$ 的面积的和，这个面积正好也是消费者剩余的损失量，而消费者的剩余此时就为三角形 AP_1B、三角形 BGC 和三角形 CFD 的面积的总和。

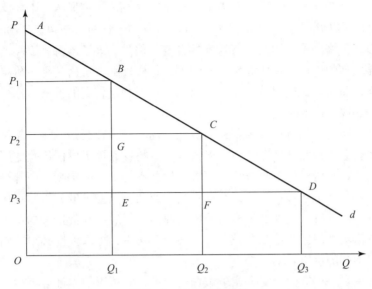

图 8-2 二级价格歧视

二级价格策略其实并不是对不同的消费者进行歧视,而是对不同的购买数量和数量段进行歧视。一般来说,购买的数量越多,价格就越低。但对于一些紧缺商品却正好相反。二级价格其实剥夺了部分消费者剩余。采取二级价格歧视实行分段定价,将会有利于垄断厂商扩大产量,实现更大的规模经济。二级价格歧视较为常见,如在一些商场里经常可以看到一种商品标出两个价格——零售价和批发价,或者注明批量购买可以打折等。

(3) 三级价格歧视(图 8-3),指垄断厂商在不同的市场对同一商品给出不同的价格,而在同一市场中则给出相同的价格。如图 8-3 所示,设 A 市场价格为 P_1,B 市场的价格为 P_2,总的销售量 $Q_t = Q_1 + Q_2$,利润 $\Pi = P_1 * Q_1 + P_2 * Q_2 - C(Q_t)$,其中 $C(Q_t)$ 为成本,则利润对 Q_1 求偏导得 $MR_1 = MC$,利润对 Q_2 求偏导得 $MR_2 = MC$,所以可以得 $MR_1 = MR_2 = $

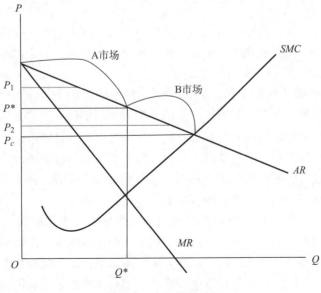

图 8-3 三级价格歧视

MC,由于 $MR_1 = P_1(1 - 1/Ed_1)$,而 $MR_2 = P_2(1 - 1/Ed_2)$,则 $P_1(1 - 1/Ed_1) = MR_2 = P_2(1 - 1/Ed_2)$,所以 $P_1/P_2 = (1 - 1/Ed_2)/(1 - 1/Ed_1)$。通过分析可以看到,当 $Ed_1 = Ed_2$ 时,则不需要提高价格歧视,因为没有这样的必要。但是当 Ed_1 不等于 Ed_2 时,则 Ed_2 较低时厂商将会索要较高的价格,反之亦然。我们可以这样理解,价格歧视对价格敏感的消费者制定较低的价格,而对于那些对价格不太敏感的消费者制定较高的价格,这样就可以利用不同的价格优势来获取更高的利润。

三级价格歧视在现实经济中最为普遍。例如:同一商品在豪华商场与超级市场的价格会相差很大;很多服务性行业往往对学生、老人等一些特殊人群提供低价位的服务;电力公司对工业用电收费低,对居民用电收费高,等等。但并不是所有的垄断厂商都可以实行三级价格歧视,它必须具备两个条件:第一必须存在两个或两个以上可以分隔的市场。如果市场不可分隔,那么消费者就有可能在低价格市场购买商品,然后到高价格市场抛售,这种市场套利行为将使得价格歧视消失。第二在被分隔的各个市场中,需求弹性必须不同。否则,垄断厂商就无法制定不同的价格。

一级价格歧视是一种类似于完全竞争市场的模型,它可以使得社会福利达到最大,有效地达到资源配置的最佳,无剩余生产力。二级价格歧视可以看成是一种数量歧视,它主要是强调达到一定数量后的歧视,这在商场超市中是非常普遍的,也是很接近消费者生活的价格歧视。三级价格歧视和二级价格歧视是生活中比较常见的,三级价格歧视主要是一种需求弹性的歧视,它强调由于细分市场的各个消费者的需求弹性的不同,而产生的一种价格歧视。

价格歧视是一个中性的经济术语,价格歧视不仅可以提高消费者的福利,而且也是一些企业生存下去的手段,但是价格歧视的不正当使用,也会损害市场的公平,影响服务质量,造成交易成本的增加。当我们发现价格歧视会造成市场经济的紊乱时,政府就必须采取必要的措施和强制性的法律来打压不正当价格歧视行为,来维护一个健康和谐的市场经济,只要企业采取价格歧视不削弱竞争,不损害社会福利,不造成资源浪费,那么法律就应允许其存在。

2. 内部转移价格

内部转移价格又称调拨价格,就是指企业内各部门之间由于相互提供产品、半成品或劳务而引起的相互结算、相互转账所需要的一种计价标准。目前,制定内部转移价格的方法根据不同的计价基础,大致上可以分为三大类。

(1) 以市场为基础的转让定价。在存在完全竞争的市场条件下,一般采用市场价格。采用市场价格法可以解决各部门间可能产生的冲突,生产部门有权选择其产品是内部转移还是卖给外部市场,而采购部门也有权自主决定。如果与市场价格偏离,将会使整个公司的利润下降。市场价格比较客观,能够体现责任会计的基本要求,但市场价格容易波动。在我国现阶段,信息处理能力较低,市场价格的准确性与可靠性受影响,甚至有些产品无市场价格作为参考,市场价格作为内部转移价格有很大的限制。

(2) 以成本为基础的转让定价。它包括完全成本法、成本加成法、变动成本加固定费用等方法。这里的成本,不是采取公司的实际成本而是标准成本,以避免把转出部门经营管理中的低效率和浪费转嫁给转入部门。这种方法应用简单,以现成的数据为基础,但标准成本的制定会有偏差,不能促进企业控制生产成本,容易忽视竞争性的供需关系。

(3) 协商价格。还有一类价格位于市场定价和成本定价之间,即协商价格。协商价格是以外部市场价格为起点，参考独立企业之间或企业与无关联的第三方之间发生类似交易时的价格，共同协商确定一个双方都愿意接受的价格作为内部转移价格。协商价格在各部门中心独立自主制定价格的基础上，充分考虑了企业的整体利益和供需双方的利益。

当一种产品的最终完成需要在企业内部的多个责任中心之间进行转移，由多个责任中心共同的努力才能实现销售的话，那么即使仅有最终的产品才能为企业带来货币效益，实现的收益还是应该由这些中心共同分享。这时，内部转移价格的制定就成为企业内部的利益分配机制。为促使企业财务目标的实现，制定内部转移价格应遵循下列原则：

（1）目标一致性原则。企业在制定内部转移价格过程中，应整体考虑企业全局利益和各责任中心的局部利益，并使之协调一致。如果内部转移价格制定不合理，则可能损害企业的全局利益或挫伤各责任中心的积极性。在企业全局利益与各责任中心的局部利益发生冲突时，企业应从整体利益出发制定内部转移价格，以保证企业整体目标的实现。

（2）公平性原则。企业制定出的内部转移价格，必须确保提供产品的责任中心和接受产品的责任中心双方均感到公平、合理，而不能使某些责任中心因内部转移价格上的缺陷而获得一些额外的收益，以致不能正确考评各责任中心的工作绩效，也就是说，根据内部转移价格确定出来的各责任中心的绩效应能够准确反映该中心对企业总体绩效所做的贡献。

（3）科学性原则。这要求内部转移价格必须在较大程度上反映产品或劳务的实际劳动消耗水平，企业制定内部转移价格应该在广泛收集和认真整理相关资料的基础上，对各有关责任中心的成本费用开支状况进行科学的预计和分析，保证内部转移价格制定的科学性。同时，内部转移价格的制定，还应该有利于各责任中心正确的科学决策。

3. 弹性理论

弹性理论由 A·马歇尔在《经济学原理》中提出，又由后来的经济学家不断补充和完善，并在经济学中广泛运用。

弹性理论是解释价格变动与需求量变动之间的关系的理论。弹性理论分为需求弹性和供给弹性，需求弹性又分为需求的价格弹性、需求的收入弹性与需求的交叉弹性三种类型。

（1）需求价格弹性。

需求价格弹性：需求量变动对价格变动的反应敏感程度，即价格变动的百分比所引起的需求量变动的百分比。

$$需求价格弹性系数\ E_d = \frac{需求量变动的百分比}{价格变动的百分比} = \frac{\Delta Q/Q}{\Delta P/P} = \frac{\Delta Q}{\Delta P} \cdot \frac{P}{Q}$$

式中，E_d 表示需求价格弹性系数；Q 表示商品的需求量；P 表示该商品的价格；$\Delta Q/Q$ 表示需求量变动的百分比；$\Delta P/P$ 表示价格变动的百分比。一般而言，由于需求量与价格呈反方向变动，所以，E_d 为负值。但在实际运用中，为了计算和分析方便，一般取其绝对值。

影响需求价格弹性的因素：

①商品本身的性质用途。一般而言，生活必需品的需求弹性较小，奢侈品需求弹性较大。

②商品可替代程度。一种商品越容易被替代，其需求弹性就越大；反之，则越小。

③商品用途的广泛性。如果一种商品的用途很广泛，当商品的价格提高之后消费者在各种用途上可以适当地减少需求量，从而需求价格弹性越大，反之，需求价格弹性就越小。

④商品消费支出在消费者预算支出中所占的比重。当一种商品在消费者预算支出中占很

小的部分时，消费者并不大注意其价格的变化，如买一包口香糖，你可能不大会注意价格的变动。所以，支出比重越小的商品，其需求价格弹性就越小，反之，需求价格弹性就越大。

⑤商品的耐用程度。一般而言，耐用品的需求价格弹性大，非耐用品的需求价格弹性小。例如，家用汽车和家用空调的弹性往往大于报刊这类印刷品的需求价格弹性。

消费者调整需求量的时间，也与需求弹性有关。一般而言，消费者调整需求的时间越短，需求的价格弹性越小，相反调整时间越长，需求的价格弹性越大。如汽油价格上升，短期内不会影响其需求量，但长期人们可能寻找替代品，从而对需求量产生重大影响。

(2) 需求收入弹性。

需求收入弹性：需求量变动对收入变动的反应敏感程度，即收入变动的百分比所引起的需求量变动的百分比。

$$E_I = \frac{需求量变动的百分比}{收入变动的百分比} = \frac{\Delta Q/Q}{\Delta I/I} = \frac{\Delta Q}{\Delta I} \cdot \frac{I}{Q}$$

式中，E_I 表示需求收入弹性系数；Q 表示商品的需求量；I 表示该商品的收入；$\Delta Q/Q$ 表示需求量变动的百分比；$\Delta I/I$ 表示收入变动的百分比。一般而言，由于需求量与收入呈同方向变动，所以，E_I 为正值。在这里主要介绍 E_I 在实际经济生活中运用的分类。

如果一种商品的 $E_I > 0$，则该商品为正常商品；如果一种商品的 $E_I < 0$，表明需求量随收入增加而减少，则该商品为劣质品；如果一种商品的 $E_I > 1$，表明需求量随收入增加而增加，则该商品为奢侈品；如果一种商品的 $0 < E_I < 1$，表明需求量增加的幅度小于收入增加的幅度，则该商品为生活必需品。恩格尔定律所反映的商品就是这类商品。

(3) 需求交叉弹性。

需求的交叉弹性：表示在一定时期内，两种相关商品中一种商品价格变动的比率对另一种商品需求量变动比率反应敏感程度。

$$E_{YX} = \frac{\Delta Q_X/Q_X}{\Delta P_Y/P_Y} = \frac{\Delta Q_X}{\Delta P_Y} \cdot \frac{P_Y}{Q_X}$$

式中，E_{YX} 表示需求交叉弹性系数；$\Delta Q_X/Q_X$ 表示 X 商品需求量变动的百分比，$\Delta P_Y/P_Y$ 表示 Y 商品的价格变动的百分比。如果 $E_{YX} > 0$，则两种商品 X、Y 为替代品，如果 $E_{YX} < 0$，则两种商品 X、Y 为互补品，如果 $E_{YX} = 0$，则两种商品 X、Y 为互不相干。

(4) 供给价格弹性。

供给价格弹性：供给量变动对价格变动的反应敏感程度，即价格变动的百分比所引起的供给量变动的百分比。

$$E_s = \frac{供给量变动的百分比}{价格变动的百分比} = \frac{\Delta Q/Q}{\Delta P/P} = \frac{\Delta Q}{\Delta P} \cdot \frac{P}{Q}$$

式中，E_s 表示供给价格弹性系数；Q 表示商品的供给量；P 表示该商品的价格；$\Delta Q/Q$ 表示供给量变动的百分比；$\Delta P/P$ 表示价格变动的百分比。一般而言，由于供给量与价格呈同方向变动，所以，E_s 为正值。

供给完全无弹性 $E_s = 0$，即价格无论怎样变动，供给量都不会变动，所以，其供给曲线为一条垂直直线。例如，土地和一些文物古董品就具有这种属性。

供给无限弹性 $E_s \to \infty$，即价格既定时，供给量无限增长。所以，其供给曲线为一条平行与横轴的直线。

单位弹性 $E_s=1$，在这种情况下，供给量变动的百分比与价格的变动百分比是相等的，所以，其供给曲线是一条向右上方倾斜 45°的线。

供给缺乏弹性 $0<E_s<1$，在这种情况下，供给量变动的百分比小于价格的变动百分比，所以，其供给曲线是一条比较陡直的曲线。

供给富有弹性 $1<E_s\to\infty$，在这种情况下，供给量变动的百分比大于价格的变动百分比，所以，其供给曲线是一条比较平缓的曲线。

影响供给价格弹性的因素包括：

①生产技术类型。一般而言，生产技术越复杂、越先进，生产周期就相对越长，供给弹性就越小。因为在价格下降时，这类生产要素不能迅速、方便地转移。

②生产能力的利用程度。对拥有相同技术的生产者而言，拥有多余生产能力的生产者的供给会更有弹性，因为它在价格变动时，特别是价格升高时，更容易调整产量。

③生产成本因素。当产量增加时，成本迅速增大，其类产品供给弹性小，反之，当生产扩大时，成本增长慢，其类产品供给弹性就大。

④生产者调整供给量的时间（生产时间）。当商品的价格发生变化，生产者对供给量进行调整需要一定时间，时间越短，生产者越来不及调整供给量。如在一个月内，考察西瓜的供给，它可能缺乏弹性，但如果跨年度考察西瓜供给量的变化，则其供给弹性可能很大。

4. 顾客价值相关理论

泽瑟摩尔在其所做的开创性研究中首次将顾客价值定义为"顾客所能感知到的利益与其为获取产品或服务所付出的成本进行权衡后对产品或服务效用的整体评价"。其后，顾客价值理论逐步成为西方营销学者和企业经理人共同关注的焦点领域，并被视为竞争优势的新来源。

（1）顾客让渡价值理论。

科特勒在他著名的《营销管理》第八版中引入"顾客价值"，但他没有直接使用"顾客价值"一词，而是应用了"顾客让渡价值"。他指出，所谓顾客让渡价值是指总顾客价值与总顾客成本之差，即顾客让渡价值 = 总顾客价值 - 总顾客成本。此处，顾客总价值是顾客购买某一产品或服务所获得的所有利益，它包括产品价值、服务价值、人员价值和形象价值。顾客总成本是指顾客为了购买某一产品或服务所耗费的时间、精神、体力以及所支付的货币资金等，它包括货币成本、时间成本、精神成本和体力成本，见图 8-4。顾客在选购产品

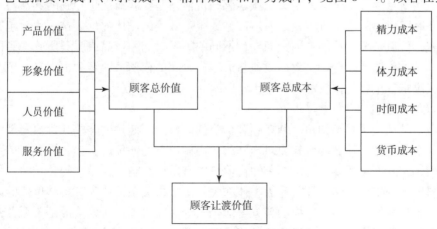

图 8-4 顾客让渡价值示意图

时，往往从价值与成本两个方面进行比较分析，以顾客让渡价值最大的产品或服务作为优先选择的对象。

（2）顾客价值。

Gale 对顾客价值的研究源于质量管理，他早期在对质量管理的研究中发现了质量管理的局限，这成了他研究顾客价值的契机。Gale 把顾客价值定义为"顾客相对于产品价格而获得的市场感知质量"。Gale 把顾客价值看作一种质量，他认为如果质量不与价格相联系，那么质量是没有意义的。因为任何人都想获得尽可能高质量的产品和服务，正因为有价格的约束，人们才不得不放弃部分质量要求。顾客价值理论的演化发展模型见图 8-5。

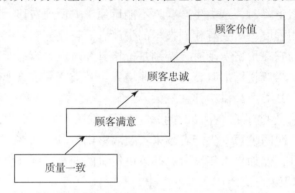

图 8-5　顾客价值理论的演化发展模型

（3）顾客感知价值。

泽瑟摩尔最早将"顾客感知价值"作为服务质量研究的基础，其著作中虽未直接使用"顾客价值"，但"顾客感知价值"表示的就是"顾客价值"。他指出顾客的价值是由顾客而不是供应企业决定的，本质上应是顾客感知价值。因此在企业为顾客设计、创造提供价值时应该从顾客导向出发，把顾客对价值的感知作为决定因素。后来的学者大都将泽瑟摩尔看作顾客价值研究的主要奠基者之一。根据顾客调查总结出感知价值的四种含义：①价值就是低廉的价格；②价值就是顾客期望从产品中所获取的东西；③价值就是顾客付钱买回的质量；④价值就是顾客全部付出所能得到的全部。泽瑟摩尔从顾客心理的角度，将顾客对这四种价值的表达概括为一个全面的定义：顾客感知价值就是顾客所能感知到的利益与其在获取产品或服务时所付出的成本进行权衡后对产品或服务效用的总体评价。这一概念包含着两层含义。首先，价值是个性化的，因人而异，不同的顾客对同一产品或服务所感知到的价值并不相同。其次，价值代表着一种效用收益与成本代价间的权衡，顾客会根据自己感受到的价值做出购买决定，绝不是仅仅取决于某单一因素。

（4）顾客关系价值。

格隆罗斯是从关系营销的角度阐述顾客价值的。格隆罗斯将顾客感知价值定义为顾客根据付出了什么和得到了什么的感知而对产品的效用做出总的评价的看法，没有考虑到提供物的关系方面，实际上关系本身对总的感知价值可能有重要影响。在紧密的关系中，顾客可能会将重点从独立的提供物转向评价作为整体的关系。如果关系被认为有足够价值的话，即使产品或服务不是最好的，参与交换的各方可能仍然会达成协议。所以价值是关系营销中的一个重要概念，企业提供给顾客超级价值的能力被认为是 20 世纪 90 年代最成功的战略之一，而且这种能力已经成为差别化的工具和建立持久竞争优势的关键。他指出，在关系范畴中，企业提供的包含核心产品和各种类型的附加服务。顾客付出的代价包括价格和某方出于关系中而发生的额外成本，成为关系成本。关系范畴中的顾客感知价值可以表述为下面两个公式：

$$\text{顾客感知价值} = (\text{核心产品} + \text{附加服务})/(\text{价格} + \text{关系成本}) \tag{1}$$

$$\text{顾客感知价值} = \text{核心价值} + \text{附加价值} \tag{2}$$

格隆罗斯认为顾客感知价值是一个发展的、动态的概念，是随时间发展和感知的概念，原则上在核心产品送货时交付。但关系成本则是随着关系的发展发生的，而且边际成本呈递减趋势。核心产品和附加服务的效用也是在关系的发展过程中体现出来的。公式（2）中也包含了一个长期概念。附加价值也是随着关系的发展而显现出来的。同时格隆罗斯也发现，作为关系营销核心的交互过程及支持关系建立和发展的对话过程对顾客价值实现不可或缺的作用。所以他总结到，成功的关系营销战略要求在关系营销计划过程中同时考虑三个过程，见图8-6。

图8-6 关系营销三要素

（5）顾客价值认知。

伍德鲁夫早在1997年之前就已开始从事顾客价值理论与方法的研究工作。伍德鲁夫将顾客价值定义为"顾客在一定的使用情境中对产品属性、产品功效以及使用效果达成或阻碍其目的和意图的感知的偏好和评价"，由此可以看出，伍德鲁夫对顾客价值的认知与其之前的一些研究者的观点的不同在于，他之前的研究者大都将顾客价值看作一个平面中的要素进行比较，而他将顾客价值看作是一个立体结构——一个包括产品属性、产品功效、产品属性的表现和使用结果三个层次，见图8-7。

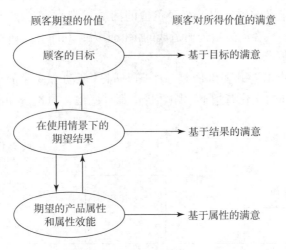

图8-7 顾客价值层次模型

伍德鲁夫认为，三个层级的连接构成了一个"目的—手段链"从下往上看，属性是达到功效的手段，功效是达到核心价值的手段，反之亦然。同时，他提出顾客是通过顾客满意这个媒介来感知价值的。从它的底部看起，顾客将产品看作是一系列属性和性能的集合。这也是顾客评价产品和服务的起点。接下来，顾客会进一步评价这些属性的功效。最后，顾客还会超然于这些属性及其功效之上,关心更为抽象的一些核心价值,如所购买的产品能否给家庭生活带来更新更好的乐趣,是否很好地体现了自己的社会地位等。伍德鲁夫的理论中强调了顾客价值的环境性。事实上,在不同的产品使用情境,顾客对价值的看法可能全然不同。顾客价值既与产品本身有关,也与使用的目的有关,还与使用的场合有关。由于采用了这样一个较为复杂的顾客价值定义,伍德鲁夫对顾客价值的测评方法也相应地与众不同,他特别强调通过对顾客在一定的使用情境中的消费与使用过程的考察来发现顾客价值,包括现场观察、深度阶梯访谈法等。较之其他定量研究方法,伍德鲁夫更强调对顾客价值进行定性研究。

(6)顾客终身价值。

自20世纪80年代以来,人们开始意识到吸引一个新顾客的成本要高于维持老顾客的成本,从而强调了顾客终身价值的重要性。Zeithaml等人认为正是由于对客户关系管理的日趋重视,才引发了学者们对顾客终身价值的思考。学者对顾客终身价值的看法也很多,但多数学者是从单个顾客在关系维持的过程中给公司带来的利润以及公司所需付出的成本角度出发来定义顾客终身价值,如Berger和Nasr将其定义为在顾客与公司交易的整个周期里,公司从顾客处所得到的净利润或净损失。在顾客终身价值的测量方面,学者提出了许多测量方法,但都基于一个基本公式:

$$LTV = \sum_{i=1}^{n} (R_i - C_i)/(1+d)^{i-0.5}$$

其中,i是顾客现金交易流量的时期;R_i表示在时期i从顾客处获得的收入;C_i表示在时期i所付出的成本;i为顾客在过去交易过程中交易的次数,是一种净现值的概念。这项研究的主要缺陷在于没有考虑到顾客与顾客之间的影响。顾客忠诚的相关研究表明,顾客忠诚的价值不仅在于顾客对公司产品的重复购买,更重要的是顾客推荐,这是一种潜在价值。现有的研究(包括对定义的界定以及终身价值的测量)都没有考虑到顾客的潜在价值,这是比较片面的。此外,顾客流失给公司造成的价值损失,在原有的研究中也没有涉及。

(7)顾客体验价值。

Jaworski和Kohli指出,顾客价值是一个随时间呈现动态变化的概念,不同顾客之间、不同情境下,以及不同的文化背景下,顾客价值都有变化。图8-8是Karl Albecht提出的顾客价值层级模型。

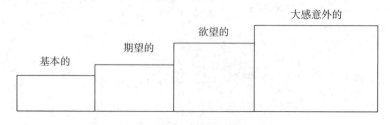

图8-8 顾客价值层级

顾客价值层级模型体现了顾客需求的变化,其中,体现了顾客对体验的感知和评价。Parasueaman的研究表明,随着首次顾客到短期顾客再到长期顾客的转变,其价值评判标准越来越全面、越抽象。因此,顾客价值理论也在不断发展、变化中,随着体验经济的到来,体验价值也应时代要求而得到重视。

Sale 和 Narver 认为："能不断为顾客创造优异价值,需要销售商理解购买者的整个价值链,不仅仅是价值链现状,而且还需要了解这一价值链随着时间的推移而变化。"豪马贺卡公司在深入调查顾客需求的基础上,发现影响顾客价值的五个要素——价格、产品、信任、体验和精力,从而提出豪马星模式,见图8-9。

豪马星模式将顾客价值构成进行了扩展,突出了体验的重要性。除了企业之外,理论界也拓展了顾客价值的内涵。Bute 和 Goodstei 在1996年和1998年将顾客价值进行了重新定

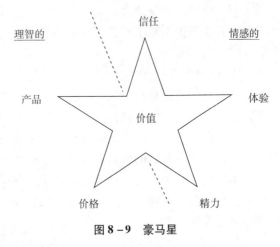

图 8-9 豪马星

义,强调顾客价值是指顾客的需要在"情感上"被满足的程度,体验价值在其中得到了充分的体现。

二、经典论文推介

1. 价格折扣呈现方式对促销效果影响的实证研究. 郝辽钢（西南交通大学经济管理学院）,高充彦（对外经济贸易大学国际商学院）,贾建民（西南交通大学经济管理学院）. 管理世界, 2008（10）: 106-114

（1）概要。

在市场上,价格折扣的呈现方式通常有两种:一种是基于金额的价格折扣,另一种是基于百分比的价格折扣。在框架效应的作用下,不同的价格折扣呈现方式如何影响消费者认知过程？不同价格折扣呈现方式下消费者如何处理价格折扣信息？哪种价格折扣呈现方式对产品促销更有效？价格折扣影响消费者购买意愿的作用机制是什么？本文对这些问题做出了研究。首先对价格促销的相关文献做了回顾和总结,然后提出价格呈现方式对促销效果影响的相应研究假说,并通过两个实验来验证这些假说。

（2）主要内容和观点。

在消费者日常购买行为中,购物环境（如促销是否有时间限制）、折扣呈现形式对消费者是否新颖等因素均影响到消费者对价格折扣促销信息的处理深度,并进而影响到对价格折扣信息的处理精度,从而影响不同价格折扣形式的相对促销效果。本文依据信息处理这一研究框架,重点考虑了在进行价格折扣计算时不同的运算法则对消费者的信息处理精度的影响,并由此推导出了相应的研究假说,采用实验法进行了验证。

通过两个实验研究了基于金额的价格折扣与基于百分比的价格折扣这两种价格折扣呈现形式对消费者购买意愿的影响及其内在作用机制,并提出了这两种价格折扣呈现形式发生作用的两个边界条件:价格折扣计算难度与被促销品价格水平。研究结果发现:通常情况下,基于金额的价格折扣比基于百分比的价格折扣能够带来更高的购买意愿与感知价值；但这个关系受到价格折扣计算难度与被促销品价格水平的调节作用影响。对于特别容易计算的价格折扣,或者对于低价被促销产品,两种折扣呈现形式在促销效果上的差异将消失；感知价值是价格折扣呈现形式影响购买意愿的完全中介变量,亦即消费者将根据对价格折扣的感知交

易价值与感知获取价值进行认知与判断,在此基础上决定自己的购买意愿与行为。这些研究发现填补了目前国际上相关研究的不足。

(3) 结论。

本文的研究对于营销者设计价格促销形式具有启示意义。为了方便消费者信息处理,对于比较难计算的价格折扣信息,包括比较难处理的被促销品标价和比较难计算的价格折扣幅度,采用基于金额的价格折扣形式,能够给消费者带来更高的感知价值与购买意愿,从而产生更好的促销效果并带来更多的销售;对于高价品的价格促销,采用基于金额的价格折扣形式比采用基于百分比的价格折扣形式能够产生更好的促销效果。

本文对于营销者更深刻的启发在于:简单是金! 营销者设计促销工具时,应以方便消费者对促销信息的认知与信息处理为原则,而不应将促销工具设计得过于复杂以至于让消费者难以处理促销信息。

后续的研究可以在综合考虑价格折扣呈现形式、价格折扣计算难易、促销形式感知新颖性、购物环境等因素影响的基础上,以实际购物环境中的消费者为研究样本,进一步研究价格折扣呈现形式的相对促销效果,从而为企业价格折扣促销实践提供更多、更丰富的理论指导。

2. 基于消费者转换行为的线上线下产品定价策略研究. 刘晓峰,顾领(中南财经政法大学工商管理学院). 管理科学, 2016 (3): 93 – 103

(1) 概要。

基于消费者存在渠道转换行为,本文引入消费者对不同渠道的偏好以及对服务的敏感程度,探讨消费者渠道转换行为对线上线下混合渠道零售商以及单纯线上渠道零售商定价策略的影响,在一定程度上对线上线下同价、全网比价等定价策略的合理性进行分析,并给出线上线下混合渠道零售商关于产品差异化的定价策略,这些定量分析结果对线上线下混合渠道零售商的定价策略具有一定的指导意义。本文通过一个基本的 Hotelling 博弈模型,建立基于消费者转换行为的传统实体店模型,解释消费者渠道转换行为对传统实体店的影响;将模型扩展到传统实体店新增网络渠道后与网络店的竞争模型,最后对采用线上线下混合渠道零售商的定价策略提出管理和指导性建议。

(2) 主要内容和观点。

消费者搭便车行为会导致实体店的价格、服务水平和利润下降。然而,对网络店而言,消费者服务敏感系数相对较低时,消费者搭便车行为导致网络店的价格和利润下降;消费者服务敏感系数相对较高时,消费者搭便车行为导致网络店的价格和利润的上升。

当实体店新增网络渠道后,会导致竞争进一步加剧,实体店和网络店的价格和利润均显著降低,消费者搭便车的负面效应并未得到消除;当实体店实施线上线下同价政策后,消费者搭便车效应将完全消除,实体店可以获取更大的市场份额,但利润显著降低。消费者判断产品价值相对较高时,实体店实行差价返还政策可以有效地消除消费者搭便车的负面效应,实体店可以制定较高的价格并获取较高的利润;当消费者服务敏感系数较大时,差价返还政策对网络店不利;当消费者服务敏感系数较小时,差价返还政策也可以使网络店利润增加。

当线下渠道零售商提供不同的产品类型时,可以有效地消除消费者搭便车的负面效应,产品的差异化在缓解两者竞争的基础上也有利于网络店利润的提高。

线上线下零售商的定价策略提供了一定的指导意义。①消费者渠道转换行为的确会对线上线下零售商的定价和服务产生不利影响，导致价格、服务水平和利润的降低，因此，线上线下零售商应采取适当的措施应对这种渠道转换行为的冲击。②线上线下同价虽然在一定程度上可以减少消费者渠道转换行为的影响，但是线上线下混合渠道零售商不得不牺牲短期的利润以换取长期的市场份额。因此，混合渠道零售商在采取该策略时，需要权衡短期利润与长远发展之间的关系。全网比价可以消除消费者渠道转换的不利影响，特别是当消费者对某些产品的服务敏感系数较低时，全网比价可以在一定程度上起到传递价格信号的作用，从而对竞争双方产生正面效应。③相对于线上线下同价等策略，线上线下零售商采用产品差异化策略可以更有效地应对消费者的渠道转换行为，而不至于以牺牲利润为代价，因此，合理的产品区隔是应对消费者渠道转换行为的有效形式。

3. 商业模式创新与营销定价策略研究．赖元薇，傅慧芬（对外经济贸易大学国际商学院）．现代管理科学，2016（4）：29－32

（1）概要

近年来，伴随商业模式的创新，多样化的盈利模式纷纷涌现。营销组合中的定价策略与企业的盈利模式紧密相关。文章聚焦互联网时代企业的新兴商业模式与定价策略，分别就免费、反向定价以及众筹三种商业模式中的定价策略做了分析，揭示了定价策略与商业模式创新之间的关系。文章期望为该领域的理论研究做出贡献，也为企业实践者未来的定价策略决策提供启示。

（2）主要内容和观点。

盈利模式是商业模式的一个组成模块，主要说明企业赚谁的钱、赚什么钱、怎么收钱的问题（Morris et al.，2005）。在传统行业，盈利模式往往固定不变，因此商业模式也难以创新。但在互联网行业，伴随着商业模式的创新，多样化的盈利模式纷纷涌现，甚至出现不但不向用户收费，还给用户补贴的现象，如表8－3～表8－6所示。

表8－3 免费商业模式中的定价策略

定价策略	客户	业务费用	收费模式	成本	需求价格弹性	竞争
广告	广告商	广告费佣金	CPM、CPC、CPA、CPS	产品与服务运营费用	视产品品类及客户群而定	视产品品类及客户群而定
交叉补贴	特定消费群	月租费 产品升级服务费	通过捆绑合约有针对性的直接收费			
免费体验	被转化的消费群	产品服务费	免费体验期结束之后，后续交易收费	教育市场的费用 产品与服务运营费用		
增值服务	高端的消费群	增值功能和服务费	有针对性的直接收费			

表8-4 反向定价商业模式中的定价策略

反向定价	代表案例	客户	业务费用	收费模式成本	需求价格弹性	竞争
时间型尾货	Priceline ScoreBig	合作方用户	买方的佣金差价 广告费	按交易产品与服务运营费用	高	相同模式同领域无激烈的竞争,但面对传统电子商务平台竞争激烈
物品型尾货	Netotiate Buystand Greentoe		卖方的佣金广告费			

表8-5 众筹平台的盈利模式分类

成交费或者佣金	会员费	股权	广告和促销费用
通常为3%至10% 有时甚至高达30% 如果项目失败将返还	多为作家和音乐家服务 每月支付的费用视固定的	佣金 项目未来几年的期权收益	咨询服务 材料评估 视频制作 专题及广告位

表8-6 回报众筹的定价策略分类

回报众筹	代表案例	客户	业务费用	收费模式	成本	需求价格弹性	竞争
实物与服务回报	淘宝众筹、京东众筹等平台上的众筹项目	项目支持者	产品与服务的售价	按交易	产品与服务的生产、运营费用	视产品品类及客户群而定	愈加激烈
产品与服务回报	美尔地产		房产与服务的售价		地产开发,物业维护、运行费用		

无论是免费、反向定价还是众筹模式,互联网时代企业定价策略的核心仍然是以消费者为中心,根据需求采用合适的商业模式去填补市场空白。不同之处是,利用互联网的优势,企业可以以更低的成本与消费者直接沟通,借助大数据的支持,积极进行定价测试,实现营销定价策略艺术与科学的完美结合。

4. 双边市场理论与应用述评. 吴汉洪,孟剑(中国人民大学经济学院、中国人民大学财政金融学院). 中国人民大学学报,2014(2):149-156

(1) 概要。

作为网络经济学和产业组织理论前沿领域的双边市场理论近年来取得了较多的研究成果。在理论层面,关于双边市场的理论研究主要集中在平台企业的定价策略、平台竞争下的单归属与多归属以及双边市场的反垄断审查等问题上。而在实践层面,具有双边市场特征的产业大量存在于现实生活中,如银行卡产业、互联网产业、传媒产业等。在未来的研究中,双边市场的反垄断问题以及动态优化模型在双边市场相关产业中的运用问题都不容忽视。

(2) 主要内容和观点。
- 双边市场。双边市场是连接两边具有交叉网络外部性用户群体的平台企业的经济行为。

平台企业的存在使得双边市场在定价策略上与传统的单边市场存在较大的差异。对现有文献进行梳理后发现，双边市场主要有以下两个特性：第一，存在交叉的网络外部性。场中一方的用户数量和交易量将会影响另一方用户的数量和交易量。第二，价格的不对称性。平台企业需要就索取的总价在买方和卖方之间进行"分配"，而不会像单边市场那样遵循边际成本定价法则。需要说明的是，平台企业在选择自身利润最大化策略时，对其中一边索取的价格可以是零或者是负数（对其中一边进行补贴），这是单边市场定价时所没有的现象。

- 双边市场分为三类：①市场制造型。这种双边市场的特点是方便双边用户在平台上达成交易，并通过交易平台提高搜寻交易对象的效率和交易成功的可能性。②受众制造型。这种双边市场交易平台的主要职能是吸引观众、读者和网民等，这样企业才愿意在交易平台上发布广告和产品的相关信息。③需求协调型。这类双边市场能帮助两边的用户通过交易平台来满足相互的需求。

- 平台企业的定价策略。相比于传统的单边市场，双边市场中平台企业的定价策略主要有以下几个特点：第一，不再按照边际成本定价。在传统的单边市场中，企业对其生产的产品总是围绕着边际成本来制定价格。然而在双边市场中，平台企业对双边（买方和卖方）收取的价格却并不能反映其边际成本的变动。第二，价格结构的不对称性。在双边市场中不再遵循边际成本定价法则，这也就必然带来价格结构的不对称性。传统的经济学理论认为，如果厂商向消费者征收的价格高于边际成本，那么厂商就具有一定的市场势力；反之，如果价格低于边际成本，则厂商可能有掠夺性定价之嫌。然而，在双边市场中，平台企业可以通过制定非对称的价格结构策略，促使更多的双边用户加入平台并最终达成交易。可以认为，双边市场中价格结构的不对称性并不是传统意义上的市场垄断势力或者掠夺性定价的表现。第三，存在交叉补贴。传统的经济学理论认为，交叉补贴可能会带来不正当竞争或者垄断势力的产生，因此是反垄断审查所重点关注的领域。然而在双边市场中，其中一边支付低费用则是享受了支付高费用一边的交叉补贴。可以这样认为，双边市场中交叉补贴效应的产生是由价格结构的不对称性造成的，这样的行为不足以被认定为传统经济学理论意义上的不正当竞争行为。

- 对用户单归属与多归属问题的评论。当前对于双边市场平台企业竞争时用户的单归属与多归属的相关研究还较为缺乏，相关方向的研究思路也相对较为单一。该领域的研究主要呈现以下特点：第一，模型主要采取线性对称形式。在已有研究中，考虑平台竞争时双边用户的单归属与多归属问题时大多采用线性空间选址模型。究其原因，是因为只有在线性模型假定条件下才能够求解出均衡解，并且只能找出对称均衡解，这便使得模型与现实情况存在着较大的出入。如何在以后研究中将模型建立得更加接近于现实情况值得深思。第二，平台差异化战略。平台企业都有排他性的激励，都希望在双边用户只能单归属时尽可能选择到自身所在的市场达成交易。单归属的一边用户往往对于平台企业的依赖度较高，是平台企业攫取利润的主要而又稳定的来源。而多归属一边由于其选择更为丰富，是平台厂商需要考虑的。第三，平台兼容问题。从现有文献来看，双边市场的单归属与多归属问题绝大部分是在研究平台的双边用户结构及对平台竞争的影响。然而，传统单边市场中所涉及的平台企业的兼容问题甚至搭售问题对于双边市场中的多归属研究也是至关重要的。一般而言，平台兼容会提高资源利用效率，而搭售也不再是传统经济体所独有的行为。

●对反垄断问题的评论。对双边市场反垄断问题的量化分析研究目前基本还是空白，如何像单边市场的反垄断理论一样选取合适的指标对其市场势力等进行度量值得思考。笔者认为，反垄断机构可以从以下两个方面着手：①在市场势力的度量方面，在单边市场中，如果某企业对产品的定价高于其边际成本，则称其具有一定的市场势力。但是正如前面所述，双边市场中平台对双边用户征收的价格一般会脱离其边际成本。因此，应该检验总的价格水平是否明显高于边际成本。当然，在大多数情况下，双边市场中价格—边际成本的度量并不是有效的手段，但是对于价格总水平与总的边际成本的度量至少在现实案例中可以尝试。②在进入壁垒的度量方面，和传统经济学理论相同，双边市场中的高集中度会对新进入者形成高壁垒。再者，双边用户的偏好可以在一定程度上阻止某些买者或卖者。因此，平台企业是否具有阻止其竞争对手将双边用户拉拢到另一平台进行交易的能力将是至关重要的。在反垄断审查时，应该重点考察竞争平台吸引另一平台双边用户能力的大小。

（3）展望。

在理论方面，双边市场的平台企业在定价时存在着双边的交叉网络外部性和价格结构的不对称性，这些是不同于单边市场的。众多学者研究了不同市场结构下的定价策略、社会福利以及竞争和垄断平台情况下影响双边用户的因素。不能忽视的是，平台企业在定价时具有一定的市场势力，因此双边市场的反垄断审查是值得关注的问题。但是当前关于双边市场反垄断规制方面的文献还相对较少，究其原因，主要是具有双边市场特性的产业的网络外部性难以度量。另外，关于价格结构的分配也没有相关成型理论，因此在反垄断审查时难以进行有效判定。在未来的研究中，双边市场反垄断问题不容忽视。

在实践方面，对于具有双边市场特性的相关产业研究较少，而且研究方向基本停留在平台企业的定价策略方面。另外，由于缺乏双边市场产业的相关数据，因此无法对相关市场进行有效估计，缺乏一定的实证性。在双边市场产业的垄断和竞争的动态定价方面更是刚刚起步，动态优化模型在双边市场相关产业中的运用依然存在着很大的困难，这些都是今后研究的重要方向。

5. 互联网＋智能工业模式的成本结构变动及其价格策略研究．周荣森（中国海洋大学管理学院）．价格理论与实践，2015（8）：106－108

（1）概要。

当前，互联网＋已经突破商业、金融等传统服务业，正快速推广应用到工业、农业等生产性行业，并涌现出新型的互联网＋智能工业模式。相对于各种传统的工业模式，互联网＋智能工业模式的成本结构将会发生显著的变化。因此，本文通过分析互联网＋智能工业模式的特性，研判其成本结构变动趋势，为这种新型工业模式的价格策略创新提供一些参考建议。

（2）主要内容和观点。

●互联网＋智能工业模式的创新特征。①个性化。企业将消费者个性化的价值诉求贯穿于产品研发设计、制造直至最终的产品交付全流程；②数字化。企业的互联网＋智能系统会充分采集消费者几乎所有的个性化信息数据，并快速转换为系统性的精确数据或数字，由此驱动产品设计等企业生产经营活动；③智能化。企业以互联网、物联网为关键技术支撑，实现了智能化的数据分析与传输、智能设计与建模、智能制造以及智能化管理等；④平台化。企业构建出一种互联网+智能平台，它既是一种开放性的技术研发与设计平台，同时也是一种签约、支付与交付平台；⑤复合型商业模式化。"C2M"与"O2O"二者有机整合为一种复合型的商业模式创新体系。

- 互联网+智能工业模式与传统工业模式的成本结构比较分析。相对于传统工业模式而言，互联网+智能工业模式的成本结构发生一些变化：一方面，各种非生产性的服务成本将会下降，而生产制造成本和生产性的服务成本增加；另一方面，互联网+智能工业模式的成本结构与总成本将随着个性化定制水平而围绕标准化的质量成本呈现出上下波动趋势。或者说，成本结构变动幅度与趋势一般决定于消费者个性化定制的预期水平。企业可能彻底颠覆既往的单一产品、标准化与大批量生产模式，转型至高度个性化的定制模式。据此，标准化的质量成本相对降低，而个性化的质量服务成本则显著增加。

- 互联网+智能工业模式成本结构变动对价格的影响作用。互联网+智能平台等专业化资产投入会增加个性化的质量服务成本，进而个性化的单位产品成本会显著提高。企业将不完全是考核订单产品的平均生产成本，而是综合计量针对个性化定制设计的系统性解决方案的全部生产性服务成本。据此，互联网+智能工业模式的定价基础为标准化质量成本+个性化质量服务成本。产品价格的显著差异将主要体现在系统性的个性化服务水平和服务成本投入。互联网+智能工业模式的产品价格水平主要决定于个性化的系统服务质量成本与消费者感知和认同的个性化满意价值。

- 互联网+智能工业模式的价格策略创新设计。定价原则：厂商应该制定并遵循公开、透明与适度的基本定价原则。简单地说，厂商应通过网络平台公开所有的工艺设计、原材料以及生产成本、服务成本等相关价格信息，由消费者自主决策产品与服务标准。定价目标：服务于个性化的顾客满意价值准则。定价方法：企业针对不同消费者的个性化价值诉求，以基础性的技术参数指标为依据，进一步参照消费者的个性化服务标准诉求。同时，适当考虑消费者的参与度等，据此灵活地制定个性化的消费者价格。价格激励策略：为了激励消费者积极参与信息交流与产品设计等平台交互行动，参照消费者或用户对于产品设计、信息披露与传递以及口碑传播等参与度、贡献度分别设计不同的价格变动策略。

三、经典图书推介

1. 价格理论及其应用（原书第 7 版）. ［美］赫舒拉发，等. 李俊慧，周燕，译. 北京：机械工业出版社，2009，3

（1）概要。

杰克·赫舒拉发，是加州大学洛杉矶分校的卓越经济学教授。《价格理论及其应用（原书第 7 版）》一书以一种趣味盎然和用户友善的方式描述现代微观经济学的基本原理，尤其是展示了如何运用这些原理来清楚解释大量的现实世界中的经济题材和现象。书中有着数量与种类繁多的例子和应用。

（2）主要内容和观点。

价格理论就是选择理论。它假设每个人的任何行为都是个人选择的结果。永远是个人的选择：经济学没有集体选择的理论。是自由选择吗？经济学没有完全自由，也没有完全不自由。经济学的整个范畴，是以局限下的"自由"选择来解释人的行为。从那所谓自由社会到暴君专政,人的行为一律是局限下的选择结果。选择理论之所以被称为价格理论,因为局限是价格。价格的变动导致的行为变动要有理论的约束,这理论的重心就是需求定律了。没有市场当然没有市价,但局限的转变还可以用代价的方法处理,需求定律还在。这本书清晰地提供了这选择范畴的理论基础(表8-7)。

表 8-7 《价格理论及其应用》的内容架构

第一部分 经济学的性质与范畴	第一章 经济学是一门社会科学 第二章 分析工具
第二部分 偏好、消费与需求	第三章 效用与偏好 第四章 消费与需求 第五章 需求理论的应用及扩展
第三部分 企业与产业	第六章 企业 第七章 产品市场的均衡——竞争产业 第八章 垄断、卡特尔与网络 第九章 产品质量与产品种类 第十章 少数之间的竞争:寡头垄断与策略性行为 第十一章 处理不确定性——风险与信息经济学
第四部分 要素市场与收入分配	第十二章 要素服务的需求 第十三章 资源供给与要素市场均衡
第五部分 交换	第十四章 交换、交易费用与货币
第六部分 经济学与时间	第十五章 时间经济学
第七部分 政治经济学	第十六章 福利经济学 第十七章 政府、政治与冲突

2. 定价策略. 蒂姆·史密斯. 周庭锐,等,译. 北京:中国人民大学出版社,2015,5

(1) 概要。

蒂姆·史密斯,德保罗大学市场营销系和经济系教授,Wiglaf定价咨询公司的管理合伙人。其所著《定价策略》一书探讨如何通过各种不同类型的定价策略来最大化厂商的利润。框架清晰,内容全面,语言简练,是欧美教材市场中关于定价的最全面的代表作品。

(2) 主要内容和观点。

全书共分四篇,主要内容包括:

第Ⅰ篇:设定价格。探讨了一些关于定价的定性影响因素,以及一些定量的定价方法。定价最常用的三种定量方法是:交换价值模型、经济价格优化和顾客知觉定价。

第Ⅱ篇:管理价格变动。检验了"定价—折扣"决策。折扣通常视为一种价格分割的形式,传统上也称为价格歧视。首先分析了厂商为什么在选择了一个最优定价后,还需要提供折扣。接着探讨折扣对于企业获利、顾客行为的影响,以及组织因此所面临的挑战。为了更好地解释这些挑战,讨论了行业里广为接受的用来监测与管理折扣决策的权威方法。其中一种用来监测折扣决策的方法——从利润敏感度分析里衍生出来的所谓"销量门槛",将会引介给读者。还介绍了经济价格优化的导入门径。

第Ⅲ篇：建立价格结构。讨论了六种不同的价格结构。由于这个领域仍在不断演进中，实际上存在许多不同类型的定价结构及各种历史价格结构，作者试图聚焦于最常见且被证明最有效的价格结构。

第Ⅳ篇：定价策略。着重探讨在更宽广的竞争、行业演变背景下以及法规框架下，定价所面临的挑战。

3. 增值销售：从价格战中突围，用价值真正赢得客户．TomReilly．林腾，译．北京：中国人民大学出版社，2014，7

（1）概要。

TomReilly，销售大师、"增值销售"理论创立者、汤姆赖利公司总裁及创始人。服务客户包括各大知名公司，如苹果、AT&T、埃克森美孚、沃尔沃、IBM、美敦力公司、哈雷戴维森等。

"如果不降价，我害怕客户真的不买了。""我卖的产品好像确实没有竞争对手的好。""我不太会说话，总得罪客户。""老板说要用价值取胜，可突然又让我廉价多销。"面对以上几种销售困惑，TomReilly 在《增值销售》中首次传授"增加价值，而非成本；销售价值，而非价格"的全新销售理念。书中详述增值销售中 11 大销售策略、5 大销售战术，掀起了增值销售革命！

（2）主要内容和观点。

全书共分三大部分，分别阐述了销售理念、销售策略、销售战术。详细内容见表 8-8。

表 8-8 各部分观点及内容

第一部分 增值销售：增加价值而非成本，销售价值而非价格。增值销售追求双赢，交易双方必须是平等的。以客户为中心并不意味着忽略自身的利益。我们希望将自己好的产品或服务呈献给客户，并从客户那里收获同等的价值	01 具有增值观念的组织
	02 增值销售哲学
	03 关键购买路径：客户到底在想些什么
	04 增值销售流程：随关键购买路径的变化而变化
	05 客户信息传递：如何向客户传递你增加的价值
第二部分 增值销售的 11 大策略。增值销售策略就好比城市的规划蓝图，为你的销售排兵布阵。策略指引你"如何销售增加价值"，在现实与梦想之间搭建一座桥梁	06 确立目标：选择高价值目标客户
	07 目标渗透：深入了解目标客户
	08 客户化：由客户定义价值
	09 定位：塑造形象以提高客户预期
	10 差异化：坚持独特销售主张
	11 展示：大化展示产品价值
	12 后勤支持：从进攻型销售向保卫型销售转变
	13 建立关系：亲近中保持足够的专业距离
	14 修补：竭尽所能维持现有业务
	15 价值巩固：与客户回顾增加的价值
	16 借力：借助杠杆作用最大化开发现有客户潜力

续表

	17 战术1：陌生拜访，变潜在客户为准客户
第三部分　增值销售5大战术。增值销售战术侧重于信息交换阶段，即确定客户需求和展示客户导向型解决方案，这便是客户导向型增值销售的体现	18 战术2：事先预约，获得拜访认可 19 战术3：拜访准备，仔细做好前期工作 20 战术4—1：强有力的开场白 21 战术4—2：开放式问题深入分析客户需求 22 战术4—3：根据需求呈现解决方案 23 战术4—4：试探客户意见以争取客户承诺 24 战术4—5：积极回应客户异议 25 战术5：拜访回顾，汲取经验教训并跟进承诺

4. 向价格战说不：价值销售的赢之道．[美]安德森，库马尔，纳鲁斯．孔辛，译．北京：商务印书馆，2011，12

（1）概要。

本书在总结多年业务市场企业咨询服务经验以及管理实践研究的基础上，创造并提炼出有力的概念与工具。作者通过来自不同行业、不同国家的丰富的实际案例讲解，对上述概念进行了深入浅出的阐释。如果公司销售人员的许诺空口无凭，或者常常被逼无奈地打价格战，《向价格战说不：价值销售的赢之道》可以帮助销售人员把工作重点从价格让步转向展示并记录优势价值的正确道路上来。

（2）主要内容和观点。

本书为读者详细阐述了客户价值管理理念及其实施方法，帮助公司将销售团队转变为"价值贩卖商"，作为价值贩卖商可以准确定义公司的价值，与客户合作记录成本节约成果，并对成果进行详细分析研究。各章主要内容如表8-9所示。

表8-9　各章主要内容

第一章　价值贩卖商	客户价值管理：一种先进、实用的方法 通过客户价值管理提升业绩
第二章　价值定义	异化点、同化点与争论点 三大类客户价值取向 客户价值取向与卓越业绩
第三章　制定客户价值取向	假定有价值的现有或潜在异化点 完善客户价值取向 创建文字价值方程式
第四章　细化客户价值取向	管理客户价值调研 利用价值计算器展示客户价值 通过比较试验展示客户价值 记录实际产生的客户价值
第五章　为客户量身打造产品	提供具有多种选择的方案 瞄准目标 提高产品的灵活性 量身打造：道康宁公司与Xiameter商业模式
第六章　从销售人员到价值贩卖商	价值贩卖商与价值挥霍者 有能力并且愿意销售价值的销售人员 培养价值贩卖商 美利肯公司销售团队向价值贩卖商的成功转变

续表

第七章 把客户价值转化为利润	凭借优势价值获得公平回报 把定价看作利润率的依托加以管理 暹罗城市水泥公司的定价策略
第八章 在业务市场上获取成功	取得卓越业绩 启动客户价值管理 持续提供优势价值

(3) 书评。

在当前全球商业环境下,客户把越来越多的产品看成商品。因此,企业必须有能力向客户证明,为什么它们的产品能够实现真正的价值,这一点至关重要。SKF集团一直以来的重要任务之一就是创造、实现并记录我们的产品和解决方案为客户带来的价值。无论任何行业、任何企业,如果生产优质产品却苦于找不到展示产品价值的途径,我谨在此郑重推荐本书。

——汤姆·约翰斯通(瑞典SKF集团总裁兼CEO)

5. 无价:洞悉大众心理玩转价格游戏(经典). [美] 威廉·庞德斯通. 闾佳,译. 杭州:浙江人民出版社,2013,8

(1) 概要。

威廉·庞德斯通,美国超级畅销书作家,两次获得普利策奖提名。《哈佛商业评论》《纽约时报》《哈珀斯》《时尚先生》等世界知名杂志长期撰稿人。

《无价:洞悉大众心理玩转价格游戏》是一部介于学术性和应用性之间的书,既有学术性的心理学实验、理论及推论,也有通俗性的大众心理剖析。本书主要以买卖双方的价格心理为主要内容,重点解析了购买者价格心理的种种非理性状态,分析了种种商品定价中的奇异现象,揭示了商品定价中正常的"非正常现象"。因而,本书可算是集价格学、经济学、社会学、心理学、行为学为一体的实用性书籍。

(2) 主要内容和观点。

本书深入研究了市场营销中的定价策略,揭示了价值的隐性心理学,对心理与价格的关系做了全面性、实用性解读。作者认为价格只是一场集体幻觉。人们无法准确地估计"公平价格",反而受到无意识、不理性、政治等因素的强烈影响。全书共分三个部分。

第一部分:价格背后的心理奥秘。提出了价格没头脑、价格效应、偏好逆转、锚定效应,我们对价格很愚钝等现象。其中重点指出心理因素对于商家定价的影响,商家利用顾客的心理做出不同的商品定价。

第二部分:魔术般的价格骗局。解析了商家所惯用的价格"骗局"。比如神奇的数字9、"免费和低价"、房价一定要定得比市价高、折扣券的秘密等。在所有的价格策略或骗局中,既有心理暗示定价法、"托儿"法,也有"套餐"法、赠品法。抓住消费者贪小便宜、追求吉利、追求地位和名望等消费观念,利用不同的价格策略,拉住消费者甚至使其陷入循环的消费链条。

第三部分:挥舞价格的魔棒。综合分析了市场及竞争对手、消费者、定价策略,提出了抢先报出价格、让对手注意力不集中、兜售货币错觉、性别差异定价、"傻瓜蛋理论"、义愤理论等定价策略。价格具有"魔棒"般的功效,商家使用得当则能够取得超乎寻常的效果。作者用海边别墅、房价、啤酒的差异价格等对上述价格策略进行了解析。结论是，商品的价格不一定取决于其效用，甚至会远远脱离其效用，而是取决于消费心理、定价策略。"合适"的商品价格完全可以与其效用无关，但却能够在市场上大行其道。

（3）书评。

《无价》是这样的一本书：如果可能的话，你会希望你是全世界唯一读到它的人；如果不能的话，你会希望全世界都读过它。

——锤子科技创始人罗永浩

用户满意度的本质是消费者对产品感知和体验的程度与期望值的匹配度，所以价格的管理本质上是对该匹配度的管理。《无价》这本书揭示了这一现象和本质，值得一读。

——易观国际创始人，董事长兼首席执行官于扬

附　录

一、单选题答案

1. A　　2. C　　3. A　　4. B　　5. B　　6. D　　7. A　　8. D　　9. D　　10. D
11. B　　12. A　　13. C　　14. D　　15. A　　16. B　　17. D　　18. B　　19. A　　20. C

二、多选题答案

1. ACDE　　2. ABC　　3. BCD　　4. ACD　　5. ABD
6. BC　　7. ABCE　　8. ABCD　　9. ABC　　10. ABCDE

参考文献

［1］［美］菲利普·科特勒，加里·阿姆斯特朗. 市场营销原理与实践［M］. 16版. 楼尊，译. 北京：中国人民大学出版社，2015.

［2］唐海军，李非. 长尾理论研究现状综述及展望［J］. 现代管理科学，2009（3）：40－42.

［3］罗建幸. 从价格战到价值战：营销战的必然趋势［J］. 生产力研究，2010（10）：211－230.

［4］TomReilly. 增值销售：从价格战中突围，用价值真正赢得客户［M］. 北京：中国人民大学出版社，2014.

［5］刘研，仇向洋. 顾客价值理论综述［J］. 现代管理科学. 2005（5）：82－84.

［6］吕魁，王旭辉，柏菊. 价格歧视理论研究综述［J］. 价格. 2012（10）：26－31.

［7］百度百科 https：//baike. baidu. com/item/% E5% BC% B9% E6% 80% A7% E7% 90% 86% E8% AE% BA/9903894？fr＝Aladdin.

［8］胡穗华，袁唯君. 涨价风潮中的香满楼［EB/OL］. 中国管理案例共享中心：http：//www. cmcc－dut. cn/Cases/Detail/984.

第九章
渠道管理

第一节 测试题

一、单选题

1. 制造商的分销渠道不包括（　　）。
   A. 商人中间商　　B. 代理中间商　　C. 生产者和用户　　D. 供应商
2. 含有一个中间商环节的渠道一般称为（　　）。
   A. 二级渠道　　B. 零级渠道　　C. 一级渠道　　D. 三级渠道
3. 不通过流通中间环节，采用产销合一的经营方式，直接将商品卖给消费者的是（　　）。
   A. 直接渠道　　B. 间接渠道　　C. 宽渠道　　D. 窄渠道
4. 表征每个层次使用同种类型中间商数目的多少，被称为分销渠道的（　　）。
   A. 宽度　　B. 长度　　C. 深度　　D. 关联度
5. 制造商在某一地区通过最合适的几家中间商分销其产品，这种分销策略是（　　）。
   A. 密集分销　　B. 选择分销　　C. 独家分销　　D. 区域分销
6. 制造商在某一地区通过选择一家中间商为其经销产品的策略，称为（　　）。
   A. 密集分销　　B. 选择分销　　C. 独家分销　　D. 区域分销
7. 总部有较大人事权的连锁形式是（　　）。
   A. 自由加盟连锁　　B. 自愿连锁　　C. 直营连锁　　D. 特许加盟连锁
8. 由生产者、批发商和零售商纵向整合组成的统一系统属于（　　）。
   A. 传统渠道系统　　B. 垂直渠道系统　　C. 水平渠道系统　　D. 多渠道系统
9. 可口可乐和雀巢公司合作，雀巢公司以其专门技术开发新咖啡，然后交由熟悉饮料市场分销的可口可乐公司去销售。这种渠道类型叫（　　）。
   A. 传统渠道模式　　B. 垂直渠道模式　　C. 水平渠道模式　　D. 多渠道模式
10. 生产消费品中的便利品的企业通常采取的策略是（　　）。
    A. 密集分销　　B. 独家分销　　C. 选择分销　　D. 直销
11. 当目标顾客人数众多时，生产者倾向于利用（　　）。
    A. 长而宽的渠道　　　　　　B. 短渠道
    C. 窄渠道　　　　　　　　　D. 直接渠道

12. 非标准化产品或单位价值高的产品一般采取（　　）。
    A. 直销　　　　B. 独家分销　　　C. 密集分销　　　D. 自动售货
13. 财务实力较弱的企业，一般采用的分销模式是（　　）。
    A. 选择分销　　B. 佣金制　　　　C. 代理商渠道　　D. 直销渠道
14. 企业直接与零售商或该商品用户从事交易的渠道是（　　）。
    A. 窄渠道　　　B. 宽渠道　　　　C. 长渠道　　　　D. 短渠道
15. 维系特许经营制度最重要的秘诀在于（　　）。
    A. 差异化　　　B. 专业化　　　　C. 标准化　　　　D. 信息化
16. 公司式渠道系统实现生产与销售一体化的纽带是（　　）。
    A. 产权　　　　B. 品牌声望　　　C. 合同　　　　　D. 人际关系
17. 制造商希望准确了解顾客的信息，很好地跟踪顾客服务可采取的渠道模式是（　　）。
    A. 代理商模式　B. 经销商模式　　C. 直接渠道　　　D. 水平渠道
18. 批发与零售的根本区别是（　　）。
    A. 看销售数量的多少　　　　　　B. 看是否是现货交易
    C. 产品是否是消费品　　　　　　D. 看是否以终端消费者为服务对象
19. 协助买卖成交、推销产品，但对所经营产品没有所有权的中间商是（　　）。
    A. 批发商　　　B. 运输公司　　　C. 制造商代表　　D. 代理商
20. 特许经销属于（　　）。
    A. 水平渠道系统　B. 垂直渠道系统　C. 产销一体化　　D. 多分销渠道系统

二、多选题

1. 下列（　　）属于直销。
    A. 邮购　　　　B. 网站销售　　　C. 电话订购　　　D. 上门销售
2. 下列关于购买行为因素对渠道长度影响的描述，正确的是（　　）。
    A. 顾客购买量越大，适合使用较长的渠道
    B. 顾客购买频度越高，适合使用较长的渠道
    C. 顾客购买无季节性，适合使用较长的渠道
    D. 顾客分布分散，适合使用较长的渠道
3. 垂直渠道系统包括（　　）。
    A. 公司式　　　B. 管理式　　　　C. 共生式　　　　D. 契约式
4. 企业选择中间商考虑的因素包括（　　）。
    A. 实力　　　　B. 商誉　　　　　C. 市场覆盖　　　D. 人员素质
5. 下列对产品因素对渠道宽度设计的影响描述正确的是（　　）。
    A. 产品越重，渠道越窄　　　　　B. 产品价值越大，渠道越窄
    C. 产品越是非标准化，渠道越宽　D. 产品体积越大，渠道越宽
6. 分销渠道的评估标准是（　　）。
    A. 经济性　　　B. 可控性　　　　C. 规范性　　　　D. 规模
    E. 适应性

7. 导致窜货的原因主要来自（　　）方面。
   A. 价格　　　　　B. 技术咨询与服务　　C. 存货水平　　　　D. 争占对方资金
8. 长渠道的缺点是（　　）。
   A. 控制程度低　　B. 管理难度大　　　　C. 市场覆盖面广　　D. 占有的分销资源多
9. 以下产品属性比较适合采用直接渠道的是（　　）。
   A. 体积大　　　　B. 标准化程度高　　　C. 易腐烂　　　　　D. 较重
10. 影响仓库位置选择的主要因素有（　　）。
    A. 市场分布　　　B. 运输费用　　　　　C. 生产地　　　　　D. 运输时间

三、阐述题

1. 影响分销渠道设计的主要因素

（1）市场因素。

①目标市场范围：市场范围宽广，适用长、宽渠道。②顾客的集中程度：顾客集中，适用短、窄渠道。③顾客的购买量、购买频率：购买量小、购买频率高，适用长、宽渠道。④消费的季节性：没有季节性的产品一般都均衡生产，多采用长渠道。⑤竞争状况：如果竞争不是特别激烈，同类产品应与竞争者采取相同或相似的销售渠道，反之，则采用与竞争者不同的分销渠道。

（2）产品因素。

①产品的物理化学性质：体积大、较重、易腐烂、易损耗的产品适用短渠道或采用直接渠道、专用渠道；反之，适用长、宽渠道。②价格：一般地，价格高的工业品、耐用消费品适用短、窄渠道；价格低的日用消费品适用长、宽渠道。③时尚性：时尚性程度高的产品适宜短渠道；款式不易变化的产品，适宜长渠道。④标准化程度：标准化程度高、通用性强的产品适宜长、宽渠道；非标准化产品适宜短、窄渠道。⑤技术复杂程度：产品技术越复杂，需要的售后服务要求越高，适宜直接渠道或短渠道。

（3）企业自身因素。

①企业财务能力：财力雄厚的企业有能力选择短渠道；财力薄弱的企业只能依赖中间商。②渠道的管理能力：渠道管理能力和经验丰富，适宜短渠道；管理能力较低的企业适宜长渠道。③控制渠道的愿望：愿望强烈，往往选择短而窄的渠道；愿望不强烈，则选择长而宽的渠道。

（4）中间商因素。

①合作的可能性：如果中间商不愿意合作，只能选择短、窄的渠道。②费用：利用中间商分销的费用很高，只能采用短、窄的渠道。③服务：中间商能提供优质服务，企业采用长、宽渠道，反之只有选择短、窄渠道。

（5）环境因素。

①经济形势：经济萧条、衰退时，企业往往采用短渠道，经济形势好，可以考虑长渠道。②有关法规：如专卖制度、进出口规定、反垄断法、税法等，企业应当依法选择分销渠道。

2. 企业分销渠道设计流程

（1）确定分销目标。

明确企业在特定阶段的分销目标是开展销售渠道的第一步,分销目标的设定是在企业整体营销目标架构之下完成的。作为联系生产企业与消费者的通道与纽带,分销渠道的目标最先考虑的应是最终购买者服务与需求。销售渠道可以被认为是一个顾客价值的传递系统,在这个系统里,每一个渠道成员都要为顾客增加价值,一家企业的成功不仅依赖于它自己的行动,而且依赖于它的整个分销渠道与其他竞争对手的分销渠道进行竞争的状况。

(2)确定渠道模式。

企业分销渠道设计首先是要决定采取什么类型的分销渠道,是派推销人员上门推销或以其他方式自销,还是通过中间商分销。如果决定利用中间商分销,还要进一步决定选用什么类型和规模的中间商。一般而言,有四种代表性渠道模式:经销商模式、合作模式、配送模式、直销模式。

以上四种渠道模式各有利弊及适用领域。在经销模式下,企业必须具备有效的经销商管控能力,而经销商的自身能力亦相对要较强,才能有效实施企业对其要求。同时企业则不需要具备管理大量物流及销售人员的制度及资源。此模式相对适用于发展相对成熟的行业及市场。

在直销模式下,情况和经销模式恰恰相反。企业必须拥有大量的资源及能力来有效管理大量的销售及物流员工。这种模式有利于企业对店面进行统一管理,有效把握市场的信息,从而使得其对于市场的反应速度非常快,有效支持款多量少的产品战略。

(3)确定渠道长短。

确定渠道长短需要考虑以下方面:产品价格构成、体积和重量、生命周期、物理性能、技术性能要求等,企业自身规模、实力、声誉,潜在客户情况、市场面的分布、销量的大小及市场的季节等因素。这些方面所反映的情况决定是选择短渠道或长渠道。因此,企业在设计自己的分销渠道时必须根据自身产品的特点及市场情况结合以上因素,设计出合理的渠道长度,以使分销渠道方便开拓市场,及时将产品送到客户手中,扩大产品市场占有率。

(4)规定渠道成员彼此的权利和责任。

在确定了渠道的长度和宽度之后,企业还要规定出与中间商彼此之间的权利和责任,如对不同地区、不同类型的中间商和不同的购买量给予不同的价格折扣,提供质量保证和跌价保证,以促使中间商积极进货。还要规定交货和结算条件,规定彼此为对方提供哪些服务,如产方提供零配件,培训技术人员,协助促销;销方提供市场信息和各种业务统计资料。

3. 如何进行渠道管理

(1)选择渠道成员。

总的来说,知名度高的、实力雄厚的生产者很容易找到适合的中间商;而知名度低的、新的、中小生产者较难找到适合的中间商。无论难易,生产者选择渠道成员应注意以下条件:能否接近企业的目标市场;地理位置是否有利;市场覆盖有多大;中间商对产品的销售对象和使用对象是否熟悉;中间商经营的商品大类中,是否有相互促进的产品或竞争产品;资金大小,信誉高低,营业历史的长短及经验是否丰富;拥有的业务设施,如交通运输、仓储条件、样品陈列设备等情况如何;从业人员的数量多少,素质的高低;销售能力和售后服务能力的强弱;管理能力和信息反馈能力的强弱。

(2)激励渠道成员。

生产者不仅要选择中间商,而且要经常激励中间商使之尽职。促使经销商进入渠道的因素和条件已经构成部分激励因素，但生产者要注意对中间商的批评，批评应设身处地地为别人着想，而不仅从自己的观点出发。同时，生产者必须尽量避免激励过分（如给中间商的条件过于优惠）和激励不足（如给中间商的条件过于苛刻）两种情况。

(3) 评估渠道成员。

生产者除了选择和激励渠道成员外，还必须定期地、客观地评估他们的绩效。如果某一渠道成员的绩效过分低于既定标准，则需找出主要原因，同时还应考虑可能的补救方法。当放弃或更换中间商将导致更坏的结果时，生产者只好容忍这种令人不满的局面；当不会出现更坏的结果时，生产者应要求工作成绩欠佳的中间商在一定时期内有所改进，否则就要取消它的资格。

(4) 调整营销渠道。

根据渠道运行的效率、渠道成员的业绩等，需要对渠道结构加以调整，包括增减渠道成员、增减渠道类型、变动分销系统等。

4. 渠道冲突产生的原因

(1) 价格。

各级批发价的价差常是渠道冲突的诱因。制造者常抱怨分销商的销售价格过高或过低，从而影响其产品形象与定位；而分销商则抱怨给其的折扣过低而无利可图。

(2) 存货水平。

制造商和分销商为了自身的经济效益，都希望把存货水平控制在最低。而存货水平过低又会导致分销商无法及时向用户提供产品而引起销售损失甚至使用户转向竞争者。同时，分销商的低存货水平往往会导致制造商的高存货水平，从而影响制造商的经济效益。此外，存货过多还会产生产品过时的风险。因此，存货水平也是容易产生渠道冲突的。

(3) 大客户。

制造商与分销商之间存在着持续不断矛盾的来源是制造商与最终用户建立直接购销关系，这些直接用户通常是大客户，通常是因为其购买量大或有特殊的服务要求。厂家与大客户直接交易而把余下的市场领域交给分销商。分销商担心大客户直接向制造商购买而威胁其生存。

(4) 争占对方资金。

制造商希望分销商先付款、再发货，而分销商则希望能先发货、后付款。尤其是在市场需求不确定的情况下，分销商希望采用代销等方式，即货卖出去后再付款。这种方式增加了制造商的资金占用，加大了其财务费用支出。

(5) 技术咨询与服务问题。

分销商不能提供良好的技术咨询和服务，常被制造商作为采用直接销售方式的重要理由。对某些用户来说，甚至一些技术标准比较固定的产品，仍需要通过技术咨询来选择最适合其产品性能的产品以满足生产过程的需要。

(6) 分销商经营竞争对手产品。

制造商显然不希望他的分销商同时经营竞争企业同样的产品线。尤其在当前的工业品市场上，用户对品牌的忠诚度并不高，经营第二产品线会给制造商带来较大的竞争压力。另一方面，分销商常希望经营第二甚至第三产品线，以扩大其经营规模，并免受制造商的控制。

5. 渠道冲突管理措施

（1）树立共同目标。

树立一个共同目标，激励渠道成员，使渠道成员通力合作，提高对渠道的整体满意度，最终会给厂商及渠道成员带来效益，这一策略尤其在市场不景气、渠道成员士气低落的情况下会有良好的效果。共同目标的内容包括长期战略、愿景规划、渠道生存、市场份额、高品质和客户满意等。

（2）激励。

相关研究人员吴玲的研究结果表明渠道激励和渠道绩效显著正相关，良好的激励会增加渠道成员的满意度，而渠道成员的这种满意度增加将会带来渠道绩效的显著提高。激励的策略主要有信任、市场支持、合约、权利、终端奖励。

（3）利益共享。

利益共享是渠道系统稳定的一个重要因素，在一个渠道系统中，如果一部分渠道成员的利益没有顾及或者受到损害，势必引起不利的渠道冲突。所以建立一个利益共享机制，使各方利益合理均衡是很重要的。

（4）优化渠道。

企业优化渠道可以采用以下两种方法：①渠道整合。制造企业通过对自己渠道的模式、关系以及渠道的运作方式进行重新观察、分析和判断，将渠道组织进行再次组合与优化，以带来渠道整体组织运作效率的提高。②渠道扁平化。通过减少营销渠道的层次、增加渠道宽度来达到使渠道组织优化和提高渠道绩效的目的。

（5）建立合理的价格管理体系。

合理的价格管理体系主要是预防窜货行为的发生。价格是影响产品销售的主要因素，是最有效地调节市场、调节分销商的杠杆。建立一套灵活有效的销售价格体系不仅有利于产品的销售、激发分销商的积极性，也是防范窜货的有力手段。

（6）建立战略联盟。

战略联盟是指营销渠道成员的两个以上的渠道成员一起通过签订协议来组成一个共同承担风险、利益的联盟。这是一种契约行为，有很强的约束力，从各方的长远利益出发，使制造商和分销商之间建立起良好的合作与信任关系。

6. 零售商的类型

从所有权视角划分零售商包括以下类型：

（1）私人店。它是一种很普遍的零售商店的形式。商店由店主私人拥有。这种店的优点是，店的所有者是店主，一般为经营者，也有雇人经营的；顾客多是一些熟人，服务比较周到。

（2）连锁商店。这种商店只用一个商标名称（俗称店名），但数量不等，可以是几家，也可以是成百上千家。规模较大的连锁系统可以与制造商抗衡，因为连锁系统决定着制造商产品的出路。

（3）消费者合作社。店的所有权属于一批消费者，他们在管理经营商店的同时，也从商店购买商品。对入会消费者，消费者合作社可以将零售商品的价格比一般的零售商店降低20%～25%，从而保护了入会消费者的利益。

（4）贸易合作社。贸易合作社由多家拥有独立所有权的商店组成，这些商店的经营方式类似连锁商店。当这些商店联合起来向同一家批发商购货时，他们可以享受为大订货量设置的数量的折扣，也可以促进销售。

（5）特许专卖系统。一个企业或个人可以向一个母公司申请特许专卖权，以建立一个零售店或其他形式的企业。取得特许权的企业要向母公司按期交纳使用特许权的费用，同时享受母公司的声誉，而且节省了投资建企业的一些费用，经营起步也减少了很多困难。

7. 物流管理的概念、基本模式及特点

物流管理是指社会在生产过程中，根据物质资料实体流动的规律，应用管理的基本原理和科学方法，对物流活动进行计划、组织、指挥、协调、控制和监督，使各项物流活动实现最佳的协调与配合，以降低物流成本，提高物流效率和经济效益。企业分销中物流管理主要包括物流模式的选择以及仓储、运输等过程的管理。

物流模式包括以下三种基本形式：

（1）自营物流。

自营物流是指企业自身经营物流业务，建设全资或是控股物流子公司，完成企业物流配送业务，即企业自己建立一套物流体系。

自营物流具有以下优势：有利于企业掌握控制权，可以利用企业的原有资源，降低交易成本；可以避免商业秘密泄露，提高企业品牌价值，推进客户关系管理。自营物流具有以下弱势：投资多，风险大，增加企业管理难度；存在跨行业经营风险等。

（2）第三方物流。

第三方物流是指企业将一部分或者全部物流活动委托给外部的专业物流公司来完成。第三方物流具有明显的相对优势：企业能够集中精力于核心业务；灵活运用新技术，实现"以信息换库存"，降低成本；减少固定资产投资；提供灵活多样的顾客服务。同时存在以下不利方面：企业不能直接控制物流职能；不能保证供货的准确性和及时性；不能保证顾客服务的质量以及维护与客服的长期关系。

（3）物流联盟。

物流联盟是指物流服务的当事人在物流服务方面选择少数稳定且有较多业务往来的物流公司，通过契约形成长期互利、优势互补，要素双向或是多向流动，相互信任，共担风险，共享收益的物流伙伴关系，是一种战略联盟形式。

物流联盟的优势：可以降低成本，减少投资，降低风险和不确定性；获得一定的物流技术及相应的管理技术，有利于发挥渠道优势，提高利润水平；有利于拓展经营领域，提高服务水平，提升企业形象。物流联盟的弱势：冲击主业发展，降低专业化水平，联盟模式较为脆弱，容易发生解体。

选择物流模式需要考虑企业对物流的管理能力、企业对物流控制力要求、企业产品自身的物流特点以及企业的规模实力，尽可能实现以最低的总成本达到既定的客户服务水平。

8. 物流管理中的仓储决策和运输决策

（1）仓储决策。

仓储决策必须对每种产品的年销售量、市场需求量以及产品的重量、体积和包装进行分析，仓储决策的目标是储存、运输总费用最低，且储存质量较高。

①仓库类型。是自建仓库还是租用仓库，主要取决于两者的费用比较，结合待储存商品的规模和时间，通过损益平衡分析法来选择。

②仓库选址。仓库接近消费地能更好地满足顾客需要,但运输成本会相应提高,同时产品容易过时;接近产地有利于节约运输成本,并可按顾客需求的品种与规格供货,但供货时间难以保证。

③仓库数目。仓库数目多,就意味着能够较快将货送达顾客处,但是,仓储成本也将增加,因此数目必须在顾客服务水平和分销成本之间取得平衡。

④存货水平。存货水平的高低与顾客的需求量密切相关。存货水平太低,可能造成脱销,不能满足顾客的需求和中断供应;存货水平太高又会增加成本,降低经济效益。因此,为了保持适当的存货水平要确定两个问题:一是进货量;二是进货时间。

⑤进货量是指企业每次进货的数量。在任何情况下,企业的进货量都会遇到两个相互矛盾的因素,即进货费用和存储费用。若进货数量少,则进货次数多,进货成本高,而存储成本低;若进货数量多,则进货次数少,订货成本低,而存储成本高。要使总费用最少,常用的计算方法是经济订货批量法。

⑥进货时间。进货点的确定要考虑办理进货手续的繁简、运输时间的长短、是否容易发生意外情况等。总的原则是:既要保证企业的销售需求,又不至于因存货增多而导致存储费用加大。

(2) 运输决策。

运输的作用是实现商品的空间转移,是物流的核心。服务水平、成本是影响企业运输决策的主要因素。高服务水平必然引起高服务费用,企业要在权衡好运输成本和用户服务水平之间的相互关系后,才能答应用户的进一步要求。运输决策主要包括运输方式、运输路线的选择。

主要的运输方式有管道、水运、铁路、公路和空运五种。企业根据对送货速度、频率、可靠性、运载能力和成本的考虑及不同运输方式的可用性做出选择。例如,目的是低成本,那么水运和铁路就是主要的选择对象。选择运输方式时主要根据用户对运输成本、时间、可靠性、可用性和运输能力等方面的需要确定。

选择合理的运输路线对产品流通范围广、用户分散的企业具有重要意义,在区域内短途、多用户的频繁"配送"业务方面更是一项重要决策。选择运输路线的原则为:一是应保证货物运抵顾客处的时间最短;二是应能减少总的运输里程;三是应首先保证重要用户得到较好的服务。具体确定运输路线时常常运用线性规划等数学方法。

四、评析题

1. "企业分销渠道的职能仅仅是完成产品实体的转移"

这一观点是片面的。企业分销渠道的核心职能是把产品从生产厂家送达到消费者手中,完成产品实体的转移,但为了完成这一职能,分销渠道还需完成以下职能。

(1) 分类:包括对产品的分类、分等、装配、包装等,使商品能符合顾客的需要。

(2) 物流:包括进行产品的运输和储存,把产品从生产厂家送达到消费者手中。

(3) 融资与担保:为渠道工作的资金取得和支出及为企业生产进行担保。

(4) 风险承担:承担与渠道工作有关的全部风险及为企业生产承担部分风险。

(5) 寻找顾客与促销:寻找尽可能多的顾客及开展促销活动吸引顾客。

(6) 调查市场及反馈:利用自己熟悉市场的优势,及时把市场信息反馈给生产企业,使其能生产出满足市场需要的产品。

2. "随着电子商务、网络营销的发展，中间商形式、运作方式在发生着巨大变化"

这一观点是正确的。随着互联网及移动通信技术的发展，伴随着分销模式的变化，中间商的形式、运作方式等也发生着巨大变化，分销中的商流、物流、信息流、资金流、促销流的实现方式不断改变，批发商和零售商的界限越来越模糊，零售商行使了很多批发商的功能，同时零售商的形态也在发生着变化。

传统分销从厂家到区域总代理，到二级市场的总经销，到零售商，再到消费者，从出厂价到零售价，会有十倍、五倍的毛利空间。未来渠道模式是从企业直接到零售商，再到消费者，企业用互联网思维把一个个城市、中心、点联系起来，移动互联网的兴起，打破了地域概念，整个渠道在重塑。中间商的价值在弱化，以商业地产辐射半径为核心的旧商业面临巨大问题。整个互联网，尤其是社交网络的兴起，彻底改变了厂家和消费者的关系，由弱关系变成了强关系，直接从厂家出货到达消费者，中间商只需要做订单管理就行。未来的经销商，角色就是客户关系运营商，开拓与建立紧密客户关系，为客户进行深度服务，带来更多的增值性收益，从而获取客户、黏住客户，把客户变成忠诚粉丝。中间商扮演的就是零售服务商。

随着店家通过互联网、信息服务亭（它相当于一台接入了局域网或互联网的小型电脑）和其他技术手段，实现网上网下结合，以全新的方式同顾客发生联系。

中间商们正在兴建更多的消费者接触点，通过实体店、网站、提供金融服务、组织忠诚俱乐部及其他活动，把消费者的一次性交易行为发展为广泛深入的客户关系。以著名户外运动品牌 The North Face 为例，它们为其零售店配备了信息服务亭，这是与微软共同开发的。通过信息服务亭，消费者可以看到其高科技产品的生动图片以及运动员使用这些产品的视频录像。打通线上、线下，形成"同品、同价、同促"的销售体系，全部信息汇聚到一个大平台上。

3. "线上网络分销将逐渐取代线下实体店分销"

这一观点是片面的。线上不会取代线下，将会相互融合，共存发展。

近年来，线上网络分销发展势头迅猛，各大零售巨头纷纷推出网上销售，实体店销售受到极大冲击，似有线上吃掉线下之势。线上分销的优点是突破地域和时空限制，顾客可以来自全球；缺点是过于虚拟化，顾客无法获得真实体验。相比于线上分销，线下分销的优点是客户看得见摸得着，比较真实；缺点是需要投入大量人力物力财力，运营成本较高。

线下比线上多出门店成本，线上比线下多出配送成本；周转率高的商品，特别是快消品，线下效率高于线上；长尾商品，线上零售具有优势。

未来，线上线下业态并存，未来电商和大卖场都是主流零售业态。

五、实训题

1. 家电企业分销渠道模式

我国家电企业普遍采用的渠道模式主要包括：区域多家经销商模式、区域总经销商模式、直供分销模式。

区域多家经销商模式。区域多家经销商模式是指生产企业在一定的市场范围内选择多家批发企业代理分销自己的产品。

区域总经销商模式。在每个销售分公司所管辖的区域内（一般为一个省）分为多个区域，除一级市场的大零售商从分公司进货外，每个区域设一个独家经销的一级批发商（该区域内所有的小零售商全部从一级批发商进货），一级批发商在每个二级城市指定唯一的二级批发商，二级城市所有零售商全部从该市场二级批发商进货，三级市场没有批发商，其零售商全部从所属二级城市的二级批发商进货。

直供分销模式。直供分销模式是指厂家不通过中间批发环节，直接对零售商进行供货的分销模式。这是家电销售渠道发展的必然趋势。其一般做法是：在一级市场设立分支机构，直接面对当地市场的零售商；在二级市场或设立分销机构或派驻业务员直接面对二三级市场的零售商或三级市场的专卖店，所有零售商均直接从厂家进货。

实训：以小组为单位，小组成员分工，针对家电行业的三种分销模式，每种模式选择一家代表性的企业，收集相关资料，分析和交流以下问题：

（1）各渠道模式下企业渠道管理特点有哪些？
（2）采用各种渠道模式的企业有哪些及原因是什么？
（3）各渠道模式的优点和缺点是什么？
（4）在当今互联网发展及其应用背景下，这些企业的家电企业分销模式正在发生着哪些变革？

2. 格力和国美的一次渠道冲突

2004年2月，成都国美的6家店在相关媒体上刊发广告，将格力两款畅销空调的价格大幅下调，零售价原本是1 680元的1P挂机下降为1 000元，零售价原本为3 650元的2P柜机下降为2 650元，降价幅度可谓之大。格力认为国美在未经自己同意的情况下擅自大幅降低了格力品牌空调的价格，破坏了格力空调在市场中长期稳定、统一的价格体系，并有损其一线品牌的良好形象，因此要求国美"立即终止低价销售行为"，在交涉未果时，格力决定正式停止向国美供货，这也是格力首次公开对商业连锁巨头国美说"不"！3月9日，国美北京总部向全国销售分支机构发布了"把格力清场、清库存"的决定，国美、格力事件进一步升级恶化，导致僵局形成。

实训：

（1）分析格力和国美渠道冲突的根本原因。
（2）格力和国美渠道冲突在当时是否可以规避？
（3）该事件后格力是否再次携手国美？说明原因。

3. 无人商店的出现

阿里巴巴旗下位于杭州的"淘咖啡"是集购物、餐饮于一身的线下无人实体店（整个门店内不设服务员）。消费者进店时需要打开"手机淘宝"，扫一扫店门口的二维码，获得一张电子入场券，通过闸机时扫一下这张电子入场券，进入店内就可以购物了。进店之后可以全程不用手机，甚至包括最后的支付环节，店内的系统会自动识别你的商品和你本人，在与你绑定的支付宝上完成支付。

实训：

（1）开设无人商店需要具备哪些条件？
（2）无人商店与传统实体店的不同表现在哪些方面？
（3）无人商店的出现，预示着零售渠道变革的哪些趋势？

第二节 案例分析与讨论

一、泰和公司渠道管理面临的困境

2012年伊始,泰和生物技术有限公司研制成功的一种新型保健品"泰和"胶囊,通过了国家卫生主管部门的鉴定,也获得了本省的"卫食健字"的批号并正式投产。

1. 双管齐下,快速渗透市场

"泰和"胶囊主要有两大功能:一是通过一种纤维提成素增加肠蠕动,促使肠内容物变松变软,可以润肠通便;二是降低血清中的总胆固醇和甘油三酯,升高对人体有益的高密度脂蛋白,预防动脉硬化。通过市场调查表明,本市的保健品市场竞争态势可谓非常激烈,竞争格局处于不断变化发展之中。居于领先地位的品牌在市场上的份额占到20%左右,在这个领导品牌的周围活跃着3~4个挑战品牌,各占市场份额的10%还多,其他近10个品牌蚕食其余不到40%的市场。泰和公司将即将投放市场的"泰和"胶囊定位于市场挑战者。考虑到公司资源有限,不宜打持久战,必须集中全部资源优势在较短的时间内打一场速战速决的"闪电战"。于是公司在营销策划中决定对产品采取"快速渗透策略",即以较低的价格,配以强劲的立体式广告促销攻势,以求迅速启动市场,取得尽可能高的市场占有率。与此相适应,在渠道开发方面实行推与拉相结合的方针,一方面,采取有力的激励措施,吸引中间商经销并积极推销本产品;另一方面,吸引消费者指名购买"泰和"胶囊,双管齐下,形成一股强大的合力。

在开发渠道网络方面,为了刺激经销商每次多进货,考虑到以赠送产品为主的数量折扣比起直接的价格折扣更有利,公司首先采取了数量折扣的销售政策(表9-1)。

表9-1 数量折扣

购买件数	5	10	15	20	25	30	35	40	45	50
可获赠的简易包装"泰和"胶囊	标准价	3盒	6盒	10盒	15盒	21盒	29盒	36盒	44盒	53盒
可获赠的礼品包装"泰和"胶囊	标准价	2盒	4盒	7盒	11盒	16盒	22盒	29盒	36盒	44盒

采取这个销售政策的出发点是:既可以维持统一的价格秩序(经销商必须把赠送的产品推销出去以后才能获得折扣的优惠),又可以扩大产品的市场覆盖面。同时,公司只付出了成本价却让经销商获得超值享受。这种办法对厂家来说确实是有利的,但这种有利性只存在于理论上,事实上经销商对此热情不高。

从表9-1可见,一个经销商一次进货10件(一件包括6盒,一盒又包括12小包,每盒标准出厂价72元)简易包装的"泰和"胶囊,须动用资金4 320元(10件×6盒/件×72元/盒),可获赠"泰和"胶囊3盒,价格为216元。这样,如果经销商按出厂价批发的话,他只有5%的批发利润,但这个数量折让表是按进货越多折扣越大的思路设计的,如果经销商一次进货达50件,须动用资金21 600元,此时可获赠53盒产品,折扣率达17.7%。一次进货50件的利益虽然很诱人,但须动用过多资金,加上库存商品风险等原因,使它成了可望不可及的目标,故经销商中的大户反应冷淡。

除了数量折让没有对经销商构成强有力的诱因之外,从广告投入到产生效果阶段也存在一段时滞,这样,第一个月的市场启动效果不甚理想,仅实现销售额12多万元。

2. 加大凌厉攻势,采取价格折让

为了让市场迅速升温,从第二个月开始,公司采取了两大举措:一是举办各种销售现场促销活动,包括邀请医学专家到药店门口、商业中心的广场上为消费者进行健康免费咨询,请读者参与健康知识读报有奖活动;二是修改针对经销商的激励措施,加大激励力度,改数量折让为价格折让,将利益向经销商方面倾斜,见表9-2。

表9-2 价格折让

购买件数	1~9	≥10 并<15	≥15 并<20	≥20 并<25	≥25 并<30	≥30 并<35	≥35 并<40	≥40 并<45	≥45 并<50	≥50
简易包装价格折让	标准价	9.5折	9.4折	9.2折	9.1折	8.8折	8.7折	8.4折	8.2折	8折
礼品包装价格折让	标准价	9.5折	9.4折	9.2折	9.1折	8.8折	8.7折	8.4折	8.2折	8折

新的折扣标准推出以后,精明的生意人开始嗅出有利可图的香味;广告促销也开始在潜在消费者心中发生作用,到药店、超市、食品店等购买"泰和"的顾客日渐增多。加上正赶上春节,公司订货的电话接连不断,营销部天天门庭若市。

通过如此增强推和拉策略的凌厉攻势,采取措施的当月销售额就上升了150%,达到30万元。原先还在持币观望的经销商,看到捷足先登的同行们经销"泰和"胶囊正牛气冲天,终于按捺不住发财的诱惑,纷纷打电话表示进货意向;不久前还对现款现货的付款方式嗤之以鼻的本市三大医药保健品销售公司之一的公司老总也亲自登门拜访,表示出强烈的合作意愿。

随着市场的全面解冻,经销商的销售热情高涨,在接下来的短短两个月时间里,"泰和"胶囊销售之风迅速席卷本市保健品市场,月销售额突破50万元大关。面对如此骄人的业绩,公司销售人员不免沉浸在胜利的喜悦之中,以至于对市场上已出现的价格和渠道紊乱的迹象没有及时察觉。

3. 暗潮汹涌,渠道决堤

应该说,新的价格折让标准对强力启动市场是功不可没的,同时也引发了一些不可避免的副作用。首先,新价格折让标准中包含的20%折扣率的价格回旋余地导致多级批发的产生,形成对本市市场的冲击,并给今后的市场开发留下了隐患。其次,被价差吸引的少数投机分子在公司采取紧缩政策时,低价恶意抛售,严重扰乱了市场价格秩序。此外,由于折扣标准设计不严密,且公司销售人员在操作时因急功近利而拿着折扣表与经销商进行摊牌交易(按生意常识本应把底牌装在心里,经销商的具体折扣由反复的谈判确定),导致经销商的进货数量都带有戏剧性,即大多是11件、21件、51件,算是钻了"法律"的空子。

渠道中价格折扣体系所产生的问题被陆续反映上来。而此时公司广告促销已明显见效,消费者市场已全面启动,为了进一步守住并拓宽市场,必须对现行销售政策来个紧急"刹车",重新调整利益分配格局,减少对经销商的价差。

于是,"紧急军事会议"连夜召开,研究重新确定价格折扣标准和理顺渠道秩序问题。最终决定取消8折进货优惠,发展特约经销商。特约经销商的价格折扣定为8.5折,其他非特约经销商的最高折扣不超过8.8折。为缓和新销售政策带来的冲击和不满,会议上还制定了补充措施:将曾经8折进货的大户优先发展为特约经销商,以安抚大户因为价格调整带来的利益波动。同时,为了不受制于某些特约经销商,特别实行"双轨制",即一方面利用特约经销商固有的网络发展一些零售商;另一方面,由公司直接掌握和发展一些中型零售商和集团消费,以对特约经销商形成制约。

一石激起千层浪。新出台的销售政策对刚尝到8折优惠进货甜头的经销商来说,无异于"割了一块肉"。有的经销商派人气势汹汹地找上门来,说公司发动"军事政变",这些经销商有一种被出卖的感觉;有的经销商扬言永远把"泰和"胶囊扫地出门。面对这种情况,公司全体销售人员倾巢出动,逐个做解释说服工作。公司的策略是:先伸出屁股让人家打个痛快,然后,再平心静气地诉说缘由,待经销商的气稍微平息之后,公司马上召开了"泰和"胶囊首批特约经销商授牌签字仪式。在这一打一捧中,一场风暴总算平息了。

正式授牌后的特约经销商开始大展拳脚。然而,价格与渠道之间那种"剪不断,理还乱"的矛盾不但没有得到化解,反而纠缠得更加复杂。

矛盾之一:在确定特约经销商名单时,公司考虑到地域分布的合理性,力求给每个特约经销商一定的势力范围。可能因为同行是冤家吧,划定的区域,特约经销商占领不了,纷纷舍近求远,跑到别的区域经销,地盘争夺战由此拉开帷幕,而争夺战中最主要的竞争就是价格竞争。

矛盾之二:既然给特约经销商的地盘它们自己占领不了,"泰和"胶囊又是一种购买比较频繁的消费选购品,公司就必须尽可能地占据多数的零售网点,不让竞争对手乘虚而入。看到自己的邻居也扯起了"泰和"胶囊的横幅,特约经销商与普通经销商之间的明争暗斗随之蔓延开来。

矛盾之三:一些有发展潜力的中、小客户原本从特约经销商处进货,但因厂家就在本市,加之个别销售员暗中怂恿,中、小客户便纷纷转向直接从厂家进货,这等于抢了特约经销商"碗里的饭",导致特约经销商与制造厂家之间的摩擦日渐加深。

矛盾之四:在任务指标的压力和利益的驱动之下,那些手头上掌握了比较多的特约经销商的销售人员的业绩蒸蒸日上,颇有点"拥兵自重"的味道;手中没有"重兵"的营销员"急中生智",纷纷牵线搭桥,联合几家中、小型客户以一家名义进货,享受9.5折或9折优惠,成为"联购分销的导演"。这些经销商花同样少的钱能赚取更多的差价,何乐而不为。而销售人员呢,通过组合市场,把业绩做上去,既体面又实惠,当然是乐此不疲。于是乎,销售员之间互相指责的不愉快之事也时有发生。

此四种矛盾相互交织在一起,日趋复杂。每日里,电话响个不停,其中大半是经销商之间互相告状、发牢骚、述怨言,销售部也成了"人民内部矛盾调解委员会",不是忙着摆平这边,就是忙着说服那头,弄得焦头烂额。

矛盾激化的直接结果是市场零售价格下跌。主要问题在于:①9.5折和9折进货的经销商一般是批零兼营,因为有较大的价格回旋余地,因此总以普遍低于规定的零售价出售,形成批发商在零售环节与零售商进行价格竞争的格局;零售商原本执行价格比较坚挺,但因批发商的"砸价",最终只能让步。②特约经销商在抢地盘的过程中,降低批发价,促使零售商哪家便宜进哪家的货。进货较便宜的零售商就以低于同行的价格出售，以此招揽顾客。

市场零售价格的下跌，严重损害了广大零售商的利益，极大地挫伤了零售商的经销积极性，反过来向厂家施加压力：要么降低出厂价，要么忍受市场份额下降的痛苦。

批发商低于厂价批发已成为公开的秘密。为了抑制它的蔓延，公司再次决定：①取消9折优惠。②成立市场价格执法队，同时悬赏1 000元用于举报奖励，特约经销商凡低于厂价批发的，一经发现，一律取消其特约经销资格，并对提供证据者重奖。③迅速组建地区营销分公司，直接面对零售商销售。

长痛不如短痛。泰和生物技术公司立志要"焊接"一个坚实的"船体"，宁愿忍受短期市场份额的减少，也要彻底理顺价格和渠道秩序，形成良性循环。

讨论题

（1）请画出泰和公司的产品分销渠道。

（2）泰和公司在渠道管理上存在哪些问题？公司应该如何解决这些问题？

二、戴尔公司开创网上直销模式

1984年，迈克尔·戴尔创建了戴尔计算机公司。该公司设计、生产、销售桌面个人计算机、笔记本计算机和网络服务器等计算机系统，并提供售后服务和技术支持。它还销售外国计算机硬件和软件，以及服务和支持程序。按照大多数产业观察家的认为，戴尔计算机是世界上最大的计算机系统和产品经营商，以"零库存、零环节、零成本、个性定制"而闻名，是最早通过网上大量销售计算机的大型公司。它根据最终用户的需要设计和定制计算机产品。戴尔的客户选择集中在大小企业、政府机关、学校和其他一些机构上，还有个人消费者市场。

1. 直销

戴尔从一开始就建立在直销模式基础上，即向客户直接销售计算机，不通过任何中间商。与其他分包生产IBM计算机公司一样，戴尔将其制造过程的很大一部分外包出去，自己只负责计算机系统的最后组装工作，计算机所需要的零部件都是外部供应商根据戴尔的要求生产的。戴尔公司最初是在选定的计算机杂志上做广告，把计算机直接销售给最终客户；而不是通过间接分销渠道，也不是依靠公司的销售队伍。

后来，公司增加了电话营销活动、间接销售队伍、现场销售代表。在公司最初成立的几年里，所有的产品都是经由联邦快递或航空快递公司直接分送到最终用户手中的。这类营销方式把解决定制计算机和对客户负责看得至高无上。由于在初期的分销渠道中，戴尔没有采取中间商、批发商或零售商，因此，它在同行中被视为是实行独特直销方式的先行者。

2. 网站直销

1996年是数字化企业的分水岭。20世纪90年代末，客户网上购物的准备已经成熟，通过Internet推销产品是必然的，对计算机公司来说尤其如此。从定义来看，每个上网的人都是戴尔产品的目标客户。戴尔公司看到了Internet的优势，研究如何更好地利用Internet。1996年7月，戴尔公司的客户开始可以通过公司的站点（www.dell.com）直接配置和订购计算机。

戴尔也可以通过Internet查看订货情况。戴尔向数字化的转变不是一夜之间就完成的。也曾有一段时间，大部分业务仍是通过电话进行的。这种向混合业务转变的模式（网上业务和非网上业务同时并存）是那些精明的想实行数字化的公司的典型特征。但是戴尔由混合模式向数字化转变的速度非常之快。1997 年，戴尔网站的访问人数和打电话咨询的人数之比是 1∶1，至 1998 年这一比率上升为 3.5∶1。

戴尔在这个转变过程中，关键的是建立在线配置器，它是一个专门设计所需要的数字系统，也是世界上首批出现的选择板之一。选择板是一种互动在线系统，客户可以利用它设计自己所需要的产品和服务，从特点、组合价格和发送等多项菜单中进行选择，客户的选择给供应商的制造系统发出信号，从而启动采购、组装和发送系统。

戴尔还为各地购买计算机的客户提供最方便的路径。它给客户带来的好处如下：①简捷：戴尔为客户提供了便携式和台式两种计算机、三种服务器，它们之间的判别很容易快速掌握。这种简捷性与戴尔的客户定制相互补充。②客户定制：客户可以从各种配置中选择，可以在 1 600 万种可能的组合中进行挑选。③迅速反馈：无论客户做何种选择，都有可以立刻知道其费用。④数字化的人性关怀：客户可以很方便地要求得到更多的信息，以帮助他们决策。

对戴尔来说，不太明显但同样重要的还包括如下内容：①准确、高速：由于不需要销售人员和订购人员记录客户的选择，制订订单的过程不会出现延误和重大失误或沟通问题。②连带销售：客户可以很容易地利用配置器购买附件或升级设备。由于客户不必再购买他们不需要的性能，他们很愿意进行这种升级。③捕捉客户信息：由于配置器能够迅速记录每个客户的选择，戴尔能够立即发现客户的购买模式，而不需要等上一段时间。

戴尔公司凭借这种创新的营销模式，使得传统渠道中常见的代理商和零售商的高额价格消失了，同时戴尔公司的库存成本也大大降低。与其他依靠传统方式进行销售的主要竞争对手相比，戴尔公司的计算机占有 10%～15% 的价格优势。这种价格优势主要来自戴尔以客户为中心的直销模式。直接销售是指公司的数百万计算机或计算机系统都是一对一的客户关系，就是每台计算机都是根据客户具体要求生产，戴尔公司把企业家、网络技术专家、企业软件汇集在一起。每台计算机都按订货生产，从订货到产品装车只需 36 小时。这样订货装上汽车，源源不断地转到戴尔三大生产工厂，直接运到距生产线仅 50 英尺的卸货台上，这些工厂是没有库存的。戴尔公司的后勤服务软件非常全面和先进，因此他们可以以较低的成本开展大规模的定制服务。这样戴尔公司在生产线上有其他公司无法比拟的最低成本结构。正如迈克尔·戴尔所言，"凭借业界独特的直销模式，戴尔已经逐步成为全球第一大 PC 品牌"。

当然，并不是所有企业、所有产品、在任何地区都适合引入网络直销，即使适合也要考虑其他条件如物流手段、消费习惯等是否能满足要求。戴尔中国公司为了适合中国地区和中国人的消费习惯和特点，就提出要实现从直销到代销、分销等渠道的巨大转型。

讨论题

（1）戴尔公司作为网络直销的开创者，其直销渠道运行有哪些特点？

（2）直销模式的适用条件及直销模式的优缺点是什么？

三、OB 电器天津公司线上和线下渠道的冲突管理

始创于 1979 年的 OB 电器公司，是历史比较悠久的厨房电器品牌，在中国厨房电器行业中专注于做高端产品。OB 电器公司提供包括油烟机、家用灶具、消毒柜、烤箱、蒸汽炉、

微波炉、电压力煲等厨房电器的整体解决方案，其中油烟机是其核心产品。

1. 渠道结构

在营销渠道体系方面，OB 电器将全国市场分为华北、华南、华东、华西和华中销售区，销量以华北地区居首，其余区域相差无几。OB 电器总部设在杭州，除了北京、上海两家分公司外，共有 94 个经销商，2 350 家专卖店和 508 个乡镇网点。OB 电器线上渠道，除了开辟自己的官网旗舰店外，还与天猫、京东、国美在线、苏宁易购等第三方平台进行合作。

OB 电器天津公司是 OB 电器在天津地区的总经销商，负责天津地区 OB 电器的销售、设备安装及维修服务等。公司成立于 2011 年。公司有 8 个部门，分别为市场部、工程部、网络推广部、财务部、售后服务部、物流部、KA 部（国美苏宁）、专卖店管理部，这些部门由总经办直接管辖。销售区域分为 12 个区，分别为河东片区、河西片区、红桥片区、和平南开片区、塘沽片区、西青片区、河北北辰片区、津南大港片区、油田片区、宝坻片区、蓟县片区、宁河汉沽片区，总共有 242 个专营店。KA 主要有 69 家，其中苏宁电器有 48 家，国美电器有 21 家。

OB 电器天津公司主要通过专卖店、KA 和本地电视购物三种销售渠道完成销售工作。其中 KA 和本地电视购物，是由天津公司仓库负责商品配送与安装。OB 电器天津公司有自己的网络推广部，主要负责 OB 电器的网络推广、团购和电视购物。推广部的主要工作职责是借助微信平台进行产品推广、企业介绍、发展潜在客户，以介绍新品为主；通过与"齐家网""一起装修网"和"城市团购网"合作，开展团购活动；与本地电视购物进行合作，针对以往的机型，用最优惠的价格进行限时抢购。OB 电器天津公司的仓库是 2011 年天津公司租赁丰树（天津）空港物流园的立体仓库。丰树集团是亚洲最大的物流设施运营商，主要服务于第三方物流供应商、零售商及制造商，目前租赁规模仍在扩建。

OB 电器营销渠道主要体现在代理制销售模式、多元化渠道、售后服务三个方面。公司的销售模式为业内较为独特的代理制。采用这一模式，大大增加了对经销商的激励力度，使公司获得了超越竞争对手的发展速度。在这种模式下，经销商是独立的法人机构（北京和上海除外），各经销商拥有完全的利润支配权。OB 电器经销商的主要利润来源有两个：差价和返利（完成总部下达的销售任务后的奖励）。OB 电器总部采用渠道多元化策略，大力拓展新兴渠道，建立了 KA、专卖店、地方通路、橱柜专营店、家装设计师、工程精装修、网络购物、电视购物等"多点开花"的渠道结构。

2. 销售状况

OB 电器股份有限公司 2014 年度报告显示，线下渠道，KA 渠道持续提升进店率与占有率；专卖店已达 2 350 家。线上渠道，在天猫商城、京东商城、国美在线、苏宁易购、当当网、唯品会等多个平台的销量快速增长。总部开设线上渠道之后，各地经销商不仅承担线下渠道的任务，同时还要配合线上渠道，为总部线上渠道提供配送服务。以天猫商城和京东商城为例，OB 电器线下渠道重要组成部分的天津公司销售业绩整体呈上升趋势，但是，销售额增速已经放缓，2012 年比 2011 年增长了 54.7%，2013 年的增长率为 34.6%，2014 年的增长率已经降到了 9.9%。是什么导致了增长率的持续下滑？与 OB 电器线下发展艰难不同的是，OB 电器线上部分的大幅增长。2013 年，线上渠道，在"双十一"实现了单日销售额 7 600 万元，同比增长 300% 以上，全年同比增长 140%，发展十分迅猛。2014 年 OB 电器把握了"五一""6·18""双十一"等电商大节（其中"双十一"单日销售突破 1.2 亿元），整体实现了 70% 左右的增长。

3. 天津公司内部销售会议

塘沽片区的崔经理一脸忧愁地说道：实体店的艰难情况他比谁都清楚，专卖店的销售业绩一天不如一天。有时确实有一些顾客进店，客流量也算可以，但是顾客在听完工作人员的详细讲解后，根本就不会选择购买，后来打听才知道有不少顾客已经在网上购买了相同或者相似款式的产品了。我们纯属费力不讨好。

苏宁电器卖场里的负责人小刘深感其然，他说好些顾客进店询问说：你们这里的产品我们在苏宁易购里都能买到吧？有的顾客抱怨说一款相同的产品，你们这里太贵了，我还不如在网上买呢。

"线上渠道完全是对我们无情的打击"，和平南开片区的李经理说道，"网店没有商圈的概念，也就是说所有的地盘都是你的，而我们实体店只能够辐射 1 公里左右，最多也就到 3 公里，客户资源有限不说，还被你网店挖了去，那我们还怎么干？天津就那么大点地方，而且客源也就那么多，如果大量潜在客户都选择从网上购买，那不是要了我们的命吗！况且网店可以放任意多的商品，而门店只能够在有限的空间展示商品，门店的客源被挖走的风险很高。"

售后服务部的杨经理提到了售后的问题，尤其是产品配送。"总部负责线上的订单下来以后，还需要实体店的配送及相关的安装等售后服务。门店有的时候也的确非常忙，特别是在销售高峰期的时候，而且天津公司也有自己的电视销售业务，网络下来的单子就可能与电视销售业务发生冲突。另外，网店的单子没有什么规律，有时一来就是多个地点的多个单，我们在人手有限的情况下只能汇集一些单子之后集中配送。再就是我们门店是要考核利润的，而线上的订单是不属于我们的。如果公司规定出现亏损的门店关张，谁担得起这个责任？再怎么义务服务也得有个限度。"

河西片区的刘经理认为线上线下沟通困难是整个管理体系的问题。"本来大家就是两个体系运行，各自有自己的领导和管理制度，就连考核制度都差异很大，网店可以不考虑利润，我们门店可不成。我们实体店开业的时间比网店要长得多，管理风格已经形成，目前盈利情况也不错，要让我们适应网店的经营也不是很合理吧。"

河北北辰片区的李经理认为网店的很多做法实际上对门店具有非常大的损害作用，她列举了几个例子。一是线上的活动几个小时就做出来，商品的买赠很快就可以展示出来，而门店准备的周期很长，需要备货、海报、POP 等等，长达几天时间，顾客会率先到网上购买，然后我们门店就得送货，这导致门店经营非常被动；二是有时候门店进行一些促销活动，比如节假日，顾客回头跑到线上购买去了，这就成了线下忙活，线上得利；三是有些时候网店的产品价格和促销与门店不一致，这样导致门店的销售出现困难；四是原来顾客到门店很难进行价格的比较，可以某些产品低定价而另一些产品高定价，从而获得较高的利润。现在有了网店之后，顾客很容易进行比价，这使门店的利润空间大幅下降。

讨论题

（1）OB 电器开设线上渠道后对线下渠道带来了哪些冲击？

（2）线上和线下渠道冲突的根本原因是什么？

（3）你对 OB 电器公司解决电商和店商之间的冲突，实现渠道间的融合有何建议？

四、苏宁云商的全渠道变革

1. 公司发展历程

苏宁公司成立于1990年，经过27年的发展，历经苏宁空调至苏宁电器再到苏宁云商三个发展阶段。

第一阶段（1990—1999年）：苏宁空调阶段。1990年苏宁家电成立，专营空调，从经营单一品类单一品牌春兰空调到多种品牌空调，依然是单一空调品类。经过3年努力，组建300多人的空调安装队伍，拥有4 000多家批发客户，形成覆盖中国大部分地区的分销网络，1996年批发零售销售额达到15亿元，规模初具。

第二阶段（1999—2012年）苏宁电器阶段。1999年12月，苏宁砍掉年销售额达几十亿元的批发业务，在南京新街口开办当时中国单店营业面积最大的综合电器店，并全面导入连锁概念，从批发零售单品类空调转型为家电专业连锁店，从一线市场到四线市场建立覆盖全国的1 700多家实体店。确定信息技术系统是企业的核心竞争力的战略，大力建设信息系统，发展自主物流，进行人才培养。2009年跃居中国连锁百强之首。

第三阶段（2012年至今）苏宁O2O融合的全渠道阶段。2009年苏宁就已经开始积极拥抱互联网，开启营销变革，上线苏宁易购，并提出了"科技转型，智慧服务"的新十年发展战略。面对互联网经济带来的深刻变革，顺应未来零售发展大趋势，2012年苏宁提出"去电器化"，在我国率先提出"店商+电商+零售服务商"两翼一体的苏宁云商模式，亦即O2O融合创新全渠道模式。

2013年更名苏宁云商，进行组织再造，推行双线同价，打造开放平台，打破组织壁垒、价格壁垒、商品壁垒和渠道壁垒，朝着构建O2O生态圈方向迈进，进一步总结提炼出"一体两翼"互联网路线图，即以互联网零售为主体，以打造O2O的全渠道经营模式和线上线下开放平台为"两翼"的互联网转型。在战略资源投入和布局上，苏宁通过实体店互联网升级，开发多种移动端应用，实现门店端、PC端、移动端、TV端的全渠道布局，为传统实体零售转型O2O做了有益探索。

2. 全渠道建设

一是线下实体店网络建设。苏宁的线下实体店网络建设是不断创新的过程，门店管理逐渐精细化。为了在三、四级市场推进O2O零售平台载体，2015年开始以直营、加盟、合作与代理的方式设立苏宁易购服务站，不到两年时间已开设3 829家服务站（截至2016年年底）；2016年设立苏宁小店，提供社区便利化服务。目前拥有云店、常规店、红孩子专业店、苏宁超市、苏宁易购服务站、苏宁小店6种业态，形成覆盖不同市场不同消费群体的5 418家实体门店网络平台，为O2O无缝融合打下坚实基础。

从WiFi部署、下载奖励、移动支付与扫码推广等各环节加大移动端在门店的应用，在订单、支付、服务等基本购物环节实现线上线下完全融合；优化激励考核，提升员工的线上线下协同意识，调动工作积极性，培训员工运用互联网社交工具，提高员工互联网经营技能。

二是线上全面提升互联网业务的用户体验与转化率。苏宁与阿里巴巴彼此拥有股份的紧密合作，打通双方的线上线下通道，彼此优势互补，为全球消费者提供更加完善的商业服务。苏宁易购天猫旗舰店日销稳步提升。2016年苏宁线上平台实体商品交易总规模为805.1

亿元，同比增长60.14%。

3. 全品类、专业化的商品经营

商品经营和管理能力是零售商形成核心竞争力的重要因素。全品类、专业化的商品经营战略是O2O落地的必要条件。目前苏宁已经形成了苏宁电器、苏宁母婴、苏宁超市三个专业商品经营单元。商品SKU数量快速增长。截至2016年年底苏宁自营与平台商品SKU数量达4 400万（同一商品来自不同供应商、同一商品被公司自营和开放平台第三方商户销售均计入同一个SKU）。

4. 信息技术应用和供应链优化

信息技术是使得O2O无缝融合的纽带：苏宁IT建设也是围绕"搭建线上平台、打通线上线下的资源和流程"这个核心工作，聚焦系统架构优化、基础数据运维、服务产品应用等方面，为内部管理提供支撑，有效推动全方位业务的创新发展。

信息技术的开发和应用没有最好只有更好，就像一场没有终点的竞技。跟阿里巴巴的密切合作，能使苏宁在该领域获得更大的支持。阿里巴巴旗下天猫8年"双11"销售额从2009年的0.52亿元到2016年的1 207亿元，增长了2 321倍；每秒订单创建笔数从2009年的0.04万笔到2016年的17.5万笔，增长437倍；每秒支付笔数增长从2009年的0.02万笔到2016年12万笔，增长了600倍。这背后都是信息技术的支撑的结果。

自动补货推进到全品类；开放SCS（Supply Chain System）与供应商对库存进行共同管理。通过C2B打造反向定制能力，促进上游研发新产品。推出众筹、预售、大聚惠、特卖等一系列互联网运营产品，在产品研发、新品上市、尾货销售为供应商打造全流程解决方案。供应链的优化同样没有止境。世界级零售企业从沃尔玛、家乐福到新进世界前30名的企业，皆因其优秀、高效的供应链体系。

物流和配送的覆盖力是O2O得以顺利运营的基本保障。苏宁持续进行物流投入和建设，2016年年底，苏宁协议收购天天快递70%股份，双方拥有物流仓储及相关配套总面积达到583万平方米，拥有17 000个快递点，物流网络覆盖全国352个地级城市2 805个区县。2017年1月，苏宁斥资42.5亿元收购天天快递100%股份，快速整合仓储、干线、末端快递网络资源。目前，各大零售商的物流建设都加入"智慧、智能"的元素，科技物流和智慧物流使供应链更加高效。

5. 跨界金融运营和高成本持续投入

掌控巨量现金流历来都是大型零售商的天然优势。金融的力量毋庸置疑，零售商跨界到金融领域施展才能，优势得天独厚，比如支付、理财、众筹、个人消费信贷等等。京东和阿里巴巴的发展，很大程度上都受益于金融的发展。同样，金融业务也是苏宁的一大支柱。商业的繁荣必然会衍生商业金融产品，开创新的商业模式。

跨界商业地产运营。零售商通过自建物业进入商业地产的情况非常普遍。大部分零售商都有一部分产权物业门店，苏宁自有物业门店有25家，与苏宁电器集团和苏宁置业集团等房地产商合作的租赁门店18家。在当今物业自身升值和租赁价格不断创新高的情势下，零售商更有自持物业的动力。

苏宁2014—2016年对其部分自有门店、物流仓储资源开展创新型的资产证券化运作来获得运营O2O补充资金。2014年对其11家自有门店开展类REITs运作获得43.42亿元资金；2015年对其14家自有门店开展类REITs运作获得约30亿元资金；2016年对其6个自有物流中心物业开展类 REITs 运作获得约 16.52 亿元资金,前后获得资金近 90 亿元,有力地支持了苏宁推进 O2O 融合发展进程。

自 2012 年起,苏宁公司年报开始设立"研发支出"项,专指 IT 人员工资和相关硬件投入,该项支出仅在 2015 年度就高达 10.07 亿元,IT 员工人数多达 4 589 人,信息体系核心软件团队比 2012 年的 2 000 人增长 2.5 倍。零售企业走 O2O 融合创新之路,所需投入的高额成本是中小零售商难以承受的。

苏宁自 2010 年以来围绕 O2O 融合运营投入逐年加大。2010 年销售费用和管理费用两项费用总额年投入 80.59 亿元,到 2016 年年投入增加到 213.97 亿元。

苏宁转型 O2O 始于 2012 年,但其 2012 年销售额同比增长仅 4.76%,扣除当年 CPI 的影响因素,增效甚微;增长过程持续三年,到 2015 年增幅达 24.4%,净利润达 8.7 亿元;2016 年,销售额增长率为 9.62%,净利润为 7 亿元。

O2O 融合运营涉及的组织和部门众多,系统庞大,容易出现矛盾和衔接空白,且没有前车之鉴,完全是创新、探索之举。苏宁的高成本投入已转化为产出,形成规模经济或者至少是规模报酬不变的健康状态。苏宁 O2O 的运营实现了平稳落地。

根据中国工商联 2016 年发布的《中国民营企业 500 强》名单显示,苏宁 2015 年收入达 3 502.88 亿元,位居第二。目前苏宁云商在全国有超过 5 000 家门店、2.8 亿零售体系会员,其供应链上有数万家供应商和平台商户。公司年收入已经超过 4 000 亿元。

讨论题

(1) 从苏宁的转型变革中,反映出了渠道变革的哪些发展趋势?

(2) 现代企业的渠道建设适应互联网时代的要求,应该做出哪些变革和调整?

五、阿里巴巴和京东的线下布局

目前,我国互联网巨头,无论是阿里巴巴的新零售,还是京东的无界零售,都在加速对线下的渗透。

1. 阿里巴巴:抢占稀缺实体渠道,资本纽带深度绑定

阿里巴巴对于百货、超市、卖场、专卖店等业态,通过资本纽带,深度绑定业内龙头如高鑫零售、银泰、三江购物、新华都等;对于便利店领域,通过天猫小店战略,逐步转化现成门店,并加快无人便利店淘咖啡探索;对于物流和经营难度最大的生鲜领域,通过内生+外延结合,旗下菜鸟网络深度绑定国内各大快递企业,参投饿了么完善 O2O 布局,易果生鲜、盒马鲜生以及旗下喵鲜生齐头并进。

(1) 百货领域:股权深度绑定高鑫零售、银泰、新华都。

2017 年来,阿里先后收购银泰百货、新华都的股权,抢先占领浙江、福建市场。银泰和新华都分别是浙江省、福建省最大的百货公司,银泰旗下拥有 46 家百货公司,新华都旗下拥有 120 家门店。

2017 年 11 月,阿里以约 224 亿港币购买高鑫零售 36.16% 股权,高鑫零售是中国规模最大的大卖场运营商,以欧尚、大润发两大品牌在全国 29 个省市自治区运营 446 家大卖场,市场份额多年保持国内零售行业第一。

目前,阿里巴巴与苏宁已成为重要战略合作伙伴,双方联手打造"猫宁组合"实现超预期效果(图 9-1)。2015 年 8 月,苏宁易购天猫旗舰店上线,3 个月即做到行业前三,6

个月排名第一;2016 年 10 月,阿里巴巴与苏宁共同出资 10 亿元设立重庆猫宁电子商务,以苏宁稳定的货源和近 4 000 家门店的供应物流能力为依托进行代销和经销,苏宁则利用阿里巴巴的流量、大数据、生态圈进行平台管理。

图 9-1 阿里与苏宁合作

随着合作升级,阿里巴巴联合制造业巨头品牌推出"万亿智造计划",共同探索创新零售商业模式。

(2)便利店:天猫小店加盟式+淘咖啡创新式双线并举。

我国存量便利店超过 300 万,其中 97% 以街边店、夫妻店的模式运营,对于庞大的存量,阿里巴巴选择以"天猫小店"战略进行改造。2017 年 8 月 28 日,阿里巴巴零售通事业部宣布,第一家天猫小店已在杭州正式运营,并宣布要在 2018 财年打造 1 万家。目前,天猫小店暂为加盟的方式,而淘咖啡站在无人模式的风口上,探索未来便利店。

(3)物流:菜鸟网络"天网"+"地网"。

大数据提升物流效率,多领域布局智能物流。2013 年 5 月,阿里巴巴联合银泰集团、复星集团、富春集团及多家快递龙头企业搭建菜鸟网络并在同年整合阿里巴巴物流事业部。阿里巴巴通过借力银泰复兴布局物流地产,联姻苏宁部署线下网点,入股电商物流领先企业心怡科技,开发仓储管理解决方案;投资全峰、百世汇通、圆通等快递企业提升终端配送环节;以 28.22 亿港币投资海尔"日日顺"以强化大件物流,以总计 13.39 亿美元全资收购高德地图,确保地图资源及物流数据优势;投资新加坡邮政等国际企业布局跨境运输市场。

2. 京东智能系统+渠道下沉,事业部制助深耕细作

较阿里系的快速收购圈地型布局,京东在新零售的布局更多为在拓展自身事业部业务基础上与业内龙头开展深度战略合作。对于超市、实体专卖店等业态,与行业领先企业联合优势互补,并通过 3C 事业部进行渠道下沉;便利店领域,通过新通路事业部打造智能便利店管理系统,改造百万便利店,同时探索无人超市的应用;物流和生鲜餐饮领域,成立生鲜事业部,并形成六大物流网络支撑线上线下零售系统运转。

(1)与腾讯合作。

腾讯于 2014 年收购京东 20% 的股份,与京东建立合作伙伴关系,联手推出线上线下无界零售解决方案,共同探索新零售。自 2015 年 8 月以 43.1 亿元收购永辉超市 10% 的股份。2016 年 6 月,京东与沃尔玛达成深度战略合作协议。京东通过加强与沃尔玛和永辉超市的战略合作,在客群、品类上优势互补,在品牌、宣传营销上深度合作,强化在 O2O 领域的业务布局,并借势沃尔玛的海外资源实现全球化战略。

(2) 联合永辉超市、沃尔玛。

京东已联合永辉超市、沃尔玛推出"京东到家"APP 开展 O2O 业务,同时将永辉超市作为"京选空间"入口,借助永辉线下资源和客流量为彼此相互导流,此外通过从沃尔玛并入的 1 号店弥补其在华东地区的市场短板(图 9-2)。

图 9-2　京东合作沃尔玛

(3) 建设京东便利店。

2017 年 4 月,刘强东宣布未来五年京东将在全国建设一百万家京东便利店,其中一半在农村,采取加盟模式,进货方式分为 100% 从京东进货和部分从京东进货两种。同年 11 月,京东新通路事业部宣布即将推出一套打通品牌商——终端门店——消费者的京东便利店智慧管理系统,包括:智慧门店管理系统、行者动销平台和慧眼大数据系统,升级百万智慧门店,以技术引领未来零售业的发展。

讨论题

(1) 两大电商巨头阿里巴巴和京东为何加速线下布局?

(2) 结合两大电商巨头的转型,思考一下未来零售业态的发展趋势。

第三节　经典推介

一、标志性理论、人物及思想简介

1. 商圈理论

商圈最早是由德国地理学家克里斯泰勒在 20 世纪 30 年代提出的,即商品和服务中心地理论(Central Place Theory)。该理论的要点是以商品零售企业所在的中心地为圆心,以其商品最大的销售辐射能力为半径,形成的近似圆形的销售区域。

(1) 国内学者对商圈的定义。

国内学者对商圈从不同角度进行了定义,概括起来主要有两种:一种观点认为商圈是商品零售企业开展市场营销活动的势力范围,这一观点是从商品零售企业的角度出发,侧重描述商圈是零售企业经营活动的地理空间范围,相当于商业集聚区的概念;另一种观点从消费者的角度出发,认为商圈是商品零售企业吸引消费者的地理区域,这一观点侧重表达商圈是消费者活动的空间范围,相当于地理意义上的顾客圈。

（2）伯吉斯同心圆理论。

美国社会学家伯吉斯运用社会生态学的侵入和继承概念，解释了城市土地利用的空间排列形态，并于1925年形成了伯吉斯同心圆理论。该理论指出：当城市扩大或增多后，一个城市内会出现两个或两个以上的市场，一个市场内可能出现两个或两个以上相同类型的商店。在这种情况下，不同商圈之间出现了重合或交叠，强势商店的边际商圈层会入侵到弱势商店的次要商圈层或主要商圈层，这就是消费者舍近求远去选购商品的原因之一。城市各地域的不断侵入和转移，构成了由五个同心圆组成的区域空间，见图9－3。

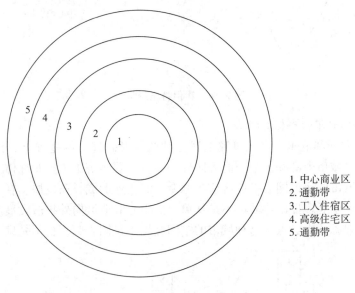

图9－3 伯吉斯同心圆理论

（3）霍伊特扇形学说。

1939年，霍伊特基于伯吉斯中心圆理论研究成果，重点针对该理论中存在的缺陷，提出了扇形（楔形）模式学说。霍伊特认为不同商业区、不同阶层居住区沿交通线从其中心位置向四周呈放射状扩散。该学说保留了同心圆模式理论分析到的经济地租要素，再加上现代交通形成的放射状运输线路因素，也叫线性易达性，使城市由中心向外扩展的方向呈不规则形式分布。该理论把中心的易达性称为基本易达性，把沿着辐射运输路线所增加的易达性叫作附加易达性。在多业态并存的现代商圈内，轻工业和批发业对运输路线的附加易达性最为敏感，并呈现出楔形，同时该楔形不是一个平滑的楔形，它呈现出左右隆起的形状，见图9－4。

（4）墨菲和万斯CBD理论。

1954年，美国学者墨菲和万斯仔细研究城市CBD，并综合考虑了人口密度、车流量、地价等因素，提出了CBD（中心商务区，Central Business District）理论。他们指出CBD是大城市中高度集中金融、贸易、信息和商务办公活动的区域，并附有购物、文娱、服务等配套设施，是城市综合经济活动的核心地区。他们还提出了中心商务区指数和中心商务强度指数，用这两个重要指标来评价CBD商业质量。中心商务区指数＝中心商务区建筑面积总和/总建筑基底面积；中心商务强度指数＝商务区内商务建筑面积总和/商务区内总建筑面积。

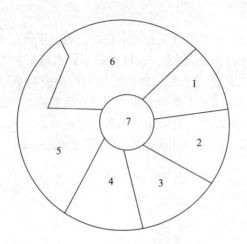

图 9-4　霍伊特扇形学说

1. 高级住宅区
2. 中级住宅区
3. 低级住宅区
4. 教育娱乐区
5. 运输带
6. 工业区
7. 中心商业区

(5) 哈罗斯和厄尔曼多核心学说。

1954 年，哈罗斯和厄尔曼多在研究上述三种商圈形态理论的基础上，提出细化的多核心模式。模式假设城市内部除了中心商务区外，尚有次要经济胞体散布在体系内。这些中心地和成长点随着城市的运输网、工业区或各种专业服务业的成长而发展。在研究多个城市的起源后哈罗斯和厄尔曼多提出：城市不是从单一的中心商业区向外扩散发展起来的，而是城市会有多个发展起源的中心点，这种城市的空间结构不是同心圆，也不是扇形，见图 9-5。

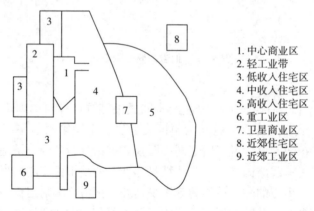

1. 中心商业区
2. 轻工业带
3. 低收入住宅区
4. 中收入住宅区
5. 高收入住宅区
6. 重工业区
7. 卫星商业区
8. 近郊住宅区
9. 近郊工业区

图 9-5　多核心学说模型

2. 渠道权力理论

对渠道权力的研究开始于 1969 年，Beier 和 Stern 以社会交换理论、政治学和社会心理学理论为基础，认为渠道权力不是某一个渠道成员的属性，而是渠道关系的一个基本属性，因而渠道关系中总是存在着一定水平的权力。

(1) 渠道权力含义。

在渠道权力理论中，多数渠道理论研究者都是利用社会学中的权力概念来定义渠道权力的。如著名渠道理论学者斯特恩和艾-安萨利（Stern & El-Ansary，1977）将渠道权力定义为某个渠道成员所具有的让其他渠道成员必须进行某种行为的能力，并进一步将渠道权力解释为"某个渠道成员 A 对另一个渠道成员 B 的权力是指 B 在 A 的干预下的行为概率要大于没有 A 干预下的行为概率"。

后来，斯特恩等学者（Stern, El-Ansary, &Coughlan, 1996; Coughlan, Anderson, Stern, &El-Ansary, 2001）将渠道权力进一步定义为"一个渠道成员 A 使另一个渠道成员 B 去做它原本不会做的事情的一种能力"。除上述学者外，罗森布罗姆（Rosenbloom, 1999）将渠道权力定义为"一特定渠道成员控制或影响另一成员行为的能力"，另两位学者 Bowersox 和 Cooper（1992）则认为渠道权力是"一个渠道成员影响或改变另一个渠道成员决策的能力"。从上述定义中我们可以看出，虽然各位学者的定义表述有所不同，但表达的意思却是基本一致的，即渠道权力是一个渠道成员对另一个渠道成员行为的控制力和影响力，这种观点是为目前西方营销理论界所普遍接受的。

对于渠道权力的含义，另一种从社会学中引出的定义方法也被西方营销理论界所普遍接受，这就是从渠道成员之间相互依赖的角度对渠道权力进行定义。斯特恩等学者（1996, 2001）认为，"还可以把权力理解为一个渠道成员对另一个渠道成员的依赖程度"，"如果对 A 有所依赖，B 就会改变它通常的行为以适应 A 的需求。B 对 A 的依赖性赋予 A 潜在的影响力"，影响力的大小取决于 B 对 A 的依赖程度。Bowersox 和 Cooper（1992）认为渠道权力有赖于渠道成员所感知到的相互之间的依赖程度，渠道权力是依赖关系的结果。

国内外学者从各类型权力来源基础对渠道权力不同影响的角度，将渠道权力进一步划分为不同维度，详见表 9-3 的归纳。

表 9-3 渠道权力划分维度汇总表

学者	权力维度划分	权力基础
西方学者	经济性渠道权力	奖励、惩罚因素
	非经济性渠道权力	法律、认同、专长、信息因素
	强制性渠道权力	强迫、威胁因素
	非强制性渠道权力	沟通、情感、专家、信息共享因素
	直接渠道权力	威胁、奖惩因素
	间接渠道权力	情感、信息因素
东方学者	培养式渠道权力	专长、信息、奖励因素
	命令式渠道权力	惩罚、认同因素
	侵略式渠道权力	奖励、惩罚、法律因素
	非侵略式渠道权力	认同、专长、信息因素

西方学者以强制性、影响性及经济学等角度为切入点，将渠道权力划分为强制性与非强制性权力、直接与间接权力、经济性和非经济性权力。而东方学者基于本国渠道管理现状，在研究与归纳西方学者已有划分方式的基础上，得出了适用于自身情况的划分方法。在东、西方学者两种不同的划分方法中，将渠道权力区别为强制性与非强制性权力使用的方法得到东、西方学者的一致认可。

（2）渠道权力的作用机理。

由于渠道成员在功能上是相互依赖的，因而渠道系统中的每一个成员都有一定的渠道权力，但这种权力在渠道成员间的分配却不是均等的，权力关系内部存在着一种促使权力趋向平衡的动力机制，即权力主体行使权力总是会诱发抵消性的权力与之对抗，从而削弱权力主体的影响力。从渠道权力的工具性出发，渠道权力主体受利益的驱动总是致力于保持或加大这种权力的非均衡状态。渠道权力正是在这两种力量的作用下在均衡与非均衡之间运动变化的。

3. 供应链及供应链管理

（1）供应链。

供应链最早来源于彼得·德鲁克提出的"经济链"，后经由迈克尔·波特发展成为"价值链"，最终演变为"供应链"。供应链是围绕核心企业，通过对信息流、物流、资金流的控制，从采购原材料开始，制成中间产品以及最终产品，最后由销售网络把产品送到消费者手中的将供应商、制造商、分销商、零售商及最终用户连成一个整体的功能网链结构模式。它是一个范围更广的企业结构模式，包含所有加盟的节点企业，从原材料的供应开始，经过链中不同企业的制造加工、组装、分销等过程直到最终用户。它不仅是一条连接供应商到用户的物料链、信息链、资金链，而且是一条增值链，物料在供应链上因加工、包装、运输等过程而增加了价值，给相关企业都带来了收益。

供应链主要有以下特征：①复杂性。因为供应链节点企业组成的跨度（层次）不同，供应链往往有多个、多类型甚至是多国企业构成，所以供应链结构模式比一般单个企业的结构模式更为复杂；②动态性。供应链管理因企业战略和适应市场需求变化的需要，其中节点企业需要动态地更新，这就使得供应链具有明显的动态性；③面向用户需求。供应链的形成、存在、重构，都是基于一定的市场需求而发生，并且在供应链的运作过程中，用户的需求拉动是供应链中信息流、产品（或服务）流、资金流运作的驱动源；④交叉性。节点企业可以是这个供应链的成员，同时又是另一个供应链的成员，众多的供应链形成交叉结构，增加了协调管理的难度。

（2）供应链管理（Supply Chain Management，SCM）。

20世纪70年代晚期，此观点在Keith Oliver和Skf、Heineken、Hoechst、Cadbury-Schweppes、Philips等客户接触的过程中逐渐形成，于1985年由Michael E. Porter提出。Keith Oliver曾经认为这个词会很快消失，但"SCM"不仅没有消失，还很快地进入了公众领域，这个概念对管理者的采购、物流、操作、销售和市场活动意义匪浅。

《物流术语》国家标准（GB/T 18354—2001）对SCM的定义：利用计算机网络技术全面规划供应链中的商流、物流、信息流、资金流等，并进行计划、组织、协调与控制等。全球供应链论坛（Global Supply Chain Forum，GSCF）将SCM定义成：为消费者带来有价值的产品、服务以及信息的、从源头供应商到最终消费者的集成业务流程。

SCM已经成为一种先进的管理模式，并成为提升企业核心竞争力的重要途径。它提供了集成和管理企业之间功能和资源的机遇，是一种新的面向整个业务流程的经营管理业务模式和供应链成员之间的联系方式。SCM实质上是一种从渠道管制角度形成的概念模式。我们可以将SCM理解成：在一个组织内集成不同功能领域，加强从生产制造商与分销商到最终用户物流流动过程管理的体系。利用直接战略供应商的能力和技术，尤其是供应商在产品设计阶段的早期参与，已经成为提高生产制造商效率和竞争力的新的经济效益增长点。

4. 电子商务模式

电子商务模式是企业确定细分市场和目标顾客之后，通过企业内部特定的组织结构和在价值网中的定位，运用网络信息技术，与价值网上的各合作成员整合相关的流程，最终满足顾客的需要，并给企业带来赢利的方式。

电子商务模式是企业在价值链系统一定位置上为目标市场提供价值和赢利的方式，它由e化市场环境、客户关系、产品创新、财务要素、企业资源、业务流程6个要素构成。这些要素相互依赖和联系，共同确定商务模式。

（1）基于价值链的分类。Paul Timmers 提出的分类体系是基于价值链的整合，同时也考虑到了商务模式创新程度的高低和功能整合能力的多寡。按照这种体系电子商务模式可以分为电子商店、电子采购、电子商城、电子拍卖、虚拟社区、协作平台、第三方市场、价值链整合商、价值链服务供应商、信息中介、信用服务和其他服务等11类。

（2）混合分类。Michael Rappa 将电子商务模式分为经纪商、广告商、信息中介商、销售商、制造商、合作附属商务模式、社区服务提供商、内容订阅服务提供商、效用服务提供商等九大类。其中经纪商又可以分为买/卖配送、市场交易、商业贸易社区、购买者集合、经销商、虚拟商城、后中介商、拍卖经纪人、反向拍卖经纪商、分类广告、搜索代理等11种；广告商又可以分为个性化门户网站、专门化门户网站、注意力/刺激性营销、免费模式、廉价商店等5种。中国学者吕本富和张鹏将电子商务模式分为B2B、网上金融、网上销售、网上拍卖/买、网络软服务、网络硬服务、数字商品提供者、技术创新、内容服务、网络门户、网上社区、旁观者等12种。其中B2B模式根据职能又划分为采购、销售、物流、售后服务等类型；网上金融模式根据金融领域又划分为网络证券、网络银行、网上保险、个人理财、风险资本等类型。

（3）基于原模式的分类。Peter Weill 认为，电子商务的模式从本质上来说都是属于原模式的一种或者是这些原模式的组合。而他所认为的原模式有以下八种：内容提供者、直接与顾客交易、全面服务提供者、中间商、共享基础设施、价值网整合商、虚拟社区、企业/政府一体化。

（4）基于新旧模式差异的分类。Paul Bambury 从新的商务模式与旧商务模式的差异角度出发，将电子商务模式分为两大类：移植模式和禀赋模式。移植模式是指那些在真实世界当中存在的、并被移植到网络环境中的商务模式。禀赋模式则是在网络环境中特有的、与生俱来的商务模式。

（5）基于控制方的分类。麦肯锡管理咨询公司认为存在三种新兴的电子商务模式，即卖方控制模式、买方控制模式和第三方控制模式。这种分类在一定程度上反映了卖方、买方以及第三方中介在市场交易过程中的相对主导地位，体现了各方对交易的控制程度。

（6）基于Internet商务功用的分类。Crystal Dreisbach 和 Staff Writer 按照 Internet 的商务功用，将电子商务模式划分为三类：基于产品销售的商务模式、基于服务销售的商务模式和基于信息交付的商务模式。

（7）基于B2B和B2C的分类。中国社科院财贸所课题组基于B2B和B2C模式进行了进一步的分类。

按照为消费者提供的服务内容不同将B2C模式分为电子经纪、电子直销、电子零售、远程教育、网上预订、网上发行、网上金融等7类。将B2B模式分为名录模式、B2B和

B2C兼营模式、政府采购和公司采购、供应链模式、中介服务模式、拍卖模式、交换模式等7类。其中中介服务模式又可以细分为信息中介模式、CA中介服务、网络服务模式、银行中介服务等4种。

5. 消费者渠道迁徙行为

从广义上讲，迁徙是指主体对当前状态的永久性或暂时性改变过程（Lee，1966），同时也是主体在两个地点之间持续一段时间的运动过程（Boyle等，1998）。起初被社会学家们用来研究人口迁移现象。后来，Steinfield等人首次将迁徙概念引入消费者行为学研究，然而他们并没有对消费者渠道迁徙行为进行完整的界定。Thomas和Sullivan将消费者渠道迁徙定义为消费者反复地在零售商的不同渠道（比如杂货店、产品目录、互联网等）间做出选择的动态选择过程，而且他们明确指出这一过程发生在消费者的整个购买决策阶段。此后，Kauffman等人进一步指出，消费者渠道迁徙行为应该是指消费者从一种渠道转移到另外一种渠道的行为，而不是在渠道间来回转移。

现有的相关研究总体上按照属性和功能对渠道进行分类。按照渠道的属性，消费渠道可分为在线渠道（如电话购物、网络购物、邮寄购物、目录购物、电视购物等）和离线渠道（如杂货店、超市等）两类（Levy和Weitz，2006；Neslin等，2006）。前一类渠道的购物活动发生在家里，后一类渠道则相反。遵循这一划分方式，渠道转换行为和跨渠道行为的研究者们主要致力于探讨消费者从离线渠道向在线渠道的迁徙过程。按照渠道的功能，消费渠道又可划分为信息搜索渠道和购买渠道（Coughla等，2001），其中，信息搜索渠道能为消费者的购买决策提供大量信息，购买渠道则能为消费者购买产品并完成交易提供场所。

消费者在渠道迁徙过程中涉及两类渠道，每个渠道均有信息搜索和提供产品的功能，消费者在两个不同的层次完成体验学习和获取消费知识，即在线购买渠道和离线购买渠道以及信息搜索渠道和购买渠道两个层面。据此消费者渠道迁徙行为相应地区分为反映消费者在离线购买渠道和在线购买渠道间的迁徙过程，即渠道转换行为维度，以及反映消费者在信息搜索渠道和购买渠道间的迁徙过程，即渠道搭便车行为两个维度。

其中，渠道转换行为是指消费者在多渠道环境中，从在线渠道（离线）购买渠道向离线（在线）购买渠道转移的动态过程，该过程通过消费者与外部环境之间持续互动的体验学习而获取知识；渠道搭便车行为是指消费者在多渠道环境中，从在线（离线）渠道搜索信息，而在离线（在线）渠道购买产品的动态过程，该过程通过消费者与外部环境之间持续互动的体验学习而获取知识。

渠道转换行为和渠道搭便车行为是相互区别的。具体来说，消费者在离线购买渠道和在线购买渠道之间的迁徙经历了两个完整的学习周期，是两个购买渠道的体验学习对比后的决策过程。这就是说，渠道转换行为是两个购买结果的迁徙过程，与渠道搭便车行为具有显著的不同，后者是信息搜索渠道和购买渠道之间的迁徙，仅仅构成了一个完整的体验学习周期，是一个从具体经验起步，经过反思观察、抽象概括，进而主动运用的过程，该过程是一个完整的消费决策过程。因而，渠道转换行为和渠道搭便车行为是两类不同的渠道迁徙过程。

二、经典论文推介

1. 深入理解营销渠道研究的过去和未来.鲁平俊,唐小飞(西南财经大学工商管理学院).科研管理,2015(1):159-166

(1) 概要。

为了洞悉营销渠道研究中过去和未来最有价值的文献和研究议题,挖掘渠道研究未来可能的研究方向和研究机会,本文借用引证研究法定量分析了营销渠道研究的发展趋势和演化轨迹。通过定量分析探寻出该研究领域中最具影响力的研究文献,在营销渠道研究的过去63年中学者们提出的18个具有重要价值的研究议题,揭示出在未来相当一段时间内,渠道关系、线上渠道和渠道治理等议题将会成为研究的新热点。

(2) 主要内容和观点。

①样本期刊及文献选取。

为保证样本期刊的重要性(影响力)、集聚性(学科相似性)、结构类型(学术型期刊),一方面根据SSCI中的期刊"影响因子"对样本期刊进行评判,另一方面结合Tellis等人的研究成果,以营销学界最重要的Journal of Marketing(JM)、Journal of the Academy of Marketing Science(JAMS)、Marketing Science(MS)、Journal of Marketing Research(JMR)、Journal of International Marketing(JIM)这五个期刊作为本研究的样本期刊。

在选定的这五大期刊中,通过关键字检索、摘要扫描和文献阅读,共收集到自1951年出现"分销渠道"的文献开始到2014年共计374篇渠道研究的文献。其中JM有234篇,JMR有54篇,JAMS有51篇,MS有26篇,JIM有9篇。通过仔细阅读每一篇文献的参考文献完成协同引证矩阵数据的收集工作。最具影响力的40篇研究文献作者见表9-4。

表9-4 1951—2014年最具影响力研究文献作者

排序	论文作者	平均影响力	期刊来源	排序	论文作者	平均影响力	期刊来源
1	Nderson and Weitz(1992)	3.05	JMR	9	Geyskens,Steenkamp and Kumar(1999)	1.04	JMR
2	Heide(1994)	2.21	JM	10	John(1984)	0.92	JM
3	Heide(1992)	2.19	JM	11	Hunt and Nevin(1974)	0.92	JM
4	Mohr and Nevin(1990)	1.48	JM	12	Wathne and Heide(2000)	0.90	JM
5	Peterson,Sridhar and Bart(1997)	1.45	JAMS	13	Anderson and Coughlan(1987)	0.87	JM
6	Gaski(1984)	1.34	JM	14	Frazier(1983)	0.86	JM
7	Lusch and James(1996)	1.30	JM	15	El-Ansary and Stern(1972)	0.85	JM
8	Jeuland and Shugan(1983)	1.19	MS	16	Klein,Frazier and Roth(1990)	0.84	JM

续表

排序	论文作者	平均影响力	期刊来源	排序	论文作者	平均影响力	期刊来源
17	Gaski and Nevin (1985) 0.74 JMR 370.42 JM	0.74	JM	29	Frazie (1983)	0.52	JMR
18	Choi (1991)	0.71	MS	30	Bucklin (1965)	0.52	JMR
19	Frazier and Rody (1991)	0.69	JM	31	Lal (1990)	0.52	MS
20	Achrol, Reve and Stern (1983)	0.68	JM	32	Boyle et al. (1992)	0.51	JMR
21	Gary (1999)	0.67	JAMS	33	Anderson et al. (1987)	0.51	JMR
22	Frazier, Gill and Kale (1989)	0.66	JM	34	Gundlach and Cadotte (1994)	0.46	JMR
23	Achrol and Stern (1988)	0.65	JMR	35	James Chekitan and Lee (2000)	0.44	JM
24	Dwyer and Sejo (1987)	0.64	JMR	36	Geyskens, Gielens and Dekimpe (2002)	0.43	JM
25	John and Reve (1982)	0.61	JMR	37	Dant and Schul (1992)	0.42	JM
26	Frazier and Summers (1984)	0.57	JM	38	Montoya-Weiss, Voss and Grewal (2003)	0.42	JAMS
27	Jean (1999)	0.55	JAMS	39	Moorthy (1987)	0.42	MS
28	Bello and Gilliland (1997)	0.53	JM	40	Frazier and Summers (1986)	0.41	JMR

②最重要的研究议题。

分销渠道、渠道权力、渠道治理、渠道战略、渠道议价、渠道收益、渠道模式、渠道控制、线上渠道、渠道机会主义、渠道合作、渠道关系、渠道定价、渠道冲突、渠道承诺、渠道沟通、渠道环境和关系治理是营销渠道研究领域中最重要的研究议题。

③研究议题的影响力。

营销渠道研究议题中平均影响力最高的是渠道关系、线上渠道和关系治理；同时，低于平均影响力的研究议题是渠道权力、渠道议价、渠道定价和分销渠道。更值得肯定的是，线上渠道正在引起营销理论界和实务界的高度重视，线上渠道在营销渠道研究领域中显得越来越重要。

④未来潜在影响力大的研究议题。

关系治理、渠道治理、线上渠道和消费者迁移将成为营销渠道研究领域中未来有重要影响力的研究议题。其他在未来重要的议题还有诸如渠道议价、分销渠道、渠道绩效、渠道合作以及渠道定价。

(3) 结论。

在 60 多年的营销渠道研究中，Heide、Frazier、Gaski、Anderson、Nevin 等人作为最卓越、最睿智和最具影响力的学者，与其他孜孜以求的学者一同为营销渠道学界和实务界共同探索出来包括分销渠道、渠道权力、渠道治理、渠道战略等 18 个颇具价值的研究议题。随着营销渠道研究的深入和丰富，18 个重要的研究议题也随之发生了巨大的演变和进化，议题中的大部分经历了从战略视角到操作视角的方向性转变，并且在表现出不同的演变增长率后，呈现出诸如渠道关系、线上渠道、渠道治理、关系治理、渠道价值和渠道模式等研究议题强势发展的态势；同时，渠道定价、分销渠道、渠道议价和渠道权力等研究议题却逐渐降温的趋势。

渠道关系、渠道治理、关系治理，线上渠道、线上渠道与消费者选择和迁移，渠道模式、混合渠道、渠道选择，渠道权力、渠道冲突、渠道合作，分销渠道议价等是在未来一定时期内具有显著研究潜力和价值的研究议题。

2. SOLOMO 消费驱动下零售企业渠道演化选择：全渠道零售．齐永智（山西财经大学），张梦霞（对外经济贸易大学）．经济与管理研究，2015（7）：137 – 114

(1) 概要。

通过对 SOLOMO 消费群与全渠道零售的介绍，本文分析了零售企业由以自身为中心的单渠道、多渠道、跨渠道转向以消费者为中心的全渠道零售的演化路径，解释了 SOLOMO 消费趋势下零售企业采用全渠道零售的模式能够无缝对接消费需求的成因，并构建了全渠道价值链。另外，本文通过绘制全渠道消费者云图，指出提升多渠道协同服务质量是全渠道价值链管理的关键，扩大数字客户群是全渠道消费者数据管理的重点。

(2) 主要内容和观点。

①SOLOMO 消费群。

2011 年 2 月，全球最有影响力的风险投资家约翰·杜尔提出 SOLOMO 概念，即社交（So – social）、本地化（Lo – local）、移动（Mo – mobile）三个词的整合。这三个概念成了互联网创新应用的三大支点。SOLOMO 时代，每一位消费者成了 SOLOMO 消费者。

②全渠道零售。

全渠道零售是指企业采取适当多的渠道类型，通过渠道间的高度整合协同为满足消费者在购物各阶段能随时随地购物、娱乐和社交的综合体验需求，提供渠道间穿梭的无缝最佳购物体验。这些渠道包括有形店铺和无形店铺（传统网店、移动网店、电话购物等，以及社交媒体、微博、微信等信息媒介渠道）。全渠道零售本质是消费者的全购物渠道见图 9 – 6。

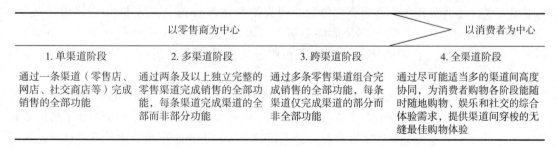

图 9 – 6　渠道演化路径

图9-6所示的四个阶段中，单渠道阶段、多渠道阶段和跨渠道阶段三种模式均为以零售商为中心的渠道布局模式；全渠道是一种以消费者为中心的渠道模式。在多渠道零售和跨渠道零售中，零售商站在自己的角度考虑，消费者是割裂的，即使是同一个消费者，如果在同一个零售商的多个渠道，仍被视作不同的消费者。在全渠道零售中，无论消费者在全渠道的任何一类渠道，只要是同一个消费者，就能够获得一致性的购物体验与一致的营销服务，消费者感觉不到渠道壁垒的存在，消费者在不同渠道是同一个人。

③SOLOMO消费趋势下选择全渠道零售的成因。

第一，信息技术的变化使得消费者倾向于全渠道购买，从而导致公司全渠道零售；第二，SOLOMO消费群的社交化、本地化与移动化消费需求特征要求零售企业提供全天候、全空间及个性化的全渠道服务；第三，消费主权时代的来临使买家和卖家之间的信息不对称被彻底打破，市场主权回归消费者，企业只有通过多渠道高度协同才能满足消费者新的需求。

④SOLOMO消费时代全渠道零售的实施。

- 构建全渠道价值链。全渠道零售质量取决于有形渠道服务质量、无形渠道服务质量和多渠道协同服务质量。这三者中多渠道协同服务质量是全渠道零售的重点，见图9-7。

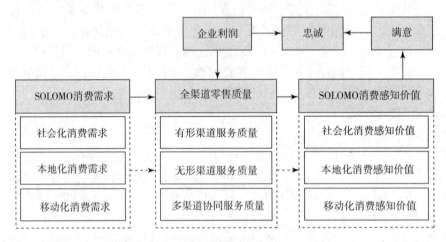

图9-7 全渠道价值链

- 多渠道协同管理。在不同的渠道中，全渠道零售商可利用渠道互补性，尤其是借由成本较低的线上促销，通过促销协同，合理整合产品品类、促销时间、促销力度、促销频率与促销方式，使消费者在渠道间有序转移，提高消费体验价值，从而提高总体促销效果；多渠道服务协同管理。全渠道零售商需要深入考虑不同的渠道中采用什么样的服务政策，不同渠道的服务如何合理匹配，使消费者在服务中感觉不到渠道壁垒的存在，无缝穿越于渠道之间。

- 绘制全渠道消费者云图与扩大数字客户群。消费主权时代，SOLOMO消费需求是全渠道价值链的起点，只有充分整合消费者信息绘制消费者全渠道云图，才能全面地了解消费者的需求，最终扩大零售企业数字客户群。全渠道数字客户群是全渠道管理的重要目标，通过数字客户群共享则可以实现各渠道的精准营销，见图9-8。

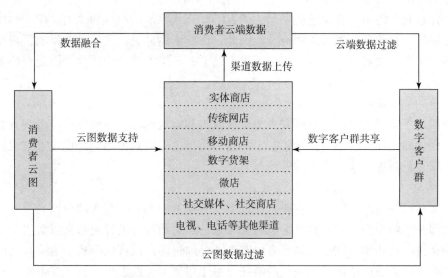

图9-8 全渠道消费者数据流程

3. 渠道冲突问题研究述评与展望．龚雪．管理现代化，2017（1）：115-120

（1）概要。

本文从渠道冲突的定义、渠道冲突的分类、渠道冲突的诱因、渠道冲突的影响、渠道冲突的影响因素及其实证研究、渠道冲突的管理等方面，对渠道冲突在国内外的发展轨迹进行了较为全面的梳理、归纳与总结，并对该领域未来的研究动态进行了展望。

（2）主要内容和观点。

①渠道冲突的定义及类型。

不同的学者对渠道冲突所给出的定义不尽相同。Coughlan等依据渠道冲突的发展阶段，将其分为潜在的冲突、察觉的冲突、感觉的冲突、显性的冲突和冲突的结果。

②渠道冲突的诱因及其影响研究。

国外学者主要将渠道冲突归因于角色、感知、期望、目标、沟通困难等方面的差异；国内学者则将渠道冲突主要归因于利益的冲突、渠道权力的失衡与滥用、相互依赖三个方面。本文认为，渠道冲突的根源还是渠道成员对利益的争夺，权力失衡则是冲突发生的沃土。解决渠道冲突问题的关键是使渠道成员意识到彼此是紧密依存的利益共同体，只有合作博弈，各自才能实现长期利益的最大化，同时，还需构建合理公平的利益分配机制，从制度上保障各成员的应得利益，从而规范渠道成员的交易行为。

渠道冲突的影响可以分为经济影响和非经济影响。经济影响主要是从渠道效率角度来衡量，非经济影响则是从渠道关系角度来衡量。在这一点上，学者们似乎没有什么争议。而对于渠道冲突的影响性质，学者们的观点却存在分歧，通过实证研究得出的结论也大相径庭。那么，现实经济生活中的渠道冲突对渠道绩效和关系的影响究是好还是坏？为何学者们会得出不同的结论？所有这些疑问都有待进一步的研究。

③渠道冲突水平的影响因素研究。

国外学者将渠道冲突的影响因素主要归结为渠道成员的自身意愿、行为等方面；国内学者主要根据我国社会处于转型时期经济与社会环境的特殊性,分析商业环境、经济发展水平、文化背景对渠道结构和渠道关系产生的影响。究其原因,西方国家的法律、制度等已经较为成熟完善,商业环境较为透明稳定,因此,影响渠道冲突的主要是渠道成员自身的一些因素;而国内商业法规政策、诚信制度等尚不健全,环境不确定性较大,因而对商业运作产生较大影响。

④渠道冲突管理研究。

学者们对于渠道冲突的管理研究主要是从微观和宏观两种角度展开的,微观方面需要渠道个体改变认知,加强合作与沟通,制定共同的目标等;宏观方面则需优化渠道设计,建立相应的组织、机制加强整个渠道的管理。

(3) 结论。

现有文献对渠道冲突的研究主要存在以下三方面的缺陷:一是大部分研究是基于二元渠道关系,即基于两个渠道成员构成的渠道关系来分析渠道冲突的,鲜有文献对二元关系以外的渠道冲突进行关注和研究;二是现有研究大部分通过静态的视角分析渠道成员之间的渠道冲突,忽略了渠道成员结构动态变化的特征,对于渠道冲突的发展过程研究不够;三是渠道冲突涉及经济学、社会学、心理学、组织行为、营销学等相关学科,因此,使用一种跨学科的研究方法,能够更加完整、准确地对渠道冲突现象进行研究。所以,未来的渠道冲突研究应该聚焦在多元渠道关系动态分析与学科交叉的视角上。

4. 渠道建言与渠道沉默:概念模型与研究命题. 张闯,秦冬露(东北财经大学工商管理学院). 经济管理,2016(11):131-142

(1) 概要。

本文以组织行为学中的组织建言和沉默行为文献研究为基础,结合渠道行为理论,将"建言"和"沉默"概念拓展到渠道组织间长期互动关系中,在此基础上,结合渠道行为、社会交换、资源依赖等理论,构建了一个渠道建言与沉默行为的概念模型,对渠道建言与沉默行为的驱动因素及其对渠道绩效的影响进行了理论探讨。

(2) 主要内容和观点。

①以现有的组织建言与沉默行为和渠道行为理论为基础,结合企业实践,对两种行为在渠道背景中进行了概念化,并对其在渠道关系中的类型进行了定义与阐述。渠道成员针对渠道中的有关问题,主动沟通自己的想法、意见和忧虑的角色外行为称为"渠道建言"。而出于某些考量,渠道成员没有将(可能)有利于渠道成员的想法、意见和忧虑及时表达出来的行为称为"渠道沉默"。

②以渠道行为、社会交换、交易成本等理论为基础,尝试构建了渠道建言与沉默行为的前因与结果变量概念模型,见图9-9。

③从理论层面对渠道建言与沉默行为的前因变量和结果变量进行了深度探讨。

通过分析指出,分销商的关系营销战略、强责任感、高主动性、与供应商高关系质量、相互依赖、激烈的行业竞争,都会有效促进其主动向供应商渠道建言;而分销商交易营销战略、弱责任感、低主动性、与供应商的低关系质量、行业竞争程度较低,则会促使分销商企业在遇到问题时,产生渠道沉默行为。分销商的渠道建言可以有效提高渠道整体经济绩效和关系绩效;渠道沉默则会降低渠道经济绩效,对渠道关系绩效没有明显作用。

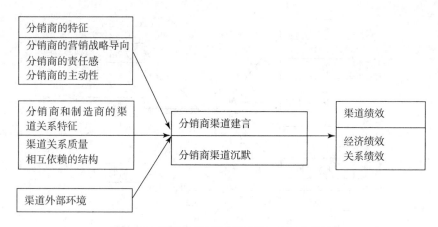

图 9-9 渠道建言和渠道沉默行为概念模型

（3）结论。

第一，本文只是从理论的角度对渠道建言和渠道沉默进行了定义，关于其维度的划分和测量量表，尚未给出严格的标准。第二，在理论模型构建部分，本文只是依托渠道行为理论在一个较大的框架下提出了几个可能对渠道建言和渠道沉默行为产生影响的行为变量。第三，未来的研究可以对本文提出的概念模型以及两种渠道行为与其他行为变量之间的关系进行实证检验。

5. 中国营销渠道中企业间信任的概念模型．王桂林，庄贵军（西安交通大学管理学院）．当代经济科学，2004（1）：39-43

（1）概要。

关系营销在理论界和企业界的日益兴起，使得许多企业在与其渠道成员的交换中开始放弃传统的交易导向，采纳关系导向。在这个背景下，信任被认为是建立成功交换关系的关键要素。本文在对现有文献概括与归纳的基础上，提出厂商视角的企业间渠道信任的一个综合模型和两个具体模型，即集体信任模型和人际信任模型，以及相关的若干命题。

（2）主要内容和观点。

①文献综述。

学术界一般认为，渠道决策结构、依赖、权力、合作、沟通和机会主义行为是信任的主要前因，冲突、承诺、绩效和满意是信任的主要后果。本文对学术界比较普遍认可的这些企业间信任的前因和后果进行了综述。

②中国企业间渠道信任的概念模型。

基于对西方营销渠道企业间信任的理论背景与信任前因、后果综述与分析，提出了厂商视角的企业间信任的理论模型（图9-10、图9-11）及若干命题。

我国营销渠道中集体信任的前因为审货、合作经验、强制权力的使用、企业声誉、行为控制和沟通；集体信任的后果有承诺、满意和绩效。对于企业间的人际信任，其前因有人际关系和诚信；后果为承诺和人际满意。

（3）结论。

本文所作的工作仅仅停留在理论发展阶段。这些模型的可靠性需要相关的经验研究予以证实。

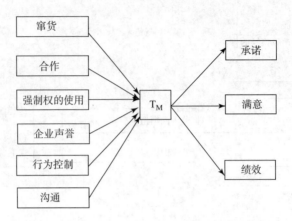

图 9-10　企业间信任中的集体信任概念模型

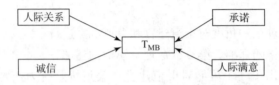

图 9-11　企业间信任中的人际信任概念模型

6. 零售商自有品牌与制造商直销渠道的互动博弈问题研究．李海（中南财经政法大学工商管理学院），崔南方，徐贤浩（华中科技大学管理学院）．中国管理科学，2016（1）：107－115

（1）概要。

零售商引入自有品牌与制造商引入直销渠道是普遍存在的商业现象。本文对制造商引入直销渠道和零售商引入自有品牌之间的博弈互动关系进行研究，得出了制造商和零售商双方各自的均衡博弈策略，并进一步得出了制造商和零售商之间达到双赢状态或陷入囚徒困境的前提条件。

（2）主要内容和观点。

针对制造商开通直销渠道进入供应链下游和零售商引入 SB 产品来抗衡制造商的商业竞争现象，本文分别研究了"不引入直销渠道，不引入 SB"，"不引入直销渠道，引入 SB"，"引入直销渠道，不引入 SB"，"引入直销渠道，引入 SB" 这四种情境下的供应链最优决策问题。

通过利润比较和博弈分析，得出了制造商和零售商之间的最终博弈均衡策略。研究表明，制造商和零售商进入双赢的状况，起码要满足自有品牌产品的质量不能超过制造商产品质量的条件。相对于初始状态，对于制造商而言，只有在 SB 产品质量水平较低且直销渠道销售成本较低的情况下，制造商才有可能由于引入直销渠道而利润改善，其他情况都可能导致制造商因为直销渠道的引入反而利润下降。对于零售商而言，当直销渠道的运营成本较低且 SB 质量水平较低的时候，其利润要低于初始状态，此时零售商引入 SB 产品是一种基于制造商引入直销渠道后的被动选择。当 SB 产品的质量达到较高水平，即使制造商引入直销渠道进行竞争胁迫，零售商引入 SB 产品后利润仍然会得到改善，且不受直销渠道竞争情况的影响，是基于制造商引入直销渠道后的主动选择。

当达到博弈均衡时,制造商和零售商可能陷入"囚徒困境"的情形。当 SB 产品质量水平较低且直销渠道的销售成本适中的时候,双方处于竞争胶着状态,陷入囚徒困境。在这种情境下,双方非常有必要经过谈判协商来避免陷入囚徒困境。而双方要进入双赢状态,起码要满足 SB 产品的质量不能太高的条件。

在直销渠道运营成本为 0 的极端情况下,博弈双方达到双赢状态或囚徒困境等状态,取决于 SB 产品的质量。当 SB 质量水平适中的时候,双方可能进入双赢状态;而 SB 质量水平较高时,制造商利润降低,零售商利润改善;而 SB 质量水平较低时,制造商利润改善,零售商利润降低。

(3) 展望

模型的不足之处在于,为了简化分析,本文假设制造商直销渠道的消费者接受程度与零售渠道的消费者接受程度相等,但是由于制造商忠诚顾客或零售商忠诚顾客的存在,这些顾客群对两种渠道的接受度可能不一样,这也是模型在今后的研究中值得进一步拓展的方向。

三、经典图书推介

1. 营销渠道:管理的视野(第 8 版). [美]伯特·罗森布洛姆. 宋华,译. 北京:中国人民大学出版社,2014,2

(1) 概要。

伯特·罗森布洛姆,德雷克塞尔大学 LeBow 商学院市场营销学教授。罗森布洛姆博士是市场营销渠道和分销管理领域的领军人物。本书是营销渠道管理领域的经典著作,既有理论上的前端性和深度,又适时反映了实践发展的趋向。

第 8 版将新兴渠道选择和主流的营销渠道策略和管理较好地融合,突出了营销渠道在市场营销管理中的战略性地位。对于营销渠道的阐释全面而细致,如渠道的参与者分析、渠道环境、渠道管理中的产品问题、价格问题、物流与渠道管理、渠道绩效管理等内容,都在书中有详尽的论述。

该书适时追踪了营销渠道方面的最新发展和潮流,例如,电子营销渠道、特许经营渠道以及服务营销渠道等章节,对互联网发展、服务化发展而形成的新型交易方式做了全面而详尽的介绍,此外,对近年来出现的移动商务等问题也进行了很好的分析。

(2) 主要内容。

第 I 篇:营销渠道体系。主要阐述了管理框架中营销渠道的基本概念。第 1 章论述了营销渠道的核心概念,特别强调了在大市场营销范畴下营销渠道的战略重要性。第 2 章运用最新的批发、零售调查统计数据,详细论述了渠道参与者,并分析了渠道任务。第 3 章讨论了营销渠道的环境以及环境变化对营销渠道的影响,对经济、竞争、社会文化、技术和法律环境的论述进行了修订,以便反映最近的动态。第 4 章主要分析营销渠道中的行为过程,并增加有关行为渠道的研究成果。

第 II 篇:营销渠道的开发。第 5 章全面论述了营销渠道中的战略。第 6 章详细分析了渠道的设计。第 7 章在结合了一些新材料的基础上,详细论述了渠道设计的最后一个阶段(渠道成员的选择)。第 8 章阐述了各种市场要素是如何影响渠道设计战略的。

第 III 篇:营销渠道的管理。第 9 章全面分析了渠道成员的动机,强调了推动渠道成员的战略联盟和合作。第 10 章涉及渠道管理中的产品要素,本章强调通过信息收集以监控渠道中的产品流。第 11 章涉及定价与渠道管理之间的关联问题。第 12 章探讨营销渠道中的促销。第 13 章概述了与渠道管理相关的物流管理，特别是论述了供应链管理和有效消费者响应。第 14 章涉及对渠道成员绩效的评价问题。

第Ⅳ篇：营销渠道中的其他问题。第 15 章电子营销渠道全面论述了如今基于互联网的营销渠道的作用，对电子商务所发生的变化进行了论述，还包含了基于移动终端和社交网络平台的营销渠道的发展。第 16 章对特许经营渠道进行了全面的分析，解释了"特许经营"这一术语，阐述了特许经营的未来趋势、特许经营的优缺点以及如何管理特许经营渠道。第 17 章讲述服务营销渠道，简要论述了服务的特征及与渠道管理的关系。第 18 章论述了最新的国际渠道管理问题。

第Ⅴ篇包括 10 个案例研究，有短、中、长 3 种篇幅，其中 1/3 的案例是新的。

2. 新营销新模式．[美] 尼克·约翰逊．刘凤瑜，译．中信出版集团，北京：2016，5

（1）概要。

尼克·约翰逊是美国因塞特集团的创始人和首席执行官。本书为企业解析了当前营销环境所发生的变化以及企业营销所面临的窘境；论述了在数字化时代来临之际，统治营销领域数十年的营销"4P 理论"已经过时，并被侧重于真实性、相关性和透明度的新的营销"ART 理论"所取代。顺应数字化时代的发展趋势，从渠道、媒体平台、客户关系、组织结构、品牌、技术、市场、产品、服务、消费者以及营销人员角色变换的角度帮助企业转换营销观念，加速营销变革进程，降低营销变革风险，重塑营销渠道。

（2）主要内容。

本书共分为 4 个部分：

第一部分："营销领域发生了什么变化"。这一部分主要阐述了营销工作是怎样发展到今天这个地步的。这一部分不仅简要地回顾了营销的历史，总结了它对变化着的公司与客户关系的影响，而且还深入探讨了为什么真实性、相关性和透明度能成为任何具有前瞻性的营销方式的三大核心支柱。

第二部分："公司应该如何进行应对"。这一部分勾画出了公司现实营销状态，主要通过统计分析、图表和基准比较，为营销高管澄清今天的公司应当如何对正在变化着的客户期望做出反应。有了这方面的信息，你便可以确定自己公司的营销工作现在是处于超前状态还是落后状态。

第三部分："构建营销的未来"。这一部分将重点介绍一些适用于未来营销方法的核心要素，并深入研究了以下几个方面：

①品牌建设与讲故事。顾客力量的崛起已经改变了"品牌"的含义。第 4 章"品牌管理与讲故事"，着眼于为什么讲故事的方法在营销领域如此受欢迎，以及这种方法是如何帮助公司打造一个真正的品牌的。

②内部思想统一与内部组织结构。要真正向客户展现出真实性、相关性和透明度，公司不但要对其基本的企业组织结构进行调整，还要得到企业最高管理层和广大基层员工的广泛认同与支持。本书的第 5 章"公司内部井然有序、认识统一对外部营销的影响"和第 6 章"公司内部组织结构如何驱动真实、相关和透明的营销"，通过摩森康胜酿酒公司鼓励员工认同的案例以及任仕达公司消除公司内部壁垒的案例，重点介绍了领先企业是如何练好自己的内功以适应新的客户期望的。

③相关性和个性化的数据。营销始终是科学与艺术的融合。第7章"数据的相关性和敏捷性",则是假定在这些数量如洪水般的数据在今天依然有效的前提下,它们在多大程度上会受到科学的支配。在本章大量介绍了这样的例子,即那些成功的公司是如何将数据驱动的方法纳入它们的营销组织,并解释它为什么会是一个相关性问题的(即数据是怎样帮助你成功营销的)。

④多渠道营销活动管理。第8章"为什么多渠道营销如此重要",着眼于成功的营销人员是怎样在快速分化的市场前景下取得成功的。本章还介绍了英国希思科保险公司推出多渠道品牌的案例。

⑤内容营销。内容营销是当前营销领域中一个特别流行的术语,本书介绍了一些特别的内容营销案例。第9章"通过内容营销来推动客户参与",探索了为什么在使营销内容对客户更具有吸引力方面,相关性如此关键。此外,本章还探讨了如何用正确的方式传播营销内容。

⑥对话营销与社交媒体。在第三部分,特别是在第10章"对话营销的迫切性和机会"中,探讨了在社交媒体领域进行对话营销的方法。本章重点介绍了品牌是如何通过对话营销建立起真实性的,以及如何验证来自成功品牌公司的对话营销的7个核心要素的效果。

第四部分:未来的新营销部门。本部分勾画出了营销部门的一个新愿景(即营销的未来可能是什么样的),并根据来自世界各地的首席营销官(CMO)的反馈意见和见解,尝试为营销人员在未来几年能够成功地进行营销构建了一个框架。

3. 零售的本质—7 - Eleven 便利店创始人的哲学. 绪方知行,等. 陆青,译. 北京:机械工业出版社,2016,6

(1)概要。

在时代的剧烈转移和变化中,有诸多因无法妥善应对而逐渐被时代所淘汰的大、中、小型的事业(商店及企业),而 7 - Eleven 40 年来不拘泥于过去的常识、共通想法、固定观念或既有概念,而是顺应时代的变化,时常进化与革新自身的状态,不断挑战新价值,持续不断地成长。而本书正是透过对日本 7 - Eleven 的创始人铃木敏文的哲学思想的探索,以及作者精准、专业的评论和分析,使得我们能够全方位、立体化地认识日本 7 - Eleven 的核心竞争力,为我们打开了深刻了解和认识 7 - Eleven 经营真谛的大门。所以说,本书是作者 40 余年来研究 7 - Eleven 的集大成之作,也是可靠的研究 7 - Eleven 的书籍。

(2)主要内容。

日本 7 - Eleven 的核心竞争力主要来自以下方面:

差异化的高质量服务和便利。7 - Eleven 公司并不认为只有服务项目的多样化和价格的低廉化才能真正做到高服务和便利性,而是充分界定和分析自己的顾客层,了解和挖掘客户的价值,根据环境的差异性和洞察客户的需求,通过向特定消费者出售他们的日常生活必需品、食品和服务,来适时地达到差异化的高质量服务和便利。

打造独特的供应链运营体系,其核心是高密度集中开店。密集开店不等于到处撒网,而是限于特定区域,当该区域店铺数量达到一定规模后再拓展下一个区域,这么做既方便总公司的业务专员对区域内的店铺集中进行销售指导,比如开发差异化产品;又能让广告和促销变得更有效率,在提升服务品质的同时增加客户的到店频率。此外,为了配合这种运营模式,7 - Eleven 对上游供应商和物流网络的规划也颇具特色。在上游供应商方面,能够通过一体化的合作体系,即理念的共有化、目标的共有化、客户的共有化、信息的共有化、系统的共有化和成果的共有化来实现协同的价值创造网络;而在物流方面,则是将多品种、少量商品统一起来对各店铺的订货实现共同配送,一方面,向店铺配送的车辆大大减少;另一方面,由于商品配送的集约化,配送成本也大大降低。

以信息为中心管理商品,这也是7-Eleven公司最为自豪的一点。早在1978年,7-Eleven就开始了其信息系统的建设,此后历经数次信息系统的再建,7-Eleven已发展为日本零售业中信息化、自动化程度最高的企业。通过其发达的信息系统,并借助于卫星通信手段,7-Eleven对商品的订货情况进行细分,并对店铺给予积极的指导,还能分时段对商品进行管理,真正做到了单品管理。

真正实现全程品质管理。7-Eleven有自己的专用工厂,其设备、原材料和配方都可监控和追溯,否则食品安全和供应链的正常运转就无从谈起。比如夏天蔬菜等的配送,7-Eleven都是从产地到运输,再到门店,全程冷链配送。正是上述的种种原因,才使得如今的日本7-Eleven成为当之无愧的便利店之王,它以便捷、优质和高效的服务奠定了便利店在零售业态中不可替代的地位。

(3) 推荐。

本书正是通过对日本7-Eleven的创始人铃木敏文的哲学思想的探索,以及作者精准、专业的评论和分析,使得我们能够全方位、立体化地认识日本7-Eleven的核心竞争力,为我们打开了深刻了解和认识7-Eleven经营真谛的大门。

——宋华　中国人民大学商学院教授

本书试图通过零售业纷繁复杂的表象,去探寻其背后最简单纯粹的道理,揭秘7-Eleven在管理上的技巧,更提供经营思想的架构。研读此书对中国零售从业者具有重大意义,促使从经济和社会发展的普遍规律中反观自我,并为前途照亮。

——匡振兴　北京当代商城有限责任公司董事长

4. 第三次零售革命. 颜艳春. 北京:机械工业出版社,2014,3

(1) 概要。

消费者主权的崛起推动了一场巨大的零售革命,这就是第三次零售革命。它将引领人类的新商业文明和全球经济增长的模式,不管是传统的实体零售商还是现在的网络零售企业,都需要改变思考模式,找到生存发展路径,迎接第三次零售革命的到来。书中指出在消费者主权时代,随着SoLoMoMe(社交、本地、移动、个性化)消费群的兴起,全天候、全渠道和个性化定制正引领整个零售行业的转变。我们需要重新武装我们的思想,从前台战场到后台战场、从空间战场到时间战场、从社交战场到定制战场,提前重整装备、提前组织、提前规划战略战术和路线图。

(2) 主要内容和观点。

本书深入分析了消费者主权时代的消费趋向,全方位地指出了零售企业转型生存之道,并提供了极具价值的解决方案。全书共分为三个部分:

第1部分——前夜。这部分将与读者一起探访第三次零售革命爆发前夜,你将会看到我们所处的时代,正在从零售霸权时代进入消费者主权时代。社交媒体、移动互联网、物联网、大数据、云计算、3D打印、第三次工业革命七大力量,彼此交汇、相互影响,正以我们想象不到的速度引爆第三次零售革命,重塑全球商业文明的未来。

第 2 部分——革命。零售行业最具毁灭性、最不可预见和最变幻莫测的力量就是每天光顾我们商店的那些顾客，就是你、我和我们身边的每一个消费者。这部分将与读者一起剖析第三次零售革命的主角是谁，他们为什么革命，革命的方向和路标在哪里。最后我们回顾了过去 50 年全球零售业的发展历史和重要时刻，重点分析了第一次零售革命和第二次零售革命的历程和成功之道。

第 3 部分——开战。这部分将与读者一起布阵，一起运筹决胜三大明攻战场（移动闪电战、社交反攻战和全渠道阵地战），以及关键的幕后暗战——大数据战和拥抱未来必须具备的紧迫感、互联网思维。

第三次零售革命将实时连接全球 50 亿消费者，极大地推动全球消费互联网的形成，释放每个消费者的能量和情感。这场革命，将更为公平地给予每一个消费者、每个企业家从我做起，改变自我的机会。今后摆在我们面前的任务是促进消费社会的全面进步，不仅仅是消费的增长，更要注重消费的公平、正义和消费者的个人安全和尊严。

（3）推荐。

在中国零售行业中，颜艳春先生是我认识的有创新热情和创新精神的企业家之一。特别是近年来，他倾注巨大热情和精力，对互联网的发展给零售业带来的影响进行深入研究。这本书系统地阐述了其研究成果，为中国零售业的变革提出了具有重要参考价值的建议。

——中国人民大学商学院副院长、教授刘向东

附　录

一、单选题答案

1. D　　2. C　　3. A　　4. A　　5. B　　6. C　　7. C　　8. B　　9. C　　10. A
11. A　　12. A　　13. C　　14. D　　15. C　　16. A　　17. C　　18. D　　19. D　　20. B

二、多选题答案

1. ABCD　　2. BCD　　3. ABD　　4. ABCD　　5. AB
6. ABE　　7. ABCD　　8. AB　　9. ACD　　10. ABCD

参考文献

[1] 安妮·T·科兰（Anne T. Coughlan），等. 营销渠道 [M]. 7 版. 蒋青云，等，译. 北京：中国人民大学出版社，2008.

[2] 伯特·罗森布洛姆. 营销渠道：管理的视野 [M]. 8 版. 宋华，译. 北京：中国人民大学出版社，2014.

[3] 杨添. O2O 时代的商业盈利模式 [M]. 杭州：浙江大学出版社，2015.

[4] CorMolenaar. 零售革命 3.0 [M]. 屈云波，等，译. 北京：企业管理出版社，2014.

[5] 涂红伟，贾雷，周星. 消费者渠道迁徙行为的定义及其结构维度 [J]. 现代管理科学，2011（10）：99 – 102.

[6] 林小兰. OTO 电子商务商业模式探析 [J]. 中国流通经济. 2014（5）：77 – 82.

[7] 梁守砚, 张闯. 西方营销渠道权力理论研究综述 [J]. 学习与实践, 2009 (8): 27–38.

[8] 张沛然, 等. 互联网环境下的多渠道管理研究 [J]. 经济理论. 2017 (1): 134–146.

[9] 刘宏, 刘潘, 白胜男. 电商、店商该如何携手——OB电器天津公司线上线下冲突 [EB/OL]. 中国管理案例共享中心: http://www.cmcc-dut.cn/.

[10] 田中山. 基于商圈理论的城市加油站竞争选址研究 [D]. 武汉: 华中科技大学. 2010–03–01.

[11] 新零售深度报告: 洞悉国内外巨头新零售布局. 乐晴智库 [EB/OL]. https://baijiahao.baidu.com/s?id=1588490433565596128&wfr=spider&for=pc. 2018–01–02.

第十章
整合营销传播

第一节 测 试 题

一、单选题

1. 某企业主要生产工程用推土机,为了打开市场销路,最适宜采用的广告媒体是( )。
   A. 电视　　　　B. 报纸　　　　C. 专业杂志　　　D. 户外广告牌
2. 人员销售的最大缺点是( )。
   A. 针对性不足　　　　　　　　B. 成本高,接触顾客量大
   C. 用户可能不接受　　　　　　D. 成本高,接触顾客有限
3. 通常情况下,不同广告媒体所需成本不同,其中最昂贵的是( )。
   A. 报纸　　　　B. 电视　　　　C. 广播　　　　D. 宣传单
4. 买卖双方能够进行交互沟通的广告媒体是( )。
   A. 电视　　　　B. 互联网　　　C. 报纸　　　　D. 杂志
5. 美国市场营销协会指出:"一种用来确保产品、服务、组织的客户或潜在客户所接收的所有品牌接触都与该客户相关,并且保持一致的计划制定过程"是指( )。
   A. 整合营销传播　B. 广告传播　　C. 营业推广　　D. 直复营销
6. 企业媒体计划人员选择报纸这种平面媒体做广告的原因是( )。
   A. 针对性强,保存期长　　　　B. 灵活、及时、广泛、可信
   C. 感染力强、触及面广　　　　D. 选择性强
7. 灵活性强、及时、对当地市场的覆盖率高、易被接受和信任,具有这些特点的广告媒体是( )。
   A. 杂志　　　　B. 报纸　　　　C. 直接邮寄　　D. 户外广告牌
8. 在整合营销传播中,对体育比赛进行赞助的传播行为属于( )。
   A. 广告　　　　B. 公共关系　　C. 直复营销　　D. 营业推广
9. 用邮寄、电话、传真、电子邮件、网络等方式与特定及潜在顾客直接接触,期许得到回复及交流的传播形式是( )。
   A. 直复营销　　B. 互动营销　　C. 口碑营销　　D. 人员销售
10. 通过网站、网上视频、电子邮件、博客、社交媒体、移动应用和广告等数字化营销

工具和其他数字平台，直接引发顾客通过电脑、智能手机等设备随时随地的参与互动的传播形式是（　　）。

  A. 直复营销　　　B. 互动营销　　　C. 口碑营销　　　D. 人员销售

11. 人与人之间关于购买或使用产品或服务的优缺点或经验的口头、书面或电子形式的传播是（　　）。

  A. 直复营销　　　B. 互动营销　　　C. 口碑营销　　　D. 人员销售

12. 某公司经调研决定推出一种果茶饮料，在超市让消费者免费品尝，该公司采用的传播方式是（　　）。

  A. 广告　　　　　B. 公共关系　　　C. 人员销售　　　D. 营业推广

13. 某电器公司采用以旧换新的方法进行促销，该公司采用的促销传播策略是（　　）。

  A. 营业推广　　　B. 公共关系　　　C. 广告　　　　　D. 人员销售

14. 由各种短期工具构成，用来促进消费者或贸易商对特定商品或服务的更快或更多购买，这一促销传播策略是（　　）。

  A. 直复营销　　　B. 公共关系　　　C. 营业推广　　　D. 人员销售

15. 贸易展览和会展，这一促销传播策略属于（　　）。

  A. 直复营销　　　B. 公共关系　　　C. 营业推广　　　D. 人员销售

16. 蒙牛利用中国载人航天工程进行品牌宣传，这一促销传播策略属于（　　）。

  A. 事件营销　　　B. 公共关系　　　C. 营业推广　　　D. 人员销售

17. 不仅传播产品或服务的特征和优势，还与独特有趣的体验结合在一起，这种营销方式属于（　　）。

  A. 事件营销　　　B. 公共关系　　　C. 体验营销　　　D. 人员销售

18. 公司通过将资金和时间贡献给一项好的公益活动建立商誉，这种传播策略属于（　　）。

  A. 直复营销　　　B. 公共关系　　　C. 营业推广　　　D. 体验营销

19. 向消费者直接邮寄传单、信件、插页广告和其他营销材料的促销传播策略属于（　　）。

  A. 事件营销　　　B. 公共关系　　　C. 直邮营销　　　D. 营业推广

20. 以展示、答疑和获得订单为目标，与一个或多个潜在购买者之间进行的面对面交流，这一促销传播策略属于（　　）。

  A. 广告　　　　　B. 公共关系　　　C. 人员销售　　　D. 营业推广

二、多选题

1. 广告决策需要考虑的要素（环节）包括（　　）。

  A. 广告目标　　　B. 广告预算　　　C. 广告创意　　　D. 广告媒体
  E. 广告效果

2. 以下属于大众传播方式的有（　　）。

  A. 广告　　　　　B. 营业推广　　　C. 事件和体验营销　D. 公共关系
  E. 竞赛活动

3. 以下属于人际传播方式的有（　　）。

  A. 直复营销　　　B. 互动营销　　　C. 口碑营销　　　D. 公共关系
  E. 人员销售

4. 人员销售的6个步骤包括（　　）。
   A. 寻找和界定　　B. 事先调查　　C. 展示和介绍　　D. 消除异议
   E. 完成交易　　F. 跟踪和维护　　G. 实现满意
5. 决策媒体组合需要考虑的因素有（　　）。
   A. 产品市场类别　　　　　　　　B. 购买者准备阶段
   C. 产品生命周期阶段　　　　　　D. 各种媒体的优劣势
6. 评估整合营销传播效果的6个常见指标是（　　）。
   A. 覆盖　　B. 贡献　　C. 通用性　　D. 互补性
   E. 多用性　　F. 成本　　G. 差异性
7. 决定广告预算需要考虑的因素包括（　　）。
   A. 产品生命周期阶段　　　　　　B. 市场份额和消费者基础
   C. 竞争干扰　　　　　　　　　　D. 广告频率
   E. 产品可替代性
8. 确定传播目标应该考虑的因素有（　　）。
   A. 产品类别需求　　B. 品牌认知度　　C. 品牌态度　　D. 品牌购买意愿
9. 进行传播预算常用的方法有（　　）。
   A. 量力而行法　　B. 销售比例法　　C. 竞争等价法　　D. 目标任务法
10. 广告信息出现的集中度形态有（　　）。
    A. 连续性　　B. 集中性　　C. 间歇性　　D. 跳跃性
11. 以下属于营销公关的工具有（　　）。
    A. 出版物　　B. 事件　　C. 新闻　　D. 赞助
    E. 演讲

三、阐述题

1. 营销传播的内涵和主要方式

营销传播是公司试图向消费者直接或间接地告知、劝说和提醒其销售的产品和品牌信息的活动。在某种意义上，营销传播代表着公司及其品牌的声音，它们是公司与消费者进行对话和建立关系的桥梁。营销传播的主要方式及其表现形式见表10-1。

表10-1　多种传播形式

广告	营业推广	事件和体验	公共关系	直销和互动营销	口碑营销	人员销售
印刷广告 广播广告 电视广告 杂志广告 电影院广告 宣传手册 海报和传单 户外广告 售点展示 车体广告	竞赛、游戏、抽奖、彩票 赠品 样品试用 交易会 展览会 现场示范 优惠券 低息融资 抵换折让	体育 娱乐 节庆 艺术 公益 参观工厂 公司博物馆 街头活动	新闻发布会 演讲 讲座 慈善捐赠 出版物	产品目录 电话销售 电视购物 电子邮件 博客 公司网站 社交网站 微信 智能手机	人对人 聊天室 网上论坛 博客 微信 社交网站	上门推销 销售陈述 销售会议 样品示范 交易会推介 贸易展推介 社区推介

2. 整合营销传播的内涵及其过程

整合营销传播的内涵：一种用来确保产品、服务、组织的客户或潜在客户所接收的所有品牌接触都与该客户相关，并且保持一致的计划制订过程。这种计划过程要对大众传播和人际传播各种传播方式的战略作用进行评估，并将这些方式巧妙地结合起来，通过信息的无缝整合产生清晰、一致和最大化的影响。有效整合营销的传播过程如图10-1所示。

图10-1 有效整合营销的传播过程

（1）识别目标受众。营销传播活动首先要明确公司产品目标客户的特点，包括产品的现有购买者、潜在购买者、购买决策者和关键影响者，以及个人、团体、特定公众或一般公众等。分析和识别目标受众的不同特点，传播决策会更有针对性并取得好的效果。

（2）确定传播目标。确定传播目标需要考虑产品类别需求、品牌认知度、品牌态度以及品牌购买意愿等因素。

（3）设计传播信息。需要解决以下三个问题：说什么（信息策略）、如何说（创意策略）以及谁来说（信息源）。

（4）选择传播渠道。传播渠道包括人际传播渠道和非人际传播渠道。每一类又各自包含多种子渠道。

（5）确定传播预算。进行传播预算有四种常用的方法，分别是：量力而行法；销售比例法；竞争等价法；目标任务法。

（6）营销传播组合决策。公司必须将营销传播预算在主要的传播模式上进行分配。为此必须考虑产品市场类别、购买者准备阶段及产品生命周期阶段等影响决策的因素。

（7）测量传播结果。评估传播效果的主要指标有：覆盖；贡献；通用性；互补性；多用性；成本。

3. 广告的内涵及其5M决策要素和要求

广告的内涵：特定赞助商采用付费形式，通过印刷媒体、广播媒体、网络媒体电子媒体及户外媒体等对观念、产品或服务进行的非人员展示和促销。

广告决策的"5M"要素分别是：任务（Mission）、资金（Money）、信息（Message）、媒体（Media）以及测量（Measurement），如图10-2所示。

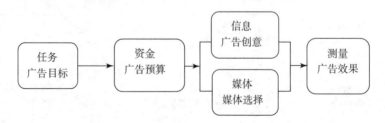

图10-2 广告决策的5M要素

（1）设定目标。广告目标是指在一段特定时间内针对特定受众所要实现的特定传播任务以及要达到的程度。广告目标应该从对现有市场情况的全面分析中产生。

（2）决定广告预算。在进行广告费用预算时，应考虑产品生命周期阶段、市场份额和消费者基础、竞争和干扰、广告频率、产品可替代性等因素进行合理决策。

（3）开发广告活动。在设计和评估一项广告活动时，广告商要考虑信息的产生和评估、创意开发和执行及法律和社会问题。

（4）媒体决策。媒体选择是指寻找最有效的媒体来向目标受众传递期望的频次和良好的曝光状况。曝光次数对受众知晓度的影响取决于曝光的到达率、频率和影响力。进行媒体的决策，要注意考虑目标受众的媒体习惯、产品特点、信息要求及成本等因素。

（5）评估广告效果。广告主应当定期评估两类广告效果：沟通效果与销售和利润效果。衡量一则广告或一场广告运动的沟通效果，就是判断该广告以及媒体是否很好地沟通了广告信息。可以通过分析历史或实验数据来测量销售影响。

4. 营业推广的内涵及其针对不同对象的推广工具

营业推广的内涵：多种短期激励工具的组合，用以鼓励消费者试用或购买某一产品或服务，包括消费者促销、贸易促销以及业务和销售人员促销。

针对消费者的促销工具包括提供样品、优惠券、现金返还（回扣）、降价、赠品、频率计划、奖品（竞赛、抽奖、游戏）、光顾奖励、免费试用、产品保证、搭售促销、交叉促销、购买点陈列和示范等，详见表10-2。

表10-2　主要消费者促销工具

样品：通过送货上门、发送邮件、在店内获得、附加在另一产品上或通过广告附赠等方式提供一定数量的免费产品或服务。
优惠券：确保持券人在购买特定产品时节省一定数量金钱的凭证，邮寄、附加在其他产品上或插在杂志和报纸广告中。
现金返还（回扣）：在购买后而非在零售店提供的减价；消费者将指定的购买证明寄给制造商，后者通过邮件将部分购买金额退给消费者。
降价：使消费者以低于产品标签或包装上标价的价格购买新产品。降价包装是以较低价格进行出售（如用同样的钱购买两个）。捆绑包装是将两个相关产品捆绑在一起（如牙刷和牙膏）。
赠品：将价格相对较低或免费的商品作为购买特定产品的激励。包装内赠品是在产品包装内或包装上的赠品。邮件赠品是将赠品邮寄给提供包装盒顶部或UPC编码等购买证明的消费者。自偿付赠品是以低于正常零售价的价格销售给消费者。
频率计划：根据消费者购买公司产品或服务的频率和集中程度给予奖励的计划。
奖品（竞赛、抽奖、游戏）：奖品是在购买后提供赢得现金、旅行或商品的机会。竞赛要求消费者提交一份购买记录，然后由几位裁判从中选出最佳的。抽奖是让消费者将自己的名字投放在抽奖箱内。参与游戏的消费者每次购买产品，将得到猜奖数字或遗失的字母之类的东西，这些也许使得消费者得奖。
光顾奖励：根据对某个卖主或一组卖主的光顾次数，按照比例提供的现金或其他形式的奖励。
免费试用：邀请潜在购买者免费试用产品，以希望他们购买。
产品保证：销售者明确或暗示地向消费者承诺，产品会具有说明中的性能，如在一段特定时间内性能受损，销售者会负责修理或将钱退还给客户。
搭售促销：两个或以上的品牌或公司合作推出优惠券、现金返还和竞赛，以增加拉动力。
交叉促销：用一个品牌为另一个非竞争品牌做宣传。
购买点陈列和示范：购买点陈列和示范发生在购买或销售点

制造商贸易促销工具包括价格折扣、折让、提供免费商品等，详见表10-3。

表 10-3　主要贸易促销工具

价格折扣（发票折扣或价目表折扣）：在某段时间内，每次购买者在价目表上给予直接的折扣。 折让：当零售商同意以某种方式突出制造商的产品时，作为回报，零售商所得到的数额。广告折让是对零售商宣传制造商的产品进行的补偿。陈列折让是补偿零售商对产品进行的特别陈列。 免费商品：向购买一定数量、某种口味或型号产品的中间商提供额外数量的商品

针对业务和销售人员的促销工具包括贸易展览和会展、销售竞赛、纪念品广告等，详见表 10-4。

表 10-4　主要业务和销售人员促销工具

贸易展览和会展：行业协会组织的年度贸易展览和会展。贸易展览的参与人数少则几千，多则几万。参加展会的商家期望得到一些好处，其中包括产生新的销售线索，维持与客户的联系，介绍新产品，结识新客户，向现有客户销售更多产品，以及通过出版物、视频和其他视听资料教育消费者。 销售竞赛：销售竞赛的目的是促使销售人员或经销商提高在一段特定时期的销售结果，成功的人将得到奖品（现金、旅行、礼品或积分）。 纪念品广告：销售人员送给潜在和现有客户的印有公司名称和地址，有时还有广告信息的实用、低成本的物品。常见的物品有圆珠笔、日历、钥匙链、手提袋和记事簿。

5. 事件和体验营销的特点及成功事件赞助的要求

事件和体验营销是指公司赞助的活动和节目，旨在创造品牌与消费者之间的每日或特别互动，包括体育、艺术、娱乐、公益事件以及一些不太正式的活动。成功事件赞助的要求包括以下方面：

（1）选择事件。事件必须符合品牌的营销目标和传播策略。受众必须与目标市场相匹配。事前必须要考虑达到充分的知晓度、期望的形象并能创造出期望的效果。消费者必须对赞助商的参与有正面的评价。

（2）设计最优赞助方案。事件创新是非常重要的。市场上已经开发了大量特别事件，包括周年庆典、艺术展、拍卖、义演晚会、图书义卖、竞赛、舞会、聚餐、集市、时装表演、捐赠物义卖、巡演、步行马拉松等。

（3）测量赞助活动。进行赞助活动的测量需要考虑多方面问题，包括测量效果，而不是产出；明确目标；针对每个目标，测量回报占启动费用的比例；测量行为；研究消费者的情感认同并测量情感联系的结果；识别群体；在确定投资回报率的时候将节省的成本考虑在内；细分市场等。

（4）创造体验。体验营销不仅能传播产品或服务的特征和优势，还与独特有趣的体验结合在一起。这一营销方式的目的往往不是要卖什么，而是去展示一个品牌如何能够丰富消费者的生活。

6. 营销公共关系的特点及其主要工具

通过营销公共关系可以支持公司或产品的宣传及形象塑造。营销公共关系服务于特定部门，即营销部门。营销公共关系的主要工具包括出版物、事件、赞助、新闻、演讲、公共服务活动、身份媒体等，详见表 10-5。

表 10-5 营销公共关系的主要工具

> 出版物：公司广泛地依靠出版物接触和影响目标市场，包括年报、宣传册、文章、公司新闻通讯和杂志、视听资料。
> 事件：公司通过安排和宣传新闻发布会、讲座、户外活动、贸易展、展览、竞赛和竞争以及周年庆等能够到达目标公众的特别事件可以吸引人们对新产品或公司其他活动的关注。
> 赞助：公司通过赞助和宣传体育、文化事件和很受重视的公益活动宣传自己的品牌和公司名称。
> 新闻：公共关系专业人员的一个主要任务就是发现和创造关于公司及其产品和人员的积极的新闻，并使媒体接受新闻稿和参加新闻发布会。
> 演讲：越来越多的公司主管必须在贸易展会或销售会议上回答媒体提问或进行演讲，这些曝光可以帮助建立公司形象。
> 公共服务活动：公司通过将资金和时间贡献给一项好的公益活动建立商誉。
> 身份媒体：公司需要一个公众能够立刻识别的可视化身份。可视化身份可以附着在公司标识、宣传册、广告牌、名片、建筑、制服及着装规范上。

7. 直复营销的内涵及其主要的传播方式的特点

直销是一种不通过中间人而使用客户直接渠道来接触客户并向客户传递产品或服务的营销方式。直复营销者可以使用很多渠道来接触个体消费者和客户：直邮、产品目录营销、电话营销、互动电视、自动售货亭、网站以及移动通信设备等。

（1）直邮。直邮营销意味着向个体消费者发送一份报价、一则产品信息、一个商品动态提示或是其他产品内容。直邮要对目标市场进行筛选，具备个性化、灵活性强的特点，并且能够轻而易举地检测市场的反应。

（2）目录营销。在产品目录营销中，公司通常以印刷品、DVD 或网络的方式向消费者邮寄完备的产品目录、专业消费者目录或业务目录。许多直销者发现将目录和互联网结合起来是一种有效的销售方式。

（3）电话营销。电话营销使用电话和呼叫中心吸引目标客户，向已有客户销售产品，提供订单和答疑等服务。这种营销方式帮助公司增加收入，降低销售成本并提升客户满意度。公司通过使用呼叫中心接受消费者的来电或主动呼叫目标客户。

8. 互动营销的表现形式及其特点

通过网站、网上视频、电子邮件、博客、社交媒体、移动应用和广告等数字化营销工具和其他数字平台，直接引发顾客通过电脑、智能手机等数字化设备随时随地参与互动。

（1）网站和品牌网上社群。企业必须能设计出包含或表达它们的目标、历史、产品和愿景的网站，这些网站要让人过目不忘并能吸引重复的访问者。品牌社群网站不销售任何东西，其主要目的是展现品牌内容、吸引消费者和建设顾客——品牌社群。这类网站提供种类丰富的品牌信息、视频、博客、活动和其他一些有利于建立紧密的顾客联系以及促进顾客—品牌互动的特色内容。

（2）网络广告。网络广告的主要表现形式包括展示广告和搜索内容关联广告。网络展示广告可能出现在上网者的屏幕的任何位置，并且与其正在浏览的网站内容相关。如今的富媒体广告融合了动画、视频、音乐效果和互动，吸引顾客的眼球和关注。搜索内容关联广告几乎占据了整个互联网广告的半壁江山。在付费搜索中，营销者对搜索关键词进行竞价，这些关键词代表着消费者想要的产品或消费兴趣。当一个消费者使用谷歌、雅虎或者必应搜索任何关键词时，营销者的广告就会出现在搜索结果的上方或下方。

（3）电子邮件。电子邮件使得营销者能够同客户进行交流和沟通，而其成本却只有直邮营销的几分之一。根据直复营销协会（DMA）的报告，电子邮件具有很高的营销投资回报，营销者在电子邮件上每花1美元，可以获得44.25美元的回报。电子邮件让营销者将具有高度针对性、个性化和有利于建立关系的信息传递给顾客。当然，消费者往往被大量的邮件包围着，许多人都使用垃圾邮件过滤器。

（4）移动营销。移动营销是指通过移动设备向消费者递送营销信息。随着手机的普及，以及营销者能根据人口统计信息和其他消费者行为特征定制个性化信息，移动营销发展迅速。营销者运用移动营销在购买和关系建立的过程中随时随地到达顾客，并与顾客互动。

对于消费者来说，一部智能手机或平板电脑就相当于一位便利的购物伙伴，随时可以获得最新的产品信息、价格对比、来自其他消费者的意见和评论，以及便利的电子优惠券。移动设备为营销者提供了一个有效的平台，使吸引消费者深度参与和迅速购买。

9. 口碑营销的表现形式及其特点

（1）社交媒体。通过社交媒体，消费者之间或消费者同公司之间分享信息、图片、音频和视频信息。社交媒体允许营销者在网络上建立公共形象并发布公共信息，以及强化其他传播活动的效果。

在线社区和论坛。在线社区和论坛成功的关键是能够创造将社区成员紧密联系在一起的个人和群组活动。网络社区和论坛中的信息流是双向的，能够为公司提供有用的并且难以获得的消费者信息和见解。

博客。博客是时常更新的网络日志，在这里，个人或者公司可以写出他们的想法和其他内容。博客已经成为口碑的重要阵地。目前存在数以百万计的博客。博客的一个显著作用是能够将具有相同兴趣的人聚集在一起。

社交网络。社交网络已经成为B2B和B2C营销领域的重要力量。主要的社交网站包括Facebook——世界上最大的社交网站；MySpace——专注于音乐和娱乐；LinkedIn——目标人群是专业职场人员；Twitter，网站成员可以通过140字的短信息进行沟通。不同的网络为公司带来不同的好处。

（2）蜂鸣营销和病毒营销。口碑营销中的两种独特形式——蜂鸣营销和病毒营销已经得到快速发展和运用。蜂鸣营销是指企业通过意想不到的方式产生热点、突出宣传效果、传递与品牌相关的最新消息。病毒营销也可以称为"鼠标营销"，这种方式鼓励消费者在其他网站上宣传公司的产品、服务或者一切相关的音频、视频及文字信息等。蜂鸣营销和病毒营销均是通过在市场中制造波澜展示品牌及其显著的特征。有人认为，蜂鸣营销和病毒营销更多由娱乐准则而非销售准则驱动。

优秀的网上视频可以吸引数以百万计的消费者，实现病毒式传播。一些网上视频是专门为网站和社交媒体制作的，包括指导操作的视频和公共关系视频，旨在进行品牌促销和与品牌相关的娱乐活动。在由用户发布内容的网站上，如YollTube、MySpace视频以及谷歌视频，消费者和广告商可以上传能够被成千上万人分享的广告和视频。公司可以促进蜂鸣的产生；并且蜂鸣并不一定非要通过媒体广告才会发生。一些代理公司就是专为客户创造蜂鸣创意而成立的。

10. 人员销售的内涵及其管理任务

人员销售是指以展示、答疑和获得订单为目标，与一个或多个潜在购买者之间进行的面对面交流。对销售人员的管理包括招聘、选拔、培训、监管、激励和评估等多个环节,见图10-3。

图 10-3 销售人员的管理

(1) 招聘和选拔销售代表。人力资源部门可以让现有的销售代表推荐,或者使用就业中介,发布工作广告,以及接触大学毕业生。选拔过程可以是一场简单的非正式面试,也可以是一次长时间的考试加面试的选拔。

(2) 培训和监督销售代表。培训时间因销售任务的复杂程度和招聘类型的不同而不同。如今,新的培训方法不断涌现,例如使用音频和视频录像、播放CD、软件学习、远程教育、电影短片等。一些公司还会使用角色扮演的方法和敏感性、移情训练的方法来帮助销售人员熟悉同客户打交道的状态和感觉。

(3) 激励销售代表。大多数销售代表都需要鼓励和特别奖励,尤其是那些每天都面临工作挑战的销售代表。大多数营销者都认为销售人员的工作积极性越高,他们付出的努力越多,业绩、奖励和满意度也越好;反过来所有的这些都会进一步提升销售人员的积极性。

(4) 评价销售代表。可以参照的关键指标:平均每位销售人员每天访问次数;平均每次访问的时间;平均每次访问带来的收入;平均每次访问的成本;每次访问的招待费用;每百次访问中获得订单的百分比;平均每个时期新客户的数量;平均每个时期客户流失的数量;销售团队成本在总销售额中所占比重等。

11. 有效销售的主要工作步骤及其任务

有效销售的步骤包括:寻找和界定、事先调查、展示和介绍、消除异议、完成交易、跟踪和维护,见图10-4。

图 10-4 有效销售的工作步骤

(1) 寻找和界定。发现潜在顾客的途径很多,包括熟人推荐,通过现有顾客推荐,通过供应商、经销企业以及社交网络取得联系,以及在工商名录或网上寻找等。通过查看潜在顾客的财力、营业额、特殊需求、所在位置以及增长潜力等,确定潜在顾客是否合格。

(2) 事先调查。销售人员需要对目标公司和采购决策组织的特点尽可能多地了解;要大体上知道客户购买决策的过程,包括"谁购买,何时购买,在哪儿购买,怎样购买和为何购买";要选择最佳的接触方式,选择是采用个人拜访、电话访问还是信件沟通等;还要考虑选择最佳的拜访时机;需要针对客户制定一个总体的销售策略。

(3) 展示和介绍。销售人员可以从特性、优点、利益及价值四个要素出发向客户推介产品。特性是指描述产品的物理特性;优点讲述的是为什么产品特性能够给客户带来好处;利益描述的是产品带给客户的经济、技术、服务和社会效益;价值描述的则是产品的利益。

(4) 消除异议。通常,在倾听销售人员讲解产品或被要求下订单时,顾客会提出异议。

销售人员需要采取积极的态度,把异议清晰化,逐一解答顾客提出的异议,并要善于巧妙地把异议转化为购买动机。

(5) 达成交易。销售代表可以询问是否要下订单,复述达成购买协议的要点,主动帮助顾客填写订单,询问客户想要购买产品的具体型号、款式等,尽量缩小顾客做出选择的产品范围。销售人员还可以提供一些优惠条件来促成交易,如附加服务、额外赠送或者成交后的礼品等。

(6) 跟踪和维护。在交易完成后,销售人员应该立即落实任何必要的细节,如发货时间、购买的物品以及其他对于客户重要的事项。销售人员还应该制订一个客户跟踪电话计划,以确保客户在收货后得到了正确的安装、说明和其他服务,并且在电话中询问客户是否遇到了任何问题,确保客户得到应得的利益。

四、评析题

1. "整合营销传播是基于企业视角的一种传播战术设计"

这一观点是片面的,是整合营销理论在创立初期提出的观点。唐·舒尔茨等在20世纪90年代初期出版《整合营销传播:因整合而有效》一书时,有一个"非常简单而又清晰的目标","能够帮助企业将所有分散进行的对外传播战术和活动整合起来,使之成为一个统一的整体";"当时的重点很明确,那就是聚焦于卖方希望传播些什么,或者卖方希望如何说服买方怎么做、怎么想、怎么感受。这样的方法是以大众市场为出发点的,传播更多是围绕着企业而非顾客认为重要的方面"。

当今时代,随着电子技术的发展和应用,品牌和品牌建设作为企业参与竞争的差异化手段,以及营销者超越传统地理区域界限而进行的跨国化和全球化营销趋势等,使得"整合营销传播因此有了一个新的范围,这个范围更加广泛"。

唐·舒尔茨在当前新的时代背景下,对整合营销传播这一范畴提出了新的界定:"一个战略性的业务流程,企业利用这一业务流程在一定时间内针对消费者、已有客户、潜在客户以及其他有针对性的内外相关受众事规划、发展、执行和评估品牌的传播活动,使之协调一致、可以衡量,并且有说服力。"唐·舒尔茨认为这一定义包含了深度理解整合营销传播的四个关键要素。

(1) 营销传播的角色和地位已经从传统战术行为上升为一个战略管理工具。公司借助于这一工具,将有限的资源进行投资,并对其回报进行评估。

(2) 营销传播的范围具有广泛性。公司要全面设计针对已有顾客、消费者和潜在顾客的对外传播,整合营销传播涉及公司的方方面面,覆盖公司的各个层面的所有利益相关群体之间的关系,覆盖品牌、顾客、产品和服务接触等所有范围。

(3) 整合营销传播需要进行不间断的衡量和评估。整合营销传播的管理工作及其回报证据是整个流程的内在组成部分,必须在所有的传播计划中加以考虑。

(4) 整合营销传播逐渐地实现其预期结果这一事实使之有别于传统的传播活动。整合营销传播不同于以往传播的"运动式"方法,是一个持续不断的过程,既能促进长期绩效也能促进短期绩效。整合营销传播要求不仅要将单个的促销活动或事件视为独立和分散的活动来评估,而且要将其视为持续不断的整体计划的组成部分,这一计划持续不断地为实现结果做贡献,并且一步一步也与顾客建立起长期的关系。

唐·舒尔茨提出基于价值的整合营销传播的8大指导原则是：成为一个以顾客为中心的企业；使用由外至内的规划方式；聚集于全面的顾客体验将消费者目标和公司目标协同起来；确立顾客行为目标；视顾客为资产；精简职能性活动；将所有的营销传播活动聚合起来。

2. "广告效果就是指销售效果"

这一观点是片面的。广告效果指的是广告发布以后，在接受者中所产生的影响和行动。广告效果包括广告的传播效果、销售效果以及社会效果。

广告的传播效果是指接收广告的人数、接收广告的人对广告的印象，以及引起的心理效应。它是以广告的收视听率、察觉率、兴趣与欲望、产品知名度等间接促进销售的因素为评判依据的。具体可用广告的注意程度、理解程度、记忆程度、反应程等进行测量。

广告的销售效果是以销售情况的好坏直接判断的。由于影响商品销售效果的因素往往是多方面的，既有消费者的个人因素（职业、收入、生活方式等），也有消费者的心理因素（态度、动机、需要等），还有商品本身的因素以及社会、文化等因素，从严格意义上来讲，广告与销售额之间并不是绝对和唯一的关联关系。因此，对销售效果的测量具有相对性。

广告的社会效果集中表现于广告能否促进社会的物质和精神文明建设，特别是能否起到传播知识、促进社会道德教育、引导正确的消费观念和生活方式等。从这个意义上说，广告不仅是一种经济行为，它还具有社会意识形态的功能和价值。它要体现出正向的社会价值和行为引导。

综上，企业在营销中，要全面关注广告的多方面效果。良好的传播效果往往带动销售的效果；而积极的社会效果，也会引带来更好的口碑和关注度，从而促进产品的销售。

3. "成功的销售人员往往向顾客推销的不是产品，而是自己"

这是乔·吉拉德的名言。乔·吉拉德是《吉尼斯世界纪录大全》认可的"世界上最伟大的推销员"，唯一一位以销售员的身份跻身美国"汽车名人堂"的传奇人物。在20世纪60年代的"汽车城"底特律，至少有39家大型的汽车经营所，每家又各有20~40人不等的销售员阵容。乔·吉拉德凭借勤奋、机敏、顽强与诚挚，在其15年的销售汽车销售生涯中，完成了13 001辆车的汽车订单，他所保持的世界汽车销售纪录：连续12年平均每天销售6辆车，至今无人能及。

乔·吉拉德认为，汽车推销员先要推销自己。推销自己，就要推销对职业的"热爱"。无论做什么职业，世界上一定有人讨厌你和你的职业，那是别人的问题。他比喻说："就算你是挖地沟的，如果你喜欢，关别人什么事。"他曾问一个神情沮丧的人是做什么的，那人说是推销汽车的。他告诉对方："汽车销售员怎么能是你这种精神状态。"吉拉德也曾被别人问起过是干什么的。他非常自豪地说："我是销售汽车的!"听到答案后对方不屑一顾："你是卖汽车的?"但他并不理会："我就是一位汽车销售员，我热爱我做的工作。"

推销自己，就要推销自己的"信念"。他这样说道："在我的生活中，从来没有'不'，也不应有'不'；要相信自己，一定会卖出去的，一定能做到；你认为自己行，就一定行，每天要不断向自己重复这个信念；你所想的就是你所想，你一定会成就你所想的，这些都是非常重要的自我肯定；要勇于尝试，之后你会发现你所能够做到的连自己都惊异。"

推销自己，就要推销自己的"微笑"。面部表情很重要，他说：你可以拒人千里，也可以使陌生人立即成为朋友。微笑可以增加你的面值，一脸苦相没有人愿意理睬你。他这样解释他富有感染力并为他带来财富的笑容:皱眉需要9块肌肉,而微笑,不仅用嘴、用眼睛、还要用手臂、用整个身体;当你笑的时候,整个世界都在笑。他说,从今天起,直到你生命最后一刻,用心笑吧。他认为:世界上有60亿人口,如果我们都找到两大武器:倾听和微笑,人与人就会更加接近。

4. "对广告的社会管理就是要靠法规管理"

这一观点是片面的。广告管理包括经营管理和社会管理两个部分。其中,经营管理主要表现为广告经营单位内部的机构设置、职能划分、行政、人力资源管理、财务管理等,强调的是广告经营单位内部的良性运作。而社会管理主要指政府机关、消费者组织对广告工作的监督、调控和协调。社会管理又划分为法规管理、行业自律管理及消费者组织的社会监督管理。

广告法规管理是指工商行政管理部门和其他部门依据广告法及其他政策、法规,对广告活动的参与者进行监督、检查、控制和协调、指导的过程。广告的法规管理包括对广告主、广告活动、广告违法行为等的管理。

广告自律管理是指广告经营者和广告发布者自己制定广告内部条例,或行业团体机构制定广告公约,以此作为本行业或行业执行国家有关广告法规的具体行为规则,进行自我约束,承担责任,保证自己所发布的广告能奉公守法,真实可信。

广告的社会监督管理,是利用社会舆论力量和公众力量,开展广告监督。包括消费者组织的监督管理和新闻舆论的监督管理。消费者组织从保护消费者利益出发,对广告进行日常监督,向有关部门投诉违法广告;同时,针对广告活动中存在的问题,向有关管理部门提出建议。新闻舆论对广告的监督方式包括开展新闻揭丑活动和宣传优秀广告活动和广告作品等形式。

由此可见,法规管理、行业自律管理及消费者组织的社会监督管理共同构成对广告的社会管理力量,是共同促进广告健康发展的重要手段。

5. "在各种营销传播活动中,加强伦理和道德规范以及公共监管成为重要的社会问题"

这一观点是正确的。在营销沟通与传播活动中,涉及大量法律和道德问题。因此,企业在营销中,要遵守伦理和道德要求,承担起保护消费者、净化社会环境的责任;同时,公共政策部门要加强对营销传播活动和行为的政策和法律的监管。

公司要依法进行广告和营业推广活动。依据法律,公司必须避免虚假和欺骗性广告,不能做出虚假的承诺,必须避免有欺诈可能的广告。销售人员必须避免偷梁换柱式的广告,不能用虚假的承诺来吸引购买者。公司的交易促销活动也要受到严格的管制,公司必须向所有的中间商提供平等交易的条件。

销售人员的活动要遵守公平竞争原则和相关法律。法律禁止销售人员的欺诈性销售行为。许多人员销售涉及组织间的销售。向组织出售时,销售人员不可以向采购人员或其他能够影响销售的人员行贿。不可以通过贿赂或商业间谍活动来获得或使用竞争者的技术或商业机密。销售人员不能以暗示不真实的事情贬低和诋毁竞争者或竞争性产品。

直复营销中要注意一些滥用问题。如要避免过于嘈杂、时间很长且没完没了的电视直销广告,电子邮箱中的垃圾邮件,电脑中过多出现的弹出广告等。因为过度的直复营销会惹怒或冒犯顾客。

网络营销中的违法行为监管成为十分重要的问题。互联网常见的手段是网络钓鱼,即一种身份盗窃行为，利用欺诈性的邮件和欺骗性网站骗取使用者的信息。这种不正当的行为会损害合法在线营销组织和人员的形象。如何保护易受伤害的人或限制未经许可的人登录网站，也成为网络营销中消费者担忧的问题。例如，成人用品的营销人员发现，很难限制非成年人进入自己的网站。

在数据库营销中，监督和阻止对消费者隐私的滥用，也成为各国网站监管的重要议题。一些知名企业，如微软、花旗银行、IBM、运通等，已经设立"首席隐私官"（CPO），其工作是保护与公司做生意的消费者的隐私安全。美国直复营销协会中，《财富》500强企业有近一半是其会员。它们发起了一个"美国消费者隐私承诺"计划，该计划要求所有的协会会员必须遵守一系列完备的消费者隐私条例。如，成员必须同意，当租用、兜售或与其他公司交换任何私人信息时，必须通知消费者；必须遵从消费者的要求，放弃进一步索要或者向其他营销人员泄露消费者通信信息等。

6．"国家平台成就国家品牌"

"国家平台成就国家品牌"是 2017 年中央电视台出现频率很高的一句宣传用语。中央电视台是中国最重要的舆论传播阵地。回望改革开放第一个 30 年，央视平台培育了无数中国品牌，促进了中国经济的发展，推动了公益力量的壮大。在新的 30 年已经启航的今天，中国经济的发展，比任何时候都需要一批能够在全球市场上代表国家形象来参与商业竞争、文化交流的国家品牌。

经过四个多月的广泛调研、集思广益及深入论证，中央电视台依据"国家平台成就国家品牌"的新定位，于 2016 年 9 月 20 日，正式发布了"国家品牌计划"。国家品牌计划的标识见图 10-5。

图 10-5　国家品牌计划标识

"国家品牌计划"分两部分：一是公益部分；二是商业部分。公益部分有两个项目：一是"广告精准扶贫"项目。该项目旨在对习总书记提出的"精准扶贫战略"，用广告的形式来贯彻落实，通过优惠的广告销售政策，助力贫困地区名优农产品和有潜力的中小企业登陆央视，以品牌传播撬动地方产业发展，以产业发展推动地区脱贫。公益部分的第二个项目是"重型装备制造业品牌传播"项目。想通过定制化传播方案塑造、传播大国重器的品牌形象，以品牌建设驱动产业升级。

"国家品牌计划"商业部分也有两个项目构成，一是"国家品牌计划 TOP 合作伙伴"；二是"国家品牌计划行业领跑者"。要求入选这两个项目的企业必须符合下列条件：①企业所属行业是国家支柱性或民生广泛需要的行业；②企业及其产品具有高尚品质，能够支撑起国家品牌形象，居于行业领先地位；③企业有打造顶级品牌的梦想和胸怀，能够在市场营销方面投入足够的努力和资源；④企业需在中国境内生产和销售，并有获得中国消费者最广泛认同的品牌诉求。同时，国家品牌计划商业部分当年内设置行业排他条款。

"国家品牌计划"的提出，体现了央视对国家电视台的平台自信、价值自省和使命自觉，也是央视广告经营方式的一场变革，推动经营由广告销售向品牌服务升级，将经营工作提升到服务国家品牌战略大局的高度。

"国家平台成就国家品牌"！通过央视这一独一无二的国家平台，将传承、发现、培育一批能够代表中国各行业顶尖水平的国家品牌集群亮相世界，代表中国力量征战下一个30年的全球经济竞争。

央视广告经营管理中心主任任学安在国家品牌计划发布会上如此结尾：一个国家的梦想是中国梦；一个民族的梦想是复兴梦；一个国家电视台的梦想正是记录、见证、传播这个伟大的梦。

五、实训题

1. 熟悉主要营销传播媒体的优缺点

正确认识主要传媒媒体的类型及其优劣是进行营销传播决策的基础。

实训：表10-6列出了主要传播媒体的类型，请填写各种媒体的优点和缺点。

表10-6 主要传播媒体类型的优缺点

序号	传播类型	优点	缺点
1	直邮		
2	互联网		
3	手机		
4	宣传手册		
5	电话		
6	户外		
7	杂志		
8	广播		
9	电视		
10	报纸		
11	海报和传单		
12	车体		
13	售点展示		
14	—		

2. 熟悉整合营销传播策略的应用及设计

2016年11月8日，在北京梅地亚中心举行的中央电视台2017年黄金资源广告招标暨国家品牌计划签约仪式上，首批入选"2017国家品牌计划"的有海尔、万达、华为、格力、云南白药、美的、京东、鲁花、比亚迪、金一、洋河、东阿阿胶、茅台、碧桂园、伊利、天猫、长安汽车、红星、蓝月亮、爱玛、力诺、环亚、双汇等二十余家企业和品牌。我们在中央电视台"国家平台成就国家品牌"的广告时段，已经看到以上代表国家形象的企业和品牌的广告宣传。

实训：请在以上首批进入国家品牌计划的企业中，选择三个你最熟悉或感兴趣的企业或品牌，对其整合营销传播策略进行调研分析。

(1) 该企业或品牌的传播主题（广告口号）是什么？

(2) 该企业或品牌选择了哪些传播媒体进行信息的传播沟通？这些沟通的信息在不同的媒体上是如何诉求和设计的？（下载有关的图片、视频、方案等）

(3) 对你选择的这三个企业或品牌的整合营销传播策略特点进行比较分析，并做出归纳和总结。

(4) 在小组中与同学交流你的调研和分析结果。

3. 熟悉针对不同主体的营业推广工具

实训：小赵在大学期间开发了一种用于外伤后快速止血的产品，并申请获得了国家发明专利。小赵经过应用性开发，推出了家庭用和医院用两种产品类型。毕业后，小赵创业成立公司，想首先在市场上推出这种止血产品。请你为小赵设计一个产品的营业推广管理方案。这个方案应该包括你对目标设计、选择工具、方案制定、实施和评估等几部分的思考和规划。

4. 对整合营销传播和伦理道德的深度思考

广告决策和实践中会涉及伦理问题，美国学者肯尼思·E·克洛和唐纳德·巴尼（2015）对常见的伦理问题及批评进行了归纳，这些问题及批评是：①广告致使人们买超过支付能力的东西；②广告过分强调物质主义；③广告使产品和服务的成本上升；④广告使得男性、女性和少数族裔的形象固化；⑤广告常令不安全的产品（如酒类和香槟）看似有吸引力；⑥广告经常带有冒犯性；⑦儿童广告不符合伦理道德。

实训：请用一周的时间，对以上7个方面的问题在中国广告市场的表现实例进行调研，收集图片、视频、文案等，完成一份调研分析报告，然后在小组中与同学分享你的调研和思考，并进行讨论。

5. 营销辩论

多年来，电视广告被认为是最有效和成功的传播媒体。但现在，由于过于昂贵且不如以前那么有效而受到越来越多的批评。有的人认为，消费者转台跳过了许多广告，因此电视广告是很难给人们留下深刻印象的；一些人提出，未来属于互联网广告。但另外一些人认为，电视的多感官影响力是不可超越的，没有任何其他的媒体形式能够提供相同的影响力。

实训：辩论论点：如今电视广告仍然是强有力的传播媒体；如今电视广告的作用已经大大下降。

第二节 案例分析与讨论

一、长安标致雪铁龙公司 DS 汽车的"微营销"

长安标致雪铁龙汽车有限公司的 DS 全新战略车型首款 5D 全感官豪华 A 级轿车于 2014 年 3 月 28 日正式上市。作为一个国内豪华车市场的新品牌，DS 微营销的目标是，借助微信这一当下最为流行且受众广泛的移动应用平台，全面扩散 DS 品牌的微营销战略，利用粉丝的力量和圈子影响，全面提升品牌声量，并为 DS5LS 做好大规模预热。雪铁龙 DS 轿车产品示例见图 10-6。

图 10-6 雪铁龙 DS 轿车

为了配合第二款国产车型 DS5LS 的上市，DS 从 2014 年 1 月开始，以 DSSTORE 官方微信服务账号为阵地，通过"一元订车""订车宝""DS 众筹基金"三步走，开创了 DS5LS 上市营销的新局面，成为豪华车市场"微信营销"的先行者。随后，DS 在此基础上推出了"DS 合伙人计划"，利用粉丝的力量和圈子口碑的影响力，让每一个人都成了 DS 传播的一员。

1. 微支付 1 元订车

2014 年 1 月 11 日，DS5LS 启动预售，在汽车界率先启动了"微信支付"的预定形式，消费者只要关注 DS 官方微信服务账号 DSSTORE，并微支付 1 元预订 DS5LS，就可以享免费保养并尝鲜体验 DS5LS 新车。

效果：收集到了 8 000 多条销售线索，最终转化率达到了 25%，同时也引起了主流媒体对 DS5LS 和 DS 品牌的高度关注。媒体新闻总计见刊 214 篇次，论坛落地 133 篇次，微博、微信总计见刊 18 篇次。总计覆盖人群 18 601 127 人。

2. DS 订车宝

2014 年 3 月 19 日，DS 又推出了汽车行业首创的移动支付平台的互联金融产品——"DS 订车宝"。此时，距离 DS5LS 上市还有 9 天。消费者仅需关注微信账号 DSSTORE，并通过微信支付 5 000 元订金，预订 DS5LS，即可享受"DS 订车宝"带来的最高可达 11.11 元/天的现金收益。

效果：媒体新闻总计见刊 175 篇次，论坛落地：68 篇次，微博微信总计见刊 5 篇次。总计覆盖人群 2 045 338 人。

3. DS 购车基金

2014 年 3 月 28 日，在 DS5LS 上市发布会上，DS 同步启动了"一元尊享 DS 购车基金"活动，计划购买 DS 的客户或已购车客户可通过"DS 购车基金"活动申请链接，发送给微信好友、朋友圈、微信群，邀请好友共同募集"DS 购车基金"，每位好友支付 1 元，DS 将为其购车基金充值 100 元，最高可达 10 000 元。DS 购车基金是汽车行业首创的移动互联网圈子营销，借鉴了时下流行的"众筹"模式。

仅三个月，就有超过 15 000 千人发起众筹，参与人数近 24 万人。最快的一个发起者不到 48 小时就募集满额。媒体新闻总计见刊 141 篇次，创造广告价值 1 622 389 元，论坛落地 206 篇次，微博微信总计见刊 7 篇次。总计覆盖人群 2 552 978 人。为帮助网友更快了解众筹基金的玩法，借助微信发布创意信息图，送达人数为 476 678 人，图文页阅读达 66 962 次，分享次数为 5 874 次。

4. DS 合伙人计划

为了更好地与 DS 车主和消费者沟通互动，DS 品牌在周年庆典上还宣布推出 DS 社群和 DS 合伙人计划，DS 合伙人计划是指寻找有意向帮助 DS 进行品牌宣传及推广的 DS 粉丝加入 DS 社群。DS 合作人不仅可以推荐 DS 给朋友或其他网友购车，从而获得收益，另一方面还可以对微群进行管理，组织群内会员活动。DS 合伙人推荐购车成功后，可获取一定额度礼遇。这些礼遇不直接兑现，将以金币和积分形式体现。对合伙人派发的是 DS 积分，针对购车主派发的是 DS 金币。金币和积分均可兑换一定商品，积累到一定程度甚至可以兑换 DS 赞助的 DS 合伙人法国游。

通过以上活动，长安标致雪铁龙汽车有限公司将互联网思维引入了车界，引领了新一波的车界电商营销浪潮，也将 DS 文化融入了新媒体社交圈，取得了良好的微信营销效果。

讨论题

（1）微信公众号有哪两种类型？DS 建立了官方微信服务账号 DSSTORE，微信服务账号的主要价值是什么？

（2）如何理解微信支付的功能？DS 汽车营销中在哪些活动中使用了微信支付？通过微信支付的定金顾客可享受哪些好处？

（3）如何理解朋友圈？DS 购车基金圈子营销的优势体现在哪些方面？

（4）DS 汽车的微信营销有哪些特色创新？

二、《愤怒的小鸟》为何受到欢迎

1. 刮起世界旋风

《愤怒的小鸟》是一款简单并且极其流行的视频游戏，它给世界带来了一场风暴。《愤怒的小鸟》是一个移动终端应用程序，其特许范围也扩大到了视频游戏控制台、棋盘游戏、食谱和玩具领域。该游戏的目标是从"敌方猪"那里夺回被偷走的鸟蛋，并杀死那些猪。玩家使用弹弓从空中发射没有翅膀的小鸟来消灭敌方的猪，并破坏那些猪所住的各种建筑物。如果玩家在规定时间内以规定数量的小鸟完成了杀死所有猪的任务，那么就进入下一关，需要杀死其他的猪并破坏相应的建筑物。当玩家在游戏中过关了，便拥有新类型的小鸟及某些新的特征，如炸弹。

《愤怒的小鸟》始终是最受欢迎的软件之一，这款游戏每天的下载量超过 100 万次，所有用户每天玩这款游戏的累计时间超过两亿分钟。一位负责《愤怒的小鸟》营销工作的经理说："《愤怒的小鸟》的人气正在超过米老鼠和马里奥。"

2. "小鸟"飞向世界

小鸟的主人 Rovio 在创建的时候是一家生存艰难的小公司。为了节约宣传费用，Rovio 公司一开始完全是凭借公司员工及其亲朋好友进行口碑推广。马特·威尔森说："最终小鸟得以大规模像病毒扩散般迅速传播，其实源于一位著名的滑雪运动员，她告诉电视观众她玩过这款游戏。"这位滑雪运动员说了此番话之后，小鸟就在瑞典、丹麦、希腊、捷克等国家不断俯冲前进。

在欧洲几个小国家获试水成功后，小鸟开始飞向了英国、美国这些大国家。他们经过调查，终于找到了进军英美主流市场的方法，即"借道"独立发行商 Chillingo，这家全球著名的游戏发行商已经成功销售过多款游戏，而且与苹果公司保持有良好的关系。通过 Chillingo 的协助，苹果应用商店开始为小鸟提速，"英国和美国是巨大的市场。苹果应用商店答应在英国市场的首页推荐小鸟一周时间。"图 10－7 为《愤怒的小鸟》平面广告示例。

图 10－7　《愤怒的小鸟》平面广告

为了充分利用一周的展示机会，Rovio 模仿电影宣传片花，为游戏专门制作了一个英文版的宣传片花。而苹果则将这个宣传片花放在 YouTube 上发布（视频），这段视频的浏览量超过 1 700 万次。Rovio 还创造了 42 个新的游戏等级，远远超过最初的想象与设计。最后，Rovio 又增加了一款免费的精简版《愤怒的小鸟》。终于，这款游戏迅速从全球苹果软件应用商店第 600 位左右攀升到第一位。

除此以外，Rovio 在英美这些大国家同样使用了名人推广这一招。脱口秀主持人科南·奥布莱恩在 YouTube 上传的一个视频中，吹嘘自己已经闯到《愤怒的小鸟》的第四关；诺基亚执行副总裁恩瑟对他的同事说："我喜欢这个游戏！已经玩到 39 关了！"此后，每当有公众人物在任何时间、任何场合发表关于"小鸟"的言论，Rovio 总是第一时间将视频上传到 YouTube，这样的视频随后会在短时间内被"运作"到点击排行榜。

3. 开发衍生品市场

吸引眼球的不仅仅是这个席卷全球的游戏，还包括由这一款游戏演变成的一个完整的娱乐产业链——玩偶、文化用品、服饰、食品等。在 Rovio 的构想中，公司不仅要将《愤怒的小鸟》打造成一个游戏品牌，还要将其打造成一个全新的娱乐品牌。当消费者沉浸在一个售价 99 美分的游戏中时，很可能会心甘情愿地为与之相关的毛绒公仔，小鸟 T 恤、小鸟蛋糕而埋单。

为此，Rovio 迅速建立了周边产品销售业务，从 2010 年的圣诞节至今，已售出 200 万个以上的毛绒玩具。另外，还开发了 T 恤、手机套、箱包挂饰等衍生产品。小鸟的开发商 Rovio 还与玩具巨头美泰合作开发了一款桌游玩具。彼德·维斯特巴卡称，"我们的目标是自己设计产品，并保持控制"，让《愤怒的小鸟》成为像米老鼠、唐老鸭这样长久的品牌。

在 Rovio 的计划里，《愤怒的小鸟》将会出版漫画书、拍摄电视动画片以及电影。《里约大冒险》就是一个很好的例子，因同是涉及可爱的小鸟，片方决定联手游戏商 Rovio 一起推广营销，其预告片上线时，首个周末在 YouTube 上的点击率就高达 50 万次。而"愤怒的小鸟"游戏也推出了《里约大冒险》特别版游戏,上线10天下载即突破1 000万次。正是利用品牌的光晕效应,《愤怒的小鸟》与《里约大冒险》的"交互式营销"让合作双方都实现了知名度和销售额的提升。

4. 助力公益事业

为了进行公益营销,《愤怒的小鸟》背后的Rovio公司加入了国际鸟类联盟,以保护濒临灭绝的鸟类物种。Rovio正在帮助人们提升对鸟类灭绝问题的意识。通过在游戏中提示访问国际鸟类联盟主页,让玩家从中学到更多的知识。同样,国际鸟类联盟主页上也发布了有关鸟类灭绝的应答问题,访问该网站的玩家如果能回答出问题,便可以获得《愤怒的小鸟》的一张隐藏关卡。

讨论题

(1) 运用品牌构成6要素理论,分析一下《愤怒的小鸟》这款游戏品牌的内涵表现在哪些方面。

(2) 如何理解品牌和产品的关系?从《愤怒的小鸟》这款游戏的快速扩散过程来看,创新产品的哪些特征会影响新产品的快速采用?

(3)《愤怒的小鸟》在品牌开发策略方面做了哪些工作?

(4) 什么是病毒式营销?《愤怒的小鸟》是如何得以在全球迅速扩散的?

(5) Rovio公司加入了国际鸟类联盟及其活动有何营销意义?

三、力波啤酒的三次广告战役

1988年,亚洲太平洋酿酒公司与上海益民啤酒厂、上海冠生园、泰国正大集团合资成立了上海民乐啤酒饮料有限公司,生产"力波"和"虎牌"啤酒。在上海市场,三得利啤酒、青岛啤酒都占有较高的市场份额。1999—2001年,力波啤酒为了提高产品的市场占有率,发动了三次广告战役。

1. 第一阶段:1999年6月,推出"上海男人本色"系列广告

对上海男人的分析:"生活中的他们,每天面对着来自现实生活中的种种压力,默默地收拾着逝去的沧桑岁月和坎坷经历,为自己和家人的未来付出诸多努力;他们是父亲同时也是儿子,是领导同时也是下属;他们心理上承受着各种矛盾——现实与理想、落寞与骄傲、痛苦与快乐、自我与集体,但是他们始终踏实坚定地生活着。他们承担了许多,也付出了许多。他们才是我们身边最值得珍惜的一部分!"推出电视广告——上海男人的故事:元宵节父亲为小孩扎兔子灯,孩子为有一位心灵手巧的好父亲而自豪。广告语:"有了你,生活更有味道","力波啤酒,男人本色。"广告播出后的效果:未能达到预期目标。

2. 第二阶段:2000年6月,推出"上海真男人"广告

以徐根宝为广告代言人,广告语:"我喜欢挑战,我不给自己留后路","我要塑造中国的曼联,不搏不精彩"。当时民乐啤酒公司市场总监接受媒体采访:"我们觉得徐根宝教练的性格与上海人的啤酒力波的脾性有相同的地方。他作为我们力波啤酒的形象代言人将会得到消费者的认可。啤酒不是功能性的产品,它不像药品那样有强烈的功能作用,它给人的享受完全是精神上的,是一种感觉。消费者借此表达自己的身份,寄托自己的情绪,因此新的啤酒广告必须赋予力波全新的人格魅力,有人性的光辉在那里。而以前的'男人的故事'电视广告无法全面表达力波品牌的核心价值。"广告播出后的效果:未能达到预期目标。

3. 第三阶段：2001年入夏，推出"力波啤酒，喜欢上海的理由"广告

广告决定打出"上海品牌"概念。分析上海概念的三个层面：①国际大都市，什么都有，什么都是最新的，我因此感到自豪；②上海的成长日新月异，上海人求新求变，力波同上海人一起经历巨大变迁，融合了上海精神；③上海是国际文化中心，最流行的前沿，生活在上海可以非常享受生活。"上海作为国际化城市，海纳百川，兼容并蓄，但它的城市文明和海派文化源远流长，不失自己的个性：上海就是上海，自有它的特色和优势。而生活在上海的人们，他们目睹着上海的变化，也珍惜大变化和大发展给予每个人的机会，他们积极地参与这场创业，既推动了上海的发展，也实现了自我价值。"推出"力波啤酒喜欢上海的理由"的广告诉求："上海是我长大成人的所在/带着我所有的情怀/第一次干杯，头一回恋爱/在永远的纯真年代/追过港台同胞，迷上过老外/自己当明星，感觉也不坏/成功的滋味，自己最明白/旧的不去，新的不来/城市的高度，它越变越快/有人出去，有人回来/身边的朋友越来越新派/上海让我越看越爱/好日子，好时代/我在上海，力波同在。"

"力波啤酒喜欢上海的理由"系列文案之1——"好日子，好时代，我在上海，力波也在"："上海是我长大成人的所在/这里，有我第一次喝力波的开怀/和头一回的恋爱/我学的是建筑，从小就梦想/世界上最高的房子，应该由我来盖/城市的高度越变越快/上海让我越看越爱/这里面有我的参与，也有我的最爱/朋友在一起，总有力波相伴。"

"力波啤酒喜欢上海的理由"系列文案之2——"好日子，好时代，我在上海，力波也在"："所有的上海故事，都会有力波同在/我买车了，炒B股赚的/上海就是这样，机会比弄堂还多/三年前，我和两位拍档一边喝着力波/一边在浦东这块空地上信誓旦旦/辞职自己干/三年的风风雨雨，都有力波相伴/旧的不去，新的不来，上海让我越看越爱/B股还是要炒，啤酒当然要喝/一起来一杯力波，聊一聊更好的将来。"

"力波啤酒喜欢上海的理由"系列文案之3——"所有的上海故事，都会与力波同在"："大卫走了，他昨天还是我的老板/一个加拿大的好人，不远万里来到上海/现在他把位子交给了我/临走时他要我请他喝力波/他说，这是上海的啤酒，我会念念不忘的/有你们在，上海会建得更好/我们这代人，追过港台同胞/迷上过老外/自己当明星，感觉也不坏/喜欢每天在变的上海/喜欢我的上海故事，都有力波同在。"

力波啤酒平面广告示例见图10-8。

图10-8 力波啤酒平面广告

广告传播效果:喜欢上海的理由,成为2001年上海滩渗透力最强的一支民谣。市场效果:市场占有率迅速增长,2002年比同期增长20%以上。

讨论题

(1) 力波啤酒1999—2001年的三次广告策略各有何特点?

(2) 为什么2001年"力波啤酒喜欢上海的理由"广告能够获得成功?

四、从这两家公司看公关应该如何来做

1. 公关挽救了雀巢公司

雀巢公司是全球规模最大的跨国食品公司,至今已兴盛发展了120多年。它所生产的食品,尤其是速溶咖啡,风靡全球,是其拳头产品之一。然而,就是这样一个饮誉世界的雀巢帝国,却险些信誉扫地,"一命呜呼"。

(1) 危机出现。

世界上曾出现了一种舆论,说雀巢食品的竞销,导致了发展中国家母乳哺育率下降,从而导致了婴儿死亡率的上升。由于当时雀巢的决策者拒绝考虑舆论,继续我行我素,加上竞争对手的煽风点火,竟一度形成了一场世界性的抵制雀巢奶粉、巧克力及其他食品的运动。雀巢产品几乎在欧美市场上无立足之地,给雀巢公司带来了严重的危机。在残酷的事实面前,雀巢公司的决策者不得不重金礼聘世界著名的公共关系专家帕根来商量对策,帮助雀巢公司渡过这一难关。

(2) 帕根助力公司危机公关。

帕根受此重托后,立即着手调查分析。结果,他发现,造成这场抵制雀巢食品运动的根源,就是雀巢公司以大企业、老品牌自居,拒绝接受公众的意见。另外,雀巢公司的推销活动对公众是保密的。这使得雀巢公司与公众之间的信息交流不畅。所有这一切,都犯了公共关系的大忌,也就难怪误解、谣传遍起。

帕根根据调查分析的结果,制订出了一个详细周密的公共关系计划,呈报给雀巢公司。帕根的这一计划,把行动的重点放在了抵制最强烈的美国,虚心听取社会各界对雀巢公司的批评意见,开展大规模的游说活动,组织有权威的听证委员会,审查雀巢公司的销售行为等,使舆论逐渐改变了态度;建议接任雀巢公司总经理之职的毛奇,开辟发展中国家的市场,把它作为雀巢产品的最佳市场。在开拓市场过程中,雀巢公司吸取了以往的教训,不是把第三世界的发展中国家单纯看作雀巢产品的市场,而是从建立互利的伙伴关系着手。

雀巢公司每年用60亿瑞士法郎,从发展中国家购买原料,每年拨出8 000万瑞士法郎,来帮助这些国家提高农产品的质量。同时,还聘请100多名专家,在第三世界国家举办各种职业培训班。比如,在印度的旁遮普邦,雀巢公司在莫加区建立了一个奶品工厂。由于那里的家庭所饲养的产奶水牛,不仅营养不良,而且很多都染有疾病。大多数农民只能生产仅够自己所需的牛奶,根本没有任何剩余牛奶可供出售。于是,雀巢公司设立了一个免费的兽医服务处,以批发价格向农民供应药品,并提供低息贷款支持开掘新水井,增加用水的供应。这样一来,更多的草料长起来了,牛犊的存活率也从40%提高到75%。在这一计划开始时,那里只有4 460户牛奶直接供应者,在计划实施之后,牛奶供应者超过了3.5万户,每年向雀巢公司售奶可达11.7万吨。牲畜疾病已基本绝迹。这个奶品工厂发展所创造的繁荣,也带来了电力、电讯、农机、交通事业的发展。昔日的贫瘠地区,呈现出欣欣向荣的局面。

如此一系列的活动，历时 7 年的抵制运动终于被取消了。雀巢公司在发展中国家里树立起了良好的形象，销路大增，营业额雄居世界食品工业之首。

讨论题

(1) 雀巢公司在危机发生前，违背"与公众公共发展"公关理念的表现是什么？

(2) 违背"与公众公共发展"公关理念的一般后果是什么？雀巢公司面临的具体危机是怎样的？

(3) 雀巢公司化解危机采取了哪些措施？

(4) 结合这一案例，谈谈你对企业危机型公关的认识。

2. 亚都"收烟"的风波

1996 年 5 月 30 日是世界禁烟日，颇具声势和规模的戒烟活动在全国各地接连举行。黄浦江畔的上海外滩，由上海市吸烟与健康协会主办的万人戒烟签名活动如期举行。政府官员、接受咨询的专家学者和闻讯而至的市民云集陈毅广场。以生产空调换气机在市场上"闹腾"得颇为火爆的北京亚都科技股份有限公司上海办事处斥资 30 万元，也介入了这次活动。

在活动的前一天，亚都公司在上海有影响的两家报纸上，以"亚都启事"为题打出广告："请市民转告烟民——亚都义举，全价收烟。"具体内容是，亚都公司按市价收集参加此次活动的烟民的已购香烟，并在公众的监督下集中销毁。为使活动顺利圆满，亚都的工作人员兑换了用于收烟的 5 万元零币，购置了"销烟"用的大瓷缸、生石灰，并按当地商场的零售价格核准了烟价，可谓万事俱备。

上午 10 时，活动开始后，人群向亚都戒烟台前聚集并排起了长队。队列中既有老者，也有时髦女郎，还有小孩，这与亚都人设想中的烟民形象相去甚远，更引人注目的是，排队中的许多人拎着成条的香烟，少者一两条，多者达 20 条，绝大多数还是价格不菲的"中华""红塔山""万宝路"等高档香烟。但从外包装上一眼就能看出是假烟。精于计算的上海人让亚都的工作人员乱了阵脚。收烟台前，为了鉴别烟的真假，吵嚷、争吵之声时有所闻。为使活动得以进行，亚都公司临时决定，每人只限换一条，香烟是真是假也不再计较。可烟民也有对策，让工作人员奈何不得。

下午 2 时，亚都公司的 5 万元现金已经用光，宣布活动结束。尚在排队的数百名烟民不干了，他们把收烟台和 10 余名工作人员团团围住，纷纷指责亚都公司"说话不算数"、活动内容和广告不符云云，并对工作人员有撕扯、推搡的现象。双方僵持了约半个小时，仍没有缓和的迹象。为平息事态，尽早脱身，工作人员只得拿出 200 件文化衫免费发送，之后，在闻讯赶来的保安、巡警的协助下，工作人员才得以离开广场。

讨论题

(1) 亚都公司"收烟"这一公关活动存在哪些问题？

(2) 综合运用营销公关原理，对亚都公司如何做好"收烟"这一公关活动提出你的建议。

五、戴尔公司的社交媒体战略

大家熟悉的戴尔公司如今是运用社交媒体倾听和联系顾客的典范。实际上，戴尔公司是在经历的惨痛教训中发生改变的。

1. 来自顾客的抱怨："戴尔去死吧"

几年前，著名技术博客 Buzzmachine 的博主杰夫·贾维斯发表了一篇博文："我只是买了一台新的戴尔笔记本电脑，却为获得应有的服务而折腾了4年，付出的太多了"；"这个产品真是烂透了，而客服简直就是彻头彻尾的谎言"；"戴尔烂透了，戴尔去死吧！将这句话放在谷歌首页上吧，戴尔"。

在社交媒体环境下，贾维斯的博客病毒一样迅速传播开来，有类似经历的消费者也开始发泄不满，一时间甚至掀起了一阵网上风暴。"戴尔去死吧"成为一种象征，标志着消费者已经具备足够的能力，通过数字和社交媒体向大企业发起挑战。

2. 戴尔公司的觉醒

公司在这一事件中开始觉醒，认识到社交媒体的强大力量。迈克尔·戴尔其实在事件发生前已经预见到，社交媒体能够很好地契合公司与客户直接对话的企业文化；顾客拥有最好的想法和洞察力，要随时捕捉和消除顾客不满；要通过社交媒体主动吸引消费者，向他们学习并建立积极的品牌体验。

事件后，公司着手构建一个网上倾听和互动的组织，这一策略的核心是"戴尔社交媒体倾听指挥中心"——一个专注于监控、吸引和应答所有线上事务的一流的社交媒体中心。每天收集和分析2.5万组关于戴尔的英文对话；还有数千组其他10种语言的对话。对海量信息进行分门别类整理，从客户的投诉、赞扬和服务到产品反馈和各种科技话题的情报。

公司还创建了自己的社交媒体帝国，以吸引顾客和其他利益相关者。赞助了包括 Direct2Dell.com 在内的9个博客，旨在与客户直接互动并交流将彼此联系在一起的科技信息。创意风暴网站专设产品和服务论坛，人们可以发表评论和提出建议。在主流公众媒体上保持较高的出镜率，包括脸书、推特、领英、Google+、YouTube、Flickr、Pinterest、人人网、优酷等。

公司倡导交流："与戴尔联系，让戴尔倾听您的心声"；在高级管理层中设立了"倾听大帝"职位。建立了一个"社交拓展服务团队"，是一个一线应答团队。还有一支媒体治理团队，专事社交媒体的内部管理工作。启动了社交媒体认证项目，对从事相关工作的员工进行培训。全球有超过7 500名员工成为公司认证的社交媒体和社群专家。

每年举办"消费者顾问小组日"，邀请30名社交媒体活跃人士与高层管理者互动。社交媒体服务团队旨在提供服务和帮助。社交媒体上的对话在形成顾客态度和体验方面，可以与一场高预算的广告运动、一支强有力的客户服务或销售团队一样有效。

公司 CMO 凯伦－昆图："社交媒体不仅仅是一个工具。它是我们品牌的延伸"；"你的顾客在社交圈里，会谈论你的品牌"；"你要么参与进去，成为对话的一部分，要么就只能被甩在后头"。

讨论题

（1）戴尔公司基于社交媒体所进行的管理转型有何意义？

（2）社交媒体的崛起为当代企业的营销沟通与传播带来了哪些优势？企业的营销传播管理又应该注意防范哪些风险？

（3）我们可以从戴尔公司的做法中借鉴哪些经验？

六、红牛饮料的整合营销传播策略

红牛公司通过其营销活动创造了一个全新的饮料品种——功能性能量饮料，公司在不到

20年的时间里成为能量饮料行业的领导者。如今,红牛已经成为价值数十亿美元的饮料品牌,与可口可乐、百事可乐及百威英博这些饮料业的巨头展开了激烈的竞争。红牛已经在166个国家销售出400多亿罐产品。红牛通过独特的营销方式,将产品锁定在青少年群体,成为能量饮料市场的领军者。

1. 红牛饮料的推出

1987年,迪特里希·马特施茨在奥地利创立了红牛公司,只销售一种产品,为细长型、银蓝色罐子包装。到1997年,产品已经销售到包括西欧、东欧、新西兰、南非等在内的25个市场。它向消费者传递的是:这是一款不同于传统的软饮料。其是用氨基酸、B族维生素、咖啡因及碳水化合物特别调和的,用来提神和补充能量。一些饮用者称红牛为"液体可卡因"或"饮料罐中的速度"。在过去的10年中,红牛还推出了其他产品和口味,但其中许多都没有能够成功。如今,红牛的产品线有:最初的红牛能量饮料、红牛卡路里饮料、红牛无糖饮料,以及一些含有浆果、酸橙、蔓越莓口味的特殊饮品。红牛的品牌标志和平面广告示例见图10-9。

图10-9 红牛的品牌标志和平面广告

2. 在全球市场传播品牌

整合营销传播计划助力红牛在全球范围内实现扩张。传播计划能够达到不同层次的目标受众,并建立起真实、富有创意且关注社区的品牌形象。首先,红牛将注意力集中在营销之前,赞助在法国举办的夏蒙尼滑雪比赛,借其树立品牌口碑。一旦进入一个新市场,公司就通过"种子计划"制造轰动,将目标锁定在潮流店铺、俱乐部、酒吧和商店。这样,可以让文化精英先接触红牛产品,然后影响其他消费者。红牛公司的一位管理者是这样描述红牛的做法的:我们首先接触这些先锋客户,因为这样产品可以得到很多曝光率和关注度;大型连锁店有烦琐的授权过程,因此与之相比,和个体客户打交道速度更快。红牛公司也将目标锁定在可能影响消费者购买的意见领袖身上,包括运动员和娱乐圈名人。

当红牛在酒吧获得了一些成功后,接下来就进入大学周边的体育馆、健康食品商店、餐馆和便利店,最终进入超市。公司的首要购买点工具一直以来都是凸显红牛logo的冷冻销售单位。这些销售单位使该品牌与其他饮料区别开来,并确保红牛在每个零售环境中都占据显眼位置。为了保证购买点展示的商品是一致且公平的,公司雇用了几组送货司机,他们的主要责任是进货。

红牛赠送大量的免费样品。在体育比赛中,在颁奖典礼前,在庆功宴后,红牛饮料都是免费供应的。在大学校园和城市街道,免费样品发放给那些看起来需要鼓舞的人们。在高速公路休息区,提供给疲倦的司机;也在颁奖典礼前的豪华轿车内发放。

红牛与各种不同的极限运动、运动员、球队、比赛和艺术家(音乐、舞蹈和影视领域)建立了合作关系。从汽车锦标赛到山地自行车赛,从滑雪板比赛到冲浪比赛,从舞蹈到极限航海,红牛的赞助活动无所不及。其中一些活动因将创意和极限运动发挥到了极致而闻名。例如,一年一度的红牛飞行大赛,要求参加者设计一个重量小于206克的飞机;各支队伍在离水面约9米的带有红牛标记的特制斜坡跑道上放飞他们的飞行器。参赛者驾驶飞行器践行品牌的口号"红牛为你的梦想插上翅膀",有超过30万名的消费者为参赛者加油助威。

当市场趋向成熟,公司需要向消费者强化其品牌时,红牛就使用传统的广告。红牛在电视中的广告设计口号是"红牛给你翅膀"(RedBullGivesYouWiiings),目的在于强化独特、创新、富有反叛精神的品牌形象,其实这可能正是新一代消费者想要确立的自我形象。此外红牛网站还指导消费者参加如何找到红牛的活动,赞助运动员的视频和采访,以及进行的相关表演等。

讨论题

(1) 红牛品牌的市场定位有何特点?

(2) 分析红牛品牌整合营销传播策略的特点。

(3) 可口可乐、百事可乐等都已经进入了能量饮料市场,红牛品牌的优势是什么?其今后的整合营销传播应该在哪些方面持续发力?

第三节 经典推介

一、标志性理论、人物及思想简介

1. 现代广告教皇——大卫·奥格威

(1) 主要成就。

大卫·奥格威(1911—1999)被誉为"现代广告教皇""品牌形象之父""现代广告最具创造力的推动者""他敏锐的洞察力和对传统观念的抨击照亮了整个广告业,令任何广告业都无法企及"等。1929—1931年,就读于牛津大学基督教会学院。早年做过厨师、炊具推销员、使馆秘书、农民等。图10-10为大卫·奥格威。

1948年,奥格威在纽约以6 000美元创立了奥美广告公司,随后以创作许多富有创意的广告而赢得盛誉。他把广告业务的经营和专业化推向顶峰,他的价值观造就了一个全球性的传播网络。他领导的奥美广告公司,从两名员工起家,发展成为一个全球性的国际集团,全球最大的传播公司之一,公司在全球超过100个国家和地区设有办事处,并拥有上万名富有才干

图10-10 大卫·奥格威

和创新思想的专业员工，公司为世界众多知名品牌提供专业化的咨询和传播设计和策划服务，创造了无数的市场奇迹。

奥格威将他对广告乃至整个行为的睿智见解行诸文字。他的代表名有：《奥格威谈广告》(1983)、《一个广告人的自白》(1963)、《大卫·奥格威自传》(1978)。此外，《广告大师奥格威——未公布于世的选集》，是1986年奥美广告公司送给奥格威75岁生日的礼物。这些著作影响深远，是广告和营销从业者必读的经典。

奥格威为广告界留下的经典创意作品有哈撒威衬衫广告、波多黎各招商广告、劳斯莱斯汽车的长文案广告等。他提出的广告创作原则、创作目的、创作方法、定位原则、创意原则、文案创作方法、广告文本、广告标题原则、广告插图准则、品牌形象塑造原则等是他留给社会宝贵财富，影响了一代又一代广告人。

(2) 代表作简介。

《一个广告人的自白》，写于1963年，是奥格威最重要的著作。也是中国大陆20世纪90年代入行的绝大多数年轻人的第一本广告教科书。奥格威并不讳言写作本书的目的："我为什么要写它？首先，给我的广告公司招揽客户。其次，检验我们的股份公开上市的市场条件。最后，提高我在生意圈子里的知名度。它做到了一箭三雕。"奥格威当时以为能卖4000册就不错了，但它成了真正的经典。奥格威的广告哲学思想，为广告从业者设定的基本经营规范都体现在了这本书中，涉及怎样经营广告公司、怎样争取客户、怎样维系客户、怎样当一个好客户、怎样写有效力的方案、怎样使用插图和编排方案、怎样制作上乘的电视广告、怎样为食品、旅游地和专利药品制作优良广告、怎样才能功成名就——对年轻人的进言，广告是否应予废止等共11章内容。

《大卫·奥格威自传》写于1978年，又在85岁时重新修订。这本书讲述了奥格威——一个潦倒的苏格兰家庭的孩子，在经历了从英国到法国再到美国的职业生涯和冒险经历后，如何在纽约登上广告业顶峰的传奇经历。它汇集了奥格威关于人生、事业以及奥美精神和文化的深度思考。

《奥格威谈广告》写于1983年。是奥格威在《一个广告人的自白》出版20年后，对广告业经营哲学的再度深入阐述。本书在序中说："我在1963年出版的《一个广告人的自白》一书中讲述了奥美公司诞生的故事，并阐释了公司早期成功所遵循的基本原则，当年不过是纽约一家贩卖创意的小店铺，成长为在全球40个国家拥有140个办事处的世界四大广告代理公司之一。我们提出的原则看来奏效了"。"今天，我已经老了，法国一家杂志甚至把我作为唯一的生者列入对工业革命贡献巨大的名人录，与亚当·斯密、爱迪生、卡尔·马克斯、洛克菲勒、福特和凯恩斯一同注册在案。难道步入晚年就丧失了在这个时代撰写广告的资格？或者，这种角度有助于一个人从广告经历的种种时髦和狂热中提炼出广告永恒的真谛。"

2. 整合营销传播之父——唐·舒尔茨

(1) 主要贡献。

唐·E·舒尔茨是美国西北大学麦迪尔新闻学院教授，是享誉世界的"整合营销传播之父"。他的著作《整合营销传播》是第一本完整地阐述了整合营销传播理论的专著，也是该领域最具权威的经典著作。书中阐述的整合营销传播理论，成为20世纪末最主要的营销理论。为此，舒尔茨被全球权威的《销售和营销管理》评选为"20世纪全球80位对销售和营销最有影响力的人物"之一。图 10-11 为唐·E·舒尔茨。

（2）主要生平。

舒尔茨毕业于俄克拉荷马大学。在他的第一个职业生涯阶段，曾为贸易类杂志写稿，还做过出版、销售与管理工作，后来成为美国得克萨斯一家日报的广告经理人。1965 年，他加入总部位于达拉斯的 Tracy - Locke 广告与公关公司，在近 10 年的时间里，先后在这家公司担任达拉斯、纽约、俄亥俄等地分公司经理。

1994 年，人到中年，已是 Tracy - Locke 公司高级副总裁及 3 个孩子父亲的舒尔茨辞职，开始了他的学术生涯。谈到这段经历，舒尔茨说："在我生命的那一刻，我突然意识到我感兴趣的是学习，学习更多有关自己正在做的事情。我总是想知道广告是如何起作用的，是什么促进我们不同的行动。"

图 10-11　唐·E·舒尔茨

舒尔茨还说："无论何时能找到适合你的职业，都为时不晚。不断努力，不断尝试，也许某一时刻，你会突然发现这就是你喜欢的事。不要过早做出决定，什么时候换工作都为时不晚。"1974 年开始，舒尔茨在密歇根大学先后获得了广告学硕士和大众传播学博士学位。1977 年至今，就职于西北大学。

（3）创立 IMC 理论并指导企业实践。

20 世纪 80 年代中期，一些大型广告商遇到了令他们头疼的难题，那就是同时花大价钱购买了电视、报刊和电台等媒体资源，却发现无法有效利用这些资源。于是，他们找到舒尔茨，请他帮助解开其中的奥秘。舒尔茨教授的研究成果就是整合营销传播（Integrated Marketing Communication，IMC）理论。他认为，传统的营销模型——例如大规模的、以消费者为导向的广告、优惠和折扣的方式，已经在以国际互联网和无线传播等互动信息传播为主导的时代中被淘汰。营销和营销传播正在面临变革。简而言之，IMC 是将一个公司的各种传播活动结合起来并将传播重点放在客户及客户群的营销方法。这样的设计主要是帮助营销部门与客户加强沟通，为他们提供更有价值的服务与信息。

舒尔茨不仅在传播学理论方面拥有极大的成就，而且为多家知名企业的传播实践提供咨询服务和指导，如 IBM、英特尔、惠普、波音、摩托罗拉、得克萨斯仪器、卡夫、联邦快递、君悦酒店等。舒尔茨的整合营传播理论为各类企业和组织解决了许多棘手的问题。美国癌症协会的公益传播、英特尔公司的"Intel Inside"、IBM 公司的员工培训及概念形成、波音公司以服务促销等，都是践行整合营销思想的成功案例。

（4）其理论在中国市场的传播。

从 2000 年 10 月舒尔茨第一次应邀来中国上海参加中国营销界的金鼎奖颁奖活动至今，舒尔茨教授多次来到中国，进行演讲、授课、咨询和实践指导等。2012—2013 年，舒尔茨教授两次参加中国百度营销盛典，并传播他的最新研究成果。建设品牌的新六大挑战：用户获取信息的方式发生了变化；消费者行为式的大数据数量呈现几何式增长；消费者的使用设备从 PC 端转向移动端；伴随着越来越多企业进驻互联网，人们的消费需求越发倾向于通过一站式购物来解决;消费者对于品牌的意识和偏好度下降,消费者会基于商品而非基于品牌角度去做购买选择;了解消费者的收入至关重要,关键就是要能管理消费者的收入流。

品牌如何应对这六大挑战?舒尔茨表示,这正是 SIVA(方案(solution)、信息(info)、价值(value)、入口(access))理论要解决的难题。SIVA 理论是以消费者为中心的营销方法论,探讨消费者寻求问题解决方案的一系列轨迹。品牌广告主需要基于 SIVA 理论,搭建起一种针对互动市场的需求链模型,在不断了解和识别消费者需求的前提下,为消费者提供信息和适当的解决方案。

舒尔茨表示消费者在表达需求,不断寻找、修正并最终确定自己的解决方案的过程,实际上就是在 S - I - V - A 构成的网络路径中不断调整方向,选择新路径并最终找到入口的过程。消费者在这个历程中的每一次驻足和跳转,都是营销者和消费者建立品牌沟通的机会;营销者需要利用和把握好每一次个性化的对话机会,为消费者提供实时信息支持,帮助消费者缩短决策路径,快速到达入口。

3. 独特的销售主张(USP)

(1)独特的销售主张的内涵。

独特的销售主张(Unique Selling Proposition,USP)是由广告界公认的大师罗瑟·瑞夫斯在 1961 年提出的著名理论。1961 年,罗瑟·瑞夫斯出版了《实效的广告》一书,在书中,他开创性地提出了 USP 广告理论。罗瑟·瑞夫斯认为,诉求同质化的广告在劝说消费者方面没有任何价值,主张每个产品广告都应该有自己独特的销售主张,这个销售主张应包含三个要点:①每一则广告必须向消费者说明一个主张,必须让消费者明白购买这个产品可获得的具体利益;②所强调的主张必须是独一无二的,是品牌专有的特点或在特定的广告领域没有出现过的说辞;③所强调的主张必须强有力,能打动消费者并使其购买。图 10-12 为罗瑟·瑞夫斯。

根据瑞夫斯(1961)的概念框架,Richardson and Cohen(1993)提出 USP 有别于其他主张的 4 个标准:①关于产品的说辞从本质上足够识别它的真实性或者虚假性;②有且仅此这样一个说辞,而且这个说辞由少数几个主题词组成;③它向消费者提供真实的产品利益;④声称这种利益是独特的。

(2)达彼思公司对 USP 理论的发展。

成立于 1940 年的达彼思公司请罗瑟·瑞夫斯出策划经理(后来担任该公司董事长)。达彼思公司随着 USP 策略的发展日益发展起来。在品牌至上的 20 世纪

图 10-12 罗瑟·瑞夫斯

90 年代,达彼思公司认识到 USP 不仅是公司为客户服务的一种指导哲学和工作方式,更是公司独有的品牌资产。这一思想成为达彼思全球集团迈向新世纪的座右铭。

在新的时代背景下,达彼思重新审视 USP,从品牌出发对这一理论重新进行诠释和发展。公司将 USP 策略的思考基点上升到品牌的高度,强调 USP 的创意来源于品牌精髓的挖掘,并通过强有力的手段来证实它的独特性。达彼思把它作为自己集团的定位。达彼思的创

意就是 USP 的创意，并重申 USP 的 3 个要点：①USP 是一种独特性。它隐含在品牌的深处，或者是尚未被提出的独特的承诺。它必须是其他品牌未能提供给消费者的最终利益；它必须能够确立一个品牌在消费者头脑中的位置，从而使消费者坚信该品牌所提供的最终利益是该品牌独有的、独特的和最佳的。②USP 必须有销售力。它必须对消费者的需求有实际和重要的意义；它必须能够与消费者的需求直接相连；它必须导致消费者做出行动；它必须具有说服力和感染力，从而能够为该品牌引来新的消费群或从竞争品牌中把消费者赢过来。③每个 USP 必须对目标消费者提出一个主张——一个清楚的令人信服的品牌利益的承诺，而且这个品牌承诺是独特的。

我们处在一个过度传播的社会，消费者每时每刻都在面对成千上万的广告信息。要使品牌信息穿透传播的丛林沼泽，就需要传播简单而真实的信息。达彼思认为，要从简单易懂的真实中提取精华部分，USP 是一种强有力的手段。

4. 吉田秀雄及其电通"鬼才十则"

（1）主要贡献。

吉田秀雄是日本广告界的传奇人物，出生于 1903 年。1928 年毕业于日本东京大学，并进入日本电报通信广告公司（现在的电通公司）工作。1947 年，吉田秀雄出任电通公司第四任社长。在吉田担任社长期间，为日本的广告界做出了巨大贡献。日本广告价格的确定、广告公司佣金基准的形成、AE 制的实行、广告电视媒体的民间化和商业化等现代广告经营举措，都渗透着吉田秀雄的智慧和心血。吉田领导下的电通公司还有许多感动和推动业界发展的善举。电通每年举办"广告电通奖""电通夏季大学""电通学生广告论文奖"，这类举措从整体上促进了日本广告水准的提升。可以说，吉田是电通广告公司的发展历程中功不可没的灵魂人物，他不仅为电通走向世界奠定了基础，还把日本广告业推到世界水准。1961 年，他被世界广告协会推选为"年度杰出人物"，他是第一个获此殊荣的东方人。图 10-13 为吉田秀雄。

（2）"鬼才十则"。

1951 年，日本刚从战败的混乱状态复苏，产业界处在重振旧业的关键时期，吉田秀雄制定了电通"鬼才十则"，不仅激发了全体员工的热忱，造就了"电通人"的特殊气质，而且为电通的发展提供了巨大的精神力量。吉田秀雄曾经说："当我写'鬼才十则'的时候，是 1951 年，正值电通面临着考验。当时，非全力以赴拼命不可的迫切，使人产生了许多感想，因此，利用接完电话或客人离去以后的短暂时间一一写下来。不成体例，只是想让全体职员了解我的心情。"

图 10-13　吉田秀雄

"鬼才十则"也是吉田秀雄的广告经营哲学。其内容如下：①工作要自己创造，不要等待指派；②做事应主动抢先，不应消极图安稳；③要有做大事业的胸怀，只做琐事会使心胸狭隘；④勇于挑战艰难，只有坚持到底才能升华；⑤一旦动手就要锲而不舍，不达目的誓不罢休；⑥要推动其他人，推与被推日后会有天壤之别；⑦要有愿景，这样才能有耐力、窍门、进取的力量和希望;⑧要有信心,没信心就没魄力、没韧性、没深度;⑨所谓服务,就要做到最大限度地开动脑筋、面面俱到、滴水不漏;⑩不要怕摩擦,摩擦是积极的养分,害怕摩擦就会懦弱无能。

柴田明彦曾经在电通公司工作过 23 年,他将自己在工作中践行"鬼才十则"的心得体会写成书《电通鬼才十则》,2013 年 5 月中译本发行。当时时任电通股份有限公司执行董事的松岛训弘在本书寄语中写道:"'鬼才十则'不仅是电通公司员工们的行动基准,它还被日本众多的政治家、企业家们灵活运用,甚至作为通用电气公司的社训,被活跃在国际舞台上的知名企业所珍视;'鬼才十则'作为职场训条,并不单单是对员工的指示和命令,还是支撑着电通公司一路成长至今的精神支柱。"

二、经典论文推介

1. 理论构建与理论批评的互动——美国整合营销传播理论研究 20 年综述. 黄迎新(中南民族大学文学与新闻传播学院). 中国地质大学学报:社会科学版,2010,10(3):76–81

(1) 概要。

"整合营销传播"(IMC)从概念到话语只花了十年时间,这一阶段以理论建构为主。在随后的十年,美国 IMC 研究集中在"理论"和"实践"两大主题上。对于"什么是 IMC"及"IMC 是否有价值"学术界存在较大分歧,集中体现在"IMC 是管理时尚还是理论范式"的争论上。这一阶段以理论批评为主,理论批评与理论建构不断互动,推动 IMC 向理论范式迈进。

(2) 主要内容和观点。

• 从"概念"到"话语"。20 世纪 80 年代早期,还没有出现"整合营销传播"这个概念。据美国西北大学唐·舒尔茨教授介绍,"IMC"概念诞生于 80 年代后期,一些广告公司中率先出现了名为"整合营销传播"的客户代理小组。1988 年,4A's(美国广告公司联合会)主席的 Keith Reinhard 和执行总监 John O'Toole 与西北大学麦迪尔新闻学院联手实施了第一个 IMC 研究项目,并于 1989 年提出了第一个 IMC 定义,这标志着 IMC 研究在美国的开始。

美国学者敏锐地感觉到营销环境的变化,一批研究广告、公关、促销和营销等问题的学者开始转向研究 IMC。到 20 世纪 90 年代末期,"整合营销传播"已经成为美国营销、广告、公关领域的主流话语。首先,美国高校营销学和广告学教材纷纷改版,新版中普遍增加 IMC 的内容。其次,在美国营销、广告、公关实务界,普遍接受了"整合营销传播"这一概念。最后,"整合营销传播"从美国向全球扩散,成为国际营销界和广告界的流行话语。

• "理论"和"实践",美国 IMC 研究的两大主题。对美国三大广告期刊的 IMC 论文研究内容进行分析,可以发现 45 篇论文主要集中研究 12 个方面(如表 10–7 所示)。

表 10–7 美国三大广告期刊 IMC 论文的主要话题

主要话题	比例/%
IMC 理论建构与批评	26.6
IMC 实践发展调查	24.4

续表

主要话题	比例/%
IMC 特性	11.1
IMC 与品牌关系	8.9
IMC 组织结构与管理	6.6
IMC 定义	4.4
IMC 效果与测量	4.4
IMC 教育发展	4.4
IMC 与传播工具（广告、公关或事件营销等）关系	2.3
IMC 媒介运用	2.3
IMC 传播受众	2.3
IMC 与法律	2.3

从美国三大广告期刊的 IMC 研究内容看，内容比较广泛，甚至包括教育和法律的问题，但主要集中在两大主题上：一个是 IMC 理论，另一个是 IMC 实践。

• 美国 IMC 研究的主要争议问题。整理美国 IMC 文献，可以发现有两个基本问题至今争议不断：什么是 IMC？IMC 是否有价值？由于美国学者对 IMC 的两个基本问题存在争议，直接导致学者们对于 IMC 的理论发展阶段存在不同的看法。理论范式还是管理时尚，是美国 IMC 研究争议的焦点。理论是概括地反映现实的概念和原理的体系，是系统化了的理性认识的结果，理论发展到一定的成熟程度就成为"范式"。Miller 和 Rose（1994）认为："把所有传播手段在一个单一概念下整体化正获得越来越多的支持，IMC 无疑是这种整体化刺激下的新范式。"但是，也有一些学者认为 IMC 根本不能算作新的理论范式，甚至连理论也称不上，它只是一个流行辞藻、一个"管理时尚"。IMC 不能成为理论是基于五个评估要素：①缺乏学术内容和严密性；②过于简单化和对策化；③理性主义准则是 IMC 受到采纳的一大原因；④玩弄辞藻是 IMC 受到采纳又一原因；⑤影响力短暂模式。

"整合营销传播之父"舒尔茨认为，IMC 还不能称为理论范式，而是处于理论前范式阶段。他指出，IMC 能够反映世界正在发生的变化，提供如何处理议题的新建议；我们仍不相信 IMC 是一个理论；但相信整合一般观念、过程和系统的思维一定在 21 世纪领导潮流。

（3）结语。

美国二十年 IMC 研究路径，可以看出一个理论的成长轨迹：概念 - 话语 - 理论前范式 - 理论范式。目前 IMC 还处于理论前范式阶段，要成为理论范式还有待此领域学者更多的建构、批评和争鸣。反观我国 IMC 研究，几乎所有学者把 IMC 作为一个理论范式加以引进介绍。IMC 被抬上理论"神坛"的同时，也被程序化、浅表化和功能化。理论研究需要建构与批评的互动，需要科学共同体的长期不懈努力，这或许是美国 IMC 二十年研究给我们的最大启示。

2. 欧美品牌在中国的本土化传播案例研究．马春梅（阿里巴巴网络技术有限公司），林升栋，余洁（厦门大学新闻传播学院）．品牌研究，2016（1）：71 – 95

（1）概要。

改革开放以来,欧美品牌纷纷落户中国。欧美市场与中国市场的巨大差异,迫使欧美品牌调整其在华广告活动。本项研究通过对广告公司从业人员的深度访谈和查阅相关文献,获取16个案例,发现本土化策略分为四个层面:产品本土化、定位本土化、创意本土化、呈现本土化。

(2) 主要内容和观点。

本项研究旨在了解欧美品牌在中国的广告传播的本土化。通过对广告公司从业人员的深度访谈和相关文献收集,获取16个案例(见表10-8),后依据广告公司工作流程制定框架,将案例置于标准化框架下进行分析。

研究框架包含广告目的、策略(包括品牌定位和传播主题)、执行(包括整体创意、人物形象/广告代言人、广告场景、广告口号、音乐)媒体投放4大方面,描述欧美品牌在原国的广告思路,介绍在中国市场如何进行本土化调整。

表10-8 研究的16个广告活动案例

1. 美赞臣(美国)	9. 尊尼获加(英国)
2. 钻石贸易推广公司(英国)	10. 欧莱雅男士护肤品(法国)
3. 别克(美国)	11. MINI COUNTRYMAN(德国)
4. 阿迪达斯女子系列(德国)	12. 麦当劳"得来速"(美国)
5. 多芬(英荷)	13. GE(美国)
6. 肯德基(美国)	14. Jeep(美国)
7. 宝马(德国)	15. 西雅特(西班牙)
8. 万事达卡(美国)	16. GAP(美国)

在分析案例过程中研究者发现,有部分案例在每个步骤上都进行了本土化调整,而其余的案例往往只调整了其中若干步,案例之间的本土化程度存在差异。本项研究进一步将本土化策略分为四类,见图10-14。

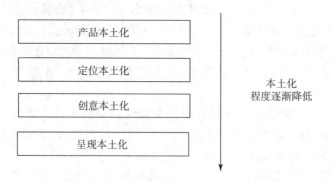

图10-14 欧美品牌在中国本土化的四种策略

产品本土化:指品牌在进入中国市场后对产品本身做出改变。定位本土化:指调整营销的目标对象,继而以不同于来源国的品牌形象出现在中国市场上。创意本土化:指广告诉求内容(说什么)的调整。呈现本土化:指两地广告创意几乎相同,只进行了诉求方式(怎么说)的调整,如替换场景和人物模特等。作者结合具体案例,阐释四类本土化策略,并剖析了其可能的动机。

3. 病毒营销的理论综述与研究前瞻. 陈致中，石钰. 现代管理科学，2016（8）：33－35

（1）概要。

病毒营销是在互联网时代最为人们重视的一种营销策略和营销思想。本文探讨了病毒营销的历史发展脉络，分析了病毒营销的产生机制与概念界定，梳理了近年来国内外学者对病毒营销的多角度研究观点。最后进行总结并提出未来展望。

（2）主要内容和观点。

- 作者归纳出病毒营销的历史发展脉络，见表10－9。

表10－9 病毒营销的历史发展脉络

事件	人物	事件及意义
1967年	哈佛心理学家	"六度分割理论"提出，即如果你想认识一个陌生人，只要通过中间六个人就可以实现，说明一个人与陌生人之间只要通过6个人即可产生联系。该理论是病毒营销理论出现的基础
1997年	贾维逊 德雷伯	在《病毒营销》一文中，他们将病毒营销定义为"基于网络的口口传递"。正式提出"病毒营销"
2005年	唐伯虎系列的小电影	将小电影广告通过发电子邮件给朋友，及在小网站上挂出链接，鼓励人们将看到的小电影分享给亲朋好友，在一个月之内取得数以万计的下载量。中国第一个病毒营销案例

- 产生机制与概念。作者认为，病毒营销顾名思义，是指企业想要传播的信息如同病毒一样，具有超强的扩散性与裂变性，信息通过人际关系网络传播。病毒营销有快速、大范围、较低成本、精确性高等特征。
- 不同视角的研究。对病毒营销不同视角的研究内容和观点见表10－10。

表10－10 不同视角的研究归纳

研究者	研究主要内容
张宁（2014）	关于病毒的研究分为三类：①关于病毒营销基本理论和运作的介绍，如病毒营销战略六项基本要素；②对病毒营销案例依据的基本理论进行分析，如电子商务等领域；③实物操作角度的阐述
Ralph F. Wilson	病毒营销策略六项基本要素：①有价值的产品或服务，如通过分享能为自己挣取积分；②提供无须努力的向他人传递信息方式，如网络上一键转发；③信息传递很容易从小范围到大规模的传递，如将信息分享到微信群中，再由群友转发到其他群中；④利用公共的积极性和行为，如转发分享的内容具有公益性；⑤利用现有的通信网络，如现在4G网络的发展，能提高网速与扩大覆盖面；⑥利用别人的资源优势
应斌（2005）	对比分析了病毒营销相对于传统营销方式的优势所在，如传播速度、属于个性化消费、传播内容的可信度高、具有精准性、成本低快捷互动等
赵静（2008）	病毒营销传播给消费者的信息将主要的营销目的隐藏起来，将产品与品牌信息"改头换面"，减少消费者抵抗与逆反心理，在这过程中，最重要的是情感

- 发展趋势。从单向的传播到双向的传播，传、受者双方的界限变模糊；从简单的戏谑到正能量与收益共赢；传播渠道从单一的网站到微博微信。

（3）总结与前瞻。

社交媒体与病毒营销的结合是营销发展的大趋势；病毒营销应借助大数据进行分析策划；进行病毒营销时，应把握一定的度，避免强迫用户进行传播或出现绑架用户使用的情况。在互联网社交媒体快速发展的今天，病毒营销的方式以及内容都得到了多样化发展的可能，对病毒传播进行消费转移与营销提升方面的研究，将是未来相关研究的重点。

4. 社交媒体营销呼唤回归营销本质．王玮，冯茜．清华管理评论，2017（3）：65-77

（1）概要。

信息技术和互联网不仅改变了消费者，而且改变了信息传递的方式。企业有意大幅提高社交媒体营销预算，却苦于找不到成熟的社交媒体营销策略作为指导。面对市场上眼花缭乱的社交媒体营销方式，企业大多仓促应对，被技术牵着鼻子走，营销浮于表面，定位不明。企业应该如何应对社交媒体营销趋势？如何开展营销活动？这是当今企业急需思考和解决的问题。

（2）主要内容和观点。

作者的写作逻辑是：总结目前社交媒体营销的现象——指出社交媒体营销的问题——回归营销本质，为消费者创造价值。

在总结"目前社交媒体营销的现象"部分，作者介绍了中国社交媒体发展经历的五个阶段，如表10-11所示；同时，重点介绍分析了近年来推出的微商现象、网红现象和直播现象。作者指出，微商、网红、直播等社交媒体营销方式相辅相成，开创了"流量+内容"的变现模式，但也让社交媒体营销逐渐趋于低俗化、商业化。

表10-11 中国社交媒体的发展

阶段	时间	代表	基本形式或特点
社交网络BBS论坛阶段	90年代中期	天涯、猫扑、西祠胡同等	形式：网民对官方拟定的主题进行讨论，阐述自己的观点
休闲娱乐型社交媒体阶段	2000年	博客、QQ空间、校内网、人人网、开心网等	形式：是普通网民可以申请独立展示空间，利用内容、分享、日志、相册等功能模式，通过文字、图片、装饰来展示心情和生活状态。特点：需要好友才能互访，空间相对封闭
信息社交媒体阶段	2009年	微博	形式：支持文字、图片、音频、视频等多媒体手段的使用，可以通过转发和评论增加互动性。特点：完全开放，内容可以快速普及
移动社交媒体阶段	2010年	微信、美拍、秒拍、小咖秀、喜马拉雅FM、荔枝FM	特点：社交变成随时随地，消费者或"刷"或"晒"，个人展示和个性化凸显
直播社交媒体阶段	2015—2016年	YY秀场、斗鱼、花椒等	网络女主播、游戏主播开始进入大众的视野，催生了大量"网红"

在"社交媒体营销的问题"部分，作者首先阐述了社交媒体营销商业化的四大问题，即监管滞后、缺乏诚信、低俗献媚、人际僵化。其次指出企业营销实践陷入的双重困境——伪营销数据化管理，企业只看表面的营销数据，并没有真正关注企业的长期营销目标，具体表现在企业制定一系列复杂的 KPI 指标来管控社交媒体营销的效果。营销缺位，面对社交媒体营销的变化，商家、消费者、营销人员都出现了不同程度的角色缺位，让营销定位更为模糊不清。社交媒体使消费者权利增强，消费者从被动接收到主动参与，企业营销环境发生了巨大变化，回归营销本质空前迫切！

最后在"回归营销本质，为消费者创造价值"中，作者结合企业实际，提出未来的社交媒体营销应该从三个方面入手，见表 10 – 12。

表 10 – 12　回归营销本质的途径

途径	主要内容
需求管理：建立以顾客为中心的会员体系	（1）以大数据为基础，APP 为载体，构建企业客户画像 （2）掌握消费者需求，打造以会员为中心的服务体系 （3）利用社交媒体，传播用户口碑
创造价值：打造极致场景，让品牌人格化	打造极致场景、引起共鸣内容、互动黏性社群、人际传播连接、品牌人格化
回归"利他"根本："商品线"与"人际线"融合	传统营销"商品线"、社交媒体"人际线"、融合

（3）结语。

不管形式如何变化，唯一不变的是营销的本质，即利他、需求管理以及为消费者创造价值。只有当营销回归其本质，以"利他"为根本，才能借助"人际线"进行营销活动，构建消费者画像，洞察消费需求，为消费者创造价值。

5. 移动营销研究综述. 黄丽娟，夏筱萌（西安电子科技大学经济与管理学院）. 外国经济与管理，2015，37（10）：58 – 68

（1）概要。

作者对国外相关文献进行了回顾与梳理，介绍了移动营销的定义、特征与类型，辨析了移动营销与传统营销的区别，对移动营销的消费者行为如态度、接受、采纳与使用等主题的研究进行了回溯，对移动营销的感知价值包括消费者感知价值与企业感知价值两个方面的现有研究成果进行了述评，并在此基础上对未来进一步的研究方向进行了展望。

（2）主要内容和观点。

- 移动营销的定义。最常见的是由美国移动营销协会（Mobile Marketing Association，MMA）在 2009 年所下的定义，即"移动营销是指基于定位的、经由移动设备或网络进行的，通过个性化定制与消费者相关的互动的形式，使企业与消费者能沟通交流的一系列（营销）实践活动"。

作者认为，移动营销必须满足三个条件：双向沟通；至少一方必须使用移动的而不是固定的物理地点；无论长期还是短期，至少有一方在寻求经济利益。据此，作者认为，移动营销是指面向移动终端（手机或平板电脑等移动设备）用户，在移动终端上直接向细分的目标受众定向和精确地传递个性化的即时信息，通过与消费者的信息互动达到市场营销的目的,并使企业利润增加的行为和营销活动。

●移动营销的特征。作者概况了移动营销的四特征,即 individual identification(分众识别)、instant message(即时信息)、interactive communication(互动沟通)、I(我的个性化)。

移动营销的类型和目标:移动营销的目标可以概括为提高品牌知名度、促进最终销售和提高忠诚度三个方面(图10-15)。通过对各类移动营销活动的分析,作者将移动营销的投放类型大体分为经济刺激与非经济刺激两类,红包、优惠券、抽奖等都属于经济刺激类营销,信息、问卷/投票、娱乐等则属于非经济刺激类营销。

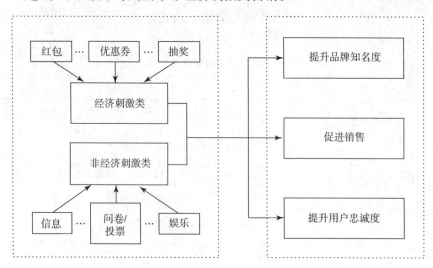

图10-15 移动营销的投放类型及目标

移动营销与传统营销的区别见表10-13。

表10-13 移动营销与传统营销的区别

区别	传统大众营销	传统互联网传播	移动营销
用户年龄	各年龄层	以中青年群体为主	以年轻群体为主
传播平台	传统媒体用户	有限的PC端用户	全面的移动端用户
传播方向	单向传播	以单项传播为主	双向互动
传播成本	高	低	低
传播类型	各种格式的文本、音频和视频	各种格式的文本、音频和视频	受限于传播速度及视觉空间大小的文本、音频与视频
营销设计	丰富翔实	丰富翔实	简约清晰
营销终端	固定媒体	PC单屏	多屏互动
营销路径	泛化传播	水平撒网	立体真实
营销效果	品牌展示	品牌展示与促销	即时参与

移动营销的消费者行为和感知价值研究相关成果见表10-14。

表 10-14 移动营销相关领域成果

消费者行为研究	态度	感知冒犯会负向影响消费者的态度，而正向影响消费者态度的因素包括娱乐性、有用性、可信度、信息内容、个性化等
	接受	消费者更容易接受自己同意接收、内容可靠且自己有充分控制权的移动营销信息
	采纳与使用	对于移动营销采纳与使用的研究都集中在对 TAM、TRA、TPB 等模型扩展的基础上，相关研究还结合文化、感知价值、态度、感知交互性等因素对使用行为进行了分析
顾客感知价值研究	情感价值	娱乐化的移动营销可以为消费者提供情感价值，并促进消费者的交易行为
	实用价值	企业使用点击流数据、顾客个人资料及购买历史等数据来设计移动营销，能够提高个性化程度与便利性，即提升感知实用价值，并潜在地增强企业移动营销的竞争力，从而提升顾客对企业移动营销的忠诚度
	社交价值	企业应该在提高消费者感知的社交价值上投入更多的精力
企业感知价值研究	产出价值	企业实施移动营销的感知产出价值与其最终销量、品牌知名度及顾客忠诚度的提升密切相关
	潜在价值	企业在实施移动营销时，需要对技术与内容提供商、咨询企业等合作者网络结构进行变革。为了全面预估移动营销的潜在价值，企业也需建立相应的组织结构与 IT 结构

（3）研究展望。

作者指出今后值得深化的研究领域，包括基于移动消费者忠诚度评价体系的顾客细分、移动营销与其他营销活动的整合、企业移动营销的感知价值测量以及移动营销的商业模式等。

三、经典图书推介

1. 整合营销传播——广告、媒介与促销．[美] 肯尼思·E·克洛，唐纳德·巴克．谭咏风，胡静，译．上海：格致出版社，2015，5

（1）概要。

本书从整合营销传播的视角对广告与促销进行了分析。这种整体性的处理方法将广告、促销与营销传播熔为一炉，详细解释了整合营销传播中的基础知识、广告工具、媒体工具、促销工具，以及对整合营销传播的监管和评估。最新的第 5 版纳入了广告传播从业人员提供的大量鲜活案例。

（2）主要内容。

本书主要内容分为五个部分，共 15 章，各章具体内容见表 10-15。

表 10-15 本书的架构和主要内容

第一部分 整合营销传播基础	
第 1 章 整合营销传播	介绍了广告与营销相整合的传播活动的本质。首先描述了传播过程，理解传播是整合营销活动的基础。其次描述了整合营销传播活动。最后将整合营销传播过程应用于全球或者国际业务，创建了个全球整合营销传播（GIMC）方案

续表

第 2 章　企业形象和品牌管理	本章第一部分介绍管理企业形象工作中涉及的活动，包括公司的名字和标识。第二部分介绍发展和宣传公司名字的各种方法，这部分还将介绍品牌资产和品牌趋同。最后介绍作为营销传播计划组成内容的包装和商标。本章还探讨了有关商业道德和国际化市场的内容
第 3 章　购买者行为	本章前半部分讨论消费者购买过程。在这个过程中有两个步骤对营销沟通非常重要。一是信息搜寻阶段，在这个阶段，消费者搜寻先前的记忆和经历，寻找通过购买来满足需求的方式。二是评估购买选择，在这个阶段，顾客比较各种可能的购买选择。整合营销传播计划的目标人群就是这个阶段的潜在购买者。在前半部分，回顾影响消费者的传统因素，也会涉及消费者购买环境中的一些新趋势。 　　本章第二部分的讨论重点是 B2B 购买者行为。首先介绍企业购买中心的五个主要角色；然后介绍企业购买行为的类型和购买步骤；最后讨论双渠道营销方式。在双渠道营销中，同一个产品既要卖给个体消费者，又要卖给企业客户
第 4 章　整合营销传播计划过程	本章介绍整合营销传播计划过程的性质。计划过程始于对公司环境的分析，包括顾客、竞争对手和沟通分析。这让公司营销团队识别潜在细分市场，找出匹配这些市场的定位策略。接下来，要明确传播目标。最后，将用来实现传播目标的预算分别和要采用的整合营销传播工具匹配起来。另外，本章也会考虑国际市场上一些情况
第二部分　整合营销传播广告工具	
第 5 章　广告管理	本章重点是广告管理，是整个广告活动的基础工作。其中关键要素是确定信息主题，信息主题是广告活动所要传达的主要想法的总述
第 6 章　广告设计：理论框架和诉求类型	本章涉及两大主题。第一部分介绍广告设计的三种理论方法：效果层级模型、手段与目的理论、言语和视觉形象。第二部分介绍主要的广告诉求，广告公司的创意人员要选择那些最可能传递预期目标信息的诉求
第 7 章　广告设计：信息策略和执行框架	本章首先讲述三种信息策略。每一种信息策略或者是通过逻辑说理，或者是通过情感，或者是行动诱导来说服消费者购买。本章的第二个内容是介绍执行框架的主要类型。这些广告表现形式帮助创意人员发展新颖、有说服力和容易记忆的信息。本章的第三部分内容是描述四类信息源和广告代言人以及选择广告代言人的标准。最后，介绍有效广告活动的原则。广告和其他促销组合要素有效整合时，才会传递清晰的整合营销传播主题，塑造强大的公司形象
第三部分　整合营销传播媒介工具	
第 8 章　传统的媒介渠道	本章将要介绍各种传统媒介渠道，具体内容包括：媒介计划的过程以及媒介计划者和媒介购买者的作用；广告目标；根据各种媒介的优缺点做出的媒介选择；在 B2B 和国际环境的背景下的媒介选择
第 9 章　电子互动营销	本章的第一节介绍电子商务，包括用于吸引消费者的刺激物以及消费者对电子商务的顾虑。接下来，介绍 B2B 电子商务项目。最后，介绍被公司广泛使用的互动营销手段，包括在线广告、品牌螺旋上升、博客、社交网络、电邮宣传以及病毒营销。每一种手段都是为提高公司品牌展现，影响顾客的购买决定。电子商务面临的国际挑战也在本章做了说明

续表

第 10 章　另类营销	这一章将介绍四个主要议题。首先，确定四种主要的另类营销模式：话题营销、游击营销、产品植入与品牌化娱乐，以及生活方式营销。其次，描述一系列与另类媒体相关的营销策略。再次，介绍说明店内营销。最后，讨论品牌社区并展示这些新型另类媒体的国际影响
第四部分　整合营销传播促销工具	
第 11 章　数据库营销、直复营销和人员销售	本章第一部分讨论了数据库营销，包括数据仓库、数据编码、数据挖掘以及其他以数据为基础的客户交流和营销方案。然后描述了三种数据营销方案：许可营销、常客方案和客户关系管理系统。数据库也能应用于直复营销，包括直接邮件、电视节目和传统媒体、另类媒体以及电话销售。最后，数据库是个人销售的重要组成部分
第 12 章　促销	本章首先讨论消费者促销，然后是经销商促销。尽管本章将两者分开讨论，但是在营销团队实际操作中，两者是同时进行的。本章还会讨论国际市场背景下促销方案应当做出的改变
第 13 章　公共关系和赞助活动	本章讨论了整合营销策划中公共关系职能的本质。其次，本章概述了资助项目和事件营销战略，揭示了公司如何才能与现有客户、潜在客户、经销商和其他人建立有质量的联系。成功积极的公共关系以及赞助项目将提升公司的形象，公司品牌也将在市场中更受欢迎，更为人所知
第五部分　整合营销传播的伦理道德、管理规章和评估	
第 14 章　管制和道德考虑	主要介绍两个具有密切关系的话题。第一，对营销及营销传播的外在法律环境进行介绍；第二，详细论述这一领域的伦理道德，社会责任感等
第 15 章　评估整合营销传播计划	本章将讨论"营销信息评估、在线评估、顾客行为评估"这几种方法是如何测量出整合营销传播各个组成部分所具有的效果

（3）有助于学习的栏目。

本书设置了有助于学习者寓学于乐的栏目，主要有：真实案例；引导材料；国际化营销讨论；批判性思维练习和讨论题；综合学习练习；"创意角"练习；章尾案例。

2. 体验营销．[美] Bernd H. Schmitt．刘音娜，高靖，梁丽娟，译．北京：清华大学出版社，2004，4

（1）概要。

本书将体验营销理论与国际知名公司成功的体验营销相结合，阐述管理者如何通过感官、情感、思考、行动和关联为客户创造体验，书中还提供了许多案例，介绍世界一流企业所使用的体验营销方法，指导企业实现体验导向的营销管理。

（2）主要内容。

本书介绍的体验营销方法，其核心思想是为客户提供各种各样的体验，作者将这些体验看作是战略体验模块（SEM）。作者认为，每种模块都有其自身独特的结果和营销原理。全书内容分为三部分，共 11 章（具体内容见表 10-16）。第一部分介绍体验营销带来的革命性变化，第二部分重点阐述了作者提出的战略体验模块，第三部分涉及如何创建体验型组织，包括组织结构、战略问题等。

表 10-16 《体验营销》主要内容

第Ⅰ部分 体验营销革命	
第1章 从特色和益处到顾客体验	本章介绍了世纪之交出现的三大发展趋势使得顾客体验受到越来越多的关注
第2章 体验营销的幅度和范围	本章介绍了体验营销在各种不同行业里成功应用的大量实例
第3章 顾客体验管理框架	定义了"体验"这个术语,并针对如何管理顾客体验、如何区分5种类型的体验以及带给顾客体验的不同方法等问题给出了概念上的框架
第Ⅱ部分 体验的类型	
第4章 感官营销	具体介绍了战略体验模块(SEM)每一种类型的体验,以及市场从业者应该如何创造并管理这些模块
第5章 情感营销	
第6章 思考营销	
第7章 行动营销	
第8章 关联营销	
第Ⅲ部分 结构、战略和组织问题	
第9章 混合式体验与全面体验	阐述结构上的问题,介绍市场从业者应该如何建立起混合体验营销以及如何实现体验营销的最终目的:全面整合体验
第10章 体验营销的战略问题	探讨体验营销的战略问题,包括选择合适的战略体验模块以及这些战略模块和体验媒介之间的关系,还包括体验强度问题、幅度问题、深度和连接问题
第11章 打造体验导向型组织	总结并探讨和体验营销相关的组织问题,介绍体验导向型组织区别于传统组织所具有的特色

本书整体框架分为两部分:战略体验模块(SEM),是体验营销的战略基础(见表10-17);体验媒介,是体验营销的战术工具(见图10-16)。

表 10-17 战略体验模块(SEM)

感官	感官营销就是利用各种感觉,通过诉诸视觉、听觉、触觉、味觉和嗅觉创造感官体验
情感	情感营销就是充分利用顾客内心的感觉和情况创造情感体验,这种体验可能是对某种品牌持有的略微好感,也可能是非常强烈的自豪感和欢乐情绪
思考	思考营销诉求于智力为顾客创造认知和解决问题的体验。通过让人出乎意料、激发兴趣和挑衅促使顾客进行发散性思维和收敛性思维
行动	行动营销的目的是影响身体体验、生活方式并与消费者产生互动。行动营销通过升华顾客身体体验,向顾客展示不同的做事方式、生活方式并与之互动
关联	关联体验包含了感官、情感、思考、与行动营销的很多方面。然而,关联营销又超越了个人感情、个性,加上"个人体验",而且使个人与理想自我、他人,或是文化产生关联

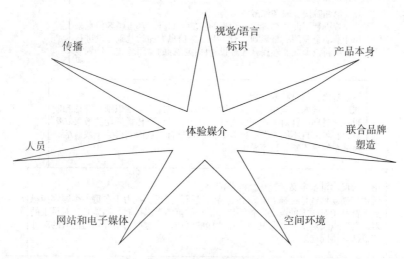

图 10-16　主要的体验媒介

(3) 结语。

作者总结到：本书讲述的是感官、情感、思考、行动和关联体验营销活动以及混合营销给消费者带来的体验，这种体验更"深入""更真实"，也"更引人入胜"。这些体验能彻底改变我们的世界观、价值观和生活方式，带我们到一种新的境界、新的空间。

3. 整合营销传播．[美] 唐·舒尔茨，海蒂·舒尔茨．王茁，顾洁，译．北京：清华大学出版社，2013，6

(1) 概要。

本书是继《整合营销传播》《全球整合营销传播》之后第三部里程碑式的 IMC 全新经典权威著作。本书重要的价值之一就是通过全新探讨和诠释 IMC，在全球首次将 IMC 与企业价值创造联系起来，有力地证实了 IMC 不仅仅是当今企业营销传播活动的革命性创新工具，更是能够在企业战略管理层面实现客户投资回报评估、创造股东价值等的价值管理工具。

(2) 主要内容。

作者在前言中指出：在 20 世纪 80 年代末 90 年代初，我们发展出了整合营销传播这一概念；但时至今日，这个世界已经发生了天翻地覆的变化。整合营销传播虽然已经赢得广泛认同，但仍然有必要再次讨论这个主题，原因在于整合营销传播的五大变化：向品牌和品牌建设转变；执行流程五步骤；关注个体顾客，而不是细分市场；向可衡量性和可问责性转变；全球化的方法。

作者提出整合营销传播的发展经历了四个阶段（见图 10-17），即战术性传播工作的协调；对营销传播工作范围的重新界定；信息技术应用；财务和战略整合。

本书主要内容可以分为三大部分：第一部分介绍"何为基于价值的整合营销传播"；第二部分介绍"整合营销传播流程：五个步骤"，第三部分介绍"创造品牌未来价值"。全书具体章节见表 10-18。

第四阶段：财务和战略整合
着重利用前几个阶段所积累的技能和数据，基于顾客信息来推动企业的战略规划。对企业财务信息方面的基础建设进行革新，形成能够提升顾客投资回报指标的"闭环式"计划能力

第三阶段：信息技术应用
利用信息技术来应用实证性的顾客数据，以此为基础识别。评估和监测一定时期内针对关键顾客群体的对内对外整合传播活动的效果和影响力。将来自不同来源的顾客数据进行整合，从而获得关于顾客/品牌关系的更丰富、更完整的知识

第二阶段：重新定义营销传播的范围
营销传播规划者把传播看做动态的持续进行的流程，致力于在每一个顾客接触点上都利用对顾客的洞察。营销传播活动的范围得以扩展，涵盖到针对员工的对内营销以及对供应商和其他合作伙伴的营销，将这些营销计划与已有的对外传播活动协同起来

第一阶段：战术性协调
聚焦于对多种多样的对外营销和传播要素进行战术性协调，试图将不同部门的工作整合起来，形成一致和合力。通常着重整体传播政策的制定和具体时间的执行，在营销传播中体现"统一形象、统一声音"

图 10−17　整合营销传播发展的四个阶段

表 10−18　《整合营销传播》的主要内容

第一部分　何为基于价值的整合营销传播	
第 1 章　整合营销传播：从传播战术到盈利战略	第 3 章　基于价值的整合营销传播的指导原则
第 2 章　整合营销传播发展概况	
第二部分　整合营销传播流程：五个步骤	
第一步：明确现有顾客和潜在顾客	第 4 章　根据顾客行为来明确现有顾客和潜在顾客
第二步：评估现有顾客和潜在顾客的价值	第 5 章　如何确定顾客和顾客群的财务价值
	第 6 章　整合与互惠之间的关系
第三步：生成并传播讯息与激励计划	第 7 章　通过品牌接触和品牌网络进行营销传播规划
	第 8 章　策划营销传播内容
第四步：评估顾客投资回报	第 9 章　整合营销传播的评估
	第 10 章　估算顾客投资的短期回报
	第 11 章　估算顾客投资的长期回报
第五步：事后分析和未来规划	第 12 章　事后分析
第三部分　创造品牌未来价值	
第 13 章　在整合营销传播活动与品牌资产和股东价值之间建立关联	第 15 章　为实现整合而进行组织变革
第 14 章　品牌资产的评估方法	第 16 章　整合营销传播的未来方向

(3) 未来寄语。

作者在书的最后写道：在当今极为动荡的商业环境下，抢夺顾客的竞争态势发生了很多变化，激烈程度、花费程度、全球化程度和互通互动程度都大大地提高了。面临这样的商业环境，经验告诉我们整合营销领域急需找到按照顾客要求和顾客进行有效沟通和交流的新方式和新方法。整合营销传播所提供的正是这样一个流程和方法。

4. 移动营销：移动互联网技术带给营销、销售和传播的巨变．[美] 丹尼尔·罗尔斯．黄丽茹，屈云波，译．北京：企业管理出版社，2015，1

(1) 概要。

本书阐述了移动营销领域中的技术问题和营销方法。丹尼尔在开篇就表明态度：移动营销的重点不是移动设备和技术，他们只是实现营销目标的手段，但是适当了解技术可以让营销人员更好地利用技术。

(2) 主要内容。

本书共分为三个部分：第一部分引导读者正确认识移动营销，包括了解移动用户、科技改变、营销重点、移动数据统计和营销未来（见表10-19）。

表10-19 第一部分章节及主要内容

第一章 简介	
第二章 了解移动客户	与价值主张相关联，了解客户的真正需求，是营销的基本要素
第三章 科技改变和应用	主要探讨科技手段在移动营销中的作用和地位，从而了解不同的市场和目标客户群之间的差别
第四章 分化和融合	介绍移动设备对某些商业形态和市场产生的巨大分化作用
第五章 设备、平台和技术：为什么没那么重要	设备、平台和技术虽然会影响移动营销的最终效果，但实际上移动客户并不关心这一点，他们只关心结果
第六章 移动统计总结	汇集了现在因急速发展而分化的市场的最新统计数据，介绍了全球移动营销的一些关键趋势，并把各种来源的数据整合在一起
第七章 移动营销的未来	数字科技领域的变化会越来越快，可企业和社会的影响速度也会越来越快

第二部分提供了战术工具，从移动网站、自适应设计、应用程序、社交媒体、移动设备、移动搜索、移动广告到增强现实、快速响应码、近距离无线通信、短信、移动分析，内容涵盖各个方面，读者可以了解各种技术手段，并运用到营销实践中（见表10-20）。

表10-20 第二部分章节及主要内容

第八章 简介	
第九章 移动网站和自适应设计	探讨为什么必须要有移动网站，为什么应用程序和移动网站不是非此即彼的关系，如何利用移动网站开展营销，实现商业目标
第十章 如何开发应用程序	介绍了应用程序的环境，以及探讨开发应用程序的可能性

续表

第十一章 社交媒体和移动设备	移动设备让人们可以记录和分享自己的经历,把真实的体验传递到网络世界,并进行动态更新。移动设备是真实生活和在线互动之间的桥梁
第十二章 移动搜索	介绍了自然搜索和付费搜索目前的实践效果
第十三章 移动广告	用传统方式来开展数字营销通常造成定位不准。移动广告的积极作用是可以用各种充满创意、针对性强的方式来提供广告效果,获取分析数据和指标,测评活动是否成功
第十四章 增强现实和真实融合	增强现实是通过移动设备上的相机或屏幕,也可以通过谷歌眼镜等定制产品,把虚拟信息叠加到真实世界看到的情景上
第十五章 快速响应码(QR)	主要介绍有效使用快速响应码对使用频率的营销,不关注整个人口当中的用户数量
第十六章 近距离无线通信(NFC)	近距离无线通信可以让设备在近距离(通常几厘米)的情况下通过无线电频率进行交流,这种技术可以用于各种物品
第十七章 短信服务	通过短信业务发送出去的短信,99%以上的人们都会看,90%以上的短信会被人们在三分钟之内阅读
第十八章 移动分析	介绍网络和移动分析带来的大好机会,以及如何计算移动营销投资回报率上更进一步

第三部分作者提供了开展移动营销活动所需的战略核查表、核心移动技术和渠道核查表,清楚地列举了各种活动在各个阶段需要注意的事项和完成的内容。核查表中每一项都是通用框架(见表10-21),包括基准、目标、战术和技术、分析,简称BOTA。

表10-21 第三部分核查表通用框架

基准	了解你的从业环境,包括了解市场、目标客户、潜在客户体验、可用的技术范围、当前的活动如何使用市场竞争
目标	要清楚自己的实际目标,会让你清楚了解移动活动的整体目标以及衡量目标的方法
战术和技术	选择最合适的战术和技术来实现目标,本阶段还要考虑资源及实施问题
分析	使用,重复,改进。不要把这些当作最后阶段,而应当成一种手段,用来衡量战术实施对目标的影响,找到进行改进的方法

此外,在本书的各个部分,作者给出了实际案例分析,并附有各种拓展阅读资源,供读者获取最新互动数据和信息。通过本书,读者可以对移动营销产生清晰而完整的认识,并且能够在了解技术的基础上更好地使用技术手段和资源,注重数据分析的作用,最终成功实现营销目标。

(3) 书后寄语。

作者最后总结提出,要从广义的角度看待移动营销。因为它不是与设备息息相关,而是与客户体验情况密切相关。现在的移动设备层出不穷,营销从业环境也越发复杂,所以在开展移动营销策划的时候,要关注技术以外的方面。重点是了解客户体验,这样就可以把关注的焦点放在内容上,而不是技术上。

5. 社交媒体营销．［美］特蕾西·L·塔腾，迈克尔·R·所罗门，北京大学新媒体研究院社会化媒体研究中心．上海：格致出版社，2017，6

（1）概要。

本书是在《社交媒体营销》（第二版）基础上由北京大学新媒体研究院社会化媒体研究中心改编的中国版。书中除了有社交媒体领域的营销知识以外，还可以看到近期在国内外较受欢迎的社交社区、新的案例和相关案例研究，这些内容能帮读者更好地了解如何用社交媒体进行营销。

（2）主要内容。

本书涵盖了社交媒体的四个领域：社区、商务、出版及娱乐。这四个领域不是完全互斥的，它们之间有交叉重合的地方，有些方法可以帮营销者达到其中两三个甚至四个领域的目标。这四个领域的划分能让大家对社交媒体世界日新月异的变化有一个更好的了解和把握。

本书分为三个部分，共10章。各部分主要内容见表10－22。

表10－22　《社交媒体营销》架构和主要内容

整合架构	内容和观点
第一部分主要讨论的是社交媒体的概念及其为我们生活带来的改变	作者把这种改变称作"扁平化革命"，之所以称之为"革命"是要强调社交媒体远远不止是新技术这么简单。它可以促进公司向新型商业模式转变，让消费者来主导产品的走向。类似安卓系统的手机或者iPad这样炫酷的东西只是实现目标的手段而已，真正的目标则是让消费者在营销过程中占据一个主动的地位。简单地说，在Web2.0和社交媒体时代，公司是在同消费者一起参与营销，而不是单向地为消费者推荐产品。这不仅是在为消费者着想，也是在为营销者考虑，帮助那些将社交媒体纳入营销方案的组织机构进行战略规划
第二部分主要探讨社交媒体的四个领域	按照社区（如Instagram图片分享社区）、出版（如Tumblr博客）、娱乐（如Candy Crush Saga游戏）以及商务（如Groupon团购）的顺序进行梳理，这一部分加入了很多时兴的案例和现实当中的应用，这些内容能帮助读者更好地了解如何用社交媒体进行营销
第三部分主要探讨如何进行消费者洞察及社交媒体的测量指标	阐述社交媒体研究中正在发展的领域，以及社交媒体营销人员如何将社交内容转化为有价值的市场信息来源；同时，重点讨论社交媒体监听的主要步骤以及一些提升企业消费者洞察水平的工具

（3）来自企业家的推荐。

张锐［时趣互动（北京）科技有限公司CEO］："这本以外国经验为体、中国案例为用的书，我觉得对理解和建设中国的社交媒体营销大有裨益。"肖飞［中视天脉（北京）科技有限公司总裁］："《社交媒体营销》不仅提供了丰富的理论知识，重要的是其中有大量国内外案例，可以让我们从事实中梳理社交媒体营销的内在逻辑，帮助我们在经验与教训中深刻总结，迸发出新的灵感。"

附　录

一、单选题答案

1. C　2. B　3. B　4. B　5. A　6. B　7. B　8. B　9. A　10. B
11. C　12. D　13. A　14. C　15. C　16. A　17. C　18. B　19. C　20. C

二、多选题答案

1. ABCDE 2. ABCD 3. ABCE 4. ABCDEF 5. ABCD
6. ABCDEF 7. ABCDE 8. ABCD 9. ABCD 10. ABC
11. ABCDE

参考文献

[1] [美] 菲利普·科特勒, 加里·阿姆斯特朗. 市场营销原理与实践 [M]. 16版. 楼尊, 译. 北京: 中国人民大学出版社, 2015.

[2] [美] 菲利普·科特勒, 凯文·莱恩·凯勒. 营销管理 [M]. 15版. 何佳讯, 于洪彦, 牛永革, 徐岚, 董伊人, 金钰, 译. 上海: 格致出版社, 2016.

[3] 魏炬. 世界广千巨擘 [M]. 北京: 中国人民大学出版社, 2006.

[4] 陈培爱. 广告学原理 [M]. 上海: 复旦大学出版社, 2003.

[5] [日] 柴田明彦. 电通鬼才十则 [M]. 郑燕, 王婕, 马洪月, 译. 北京: 中信出版社, 2013.

[6] [美] 乔·吉拉德, 斯坦利·H·布朗. 世界上最伟大的销售员 [M]. 贾子达, 杜嫦娟, 译. 重庆: 重庆出版社, 2015.

[7] [美] 大卫·奥格威. 一个广告人的自白 [M]. 林桦, 译. 北京: 中信出版集团, 2015.

[8] [美] 大卫·奥格威. 奥格威谈广告 [M]. 曾晶, 译. 北京: 机械工业出版社, 2016.

[9] 任学安. "国家品牌品牌计划" 背后的自信、自省与自觉 [J]. 中国广告, 2016 (10): 122-124.

[10] 牛永革, 赵平, 王良锦. 独特的销售主张感知维度研究 [J]. 管理科学, 2010, 23 (3): 41-52.

[11] 康路. 企业营销正在脱胎换骨——专访整合营销传播大师唐·E·舒尔茨教授 [J]. 商学院, 2005 (7): 84-85.

[12] Author, 唐·E. 舒尔茨. 整合营销传播与未来——美国西北大学唐·E·舒尔茨教授北大演讲实录 [J]. 广告大观: 理论版, 2013 (12): 4-9.

第十一章

营销运作管理

第一节 测 试 题

一、单选题

1. 关于营销计划，以下说法错误的是（　　）。
   A. 总体营销计划是企业针对所有营销活动所制订的计划，范围较小
   B. 项目营销计划针对营销过程的某个层面、某个对象，内容集中度高
   C. 长期营销计划是企业对营销活动在较长时期的活动安排
   D. 短期营销计划指企业对眼前的经营活动制定更具体的行动措施
2. 为有效实施营销计划，必须制定详细的行动方案，以下错误的是（　　）。
   A. 行动方案应当明确营销计划实施的关键决策和任务
   B. 将执行任务的责任落实到个人或组织
   C. 行动方案还应包括具体的时间表
   D. 行动方案应当优于竞争对手
3. 某快速消费品公司营销组织由一名营销经理负责，下设华北、东北、华东、华南和西南五个区域经理具体负责产品销售。这种营销组织类型是（　　）。
   A. 职能型组织　　B. 产品型组织　　C. 市场型组织　　D. 地区型组织
4. 当企业拥有单一的产品大类，面对不同偏好的消费群体同时使用不同的分销渠道时，最适宜采用的市场营销组织类型是（　　）。
   A. 市场型组织　　B. 产品型组织　　C. 职能型组织　　D. 地区型组织
5. 现代营销公司在企业组织结构上的重要标志是（　　）。
   A. 设置独立的营销调研部门
   B. 参与新产品的开发
   C. 营销部门统一负责企业的全部营销职能
   D. 以上都正确
6. 关于职能型营销组织，以下说法错误的是（　　）。
   A. 优点是管理层次少，管理简便
   B. 缺点是随着产品的增多和市场规模的扩大，组织的效率越来越低
   C. 职能专家不喜欢的某些产品或市场很容易被忽略

D. 各个职能部门之间不存在相互竞争

7. 地区型营销组织不适合哪类产品或服务提供企业？（　　）
   A. 快速消费品　　　　　　　　B. 商业银行
   C. 钢铁企业　　　　　　　　　D. 提供种类多、技术含量高的产品的企业

8. 如果企业生产多种产品、拥有多个品牌，通常会建立的组织类型是（　　）。
   A. 职能型组织　　B. 地区型组织　　C. 矩阵型组织　　D. 产品/品牌型组织

9. 如果企业是按顾客特有购买习惯和偏好细分市场，那么该企业比较适合建立的营销组织类型是（　　）。
   A. 职能型组织　　B. 地区型组织　　C. 市场型组织　　D. 产品型组织

10. 当企业规模很大，产品种类和市场很多时，企业常把主要产品或市场分设为独立的事业部。以下说法错误的是（　　）。
    A. 事业部独立经营，对公司的利润负责
    B. 各事业部内往往设有比较齐全的职能部门
    C. 事业部制组织结构有利于发挥主动性、积极性和创造性
    D. 事业部制度不利于市场竞争及国际市场的开拓

11. 以下关于营销控制的说法，错误的是（　　）。
    A. 年度控制是按年度计划核查各项工作进展情况，并在必要时采取纠正措施
    B. 盈利率控制是检查和确定在各种产品、地区、最终顾客群和分销渠道等方面的实际获利能力
    C. 效率控制是寻找能够改善各种营销手段和费用支出效果的方法
    D. 战略控制则是审查企业的营销战略能否实现

12. 用于分析各个不同因素对销售业绩的影响程度的方法是（　　）。
    A. 盈利能力分析　　　　　　　B. 机会威胁分析
    C. 市场份额分析　　　　　　　D. 销售差异分析

13. 企业运营过程中的广告媒体成本、产品说明书印刷费用、展销会费用都属于市场营销成本中的（　　）。
    A. 直接推销费用　　　　　　　B. 促销费用
    C. 储存费用　　　　　　　　　D. 物流费用

14. 以下不是营销绩效评价中有关财务绩效维度的评价指标（　　）。
    A. 销售额、毛利　　　　　　　B. 获得新顾客的成本
    C. 销售利润率　　　　　　　　D. 市场占有率

15. 平衡计分卡的基本导向是（　　）。
    A. 企业战略　　B. 财务　　C. 客户　　D. 内部业务流程

16. 关于传统财务指标考核的局限性，以下说法正确的是（　　）。
    A. 无法评估未来的绩效表现　　　B. 忽视企业长期利益和整体竞争力
    C. 无法全面反映整体的组织绩效　D. 以上都正确

17. 营销功能审计的内容包括（　　）。
    A. 产品和价格策略评价　　　　B. 分销渠道和销售人员评价
    C. 广告、公关等促销活动评价　D. 以上都正确

18. 关于营销控制模式的选择，以下说法错误的是（   ）。
    A. 当业绩目标的可量化程度很高，而营销活动过程的透明度比较低，企业适合选择结果控制模式
    B. 当业绩目标的可量化程度很高，同时营销活动过程的透明度也很高时，企业更适合采取自我控制的模式
    C. 当业绩目标的可量化程度与营销活动的透明度都很低时，企业不适合于他人控制模式
    D. 当业绩目标的可量化程度比较低，而营销活动过程的透明度比较高时，企业更适合采取过程控制模式
19. 关于广告效率控制的内容，以下说法错误的是（   ）。
    A. 需要对广告前后顾客对产品态度进行比较
    B. 要统计顾客对每一媒体注意、联想和阅读的百分比
    C. 要对各种媒体接触每万名购买者所花费的广告成本进行控制
    D. 需要研究受广告刺激而引起的询问次数
20. 通常产品管理型组织结构的模式选择有（   ）。
    A. 轴辐式系统   B. 产品团队   C. 品类管理   D. 以上都正确

二、多选题

1. 一份完备的营销计划主要包括的内容有（   ）。
   A. 计划概要   B. 现状分析   C. 机会与威胁   D. 营销目标
   E. 营销战略   F. 行动方案   G. 预期损益   H. 营销控制
2. 企业在实施营销计划过程中可能出现的问题主要有（   ）。
   A. 计划脱离实际   B. 长期目标和短期目标的不一致
   C. 组织中存在的惰性   D. 缺乏具体明确的实施方案
3. 营销计划的实施过程包括的步骤有（   ）。
   A. 制定行动方案   B. 建立组织结构
   C. 设计决策和报酬制度   D. 开发人力资源
   E. 建设企业文化和管理风格
4. 营销目标是计划中最基本的要素，是企业营销活动所要达到的最终结果。营销目标涉及的指标一般包括（   ）。
   A. 销售量   B. 销售利润率
   C. 市场占有率   D. 市场增长率
   E. 产品或品牌知名度和美誉度、忠诚度
5. 营销组织设计需要系统地考虑影响企业营销组织竞争力的各项因素，最终目的是提升总体营销竞争能力。常见的影响因素有（   ）。
   A. 外部市场分析   B. 营销战略与策略分析
   C. 营销组织现状分析   D. 管理流程分析
6. 营销控制按照侧重点不同，常见的类型包括（   ）。
   A. 年度计划控制 B. 盈利率控制   C. 效率控制   D. 战略控制

7. 一般来说，营销过程控制的方式有（　　）。
   A. 跟踪型控制　　　　　　　　　　B. 开关型控制
   C. 事后控制　　　　　　　　　　　D. 集中控制和分散控制
   E. 全面控制和分类控制

8. 关于市场份额分析，以下说法正确的是（　　）。
   A. 总市场份额企业自身的销售在全行业总销量中占有的百分比
   B. 目标市场份额指企业自身的销售占其目标市场的总销售比例
   C. 相对市场份额是指企业的销量与三个最大竞争者的总销量之比或者企业与市场领先竞争者的销量之比
   D. 企业的相对市场份额上升，表明它正在缩小与市场领先竞争者的差距

9. 以下关于费用率分析的说法正确的是（　　）。
   A. 在年度计划控制中，应确保企业在达到销售计划指标时营销费用无超支
   B. 如果费用率变化不大，处于安全范围内，则不需采取措施
   C. 如果费用率变化幅度过大，接近或超出控制上限，应采取有效措施
   D. 费用率只要落在安全控制范围之内就没有任何必要引起注意

10. 盈利能力控制所获取的信息，有助于管理人员决定各种产品或市场营销活动是扩展、减少还是取消。通常盈利能力考察指标有（　　）。
    A. 存货周转率　B. 资产收益率　　C. 净资产收益率　　D. 资产管理效率
    E. 销售利润率

11. 一般来说，企业营销成本的构成包括的项目有（　　）。
    A. 直销费用　　B. 品牌推广费　　C. 促销费用　　　D. 仓储费用
    E. 运输费用　　F. 其他营销费用

12. 效率分析目的是通过分析效率表现，找出高效率的方式，使之更好地管理企业营销工作，常用的效率控制包括（　　）。
    A. 销售人员效率控制　　　　　　　B. 广告效率控制
    C. 营业推广效率控制　　　　　　　D. 分销效率控制
    E. 资源利用效率

13. 战略控制是指对整体营销效果进行评价，以确保企业目标、政策、战略和计划与市场营销环境相适应。战略控制工具通常包括（　　）。
    A. 拜访客户的次数　　　　　　　　B. 销售网点的覆盖面
    C. 广告的投入产出比　　　　　　　D. 营销效益等级评定
    E. 营销审计

14. 营销效益等级评定可从哪几个方面进行衡量？（　　）
    A. 顾客宗旨　B. 整体营销组织　C. 充分的营销信息　D. 营销战略导向
    E. 营销效率

15. 营销审计是指对公司业务单元的营销环境、目标、战略和活动进行全面的、系统的、独立的、周期性的检测，营销审计的特征有（　　）。
    A. 全面性　　　B. 系统性　　　　C. 独立性　　　　D. 周期性
    E. 科学性

16. 企业进行营销审计的目的是确定公司的问题和机遇所在，并据此采取行动方案来提高公司的营销绩效。营销审计的内容包括（　　）。
   A. 营销环境审计　　　　　　　　B. 营销战略审计
   C. 营销组织审计　　　　　　　　D. 营销制度审计
   E. 营销效率审计　　　　　　　　F. 营销功能审计
17. 由于营销本身具有的与市场相关联的边界性等特征，与企业其他方面的职能相比有很大的不同，因此市场营销绩效评价具有的显著特征是（　　）。
   A. 以外部顾客关系为主线进行评价　　B. 注重非财务性指标评价
   C. 属于竞争相对性评价　　　　　　D. 属于过程性评价
18. 以下属于顾客认知方面的评价指标有（　　）。
   A. 知名度　　　　　　　　　　　B. 顾客满意度
   C. 品牌与顾客的关联度　　　　　D. 品牌提及率
   E. 购买意图　　　　　　　　　　F. 顾客的产品知识等
19. 营销绩效评价中有关竞争者维度的评价指标有（　　）。
   A. 市场占有率　　　　　　　　　B. 相对价格
   C. 相对的消费者满意度、顾客忠诚度　D. 相对认可的质量
   E. 市场声音比率　　　　　　　　F. 市场渗透力
20. 营销绩效评价中有关营销创新维度的评价指标有（　　）。
   A. 新产品/服务成功率　　　　　　B. 顾客对新产品的满意度
   C. 新产品的数量/在周期中的新产品　D. 新产品的销售额
   E. 新产品的利润　　　　　　　　F. 新产品的开发速度

三、阐述题

1. 营销计划的含义与分类

营销计划是指企业为实现预定的营销目标，为未来营销活动进行规划和安排的过程。营销计划详细说明了企业预期的经济效果，确定了企业实现计划活动所需的资源，描述了将要进行和采取的任务和行动。营销计划有助于监测企业各种市场营销活动的行动和效果。

企业实际的营销活动中，营销计划往往表现为总体营销计划和项目营销计划、长期营销计划和短期营销计划两种形式。总体营销计划是企业针对所有营销活动所制订的计划，涵盖范围广、内容全面。项目营销计划针对营销过程的某个层面、某个对象，内容集中度高，比如，新产品计划、品牌形象计划、市场推广计划、促销计划、公关计划、渠道计划等等。长期营销计划是企业对营销活动在较长时期的活动安排，更侧重于对企业营销战略思考，层次高，涉及面广。短期营销计划指企业对眼前的经营活动制定更具体的行动措施，常见的年度营销计划、年度产品知名度促进计划、季度促销计划等都属于短期营销计划。

2. 现代营销组织的形式和特点

（1）职能型组织结构。这种营销组织由各种营销职能经理组成，他们分别对营销副总裁负责。职能型营销组织的优点是管理层次少，管理简便；缺点是随着产品的增多和市场规模的扩大，组织的效率越来越低。

（2）地区型组织结构。这类企业除了设置职能部门经理外，还按地理区域范围大小，

分层次设置区域经理,层层负责。这种组织的优点是地区经理权力相对集中,决策进度快;地域集中使得费用较低;人员集中,容易管理;缺点是营销人员从事区域内所有的营销活动,技术上不够专业,不适应种类多、技术含量高的产品。

(3) 产品/品牌管理型组织结构。在职能型组织的基础上,增设产品或品牌经理,负责各种产品的策略与修正等。产品管理型组织可以让产品经理集中精力于具有成本效益的营销组合,并对新产品投放市场做出快速的反应;同时对公司的小品牌给予产品建议。这种组织缺点主要是:产品和品牌经理成为自己所负责产品领域专家,但很少能够获得实用的专门知识;产品管理系统通常成本很高。

(4) 市场管理型组织结构。市场管理型组织结构是把企业的所有用户,按照不同的购买行为和产品偏好划分成不同的用户组。这种组织结构的主要优点是企业可以根据特定客户的需要开展一体化的营销活动,而不是把重点放在彼此割裂开的产品或地区上。其缺点与产品型组织结构类似。

(5) 事业部制组织结构。当企业规模很大,产品种类和市场很多时,企业常把主要产品或市场分设为独立的事业部。事业部独立经营,对公司的利润负责。各事业部内往往设有比较齐全的职能部门,包括营销部门。事业部制组织结构有利于发挥产品或地区事业部的主动性、积极性和创造性,有利于经营组织的稳定,使之适应激烈的市场竞争及国际市场的开拓。

3. 营销控制的四种类型及方法

营销控制按照侧重点不同,可以分为年度计划控制、盈利率控制、效率控制和战略控制。年度计划控制是按年度计划核查各项工作进展情况,并在必要时采取纠正措施;盈利率控制是检查和确定在各种产品、地区、最终顾客群和分销渠道等方面的实际获利能力;效率控制是寻找能够改善各种营销手段和费用支出效果的方法;战略控制则是审查企业的营销战略是否抓住了市场机会,以及是否能与不断变化的营销环境相适应。四种营销控制方式的特点见表11-1。

表11-1 常见的营销控制方式

控制种类	责任者	控制目的	方法
年度计划控制	高层管理部门 中层管理部门	检查计划目标是否实现	销售分析,市场份额分析,销售-费用分析,财务分析,顾客态度分析
盈利率控制	营销监察人员	检查公司在哪些方面盈利,哪些方面亏损	产品、地区、顾客群和分销渠道订货多少等盈利情况
效率控制	直线和职能式结构营销监察人员	评价和提供经费开支的效果	销售队伍、广告、促销和效率等
战略控制	高层管理部门 营销审计人员	检查公司是否在市场、产品和渠道等方面正在寻求最佳机会	营销有效性评价手段 营销审计

4. 战略控制的分析方法

(1) 营销效益等级评定。从顾客宗旨、整体营销组织、足够的营销信息、营销战略导向和营销效率五个方面进行衡量。上述五个方面为编制营销效益等级评定表的基础,由各营销经理或其他经理填写,最后综合评定。每一方面的分数都指出了有效营销行动的哪些因素最需要注意,这样,各营销部门便可据此制订校正计划,用以纠正其主要的营销薄弱环节。

(2)营销审计。营销审计是指对公司业务单元的营销环境、目标、战略和活动进行全面的、系统的、独立的、周期性的检测,旨在确定公司的问题和机遇所在,并据此推行一系列行动方案来提高公司的营销绩效。

5. 营销绩效评价的特点

(1)以外部顾客关系为主线进行评价。市场营销深受多种外部环境因素的影响。其中最主要的影响者,就是企业产品或服务的最终使用者和渠道成员(又称之为直接顾客),这就使营销运作过程及其绩效评价复杂化。这些外部因素是不可控制的,但又是营销绩效评价的主体内容,引入顾客方面的评价,可以说是营销绩效评价的一个主要特征,也是营销绩效评价所面临的最大挑战之一。

(2)注重非财务性指标评价。营销绩效评价作为企业经营业绩评价的一部分,开始重视非财务绩效方面的评价。在传统的企业业绩评价中,忽略了许多反映企业无形资产的重要因素,如品牌影响力、顾客忠诚度和满意度等。从长远观点来看,这些非财务指标比直接财务指标能更好地反映企业的成就和发展潜力。成功的市场营销活动对企业的贡献主要是在市场上创造良好的声誉,这种声誉具体体现在顾客的认可、行为偏好和品牌忠诚等方面,是企业无形资产的重要组成部分。

(3)竞争相对性评价。顾客的满意程度、产品质量的水平、市场占有率的高低等,总是相对于一定市场范围的竞争者来说的,只有通过这种比较,才能进行科学的营销绩效评价,才能客观地反映企业的实际市场地位与为顾客提供的价值。更为重要的是,根据这种比较,企业可以及时发现在自己所处市场的优势、弱势和问题等,及时进行市场营销战略和策略等方面的调整,有针对性地提高企业的市场竞争力。

(4)属于过程性评价。如果说现代企业营销的任务是建立良好的企业顾客关系,那么从投资经济收益的角度来看,营销活动的结果大多不是带来直接的经济效益。但是,任何时期的销售额和利润都得益于前一个时期的市场营销活动,从这个意义上说,营销评价具有"过程"或"滞后"性特征,即相对于企业财务绩效评价来说,大部分营销绩效评价指标都属于过程性指标。

6. 营销绩效评价各个维度的主要指标

营销绩效评价的维度:营销绩效评价的维度包括顾客、竞争者、营销创新和财务评价等,见表11-2。

表11-2 营销绩效评价维度及主要指标

评价维度	主要指标
顾客认知	知名度、显著性(品牌强度)、认可质量、顾客满意度、品牌与顾客的关联度、品牌提及率、感觉差异、购买意图、顾客的产品知识等
顾客行为	顾客总量、新顾客数、顾客忠诚度、促销反应、顾客转换率、价格敏感度、人均消费量、目标市场拟合度、顾客投诉等
中间商顾客	每个合同的成本、分销渠道可获性、产品的货架占有量、在商店里的特殊促销活动、存货周转率、脱销次数、准时交货、中间商顾客满意度、中间商顾客投诉等

续表

评价维度	主要指标
竞争者	市场占有率（数量/金额）、相对价格、相对的消费者满意度、相对顾客忠诚度、相对认可的质量、市场声音比率、市场渗透力等
营销创新	新产品/服务成功率、顾客对新产品的满意度、新产品的数量/在周期中的新产品、新产品的销售额、新产品的利润、新产品的开发速度等
财务绩效	销售额（量）、毛利、折扣率、新顾客的利润、获得新顾客的成本、市场营销费用、利润/盈利能力、销售利润率（ROS）等

7. 营销效益等级评定的内容体系

营销效益等级评定可从顾客宗旨、整体营销组织、足够的营销信息、营销战略导向和营销效率五个方面进行衡量。由营销经理或其他管理人员填写，最后综合评定。每一方面的内容见表11-3。

表11-3 营销效益等级主要内容

第一部分：顾客宗旨 （1）是否认识到根据目标需要确定企业营销计划的重要性？ （2）是否认识到根据不同细分市场制定不同营销组合策略的重要性？ （3）是否认识到规划业务活动时着眼于整体营销系统观念？
第二部分：整体营销组织 （1）层次的营销控制对于各个重要的营销功能是否有市场？ （2）是否觉得营销部门的要求不合理？ （3）新产品制作过程是如何组织的？
第三部分：充分的营销信息 （1）最近一次营销调研是何时进行的？ （2）在衡量不同营销支出的成本方面采取了什么措施？ （3）在衡量不同营销收入的效益方面采取了什么措施？
第四部分：战略措施 （1）正规营销计划的策划情况？ （2）现有营销战略的质量如何？ （3）有关意外事件的考虑和计划做得如何？
第五部分：营销效率 （1）在传播和贯彻企业决策层的营销思想方面做得如何？ （2）是否有效利用了各种营销资源？ （3）是否具有对环境变化迅速有力的反应能力？

四、评析题

1. "因为计划赶不上变化，营销计划几乎都是失败的"

这一观点是错误的。营销计划的实施是指企业将营销战略和计划转为行为和任务，并保证这种任务的完成，以实现营销战略目标的过程。营销计划的实施是一个艰巨而复杂的过程。营销计划失败的原因通常有以下几点：

（1）计划脱离实际。营销计划的制订过于专门化，而实施则要依靠营销管理人员。制订者和实施者之间常常缺乏必要的沟通和协调，从而导致制定者只考虑总体战略而忽视实施中的细节，结果使营销计划过于笼统和流于形式；制定者往往不了解实施过程中的具体问题，所以常常脱离实际，导致制定者和实施者相互对立和不信任；制定者和实施者之间缺乏沟通与协调，致使实施者在实施过程中经常遇到困难，不能完全理解需要他们去实施的营销战略和营销计划。

（2）长期目标和短期目标的不一致。特别是长期营销计划通常着眼于企业的长期目标，涉及3~5年的营销活动。而具体执行这些营销战略的营销组织人员则是依据其短期工作绩效，如销售量、市场占有率或利润率等指标来实施奖惩的，所以执行人员常常注重短期行为。为克服企业的长期目标和短期目标之间的矛盾，企业必须采取适当措施，设法求得两者的协调。

（3）缺乏具体明确的实施方案及控制措施。有些营销计划之所以失败，是因为制定者没有进一步制定具体明确的实施方案。企业的决策者和营销管理人员必须制定详尽的实施方案和控制措施，规定和协调各部门的活动，编制详细周密的实施时间表，明确各部门及人员的职责，出现偏差时候及时采取控制手段，营销计划的实施才能有保障。

2. "营销组织必须具备核心能力"

这一观点是正确的。关于营销组织必须具备的核心能力，有学者提出了以下观点：

（1）营销组织应当具备更快的反应速度，尽量贴近企业目标市场及产品和服务一线并且能及时响应竞争态势的变化。

（2）营销组织应当具备更高的运行效率，特别是竞争激烈的行业。

（3）营销组织应当具备更强的专业职能，能够为顾客或企业内部提供专业服务与支持，具备整合营销能力。

（4）营销组织应当具备更灵活的管控方式，能够做到集权与分权的平衡，灵活应对营销环境的变化。

许多企业的营销组织系统效能低下，市场反应能力弱，形式主义与官僚化严重，难以满足竞争要求。有的组织的执行能力差，对资源、政策等依赖过大，缺乏主动型和灵活应对能力、管理模式落后、关系复杂、权责关系混乱，信息和指令泛滥、流程和制度繁杂等。所以，在设计现代营销组织时，必须具备以上四点基本要求。

3. "营销绩效评价就是盈利能力控制"

这一观点是片面的。盈利能力控制是用来测定不同产品、不同销售区域、不同顾客群体、不同渠道及不同订货规模盈利能力的方法。由盈利能力控制所获取的信息，有助于管理人员决定各种产品或市场营销活动是扩展、减少还是取消。盈利能力考察指标有销售利润率、资产收益率、净资产收益率、资产管理效率、存货周转率等。

营销绩效评价是对市场运作中的营销方案的质量的判断。从市场导向的现代营销理念出发，一个企业的市场营销绩效就是在满足顾客需求和保持顾客方面，与竞争对手相比的效力和效率。营销绩效评价就是对这种效力和效率进行度量。效力指对顾客需求的满足程度；效率指的是从经济意义上的测量，在达到既定顾客满意度的前提下，企业如何对其资源进行使用。营销绩效评价的目的，应该是反映企业的市场健康状况，为企业营销战略决策提供依据。

营销本身具有的与市场相关联的边界性等特征,与企业其他方面的职能相比有很大的不同,因此市场营销绩效评价的显著特征是以外部顾客关系为主线进行评价、注重非财务性指标评价、竞争相对性评价、属于过程性评价。

4."建立市场驱动型营销组织是主流趋势"

这一观点是正确的。在市场复杂化程度和竞争激烈化程度都不断加剧的这个时代,明确的市场导向已经成为企业发展战略中必不可少的组成部分。只有掌握理解、吸引并保留顾客的高超技巧,企业才能向顾客传递优异的价值,并通过不断调整和优化组织自身的结构,使之与不断变化着市场需求保持一致。

戴维·克雷文斯,在其《战略营销》一书中指出:由于新营销战略和越来越自信的顾客要求企业承担责任和提高响应速度,因此组织结构的变革趋势也越来越朝着适应市场的方向发展。市场的变化凸显了组织中顾客维度的重要性,开始围绕顾客群体进行组织结构的设计。研究揭示了组织变革的三个步骤:①通过非正式的横向整合来提高适应性;②利用多种整合机制,如大客户经理或细分市场经理;③围绕组织前端顾客导向业务单元的全面整合,或是围绕细分市场的矩阵结构设计。不过,很多组织在第三步刚开始就会终止流程。

在第一步,职能部门或产品组织得以保留,但销售或产品管理的任务则经由非正式的步骤转向负责解决顾客的问题;第二步打破了对产品的单纯关注,整合了诸如国际客户协调官和细分市场专家等职能,部分实现了对顾客的适应;第三步采取了综合的方法,借助顾客导向型的前端业务单元或围绕细分市场的矩阵结构,在结构上实现了与市场的全面适应。图11-1展示了顾客导向型的前端业务单元结构。

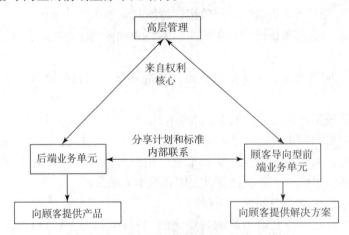

图11-1 顾客导向型的前端业务单元结构

5."营销审计主要是对企业进行财务方面的全方面检查"

这一观点是错误的。营销审计是指对公司业务单元的营销环境、目标、战略和活动进行全面的、系统的、独立的、周期性的检测,旨在确定公司的问题和机遇所在,并据此推行一系列行动方案来提高公司的营销绩效。营销审计具有全面性、系统性、独立性和周期性等特点。审计内容包括:

(1)营销环境审计。审计要求分析主要宏观环境因素和企业微观环境(市场、顾客、竞争者、分销商、供应商和辅助机构)中关键部分的趋势。

（2）营销战略审计。主要检查企业的营销目标及营销战略，评价它们对企业当前的和预测的营销环境的适应程度。

（3）营销组织审计。要求具体评价营销组织在执行对预期的营销环境所必要的战略方面应具备的能力。

（4）营销制度审计。检查企业的分析、计划和控制系统的质量。

（5）营销效率审计。主要进行利润分析和成本效益分析。内容包括销售收入绩效审查、销售费用绩效审查、货款回收与存货绩效分析、成本支出是否过高及降低成本的措施等。

（6）营销功能审计。审计包括对营销组合的主要构成要素，即产品、价格、分销渠道、销售人员、广告、促销和公共宣传的评价。

五、实训题

1. 完成营销计划涉及的具体内容

营销计划是指在对企业市场营销环境进行调研分析的基础上，制定企业或业务单位的营销目标及实现这一目标所应采取的策略、措施和步骤的详细说明。

实训：请你将营销计划涉及的内容细化，填入表11-4中。

表11-4　营销计划的内容体系

项目	具体内容
计划概要	
现状分析	
优劣势与机会威胁	
营销目标	
营销战略	
行动方案	
预期损益	
营销控制	

2. 汽车销售组织模式的优劣分析

实训：图11-2和图11-3分别是德国大众汽车公司和日本丰田公司销售组织架构示意图。请以小组为单位开展辩论，辩论之后请完成销售组织优缺点的总结报告。

正方观点：欧洲汽车销售组织模式更优

反方观点：日本汽车销售组织模式更优

3. 细化营销控制的方法和具体指标。

实训：通常营销控制有许多方法和具体指标，请你根据不同的控制方法将常用的控制指标填入表11-5中，注意理解具体指标的含义和指导意义。

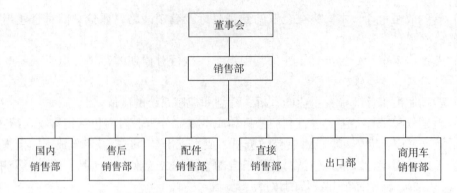

图 11-2　大众汽车集团销售组织

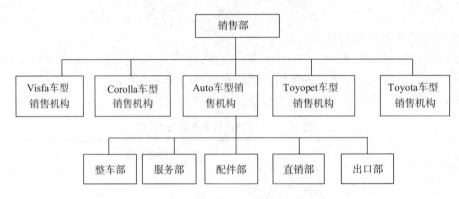

图 11-3　丰田公司销售部机构设置

表 11-5　营销控制常用指标体系

营销控制方法	常用指标
销售差异分析	
市场份额分析	
费用率分析	
盈利率控制	
销售人员效率控制	
广告效率控制	
营业推广效率控制	
分销效率控制	
顾客认知的评价	
顾客行为的评价	
中间商的评价	
竞争者评价	
营销创新评价	
财务绩效评价	

第二节 案例分析与讨论

一、BR 酒店年度营销计划

1. 市场现状分析

近几年来随着社会的发展、人们消费观念的转变、旅游业的快速发展，目前酒店业发展前景十分好。从市场角度分析，现在中低档酒店市场日趋饱和，高星级酒店在短期内竞争不算激烈，可以采用各种应对措施稳定客源。从竞争角度分析，对于每个酒店来说，每个同档次的酒店都是竞争对手，甚至某些不同档次的酒店也成为潜在竞争对手。但从目前情况看，BR 酒店在本地的竞争对手不是在市区的星级酒店，而是附近的几家连锁酒店。但连锁酒店都是依照总店的经营模式定位，而不会根据实际情况定位。

BR 酒店的优势是自创酒店，使用自己的管理模式和定位，可根据消费者的消费水平自行调价来提高住客率，不用按照连锁酒店的模式给予定价，可根据当地的需求情况（淡、旺季）随时推出活动，提供个性化服务，从这方面就有一定的独占性和排他性。全年稳定客源顺序是关系户、协议客户、老客户、旅行社、新客户。

2. 市场定位和促销计划

全年 BR 酒店的主要目标市场应确立为商务市场为主导（包括商务散客、商务会议），旅游市场为辅。商务市场的开发，必须着力拓展商务会议市场，不只是附近地区的，而且要把触角发展到其他地区，提高酒店的知名度和美誉度，把 BR 酒店打造成为本市知名商务品牌。保证顾客的忠诚度，为今后的竞争打下基础。根据淡旺季不同月份及黄金周假期制定不同的促销方案，作为为各月工作重点和目标，详见表 11-6。

表 11-6 年度促销计划（按月分解）

一月 二月	（1）加强对春节市场调查，制定春节促销方案 （2）加强会务促销 （3）加强商务促销和协议签订
三月	（1）加强会务、商务客人促销 （2）五一假期客房销售 4 月份完成促销及接待方案
四月	（1）加强会务，商务客人促销 （2）加强对五一节市场调查，制定五一促销方案
五月	（1）加强旅游促销 （2）加强商务促销
六月	（1）加强对"高考房"市场调查，做出高考房促销活动 （2）加强商务促销
七、八、 九月	（1）7、8、9 月属于住宿业旺季，强化促销活动 （2）加大加强宣传力度

续表

十月	（1）加强会议促销和旅游促销 （2）加强商务促销和协议签订
十一月 十二月	（1）加强对春节市场调查 （2）加强会务促销 （3）加强商务促销和协议签订

3. 营销策略支持

考虑到下一年是 BR 酒店站稳脚跟、营造知名品牌、保持在当地市场的地位进行攻关战的最为关键的一年，因此 BR 酒店的营销策略如下：

（1）价格策略。实施"酒店 VIP"计划策略，通过会员在酒店的频繁消费来提高和稳定酒店的整体收入，VIP 营销是一种会员制营销方式，它以建立会员制为发展导向。具体策略是降低房价，免费提供停车场，免费接送等；与"酒店 VIP"计划相结合，采用会员积分制，价格明升暗降，给予一定的让利。

（2）内部营销策略。酒店对员工进行严格的挑选和训练，使新员工学会悉心照料客人的艺术，培养员工的自豪感，把培养忠诚员工、提高员工满意度放在追求品牌忠诚之前，让员工快乐的工作。具体要求是：全体员工无论谁接到投诉都必须对此投诉负责，直到完满解决为止；员工有当场解决问题的权力而不需要请示上级；在表彰杰出员工方面，按效率优先、兼顾公平的原则进行。

（3）服务质量管理。优质的全面质量管理，让客人使用最佳的产品组合；推行"顾客第一"的经营理念；追求服务的零缺陷，为顾客解决能够解决的一切问题。

（4）服务补救。建立应急机制，有不可抗拒的事件如禽流感等发生时可以从容应对，加强安全卫生检查，树立"安全第一，预防为主"的安全观，在实际操作中，对送到酒店的瓜果、菜蔬、禽类进行检疫测试。

（5）营销预算。主要预算项目包括：工资福利，办公用品，促销及广告，交际费，制服，培训，其他营销费用总额等。

4. 营销控制措施

（1）日常控制。对销售目标和任务要及时进行评估，做到每天一汇报，每周一小结，每月一总结，分析原因，总结经验教训，及时找出原因和研究好对策。

（2）年度计划控制。由总经理负责，其目的是检查计划指标是否实现，通过进行销售分析、市场占有率分析、费用百分比分析、客户态度分析及其他比率的分析来衡量计划完成的质量。

（3）赢利性控制。由营销控制员负责，通过对产品、销售区域、目标市场、销售渠道及预定数量等分析以加以控制，检查饭店赢利或亏损情况。

（4）战略性控制。由营销主管及酒店特派员负责，通过核对营销清单来检查酒店是否抓住最佳营销机会，检查销售总体情况并监控整体营销活动。

讨论题

（1）结合案例分析该酒店的营销计划需要补充的内容。

（2）请对该酒店的营销控制措施做进一步细化。

(3) 酒店营销与传统的制造业营销有哪些特殊之处？

二、典型房地产企业营销组织架构与管理

1. 房地产营销管理与控制常见的三种模式

一般大型房地产企业总部与下属项目公司（或子公司）之间的管控方式分三种：投资型管控、运营型管控、战略型管控。而房地产企业总部与项目（或子公司）之间营销管控也相应分三种对应方式：总部管理、总部支援、节点把控。

（1）总部管理。总部管理偏重集权式管理，总部营销中心对项目销售执行的各个环节（推盘计划、价格制定、营销策略、媒体宣传、销售费用等）进行把控，项目侧重具体执行。一般适用于以资本运作为目的的投资控股型集团公司，如新加坡凯德置地、万达集团等。

（2）总部支援。总部支援偏重放权式管理，总部营销中心不参与项目的具体营销执行工作，在项目遇到困难或提出需要时对项目进行针对性支援。这类方式更适用于产品形态较为单一的一元化集团公司。广州房企如星河湾、碧桂园便属于这种管控方式。

（3）节点把控。节点把控介于两者之间，总部营销中心在项目的重要事项（如推盘、定价）和重大营销节点（如前期准备、认购、开盘、重大活动等）进行重点把控和阶段性支援。万科等深圳的大部分房企多采用这种管控方式。

但值得注意的是，不同的企业在总部—区域、区域—城市公司、城市公司—项目的管控特点又可能有所不同，因此不能一概而论。

2. 标杆房企营销管控模式

（1）万科集团。

万科将此前的"团体总部—市级公司"的二级架构调整为"战略总部—专业区域—实施一线"为主线的三级架构。经过新设深圳、上海和北京三大区域中心公司，总部部门人事、财务、决策等权柄的下放，使区域中心能够更敏捷地各自应对珠三角、长三角和环渤海的各自面临的具体业务市场。

万科三级管理架构都有相应的营销控管机构，总部对区域中心采取战略型管理方式，区域中心对执行一线采取操作型管理方式。万科营销管控主体包括集团、区域、城市分公司三个层级，集团营销管理部通过制度对区域营销管理中心进行战略性管理，区域营销管理部对分公司营销管理部进行操作性管理。详情见图11-4。

万科集团营销管理部的职责主要是制定营销制度、营销技术支持、销售管理指引、营销策划方案的备案、营销价格决策涉及的听证；而区域营销管理部则主要负责营销方案决策（广告、价格、销售进度），落实营销方案组织销售。

（2）龙湖集团。

龙湖地区公司采用矩阵式的组织结构，营销中心下设了三个职能中心，分别是销售中心、策划中心、客户中心，另外每个项目有一个项目营销经理。项目营销经理、策划中心经理及客户中心经理均向营销部负责人直接汇报。营销部的几乎所有员工都需要双向汇报（项目线、职能线），以项目线为主。详情见图11-5。

在这个营销架构中，项目营销经理是项目销售的第一责任人。同时，在重大项目上，项目营销经理还要负责协调营销总监、项目工程经理、项目研发经理等，有相当一部分工作还

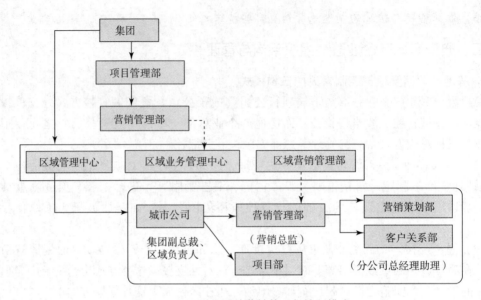

图 11-4　万科集团的营销管理与控制模式

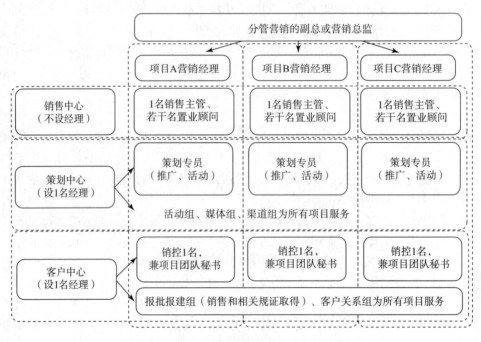

图 11-5　龙湖集团的营销管理组织与控制模式

需向项目总监汇报。

　　龙湖项目销售团队的人员配备取决于龙湖地产公司的发展水平，比如是否新公司，规模、管理成熟度如何等等，还有项目本身体量有多大。据某营销专家透露，龙湖项目销售团队的数量有一个衡量标准，就是和同体量的项目比，龙湖自销的团队人数不能超过代理公司的 1/2。（例如：龙湖操作 A 项目，代理公司操作 B 项目，A、B 项目体量相当，B 团队有 20 人，那么 A 团队不能超过 10 人）

(3) 碧桂园。

碧桂园营销中心主要实行总部、区域、项目三级管控。2014年，碧桂园对营销组织架构进行了一定调整，将之前的14个职能部门精简到了9个，分别为市场管理部、广告创作部、产品定价部、销售管理部、人力资源部、营销学院、营销运营部、标准化监控部、信息技术部，分得非常细。同时，将全国项目划分区域，区域营销总经理为区域第一负责人，设立区域营销管理部，独立运行并对区域内各项目进行协调管理。详情见图11-6。

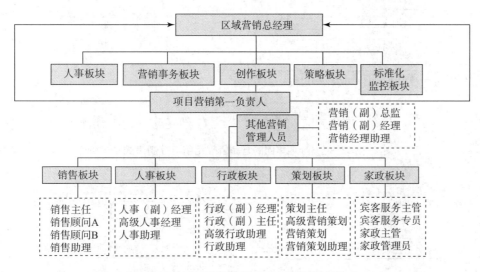

图11-6　碧桂园的营销管理组织与控制模式

碧桂园在每个区域设置一名营销总经理作为营销第一负责人，从2014年开始逐步取消营销总经理助理等副手岗位。为支持新项目发展，碧桂园要求区域要为半年内摘牌的项目做好人才培养计划，并在区域平台储备新项目第一负责人。

(4) 金地集团。

金地采取的是矩阵式管理模式，包括四级管理主体——业务总部、区域公司、城市公司、项目中心，营销管控在集团层面的管理部门为运营管理部。金地针对营销管控设置了四个层级的职能部门——集团的运营管理部、区域公司的市场营销部、城市公司的市场营销部、项目中心的营销组，管理方式为双线管理，即上一层级营销管控部门的垂直管理和本层级主体的横向管理。详情见图11-7。

(5) 绿地集团。

绿地集团设置营销管理部，向集团副总裁汇报，设置研展等业务线条；各事业部设置营销部门，同时向事业部总经理室及集团营销管理部汇报。详情见图11-8。

目前，很多房地产企业处于转型阶段，因此对组织架构进行了优化调整，整体呈现的一个特征是：决策中心下移，让听得到炮声的人指挥战斗。这也为中小房企未来营销管控模式提供了一定的参考意义，但不同企业的发展阶段不同、管控模式不同，所采取的营销管控模式也会有很大差异，如何优化完善营销管控体系，可以适当借鉴标杆，不可盲目照搬，毕竟适合自己的才是最好的。

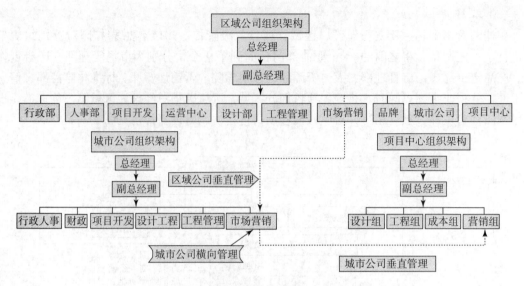

图 11-7　金地集团的营销管理组织与控制模式

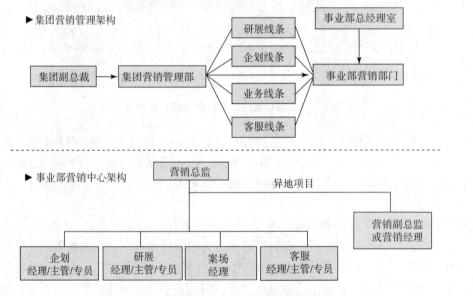

图 11-8　绿地集团的营销管理组织与控制模式

讨论题

（1）请你总结一下案例中各个标杆房地产企业营销组织各自的优缺点。

（2）房地产企业设计营销组织时应考虑哪些影响因素？

（3）你认为营销组织变革的原因有哪些？案例中房地产企业的营销组织设计与管理模式对于其他企业有什么启示？

三、走火入魔的扁平化

正确的扁平化能使通用电气和 IBM 生机勃勃，而错误的扁平化则会影响企业正常的运营管理效率，弄不好还会影响到企业的生存与发展。一个企业就曾经这样由于过度的扁平化而"走火入魔"。但值得庆幸的是,发现得比较早,经过及时采取措施,还是回到了正轨。

张总是读工科出身的,毕业后第二年创业,从事IT产品的贸易。由于赶上IT经济的热潮,加上经营有道,张总年纪轻轻,就坐拥一个年销售额达3 000多万元的企业。IT人对时尚和潮流有着难解的情结,而IBM在"扁平化"改造之后的生机勃勃也的确让人心动。在这两个因素的影响下,信奉"凡事先人一步"的张总决定防患于未然——在他的企业出现官僚化之前,先一步进行"扁平化"的改造工程。花了两个月的时间,张总把原来四层的企业管理结构简化成了三层,见图11-9。

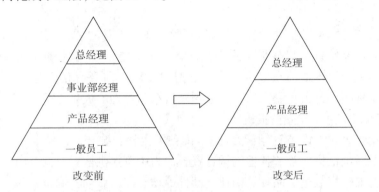

图11-9 变革前后的组织结构示意图

由于组织变革的时点选在销售的淡季,所以一切都进行得非常顺利。看着大量的一线信息不断地传递到自己的面前,张总油然而生一种掌控大局的优越感。虽然工作比以前更繁忙了,但心底也有种说不出的快乐。他相信自己这一步是走对了。

很快他的这份快乐就让迎面而来的焦虑与压力冲得无影无踪。淡季过后,公司的业务量急升,他桌面的待处理公文也越堆越厚,他的工作时间也越来越长。但天道却没有酬勤,反而出现了好几次因为合同迟迟不能敲定而造成客户流失的情况。张总及时反省了一下,发现这几次失败都是因为流程在自己这里"卡壳"了,主要原因是由于工作太多,没有能及时审阅经理们拟好的合同。于是他开始大幅向下授权,目的是使企业具备更快的应变能力。一切都有了好转,张总终于能从无穷无尽的工作里抽身出来了,而由于公司反应不及时出现的客户流失现象也再没有发生了。然而,当年报统计数据出来的时候,张总傻眼了,销售额与同期相比下降16.4%,而销售成本与同期上比则大幅上升了22.7%。

张总无奈之下向某咨询公司求援,而分析的结果更是让张总出乎意料。

(1) 销售额下降的主要原因是产品缺乏年度的营销计划,营销策略之间没有足够的配合,每年能带来高业绩的旺季促销活动在该年度是完全销声匿迹了。

(2) 销售成本上升的主要原因是销售成本缺乏控制,销售经理为了获取订单,经常给出客户过度的优惠条件。

最后咨询公司给出的建议是,重新设立事业部组织和事业部经理,分管下面的产品经理,负责事业部年度甚至更长期的营销计划制定和对事业部进行有效的控制。简单说,就是恢复该企业扁平化之前的企业组织结构。

张总对此哭笑不得,开始甚至对咨询公司的建议有质疑。但最后面对翔实的数据分析,他无可奈何地按咨询公司建议行事了。

半年后,销售额上来了,销售成本也下去了。

张总是典型的企业扁平化的受害者,他与他的企业的经历足以成为所有"扁平化"追逐者们的警示录。

讨论题

(1) 张总的企业经过组织调整后出现了哪些问题?

(2) 营销组织是不是"管理阶层越少越好"?

(3) 这个案例能够给"扁平化"追逐者们带来哪些警示?

四、丰田公司的销售管理

日本丰田汽车公司早已享誉世界,然而拥有约 10 万人马的"丰田销售军团"恐怕并不为人熟知。丰田产品销售世界各地,除产品质量外,不能不说与其独特的销售管理策略有关。如今,飞驰在世界各地的众多丰田车,已把"车到山前必有路,有路必有丰田车"的广告宣传变成了现实,这也正是丰田汽车公司销售军团管理的成果。

(1) 重视销售信息,建立情报机构。

丰田汽车销售公司下设"计划调查部",配备了数学、统计、机械工程等方面的专家数十人,准确而及时地汇集、筛选各地的调查资料,为决策提供依据。调查内容多达 60 多项,不仅对丰田本身的销售数量、品种、油耗、部件等动态需求做周密调查,对其他汽车公司的车辆类别、颜色、车型、销售情况也十分注意,而且对社会情况如城市设施、道路状况、人口、户数、机关团体、工厂、企事业单位数量、收支情况等,都做了广泛调查。每年调查的对象涉及 6 万人以上,每年花在调查上的费用高达 7 亿日元,调查面之广、开支之大,在日本是极少见的。丰田汽车销售公司还建立了强有力的情报机构,只要掌握了国内外市场动向,就能迅速而准确地做出决策。

(2) 按月回笼贷款制度。

丰田公司制定了销售汽车按月回笼贷款制度,总部将汽车产品全部批发给丰田汽车销售公司,销售公司用银行的贷款和一部分期票作结算;而销售公司再用销售现款和用户支票作抵押,取得银行贷款,完成资金短期拆借与还款,使汽车生产和销售顺利进行,让产销双方皆大欢喜。

(3) 重视售后服务。

为确保客户满意,丰田制定了与众不同的规定,一是每出售一辆汽车,都要与之建立"车历卡片",登记汽车故障等各种资料,并迅速反馈到制造公司,促使其改进制造技术,提高质量;二是新车售出后,规定保修期为 2 年或 5 万公里,修理费全由制造部门负责,同时,在保修期内还为用户提供代用车辆,尽量避免因检修停驶给用户带来的不便和损失;三是每当一种新型的汽车上市,在出售后的三个月内,必须挨家挨户进行质量调查,听取用户意见。

(4) 细心维系顾客。

为了让丰田汽车深入社会的各个阶层以至每个家庭,销售人员挖空心思在人们日常生活中经常接触到的一些小物件上做文章,比如在圆珠笔、领带夹、手表、香烟、打火机、小玩具上,印上设计精美的"丰田商标",作为推销员联系用户的馈赠礼品;买车时为之拍摄照片作纪念等等,花样繁多,不一而足。

(5) 严格的推销培训制度。

丰田汽车公司的推销员队伍十分庞大，被日本企业界誉为最有推销能力的"销售军团"。录用的资格是以大学毕业生为主，同时也录用一些有特殊推销能力的高中毕业生。录用后，在进入公司的三天前，先送到丰田汽车公司的培训中心培训，以后每年4月至6月定期参加培训。培训期内，新推销员在这里接受了从推销入门到交货全部过程知识传授后，直到第7个月才到外面活动。这个时候尚不规定推销数量，主要工作是每天必须访问20~30户，把访问内容写在"推销日记"上，这样训练了一月之后，开始给一个月推销一辆车的指标，到了第二年增加到每月推销2辆车，从第三年起，每月销售目标增加为3辆。这个时候才算成为能够独当一面的推销员。经过三年，仍未能保持每月平均推销3辆车者，则会自动辞职。

（6）收集客户基础资料。

公司要求销售人员从第二年起就要编制"顾客卡"。这种卡片分为三级：第一级只知道顾客的姓名、住址和使用车种，采用红色卡；第二级还知道客户家属的出生时间，采用绿色卡；第三级要加上现在所使用的汽车购买年月，前一部汽车的种类，下次检车时期，预定何时换新车，要换哪一种车，现在汽车是哪一家经销商购买等更详细的资料，使用金色卡。

（7）强有力的支援体系。

丰田汽车公司的另一绝招是其对经销店的支援体系。丰田汽车公司为支持成绩优秀的经销商，把销售部门剩余的资金融资给经销商；经销商运用融资来的钱，建造展示厅、备齐检测设备，跟客户的接近程度自然超过了其他竞争者，使遍布各地的经销商感到推销丰田汽车有清晰的目标。因此，各地经销商推销丰田汽车不仅积极性很高，而且十分认真，从而为丰田汽车树立了良好的市场形象。

正是因为丰田汽车公司深谋远虑的销售策略和能打善拼的"销售军团"，从而为丰田汽车公司创造了"有路必有丰田车"的现实神话。

讨论题

（1）针对销售人员，丰田公司采取了哪些控制措施？
（2）丰田公司是如何收集与市场有关的信息资料的？
（3）根据案例的描述，尝试画出丰田销售公司的营销组织结构图。

五、KK公司"原叶"绿茶饮料的营销运作管理

随着居民生活水平的提高和消费观念的变化，饮料已从昔日的非必需品转为日常的"生活必需品"。同时随着消费者追求健康、崇尚天然的意识的不断提高，国内饮料市场对饮料品种的需求也在发生变化，享有"饮料新贵"之称的茶饮料开始成为饮料市场上最亮丽的风景。作为KK公司旗下一个广受欢迎的绿茶饮料品牌，"原叶"绿茶本着把最好品质的茶饮料带给消费者的宗旨，每一瓶绿茶之中都包含天然蜂蜜和绿茶原液。自然健康、清新爽口的口感让消费者感觉不仅是在品味绿茶饮品，更能感受到"原叶"绿茶带来的心情舒放、轻松自在的态度。"原叶"绿茶以"绿色好心情"作为品牌核心价值，用绿茶饮料的自然、健康、活力，向消费者传递自在轻松的感觉和健康的生活方式。

KK公司如何抓住巨大的市场机遇，特别是大学生消费市场的巨大潜力，在大学校园中刮起一股天然的绿茶旋风呢？以下是KK公司从营销计划、营销组织和营销控制方面制定的该公司"原叶"绿茶饮料营销运作方案。

1. 营销计划

（1）计划概要。

KK公司推出"原叶"绿茶健康环保校园行系列活动，宣传原叶绿茶倡导的"环保、健康"的理念；同时在整个校园营销活动中组织配合各种校园渠道的促销活动，以高密度的活动宣传，旨在能够在校园中引起一股"原叶"绿茶热潮，以提升"原叶"绿茶在广州市高等院校茶饮料市场的市场占有率和在广州大学生心目中的品牌美誉度。目标并不是短暂的推广，而是长期的和学校合作、和学校的相关组织合作。公司计划在市场调查和分析的基础上，针对广州市大学生群体进行"原叶"绿茶的产品推广及运用相应的整合营销策略，扩大其销售量，以实现公司的营销目标和达到预期形象宣传效果。另外通过对绿茶的功能介绍，提高这一群体的健康意识、环保意识。

（2）现状分析。

①市场状况。

随着人们消费观念的转变，茶饮料已经取代碳酸饮料成为饮料行业新的增长点。当前茶饮料市场竞争愈演愈烈，"原叶"的母公司KK公司虽然是饮料市场的龙头老大，但是在茶饮料市场几乎没有明显的领先优势，所以必须做出进一步的行动，以确保自己的地位。目的是成为茶饮料市场的领导者，从而引领茶饮料品牌走向纵深发展的道路。

目前茶饮料市场尚未达到较高的品牌忠诚度，各品牌之间同质化严重，定位雷同，各个产品没有清晰的界限区分。绿茶饮料市场还没有被重视起来，包括"原叶"在内的各大茶饮料品牌都将营销重点放在红茶上，绿茶的市场基础和品牌影响力还没有真正建立起来，更多的只是作为一个配角存在。

②竞争状况。

近年来，中国的茶饮料几乎以每年30%的速度增长，茶饮料市场占中国饮料消费市场份额的20%。茶饮料市场在经过这几年的竞争后，格局基本成熟，统一、KK集团、三得利、王老吉、雀巢等品牌已经基本占据了茶饮料市场的第一梯队，但是同一梯队内的各个品牌竞争的激烈程度非常高。

③产品现状。

绿茶的特性是较多地保留了鲜叶内的天然物质，其中茶多酚咖啡碱保留鲜叶的85%以上，叶绿素保留50%左右，维生素损失也较少，从而形成了绿茶"清汤绿叶，滋味收敛性强"的特点。研究结果表明，绿茶中保留的天然物质成分，对防衰老、防癌、抗癌、杀菌、消炎等均有特殊效果，为其他茶类所不及。绿茶属于不发酵茶，是以适宜茶树新梢为原料，经杀青、揉捻、干燥等典型工艺过程制成的茶叶。其干茶色泽和冲泡后的茶汤、叶底以绿色为主调，因此得名。"原叶"绿茶是KK旗下的新推出的饮料品牌。KK作为中国饮料市场的领导者，始终把满足消费者的需求作为自己最重要的使命，对市场格局的发展、变化有着高度的掌控和关注。推出的"原叶"绿茶也是针对市场和消费者的需求变化的，从呵护消费者的心理需求入手，倡导积极向上的生活概念和生活态度。

（3）SWOT分析。

①品牌优势。母公司KK及公司其他产品自身拥有较高的品牌知名度和较先进的生产技术，这是它得天独厚的优势。

②成本优势。中国是世界茶叶原产地，资源丰富，对于茶饮料生产企业来说，原材料取

之不尽、成本低廉。在中国茶叶资源中，大量成本低廉的中低档茶叶最适宜成为茶饮料首选原料。

③文化优势。茶是中国的国粹，比碳酸饮料、果汁饮料等多出几千年的饮用史。在生活习惯上、文化传统上，中国人都有喝茶的基础。而且生活节奏加快后，即开即饮的茶饮料易带、易贮存、饮用方便。深厚的茶文化底蕴，是中国消费者独特的优势。

④健康优势。茶饮料和茶一样，富含多种对人体有益的物质。茶饮料是天然、健康饮料，具有消除疲劳，降低血液中的胆固醇、血脂等功效。相对于其他饮料而言，消费者更愿喝健康饮料。而且从口感上，茶饮料比碳酸饮料更温和、更解渴，比纯净水更有滋味、更提神。

⑤劣势。KK公司推出的茶饮料产品的口味单一，包装设计在众多品牌中也不具有突出的特点，是市场新进入者，面临着较大的压力。

⑥机会与挑战。由于碳酸饮料市场正在逐步萎缩，所以"原叶"绿茶市场的发展潜力非常巨大，未来的市场空间广阔。但与此同时，其他企业也瞄准了这个市场，纷纷推出新产品，未来的竞争将十分惨烈。

（4）营销目标设定。

本次营销运作在目标市场方面所要解决的主要问题是，扩大目标消费群体，在现有市场成熟的基础上，求新求异，拓展市场，确保能够迅速占领较大的市场份额，长远目标是成为市场领导者。

"原叶"绿茶把15~29岁的学生和年轻上班族群作为自己的目标消费群。因为这类人群普遍都是充满活力与进取心的青年，有健康意识、追求成就感和自我认同，他们注重生活质量，懂得享受生活、追求时尚，但从不盲目跟随潮流。这也是"原叶"绿茶讲求健康自然、乐观进取、自在不做作、亲和自信、具感染力和国际观的品牌个性的体现。所以年轻男女、在校学生是销售产品的主要对象。从目前的市场竞争态势来看，主要领导者已占据了50.5%市场份额，处于本行业的霸主地位，就本地形势来看，"原叶"茶饮料若想取得一定的市场地位，所面临的压力还是非常大的。

公司初步确定年度销售量100万吨、销售利润率10%、市场占有率15%、市场增长率30%、产品/品牌知名度和美誉度达到90%以上。

（5）市场细分。

①不同年龄的消费者。

"原叶"绿茶饮料的消费群体主要以年轻人为主，口味也是低糖清淡型，企业计划按照这个变量划分几个不同年龄段的市场，然后分析每个年龄段消费者口味特点，以便提供不同产品给目标市场。

②不同收入的消费者。

"原叶"绿茶饮料在市场上的价格都为三元左右，产品类别较单一。如果把消费者按照收入多少，分为低、中、高，然后针对不同收入水平的消费者推出不同的产品并制定不同的价格，市场无形中就扩大了。

③不同区域的消费者。

消费者的消费习惯往往受地域的影响，如北京的消费者爱喝花茶，安徽人爱喝当地的绿茶等等。公司未来的市场拓展，可以根据人们的这种消费习惯生产地域性的产品。

(6) 目标市场。

"原叶"绿茶饮料现在主要针对 15~29 岁年龄段的消费者作为目标市场。本次选择了华南重要城市广州大学城的校园作为投放市场,对不同消费者的需求上是不加区分的,包括不同年龄段的消费者、不同收入的消费者。

(7) 行动方案。

公司本次主要是在大学校园开展活动,所以大多数执行活动都发生在校园及周边商圈范围内。推广活动方案见表 11-7。

表 11-7 校园市场推广方案

时间或时段	地点	内容	执行部门
早晨	学生食堂	针对晨跑学生优惠销售	销售部
中午	学生食堂	食堂赠饮与试喝	销售部
傍晚	学生食堂	食堂赠饮与试喝	销售部
举办讲座时	大型教室	赞助部分高校的讲座来增加知名度	公关部
各种会议	报告厅	在会议现场提供派发和试喝	公关部
各种活动	报告厅	赞助校园演讲比赛	公关部
待定	操场	运动会赞助及冠名	公关部
各种活动	大教室	辩论大赛赞助	公关部
长期	周边商圈	周边餐馆促销活动	销售部
周末	宿舍楼	自动售卖、网购、现场销售大包装	销售部
长期		建立顾客数据库、分析顾客消费行为	市场部
定期	布置多种户外广告宣传	广告主题:以"原叶"绿茶品牌宣传为前沿,制定媒体组合,提高大学生对品牌的认知度;突出诉求:巩固"原叶"品牌形象——健康、高品质生活,口味纯正、强调为高品质生活的象征	市场部
周末	终端促销	购买折扣(鼓励进货)、推广津贴、销售竞赛	销售部
长期	提高铺货	在高校校园周围的零售店应尽可能地提高铺货率,增加产品的曝光度	销售部 市场部
长期	建设电商渠道和 APP	电商渠道是目标市场消费者广泛使用的购买方式,同时,公司坚持完善公司自身 APP 建设及拓展与第三方的合作推广	市场部

(8) 预期损益分析。

从宣传角度来看,预计"原叶"知名度的大幅上升的同时,消费者会形成健康饮料消费理念。"原叶"品牌将成为大学生心目中首选的健康饮料品牌、"原叶"的市场定位将更加鲜明,品牌优势更加突出。

2. 营销组织

营销组织是执行市场营销计划,服务市场购买者的职能部门。为了开拓校园市场,公司设立相应的市场型组织部门。具体到本次市场开发，成立了校园市场开发团队，主要包括市场部、销售部和公关部，受公司营销副总直接领导。

3. 营销控制

营销控制就是企业用于跟踪营销活动过程的每一个环节，确保能够按照计划目标运行而实施的一套完整的工作程序。按照母公司的管理模式，公司本次活动主要从以下几个方面进行控制：

（1）销售差异分析：动态监控每周销售量差异、价格差异，发现问题及时采取措施。特别强调的价格控制，不能因为校园市场而扰乱整个市场。

250mL利乐包装"原叶"绿茶6包一组，环保材料外包装销售，产品价格不低于8元/组。

500mL"原叶"绿茶，两瓶一组捆绑销售，产品价格不低于5元/组。

1.25L"原叶"绿茶，两瓶一组捆绑销售，产品价格不低于8元/组。

（2）市场份额分析：定期通过大样本量问卷调查，获取公司在茶饮料市场获取的市场份额指标，分析产生偏差的原因并采取措施。

（3）财务指标控制：根据公司销售管理系统获取动态数据，实时计算销售费用率、销售利润率、净资产收益率等指标，确保达到公司总体要求的水平。

（4）销售人员控制：通过销售日报表和周报表等，动态掌握销售人员的销售访问次数、平均访问时间、访问的平均收益、访问平均成本等指标，及时指导销售人员采取相应的对策。

（5）促销效率控制：在购买现场了解消费者对公司促销效果的认知情况，分析各种促销形式各自对销售量、知名度等指标的影响效果。

（6）分销效率控制：分析公司主要代理商和零售商销售本公司产品的具体数据，有针对性地采取激励或惩罚措施。

讨论题

（1）分析该公司营销运作方案存在的不足之处。

（2）请给KK公司设计一个营销组织（画图）。

（3）请对该公司营销计划中"预期损益"一项提出完善建议。

（4）该公司进行的市场细分是否合理？饮料市场应当如何细分？

第三节 经典推介

一、标志性理论、人物及思想简介

1. 学习型组织

学习型组织，是美国学者彼得·圣吉在《第五项修炼》一书中提出的管理观念。企业应建立学习型组织，面临变化剧烈的外在环境，组织应力求精简、扁平化、弹性适应、终生学习、不断自我组织再造，以维持竞争力。知识管理是建设学习型组织的最重要的手段之一。

学习型组织不存在单一的模型，它是关于组织的概念和雇员作用的一种态度或理念，是用一种新的思维方式对组织的思考。在学习型组织中，每个人都要参与识别和解决问题，使组织能够进行不断地尝试，改善和提高它的能力。学习型组织的基本价值在于解决问题，与之相对的传统组织设计的着眼点是效率。在学习型组织内，雇员参加问题的识别，这意味着要懂得顾客的需要。雇员还要解决问题，这意味着要以一种独特的方式将一切综合起来考虑以满足顾客的需要。组织因此通过确定新的需要并满足这些需要来提高其价值。它常常是通过新的观念和信息而不是物质的产品来实现价值的提高。学习型组织应包括五项要素：

（1）建立共同愿景。愿景可以凝聚公司上下的意志力，透过组织共识，大家努力的方向一致，个人也乐于奉献，为组织目标奋斗。

（2）团队学习。团队智慧应大于个人智慧的平均值，以做出正确的组织决策，透过集体思考和分析，找出个人弱点，强化团队向心力。

（3）改变心智模式。组织的障碍，多来自个人的旧思维，例如，固执己见、本位主义，唯有透过团队学习、标杆学习，才能改变心智模式，有所创新。

（4）自我超越。个人有意愿投入工作，专精工作技巧。个人与愿景之间有种"创造性的张力"，正是自我超越的来源。

（5）系统思考。应通过资讯搜集掌握事件的全貌，以避免见树不见林；培养综观全局的思考能力，看清楚问题的本质，有助于清楚了解因果关系。

学习是心灵的正向转换，企业如果能够顺利导入学习型组织，不只是能够实现更高的组织绩效，更能够带动组织的生命力。学习型组织是从组织领导人的头脑中开始的。学习型组织需要有头脑的领导，他要能理解学习型组织，并能够帮助其他人获得成功。学习型组织废弃了使管理者和工人之间产生距离的纵向结构，同样也废弃了使个人与个人、部门与部门相互争斗的支付和预算制度。团队是横向组织的基本结构。伴随着生产的全过程，人们一起工作为顾客创造产品。在学习型组织里，实际上已经排除了老板，团队成员负责培训、安全、安排休假、采购，以及对工作和支付的决策。部门之间的界限被减少或消除，而且组织之间的界限也变得更加模糊。公司之间以前所未有的方式进行合作，新兴的网络组织和虚拟组织是由若干个公司组成，它们就是为了达到某种目的而联合起来，这些新的结构提供了适应迅速变化着的竞争条件所需的灵活性。

2. 平衡计分卡

平衡计分卡（the Balanced Score Card，BSC），就是根据企业组织的战略要求而精心设计的指标体系。按照卡普兰和诺顿的观点，"平衡计分卡是一种绩效管理的工具。它将企业战略目标逐层分解转化为各种具体的相互平衡的绩效考核指标体系，并对这些指标的实现状况进行不同时段的考核，从而为企业战略目标的完成建立起可靠的执行基础"。

平衡计分卡于20世纪90年代初提出，是哈佛商学院的罗伯特·卡普兰和诺朗诺顿研究所所长、美国复兴全球战略集团创始人兼总裁戴维·诺顿所从事的"未来组织绩效衡量方法"的一种绩效评价体系。当时该计划的目的在于找出超越传统以财务量度为主的绩效评价模式，以使组织的"策略"能够转变为"行动"而发展出来的一种全新的组织绩效管理方法。平衡计分卡自创立以来，在国际上，特别是在美国和欧洲，很快引起了理论界和客户界的浓厚兴趣与反响。

平衡计分卡曾被《哈佛商业评论》评为最具影响力的管理工具之一，它打破了传统的单一使用财务指标衡量业绩的方法。而是在财务指标的基础上加入了未来驱动因素，即客户因素、内部经营管理过程和员工的学习成长，在集团战略规划与执行管理方面发挥非常重要的作用。根据解释，平衡计分卡主要是通过图、卡、表来实现战略的规划。

实际上，平衡计分卡方法打破了传统的只注重财务指标的业绩管理方法。平衡计分卡认为，传统的财务会计模式只能衡量过去发生的事情（落后的结果因素），但无法评估组织前瞻性的投资（领先的驱动因素）。在工业时代，注重财务指标的管理方法还是有效的。但在信息社会里，传统的业绩管理方法并不全面，组织必须通过在客户、供应商、员工、组织流程、技术和革新等方面的投资，获得持续发展的动力。正是基于这样的认识，平衡计分卡方法认为，组织应从四个角度审视自身业绩：创新与学习、业务流程、顾客、财务。平衡计分卡反映了财务、非财务衡量方法之间的平衡，长期目标与短期目标之间的平衡，外部和内部的平衡，结果和过程平衡，管理业绩和经营业绩的平衡等多个方面，所以能反映组织综合经营状况，使业绩评价趋于平衡和完善，利于组织长期发展。

BSC 是一套从四个方面对公司战略管理的绩效进行财务与非财务综合评价的评分卡片，不仅能有效克服传统的财务评估方法的滞后性、偏重短期利益和内部利益以及忽视无形资产收益等诸多缺陷，而且是一个科学的集公司战略管理控制与战略管理的绩效评估于一体的管理系统。其基本原理是以组织的共同愿景与战略为内核，运用综合与平衡的哲学思想，依据组织结构，将公司的愿景与战略转化为下属各责任部门（如各事业部）在财务、顾客、内部流程、学习与成长等四个方面的系列具体目标（即成功的因素），并设置相应的四张计分卡，其基本框架见图 11 - 10。

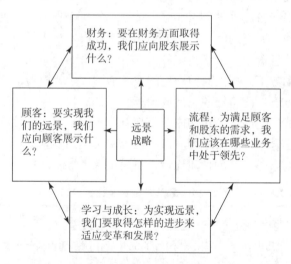

图 11 - 10　平衡计分卡基本框架

3. 战略地图

战略地图是由罗伯特·卡普兰和戴维·诺顿提出的，他们是平衡计分卡的创始人。在对实行平衡计分卡的企业进行长期的指导和研究的过程中，两位大师发现，企业由于无法全面地描述战略，管理者之间及管理者与员工之间无法沟通，对战略无法达成共识。平衡计分卡只建立了一个战略框架，而缺乏对战略进行具体而系统、全面的描述。2004 年 1 月，两位创始人的第三部著作《战略地图——化无形资产为有形成果》出版。

战略地图是在平衡计分卡的基础上发展来的，与平衡计分卡相比，它增加了两个层次的东西：一是颗粒层，每一个层面下都可以分解为很多要素；二是增加了动态的层面，也就是说战略地图是动态的，可以结合战略规划过程来绘制。战略地图是以平衡计分卡的四个层面目标（财务、客户、内部、学习与成长）为核心，通过分析这四个层面目标的相互关系而绘制的企业战略因果关系图。战略地图的核心内容包括：企业只有通过运用人力资本、信息资本和组织资本等无形资产（学习与成长），才能创新和建立战略优势和效率（内部流程），进而使公司把特定价值带给市场（客户），从而实现股东价值（财务）。绘制企业战略地图的步骤如下：

第一步，确定股东价值差距（财务层面）。比如说，股东期望五年之后销售收入能够达到5亿元，但是现在只达到1亿元，距离股东的价值预期还差4亿元，这个预期差就是企业的总体目标。

第二步，调整客户价值主张（客户层面）。要弥补股东价值差距，要实现4亿元销售额的增长，需要对现有的客户进行分析，调整客户价值主张。客户价值主张主要有四种：第一种是总成本最低；第二种强调产品创新和领导；第三种强调提供全面客户解决方案；第四种是系统锁定（公司通过为客户创造较高的转换成本，从而产生长期的可持续性价值）。

第三步，确定价值提升时间表。针对五年实现四亿元股东价值差距的目标，要确定时间表，第一年提升多少，第二年、第三年多少，将提升的时间进度表确定下来。

第四步，确定战略主题（内部流程层面），要找关键的流程，确定企业短期、中期、长期做什么事。有四个关键内部流程：运营管理流程、客户管理流程、创新流程、社会流程。

第五步，提升战略准备度（学习和成长层面）。分析企业现有无形资产的战略准备度，具备或者不具备支撑关键流程的能力，如果不具备，找出办法来予以提升，企业无形资产分为三类，人力资本、信息资本、组织资本。

第六步，形成行动方案。根据前面确定的战略地图以及相对应的不同指标和目标值，再来制定一系列的行动方案，配备资源，形成预算。

虽然不同企业的战略地图从形式和内容上都有所不同，但所有战略地图的内在原理却是完全相通的。一个科学合理的战略地图应该有两个基本判断要素，第一个要素是KPI的数量及分布比例；第二个要素是KPI的性质比例，见表11-8。

表11-8 KPI的数量及比例分布

KPI的数量及分布比例	KPI的性质比例
指标数都在20个左右，其中： 财务20%左右 客户20%左右 内部流程40%左右 学习与成长20%左右	超过了80%的比例是非财务性的指标，只有不到20%的指标是财务性的指标； 定量指标比例高于定性指标的比例； 长期指标比例高于短期指标的比例； 成长性指标比例高于维持性指标的比例

二、经典论文推介

1. 营销绩效评价研究现状及趋势．谷风娇，王艳（新疆财经大学）．市场研究，2014 (11)：23-25

（1）概要。

营销绩效评价是营销管理研究的一个新领域，同时也是营销管理的一个重要环节。企业绩效或效率的评价问题一直以来都是企业经营和管理学研究中十分重要而又非常现实的问题。随着市场营销在企业运营中的地位越来越重要以及在企业资源配置中所占比例逐渐增大，营销绩效评价逐渐成为企业界和学术界都极其关注的重要问题。本文针对国内外对营销绩效评价的研究，从营销绩效研究的提出、营销绩效评价指标选择、营销绩效评价方法以及与营销绩效评价相关的其他问题等方面对营销绩效评价理论进行评述，并根据我国目前对营销绩效评价研究的现状和我国的实际情况，指出营销绩效评价未来可能的研究趋势。

（2）主要内容和观点。

企业营销绩效评价是指应用定性和定量的方法，并采用适当的营销绩效评价指标体系对企业的营销运作过程的实际效果及其对企业的贡献或价值进行评价和估计。从国外营销绩效评价的发展过程来看，大致经历了以下四个阶段（图11-11）。

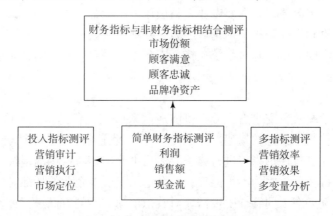

图11-11　绩效评价的发展历程

①简单财务指标测评阶段。

这一阶段是从20世纪60年代开始的，把营销绩效评价指标聚焦在财务指标上。在对企业的营销生产力研究中发现，在营销结果测评中使用次数最多的财务指标依次是利润、销售额和现金流量。

②财务指标与非财务指标相结合测评阶段。

20世纪80年代后期，非财务指标开始应用于营销绩效测评中。比较有代表性的研究都集中在发展不同指标上，如品牌价值、顾客价值、营销投资回报率和贴现现金流。

③从产出指标评价到投入指标测评阶段

从品牌资产、顾客满意、顾客忠诚等这些营销产出指标测评到营销审计、营销执行、市场定位等营销投入指标。最初对营销投入的测评是营销审计的概念。

④从单一指标评价到多指标综合测评阶段

早期营销绩效测评中比较常见的是用一个或几个财务指标来反映营销结果，从20世纪70年代多指标营销审计开始以后，这一现象就发生了，如Kumar等人提出了测评销售者绩效的组织效果四尺度法，即质量尺度、资源使用尺度、作业尺度和人力资源尺度，并运用多变量数据分析技术，如因子分析和数据包络法来定义基本的绩效尺度。但是大多数研究都侧重于营销绩效评价指标体系的构建。

国内对于营销绩效评价的研究大多是在国外研究的基础上直接给出不同的评价指标，但基本上采取了一些通用的营销绩效评价标准。总体来看，可以大致分为三类：一类是就某个具体行业的营销绩效评价;另一类是基于关系营销、网络营销、绿色营销等具体的营销理论的营销绩效评价;第三类是针对营销绩效评价方法的更新或改进。上述研究比较多地集中在营销绩效指标的选择和构建方面,然而从学者们的研究成果看,不同类型的指标具有不同的优点和缺点。

从目前的研究来看,我国在营销绩效评价方法的研究上已经取得了一定的进展,但是需要继续探索的空间还很大。事实上,每一种评价方法都有其优缺点。例如,层次分析法是一种系统分析、简单决策的方法,并且需要的定量数据信息也较少,但是主观性较强,指标过多时数据统计量大,权重难以确定;DEA方法具有很强的客观性,所需样本量也少,但只适合从投入产出的视角来评价营销绩效;BP神经网络法特别适合解决内部机制复杂的问题,容错能力好,可是它也有其局限性,BP神经网络算法收敛速度慢,对样本的依赖性很强,在企业中应用推广性十分差,且需要专业人员操作等;综合集成法的优缺点也十分明显,优点是能够将定量分析和定性分析、理论与经验、宏观与微观很好地有机结合起来,缺点是专业性要求较高,且需要大型计算机系统支持。因此,还需要未来的学者对于方法的选择和应用上进一步加以完善。

(3)展望。

从国内外对营销绩效研究来看,截至目前还尚未形成一套完整的理论体系和评价制度,大部分研究都集中在测评指标的构建上。国内许多学者在对营销绩效评价指标进行研究时,主要通过针对国内外已有评价指标进行修正,然后再给出相对通用的指标体系。但是,这些指标体系适应性值得怀疑,因为不可能存在一套适用于所有企业的标准。营销绩效测评受到众多因素的影响,例如在不同管理阶段需要对营销活动的不同方面进行评价,营销控制差异会引起绩效评价侧重点的不同。此外,企业实施不同营销战略,采用不同营销导向,处于不同行业,面临不同规模或发展阶段等,都会影响其营销绩效的测评。还有营销绩效评价指标的国别差异也凸显了进行进一步国际比较的需要,尤其是规范模型在营销绩效维度方面的变化。情境因素会影响营销绩效评价指标的选择与评价方法的选择,因此,在研究营销绩效评价时,特别是评价指标选择时,不能孤立看待问题,应把其放在特定情境中,根据企业所处行业及自身特殊性来确定营销绩效评价指标,才具有现实意义。与此同时,营销绩效评价结果为营销控制、营销决策提供依据,企业进而据此调整策略与行动,这会改变情境而又影响营销绩效评价。因此,探讨在不同情境下营销绩效评价问题将成为未来研究的课题。此外,不同企业间的绩效差异是否与营销绩效评价体系差异或市场导向差异有关也是一个尚待解决的问题。

2. 营销审计对企业营销绩效影响的实证研究. 富闽鲁,汪波(天津大学管理学院). 北京理工大学学报:社会科学版,2007(5):81-85

(1)概要。

本文基于制造企业的营销现状,实证研究了营销审计对企业营销绩效的影响,通过构建多元回归模型,对营销审计整体及各要素影响营销绩效的线性和非线性关系进行了验证,表明了整体的线性关系,提出结果控制对营销管理呈现正向的线性关系,而过程控制对营销管理呈现一定的影响,影响与控制的程度有关等结论。这一发现对提高营销审计的结论及控制的信度和效度有重要的理论和实践指导意义。

(2)主要内容和观点。

本文研究的基础是在企业对营销活动的管理控制即营销审计，分别从营销环境、营销战略、营销组织、营销系统、营销功能、营销绩效几方面评价、控制和影响营销绩效，其中，营销战略对于营销绩效的影响往往是长期的、隐性的，营销环境、营销系统和营销功能、营销组织审计由于对营销绩效呈现一定的实时性影响，所以可将对它们的审计归列为过程控制。而营销绩效审计显然符合结果控制的特征，可将其规列为结果控制。本文将营销审计针对的营销绩效界定为行业内的营销成绩，如市场份额、市场满意度、忠诚度、销售利润率、现金流等。

在研究方法方面，本文在营销审计对营销绩效影响的研究中，所测量的潜变量是由多个观测变量反映的，需要检验的是营销审计整体及内部各要素与营销绩效之间是否存在线性或非线性关系，而以往的研究表明，回归分析在检验非线性关系和交互影响中是较好的方法，得到了广泛应用。因此本文选择了多元回归分析的方法。作者利用问卷法做了企业调研，问卷涉及了6个维度：市场营销环境审计影响、市场营销战略审计影响、市场营销组织审计影响、市场营销系统审计影响、市场营销功能审计影响和市场营销绩效审计影响。均是无法直接度量的隐变量，需用多个可观测指标间接度量，问卷中6个维度共设计度量项目26个，利用 SPSS 软件，计算了各个潜变量与度量项目的内部一致性系数。经检验，这26个度量项目均通过可靠性信度检验，而总量表的信度系数为0.712。从6个维度看，信度系数不是非常理想，但基于本研究题目的探索性，还在可以接受的范围内。此外，总量表的信度系数为0.712，代表该量表的可靠性尚可，鉴于调查的局限性，量表本身的设计是需要今后改进的方向。

在研究结果方面，通过回归结果表明：一方面，营销战略的审计与营销绩效审计与营销绩效呈现出一种正向的相关关系，即对营销战略的审计与对营销绩效本身的审计有助于提高营销绩效。这与近年来战略管理的理念在国内企业中越来越深入人心的背景环境是相吻合的；另一方面，对营销绩效结果的评价一直以来对国内企业来说，无疑是作为对营销管理的一种重要手段，因此呈现正向相关关系完全是在情理之中。而营销系统审计与管理效果呈现的非线性关系表明对营销控制程序本身、营销信息、营销成本等项目的审计与营销绩效有一定的关系，这种关系应该与审计的程度有关，对这些项目过度的审计，一定程度上会降低营销绩效，这也可以解释一种现象，即在企业中营销成本的控制一直是令企业感到头痛的一件事。虽然如此，营销部门的预算却基本总是能够通过，这表明了对营销成本等项目的审计的确需要把握一个合适的度。同时，通过对回归结果的观察还发现，在没有通过正向线性关系显著性检验的变量中，所有变量都属于过程控制变量。

（3）结论。

在营销审计对营销绩效影响的实证研究中，营销战略审计、营销绩效审计与营销绩效呈现了一种正向的相关关系，即对营销战略的审计与对营销绩效本身的审计有助于提高营销绩效。营销系统审计与营销绩效呈现了一种非线性的相关关系，即对营销系统的审计对营销绩效有一定的影响，这种影响视审计的程度而定。在将营销审计从管理控制的视角划分为过程控制和结果控制两类的研究中，过程控制与绩效的非线性关系得到支持，结果控制与营销绩效的线性的正向相关关系得到了支持。对以上的结果进行分析，发现在中国出现这种结果是可能的。这与当前我国企业营销管理中"重结果、轻过程"的实际情况是相吻合的，这也为许多学者对中国企业加强营销过程管理水平的呼吁提供了依据。过程控制对于营销绩效的正向的线性影响没有得到支持,是由于我国企业的过程控制水平较低,企业营销管理还较为粗放造成的,反映了我国企业营销管理水平较低的现实。过程控制在对营销环境、营销组织等评价和控制上比结果控制更难,对企业营销管理水平的要求也更高。但是通过适当的营销审计,提高过程控制的水平对于企业来说,毕竟是非常有意义的一件事。因为由于过程控制不力给企业营销带来的负面影响是显而易见的。一方面,由于企业难以从营销组织那里得到充分、准确的市场信息,企业没有可能或没有能力为不同区域市场、不同营销人员制订合适的销售策略和销售计划,缺乏实施过程控制的基础,过程控制无法发挥效果;另一方面,即使企业制订了合适的策略和计划,但是执行普遍存在问题,主要在于企业对营销组织、营销人员的监控水平较低,使好的策略和计划不能发挥作用。

随着市场竞争的规范和企业的进一步发展,结果控制对提升企业绩效的作用会越来越小,在这种情况下,加强过程控制是必然选择。

3. 基于企业营销能力的营销组织创新研究. 左莉,刘延平(北京交通大学经济管理学院). 中国流通经济,2008(3):47-49

(1)概要。

随着消费者需求的个性化与多样化、市场的国际化与微型化、信息技术的高速发展及市场竞争的日益激烈,企业的营销能力已超越生产能力和研发能力成为最重要的企业能力,而企业营销能力的高低取决于企业营销组织的合理性。要提高企业营销能力,必须构建适应环境、符合企业发展战略的营销组织,通过营销组织创新,建立市场驱动型的企业组织,培育、维护和更新企业可持续的竞争优势。当前营销组织创新的重点是营销组织概念创新、营销组织结构创新、营销流程创新、营销沟通创新及营销组织绩效考核创新。

(2)主要内容和观点。

本文根据企业营销流程把企业营销能力分为以下四种:第一阶段为营销准备阶段,需要的是市场信息搜集与整理能力,包括市场调研与信息整理能力。第二阶段为营销方案制定阶段,需要的是根据上一阶段搜集、整理的信息进行市场分析并制定市场营销战略与策略的能力,包括市场细分、目标市场选择、市场定位、营销战略与策略制定、营销计划制订、营销组织配备、营销理念贯彻、营销文化建立等能力。第三阶段为营销方案实施阶段,需要的是对营销战略和策略的执行能力,包括营销过程的管理与监控能力、销售管理能力、渠道管理能力、与其他部门的沟通能力、营销制度创新能力、诚信培育力与形象打造力等等。第四阶段为营销反馈与提升阶段,需要的是对售后信息进行反馈并对营销行为进行调整的能力。

营销组织是企业营销能力实现的基础,营销环境是影响企业营销活动的不可控制的外部因素。企业要想成功地开展营销活动,必须不断追踪外部环境的变化,预测外部环境的变化趋势,分析因环境变化所带来的机会和威胁,有效地趋利避害,抓住新的机会,迎接新的挑战。"适者生存"不仅是生物进化的规律,也是市场竞争的法则。从某种意义上来说,企业营销能力实际上就是企业适应环境的能力,即企业能否针对不断变化的环境灵活开展相应的营销活动。企业营销能力的高低首先取决于营销组织的结构是否适应市场、是否富有效率。企业的营销能力是和组织的营销过程紧密缠绕在一起的,因为是这种能力使交易过程中的各种活动得以实现。提升企业营销能力的本质就是在技术、生产、服务观念创新之上创造一个能够适应市场需求、快速处理市场需求并且有效地解决生产与需求之间交流障碍的动态服务模式。创造这样的模式不能依靠个人的智慧,而是要求企业组织整体具有可持续的营销创新能力。因此，提升企业营销能力的关键就是要构建一个符合企业发展战略的营销组织和一个具有营销导向的企业组织。

现有的营销组织模式已经限制了企业的发展，所以必须对营销组织进行创新，以提高企业的市场感知能力、市场联系能力和战略思考能力。以下几个方面是创新的方向，见表11-9。

表11-9 营销组织创新的维度

创新维度	内容
营销组织概念创新	可理解为营销组织的边界创新，打破营销组织即营销部门的概念，突破营销部门原来的边界，建设以顾客为核心、以营销部门为纽带的市场导向型营销组织
营销组织结构创新	在营销环境瞬息万变的市场里，营销组织必须密切接触市场，才能具备敏锐的市场洞察力，才能捕捉到稍纵即逝的机会。而现行大多数企业的组织结构是按照传统方式设置相应职能部门，以研究开发为起点，以消费者为终点，中间依次设置采购、生产、营销部门。但企业的营销工作并不仅仅是由营销部门来完成的。从迈克尔·波特提出的价值链的流程来看，要为顾客创造最大价值，需要采购、生产、设计、营销、客户服务、人力资源管理、财务等几乎企业所有部门的密切配合
营销组织流程创新	流程再造已经成为现代企业经营过程中一个重要的环节，它是企业适应新的经营环境和信息技术所必需的。企业要有效运作其营销业务网，也必须以市场需求为导向，以顾客满意为目标，优化、创新营销流程。创新营销流程首先要提炼关键业务，即对关键业务的流程进行重新构建和安排；其次要明确流程点所包含的内容，给各部门在业务流程中的职能进行定位。在靠流程推动工作的体系中，必须使业务流程本身具有可检查性或信息双向沟通职能，以便对业务流程结果予以评估和传递，从而保证业务流程运作的效率和质量，以营销流程的创新保证营销理念真正落到实处
营销组织沟通创新	在瞬息万变的市场中，企业不仅需要及时捕捉信息，更要保证信息在企业内部及时、有效的沟通。企业应建立营销信息系统，全面拓展信息渠道，完善各类营销信息收集、整理、管理制度，建立完全电子化的营销信息管理系统，实现信息的充分沟通与共享。营销信息系统是现代营销管理和决策的基础，也是营销组织有效开展工作的平台和保证。为了保证营销信息的充分沟通与传递，企业还应建立柔性化、扁平化的营销组织，杜绝信息传递失真或失效的现象
营销组织绩效考核创新	营销组织的有效运作需要一套有效的绩效考核体系作保证。营销绩效考核体系应围绕企业的整体营销设计建立。由于营销工作的特殊性，营销绩效考核的根本点在于营造一种机会公平的环境，使大家都能在同样的平台上展开公平竞争，并获得公平的回报。在实践中，这种机会上的平等必须充分考虑各类营销人员工作性质的差异及短期利益与长期利益的平衡，在组织中形成一种竞争与合作并存的局面，从而提高整个营销组织的营销执行力

（3）结论。

企业的营销能力必须依靠合理科学的营销组织来实现。为了提高企业的营销能力，必须构建适应环境、符合企业发展战略的营销组织。传统的营销组织模式已不适应当前的营销环境，成为提高企业营销能力的障碍。根据当前营销环境的特点，营销组织创新的重点是营销组织概念创新、营销组织结构创新、营销流程创新、营销沟通创新与营销组织绩效考核创新。通过营销组织创新，建立市场驱动型的企业组织，培育、维护和更新企业可持续的竞争优势。

三、经典图书推介

1. 营销计划手册（第 5 版）.［美］玛丽安·伯克·伍德. 占丽，等，译. 上海：格致出版社，2016

（1）概要。

本书是指导经管类专业学生和企业营销人员制定营销战略和营销计划的小册子。作者首先概述了本书的目的和内容，之后作者根据其建立的营销规划过程模型，逐个详述了制订营销计划书的步骤。制订一份完善的营销计划书，首先需要依次进行现状、市场和客户分析，接着通过市场细分、目标市场定位和产品定位明确营销对象。然后设定营销计划的方向和目标、规划服务和企业层面的营销支持。制定营销策略和方案，一般采用四种基本的营销工具及它们的组合，包括产品、价格、渠道和促销。最后设计评价指标，定期监测目标进展情况，并预测业绩和成本、规划时间表，通过比较实际和预期结果，适时修改甚至重新设计营销方案。

（2）主要内容和观点。

本书是指导经管类专业学生和企业营销人员制定营销战略和营销计划的小册子。全书共分为 10 章（见表 11-10）。

表 11-10 《营销计划手册》主要内容

第 1 章	营销规划：新的空间、新的机遇
第 2 章	现状分析
第 3 章	市场和顾客分析
第 4 章	市场细分、目标市场定位和产品定位
第 5 章	营销计划的方向、目标及营销支持
第 6 章	制定产品和品牌战略
第 7 章	制定定价战略
第 8 章	渠道策略与物流策略
第 9 章	营销传播和影响策略制定
第 10 章	设计评价指标和执行控制方法

《营销计划手册》填补了可操作性方面的空白，它能够引导读者一步一步地完成整个营销策划过程。本书强调的重点是运用营销战略、战术和指标等基本概念，制定一个兼具实用性和适用性强的营销规划。通过一章一章的学习，读者会了解到如何制订一个好的计划，并通过阅读世界范围内企业成功的（当然也有失败的）营销规划获得一些宝贵经验或是教训。本书在内容结构上突出了以下特点：

①提出了一步一步地制定营销规划的过程。

在制定一个营销规划的时候，人们往往不知道如何着手，不知道如何制定各项决策。在本书每章结尾都有一个"一步一步地制定营销规划"专栏，引导读者完成计划制订过程中的每个步骤。回答这些专栏中的问题，并查看所推荐的数据来源，将为制定营销规划的信息搜集和分析工作建立一个良好的开端。在一些重要的营销概念应用方面，读者也将会有一些新的发现。不管是在编制什么类型的营销规划，这些板块都可以帮助进行决策，并对一些关键问题进行思考。

②引入了现实中的营销规划案例。

洛杉矶的电影酒馆是如何运用营销规划将其品牌打造为食品和电影行业先驱者的（第2章）？为推出针对女孩子的新玩具，乐高做了哪些幕后策划（第3章）？为实现营销规划目标，IBM如何制订产品和服务组合的计划（第5章）？为什么麦当劳广受欢迎的McRib三明治产品每年仅仅销售几个星期（第6章）？大都会歌剧院非常成功的高清直播方案背后有什么样的营销故事（第8章）？美国的Chobani公司是如何使用聪明的营销手段成为酸奶龙头企业的（第9章）？

从营销角度来看，乐高、IBM、麦当劳和Chobani之类的市场领导者，与"电影酒馆"之类的小众公司，以及大都会歌剧院之类的非营利组织具有一些共同的特点。这些共同点体现在使用的结构化营销规划找出合适的目标市场，指导营销策略制定，协调各种营销方案，并评估所取得的成效。除了上述案例之外，《营销计划手册》还包括其他各种类型企业和组织的案例，例如消费市场和产业市场、大公司和小公司、传统企业和网络企业、美国企业和国际企业，以及一些非营利机构等等。书中还采纳了高校教师的一些建议，针对现实案例进行了细致的分析，试图揭示在制定和实施一个成功的营销规划时营销人员可能会面对的各种机遇和挑战。

③提出了营销规划制定过程模型。

营销规划编制过程复杂、步骤繁多。因此，在致力于完善每个细节的时候，可能无法很容易地把握全局。第1章介绍的营销规划模型，可以帮助了解整个计划编制过程，后面的章节又对这些内容进行了详细介绍，可以清楚地了解在整个计划编制进程中所处的具体位置。使用这种模型可以形象地解释步骤之间的关联，并把重点放在所有营销规划都最为重视的三个关键指标方面：为客户提供价值、建立关系和为利益相关者带来收益。

④提炼了完善的要点清单。

企业怎样来确定营销规划已经包含了所有基本要点？每一章的知识要点清单总结了在规划制定过程中需要注意的关键点。在回答了全书10章知识要点中提出的问题之后，就能够对制定一个实用性的营销规划有比较清楚的认识，对规划制定过程的复杂性有较为深入了解，就知道后续应该开展哪些工作了。

⑤实用的营销计划小贴士。

在制定营销规划的时候，心里要清楚需要注意哪些要点，会面临哪些困境。每章的侧边栏都包含一些特别的规划编制提示，帮助读者更好地把理论运用到实践之中。这些提示强调了在规划制定过程中需要考虑的各种实际因素，以及在编制过程中可能会遇到的问题或困难。

（3）编辑推荐。

虽然目前的营销教科书多种多样，但这些教材重点介绍的是营销的概念和理论，对营销方法和计划的介绍往往泛泛而谈，而玛丽安·伍德的这本小册子则恰恰弥补了这方面的不足。作者将营销规划过程模型化，归纳为三大营销目标和六个营销步骤，每章开头的知识要点和每章结尾的"一步一步地制定营销规划"栏目颇具特色，前者能帮助读者快速形成总体思路，后者分拆了每一步骤中的难点、给予提示和建议并提供可能需要的资源列表。另外，作者编写了大量营销案例，这些案例中涉及的组织广泛分布于世界各国以及不同行业，从跨国公司到初创企业，从传统的制造业到新兴的服务业，甚至包括慈善团体和政府机构，因此读者能根据自身需要有选择地参考，从案例中吸取经验教训。值得一提的是，作者介绍了不少新的营销概念和技术，比如"共同创造""展厅效应""神经营销"等，鼓励读者在有条件的情况下尝试将新兴事物融入他们的营销计划中。

2. 战略营销（原书第10版），[美] 戴维·克雷文斯．董伊人，等．译．北京：机械工业出版社，2016

（1）概要。

本书主线是营销战略相关内容，包括战略营销概述，市场、细分市场及顾客价值，市场驱动战略的设计，市场驱动规划的开发，市场驱动战略的实施与管理；介绍了许多经典案例。本书每章后均有复习与讨论和互联网应用，读者可以将所学知识针对具体的企业进行演练。

（2）主要内容和观点（表11-11）。

表11-11 《战略营销》的主要内容构成

章节	主要内容
第1章 市场驱动战略的新挑战	本章强调了营销思维发展的新影响。增加了有关云计算的应用，以及一个集中关注网络化组织营销的应用
第2章 市场与竞争空间	本章讨论了颠覆性创新对产业的冲击、产业的战略性变革以及经济衰退对营销战略的影响
第3章 战略性市场细分	本章引入了有关市场细分的案例及微潮流，来为传统的市场细分逻辑提供支撑。主要案例有豪华酒店相关的全新生活方式细分市场，沃尔玛超市消费的核心消费群体以及《哈利·波特》丛书使用的网络策略等
第4章 战略顾客管理：系统、伦理和社会责任	本章介绍了战略顾客关系管理的涵盖范围。特别是加入了有关伦理与企业社会责任（CSR）的内容。剖析了伦理举措及其对顾客关系的影响
第5章 了解顾客和市场的能力	本章强调建立学习能力过程中的战略灵活性和对信息的解读。特别是对以网络为基础的信息资源应用进行了拓展
第6章 目标市场选择与定位	本章主要介绍了目标市场选择与战略定位相关内容；运用了大量的案例，说明了不同环境下目标市场选择与定位战略
第7章 战略关系	本章以公司间合作进军市场的文献拉开序幕，分析了战略合作、战略结盟、供应商关系管理、战略客户管理等内容
第8章 创新和新产品战略	本章介绍了叠加式制造业的创新、产品概念测试形式以及企业合作创新等内容
第9章 战略品牌管理	本章介绍了战略品牌管理、分析、识别、品牌组合、品牌杠杆等策略。对企业社会责任与品牌之间的关系进行了补充，新增的"创新应用"对品牌参与和社交媒体进行了剖析
第10章 价值链战略	本章对于价值链重设战略进行了新的讲解，并运用了新案例予以支持；添加了剖析价值链创新与新渠道的内容

续表

章节	主要内容
第11章 定价战略	本章对价格作为质量指标和低价策略反差的内容做了扩展;阐述了全球化市场上的全球化定价、价格规范与管制问题,并分析了新兴市场的冲击以及新兴市场跨国公司的全球化竞争
第12章 促销和销售促进战略	本章介绍了促销战略、广告和销售促进战略,并首次加入了移动客户端广告开支的数据及相关内容
第13章 销售队伍、互联网和直复营销战略	本章介绍了社交媒体产生的冲击、战略性销售组织现象的新内容。在直复营销战略中,对移动通信给予了新的关注,并添加了有关移动定向发送的"创新应用"
第14章 市场驱动型组织的设计	在这一章中,分析了市场驱动战略下组织设计的相关内容,包括组织变革、组织设计调整、组织结构的灵活性、组织调整与企业社会责任之间的关联、组织结构重组等内容
第15章 战略营销的执行与调控	本章介绍了战略营销规划过程、执行、评估与调控、营销绩效衡量等内容。还全面分析了首席营销执行官在企业中所扮演的战略角色,审视了这一职位需要具备的能力、行使的任务以及肩负的责任

(3) 作者推荐。

作者在前言中指出,21世纪到来带来了许多新的机遇,与此同时,世界各地的企业执行官也遭遇了很多前所未见的战略性营销挑战。目标消费者多元化的价值需求、激烈的全球性竞争、动荡不定的市场、日新月异的技术以及积极主动的全球化扩张等驱动因素,使得战略营销不仅势在必行,也与企业的收益绩效息息相关。机遇生于挑战,而要抓住这些机遇,则亟须提高企业运营者对市场、竞争空间、顾客价值传递、企业伦理行为、社会责任、创新文化与创新过程,以及有效的组织设计与组织流程等多方面的认识和理解。战略营销在企业获取绩效的过程中具有不可或缺的地位,很多成功企业运用市场驱动战略在复杂多变的市场和竞争环境下获得成功就很好地说明了这一点。对顾客价值的尊崇、对差异化能力的运用、对市场环境多元化与变动的快速响应、发展创新文化以及对全球商业挑战的识别等刺激因素,都要求有切实有效的营销战略以帮助企业获得并保持竞争优势。《战略营销》为企业设计与实施市场驱动战略分析了内在逻辑,指明了必要程序。

3. 升级你的营销组织. 程绍珊,吴越舟. 北京:中华工商联合出版社,2013

(1) 概要。

本书包括三大模块,第一模块"直击问题本质,寻找解决思路",分析企业营销管理的主要问题,认识现在整合营销对营销组织的要求,更新现代营销组织的理念。第二模块"构建有机性营销组织",提出了营销组织设计逻辑,根据企业实际情况选择相应管理模式,建立有机性营销组织,实现"研产销供"一体化响应市场竞争,实现组织营销的战略的统一性、策略的灵活性、执行的权威性。第三模块"构建现代营销管理体系",分析了发挥营销后台部门支持职能,促进其专业化发展,打造财务垂直管理体系和相对统一规范的人力资源管理体系,完善简单实效的营销信息管理。

(2) 主要内容和观点。

本书的内容体系见表11-12。

表 11-12 《升级你的营销组织》主要内容体系

第一章 营销究竟难在哪儿	本章列出了企业常见的营销难题，分析了产生的原因，引出了用"有机性营销组织"系统应对营销难题这一主题
第二章 决定营销组织设计的因素	本章分析了企业与客户的基本关系，提出并分析了影响营销组织设计的六大因素
第三章 设计营销组织的步骤	本章列出了设计营销组织的6个步骤，并且分析了如何为营销组织定位等内容
第四章 营销总部的职能	本章运用中国"龙"的概念，把市场部比喻成"龙头"、销售部比喻成"龙身"、支持部门比喻成"龙尾"，分析了营销总部的职能
第五章 如何设计营销组织的结构	本章提出了设计营销组织结构的导向与要点，结合某公司的案例分析了部门与岗位设计和业务流程设计的相关内容
第六章 如何构建营销组织的运营、管理体系	本章分析了如何构建营销运营体系的内容以及如何提升三大基础管理的具体方法
第七章 如何管好驻外营销机构	本章分析了企业如何合理设立驻外营销机构、如何有效管控驻外营销机构和如何预防、处理驻外机构常见问题等相关内容
第八章 如何组建能征善战的营销队伍	本章在分析有效营销组织的结构的基础上，提出了营销队伍的人力资源管理和营销队伍的建设的相关对策

（3）作者推荐。

作者在前言中提到，随着经济全球化与网络化浪潮的来临，中国经济的高速发展将表现出不可逆转的拐点，高速发展的时代已经结束，中国企业将不断承受着来自世界经济的周期性波动与"颠簸"。在整个外部环境充满着不确定性的背景下，营销组织将不得不面临"混沌"的竞争现实。"过山车"式的市场环境，对任何一个企业的营销组织来说都是极大的挑战。新形势下的环境突变对营销组织来说，并不意味着享受极限或高空运动的激情，带来的往往是更多的"无情与无奈"。作为营销领域的实践者与探索者，在此形势下我们觉得有责任和义务与所有的营销管理者一道，来共同探索突围的思路与办法。尤其是市场的动荡对营销组织提出了更高要求。企业要想更从容地适应复杂多变的市场环境，关键是要抓住营销的根本，即建立起高效的有机性营销组织。

4. 营销执行（第 3 版）. 胡利杰，田宇. 北京：企业管理出版社，2016

（1）概要。

当不同企业采用相同或相似的策略，效果却大相径庭时，很大的可能是营销组织的执行能力存在差异。当大多数企业已经了解了如何进行市场分析和制订营销计划时，企业之间最重要的差别就在于谁能把营销计划执行得更到位。营销执行力已经成为中国企业营销成败的关键。本书以市场营销管理、业务流程再造、组织行为学等理论为基础，以企业营销实战为出发点，就如何提高企业营销执行力，从营销组织设计、关键业务流程、营销信息系统、领导力四个方面进行了比较详细的论述，并伴随有大量实际案例。

（2）主要内容和观点。

本书的内容架构见表 11-13 的归纳。

表 11-13 《营销执行》的主要内容构成

模块	内容
第一章：计划与执行——一个都不能少	本章首先提出的观点是把计划执行到位，以"到位的执行"成就竞争优势，正确的计划和到位的执行是营销成功的两大要素，将到位的工作方式积淀成为公司文化的一部分；然后分析了执行不力是系统生了病，解决办法是将重点工作落实，提高营销执行力，就是提高营销管理体系的运作效率
第二章：业务流程——建立以客户为导向的高效内部服务链	本章重点分析了企业组织中有关流程的内容： （1）从流程的角度看营销。为什么业务流程影响执行力？企业需要以顾客服务为核心的业务流程；企业流程设计应遵循的重要原则和流程设计的工具。 （2）市场与客户分析。企业需要整合和优化信息搜集，处理及共享流程，完善企业市场调研流程。 （3）新产品的开发管理。企业需要分析自身的新产品开发流程、新产品上市流程、新产品定价流程、新产品开发总结与回顾流程，汲取更多的经验。 （4）市场与销售管理。企业必须有完整的年度营销计划和预算的制定流程、销售折扣（返利）政策的制定与调整流程、销售预测流程、经销商选择与评估流程、产品调价流程。 （5）提供产品与服务。企业需要动态调整订单管理流程、投诉处理流程、退换货处理流程。 （6）财务与成本管理。企业还需优化营销预算监控与调整流程、区域（办事处）促销费用申请审批结算流程和对账流程等，目的是提高整体效率
第三章：营销组织——设计与业务流程相配的组织体系	本章重点探讨了组织设计的相关内容： （1）为什么营销组织设计会影响执行力：什么是有效的营销组织？营销组织设计不当的三大表现。 （2）如何设计你的营销组织？组织设计必须要回答的四个问题，影响营销组织设计的关键因素，营销组织设计的五项基本原则，多产品、多品牌的营销组织设计及如何向区域营销组织授权。 （3）营销组织建设与运行。如何做好组织调整、如何化解部门冲突、中小企业如何逐步完善营销组织
第四章：营销管理信息系统——投资支持高效业务流程的技术平台	本章分析了营销信息系统建设对企业的影响： （1）IT为战略而生。系统的设置应注重细节、系统提升执行的效率、用系统打造服务差异化。 （2）建设属于你自己的信息系统。信息化建设的五项基本原则、几种信息管理系统的简要介绍、客户关系管理。 （3）走出IT建设的误区。信息系统对领导是约束还是工具？如何有效避免"IT黑洞"、谁来主导系统设计，营销部门还是IT部门
第五章：提高营销执行力中领导者的角色	本章分析了营销执行对于领导者的要求： （1）领导者的素质要求。充分了解你的企业、坚持实事求是的原则、科学设定目标的能力。 （2）打好配合与协作的基础。关注整个团队的执行力而不单单是个人执行力、领导对执行过程的监督与控制、有效沟通。 （3）用人之道。如何选聘营销精英？培训是提高营销人员的操作能力的根本、如何维系与激励营销精英等

（3）编辑推荐。

本书基于咨询行业的多年经历，以扎实的理论基础、深入的实践经验和广泛的行业见识，从企业的营销部门所从事的具体工作出发，在分析总结了各类企业营销模式和管理体系的基础上，结合国外先进的管理理论编写。本书围绕如何提高企业营销执行力，从组织设计（营销部门的组织设计）、业务流程（与营销工作和客户满意有关的流程）、信息系统（支持营销工作的信息系统）、领导力这四个方面展开论述。主要针对或者说解决的问题是，如何有效提高营销组织执行力。

5. 营销审计．王方华，彭娟．上海：上海交通大学出版社，2005

（1）概要。

本书以现代营销理论和审计理论为基础，结合国内外大型公司营销审计的实践，阐释了营销审计的基本概念、方法和原则，并有创见地探讨了一系列的营销审计方法、理念和策略。全书结构包括绪论、营销审计的方法与程序、营销环境审计、营销战略审计、营销管理审计、营销功能审计、营销绩效审计、营销成本审计与控制以及营销审计展望。

（2）主要内容。

本书的内容架构见表 11 – 14 的归纳。

表 11 – 14 《营销审计》的主要内容构成

章节	内容
第 1 章 绪论	本章是绪论部分，主要内容包括营销审计的产生和发展、营销审计的内容和特征、营销审计的度量及研究方法、营销审计的战略意义
第 2 章 营销审计的方法与程序	本章分析了营销审计分类、营销审计方法、营销审计程序、营销审计计划、营销审计证据和营销审计工作底稿
第 3 章 营销环境审计	本章介绍了宏观环境审计、微观环境审计以及环境审计方法及案例分析等内容
第 4 章 营销战略审计	本章介绍了营销战略审计功能、营销战略审计内容和方法以及相关案例分析
第 5 章 营销管理审计	本章介绍了营销管理审计目标、营销计划审计、营销组织审计、营销控制审计的相关内容
第 6 章 营销功能审计	本章结合案例分析了对产品的审计，对价格的审计，对广告，促销和公共关系的审计，对销售队伍的审计，对销售渠道的审计
第 7 章 营销绩效审计	本章对营销绩效的标准设计、营销效率的考核、营销绩效模型建立等做了分析和实证研究
第 8 章 营销成本审计与控制	本章总结了企业营销成本的分类和作业成本法、分析了营销成本的分步审计和营销成本的全程控制等内容

（3）编辑推荐。

营销审计作为企业营销控制的重要手段已经广泛应用。营销审计能够促进市场营销战略和计划的正确制订，有利于企业内部资源和企业外部环境相匹配，实现良好的经营效果，促使市场营销领域各项受托经济责任的切实履行,最终帮助企业经营者有效解除自己身上承担的受托责任。同时,营销审计还可以揭露市场营销活动中的失职行为,并及时加以更正;此外,营销审计还可以发现市场营销活动中的舞弊行为和不正之风。上海交通大学安泰管理学院王方华教授主编的《营销审计》一书,从营销环境审计、营销战略审计、营销管理审计、营销功能审计和营销绩效审计方面详细介绍了企业开展营销审计的具体方法,是目前关于营销审计方面非常完整的教材。该书适用于高等院校工商管理类专业学生以及有志于从事营销审计工作的人员,对于已经在从事营销审计工作的专业人士也很有裨益。

附　录

一、单选题答案

1. A　　2. D　　3. D　　4. A　　5. D　　6. D　　7. D　　8. D　　9. C　　10. D
11. D　　12. D　　13. B　　14. D　　15. A　　16. D　　17. D　　18. C　　19. C　　20. D

二、多选题答案

1. ABCDEFGH　　2. ABCD　　3. ABCDE　　4. ABCDE　　5. ABCD
6. ABCD　　7. ABCDE　　8. ABCD　　9. ABC　　10. ABCDE
11. ABCDEF　　12. ABCD　　13. DE　　14. ABCDE　　15. ABCD
16. ABCDEF　　17. ABCD　　18. ABCDEF　　19. ABCDEF　　20. ABCDEF

参考文献

[1] 吴林蔚. 标杆房企的营销组织架构 [J]. 天津:中国房地产,2015.

[2] 陈阳. 市场营销学 [M]. 3版. 北京:北京大学出版社,2016.

[3] 圣吉. 第五项修炼:学习型组织的艺术与实践 [M]. 北京:中信出版社,2009.

[4] 卡普兰,诺顿. 平衡计分卡——化战略为行动 [M]. 广州:广东经济出版社,2013.

[5] 卡普兰,诺顿. 战略地图:化无形资产为有形成果 [M]. 刘俊勇,孙薇,译. 广州:广东省出版社,2005.

[6] 黄国辉,温荣辉. 都是韦尔奇惹的祸 [M]. 沈阳:万卷出版公司,2004.

第十二章
全球市场营销

第一节 测 试 题

一、单选题

1. 关于全球经济一体化，以下说法错误的是（　　）。
   A. 世界各国和地区之间的经济活动相互依存，相互关联
   B. 世界经济形成了世界范围内的有机整体
   C. 一国经济领域的变动可能会引起世界经济整体的变动
   D. 全球化是现代企业发展的唯一路径

2. 自由贸易区是指两个或两个以上国家或地区通过签署协定，在 WTO 最惠国待遇基础上，相互进一步开放市场，分阶段取消绝大部分货物的关税和非关税壁垒，改善市场准入条件，实现贸易和投资的自由化。以下说法错误的是（　　）。
   A. 自由贸易区内允许外国船舶自由进出　B. 外国货物免税进口
   C. 取消对进口货物的配额管制　　　　　D. 完全同自由港的功能一样

3. 理论上，凡是制成品在成员国境内生产的价值额占到产品价值总额的比例超过多少时候，该产品应视为原产地产品（　　）。
   A. 30%以上　　　B. 40%以上　　　C. 50%以上　　　D. 60%以上

4. 审美观是一种与美、高雅、舒适有关的文化概念，包括对音乐、艺术、色彩、建筑、式样形状等的鉴赏与评判。全球营销中了解不同地区的审美观的差异的重要意义主要体现在（　　）。
   A. 更好地把握产品的外观、包装和广告　B. 更好地制定产品价格
   C. 更好地选择产品渠道　　　　　　　　D. 更好地进入目标市场

5. 关于世界上人口流动趋势的说法，以下错误的是（　　）。
   A. 发展中国家的人口（高级人才）向发达国家迁移
   B. 人口从农村流向城市
   C. 人口从城市流向郊区和乡村
   D. 落后的国家或地区人口逐年减少

6. 全球企业在决定走出国门的时候，必须决定进入多少个市场，以及扩张的速度。典型的进入策略包括"瀑布型"以及"洒水型"，以下说法错误的是（　　）。

A. 瀑布型按顺序逐渐进入各个国家
B. 洒水型是同时进入多个国家
C. 技术密集型公司生来就是国际化的，适合瀑布型策略
D. 洒水型策略的主要风险在于是公司需要投入大量的资源

7. 许可经营是全球企业进入全球市场的重要方式，以下关于许可经营的说法错误的是（　　）。
A. 运用这一方式无须大量海外投资即可快速进入全球目标市场
B. 可以避开关税、配额、交通运输费等不利因素
C. 易受当地政府欢迎，风险较小
D. 对被授权企业控制力较强

8. 全球企业在制定人员推销策略时，推销人员的选择范围包括（　　）。
A. 第三国公民　　B. 东道国国民　　C. 驻外人员　　D. 以上都正确

9. 营业推广就是在一个目标市场上，企业为了刺激需求，扩大销售，而采取的能迅速产生激励作用的促销措施。全球营销中营业推广一般包括的类型有（　　）。
A. 直接对消费者或用户的营业推广
B. 直接对出口商、进口商和国外中间商的营业推广
C. 鼓励全球市场推销人员的营销推广
D. 以上都正确

10. 全球营销中关于价格升级的原因，以下说法正确的是（　　）。
A. 价格升级是由于产品加上了运输成本和关税
B. 价格升级与增加进口商差价有关
C. 价格升级与增加批发商和零售商差价有关
D. 以上都正确

11. 形成灰色市场的主要原因是（　　）。
A. 不同市场间价格的落差所带来的套利的机会
B. 国际汇率的波动
C. 产品在不同市场面临的产品生命周期
D. 对渠道商的不同授权条件

12. 关于全球企业的渠道问题，从卖方至最终买方之间的环节包括（　　）。
A. 卖方的总部机构　　　　　　　　B. 国（地区）与国（地区）之间的渠道
C. 国外市场内部的渠道　　　　　　D. 以上都包括

13. 全球营销中开展公共关系的主要目的是（　　）。
A. 与当地政府迅速建立伙伴关系
B. 与当地主要竞争企业建立战略合作关系
C. 利用当地消费者组织发布企业信息系
D. 取得全球公众和顾客的了解和信赖并促进销售

14. 关于全球化，以下说法错误的是（　　）。
A. 如果国内市场足够大，大部分的公司宁愿留在国内
B. 当国际市场比国内市场的盈利机会更大时，公司可能会选择全球化

C. 公司希望在国际对手的本土市场对其进行打击，考虑放弃全球化

D. 当顾客正在走向国外因而要求国际化的服务时候，公司不得不全球化

15. 关于全球营销中的原产国效应，以下说法错误的是（   ）。

   A. 人们一般更容易接受来自自己国家或地区的品牌

   B. 国家形象对于所有其出产的产品都有影响

   C. 消费者并不关心某些国家或地区在某些产品上的声誉好坏

   D. 消费者可能关心汽车的原产国，但没人关心润滑油是在哪里制造的

16. 全球营销活动的组织方式常见的有（   ）。

   A. 国际分支结构 B. 区域管理中心   C. 全球组织   D. 以上都正确

17. 关于企业在选择全球营销的目标市场的过程，以下说法错误的是（   ）。

   A. 需要分析消费者与用户的特征   B. 需要估计市场规模

   C. 需要做出接受或放弃决策   D. 不需要评估市场潜力

18. 全球企业是在跨国企业的基础上发展起来的，但它与跨国企业有很大的区别，主要体现在（   ）。

   A. 全球企业的研发中心全球化   B. 大多企业都采取强强联手的战略

   C. 基本都实现了范围经济性   D. 以上都正确

19. 关于全球企业选择目标市场的总体标准以下说法错误的是（   ）。

   A. 市场的可测量性   B. 需求弹性大

   C. 市场可进入   D. 顾客易反应

20. 关于全球营销的企业会面临的定价问题，不包括（   ）。

   A. 价格升级   B. 转移价格   C. 垄断价格   D. 灰色市场

二、多选题

1. 当一个企业在其所在国或地区以外的市场里进行经济活动时，该企业就进行了国际经济活动。国际经济活动一般包括（   ）。

   A. 国际贸易   B. 国际技术转让   C. 国际投资   D. 国际谈判

2. 全球营销观念的形成经历了（   ）发展阶段。

   A. 本国中心主义 B. 多元中心主义   C. 区域中心主义

   D. 全球中心主义 E. 贸易保护主义

3. 通常一国市场的吸引力受到该国的产业结构影响。常见的产业结构有（   ）。

   A. 自给自足型经济   B. 原料输出型经济

   C. 工业化进程经济   D. 工业化经济

4. 企业开展全球营销时，在分析目标国的政治和法律环境时，主要考虑的因素有（   ）。

   A. 政府的执政风格 B. 政党体制   C. 政府政策的持续性   D. 价格管制

   E. 外汇管制   F. 进口限制   G. 税收管制   H. 民族主义

5. 消费者的行为受到文化的深刻影响，在相同的收入条件下，不同文化环境下生活的消费者其消费行为并不一样。文化构成一般包括（   ）。

   A. 物质文化   B. 语言文字   C. 审美观   D. 教育

E. 传统习惯　　　　F. 宗教　　　　G. 态度和价值观　　　H. 社会组织结构

6. 公司一旦决定在全球市场进行营销活动，则必须考虑最佳进入方式。全球市场的进入方式有（　　）。

　　A. 出口　　　　B. 许可经营　　　C. 合同生产
　　D. 直接投资　　E. 合资企业

7. 传统的产品决策根据产品和促销是否改变，可以组合出向全球市场提供产品或服务的方式有（　　）。

　　A. 直接延伸　　B. 产品适应　　　C. 传播适应　　　D. 双重适应
　　E. 产品创新　　F. 全球适应

8. 产品适应是指改变产品的设计以适应当地的情况和喜好。一般产品适应主要体现在（　　）。

　　A. 功能　　　　B. 外观　　　　　C. 包装
　　D. 商标、厂牌和标签　　　　　　E. 服务的改进

9. 全球营销中产品创新的主要形式有（　　）。

　　A. 创造新产品，开创新潮流　　　B. 创造新的消费形式，提供产品
　　C. 补缺市场，提供产品　　　　　D. 把握消费特点转变机会开发产品
　　E. 研究竞争者的产品，再提供自己的产品

10. 开展全球营销的企业中，人员推销的主要任务是（　　）。

　　A. 发现市场机会，发掘市场潜在需求　　B. 接近顾客，说服顾客，接受订货
　　C. 搞好销售服务　　　　　　　　　　　D. 传递产品信息
　　E. 进行市场研究

三、阐述题

1. 全球营销观念的形成阶段

全球营销观念的形成经历了以下四个阶段：

（1）本国中心主义：由本国提供管理人员、技术；控制权高度集中国内；在经营中赢利性放第一位。

（2）多元中心主义：管理分散化；子公司或分公司适应当地环境；在经营中合法性放第一位。

（3）区域中心主义：按地区配置资源；地区内有纵横向沟通；管理既集中又分散；经营中兼顾营利性与合法性。

（4）全球中心主义：全球范围内配置资源；全球范围内沟通协调；管理集中分散并存；经营中赢利性与合法性并重。

企业经营观念的变化是随企业国际化经验的积累、全球竞争态势的变化而发生变化的。在当今全球竞争的新形势下，特别是新技术的发展，把世界市场联为一体，对货物、服务、资本、企业等的壁垒逐渐解除，生产要素的流动越来越全球化，企业在战略、制度、生产、管理、营销、投资等方面发生了巨大的变化，加剧了企业之间在全球范围内对资源、技术、市场、人才、资金等诸要素的竞争。各国企业现在不得不面对一个以全球化为特征的新的市场环境和经营环境，树立全球营销的战略思想，加入到全球竞争的行列中。

2. 全球营销环境的构成要素

企业的营销活动从国内扩展到国际市场，其基本功能和原则并未发生本质的变化，企业可控制的基本因素也未发生变化。关键的变化在于由不控制因素组成的外部营销环境发生了变化，这种变化导致全球营销更加复杂化。因此企业在进行全球营销之前，必须清楚地了解它们所面临的全球营销环境。

（1）国际贸易体系。国际贸易体系是由发达国家和发展中国家构成的二元结构体系，发达国家控制技术密集型产业，放开劳动密集型产业，通过价格剪刀差，获取贸易收益。全球企业必须详细了解并按照世界贸易组织的规则开展贸易和营销活动。

（2）经济环境。全球营销的开展必须研究每一个目标国的经济。一国市场的吸引力受到该国的产业结构影响。

（3）政治和法律环境。全球营销的一个关键性因素是在目标国开展业务的批准权握在该国政府手中。法律环境主要是指各国对外贸易政策和其他的政策法令对市场的左右和影响。

（4）文化环境。消费者的行为受到文化的深刻影响，在相同的收入条件下，不同的文化环境下生活的消费者其消费行为并不一样。所以必须要了解目标市场所在国家或地区的文化对行为究竟有多大的支配力。

（5）人口环境。人口环境是指人口的数量、分布、年龄和性别结构等情况。人口环境既是企业全球营销活动必须分析的条件，是企业营销的重要外部环境。

3. 进入全球市场的方式

全球市场进入模式最基本的方式有三类：贸易型（出口）进入模式、合同型（许可和合同生产）进入模式、投资型（直接投资和合资或收购）进入模式。

（1）出口。

出口方式包括间接出口和直接出口两种。间接出口方式进入国际市场的优点是进入国际市场快、费用节省、风险小、灵活性大；然而间接出口使企业不能获得全球营销的直接经验，对海外市场缺乏控制，所获市场信息反馈有限、利润也会受影响。直接出口方式可以使企业摆脱对中间商渠道的依赖与业务范围的限制，对拟进入的海外市场进行选择；局限性是成本比间接出口要高，需要大量的最初投资与持续的间接费用等。

（2）合资企业。

如果目标地市场潜力大，资源的比较优势大，可以选择与国外企业合资生产方式，这也可以使产品设计、制造、销售与售后服务更能符合当地消费者要求。

（3）直接投资。

如果公司从出口中获得了足够的经验并且目标国的市场足够大，直接投资可以获得很大优势，直接投资通常可以选择国外组装或海外投资生产。

（4）合同生产。

指全球营销企业与目标国企业签订某种产品的制造合同。当目标国企业按合同要求生产出成品，再交由全球营销企业销售。

（5）许可经营。

指企业与目标国企业签订许可协议，授权该国企业使用许可企业的专利、商标、服务标记、商品名称、原产地名、专有技术等在一定条件下生产和销售某种产品，并向目标企业收取许可费用。

4. 全球销售队伍的建立

人员推销是全球营销中重要的开拓市场的方式。又称人员销售和直接推销，是一种古老的但很重要的促销形式。企业派出或委托销售人员、销售服务人员亲自向全球市场顾客（包括中间商和用户）介绍、宣传、推销产品。建立全球销售队伍的人员有三种来源：企业派出的驻外人员、东道国（地区）国民、第三国（地区）公民，各自的优劣势见表12-1。

表12-1 建立全球销售队伍时的人员选择

人员类型	优势	劣势
驻外人员	掌握更多的产品知识，表现出致力于高标准客户服务，有促销训练，总部有较大控制	成本最高；变动率较高；语言和跨文化培训成本高
东道国（地区）国民	经济；熟知市场、文化情况；语言技能强；采取行动迅速	需要产品培训、忠诚度低；可能不受尊重
第三国（地区）公民	文化敏感、语言技能、经济；可做覆盖地区销售	面临认同、促销受阻；产品培训和公司培训；忠诚度无保障

5. 原产国（地）效应

所谓原产国（地）效应（印象），是指由于进口商品原产地的不同而使消费者对它们产生了不同的评估，从而对进口商品形成的一种进入当地市场的无形壁垒。全球化市场的联系正变得越来越紧密，竞争也越来越激烈。各国政府官员和营销工作人员也开始考虑本国的态度和理念会如何影响消费者和商业决策。原产国（地）效应是由一个特定的国家激发出来的精神上的联系和信仰。政府官员希望加强本国的形象，以帮助本国的营销人员来开发和吸引国外公司和投资者。营销人员也希望运用正面的原产国效应来推销他们自己的产品和服务。

全球化营销人员知道，消费者对于来自不同国家的品牌有不同的态度和想法。原产国印象可能直接或间接地影响消费者的决策。这些印象可能是决策的一部分，也可能影响决策过程中的一些因素（例如，法国产品一定都是很时尚的）。品牌在国际舞台上的成功可能也会建立起可信和值得尊敬的品牌形象。

6. 全球性营销组织的类型

（1）国际分支机构。

设立国际分支机构时需要考虑的因素第一是管理层的决心足够大，大到有理由组建一个由高层经理领衔的下属单位。第二，国际业务的复杂性要求有一个单独的组织单位，管理者有充分的自主权。第三，国际分支机构的设立是公司发展战略的构成，是公司参与全球竞争的必要组织。

（2）区域管理中心。

当一个公司在对某一个国家出口产品的同时，以许可证的方式或其他方式与另一个国家或地区进行某种合作，可能在第三个国家里办合资企业，在第四个国家里设立子公司。这时公司就需要设立一个区域管理中心或另设一个子公司，专门处理公司的国际业务活动。该中心负责制定其营销目标与预算，并负责公司在全球市场上的业务发展。

（3）全球性组织。

全球公司不再把自己看作是国内市场营销企业在国外从事经营活动，而开始把自己看作是全球营销者。公司的最高管理当局和职员从事于对世界性的生产设施、营销战略、财务收支和后勤供给系统的计划工作。全球经营单位对公司最高负责人和执行委员会负责，而不再是对事业部的主管负责。经理们受过全球经营方面的训练。经理人可从其他国家聘任；零部件及其他供应商可以向任何价格最低或方案最优的地方去采购，投资在预期能获得最大收益的地方。

四、评析题

1. "全球化趋势已经结束"

这一观点是片面的。近年来，公共舆论对于全球化的看法已然发生急剧变化。特朗普当选美国总统后的政策走向、英国脱欧及欧洲极右党派崛起等事件，都标志着当今社会对于贸易、资本及人员、信息的全球自由流动愈加不满。商界领袖们也开始对全球相互依存的益处产生怀疑。《经济学人》杂志还在特朗普赢得美国大选后，刊出《全球化公司的撤退》一文，直言全球化这一过去三十年最大的经营理念"遇到大麻烦了"。尽管很多关于全球化悲观的观点开始出现，但是其实全球化趋势远远没有结束。

（1）全球化不会停止，只是在寻找一种新的平衡。

（2）大规模撤离全球化不是当今时代的正确发展道路，本土化不会成为当今全球经济的主流。

（3）由于过去十几年全球化进程太快了，目前人们只是从全球化的兴奋情绪中归于平淡，但全球化趋势并未出现重大反转，更不至于走向终结。

（4）当前对于全球化问题的诸多争议，只是反映了跨国公司需要对公司战略、组织架构、社会参与途径等进行更多精细改造而已。

2. "国际营销就是国际贸易"

这一观点是错误的。国际贸易是指世界各个国家和地区相互之间所从事的商品和服务的交换活动，由世界上各个国家和地区之间的对外贸易所构成，是一定时期世界各国和地区联系的主要形式。国际市场营销是指企业超越国界从事商品经营与市场营销活动，这里的市场营销活动，与国内的营销不同，要注重国内外不可控环境因素、自身资源等。菲利普·科特勒在其《国际市场营销》一书中指出："国际市场营销是指对商品和服务流入一个以上国家（地区）的消费者或用户手中的过程进行计划、定价、促销和引导，以便获取利润的活动。"

（1）国际贸易与国际市场营销的共性。

二者都是超越一国国界的全球化的经济活动，它们面临着相同复杂的国际环境，如经济发达状况、人口数目、城市化进程、政治法律环境、社会文化风俗以及竞争环境。

二者都是以获取正常合法的企业经营利润为最终目的的国际性商业活动。

二者都是以商品和服务为交换内容，经营活动的末端都是全世界市场的消费者或用户。

二者的理论基础都是来源于李嘉图的"比较利益学说"、弗农的"国际产品生命周期理论"和波特的"国家竞争理论"等。

二者都是全球经济一体化的产物,都是企业从事国际商业活动、参与国际竞争、瓜分国际市场的主要工具和主要形式。

(2)国际贸易与国际市场营销的区别。

虽然国际贸易与国际市场营销都是以获得利润收入为目的而进行的超越国界的经济活动,二者之间存在着某些共同点和相通性,但也有着许多重要区别,存在着差异性(见表12-2)。

表12-2 国际贸易与国际营销的比较

比较的内容		国际贸易	国际营销
行为主体		国家(地区)	企业
产品跨越国境(边境)		是	不一定
动机		比较利益	公司决策(通常出于利润动机)
信息来源		国家的国际收支表	公司记录
营销活动	买和卖	进行	进行
	实体分销	进行	进行
	定价	进行	进行
	市场调研	一般不进行	进行
	产品开发	一般不进行	进行
	促销	一般不进行	进行
	分销渠道管理	不进行	进行

3. "文化差异会阻碍全球营销活动的开展"

这一观点是正确的。文化是人类在社会历史发展过程中所创造的物质财富和精神财富的综合,它包括价值观、伦理观、道德规范、宗教、艺术、语言、审美观、生活风俗习惯等。人们的消费方式、需求或欲望的优先次序以及满足需求或欲望的方式都属于文化范畴,文化影响、形成和决定人们的生活方式。而市场营销是指为满足个人和社会对产品或服务的需求而去提供恰当的或可接受的解决方案。文化的观念和价值观存在差异必然导致社会需求差异的出现,可见营销满足消费者和用户的不同需要或要求在很大程度上是以文化为基础的,所以成功的全球市场营销者应该努力去理解他所要开拓的市场所遵循的文化规范。事实上,文化渗透到全球营销的各项活动之中,包括市场调研、市场细分和定位、营销组合、售后服务以及跨国谈判。文化差异的普遍性,给全球营销活动的开展带来很多的障碍,理解文化差异是企业开展全球营销的必要前提。

文化差异在全球营销中的主要表现形式体现在价值观的差异导致消费行为及消费方式的差异、消费者语言和行为习惯的差异、宗教信仰的差异等方面。随着经济全球化进程的加快以及我国经济的快速发展,越来越多的企业从国际化进入全球化,当企业进入全球市场时,绝对不能只考虑经济因素和制度因素,还应认真研究隐藏在背后的文化差异,并据此制定出相应的营销策略,以适应不同文化环境下消费者的要求。

4. "许可经营是进入全球市场最有效方式,几乎没有风险"

这一观点是片面的。许可经营指企业与目标国企业签订许可协议,授权该国企业使用许可企业的专利、商标、服务标记、商品名称、原产地名、专有技术等在一定条件下生产和销售某种产品,并向目标企业收取许可费用。运用这一方式无须大量海外投资即可快速进入全球目标市场,而且可以避开关税、配额、交通运输费等不利因素,又易受当地政府欢迎,风险较小,不存在被没收、征用、国有化等风险,同时,产品在当地销售后,若需修改,无须支付修改费用。这种方式的不足是对被授权企业控制力有限,特别是在产品质量、管理水准、营销努力等方面,当许可协议终止后,被许可方可能会成为许可方企业潜在的竞争对手。

5. "大多数企业全球营销中的产品策略主要是产品创新"

这一观点是片面的。产品创新是指生产某种新产品。可能是指老产品的翻新,也可能是为满足另一个国家的需求而创造一种全新的产品或服务。产品策略主要有五种形式:创造新产品,开创新潮流;创造新的消费形式,提供产品;找出其他公司忽略或服务不周的产品和市场,提供产品;把握消费特点转变机会提供产品;研究竞争者的产品,再提供自己的产品。除此以外还有以下策略:

产品适应是指改变产品的设计以适应当地的情况和爱好。一个公司可以生产地区型产品,或者生产某一国家型产品,还可以生产一个城市型产品,甚至可以生产不同零售商型产品。一般产品适应主要体现在功能、外观、包装、商标、厂牌和标签及服务等方面的改进。

直接延伸就是把产品直接推入全球市场,不加任何改动。营销人员接到的指令就是:"产品就是这样,去找适合的客户吧。"此时最重要的是应当弄清楚外国消费者是否使用这种产品。

传播适应是指不改变产品的设计而只调整促销策略,以适应当地的营销环境情况及消费者与客户的爱好。

产品策略是对进入国际市场的产品和促销方式根据国际市场的需求特点做相应的改变,既改变产品的某些方面又改变促销策略。

在全球竞争的形势下,全球公司不应立足于一地市场的做法和消费者偏好或依国别来寻求全球市场,而必须运用一种系统化方式来同时探索和协调发达国家、欠发达国家和发展中国家的消费者需求,然后根据企业具体情况选择产品策略。

6. "全球化是中国企业发展的唯一路径"

这一观点是片面的。美国专栏作家托马斯·弗里德曼所写的《地球是平的》一书曾经火爆一时。他相信世界已经被新技术和跨国资本碾成一块没有边界的平地,他在字里行间充满了莫名的兴奋。

对于中国企业来说,似乎还没有享受到全球化带来的快感,除了家门口迎来了巨兽般的跨国公司,同时也发现进入国际市场困难重重。并购一家著名并且亏损的国外公司,是中国公司进行全球化过程中不断重复的故事,但结果看起来似乎并不乐观。有观点认为:中国企业家和政府要实现全球化的心情太急切了,日本、韩国的全球化经过了二三十年的时间。希望通过并购实现全球化的企业,一定要想清楚为什么要进行并购,为什么要跟某一家企业并购,并购以后两个公司如何整合。全球化并不是唯一目的,美国是有很多公司在进行全球化运作,但更多的公司并没有全球化。对于中国企业来说,实现全球化并不是唯一的路径,中国本土市场的潜量非常巨大，在没有足够的资源之前实施全球化扩张不一定是最优的选择，日本、韩国企业的全球化经验或许对中国企业有帮助。

五、实训题

1. 在企业全球市场营销的推进中，关于全球化与本土化（或标准化与当地化）的关系，一直是备受关注的问题

实训：关于"全球化"与"本土化"（或标准化与当地化）关系的辩论。正方观点：企业全球化应该奉行"本土化思维，全球化行动"理念。反方观点：企业全球化应该奉行"全球化思维，本土化行动"理念。

2. 全球市场的进入方式优缺点和模式选择

在经济全球化的今天，越来越多的企业想要进入到全球市场之中分享全球化带来的机遇和利益。但是选择什么样的市场进入模式，却是每个企业参与经济全球化的过程中将会面临的一个问题。全球市场进入模式最基本的方式有三种：贸易型进入模式、合同型进入模式、投资型进入模式。贸易型进入模式是企业对国外市场介入程度最小的方式，大多数生产性企业将此作为他们进入国际市场的初始策略，主要包括直接出口模式和间接出口模式两种；合同型进入模式，主要是许可经营模式和合同生产；投资型进入模式分为独资经营企业和合资经营企业两种。

实训：请完成表12-3、表12-4的内容。

表12-3 市场进入方式的优缺点

进入模式	进入方法	优点	缺点
贸易型进入模式	直接出口 间接出口		
合同型进入模式	许可经营 合同生产		
投资型进入模式	独资经营 合资经营		

表12-4 全球市场进入模式选择

影响因素		特点	模式选择
东道国因素	市场因素	当东道国市场潜力大，对产品的需求十分旺盛，并且预期将有着良好稳定的需求量	
		当东道国市场需求量小，市场行情不看好或者需求量波动不定时	
	政治因素	如果一国的政府不鼓励该国对外交往，实行高关税、甚至禁止某些商品的进口	
		该国的政局不稳定，常有战争或者罢工的事件发生	

续表

影响因素		特点	模式选择
母国因素	市场因素	当母国市场状况较好，市场需求很大而且很具潜力时	
		当国内市场趋于饱和时	
	政策因素	若母国政府在政策上鼓励海外投资	
		若母国政府采取各种限制措施来抑制海外投资，以期企业更多地在国内生产解决就业问题	
企业自身因素	资源因素	拥有好的产品，但是缺乏国际化人才	
		企业拥有国际化人才，并有较强的搜集国际市场情报信息的能力	
	国际化经验	跨国经营经验不足	
		经验逐渐积累、国际化程度加深	

3. "一带一路"倡议的实施对中国企业全球化的影响

"一带一路"是"丝绸之路经济带"和"21世纪海上丝绸之路"的简称。它将充分依靠中国与有关国家既有的双多边机制，借助既有的、行之有效的区域合作平台，借用古代丝绸之路的历史符号，高举和平发展的旗帜，积极发展与沿线国家的经济合作伙伴关系，共同打造政治互信、经济融合、文化包容的利益共同体、命运共同体和责任共同体。

"中式全球化"这个概念最早是由中国人民大学新闻学院贾文山教授提出的，中国人民大学国际事务研究所的王义桅把"中式全球化"和"一带一路"这两个概念结合在一起。他认为："带"，是指经济发展带，或者说经济走廊，是具有鲜明中国特色的模式；"路"，除了具有丝绸之路的意味，更有发展道路的含义。我们要与丝绸之路经济带沿线国家一起发展，形成"命运共同体"。

"一带一路"是一种包容型的全球化。习近平主席曾说，通过"一带一路"建设，中国将开展更大范围、更高水平、更深层次的区域合作，共同打造开放、包容、均衡、普惠的区域合作架构。同时，"一带一路"注重把"绿色""健康""智力"等概念引进来，让老百姓在其中有更多的参与感、获得感和幸福感，可以说"一带一路"倡议是老百姓版本的全球化，是"南方国家"的全球化，这与跨国公司或少数利益集团把世界变成投资场所的全球化有本质的不同，见表12-5。

表12-5 "一带一路"引领的全球化与传统的全球化

"一带一路"引领的全球化发展新时代	西方主导的传统全球化
全面开放性	半开放性，具有国家范围属性
平等性	歧视性
包容性	排他性

续表

"一带一路"引领的全球化发展新时代	西方主导的传统全球化
协同联动性：南北联动、陆海联动	对立性
共赢	单赢
全面伙伴关系	结盟关系
可持续性	不可持续性

天下大势，合久必分，分久必合。未来将进入陆海联通、万物互联的时代。虽然"一带一路"目前仅与沿线国家相关，但相信中国也会向发达国家学习，学会借技术、标准、货币等力量，将"一带一路"向发达国家延伸。虽然当今西方世界出现了一些"去全球化"的现象，全球化是不可改变的大趋势。因为，世界是通的，历史不可能回到从前。

实训：阅读有关"一带一路"的相关知识，你认为"一带一路"战略的实施对中国企业全球化发展带来哪些机遇？完成表12-6的内容。

表12-6 "一带一路"环境下的机遇与挑战

面临机遇的行业/企业	
基础设施建设	
投资贸易领域	
产业合作领域	
金融服务与投资	
面临的挑战	

4. 中国"自由贸易区"调研

自由贸易区不是指在国内某个城市划出一块土地，建立起的类似于出口加工区、保税区的实行特殊经贸政策的园区，而是指两个或两个以上国家或地区通过签署协定，在WTO最惠国待遇基础上，相互进一步开放市场，分阶段取消绝大部分货物的关税和非关税壁垒，在服务业领域改善市场准入条件，实现贸易和投资的自由化。自由贸易区内允许外国船舶自由进出，外国货物免税进口，取消对进口货物的配额管制，也是自由港的进一步延伸，是一个国家对外开放的一种特殊的功能区域。

（1）中国（上海）自由贸易试验区。

战略定位：建设成为开放度最高的投资贸易便利、货币兑换自由、监管高效便捷、法制环境规范的自由贸易园区。

发展目标：深化完善以负面清单管理为核心的投资管理制度、以贸易便利化为重点的贸易监管制度、以资本项目可兑换和金融服务业开放为目标的金融创新制度、以政府职能转变为核心的事中事后监管制度。

实施范围：自贸试验区的实施范围 120.72 平方千米，涵盖上海外高桥保税区、上海外高桥保税物流园区、洋山保税港区、上海浦东机场综合保税区以及陆家嘴金融片区、金桥开发片区、张江高科技片区。

功能划分：形成与国际投资贸易通行规则相衔接的制度创新体系，充分发挥金融贸易、先进制造、科技创新等重点功能承载区的辐射带动作用。

（2）中国（广东）自由贸易试验区。

战略定位：依托港澳、服务内地、面向世界，将自贸试验区建设成为粤港澳深度合作示范区、21 世纪海上丝绸之路重要枢纽。

发展目标：力争建成符合国际高标准的法制环境规范、投资贸易便利、辐射带动功能突出、监管安全高效的自由贸易园区。

实施范围：自贸试验区的实施范围 116.2 平方公里，涵盖三个片区：广州南沙新区片区、深圳前海蛇口片区、珠海横琴新区片区。

功能划分：广州南沙新区片区建设具有世界先进水平的综合服务枢纽；深圳前海蛇口片区重点发展战略性新兴服务业；珠海横琴新区片区重点发展国际商务服务休闲旅游基地。

实训：请你调研目前中国已经建成和在建自贸区的总体情况。从战略定位、发展目标、实施范围和功能划分等方面进行分析并完成表 12－7。

表 12－7 中国的自贸区调研

自贸区	战略定位	发展目标	实施范围	功能划分
中国（上海）自由贸易试验区	—	—	—	—
中国（广东）自由贸易试验区	—	—	—	—
中国（天津）自由贸易试验区				
中国（福建）自由贸易试验区				
中国（辽宁）自由贸易试验区				
中国（浙江）自由贸易试验区				
中国（河南）自由贸易试验区				
中国（湖北）自由贸易试验区				
中国（重庆）自由贸易试验区				
中国（四川）自由贸易试验区				
中国（陕西）自由贸易试验区				
中国东盟贸易区				

第二节　案例分析与讨论

一、华为的全球化之路

华为公司在 1988 年创业时仅有 3 位员工，3 000 美元的创始资本。25 年之后的 2013 年，销售收入达到389亿美元，67%来自中国之外的市场，有15万员工，其中外籍员工有4万多人，产品服务于全球30多亿人口，创始人是任正非（图12-1）。

图12-1　华为公司的交换机产品

华为为什么要进行全球化扩张？用任正非的话表达，就是为了活下去。如果华为不是从十几年前走出国门，屡战屡败，屡败屡战，并最终成为世界500强排名第285位的全球通信行业领导者，那么华为很可能会遭遇巨大的意识形态困境；华为是一家完全私人合伙性质的民营公司，有8万多个人股东，创始人任正非仅拥有1.3%的股份；没有任何的外部资本股东；二十多年来，华为在中国曾经被一些人指责为"资本主义萌芽"，而在一些西方人的眼中，它又是"社会主义代表"。这个世界上，很少有华为这样在每个阶段都要进行所谓"身份证明"的企业。而华为全球化扩张的成功，正在一步步地将它的本来形象变得清晰起来。

（1）进入全球市场。

华为的全球扩张模式主要是一种贸易式扩张。华为在全球168个国家有分公司或代表处；同时，依据不同国家或地区的能力优势，在美国、欧洲、日本、印度、新加坡等地区构建了16个研究所、28个创新中心、45个产品服务中心。华为有7万多人的全球最大规模的研发团队，每年销售额10%投入研发，累计获得专利授权36 511件。过去10年，华为累计研发投入250亿美元（图12-2）。

图12-2　华为公司的智能手机产品

在这样一个全球性的市场网络与研发平台上，产品的研发工作来自华为，架构由欧美顶尖专家设计，硬件由华为中国团队完成，软件主要由印度科技人才承担，制造主要由富士康公司完成，最后再在华为的全球市场网络进行销售。二十多年来，华为没有进行过任何规模型的资本并购，华为的认知是，买规模就是买问题，会带来文化冲突和价值观的冲击，以及可能的财务陷阱。但华为在注重自身能力成长的同时，也进行了一些要点式并购活动，并购的对象主要是一些尖端的研发类小公司。

（2）适应全球营销环境。

华为的全球化扩张有三个核心特征。一是主动接纳和融入由西方人所主导的全球商业秩序，在管理制度和流程方面"全面西化"。从1996年开始，华为先后聘请IBM等美国、英国的十多家咨询公司对华为进行研发、供应链、人力资源、财务以及市场体系的管理变革，二十年来用于管理变革的成本总计达到50多亿美元，其结果是，构造了华为与西方公司接近乃至于完全相同的一整套制度和流程，这是华为能够在全球市场立足并获得成功的根本要素。

华为全球化扩张的特征之二是法律遵从，遵守联合国法律和美国法律。华为将美国法律视为国际法，因为在事实上，美国在全世界可以利用自己的法律打击和制裁任何企业。另外，还必须严格遵守所在国家的法律。华为在巴西市场的开拓将近20年，累计亏损13亿美元，亏损的主要原因是对巴西法律环境缺乏认知——许多外国公司在巴西都有长期亏损的历史。2013年华为在巴西首次盈利200万美元，如果以今后每年6 000万美元的盈利目标计算，还需要23年的时间才能实现静态的扭亏为盈。国际化和全球化是一个及其复杂的政治、法律、文化、商业生态的系统工程，企图把在中国市场获得成功的一些做法完全移植到本土之外的市场，其受挫乃至于失败基本上是注定的、必然的结局。

华为全球化扩张的核心特征之三是文化遵从。华为有一个道德遵从委员会，其主要职能就是引导和规范华为员工从语言、习俗、宗教、乃至于生活习惯等方面主动适应和融入所在国家或地区。

人类商业的历史规则从来是，实力决定地位。华为在由西方人主导的世界信息技术俱乐部的地位是靠它的创新能力、开放勇气、变革决心及持续的奋斗与牺牲精神换来的，打出来的。华为在内部的企业文化中曾经倡导"薇甘菊精神"，薇甘菊是南美的一种野草，它可以只需要极少的养分和水分，以"一分钟一英里①"的速度极其快速地疯狂成长，迅速地覆盖所有的植物，使它们走向窒息。这体现着华为全球扩张的一种群体意志和精神力量。

几年前，当华为成为全球行业领导者之一的时候，华为总裁任正非就发出警告：华为不是成吉思汗和希特勒，当华为谋求独霸这个世界时，就是华为毁灭和垮台之日。所以，华为要倡导妥协哲学，要做投降派。任正非说："我20多年来，多数情况下是投降主义。"

华为的全球化理念是坚持不结盟主义，不与任何行业巨头建立所谓的联合阵线与排他体系，因为华为认为结盟是反开放的，是在为自己制造更多的对手。任正非的观点是：左手打微软的伞，右手打思科的伞，没有永远的敌人和永远的朋友，华为要奉行合作主义。华为在公司内部推崇的准则是：欧洲企业在中国市场的发展代表着华为的诉求；华为有责任、有意愿、有能力与爱立信、诺基亚等西方公司共同建立全球的商业生态平衡。

---

① 1英里＝1.609 344千米。

(3) 选择聚焦战略。

多年来，华为始终坚持在通信产业的主航道上高度聚焦，反对走产业多元化的道路；2014年年初，又进一步提出"针尖战略"。何谓"针尖战略"？即是进一步收缩战略进攻面，将所有的资源和能量聚焦到华为概念上的"针尖小的面积"，从而以五年左右的时间进入ICT（信息通信技术）行业的"战略无人区"，以确立华为在核心领域的标准制定权和定价区。这样的结果是形成本质层面的竞争差异化，避开与西方公司的利益冲突，达成在高价值区域与对手的需求互补，实现华为在全球化中的和平崛起。

耐人寻味的是，十多年前华为的全球扩张意愿是被逼出来的选择，只有走出去，才能证明自己，才能部分避开与国内一些利益相关者的冲突；而今天的"针尖战略"，也在某种程度上是被中国之外的竞争力量逼出来的。所以，结论是：恐惧和危机是任何变革的根本理由，聚焦，聚焦，再聚焦造就了华为这家中国企业的核心竞争力。

(4) 差异化竞争。

华为被消费者广泛熟知是在其智能手机领域。根据2017年10月华为集团公布的数据，华为终端手机产品的全球市场发货量达1.12亿部，同比增长19%，收入同比增长超过30%，全球市场份额首次超过苹果，跃居全球第二，仅次于三星。虽然收入增长较销量快，但产品利润仍然与苹果有着较大差距。

2017年10月20日，华为在上海发布华为mate10售价，从定价策略来看，与上一代的华为mate9相比并没有太大变化，从侧面暴露出华为目前在品牌溢价上的不足。以华为mate10（4G+64GB）为例，其定价3 899元，上一代同配置华为mate9定价3 799元。一年的时间，华为终端的品牌的溢价能力增长不大；反观苹果，iPhone8同配置可以比iPhone7定价足足多500元，甚至1 000元，iPhone X最低定价也要8 388元。所以在品牌价值方面，华为仍有很长的路要走。

但是华为终端在自己产品特色发展道路走得相当稳，华为mate10并没有跟风面部解锁或是"纯粹的全面屏"，而是在加大屏占比的同时，依然主打麒麟970AI处理器＋莱卡拍照，用自己最先进的科技打动消费者，总让人感觉："可以，这很华为。"这也折射出高端手机市场竞争的残酷，华为依靠自己的科技及在2016年抛出的保时捷设计（Porsche Design Group，保时捷设计集团，是保时捷集团旗下的控股公司，其创始人为F. A. PORSCHE，是世界上首屈一指的设计机构，致力于将最前沿的高科技元素融入产品设计之中，不仅为保时捷集团设计汽车，同时也涉及时尚品牌的设计）让自己在高端市场站稳脚跟。相信在未来会有更多的突破，尤其是万众期待华为推出的折叠屏手机，还有人工智能将更多应用于华为mate系列。

讨论题

（1）华为公司的全球性市场网络与研发平台有什么特点？
（2）华为的全球化扩张采取了什么方式？
（3）华为在全球化过程中是如何适应当地营销环境的？
（4）你认为华为选择"针尖战略"的理由是什么？
（5）面对竞争激烈的高端智能手机市场，请给华为提出若干营销策略建议。

二、STK生物农药一个产品"赢"天下

总部位于以色列特拉维夫的Stockton（STK）公司是全球生物农药行业的先驱，公司在

生物农药领域已深耕运作多年，其业务主要围绕以植物提取物为主的生物农药的研发、生产和销售，尤以其旗舰生物杀菌剂 Timorex Gold®（互生叶白千层提取物）最为突出。STK 围绕 Timorex Gold® 展开了多国登记策略，集中资源在全球各个地区相继开展大田试验、产品登记以及经销授权。到目前为止，其登记已经覆盖全球超过 30 个国家。在全球营销方面，STK 采取的是积极与本土分销企业和经销商合作的策略。通过与拥有丰富的生物农药分销经验的合作伙伴合作，在这 30 多个国家展开销售，将产品应用于数十种作物（图 12-3）。

图 12-3　STK 公司主要产品

凭借着 Timorex Gold® 这一个产品在全球市场的良好销售，STK 公司也获得了长足的发展。而在这过程中一个不可忽略的事件即是在 2015 年 6 月，来自中国的农药公司和邦股份收购 STK 公司 51% 的股权，这不仅标志着 STK 从此灌注了中国基因，也意味着 STK 公司即将在中国市场大展拳脚。不出所料，2017 年 1 月，Timorex Gold® 获得中国首登，2 月公司宣布 Timorex Gold® 中国商品名"田梦金"，并由重庆树荣接手产品在中国地区的长期分销（非独家）工作，自此展开 Timorex Gold® 在中国的销售征程。

梳理 Timorex Gold® 的全球发展路程，分析 STK 公司的全球营销策略，一定能为有生物制剂产品海外开发意愿的公司提供参考。

（1）突出产品特色——专利 + 生物农药。

Timorex Gold® 是 Stockton 拥有的首个专利并商业化的生物农药，其活性成分为互生叶白千层，来源于茶树。Timorex Gold® 具有多功能、广谱、与很多化学物质高度相溶的特性，而成为一种很有价值的生物农药。Timorex Gold® 可以应用到很多作物上来防治主要的病菌，比如咖啡、西红柿、葡萄、香蕉、葫芦、辣椒、浆果、洋葱、莴苣、花生等等。Timorex Gold® 具有很好的抗性管理特性，低残留甚至零残留，有助于减少化学物质在土壤中的负荷，并且可以快速进入后期喷施。

STK 数据显示，Timorex Gold® 在许多国家的传统农业喷施项目中已成为标配产品。使用 Timorex Gold® 可以减少高达 25% 的农药使用量而达到等同的效果及经济效益。除此之外，通过 Timorex Gold 与非专利农药的复配，从而创造出的新专利产品也能为作物保护领域提供全新的解决方案。

（2）密集而又精准的营销网络。

自2011年开始，STK不遗余力地在全球各地开展登记工作，并取得了良好进展。从Timorex Gold®的登记路径来看，Timorex Gold®的主要市场聚焦在绿色有机农业已经相当发达的欧美国家，和农业正处于快速发展期的拉美、东南亚国家，见表12-8。

表12-8　Timorex Gold®的全球登记路径（部分）

进入市场	进入时间
智利	2012年2月
委内瑞拉	2012年3月
塞尔维亚	2012年6月
秘鲁	2012年10月
加拿大	2013年6月
白俄罗斯	2014年1月
欧盟	2014年4月
哥伦比亚	2014年7月
美国	2014年8月
韩国	2015年3月
菲律宾	2015年8月
阿根廷	2015年12月
中国	2017年1月

在获得登记之后，除了通过自身分公司的运营以外，STK选择了已经在当地市场中运营多年的跨国巨头，这些公司在产品运营方面专业而娴熟的操作可以帮助Timorex Gold®快速占领市场份额。除此之外，STK也会快速在本土市场中甄选心仪的合作伙伴，借助他们的资源优势将产品切入市场。

STK首席执行官曾透露，在选择合作伙伴上，STK所寻找的都是具备必要的作物方面的专业知识及新产品开发能力的公司。对于一些主要是经营非专利化学农药的经销商，STK认为他们缺乏生物农药方面的经验及专业技能，并不适合分销Timorex Gold®。一旦选定了合作伙伴，STK便会与他们建立长期的合作关系。比如STK在智利、墨西哥、阿根廷与先正达公司合作；在秘鲁与TQC合作；在加拿大与Engage Agro合作；在中国与重庆树荣合作。

这些公司分别具备了被STK所看重的合作伙伴潜质。比如，先正达在拉美地区深耕多年，其市场地位不言而喻；Engage Agro总部位于加拿大，业务覆盖北美，是一家专业农化产品经销商，该公司在综合病菌防控方面有着丰富的经验；TQC总部位于秘鲁，与先正达、拜耳、杜邦、爱利思达等跨国公司均有合作，为秘鲁境内2 000多家经销商提供各类农化产品，并且业务覆盖至玻利维亚、哥伦比亚、厄瓜多尔、巴拉圭；重庆树荣是中国领先的制剂销售企业，具备制剂产品自主研发能力，在2016年中国制剂企业销售排行榜中位列第九。

(3) 专业的战略伙伴。

STK 与 AgroPages（世界农化网）的合作始于 2011 年。Timorex Gold® 作为一个新生产品引起了世界农化网的关注，并且对其动态进行了持续的跟踪报道。2014 年 11 月，世界农化网第一次对 STK 进行专访，2017 年，又进行了第二次专访。随着报道的逐渐深入，整个行业对 Timorex Gold® 从无知到有知，到认知，对 STK 从陌生到熟悉，到敬佩。

抓住这个机会，世界农化网又开始对 STK 的目标市场进行精准投放，针对菲律宾，拉美等市场的作物特点和病害防控要点，将产品相关的专业信息发送给了世界农化网在这个区域的所有读者，在这些区域掀起了一场 Timorex Gold® 的"风暴"。2017 年，随着中国生物农药市场的逐渐升温，STK 终于将目光投向了中国，通过赞助世界农化网中文版《年度回顾》栏目，Timorex Gold® 向中国市场发出声音："我们来了！"

(4) 未来向行栽作物进发。

目前，在锁定一部分特种作物市场之后，STK 公司已经开始关注占行业 75% 的行栽作物研究，此产品已在水稻应用上取得很好的试验成果，并已经开始逐步在水稻市场中推广此产品。此外，在全球几个试点开展的 Timorex Gold® 小麦应用测试中，Timorex Gold® 表现出色。自此，STK 将进入经济价值完全不同与特种作物的行栽作物领域，公司也将努力为全球农民找到功效与经济价值的平衡点。

(5) "田梦金"在中国的推广。

生物农药的市场开发周期比化学农药更长，投资成本高昂，市场推广的费用巨大。STK 公司在全球各地开展的各种作物试验示范（菲律宾香蕉、拉美烟草和果树、中国葡萄）有了在拉美国家市场上的成功应用经验，STK 对田梦金的未来充满信心，公司也逐渐将业务中心从化学农药经营转移、聚焦到田梦金这一个产品上。

增加用药成本的生物农药凭什么让农民信服？生物农药的市场切入所要做的工作比传统化学农药困难得多。这不仅体现在产品登记、技术营销上，在农民的认知层面，由于生物农药成本偏高，如何说服终端消费者为其埋单是最难突破的一关。STK 认为，不仅仅要向农民展示产品的防病效果，而应该将关注点下移，聚焦到生产出高品质的农产品，以及最终农民所能获得的收益上，事实上农民只是农资服务商销售通道中的一个环节，用药不是目的，最后产出的农产品有没有人吃才是最终目的，因此关键是消费者。推广田梦金，就是到了农产品上市时，让消费者愿意出更高价钱来购买农产品，帮助农民赚到更多的钱。从进入中国市场以来，STK 组建专业的生物农药推广团队，摸索建立了一整套的作物试验方案，取得了番茄、草莓、香蕉、猕猴桃、葡萄、樱桃等多种水果的一手大数据。并且在中国取得了全球首份田梦金茶叶大数据。和化学农药不同，田梦金的大数据不是简单的药效试验，不仅包括果实大小、产量多少，还包括上市时间、糖分含量、品相等指标，这些指标能够直观地将经济作物的附加价值展现在农民面前，让农民看得见、摸得着。到了最终上市销售环节，也能实实在在地多赚到钱。从这一层面来说，使用高成本的生物农药的合理性逻辑就自然呈现了。

目前，田梦金在中国已经取得了番茄和草莓登记，之所以首先选择这两种作物，是因为其有较高的鲜食要求。以草莓来说，除了防治草莓白粉病以外，田梦金还可以提高草莓的品质，包括提高糖分和降低农残，同时提早开花坐果从而提早上市。田梦金的这一功能可以表现在各种作物上。由于田梦金的成分来源于茶树油，这就好像是一种作物在帮助另外一种作物。

包括中国在内，全球对农产品安全以及农业实践过程中对人类和环境的关注是前所未有的。从发展中国家到发达国家都在提倡绿色有机农业、可持续农业种植方式。在中国，2017年6月1日开始施行的新《农药管理条例》也就生物农药新添了不少内容，加上已经施行了2年的"农药、化肥零增长"政策，都为整个生物农药行业的发展奠定了政策和法规的基础。可以说，生物农药的春天已经来临。

田梦金与中国经销合作伙伴重庆树荣的合作形式是非独家产品代理，经销商对绿色、有机农业的觉醒程度也越来越高，很多公司都想从化学农药业务逐渐切入生物农药。STK公司已经将市场、渠道打通，未来田梦金必定将在中国走出一个漂亮的上扬曲线。这个产品的代理应该是开放的，公司也希望一切有实力的代理商加入，共同将生物农药市场做大做强。

现在STK在中国发展的短板就是产品结构比较单一。公司想在这个通道内增加资源，提高公司效率，也希望拥有生物农药资源且与定位是果蔬经营的公司共同延伸这个领域，尤其是在果蔬杀虫、杀螨方面，最终形成产品组合、解决方案，真正服务于农民对可持续农业的需求。

讨论题

1. STK在全球化过程中采取了哪种市场进入方式？
2. STK全球营销的产品策略和传播策略有什么特点？
3. STK在中国采用了哪些营销策略？
4. STK在中国为什么选择了"非独家产品代理"模式？
5. 你对STK在中国市场的营销策略还有哪些建议？

三、茅台酒的全球营销

早在新中国成立之初，由于特殊的机缘，茅台酒就已走出国门，成为中国民族品牌的代表之一。长久以来，海外市场的茅台酒销售都集中在华人圈子中。近年来，茅台酒在海外拓展方面做了许多工作，全球市场取得了大幅增长（图12-4）。

图12-4 茅台酒的平面广告

（1）全方位完善海外市场。

茅台进出口公司目光对准有实力和网络的国际经销商，收到良好效果。以2015年为例，贵州茅台共发展了西班牙、瑞士、拉脱维亚、格鲁吉亚、爱尔兰5家新经销商。仅这一年前三季度，这5家经销商已经发货50.8吨，创汇金额863.1万美元。而在消费者拓展方面，则调整思路，稳扎稳打，牵手海外主流社交平台、以事件营销为突破口，截至2015年年末，茅台酒海外市场直接发货的国家和地区已经达到53个，茅台酒海外销售区域覆盖了亚洲、欧洲、非洲、美洲、大洋洲五大洲的有税市场及重要口岸的免税市场，海外市场的销售网络布局日趋完善。

(2) 整合营销的开展。

从"大数据和互联网+"迈向"智慧营销",以东西方文化的碰撞来进行文化营销到靠形式多样的各类主题来切入的事件营销,为海外市场的拓展打造新起点。支撑茅台酒海外销售数字快速增长的是创新与变革的力量——以当地人能够产生共鸣的方式,加深他们对茅台文化、品质以及企业价值的了解和理解,让更多人接受茅台酒(图12-5)。

图12-5 茅台酒的推广活动

继茅台在海外的营销公司建立后,2015年,茅台借助国家"一带一路"倡议和巴拿马金奖100周年的契机,为中国民族品牌"走出去"提供了新的参考。2015年,茅台在海外重点打造的、以"金奖百年,香飘世界"为主题的、纪念茅台酒荣获巴拿马万国博览会金奖100周年海外庆典活动,从中国香港地区到莫斯科、从莫斯科到米兰、从米兰到旧金山……这一连串规模巨大、影响广泛的海外庆典活动,极大地搅动了国际酒类市场,也使茅台酒迅速从华人社会走向更宽阔的西方主流社会市场,更从整个形象及气质上,贴近跨国酒业先进的营销潮流。

茅台还与众多在海外的经销商携手推出了一系列"事件营销",通过参加酒类展览、送酒参赛、寻找酒评人做代言等各种方式,尽可能地融入国外的主流人群。2015年4月,借CBA篮球巨星齐聚海外的契机让海外的体育明星爱上畅饮国酒茅台。2015年夏初,在法国的茅台酒经销商组织来自巴黎各个时尚酒吧的首席调酒师,一起开启国酒茅台和巴黎酒文化的碰撞之旅。对此,该次大奖赛主席卜度安·哈佛评价说:"把白酒作为鸡尾酒的基酒在国外的酒吧进行推广,是个不错的主意,毕竟很多西方烈酒也是通过这个方式在推广他们的产品。譬如第二次世界大战以前,伏特加在俄罗斯和墨西哥以外的国家都很少,但第二次世界大战以后伏特加因为一款鸡尾酒在美国酒吧流行起来。"2015年8月,茅台进出口公司联手法国和澳大利亚经销商,通过线上线下互动的模式,举行"世界白酒日"白酒品鉴研究活动。"世界白酒日"活动是由英国伦敦人气酒吧联合知名白酒研究专家发起的白酒研究系列活动,活动区域辐射英国、法国、澳大利亚等国家。此外,茅台酒澳大利亚旗舰店还打造了与顾客面对面互动的最佳平台——圣诞鸡尾酒会、端午节白酒品尝会、世界白酒日、"当东方遇上西方白酒"文化讲座等,共同研讨白酒文化,吸引更多的参与者;并与澳洲墨尔本大型中餐集团ChinaBar合作,推出茅台王子金浆鸡尾酒,还以李小龙的电影为题材,设计别具新意的鸡尾酒大赛。如今,在迪拜著名的帆船酒店,人们可以按杯买到茅台酒。在纽约著名的华尔道夫酒店,茅台酒也已进入了酒水单名录。

(3) 突破全球营销壁垒。

公司意识到,要想打破或者翻越这些壁垒,需要持之以恒的文化培育和营销创新。为此,从"引入传统的中国酒文化"以及"导入主流的西方酒文化"两个方面入手,与经销商一起针对海外主流市场做了诸多有益的尝试。2015 年,茅台酒携手卡慕十周年活动,一款特别设计的茅台纪念酒问世。此酒在保留茅台酒外形基本元素的同时,大胆引入前沿设计理念,以法国巴卡拉红水晶为瓶身,配以法国名锡安如锡为饰,令当地人耳目一新。这一策划,使得茅台酒在法国成为公众话题,而围绕纪念酒的推出,卡慕公司分别在巴黎、北京、新加坡和戛纳举行的庆典活动,更是吸引了各地主流社区人群及重要媒体的广泛关注。而来自卡慕公司的数据表明,纪念酒营销活动的推出,茅台酒在其全球的渠道销量明显上升,新品订货踊跃。如今,通过卡慕公司强大的销售网络,贵州茅台酒已成功占领 30 多个国家、60 多个国际机场的 300 多个免税店,成为全球国际免税店阵营的重要商品。

(4) 实施智慧营销,打造国际化品牌。

率先牵手海外主流社交平台,着力以"智慧营销"的方式来打造并维护茅台这一国际化品牌,削减了流通与传播的障碍,成为 2015 年茅台海外营销的一大亮点。茅台集团进出口公司负责人表示,2015 年澳大利亚与新西兰销售区域内茅台酒的销量足足增长了 43%。这个令人吃惊的增幅背后,是当地茅台酒经销商在营销上的突破与创新——通过包括 Facebook 在内的社交媒体,吸引不同年龄层、不同社会阶层和不同背景的目标人群,了解茅台、参与互动,并制定有针对性的品牌文案。2015 年 11 月 4 日举行的贵州茅台海外经销商年度会议,传播方式除了传统媒介渠道,还通过 Facebook(脸书)、Linkedin(领英)以及微信平台向全球直播。贵州茅台 Facebook 主页开设最初的 5 个月,粉丝数就增长到近 3 万人,平均每月增长 5 000 人以上。

回望茅台百年历史,品鉴这款享誉中外的美酒,茅台酒不仅是一种饮品,更是一款代表着传统和历史,彰显出非凡的酿制工艺和美妙的品鉴过程的酒。品中国文化这杯酒,一定是有诗情的,中国文化真正的意味就如同这样一杯走向国际的美酒,真正地入心入怀,酝酿出来的是每一个人隽永的人生快慰。一杯小酒,浓缩的历史文化是如此之醇厚,显现的世界是如此之陆离。

讨论题

1. 茅台酒全球营销中采用了哪些营销传播策略?
2. 白酒产品在走向全球市场的过程中会遇到哪些障碍?
3. 茅台酒在品牌建设和经销商渠道方面采取了哪些策略?
4. 请你给茅台酒开拓全球市场提出若干营销策略建议。

四、小黄人的全球传播

最近,一群胶囊状,香蕉色,叽叽喳喳的小黄人,几乎占据了我们生活的各个角落,单车、地铁、手机甚至食物上,处处可见小黄人的身影。小黄人原本只是电影《神偷奶爸》里的配角,而如今,这个配角已经逆袭成为家喻户晓,并拿下多个品牌代言的一线"人物"。事实上,小黄人已经成为环球影业公司最值钱的 IP,而它也是环球影业史上投资最多的营销项目,花费了近 5.93 亿美元,约合人民币 36.8 亿元。不过,原本作为电影的配角、说着"非人类"台词的这些小黄人,究竟凭什么征服了全世界各个年龄层观众,最终变身成超级 IP 呢(图 12 – 6)?

图 12 – 6 "小黄人"的宣传图

首先是攻占社交网络。现在最快、最迅速的方法必然要与互联网相结合,小黄人当然也是从"网红"做起,在电影宣传期,无论是国外的脸书、推特,还是国内的微博、微信,都能看到小黄人有趣儿的身影。其次是地毯式营销。最为重要的还是环球影业持续性轰炸式的营销传播方式,让小黄人在各个领域频频出现,打造了一个持续的 IP 营销效应,用它来借势营销的品牌也不在少数,通过 IP 形象授权与品牌互相提升热度,达到双赢,与上百家品牌的合作也使得小黄人迅速混到脸熟。

(1) 小黄人与 ofo。

"宇宙最黄 CP"的相结合,不仅在上海、北京等城市投放了 5 万多辆"大眼小黄车"(图 12 – 7),还在北京地铁的国贸站、海淀黄庄站投放了"史上最长、最黄"的炫目广告。共享单车本身就是一个流动的营销渠道,这意味着品牌的信息可以出现在城市的任何地方,成功引发社交网络的病毒式传播。

图 12 – 7 "小黄人"与"ofo"的合作

(2) 小黄人与麦当劳。

麦当劳全国 30 余家餐厅变身为小黄人主题餐厅,推出"霸拿拿""芝啦啦""翅大大"等小黄人系列新品,打开手机 QQ 扫一扫,还能解锁小黄人汉堡上的图案,小黄人公仔玩具也备受消费者热捧。麦当劳之所以两次推出小黄人玩具,除了和环球影业长期的IP合作协议外,小黄人传递的轻松搞笑,也和麦当劳向公众诉求家庭式快乐的品牌形象吻合(图12-8)。

图12-8 "小黄人"与麦当劳的合作

(3)小黄人与富士相机。

小黄人的风潮还刮到相机上,携手富士推出限量版instax Mini 8拍立得相机。把小黄人标志性的蓝色背带裤、手臂等细节——还原,并且还都是组件,穿脱与否全凭用户(图12-9)。

图12-9 "小黄人"与富士相机的合作

(3)小黄人与炫迈。

"在那山的那边海的那边,有一群绝顶聪明的小黄人,他们很优雅、很清新、很高冷、很萌、很真诚……他们终于打破魔咒找到人生真爱!"吃糖果会使人开心,小黄人系列电影最重要的元素就是妙趣横生,糖果巨头亿滋旗下品牌"Stride炫迈"和小黄人的合作也是相当贴合(图12-10)。

除此之外,还有优衣库、彪马、周大福、乐高、旁氏洗面奶等涵盖衣食住行各个领域,借助各种流行品牌,小黄人的形象遍布世界。可以说,小黄人IP已经成了全球品牌营销的成功典范。

讨论题

1. 全球营销的传播策略有哪些类型?环球影业的"小黄人"采取了哪些传播策略或方式?

2. 什么是IP营销?实施IP营销应当具备哪些条件?

图 12-10 "小黄人"与炫迈及旁氏洗面奶的合作

3. "小黄人"的跨界传播给企业带来哪些启示?

五、《纸牌屋 4》成就国产品牌全球营销新经典

当美国总统大选正在如火如荼地进行时,政坛老手另一个"美国总统"安德伍德也已经在剧迷们的翘首期盼中,随着热播美剧《纸牌屋》终于回到大众的视野。《纸牌屋》第四季已于 2017 年 3 月 4 日在美上线,讲述一个冷血无情的美国国会议员及与他同样野心勃勃的妻子在华盛顿白宫中运作权力的故事。该剧集一经上线便连续摘得艾美奖、金球奖等重量级奖项。这样一个全球顶尖的美剧,观众却惊奇地发现剧中主角们的常用手机是中国品牌,随即成为国产品牌海外营销的重磅热点(图 12-11)。

图 12-11 一加手机外形

在前几季中,我们看到了很多商业品牌都和《纸牌屋》有着合作,电脑、汽车、手机,这些都是全球一流的产品品牌,而在新的《纸牌屋 4》中,大家发现了一些不一样地方。一个中国新品牌,它就是一加手机。黑色磨砂酷感十足和政界大神们翻云覆雨的锐利气质尽显高大上风格。对于这样一部顶尖美剧,在整季 13 集纸牌屋中,一加手机几乎每集都有出现,通话、发短信和拍照等功能和角色融入得相得益彰。将中国手机新贵与热门美剧两大品牌完

美融合在一起，成功扫除品牌与影视作品合作障碍，开创双赢植入新标准的娱乐新贵（图12-12）。

图 12-12　一加手机的广告植入

一加手机（OnePlus）是 OPPO 前副总经理刘作虎创立的深圳市万普拉斯科技有限公司旗下的智能手机品牌，坚持"不将就"的产品理念，坚持"让好产品说话"，采用线上销售模式。一加从成立之初就已经将目光锁定在全球市场。在成立不到一年的时间里，一加手机不仅在国内获得广泛关注，产品更远销全球市场，在美国、英国、法国、德国、意大利、印度等 18 个海外国家进行销售，一加也在积极布局更为深入的海外市场。

和一加手机产生关联的是三个女人，第一集就出现的新人物莉安，该剧的绝对一号总统夫人克莱尔，还有一位黑人女议员瑟利亚。选择这三个人物和品牌植入显然是有意图的。

莉安，因为工作能力超强而被第一夫人高薪拉进自己亲信团队，出身非凡，交友广阔，能力卓绝，简洁干练且不靠颜值，时刻保持着清醒的头脑和无穷的干劲儿，并且隐藏着巨大的爆发力，是一个很懂现代科技力量的极客。如此看出，作为莉安搭档的一加手机，气质十分特别，人物映衬了手机的卓越和极客风格。而为了证明一加手机的极客属性，后续情节里还巧妙地让莉安慧眼识珠，挖掘出了艾丹这个真正的极客人物。作为总统私下里对抗另外一个搜索引擎的尖刀，莉安无数次通过一加手机去密谋安排，直到让总统与艾丹直接会面。在品牌建设上来讲，可以说通过莉安这一个人物做到了向下游的努力延展。

总统夫人与一加手机的关系则很微妙。这很像她和母亲的关系。在总统夫人通过手下人递过来的一加手机，真诚地放下手中工作和母亲通话之后，她开始对自己的母亲有了深入的认知。她开始尝试着走进这个抚养她长大的女人的生活。这是与总统同样冷酷凶狠的女人发生情感转变的时刻。一加手机则是打开这扇心门的钥匙，这是对极客产品一次较难得的情感丰富。

由于善于把品牌人物化合理地融入有效的剧情推动情节中，所以一加手机迅速加入了全球观众的购机清单，知名度陡增，使其成为海外营销的重磅热点也不足为奇。

讨论题

1. 结合案例谈谈广告在全球营销中的作用。
2. 什么是植入广告？一加手机采取了哪些方式植入广告？

3. 一加手机为何选择"极客"类人物作为代言人?
4. 请你给一加手机开拓全球市场提出若干营销策略建议。

第三节 经典推介

一、标志性理论、人物及思想简介

1. 比较优势理论

大卫·李嘉图在其代表作《政治经济学及赋税原理》中提出了比较成本贸易理论(后人称为"比较优势贸易理论")。比较优势理论认为,国际贸易的基础是生产技术的相对差别(而非绝对差别),以及由此产生的相对成本的差别。每个国家都应根据"两利相权取其重,两弊相权取其轻"的原则,集中生产并出口其具有"比较优势"的产品,进口其具有"比较劣势"的产品。比较优势贸易理论在更普遍的基础上解释了贸易产生的基础和贸易利得,大大发展了绝对优势贸易理论。

整体来看,比较成本理论在加速社会经济发展方面所起的作用是不容置疑的。他对国际贸易理论的最大贡献是,首次为自由贸易提供了有力证据,并从劳动生产率差异的角度成功地解释了国际贸易发生的一个重要起因。直到今天,这一理论仍然是许多国家,尤其是发展中国家制定对外经济贸易战略的理论依据。

但是,比较优势也存在较大的不足。首先,比较成本理论的分析方法属于静态分析。该理论认为世界是永恒的,是一个静态均衡的世界,是一个各国间、各经济集团间利益和谐一致的世界。李嘉图提出了九个假定作为其论述的前提条件。

(1)只考虑两个国家、两种商品。

(2)坚持劳动价值论,以英、葡两国的真实劳动成本的差异建立比较成本说,假定所有的劳动都是同质。

(3)生产是在成本不变的情况下进行的。

(4)没有运输费用。

(5)包括劳动在内的生产要素都是充分就业的,它们在国内完全流动,在国际之间不能流动。

(6)生产要素市场和商品市场是完全竞争的市场。

(7)收入分配没有变化。

(8)贸易是按物物交换的方式进行的。

(9)不存在技术进步和经济发展,国际经济是静态的。

其次,李嘉图解释了劳动生产率差异如何引起国际贸易,但没有进一步解释造成各国劳动生产率差异的原因。

最后,该理论的一条重要结论是:各国根据比较优势原则,将进行完全的专业化生产。

现实中,难以找到一个国家在国际贸易中进行完全的专业化生产。一般来说,各国多会生产一些与进口商品相替代的产品。同时,根据其结论进行推导,两国比较优势差距越大,则贸易的空间越大。那么,当前的国际贸易应该主要发生在发达国家与发展中国家之间。但现实的情况却是,国际贸易主要发生在发达国家之间。不过,该理论对国际经济发展的作用仍然是不可低估的,其所提出的比较优势原理,在现实经济中有着重要的意义。

2. 要素禀赋论

要素禀赋论指狭义的赫克歇尔—俄林理论（Heckscher - Ohiln theory,简称 H - O 理论）,又称要素比例学说。该学说由赫克歇尔首先提出基本论点,由俄林系统创立。它主要通过对相互依存的价格体系的分析,用生产要素的丰缺来解释国际贸易的产生和进出口类型,是现代国际贸易理论的新开端,被誉为国际贸易理论的又一大基石。其基本内容有狭义和广义之分,狭义的要素禀赋论用生产要素丰缺来解释国际贸易的产生和一国的进出口贸易类型;广义的要素禀赋论包括狭义的要素禀赋论和要素价格均等学说。

（1）要素禀赋论的内容。

根据要素禀赋论,一国的比较优势产品是应出口的产品,是它需在生产上密集使用该国相对充裕而便宜的生产要素生产的产品,而进口的产品是它需在生产上密集使用该国相对稀缺而昂贵的生产要素生产的产品。简言之,劳动力丰富的国家出口劳动密集型商品,而进口资本密集型商品;相反,资本丰富的国家出口资本密集型商品,进口劳动密集型商品。

（2）要素禀赋论的理论分析。

俄林认为,同种商品在不同国家的相对价格差异是国际贸易的直接基础,而价格差异则是由各国生产要素禀赋不同带来的要素相对价格不同决定的,所以要素禀赋不同是国际贸易产生的根本原因。俄林在分析、阐述要素禀赋论时一环扣一环,层层深入,在逻辑上比较严谨。

国家间的商品相对价格差异是国际贸易产生的主要原因。在没有运输费用的假设前提下,从价格较低的国家输出商品到价格较高的国家是有利的。

国家间的生产要素相对价格的差异决定商品相对价格的差异。在各国生产技术相同,因而生产函数相同的假设条件下,各国要素相对价格的差异决定了各国商品相对价格存在差异。

国家间的要素相对供给不同决定要素相对价格的差异。俄林认为,在要素的供求决定要素价格的关系中,要素供给是主要的。在各国要素需求一定的情况下,各国不同的要素禀赋对要素相对价格产生不同的影响:相对供给较充裕的要素的相对价格较低,而相对供给较稀缺的要素的相对价格较高。因此,国家间要素相对价格差异是由要素相对供给或供给比例不同决定的。

通过严密的分析,俄林得出了结论:一个国家生产和出口那些大量使用本国供给丰富的生产要素的产品,价格就低,因而有比较优势;相反,生产那些需大量使用本国稀缺的生产要素的产品,价格便贵,出口就不利。各国应尽可能利用供给丰富、价格便宜的生产要素,生产廉价产品输出,以交换别国价廉物美的商品。

（3）要素价格均等化理论。

要素价格均等化定理是俄林研究国际贸易对要素价格的影响而得出的著名结论。俄林认为,在开放经济中,国际因生产要素自然禀赋不同而引起的生产要素价格差异将通过两条途径而逐步缩小,即要素价格将趋于均等。第一条途径是生产要素的国际移动,它导致要素价格的直接均等化;第二条途径是商品的国际移动,它导致要素价格的间接均等化。国际贸易最终会使所有生产要素在所有地区都趋于相等。同时,俄林认为生产要素价格完全相同几乎是不可能的,这只是一种趋势。

3. 托马斯·弗里德曼

托马斯·弗里德曼,美国新闻工作者,经济学家,哈佛大学客座教授。普利策奖终身评审,代表作品《世界是平的》《世界又热又平又挤》(图 12 – 13)。

图 12 – 13　托马斯·弗里德曼和他的著作

弗里德曼在《世界是平的》出版之前,已经是美国公认最有影响力的新闻工作者。《世界是平的》更奠定了他趋向大师的地位。他的影响力早已不限于美国。他在《纽约时报》每周三、周五见报的国际事务专栏,固定被全世界七百多种报纸转载。转载之频、之广,无人能出其右。托马斯·弗里德曼精通希伯来语和阿拉伯语,有五所美国大学的荣誉博士学位。弗里德曼在《纽约时报》工作期间,担任驻黎巴嫩的采访主任,专事报道中东问题,曾三次获得普利策奖。他还是三本畅销书的作者:1980 年的著作《从贝鲁特到耶路撒冷:美国记者中东见闻录》被授予非小说类国家图书奖,至今仍被认为是研究中东问题的必读书之一;1999 年其写就了《凌志车与橄榄树:理解全球化》一书;2002 年,他出版了《经济与态度:探究 9 · 11 后的世界》。

《世界是平的》是弗里德曼最畅销的著作,并且先后推出了 3 个版本,内容不断扩充。在书中,弗里德曼描述了当代世界发生的重大变化。科技和通信领域如闪电般迅速进步,使全世界的人们可以空前地彼此接近。作者通过其对复杂外交政策和经济问题的非凡解读能力,解释了世界的平坦化趋势是如何在 21 世纪来临之时发生的;这个趋势对于国家、公司、社会和个人而言意味着什么;政府和组织如何才能接受而且必须接受;为什么恐怖分子仍想妄为。由托马斯·弗里德曼撰写的《世界是平的》,被认为是全球化的基本读物,多年稳居《纽约时报》畅销书排行榜,但也招致一些人的不满。

在《世界是平的》取得巨大成功之后,弗里德曼又推出了一本最新力作《世界又热又平又挤》,并很快荣登亚马逊图书销售排行榜第 1 名。在该书中,作者以高超的讲故事技巧和文字表达能力,以及令人震撼的无数事实,向人们揭示了日益严重的能源和环境问题。中国是当今世界发展最快的国家,也是资源需求大国,但是这些年来环境污染日益严重。中国要走西方发达国家以牺牲环境来换取发展和财富的老路吗?这是当前必须思考和做出选择的问题。值得欣慰的是越来越多的人已有了明确的认识和选择,政府正在制定和完善对改善、保护环境有利的可持续发展国策和方针,并大力执行和推广。而本书恰给出了许多教益和启示。作者提出了许多新观念和新思路，如能源气候、能源互联网、绿色能源、绿色革命，等等。

二、经典论文推介

1. 跨国公司新市场进入方式选择研究．于海汛（经济科学出版社）．经济研究参考，2013（23）：74－77

（1）概要。

在经济全球化的背景下，跨国资本流动对全球的经济增长和技术进步产生了越来越重要的影响。进入方式是跨国公司进行国际化经营的重要战略决策，当跨国公司决定进入国外市场时，至少要做两个重要决策：一个是区位选择，即选择进入哪个国外市场；另一个就是进入方式选择，是选择进口进入方式，OEM 的进入方式，还是选择直接在东道国本地自行生产，或是选择在东道国自行研发和生产。

（2）主要内容和观点

①控制程度。

Kim 和 Hwang（1992）将"控制"定义为操纵企业资源进行运营和战略决策的权力。跨国公司所拥有的具备相对优势的资产有助于跨国公司抢夺市场份额，因此跨国公司进入国外市场时必须保持控制自身优势资产的权力。不同的进入方式对应不同的控制程度。对于进口进入方式而言，如果是间接进口，跨国公司无法控制中间商，即使是直接进口，能控制的资源也比较有限。在 OEM 进入方式中，跨国公司对 OEM 供给方有一定的控制权，但相比在东道国本地生产，这种控制权还是比较弱。而在本地生产进入方式和本地生产本地研发进入方式的比较中，后者的控制程度更高。

②资源承诺。

资源承诺是指资产如果用于某种用途就会丧失一定价值的特性。跨国公司利用不同的进入方式进入东道国需要投入不同水平的资产，也就是说不同的进入方式对应不同的投入水平。一般而言，进口进入方式因为不涉及在东道国的投资，所需要的资源投入水平最低。OEM 进入方式中由 OEM 供给方进行产品的生产制造，跨国公司不需在东道国进行前期的巨额固定资产投资，所以作为 OEM 购买方，跨国公司利用 OEM 进入方式所需资源投入水平也较低。本地生产进入方式和本地生产、本地研发进入方式都需跨国公司在东道国拥有实际资产，所需资源投入水平较高。资源承诺代表着跨国公司进入东道国市场所需付出的沉没成本，也因此而构成跨国公司未来的退出壁垒。

③风险水平。

风险是不确定性的一种，任何投资活动都存在风险，但跨国公司由于对国外市场环境不熟悉，因而进行跨国经营活动的风险更大。不同的进入方式对应不同的风险水平，资源实际投入水平越高的进入方式相应的风险水平也越高。同时跨国公司还面临技术、管理经验等扩散的风险，比如在 OEM 进入方式中跨国公司需要将技术、产品标准等无形资产输送给 OEM 生产商，如果这些无形资产被不正当使用，就会给跨国公司的利益造成损害。相对而言，进口、本地自行生产以及本地自行研发与生产三种进入方式下这种风险较小。

④灵活程度。

灵活程度代表着跨国公司是否能迅速地、低成本地改变跨国经营方式或地理位置的能力。不同的进入方式代表着跨国公司在跨国经营活动中不同程度的灵活性。资源投入水平构成了跨国公司的退出壁垒，一旦东道国发生不利情况需要退出该国市场时，资源投入就构成了退出的沉没成本，降低了跨国经营的灵活性。因此，跨国公司在东道国投入的资源越多，灵活程度就越低，进口、OEM 生产、本地自行生产以及本地自行研发与生产的灵活程度是逐级递减的。

（3）结论。

通过对跨国公司的进口进入、OEM 生产进入、本地自行生产进入、本地自行研发与生产进入四种进入方式的比较，本文分析了影响跨国公司进入方式选择的因素，可以得到以下基本结论。

①不同的进入方式对应不同的控制程度、资源承诺、风险水平以及灵活程度。进口进入方式的控制程度、资源承诺以及风险水平最低，灵活程度最高；OEM 生产进入方式的控制程度、资源承诺较低，风险水平最高，灵活程度较高；本地自行生产进入方式的控制程度、资源承诺较高，风险水平、灵活程度较低；本地自行研发与生产进入方式的控制程度、资源承诺最高，风险水平较高，灵活程度最低。

②影响跨国公司进入方式选择的因素有很多，包括产品因素、来自东道国和母国的外部因素以及企业内部因素，在不同的条件下跨国公司会选择具有不同特性的进入方式。

③中国应调整外资政策，逐步对外商投资企业实施国民待遇，促使国内形成公平竞争的格局。中国应加强对外商投资企业生产经营活动的监督，完善对外商投资的市场准入和反垄断方面的规制政策，对关系国家安全的航空、军工等行业应限制跨国公司进入或限制其控股比例，对外商投资企业的不正当竞争行为及时进行有效监管。

2. "一带一路"、新型全球化与大国关系．钟飞腾（中国社会科学院）．外交评论，2017 (3)：1－24

（1）概要。

作者认为从带动全球化的政治经济能力来看，中国在全球层面仍落后于美国。但在地区层面，中国已经拥有匹敌甚至高于美国的能力，在制造业规模、发展模式和战略观念上拥有独特的优势，尤其是对于"一带一路"沿线的中低等收入国家而言，中国的带动力是足够的。本文从发展角度深入分析"一带一路"沿线国家的发展现状，这对于准确理解中国实施"一带一路"的动机、路径与可能性相当关键。因此，当美国出于国内政治原因无力承担全球领导角色，意欲抛弃旧的全球化和区域化，并以英国 19 世纪的双边模式推进对外经济关系时，中国应该花大力气塑造新型全球化模式，即以"一带一路"为核心的新一轮发展。这不仅是拓展开放性经济关系、展现大国担当的需要，也是中国实现国内发展、推进有利于中国的发展环境的需要。

（2）主要内容和观点。

①"一带一路"与中低等收入国家的发展。

西方诸多关于中国"一带一路"的文章将重心放在分析中国的意图上，而忽视了"一带一路"沿线国家的发展现状。这种思维体现了长期主导国际秩序的发达国家对崛起国的担忧，它们认为当今世界最大的挑战国是中国，中国的倡议将显著改变现状。这种思维对一大批真正需要加以关怀的发展中国家重视不足，西方国家似乎并不认为这些国家有能力挑战其主导地位。因此，西方对"一带一路"研究中，根本不重视一大批收入水平不高国家的真正需求。在全球化给发达国家造成危害时，这些国家的第一反应是捍卫本国利益，放弃推进全球化。这种角度和视野将极大地误导西方对"一带一路"的认识。

②"一带一路"的官方的表述。

"一带一路"主要是一项沿线国家参与的区域经济合作规划。按照2015年3月初发布的"一带一路"愿景与行动文件，"以新的形式使亚欧非各国联系更加紧密，互利合作迈向新的历史高度"是"一带一路"的主旨目标。文件分八个部分、三大板块讲解了这一倡议的主要内容：第一部分是倡议的"时代背景"；第二部分是"共建原则、框架思路、合作重点、合作机制"；第三部分是"中国各地方开放态势、中国积极行动"。按照这种思路，也可以说文件的主题是两大块：一是国际社会共建"一带一路"；二是在"一带一路"具体推进时中国方面将涉及哪些领域。

目前来看，中国和欧洲是"一带一路"的两头，除了中国和欧洲的视角，"一带一路"还存在很多国别的视角。单纯从国别角度看"一带一路"，还只是基于双边层面的合作考虑。显然，中国政府的目标远高于双边合作。学科与国别的差异是造成国内外看法不同的重要原因，但缺乏真正的区域性角度也是一大原因。

③对"一带一路"沿线中低等收入国家发展的新认识。

发达国家推进的最近一轮全球化只是使少数国家的收入水平有了较大提升，并没有提高多数人口的收入。尽管中国是这一轮全球化的重要获益者，但西方对以中国为主的发展知识的总结却并不到位，长期宣扬新自由主义的一套政策。而诸多发展中国家长期以来都是通过学习西方的文本来认识发展的。如果西方的总结不到位或者根本产生了误导性的认识，那么发展中国家就容易忽视中国的价值以及自身蕴含的力量。因此，我们需要回顾最近一轮实现发展的国家的新经验和新看法，考察一下这些新经验对于推进"一带一路"的发展有何参考价值。

④中国推动中低等收入国家发展的优势与战略。

中国能否带动中低收入人口的发展呢？从收入发展水平来看，中国还不是一个高收入国家。由于理论界并没有关于一个收入不高的国家如何带动其他国家发展的成型说法，我们需要换一种视角讨论这个问题。从某种程度上说，中国相当于世界体系论者沃勒斯坦提出的半边缘国家，即处于核心区与边缘区之间的地区。沃勒斯坦强调，在资本主义世界经济体这个体系中，有少数几个国家进入了核心区，但其他国家也不都如依附论者所说的处于边缘区，而是处于比边缘区更具优势的位置。

⑤中国迈向高收入国家。

如果说中国提出"一带一路"倡议只是为了造福沿线国家，而无关自身发展，这恐怕不是中国政府的出发点，同样，我们也不会接受这样一种说法，即"一带一路"是中国的慈善事业。对中国与"一带一路"关系更好的一种理解是，"一带一路"的成功将有助于中国实现第二个百年目标，即彻底成为一个高收入国家。因此，中国投入巨大的力量推进"一带一路"建设，其重要的战略目标是稳定周边环境和创造中国崛起的良好国际环境。从这个意义上说，"一带一路"和"新型大国关系"具有本质上的一致性，都是为中国进一步迈向下一个发展阶段夯实基础。将"一带一路"与"新型大国关系"联系在一起考虑，也有助于从战略上更好地维护中国的国家利益。

（3）结论。

"一带一路"是沿线各国共同参与的发展蓝图,而不是中方单方面实施的援助。辨识各种有关"一带一路"说法的基本前提是摸清沿线国家的发展现状,充分重视沿线国家的需求,而不只是关注中国的出发点和目的。本文提供了一个发展的视角来理解"一带一路"沿线的整体区域特性。中国通过"一带一路"建设成为一个高收入国家的发展前景,势必影响到霸权国对中国政策意图的判断。中国对于崛起国与守成国的关系有着清醒的认识,提出构建新型大国关系,意在防止与美国发生冲突,并试图使美国认可中国的发展道路。尽管美国方面反应比较冷淡,但随着"一带一路"沿线国家中绝对多数人口迈向中高等收入,这一情形会发生较大改变。

3. 全球营销战略模型的检验指标创建及其应用——以 60 家跨国公司在华子公司全球营销战略的实证检验为例. 吴晓云,邓竹箐(南开大学国际商学院). 管理科学学报,2006(1):68—77

(1)概要。

在继承国外学者有关全球营销战略的理论模型基础上,开发和创建了测度该模型的一整套指标体系,用以对 60 家全球型跨国公司(均为"财富全球 500 强")在中国市场上实施的全球营销战略从内外部驱动力、战略表现和经营业绩方面进行相关性检验,对在华跨国公司全球营销战略的基本模式和运作特点作出评价,据此对中国企业参与全球竞争、发展跨国经营战略提出有针对性的管理建议。

(2)主要内容和观点。

①模型的描述。

针对 Zou 和 Cavusgil 在 2002 年提出的"全球营销战略模型",作者在"全球营销战略表现"部分将原来的"产品标准化""价格标准化""渠道标准化""促销标准化"几个相关的二级指标合并调整为"营销策略标准化"这个新的、统一的二级指标,经过本研究简单调整的 GMS 模型如图 12-14 所示。模型由内外部驱动力、全球营销战略表现和跨国经营业绩三部分组成。第一,内部驱动力(B5)和外部驱动力(B6)是跨国公司实行全球营销战略的重要驱动力量,共同决定跨国企业是否选择全球营销战略以及在多大程度上选择该战略。第二,全球营销战略由几个重要的子战略(B1-B4)构成,并且共同受制于内外部驱动力的作用,分别是:营销策略标准化(B1)、全球市场参与度(B2)、竞争活动整合

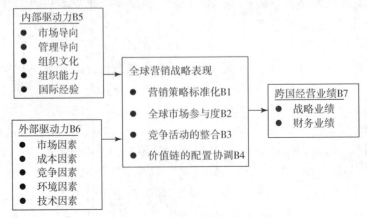

图 12-14　简单调整的 GMS 模型

(B3)、价值链的配置和协调（B4）。第三，企业经营业绩（B7）受制于各重要的子战略水平，对企业跨国经营业绩的考察主要在战略业绩和财务业绩两个层面上展开，两者密切关联：战略业绩的提升可能同时伴随财务业绩的上升，但也有可能财务业绩的上升有一定滞后性，特别是对那些刚刚开始进行全球战略布局的公司来说更是如此。

本研究应用该模型的基本思路是：首先，对国外全球营销研究领域学者有关全球营销战略表现、内外部驱动力和经营业绩三者存在逻辑关系研究和进行局部检验的基础上，继承和应用战略表现和内外部驱动力之间以及全球营销战略和公司经营业绩之间的互动关系的理论模型。其次，在美国学者的 GMS 模型一、二级指标基础上，充分整合国外学者有关战略表现、内外部驱动力和经营业绩三个维度上的零散指标，构建测度全球营销战略模型的三层次指标体系，使整个理论模型的可操作性价值得到发展。

②构建指标体系。

根据以往的研究积累，对内外部驱动力、营销战略表现和跨国经营业绩这三个一级指标的设定已达共识，对二级指标的设计及实证检验结果则有所分歧，因此，后续研究能够有所发展和创新之处主要体现在对二级指标的选取和对三级指标的整体开发上。因为在二级指标层次上仍是一个比较笼统的概念，这个层次上如果不能开发出可以衡量和测度的三级指标，就很难将全球营销战略理论模型变为可以操作和检测的流程，理论和实践之间也就难免会出现差距。为有效弥补这一差距，本研究对以前学者有关局部模型和零散指标及其实证检验的大量专业论文进行了深入剖析，同时在跨国公司研究领域邀请权威专家就指标构建的成果进行反复论证，而且就指标的可理解、可操作性征询若干跨国公司在华子公司的管理者，通过上述多方努力和综合考虑，最终完成对二级指标的精选和细化，并开发出可操作性很强的三级指标，用于对"全球营销战略模型"在实践中的运作情况进行测度。

（3）结论。

本文依据全球营销战略模型（GMS）对 60 家"财富全球 500 强"跨国公司的全球战略在中国市场上的检验是具有开创性的尝试。研究贡献集中体现在：继承 GMS 模型，开发出一整套衡量和测度全球营销战略的三级指标体系，对内外部驱动力和战略模式的相关性进行了实证检验，填补以往学者对内外部驱动力和战略的相关性只限于理论论证的研究空白。基本结论是：在华跨国公司的全球营销战略的表现受内外部驱动力的共同作用，其中外部驱动力的作用更加显著，实行全球营销战略可以有效地提升跨国公司的战略业绩和财务业绩。此结论与 Zou 和 Cavusgil 针对 GMS 模型在美国所做的实证检验结论在取向上完全一致。

本文有助于中国企业加深认识实行全球营销战略的内外部环境和驱动力条件，结合产业环境特征和内部条件确定更加适合自身发展的全球营销战略模式，全球营销战略包括选择标准化营销战略、提高全球市场参与度、在各市场之间建立协调机制并整合竞争活动，以及对价值链在全球范围内进行优化配置，这些重要的全球营销战略手段不仅仅是认识和评价国外跨国公司战略的重要视角，也为中国企业在海外市场分阶段、分步骤地实现全球营销战略，全面发展和提升在全球市场的竞争力提供了极有价值的借鉴。

4. 中国跨国公司"全球导向—渐进式"国际经营战略思考．吴晓云，邓竹箐（南开大学商学院）．财经论丛，2008（3）：84 - 90

（1）概要。

本文提出和阐述了中国跨国公司基于全球导向的渐进式国际化战略思想。依据跨国公司全球营销理论，结合97家走在国际化最前列的中国跨国公司的实证资料数据，针对处于不同国际化阶段的中国企业，提出了新型出口营销战略、新型多国营销战略和全球营销战略，并为中国企业就各阶段战略量身定做出整体规划和具体方案。战略模式的提出贯彻了"全球导向—渐进式"的核心思想，以期对中国跨国公司的国际化战略发展有所启发。

（2）主要内容和观点。

作者首先分析了中国高端跨国公司国际化现状，对中国高端跨国公司国际化战略的分析和判断，主要是依托获得的关于97家中国跨国公司国际化战略的实证调查资料数据，使用的是一套涉及中国跨国公司全球化内外部动因、战略表现和经营业绩的测量问卷。本文采集的主要是有助于对中国跨国公司所处国际化阶段和整体水平做出判断的部分数据。根据研究目标，利用问卷中一个关键问题——"公司主要采取哪种方式进入国外市场？"来对97家中国高端跨国公司所处的国际化阶段进行判断。

在此基础上提出了中国高端跨国公司"全球导向—渐进式"发展战略。认为出口营销、多国营销和全球营销在跨国公司的发展历史上呈现纵向的演进规律，揭示了公司由本土向海外最终至全球市场的扩张规律，但我们所关注的中国企业则是在遵循纵向演进规律的同时，又处于一个全球化的横截面上，即出口营销、多国营销和全球营销作为企业参与国际市场的不同方式并存且互补。特别是在全球化的条件下，不同的战略形式都能被赋予全球化的内涵。因此，中国企业在国际战略的选择上，应发挥"后发展优势"，特别是重视战略对外部全球化条件的响应，在所处战略阶段基础上融入具有全球战略内涵的要素，按照跨国公司发展规律适时推进从出口营销到多国营销乃至全球营销的战略升级。这种发展战略我们称为"全球导向—渐进式"发展战略。运用"标准化""价值链配置协调""竞争整合"这三个全球战略思想的基本工具，针对处于不同战略阶段的中国跨国公司所进行的战略设计，即新型出口营销战略、新型多国营销战略和针对最高端中国跨国公司的全球营销战略。

（3）结论。

本文借鉴全球营销战略理论，结合对中国高端跨国公司调研数据的分析，提出中国跨国公司基于"后发展优势"的"全球导向—渐进式"发展思路，基本结论和建议总结如下：首先，中国跨国公司应该树立"全球导向"。在当前产业、市场、顾客、竞争和技术的全球化环境下，中国跨国公司迫切需要提升国际化水平。跨国公司发展的历史经验表明，当公司在海外市场成长到一定程度，具有较大规模和较强实力之时，决定公司在海外市场扩张的关键因素是战略的选择。在对中国高端企业海外市场运作的规模、国际化程度等指标进行分析后，本文认为目前最关键的问题就是要树立"全球导向"，深入理解"全球导向"和全球营销的三种战略工具，从而在发挥"后发展优势"的前提下，在现行的出口战略、多国战略和初步全球化战略的基础上，不断渗透全球战略的思维理念和管理要素，提升企业在全球化战略方面的深度和国际竞争力。

其次，中国跨国公司应考虑"渐进式"的思路。鉴于中国企业的基础和实力以及实施全球战略的难度，认为中国企业发展全球战略必须是一个"渐进式"的过程。从跨国经营战略发展的宏观层面上，中国高端跨国公司应该及早树立"全球导向"，但就具体实施来说，则根据自身所处阶段和内外部条件进行谨慎的战略选择。既要避免固守成规，也要防止盲目冒进。应该在出口战略、多国战略和初步全球化战略的基础上，强调对每个阶段战略优势的发挥，同时也要考虑向最终全球战略的过渡和升级。在此过程中对"标准化""配置和协调""竞争整合"这三种产生全球利益的战略工具的综合分析和应用是非常重要的。

5. 跨境电商类型与运作模式．张夏恒（西北政法大学商学院）．中国流通经济，2017（1）：76-83

（1）概要。

跨境电商在跨境电子商务交易中扮演着企业的角色，既是商品交易的场所，也是交易主体信息沟通的媒介，在跨境电子商务活动中处于重要位置。本文基于电子商务企业相关分析文献，结合跨境电子商务特征，按照交易主体属性、平台经营商品品类、商品流动方向，提出跨境电商类型的分类方式。不同类型的跨境电商在所具备优势、业务流程、运行模式等方面均存在一定的差异，跨境电商在经营与运作中必须予以充分考虑。

（2）主要内容和观点。

作者首先梳理了跨境电商的发展历程，分析了跨境电商需求的刺激因素，主要包括：经济发展、生活水平提升、消费需求旺盛、跨境消费主力群体剧增、消费观念升级、国内商品种类和质量等问题凸显、出境群体规模攀升等。在此基础上对于跨境电商类型的划分标准做了剖析，目前的划分标准主要是：按照交易主体属性、按照平台经营商品品类、按照商品流动方向三大类。之后提出了目前跨境电商的企业类型，有如下几种：

一是全球性电商企业将业务辐射到跨境电商业务。其代表性企业有亚马逊、易贝等。

二是国内电商企业拓展跨境电商业务。国内电商企业成立之初，主要经营或辐射本国市场，为实现持续增长或顺应跨境电子商务发展趋势，其经营范围由本国市场扩展到国外市场，从而发展为跨境电子商务企业，其代表性企业有京东商城、天猫商城、印度的Zomato等。

三是传统互联网企业涉足跨境电商业务。其代表性企业有网易考拉海购、谷歌等。

四是传统行业企业进入跨境电商市场，传统企业在电商发展的推动下，不再满足于原有实体渠道，纷纷将触角延伸到电商领域，并逐渐步入跨境电商市场，该类企业主要以传统零售业为主，其代表性企业有沃尔玛、家乐福、麦德龙、家得宝、劳氏等。

五是专营跨境电子商务业务。该类企业系为经营跨境电子商务业务而成立的专业跨境电商企业，其成立之初就定位于跨境电商市场，代表性企业有全球速卖通（Aliexpress）、洋码头、兰亭集势、敦煌网等。

六是物流企业拓展跨境电商业务。一些物流企业凭借自身在跨境商务生态系统中的物流资源优势，实现多元化发展，立足于物流网络，进入跨境电商市场。其代表性企业有顺丰海淘、科务瓦等。

七是社交网络企业尝试进入跨境电商市场。社交网络在跨境电商市场中的价值和地位不断提高，特别是年轻消费群体热衷于使用社交网络，为一些社交网络企业提供了发展机会。其代表性企业有脸书、微信等。

之后，作者对平台型跨境电商与自营型跨境电商做了详细解读。

（3）结论。

本研究在梳理电子商务企业分析文献基础上，结合跨境电子商务特征，按照交易主体属性、平台经营商品品类、商品流动方向三个标准划分跨境电商类型，进而提出了关于跨境电商类型的三种分类：第一种是B2B跨境电商、B2C跨境电商与C2C跨境电商；第二种是垂直型跨境电商与综合型跨境电商;第三种是跨境进口电商与跨境出口电商。其中,结合经营商品数量因素,又将垂直型跨境电商与综合型跨境电商细分为综合平台型、综合自营型、垂直平台型、垂直自营型四类。由于按照平台型和自营型对跨境电商进行的划分使用得比较频繁,认可度也比较高,因此聚焦平台型跨境电商与自营型跨境电商,剖析其业务流程与运作模式,旨在对其进行更深层次的了解,为跨境电商经营与运作提供参考和借鉴。

三、经典图书推介

1. 全球营销(第 6 版).[美]沃伦·J·基根,马克·C·格林. 傅慧芬,等,译. 北京:中国人民大学出版社,2015

(1) 概要。

本书是美国一本经典的全球营销教材,在世界各地广泛采用,受到普遍的欢迎。首先概述了全球商务环境的主要维度,进而从环境和战略的视角讨论了企业的营销实践,并通过介绍一整套先进的概念和分析工具,启迪和帮助读者在全球营销中成功运用 4P 策略组合。第 6 版进行了全面的修订和更新,广泛吸收了全球营销领域内的前沿研究成果;及时介绍了有关国际经济新形势及其影响的独到的见解;大幅更新了原有案例、数据和图表;增加了有关新兴社交媒体的讨论,并贯穿全书;特别关注新兴国家市场(包括中国、印度、巴西等)的全球营销战略和挑战。

(3) 主要内容。

本书的内容架构见表 12-9。

表 12-9 《全球营销》主要内容

第Ⅰ篇 概论	属于导论部分,作者在营销学原理综述基础上介绍了何谓全球营销,全球营销的重要性,管理导向及影响全球一体化,全球营销的作用力等内容
第Ⅱ篇 全球营销环境	按照全球经济环境,区域市场特征和优惠贸易协定,社会和文化环境,政治、法律和法规环境介绍了全球营销环境的分析内容和方法
第Ⅲ篇 进军全球市场	首先介绍了全球信息系统与市场调研相关内容,然后分析了全球营销中的市场细分、确定目标市场与市场定位,接着提出了进口、出口和货源战略,并围绕许可经营、投资和战略联盟分析了全球市场进入战略的内容
第Ⅳ篇 全球营销组合	提出了全球营销中的品牌和产品决策、定价决策、全球营销渠道和实物分销、全球营销沟通决策,重点分析了广告与公共关系、营业推广、人员销售、特殊形式的营销沟通等内容,这篇还重点介绍了全球营销和数字化革命相关内容
第Ⅴ篇 21 世纪的战略和领导力	重点分析了竞争优势战略要素、领导力、组织和企业社会责任等相关内容

(3) 作者简介。

沃伦·J·基根,美国佩斯大学卢宾商学院国际商务和营销学教授,现任该院全球企业战略协会会长,兼任英国克兰菲尔德管理学院、中欧工商管理学院、美国沃顿商学院、法国 ESSEC 商学院等多所院校客座教授。拥有哈佛商学院 MBA 学位和博士学位。

马克·C·格林,美国辛普森大学(位于艾奥瓦州印第安诺拉)管理学和营销学教授,主讲管理学、营销学、广告学、国际营销学、管理创新和俄语等多门课程。曾在劳伦斯大学获得俄语文学的学士学位,在康奈尔大学获得俄语语言学硕士和博士学位,在雪城大学获得营销管理方向的 MBA 学位。

2. 全球营销. 伊兰·阿隆,尤金·贾菲,多娜塔·维亚内利. 郭晓凌,龚诗阳,译. 北京:中国人民大学出版社出版,2016

(1)概要。

本书涵盖全球营销的所有基础内容,包括对国际营销环境的清晰阐释,其中既有外部不可控因素,也有国际营销经理应对这些因素的各种工具和策略。本书系统地介绍了全球营销理论与实践案例,旨在帮助读者拓宽全球视野,提升营销技能。前四篇依次讲述了全球营销环境、全球营销战略、全球营销组合以及全球营销的新趋势,第五篇则提供了与之相应的综合性案例。

(2)主要内容。

本书的内容架构见表 12 – 10。

表 12 – 10　《全球营销》的构成及主要内容

第 1 篇 分析外部不可控的营销环境	通过回顾全球营销环境指出本书的背景,特别关注了市场评估和形势分析工具,比如第 1 章和第 2 章的 CAGE(文化、行政、地理和经济距离)和 PEST(政治、经济、社会和技术环境)。第 3 章深入地研究了文化环境,回顾了跨文化管理的一些模型及其对营销战略的作用。第 4 章则深究政治法律环境,开发了一个政治风险模型用以评估风险。第 5 章考察了全球、地区和国家市场的相似及差异之处,并讨论了促进世界贸易的一些重要的贸易集团
第 2 篇 营销职能战略	包括全球营销调研、国际市场选择、全球市场进入战略,以及全球市场细分、选择目标市场和定位。国际市场上的营销调研更为复杂,充满变数,使得数据收集和结果阐释难以统一应用于不同国家。营销经理可能犯的一个错误是,以为在本国可行的办法一定适用于海外。在全世界寻找机会,不仅需要开展市场调研,而且需要对引发需求的各种不同条件进行细致而系统的分析。接下来讨论国际市场选择模型。国际市场进入决策通常紧随其后,它涉及对风险和控制力的权衡。乐于在市场上投资的营销人员必须通过财务回报来证明投资的合理性。企业越来越多地采用非股权进入模式,原因在于,企业对远距离市场的管理难度不断加大,而越来越多的国际营销活动在新兴市场开展,此类市场因政治因素、文化距离和经济欠发达等原因往往包含更多风险。全球市场细分、选择目标市场和定位(STP)战略既可应用于国家层面,也可应用于国际层面。针对北美中等收入消费者的某一产品也可能会吸引巴西的高收入人群。由于存在全球性媒体和跨国广告客户,加上互联网和社交媒体提升了人们之间的关联性,全世界年轻城市消费者的生活方式正在趋同。营销人员日益能够采用基于网络的技术手段来识别和接触不同市场上想法类似的消费者,并向他们销售产品
第 3 篇 产品、定价、分销和促销策略	营销人员面临的可控环境大多涉及这四方面的决策。这些决策需要协调一致,以便对目标群体产生吸引力。本篇详细回顾了产品和品牌策略、定价策略、全球布局和分销策略,最后是全球沟通和广告策略。这些策略共同构成国际营销规划的基础内容,为企业形成国际市场竞争力奠定了基础

续表

第4篇 全球营销的设计和控制	本篇是全书最具创新之处,集中关注国际营销中包括社交媒体在内的新兴技术、全球营销的设计和控制,以及营销人员的伦理和社会责任行动。作为一种破坏性技术,社交媒体对未来营销和广告方式具有特别的影响。它是一种广告媒介,是一种使分散的消费者彼此连接的办法,也是一种消费者和市场调研工具。消费者借此与朋友、伙伴和同事分享品牌感想,从而有机会对企业所传递的信息施加影响。2008年以来弥漫于全球市场的衰退促使人们反思营销在社会中的作用,以及公司应当承担的责任。人们越来越要求营销人员担负更多责任,不仅满足"底线"要求,而且为受其影响的社会各个方面负责
第5篇 案例	提供了一些篇幅较长的分析型案例,它们大多来自毅伟案例交换所。这些案例为学生进行正式的案例分析提供了真实的情境和机会

(3) 译者推荐。

这是一本全球导向的教材。三位作者均具有丰富的教学和咨询经验,书中内容涵盖发达国家和新兴国家,既有大型跨国公司的战略,也有中小型企业的战略。全书很好地在理论与实践之间取得平衡,使读者掌握丰富的全球营销理论,理解全球营销模型,在案例中应用所学知识,并能应对全球营销管理者所面临的各种问题。

3. 超级版图——全球供应链、超级城市与新商业文明的崛起. 帕拉格·唐纳. 崔传刚,等,译. 北京:中信出版集团,2016

(1) 概要。

全球化并未进入深水区,与之相反,全球化正在进入超级全球化阶段,一幅全世界范围内互联互通的超级版图正在形成。何谓互联?传统的国界线表示国与国的隔离,强调本国的国土主权,限制人员、资本、资源、技术的流动,而在互联时代,国家必须选择与其他国家、其他区域连接,连接的力量远远大于政治和军事的力量。如何实现连接?通过修建基础设施,打造供应链,实现资源、生产、服务、消费的连接。21世纪本质上是场争夺供应链的角力,新军备竞赛的内容是连接全球各大市场。比起争夺领土,争夺连接本区域与其他区域的输油管道、铁路、公路、隧道、大洋航线、网络电缆和电网更符合各国利益。在这场角逐中,中国领先,中国围绕"一带一路"启动大量连接欧亚大陆的基础设施投资。而美国则需要与邻国携手,建立跨北美洲的超级联盟,共享资源和繁荣。

在这张全球互联互通的超级版图上,我们也能看到超级城市的出现。到2030年,全球将会出现50个超级城市群。为什么打造超级城市群?因为超级城市群是一连串基础设施最便利、供应链网络最发达的全球地理节点,超级城市群吸引着全球的资金、资源、人才、技术,小城市也必须将自身融入超级城市群,这是获得繁荣的唯一方法。同时,供应链将代替任何超级大国或者多国联盟,成为稳定全球社会的锚,没有任何国家,哪怕是美国和中国,能够打破供应链系统。供应链将全球迅速增长的超级城市连接在一起,这对地缘政治、经济、人口、环境、社会认知都将持续产生深远影响。

唐纳结合20年间超过100个国家的环球观察实践,从经济基础设施建设的角度探讨地缘政治变迁。他视野开阔,却不失严谨的细节;得基础设施者得天下,一条条供应链就是人类发展进步的脉络。从《超级版图》中,不仅能看到21世纪的全球文明图景,更能看到,在各国各地区以新的形式互联的情况下,国家和城市应如何重新思考发展目标。

(2) 主要内容。

本书的脉络由如下几个相互联系的关键论述组成。首先，互联互通已经取代区隔成为全球组织新的范式。人类社会正在发生根本性的变革，功能性基础设施，而不是国界，将主导世界的运转。因此客观反映世界的地图不应仅仅强调国家，也应该反映超级都市、高速公路、铁路线、油气管道、通信光缆以及其他象征着全球网络文明的标志。其次，权力下放是我们所处时代最强大的政治力量。在全球各地，传统帝国都在分解，权威正从国家首都向追求金融和对外交往独立的省市分化。但权力下放的过程也会伴随另面聚合。政治实体的规模越小，就越是需要组成大的联盟来共享资源以求生存。这种趋势在东非、东南亚都有所体现，这些地区的国家正以共同的基础设施和机构为依托形成新型地区国家联盟。北美也在慢慢朝着统一超级大陆的方向发展。最后，地缘政治的较量正从领土之争转向互联互通之争，主要表现为全球供应链、能源市场、工业生产以及金融、技术、知识和人才流动的拔河博弈。拔河博弈意味着从体系内之争（资本主义对共产主义）过渡到了供应链体系内的较量。尽管军事战争依然是常规威胁，但拔河博弈却会永远存在——各国需要用经济策略而不是军事教条去争取胜利。在全球范围内，各国兴建了数以万计的城市和经济特区，希望借此参与全球拔河博弈。

作者告诉我们：中国提出"一带一路"倡议，将使得中亚出现众多沿着交通和能源走廊分布的系列中等规模城市。每一条道路、每一座桥梁、每一条隧道、每一条铁路和每一根油气管道都会改变沿途所经过国家的功能定位，新的能源网络和灌溉系统将使得沿途国家可以实现资源共享、互通有无。中国的战略不是去占领这些国家，而是要加强这些国家的互联互通。通过构建新丝路，中国正在进行新的大国博弈。

(3) 评论。

北大国家发展研究院名誉院长、前世界银行首席经济学家林毅夫："基础设施是许多国家增长发展的制约因素，这一点在发展中国家尤为突出。《超级版图》不仅讲述了基础设施投资与财富增长的重要联系，更是一部有关连接如何促进亚洲及全球稳定与繁荣的重要著作。"

硅谷精神领袖、《连线》杂志联合创始人凯文·凯利："这大概是全球化视角的一本书。它视野开阔，却不失严谨的细节。得基础设施者得天下，一条条供应链就是人类发展进步的脉络，从《超级版图》中，你能看到未来。"

4. 国际市场营销学（原书第 15 版）．菲利普·凯特奥拉，玛丽·吉利，约翰·格雷厄姆．赵耀德，等，译．北京：机械工业出版社，2013

(1) 概要。

本书全面描述了全球市场的历史、地理、文化、商业惯例、政治和法律环境，介绍了欧洲市场、美洲市场、亚太市场、中东市场等不同文化环境中的国际市场营销活动，详述如何制定与实施全球营销战略问题。本书还深入地阐述了互联网营销在国际市场营销中的影响与作用，特别关注新兴市场的机会与营销状况以及企业伦理与社会责任等热点内容。

(2) 主要内容。

本书的内容架构见表 12-11。

表 12-11 《国际市场营销学》主要内容

第一篇 国际营销概述	第一篇包括两章，第 1 章向读者介绍了国际市场营销的环境与文化分析法以及关于国际营销管理的基本概念。全球意识是全球营销的基础，开头部分讨论了全球意识的含义以及全球意识的培养。第 2 章集中讨论了国际贸易的动态环境以及当今国际营销者所面临的竞争挑战和机会，全面阐述了创立世界贸易组织的重要性，并且讨论了互联网和手机在国际商务方面越来越凸显的重要性，从而为后面章节介绍互联网和手机的具体应用奠定了基础
第二篇 全球营销的文化环境	全球导向要求国际营销者认识文化的差异性，并能就如何适应这些文化差异做出正确的抉择。第 3 章所讨论的地理和历史对于理解不同国家间的文化和市场差异性十分重要。当然，不能忽视全球生态环境的恶化问题以及跨国公司在保护生态环境方面的重大责任。第 4 章从广义的角度考察了文化以及文化对与国际营销有关的人类行为的影响，第 4 章所考察的文化因素为第 5~7 章深入分析商业惯例和政治、法律环境提供了必要的前提。在介绍伦理道德和社会责任时，考虑到了国际管理者经常面临的两难境地，即如何在公司利益与公司决策所产生的社会后果和道德影响间取得平衡
第三篇 全球市场机会的评价	随着市场的扩大，细分市场不断出现，而跨国市场上细分市场的进一步演变又迫使营销人员去了解不同文化背景下的市场行为和跨文化的市场行为。第 8 章探讨了多元文化调研、定性与定量研究以及互联网在调研中的作用。第 9-11 章分别介绍了众多跨国公司针对跨时区差旅与通信成本的变化而进行的营销组织变革以及区域市场集团的不断产生与发展情况
第四篇 全球营销战略的制定	第 12 章的主题是全球营销的计划与组织，讨论了包括战略联盟在内的协作关系，指出了企业、供应商和客户之间相互协作对取得全球营销成功的重要性。许多跨国公司意识到要充分利用全球市场所提供的机会，往往必须具备超越自身能力的实力。协作关系能够带来技术、创新、生产力、资本和市场准入，从而可以增强公司的竞争地位。第 13 章和第 14 章着重讨论了产品和服务的管理问题，反映了消费品和工业品营销在战略上的差异性以及消费服务和工业服务在世界市场上的日益重要性，强调了在提供全球产品或服务时从建立能适应文化差异的标准化产品或服务平台的角度看待处理适应性问题的重要性。第 15 章让读者领略了产品从母国到目标国家市场消费者手中的分销过程。第 16 章讨论了广告和国际营销组合中的促销因素。全球市场细分讨论涉及跨国细分市场的迅速成长以及市场细分作为一种战略性竞争手段在创造有效促销信息中的重要性。第 17 章讨论了人员推销、销售管理以及销售代表培训、评价和控制方面的重要问题。第 18 章介绍了价格升级和抑制价格升级的方法、反向贸易以及美元相对于其他货币坚挺或疲软时所应采取的价格策略
第五篇 谈判	第 19 章系统介绍了与客户、合作伙伴和政府管制部门所要进行的谈判，重点讨论了不同文化背景下的不同谈判风格以及在实际谈判中了解这些差异的重要性
第六篇 全球营销计划	主要包括"营销计划指南"，作为补充资料，该指南采用详细的提纲形式，既能为全面分析一国文化和经济提供研究框架，又能指导营销计划的制订。本篇还有一些案例，可以结合课本知识进行分析

(3) 译者推荐。

从 1971 年首版问世到 2011 年推出第 15 版，本书的高市场认可度可见一斑。历经 40 余年的持续修订，本书的框架体系日臻完善，内容不断得到充实，特色也日趋鲜明。本书由美国科罗拉多大学国际商务研究院终身教授菲利普·凯特奥拉、加利福尼亚大学欧文分校营销学教授玛丽·吉利和国际商务与营销学教授约翰·格雷厄姆合著完成。本书秉承了其深受业界认可的三大传统特色：一是从文化环境分析的视角来研究并阐述国际市场营销活动，因为作者坚信唯有这样，才能真正做到全球导向，才不会受制于特定的国家环境或特定的经营方式。二是提供丰富的资料、例证或案例，而且紧密结合营销现实，让读者有身临其境之感。三是内容组织和展开引人入胜，极富可读性。此外本书在内容与章节安排上也体现出与时俱进的特点，用更多的笔墨来介绍新兴市场的机遇。

附　录

一、单选题答案

1. D　2. D　3. C　4. A　5. D　6. C　7. D　8. D　9. D　10. D
11. A　12. D　13. D　14. C　15. C　16. B　17. D　18. D　19. B　20. C

二、多选题答案

1. ABC　　　2. ABCD　　　3. ABCD　　　4. ABCDEFGH　　5. ABCDEFGH
6. ABCDE　　7. ABCDE　　　8. ABCDE　　　9. ABCDE　　　10. ABCDE

参考文献

[1] 吴国新. 国际贸易理论与政策 [M]. 北京：清华大学出版社，2016：19-29.

[2] 范斐. 谈国际贸易与国际市场营销的关系 [J]. 科技情报开发与经济，2009，19 (5)：116-117.

[3] 陈健. 龚晓莺."一带一路"战略开启具有"人类命运共同体"意识的全球化发展的新时代 [J]. 经济学家，2017 (7)：73-79.

[4] 廖萌."一带一路"建设背景下我国企业"走出去"的机遇与挑战 [J]. 经济纵横，2015 (9)：30-33.

[5] 田涛. 华为全球化战略的精髓 [EB/OL]. http://mp.weixin.qq.com/s/g9lD0ybyHfBS2zWc78b3fw.

[6] 单东丽. 一个产品"赢"天下——STK 生物农药 Timorex Gold® 全球营销策略小析. [EB/OL]. http://cn.agropages.com/News/NewsDetail——13854.htm.

[7] 萧萧. 茅台海外营收增比超国内 15 倍，荣登全球烈酒品牌榜榜首 [EB/OL]. http://spirit.tjkx.com/detail/1022860.htm.

[8] 国家发展改革委. 推动共建丝绸之路经济带和 21 世纪海上丝绸之路的愿景与行动 [EB/OL]. https://www.yidaiyilu.gov.cn/yw/qwfb/604.htm.

[9] 迈迪品牌咨询. 从龙套到大咖，小黄人为何能撩遍全球营销圈 [EB/OL]. http://mp.weixin.qq.com/s/h25w5naWeh9Z4C0xEu38Fw.

[10] 成功营销微信号 vmarketing.《纸牌屋 4》成就国产品牌全球营销新经典 [EB/OL]. http://mp.weixin.qq.com/s/LrfHLxFuMiRzRJ3p-JP4jg.

综合案例:共享单车市场的"橙""黄"营销大战

> **摘要:** 橘生淮南则为橘,生于淮北则为枳。适宜的环境催生和孕育优良的果实。在过去的一年,共享单车借着"大众创业,万众创新"的浪潮,成功吸引资本的投向标,成为大众出行市场的"弄潮儿"。以"橙"色为代表的摩拜单车和以"黄"色为代表的ofo共享单车发迹于野,迅速成长为其中的"独角兽"。本案例梳理了摩拜和ofo崛起的历程,多视角描述了企业生存与发展的内外部环境;"橙""黄"双雄多方出击、抢占先机,利己者们赢粮景从、夹缝中生存,市场呈现出多方合作、互利共赢的竞争格局。战略舞动市场,战术搅动风云,战略与战术的结合传递产品/服务价值、创造企业/市场奇迹。未来,共享单车市场究竟谁主沉浮、独领风骚,让我们在头脑风暴、火花迸溅中运筹帷幄、决胜千里。
>
> **关键词:** 共享单车;营销环境;营销战略;市场竞争

2016年,共享单车几乎一夜之间成为市民出行的新宠。滴滴、Uber的风波刚刚尘埃落定,ofo、摩拜这边已是"你方唱罢我登场"。继疯狂入驻城市的摇旗呐喊之后,共享单车大战的硝烟,又弥漫到免费的头上;伴随着2017年"两会"的春风,ofo共享单车、摩拜单车纷纷推出免费骑行一周的营销策略。受益于此,对于用户而言,接下来可能经常会有免费的单车骑行,何乐而不为。而对于企业来讲,究竟是自家快速争夺用户的良药,还是为了迎战不得不喝的鸩酒,不到最后尚未可知。

1. "橙"与"黄":出手得卢

1.1 ofo共享单车的裂变

2015年4月,北大研究生戴威的骑行旅游组织"ofo骑游"走到了悬崖边上。看着账面上仅剩的400元,戴威开始睡不着觉,如果公司不能马上赢得投资者的青睐,就只能坐以待毙了。想想自己当年创业的满腔热情,怎会料到有今日的存亡抉择?

2014年11月,创业的浪潮已经开始,戴威也毫不犹豫地跳入其中。带着满腔热情,他从北大师兄的手里获得了第一笔天使基金100万元,联合几个同伴成立"ofo骑游"。公司主要负责定制化长途骑游项目,如环海南岛、环台湾岛等。然而,"ofo骑游"并未撼动客户的真正需求,伪需求下带来的则是资金的浪费。激进的营销推广,将100万元资金迅速消耗殆尽。

在关乎团队生死存亡的时刻,戴威和团队核心成员聚在一起探讨未来的发展。大家七嘴八舌谈起自己在学校的骑车经历:"本科4年丢了四辆自行车";"平时有的时候会遇到车停在东门,我却从西门回来了的情况";"遇到急事,自行车却不在身边,想骑又骑不了,干着急没办法"……大家的头脑风暴让在场的戴威萌生了做校园共享单车平台的想法。在正式行动前,戴威曾在校园里做了一圈调研,几乎都是质疑的声音;ofo内部也觉得把1 000辆车放在校园里让人随便骑,肯定有去无回。

戴威却认为共享是一种需要长期培养的习惯。2015年6月,他和团队成员将从老师、同学及朋友处收集到的2 000辆共享单车投放到了北大校园,"ofo共享单车"正式上线。随着扫码借车的订单量一路上扬,戴威知道,这一次他们抓对了用户需求。至此,"ofo骑游""裂变"成为"ofo共享单车"。

2016年6月,ofo共享单车在校园内的总订单量突破了500万单;9月份,校园总订单量突破了1 000万单。

11月17日,ofo共享单车召开城市战略发布会,宣布正式开启城市服务,推出新一代小黄车ofo3.0,并启动"城市大共享"计划。不到两周,日订单即超过150万单;ofo共享单车也成为中国第九家日订单量过百万的互联网平台。

12月23日,ofo共享单车率先发布海外战略,首批20 000辆单车投放在硅谷、伦敦等地区;12月27日,ofo共享单车开始布局新加坡市场,首批共享单车已经到达。

2017年1月12日,ofo共享单车宣布已进驻全国33座城市,连接单车80万辆,超过市场上其他单车投放量的总和,同时为超过1 000万用户提供1亿次出行服务。

2月22日,ofo共享单车宣布与华为、中国电信达成共享单车及物联网合作伙伴关系,合作探索共享单车新商业模式,共同打造共享单车行业标杆。

3月9日,ofo共享单车在北京举办新品发布会,联合700Bike发布新一代共享单车ofo Curve。

在ofo共享单车快速布局国内国外市场的同时,其融资速度与融资额度也在不断加快、不断提升。ofo共享单车的融资历程见图1。

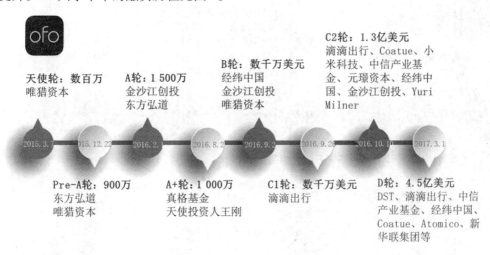

图1 ofo共享单车融资历程

1.2 摩拜单车的崛起

2014年,摩拜单车创始人胡玮炜回到杭州虎跑,西湖边步道交错,特别适合骑行。她想要租一辆公共自行车,但办卡小岗亭关门,最后这次希望中的骑行没有成功。同年,胡玮炜在瑞典哥德堡再次遭遇租用公共自行车障碍。

一直以来,市政公共自行车办卡程序复杂、时间固定、手续烦琐等痛点阻碍着居民的便捷出行,也是公共自行车难以迅速推广和盈利的主要原因。胡玮炜忍不住吐槽道:"互联网发展到现在,难道不是应该平等、便利、共享,哪怕我在地球另一端要辆单车也能实现吗?"说干就干,胡玮炜迅速从自己的汽车朋友圈里拉了一支团队,将自己的想法变成了摩拜的雏形。

2015 年 1 月,北京摩拜科技有限公司成立,同时拥有了自己的自行车制造工厂。2015 年底,前 Uber 上海分公司总经理王晓峰加入摩拜科技担任 CEO,公司的运作迈上新台阶。

2016 年 4 月 22 日,经过 10 个月的深耕细作,摩拜科技正式推出第一款"摩拜单车",并在上海投入运营。8 月 15 日,摩拜单车投入北京试运营。

9 月 1 日,摩拜单车在北京翰林书院举办"让自行车回归城市"主题发布会,北京作为第二个城市正式开始运营。亮丽的橙色、便捷的租赁,再加上媒体的渲染,摩拜单车迅速走红北京的大街小巷。

10 月 19 日,摩拜单车在北京 768 创意园正式发布摩拜 2.0 版 Mobike Lite 轻骑版。相比摩拜 1.0 版,轻骑版重量明显减轻、轴传动改链条传动,同时加装了车筐,并下调了价格。

同年 11 月,摩拜单车宣布,计划 2017 年将在新加坡展开其共享单车业务,以此开启海外市场的征程。

2017 年 1 月 13 日,摩拜单车在全国已进驻 12 座城市,投放单车数量超过 50 万辆。

1 月 23 日,摩拜单车与富士康达成行业独家战略合作,独享五百万量级单车年产能。

3 月 6 日,摩拜单车宣布即将进驻第 27 座城市石家庄。

摩拜单车在不到一年的时间里,由默默无闻的小公司迅速"崛起"成共享单车出行领域的独角兽公司,其背后支持的投资机构功不可没。摩拜单车融资历程见图 2。

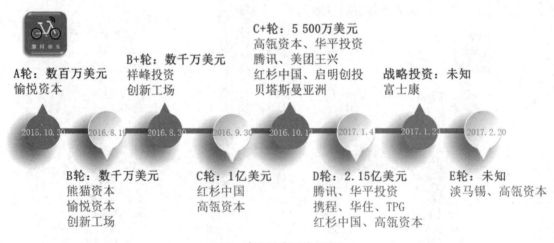

图 2　摩拜单车融资历程

2. "橙"与"黄":如鱼得水

2.1　经济大趋势

共享经济是信息技术革命发展到一定阶段后出现的新型经济形态,借助互联网等现代信息技术，以使用权共享为主要特征，整合海量、分散化资源，满足多样化需求。2016年中国共享经济市场交易额约为34 520亿元，同比增长103%。其中，生活服务、生产能力、交通出行、知识技能、房屋住宿、医疗共享等重点领域的共享经济交易规模共计达到13 660亿元，比上年增长96%；交通出行共享领域交易额约为2 038亿元，比上年增长104%。表1为2016年中国共享经济重点领域的市场发展规模。

表1　2016年中国共享经济重点领域市场规模

领域	交易额/亿元		
	2015年	2016年	增长率
知识技能	200	610	205%
房屋住宿	105	243	131%
交通出行	1 000	2 038	104%
生活服务	3 603	7 233	101%
生产能力	2 000	3 380	69%
医疗共享	70	155	121%
资金	10 000	20 863	109%
总计	16 978	34 522	103%

与互联网行业投融资相对趋冷的大环境不同，共享经济企业的融资规模继续保持大幅扩张。图3为2016年中国共享经济重点领域融资规模。由图中数据可见，2016年中国共享经济融资规模约1 710亿元，同比增长130%。其中，交通出行领域共享经济的融资规模为700亿元，比上年增长124%。

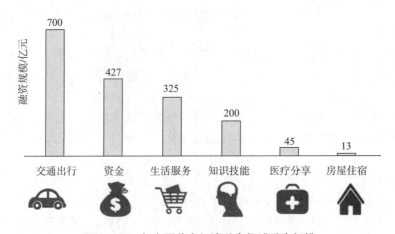

图3　2016年中国共享经济重点领域融资规模

据国家信息中心分享经济研究中心发布的研究报告，预计未来几年，共享经济仍将保持年均40%左右的高速增长，到2020年共享经济交易规模占GDP比重将达到10%，到2025

年共享经济规模占 GDP 比重将攀升至 20%。届时，越来越多的企业与个人将成为共享经济的参与者及受益者。

2.2 政策大方向

2016 年 3 月，共享经济首次写入了《2016 中国政府工作报告》，明确要"支持分享经济发展，提高资源利用效率，让更多人参与进来、富裕起来"，同时提出"以体制机制创新促进分享经济发展"。

随后发布的《国民经济和社会发展第十三个五年规划纲要》提出："促进'互联网+'新业态创新，鼓励搭建资源开放共享平台，探索建立国家信息经济试点示范区，积极发展分享经济"。2016 年中国出台的有关促进共享经济发展的政策文件见图 4。

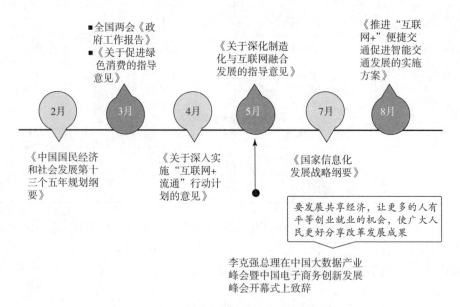

图 4 2016 年共享经济政策文件相继发布

2016 年 7 月，交通运输部在《城市公共交通"十三五"发展纲要》明确提出，要"构建'安全、公平、便捷、连续、舒适、优美'的慢行交通系统，引导公众选择绿色方式出行"。

同年 8 月，《推进"互联网+"便捷交通促进智能交通发展的实施方案》发布，强调要"发展'互联网+'交通新业态，并逐步实现规模化、网络化、品牌化，推进大众创业、万众创新"。

2.3 技术支撑

智能手机是 21 世纪全球第一大消费电子产品。2016 年前三季度，中国智能手机市场累计出货 3.71 亿部，同比增长 13.5%；其中华为、OPPO、VIVO、苹果和小米位列国内市场出货量前五名，合计占据约 60% 的市场份额。2016 年，中国城市的手机覆盖率已超过 97%，其中智能手机的覆盖率已经达到 72%。图 5 为中国智能手机用户规模。

当前我国已经进入 4G 时代，三大移动运营商也基本实现了对主要城市和乡镇的 4G 网络覆盖，这使得人们通过手机就可以随时随地与互联网相连，而且连接速度较过去有了显著

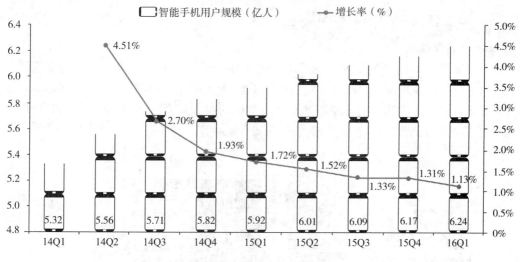

图5 中国智能手机用户规模

提高,使人们摆脱对互联网固定接入端口的依赖。2016年,我国手机网民规模达6.95亿,网民中使用手机上网人群的占比由2015年的90.1%提升至95.1%。

智能手机和移动互联网等新一代信息技术的加速发展以及LBS位置服务技术支持的实现,使得利用消费场景的精准定位和策略营销成为可能。移动支付消费闭环逐步成熟,用户线上支付习惯日趋养成。2016年,二维码支付在监管、场景、产品本身等方面均有建树,在支付应用方面表现强势。比达咨询(BigData-Research)数据中心监测数据显示,2016年中国第三方移动支付交易规模为38.6万亿元,增长率为216.4%。

2.4 社会基调

《2016年度中国主要城市交通分析报告》显示,济南、哈尔滨、北京位列全国堵城前三,2016年全国1/3的城市通勤受拥堵威胁;报告调研的60个主要城市中有32个城市高峰拥堵延时指数超过1.8,即正常情况通勤30分钟在这些城市会达到54分钟,拥堵达24分钟。

2016年3月,国家发展改革委、环境保护部等部门联合印发《关于促进绿色消费的指导意见》,推动消费向绿色转型。作为一种新型的消费理念,绿色消费因强调消费过程中的环境保护而备受关注;目前,随着节能、健康、环保消费理念逐步深入人心,消费者对市场上绿色消费产品也越来越受到青睐。

2008年北京奥运会的举办,使得我国大众体育市场爆发,骑行运动已经成为一项既健康又环保的时尚休闲运动。目前我国绿道累计铺设20 000多公里,有超过3 000家自行车俱乐部,每年有约3 000场的自行车主题活动和赛事,累计可以辐射数亿人群。同时,国家体育总局相继印发《全民健身计划(2016—2020)》以及《体育产业发展"十三五"规划》,确立了骑行运动在健身普及发展中的重点项目地位,给骑行文化发展打上了一剂强心剂。

3. "橙"与"黄":春秋战国

3.1 十面埋伏

2016 下半年,TMT 领域最疯狂的资本盛宴转移到了共享单车,从上海的陆家嘴到北京的五道口引燃后,蔓延到一线城市全境,再往下至全国延伸,分享这场共享单车盛宴的企业已达十数家,百车大战的局面已经拉开,作为其中的先入局者,ofo 共享单车和摩拜单车被"十面埋伏"。图 6 为 2016 年中国共享单车领域主要品牌。

图 6 2016 年中国共享单车领域主要品牌

同时,在中国共享单车新商业模式推动下,海外的共享单车业务也遍地开花。2017 年 1 月份,美国共享单车 Zagster 获 1 000 万美元 B 轮融资;2 月份,新加坡共享单车 oBike 上线;3 月份,美国另一家共享单车 Spin 也加入市场争夺战。而据 oBike 创始人 Malcolm 介绍,国际市场也具有不错的机会,2017 年 oBike 将拓展美国和俄罗斯等市场。

中国市场共享单车品牌的创业领袖及产品市场运营基本情况汇总见表 2。

表 2 共享单车主要品牌介绍

项目名	成立时间	创始人/CEO	运营情况
ofo	2014	北大硕士戴威及数名同学	进驻全国 33 座城市,累计投放 80 万辆单车;已经布局海外市场
摩拜单车	2015.1	创始人——媒体人胡玮炜 CEO - 前 Uber 上海区总经理王晓峰	进驻全国 12 座城市,累计投放 50 万辆单车
小鸣单车	2016	CEO——宅米创始人金超慧	在上海、广州、乌镇、深圳运营,深圳 3 000 辆
优拜单车	2016.6	前大众点评高管余熠	上海小范围试运营

续表

项目名	成立时间	创始人/CEO	运营情况
小蓝单车	2016	野兽骑行 CEO 李刚	目前在广州、深圳运营,广州 8 000 辆、深圳 1.5 万辆
永安行	2010	永安行董事长孙继胜	共享单车项目目前在成都运营
骑呗单车	2016	公共自行车业内人士周海有	杭州运营,目前投放 2 000 辆
海淀智享	2016.8	海淀政府	在海淀小范围运营
HelloBike	2016	前爱代驾创始人杨磊	苏州数千辆,宁波数千辆
一步单车	2016.9	暂无消息	在成都运营,目前投放 1 万多辆
由你单车	2016	暂无资料	在北京、上海、天津等多所高校运营,投放单车 5 000 辆
JoyBike	2016	公共自行车业内人士赵文旺	暂无消息
FunBike	2016	暂无消息	在深圳投放数百辆
CCBike	2016	公共自行车业内人士张进	在常州投放数百辆
快兔出行	2016	马越雷	11 月 18 日在互联网大会亮相
奇奇出行	2016	行我行创始人石国伟	暂无消息

3.2 蠢蠢欲动

随着共享单车在全国多个城市快速发展,基于"共享"理念的出行模式被广泛复制。除了 ofo 共享单车、摩拜单车、小鸣单车等普通共享单车以外,共享电动自行车也开始在北京、上海、深圳、南京等地陆续出现。

2017 年 2 月 14 日左右,大约 50 辆名为"小蜜公共电动单车"的共享电动单车悄然出现在海淀街头;3 月 5 日,"电斑马"正式在北京朝阳投放第一批共享电动车,停车点主要集中在东三环至东五环之间,总共大约有 40 个停车点;3 月 7 日下午,南京市车管所率先对 7 号共享电单车完成验车,现场给 7 号电单车安装制式车牌,7 号电单车成为南京上牌的第一家共享单车类产品。目前,国内出现了包括小蜜、电斑马、7 号电单车、小鹿单车、云马、享骑、猎吧、租八戒、ebike、八点到、萌小明、西湖电单等一系列从事共享电动自行车租赁的公司,并且一些传统电动自行车制造商也在考虑以电动自行车切入到共享出行领域。

在此之前,滴滴小巴业务于 2016 年 12 月 15 日正式上线,并已在北京、成都部分区域开通。该产品主要解决城市主干道之外的最后三公里出行需求,实现用户与公交站点及地铁站点的行程接驳,并通过搭建算法模型和大数据计算能力动态计算路线和智能计价。滴滴小巴业务开通地区的用户可通过手机客户端滴滴出行来呼叫小巴,小巴会智能计算乘客上车点和下车点,乘客选择确认后,就会通知用户和小巴会面的时间和地点。

除此之外,共享汽车、共享电动滑板车等基于共享出行理念的产品或服务同样发热,引起社会公众的关注与尝试。

3.3 招贤纳士

2016 年 11 月 17 日,ofo 共享单车启动"城市大共享"计划,希望全球的自行车品牌与生产商将自行车整车硬件和自行车服务接入 ofo 共享单车,其中专注于研发和设计自行车的 700Bike 正式与 ofo 共享单车达成战略合作。而就在 2017 年 3 月 9 日,ofo 共享单车在北京举办新品发布会,联合 700Bike 发布新一代共享单车 ofo Curve。

2016 年 12 月,ofo 共享单车与天津"飞鸽"自行车达成合作,至 2017 年 3 月,天津"飞鸽"为 ofo 共享单车完成的订单量高达 80 万辆,从最初的月产量 10 万辆急剧增加到 40 万辆。与此同时,ofo 正与上海"凤凰"自行车厂合作,专门打造适合欧美人骑行的"小黄车",以加速其海外战略的发展。

2017 年 2 月 22 日,ofo 共享单车宣布与华为、中国电信达成合作伙伴关系,三方将基于全球领先的 NB-IoT 标准合作开发新型 NB-IoT 共享单车。

2017 年 1 月 23 日下午,摩拜单车宣布获得电子代工巨头富士康的战略投资,双方将在单车车辆设计生产、全球供应链整合等领域进行全方位合作。而富士康将通过遍布海外的数十座工厂,为摩拜单车开辟新的生产线,预计年产能将达 560 万辆级别。

2 月 24 日,摩拜单车在无界空间北京多个点位设置了"MPL"(摩拜推荐停车点),为空间内的创业者和白领一族带来出行上的便利。无界空间作为北京三大联合办公空间之一,门店遍布北京各核心地段,入驻企业已有 200 多家。

2 月 28 日,摩拜单车与招商银行联合宣布达成战略合作,双方将在押金监管、支付结算、金融、服务和市场营销等方面展开合作,招商银行将对监管账户内所有资金进行严格审核、监管。

图 7 所示为共享单车运营平台的合作运营关系。

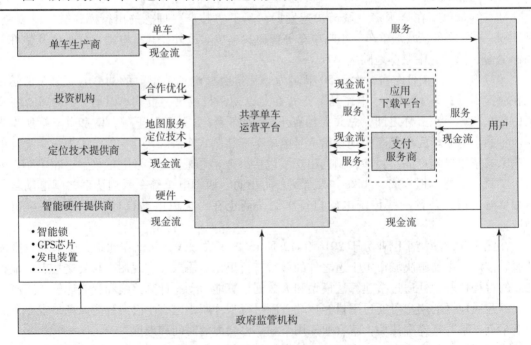

图 7　共享单车平台合作运营关系

3.4　攻城掠地

共享单车市场呈现头部企业集中的市场格局,ofo 共享单车和摩拜单车相对优势比较明显,其中 ofo 共享单车市场占有率 51.2%,得益于其在 2016 年下半年布局多个二线重点城市。摩拜单车市场占有率 40.1%,排名市场第二。2016 年中国共享单车行业市场占有率分布见图 8。

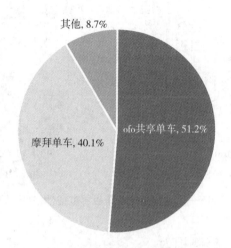

图 8　2016 年中国共享单车行业市场占有率分布

截止到 2016 年 12 月 31 日,ofo 共享单车在中国 33 座城市共投放单车约 80 万辆,除一线城市外,其正迅速向全国主要二三线城市进行扩张;同时,ofo 共享单车正积极进军海外市场,硅谷、伦敦、新加坡成为海外第一站。摩拜单车则在全国 10 座城市投放单车约 50 万辆,除继续进驻主要二三线城市外,摩拜单车也同样觊觎着海外市场,计划年内进军新加坡。2016 年 ofo 共享单车和摩拜单车进驻城市情况见图 9。

图 9　2016 年 ofo 共享单车和摩拜单车进驻城市情况

3.5　得人心者

iiMediaResearch(艾媒咨询)数据显示,2017 年中国单车租赁市场规模预计将达 0.95 亿元,用户规模将达到 679.47 万人。随着 ofo 共享单车、摩拜单车等移动租赁平台加入,预计2019年中国单车租赁市场规模将上升至1.63亿元,用户规模将达1 026.15万人。图10显示了2015—2019年中国单车租赁市场/用户规模及预测数据。

图10　2015—2019年中国单车租赁市场/用户规模及预测

4. "橙"与"黄":针锋相对

4.1 出师有名

作为共享单车市场的先驱者,ofo共享单车与摩拜单车既有大相径庭的产品服务,但同时也存在心有灵犀的经营理念。

ofo共享单车萌起校园,目前已成为中国规模最大的校园交通代步解决方案,为广大高校师生提供便捷经济、绿色低碳、更高效率的校园共享单车服务。ofo共享单车开拓城市业务,以满足人们短途代步的需求,改善低效率的出行状况,提升快节奏的城市生活品质,同时让外来人更好地融入城市、让原住民回忆起城市本来的样子。ofo共享单车以开放平台和共享精神,欢迎用户共享自己的单车加入ofo,以互联网创新模式调动城市单车存量市场,提高自行车使用效率,为城市节约更多空间;在未来,ofo希望不生产自行车,只连接自行车,让人们在全世界的每一个角落都可以通过ofo解锁自行车,随时随地有车骑。

对于摩拜单车而言,出行是人类最基本的需求之一,尤其是城市内短途出行需求,在目前并未得到很好的满足。摩拜单车的创立是为了实现一个朴素的愿望"帮助每一位城市人以可支付得起的价格更便捷地完成短途出行"。为了把这一朴素的愿望变成现实,摩拜单车选择了自行车这个最普及的交通工具,并采用创新的理念,结合了互联网技术,重新设计了车身和智能锁,来让使用自行车完成出行变得更容易。同时也希望能让人们的出行更绿色、对环境更友好,并帮助减少交通拥堵,让人们生活的城市更智能、更美好。

2015年1月,前Uber上海区总经理王晓峰加入摩拜单车,出任公司CEO一职;2016年11月,ofo共享单车则迅速招揽前Uber北区西区总经理张严琪入局,担任公司首席运营官(COO)。前Uber人的渐次履职,也使得ofo共享单车和摩拜单车的差距变得更小,从前同一个战壕的捕手们为了争夺同一群用户的注意力,正用彼此熟悉的方式近身搏杀。表3为ofo共享单车和摩拜单车"双雄"概况。

表3 ofo共享单车和摩拜单车"双雄"概况

项目	ofo共享单车	摩拜单车
公司名称	北京拜克洛克科技有限公司	北京摩拜科技有限公司
成立时间	2014年	2015年
总部地址	北京	北京
创始人	戴威等(北大光华)	胡玮炜(新闻媒体人)
运营高管	COO—张严琪(前Uber中国北区西区总经理)	CEO-王晓峰(前Uber上海区总经理)
公司愿景	随时随地有车骑	帮助每一个人更便捷地完成城市短途出行
融资额度	6亿美元以上	6亿美元以上
公司估值	138亿元	105亿元
入驻城市	33座以上	12座以上
海外市场	硅谷、伦敦、新加坡	计划中
投放单车数量	80万辆以上	50万辆以上
市场占有率	51.2%	40.1%

4.2 荷枪实弹

目前,ofo共享单车投放到市场上的单车一共有3个版本,分别是:ofo1.0、ofo2.0、ofo3.0,2016年11月18日发布新一代小黄车ofo3.0后,前两个版本逐步被回收再造。ofo3.0版的自行车沿用明黄色的设计以及轻便理念,对车把、车座、车圈、轮毂、中轴、车胎、刹车系统等方面进行了升级或革新。

2017年3月9日,ofo共享单车推出最新款单车ofo Curve。新款单车解决了目前市面上主流共享单车的绝大部分痛点——升降坐杆、避震坐垫、标准轮径、一体式护链器、PU实心胎……ofo Curve通过配置优化和多个独家专利设计,兼顾了易用性和耐用性,显著降低了后期运维成本,相对前几代的ofo而言可谓脱胎换骨。

无独有偶,摩拜单车从正式运营,到2017年3月亦推出了3款共享单车,分别是:摩拜经典版、摩拜迭代版、摩拜轻骑版。摩拜迭代版是摩拜经典版的升级,主要变化是采用可升降座椅,改良脚撑,增加车篮。摩拜轻骑版(Mobike Lite)在延续了经典版智能锁技术的同时,还融合了部分传统自行车技术,取消了原来的齿轴传动、采用链条传动,同时摒弃了五幅轮毂、采用普通辐条,车身整体也没有使用铝合金。

从经典版到轻骑版,摩拜单车的偏重点从"免维护"转移到"用户体验",一方面是摩拜自身运营的成熟经验,另一方面也是竞争对手ofo共享单车的外部驱动。

随着ofo共享单车和摩拜单车新一代产品的问世,共享单车行业的发展和竞争将进入到"低成本运维"和"用户体验升级"的新阶段。表4是ofo共享单车和摩拜单车主要产品参数对比。

表4 ofo共享单车与摩拜单车主要产品参数对比

产品图片			
产品型号	ofo 3.0	摩拜经典版	摩拜轻骑版
主体颜色	黄、黑配色	银、橙配色	银、橙配色
单车重量	15kg	25kg	17kg
押金	99元	299元	299元
资费标准	每半小时1块钱 认证师生半价	每半小时1块钱	每半小时5毛钱
成本	300~350元	3 000元	1 000元
开锁系统	手动密码锁	扫码解锁	扫码解锁
结束用车	手动上锁 APP点击结束计费	手动上锁 APP自动结束计费	手动上锁 APP自动结束计费
GPS定位	无	有	有
预约功能	无	有	有
车筐	无	无	有
轮胎	充气轮胎	实心轮胎	实心/镂空轮胎
座椅	可调节	可调节	可调节
传动系统	链条传动	齿轴传动	链条传动
刹车系统	前后双抱刹	前后双抱刹	前夹刹后抱刹
调度方式	人工挪车	后台数据决策	后台数据决策

4.3 用武之地

2017年1月，比达网对市场上共享单车用户进行了抽样调查。根据调查显示结果，男性占56.4%，女性占43.6%。用户学历方面，本科占比最多，达52.1%；硕士/MBA占23.5%；高中及以下占9.5%。共享单车市场用户学历分布见图11。

从城市分布情况显示，用户多集中在一线城市中，占59.3%；二线城市占22.6%；三线城市占11.1%。共享单车市场用户城市分布，见图12。

月收入方面，8 001元至10 000万元占比最多，达25%；5 001元至8 000元占21%；无收入人群多为学生群体，占19%。共享单车市场用户月收入分布见图13。

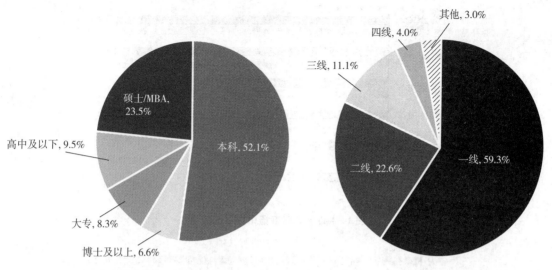

图 11　共享单车市场用户学历分布　　　图 12　共享单车市场用户城市分布

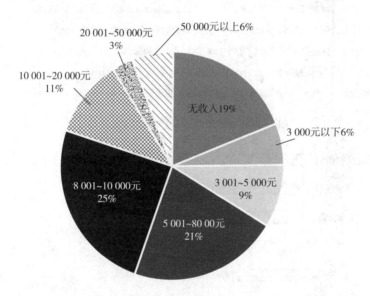

图 13　共享单车市场用户月收入分布

从用户使用共享单车的目的分析，主要以"上下班通勤公共交通补充"为主，达 65.9%；"市内短途出行"占 57.1%；"高校内出行"占 38.7%。随着 ofo 走出校园、共享单车市场持续扩张，相比较 2016 年 10 月数据，"高校内出行"由上半年的 53.3% 降至 38.7%。而"上下班通勤公共交通补充""市内短途出行"比例变化不大。共享单车市场用户目的分布见图 14。

从用户选择共享单车考虑的因素发现，"省力""停放方便""用户体验"是用户最关注的三个因素。共享单车市场用户考虑因素分布见图 15。

从用户选择共享单车的途径来看，最主要的是由于"周边停放车辆"，占比达到 36.5%；"广告"所占比例仅为 10.2%。共享单车市场用户选择途径分布见图 16。

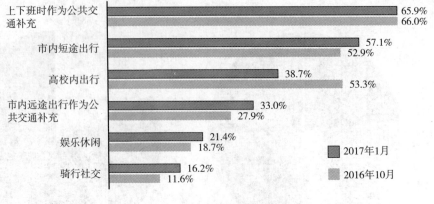

图 14　共享单车市场用户目的分布

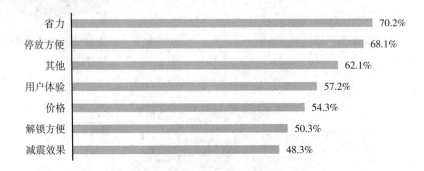

图 15　共享单车市场用户考虑因素分布

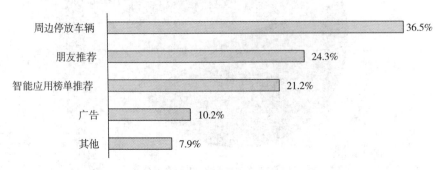

图 16　共享单车市场用户选择途径分布

从不同共享单车品牌用户年龄段占比分析发现，ofo 共享单车、摩拜单车等互联网新兴共享单车用户主要为年轻人，其中"25 岁以下"用户 ofo 共享单车最多；"25 岁至 35 岁"用户小蓝单车最多；"35 岁以上"用户永安行最多。共享单车市场用户年龄段分布见图 17。

2016 年 11 月起，ofo 共享单车、摩拜单车周活跃用户数增长明显。至 2017 年 1 月中旬，ofo 共享单车、摩拜单车周活跃用户数分别达到 436 万和 421 万。用户对 ofo 共享单车、摩拜单车的品牌满意度调研显示，ofo 共享单车排名第一，为 9.4 分；摩拜单车排名第二，为 8.7 分。ofo 共享单车与摩拜单车周活跃用户数对比见图 18。

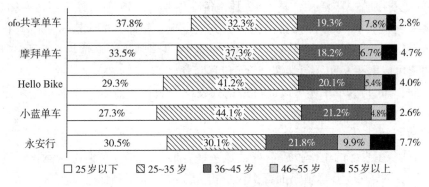

图 17　共享单车市场用户年龄段分布

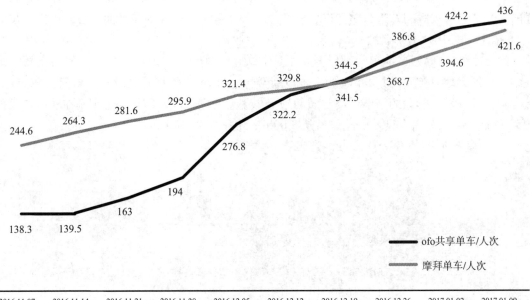

图 18　ofo 共享单车与摩拜单车周活跃用户数对比

5. "橙"与"黄"：进德修业

5.1　ofo 共享单车

（1）推行"城市大共享"计划。

ofo 共享单车正式启动"城市大共享"计划后，欢迎全球的自行车品牌与生产商将自行车整车硬件和自行车服务接入 ofo；同时，面向城市用户，把自己的自行车共享出来的市民，将获得 ofo 平台所有车辆的使用权，以 1 换 N。ofo 共享单车通过"城市大共享"计划，努力将全球自行车品牌、自行车生产商，以及单车共享用户联合起来，组建以 ofo 共享单车为核心的"ofo 大家庭"。

（2）优惠促销活动。

2016 年 12 月，ofo 共享单车以"为了蓝天，我们骑定了"为主题，开启全国首个低碳免费日"ofo免费星骑一"活动,整个12月,每个星期一,ofo所有认证用户一律免费骑车。

2017年2月底,ofo共享单车推出3种"充值返现"策略,"聊表心意充20得25""积极参与充50得75""鼎力支持充100得200"。同时推出师生专享优惠,2月19日至28日师生认证用户可以购买9.9元包学期、5元包月套餐。

不止于此,ofo共享单车还可以通过邀请好友注册获得优惠券,企业也会不定期以各种形式向用户发放骑行券。

(3) 广告投放。

ofo共享单车在线下的单车投放本身就是一种有形产品广告,但由于竞争对手众多且投放量同样可观,对于ofo共享单车而言,仅从扩大投放量来提高品牌知名度、认知度就显得远远不够。

ofo共享单车最初仅在微博、微信公号发布创意海报来进行品牌宣传,随后陆续开始在优酷、爱奇艺等视频网站进行贴片广告,在今日头条等资讯软件推广平面广告,以进一步提高ofo在移动端用户的知名度。

除此之外,ofo共享单车同时展开线下广告攻势。2016年12月,北上广的写字楼、地铁站、社区等地方被ofo共享单车的广告浪潮席卷,"怕堵?怕挤?赶时间?出门就骑ofo小黄车!"(图19),幽默的情节、高品质的拍摄、创意的广告词,使得广告刚刚在北上广投放的第一天,ofo共享单车网站浏览量就从8 000次蹿升至30万次。

图19 ofo共享单车创意广告

（4）线上线下营销。

2016年12月24日圣诞节前夕，ofo共享单车在北京、上海举办了以"这个圣诞来点黄的"为主题的大型线下活动（图20）。ofo共享单车邀请16位小鲜肉组成"圣诞男团"，穿着ofo共享单车定制黄色服装，走上京沪的大街小巷，为公众送出黄色鲜花以及神秘祝福。不仅如此，ofo共享单车还分发给用户一个号码，让拥有相同号码的异性用户同城配对，以彰显年轻品牌的活力、加强用户的参与感。

图20　ofo共享单车创意海报

而在线上，ofo共享单车专门创建"这个圣诞来点黄的"新浪微博话题，通过线下活动宣传，该微博话题引起社会公众广泛关注与参与，阅读量达1.6亿次，讨论量达2万条。

（5）合作推广。

2016年11月24日，ofo共享单车联合36氪开启"创业骑士"活动，骑上ofo共享单车，就有机会赢得12月6日WISE大会门票，现场倾听柳传志、冯仑、李开复、熊晓鸽、张颖、程维等商界人物的发言。

12月27日至28日，ofo共享单与滴滴出行联合派发出行福利。北京、上海、广州、深圳的用户只要在两平台用车，均可获得ofo共享单车骑车优惠券和滴滴出行优惠券。

2017年3月初，ofo共享单车与棠果旅居联合主办"北京空巢青年春季骑行活动"。骑行活动路线从北京地铁什刹海站A口到火神庙，招募总人数为20人，主办方免费送价值299元的骑行服一件、豪华骑行周边、棠果旅居大礼包、各种零食等。公众可以通过关注和转发相关微博、微信公众号评论，并参与互动话题"一个人的周末，干点啥好？"，主办方将在评论中随机抽取20位幸运粉丝一起去骑行。

(6) 互动话题。

2017 年 1 月初,电视剧《孤芳不自赏》首播。9 日至 15 日,ofo 共享单车即开展"ofo 孤芳不自赏"微博话题(图 20)。公众只需要骑 ofo 共享单车找到《孤芳不自赏》站牌广告,拍下小黄车与广告牌同框合影,上传至微博话题#ofo 孤芳不自赏#,并@ ofo 共享单车和@ 孤芳不自赏 官博,即有机会获得《孤芳不自赏》精美周边好礼。

5.2 摩拜单车

(1) 摩拜客。

对于摩拜单车而言,每一位成功注册摩拜单车的用户都将成为一名"摩拜客""mobiker"。

(2) 优惠促销。

摩拜单车曾经联手招商银行、华住集团、龙之谷手游等合作伙伴展开全国范围内的免费骑行。2017 年"两会"期间,摩拜单车安排免费骑行,时间跨度长达一个星期;随后,摩拜单车开展超级品牌日植树节专场,拥抱飒爽春风,全国免费骑行。

2017 年 2 月底,摩拜单车亦同时推出 3 种"充值返现"策略,"充 20 送 10""充 50 送 30""充 100 送 110",摩拜单车充值优惠活动海报见图 21。摩拜单车还鼓励用户邀请好友注册来获得优惠券,同时不定期以各种形式发放骑行券。

图 21　摩拜单车充值优惠活动海报

2017 年 3 月 23 日,摩拜单车在北京举办"夺宝'骑'兵"发布会,宣布"摩拜红包车"将在全国上线。摩拜用户可以通过 GPS 定位找到"摩拜红包车"并解锁骑行,有效骑行超过 10 分钟,即可获得双重奖励:不仅 2 小时内骑行免费,更可以获得最低 1 元、最高 100 元金额的现金红包,红包累计超过 10 元即可提现。

(3) 公关活动。

2017 年 3 月 9 日上午,摩拜单车(济南)携手济南万科举办了战略合作发布会,本次摩拜单车推荐停车点在济南万科 10 大社区全民入驻,解决业主出行最后一公里的难题,让社区出行更加方便、更加快捷。3 月 12 日,摩拜单车与保利地产在东莞松山湖举行了一场粤东战略合作发布会,并为东莞首个摩拜单车推荐停车点揭牌。同一天,摩拜单车与海花岛安徽展厅举办"春满海岛,零碳行动"大型骑行活动新闻发布会。截至目前,摩拜单车已经发布各类发布会几十余场,合作涉及地方政府、企业、社区等各个利益群体。

2017 年 3 月 11 日,摩拜单车创始人胡玮炜参加中央电视台大型文化情感类节目《朗读者》（见图22），现场朗读苏童的《自行车之歌》，送给每一位摩拜客，摩拜单车是她送给城市的礼物，同样热爱摩拜单车的人给了她勇气与力量。

图22 摩拜创始人胡玮炜参加央视《朗读者》

（4）线上线下营销。

摩拜单车曾与北京万达影城合作，开展"让自行车回归城市，让爱情回归童话"线上线下活动。公众可以在摩拜单车微信公众号后台留言"让爱情回归童话+姓名+电话"参与活动，摩拜单车会随机抽取100位幸运骑士，获得"北京万达影城天通苑店IMAX厅3月19日上午11：20《美女与野兽》100张电影票100份爆米花"机会。

另外，摩拜单车通过新浪微博引导公众使用摩拜单车骑出"M"轨迹造型，并分享骑行轨迹截图，即可获得联想Moto定制系列礼品。摩拜单车线上线下营销活动见图23。

（5）合作推广。

2017年2月27日，全国首家肯德基摩拜单车主题餐厅正式亮相天津，见图24。一边是全球最大的智能共享单车平台，一边是连锁餐饮界的龙头老大，这样的"混搭"足以震撼所有人视听。2月27日至3月12日，凡摩拜用户凭任意行程图或里程数，到肯德基乐宾餐厅或肯德基体北餐厅点购任意原价汉堡1个，即可免费得到原味花筒1支。全国首家肯德基摩拜单车主题餐厅必将成为"摩拜驿站"，未来通过更多酷炫的活动提倡运动健康，让市民更多地了解共享单车，实践健康绿色生活方式。

6. 尾声

共享经济、体验经济的风靡，智能终端、移动互联的突破，为"大众创业、万众创新"带来向上的暖流，诸多创业者扶摇直上傲视沧桑。对于他们而言，出行是必不可少的，如何便捷出行、绿色出行就值得深谋远虑；从网约车再到共享单车，出行市场变得炙手可热。

如果说，2016年是共享单车市场迅速发展的元年；那么，2017年必将会是共享单车市场激烈酣战的第一年。随着越来越多雄心勃勃的竞争者入局，共享单车市场正由"橙黄大战"逐渐扩大为"彩虹大战"。动荡时期，创业者必须能够同时抵御突如其来的打击，并利用不期而至的机会。大浪淘沙之后，未来到底谁能存活下来？接下来的单车市场，究竟谁能笑到最后？

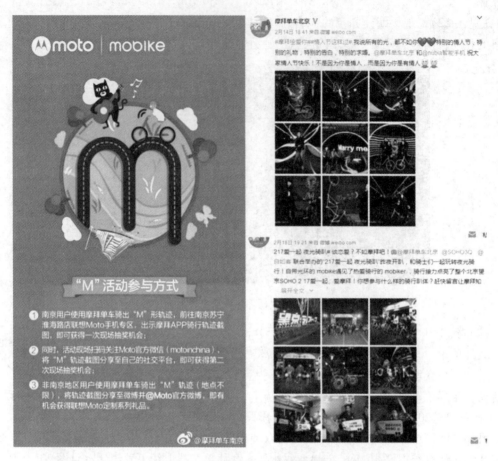

图23　摩拜单车线上线下营销活动

图24　肯德基摩拜单车主题旗舰店

参 考 文 献

[1] 国家信息中心分享经济研究中心. 共享单车行业就业研究报告 [EB/OL]. [2017-11-09] http://www.sic.gov.cn/News/250/8452.htm.

[2] 比达网. 2016 中国共享单车市场研究报告 [EB/OL]. [2017-11-09] http://www.bigdata-research.cn/content/201702/383.html.

[3] 艾媒报告. 2015-2016 年中国智能手机市场研究报告 [EB/OL]. [2017-05-19] http://www.iimedia.cn/41787.htm.l.

[4] 艾媒报告. 2016 年中国单车租赁市场分析报告 [EB/OL]. [2017-05-19] http://www.iimedia.cn/45424.html.

[5] 易观智库. 中国互联网单车租赁市场专题分析 2017 [EB/OL]. [2017-05-19] https://www.analysys.cn/analysis/8/detail/1000539.

[6] 深圳市交通运输委员会. 关于公开征求《关于鼓励规范互联网自行车的若干意见（征求意见稿）》有关意见的公告 [EB/OL]. [2017-11-09] http://www.sztb.gov.cn/jtzx/tzgg/201612/t20161227_5773530.htm.

[7] 成都市交通运输委员会. 关于《成都市关于鼓励共享单车发展的试行意见》公开征求意见的通知 [EB/OL]. [2017-11-09] http://www.cdjt.gov.cn/Item/47962.aspx.

[8] 交通运输部. 关于印发《城市公共交通"十三五"发展纲要》的通知 [J]. 城市公共交通, 2016 (08): 3-13.

[9] 住建部、发改委、财政部. 关于加强城市步行和自行车交通系统建设的指导意见 [EB/OL]. [2017-11-09] http://www.mohurd.gov.cn/wjfb/201209/t20120917_211404.html.

[10] 北京市交通运输委. 2016 年北京市缓解交通拥堵行动计划暨缓解北京市区交通拥堵第 13 阶段工作方案 [EB/OL]. [2017-11-09] http://zhengwu.beijing.gov.cn/gzdt/bmdt/t1424099.htm.